Gesetz

über die Angelegenheiten der

freiwilligen Gerichtsbarkeit

vom 17. Mai 1898

mit besonderer Berücksichtigung der bayerischen Ausführungsbestimmungen

erläutert von

Fritz Keidel

Kgl. Landgerichtsrat in München.

2. vollständig umgearbeitete **Auflage.**

München 1907.

J. Schweitzer Verlag (Arthur Sellier).

Druck von C. Brügel & Sohn, Ansbach.

Vorwort zur zweiten Auflage.

Die vorliegende zweite Auflage ist für den bayerischen Juristen bestimmt und vereinigt den Stoff der Handausgabe und des dazu erschienenen Ergänzungsbändchens, um eine einheitliche Darstellung des in Bayern für das Verfahren in der freiwilligen Gerichtsbarkeit geltenden Rechts zu geben. Berücksichtigt sind nicht bloß die in Gesetzesform erschienenen Bayerischen Ausführungsvorschriften.

Um möglichst über alle in der Praxis auftauchenden Fragen Aufschluß erteilen zu können, ist über den Rahmen einer erläuternden Textausgabe hinausgegangen worden. Dabei ist die reiche Literatur und Rechtsprechung bis in die jüngste Zeit verwertet; Entscheidungen sind nach den in Bayern am meisten verbreiteten Zeitschriften und tunlichst nur nach solchen zitiert, in welchen sie nicht bloß auszugsweise oder nur nach dem darin enthaltenen Rechtssatze mitgeteilt sind.

München, im Juli 1907.

Der Verfasser.

Inhaltsverzeichnis.

Abkürzungen und Verweisungen.

ArchBürgR. = Archiv für bürgerliches Recht.
ArchZivPrax. = Archiv für zivilistische Praxis.
Bay. = Bayern, Bayerisch.
BayNotZ. = Zeitschrift für das Notariat und für die freiwillige Rechtspflege der Gerichte in Bayern.
BayObLG. = Sammlung von Entscheidungen des Obersten Landesgerichts in Bayern in Gegenständen des Zivilrechts.
BayZ. = Zeitschrift für Rechtspflege in Bayern.
Bek. = Bekanntmachung.
BinnenSchG. = G. betr. die privatrechtlichen Verhältnisse der Binnenschiffahrt vom $\frac{15.\ 7.\ 95}{20.\ 5.\ 98}$.
BörsG. = Börsengesetz vom 22. 6. 96.
D. = Denkschrift.
DAnw. = Dienstanweisung.
DJZ. = Deutsche Juristenzeitung.

DNotV.	= Zeitschrift des deutschen Notarvereins.
FGG.	= G. über die Angelegenheiten der freiwilligen Gerichtsbarkeit.
FlaggenG.	= G. betr. das Flaggenrecht der Kauffahrteischiffe v. 22. 7. 99.
FlößG.	= G. betr. die privatrechtlichen Verhältnisse der Flößerei v. 15. 7. 95.
GBO.	= Grundbuchordnung v. 24. 3. 97.
GebG.	= Bayer. G. über das Gebührenwesen.*)
GenRBek.	= JMBek. vom 14. 12. 99, betr. die Führung des Genossenschaftsregisters, JMBl. 99, 959.
GenG.	= G. betr. die Erwerbs- und Wirtschaftsgenossenschaften v. $\frac{1.\ 5.\ 89}{20.\ 5.\ 98}$.
GeschO.f.d.Not.	= Geschäftsordnung für die Notariate vom $\frac{24.\ 12.\ 99}{5.\ 7.\ 03}$, JMBl. 99, 591, 03, 328.
GKG.	= Gerichtskostengesetz.
GmbHG.	= G. betr. die Gesellschaften mit beschränkter Haftung v. $\frac{20.\ 4.\ 92}{20.\ 5.\ 98}$.
GruchotsBeitr.	= Beiträge zur Erläuterung des deutschen Rechts, begr. von Gruchot.
GVG.	= Gerichtsverfassungsgesetz.
HGB.	= Handelsgesetzbuch vom 10. 5. 97.
HRBek.	= JMBek. vom 14. 12. 99, betr. die Führung des Handelsregisters, JMBl. 99, 815.
HoldheimsMSchr.	= Monatsschrift für Handelsrecht und Bankwesen, Steuer- und Stempelfragen, hg. v. Holdheim.
JMBl.	= Justizministerialblatt.
JW.	= Juristische Wochenschrift.
KG.	= Kammergericht.
KGJ.	= Jahrbuch für Entscheidungen des Kammergerichts in Sachen der freiwilligen Gerichtsbarkeit zc.
KonsGG.	= G. über die Konsulargerichtsbarkeit v. 7. 5. 00.
M.	= Motive.
MustG.	= G. betr. das Urheberrecht an Mustern und Modellen v. 11. 1. 76.
NachlG.	= Bayer. G. betr. das Nachlaßwesen vom 9. 8. 02.
NachlO.	= Nachlaßordnung vom 20. 3. 03, JMBl. 03, 111.
NotG.	= Bayer. Notariatsgesetz vom 9. 6. 99.
ObLG.	= Oberstes Landesgericht.
OLG.	= Die Rechtsprechung der Oberlandesgerichte, herausgegeben von Mugdan und Falkmann.
PStG.	= G. über die Beurkundung des Personenstandes und die Eheschließung vom 6. 2. 75.
Recht	= Das Recht, Rundschau für den Deutschen Juristenstand.
RegBl.	= Regierungsblatt.
RG.	= Entscheidungen des Reichsgerichts in Civilsachen.
RJA.	= Entscheidungen in Angelegenheiten der freiwilligen Gerichtsbarkeit und des Grundbuchrechts, zusammengestellt im Reichs-Justizamte.
SchiffsRBek.	= JMBek. vom 24. 12. 99, betr. die Führung des Schiffsregisters, JMBl. 99, 1009.
SchutzgebG.	= Schutzgebietsgesetz v. 25. 7. 00.
SeuffA.	= J. A. Seufferts Archiv für Entscheidungen der obersten Gerichte in den deutschen Staaten.
SeuffBl.	= J. A. Seufferts Blätter für Rechtsanwendung, zunächst in Bayern.
StAG.	= G. über die Erwerbung und den Verlust der Bundes- und Staatsangehörigkeit v. 1. 6. 70.
UebergG.	= Bayer G. Uebergangsvorschriften zum Bürgerlichen Gesetzbuche betr., v. 9. 6. 99.
V.	= Verordnung.
VRBek.	= JMBek. vom 20. 3. 99, die Führung des Vereins- und des Güterrechtsregisters betr., JMBl. 99, 1034.

---

*) Die neue Redaktion dieses Gesetzes auf Grund der Änderungen durch das Gesetz vom 20. 8. 06 (GVBl. 07 Nr. 30 S. 305) konnte nicht mehr berücksichtigt werden; die abweichende Numerierung beginnt erst von Art. 147 ab.

VormundO. = Bekanntmachung, das Vormundschaftswesen betr. v. 19. 1. 00.
ZBl. = Zentralblatt für freiwillige Gerichtsbarkeit und Notariat sowie Zwangsversteigerung.
ZGO. = Gebührenordnung für Zeugen und Sachverständige.
ZPO. = Zivilprozeßordnung.
ZwErzG. = Bayer. G. betr. die Zwangserziehung vom 10. Mai 1902.
ZZP. = Zeitschrift für deutschen Zivilprozeß.

Kommentare sind mit dem Namen des Verfassers zitiert. Die Zeitschriften und Sammlungen von Entscheidungen beigefügte fett gedruckte Zahl bedeutet Band oder Jahrgang, die nächstfolgende Zahl die Seite.

Berichtigungen und Nachträge.

S. **16** Zeile 7—16 v. o. ist einzuschalten statt „vergl. hiezu" bis „JMBl. 309": „vergl. die Bek., die Erstattung der Kosten der Rechtshilfe oder sonstigen Beistandsleistung in gerichtlichen Angelegenheiten betr., vom 29. 3. 07, JMBl. 85, durch welche die Bekanntmachungen vom 1. 5. 85 (JMBl. 109), vom 12. 6. 87 (JMBl. 139), vom 16. 4. 01 (JMBl. 320), vom 4. 5. 01 (JMBl. 379), vom 6. 6. 03 (JMBl. 307) und vom 10. 11. 04 (JMBl. 267) vollkommen, die Bek. vom 10. 8. 03 (JMBl. 384) und die durch die Bek. vom 18. 7. 85 (JMBl. 160) veröffentlichten Grundsätze in Ansehung der Vorschriften über die Kosten ersetzt sind."

S. **18** Zeile 13 v. o. ist einzuschalten statt „Bek. vom 28. 11. 87" bis „**93** 227": „JMBek. vom 8. 5. 07, JMBl. 127, durch welche die Bek. vom 28. 11. 87 ersetzt ist, Bek. vom 10. 5. 07, den Rechtshilfeverkehr mit Österreich-Ungarn, Bosnien und der Herzegowina betr., JMBl. 159 (enthält Verzeichnis der dortigen Justizbehörden und ersetzt das in JMBl. **83** 275 enthaltene Verzeichnis); JMBl."

S. **37** Zeile 17 v. o. ist einzuschalten hinter „zu § 7": „und im ZBl. **7** 504".

S. **42** Zeile 19 v. o. ist hinter „Kriminalstrafen sind" einzuschalten: „Ordnungsstrafen können nur während des Termines, nicht nach dessen Beendigung verhängt werden; denn sie dienen zur Aufrechterhaltung der Ordnung im Termine (OLG. **12** 190)".

S. **59** Zeile 14 v. o. ist beizufügen: „Über die selbsttätige Beweisbeschaffungspflicht der Beteiligten im Antragsverfahren siehe Josef im ZBl. **7** 476."

S. **72** Zeile 25 v. o. ist beizufügen: „Auch Gebühren, bezüglich deren Armenpflegen eines anderen deutschen Bundesstaats als zahlungspflichtig erscheinen, sind außer Ansatz zu lassen (JMBek. vom 29. 5. 06, JMBl. 192).

S. **78** Zeile 12 v. u. ist hinter „**4** 522" einzuschalten: „RG. **63** 275, ZBl. **7** 76."

S. **78** Zeile 11 v. u. ist hinter „zu § 15" einzuschalten: „und in DNotV. **07** 289".

S. **244** Zeile 5 v. u. ist hinter „II 263" einzuschalten: „und Josef im ZBl. **7** 483".

Einleitung.

Für das Verfahren in Angelegenheiten der freiwilligen Gerichtsbarkeit waren vor dem 1. Januar 1900 im Wesentlichen die Landesgesetze maßgebend. Die einheitliche Gestaltung des bürgerlichen Rechts durch Schaffung eines Bürgerlichen Gesetzbuches ließ es als wünschenswert erscheinen, auch das Verfahren in den Angelegenheiten der freiwilligen Gerichtsbarkeit einheitlich zu regeln. Dasselbe Bedürfnis machte sich zufolge der Revision des Handelsgesetzbuches auf dem Gebiete des Handelsrechtes geltend. Es sollte zunächst die Regelung nur insoweit erfolgen, als es zur gleichmäßigen Durchführung der Vorschriften der beiden erwähnten Gesetze erforderlich sei (siehe die Einleitung der Denkschrift zum Entwurfe des BGB. Verh. des Reichstages 1895/97 Anl.Bd. 1 S. 605 und zum Entwurfe des HGB. Verh. des Reichstages 1895/97 Anl.Bd. 6 S. 3142). Es empfahl sich aber bei dieser Gelegenheit auch das Verfahren für diejenigen Angelegenheiten der freiwilligen Gerichtsbarkeit zu ordnen, welche durch andere Reichsgesetze den Gerichten übertragen und bis dahin nach den vielfach von einander abweichenden landesgesetzlichen Vorschriften zu erledigen waren.

Schon die im Jahre 1874 mit der Aufstellung des Entwurfes eines Bürgerlichen Gesetzbuches beauftragte Kommission hat einheitliche Verfahrensvorschriften mindestens auf dem Gebiete des Familienrechts für dringend notwendig erachtet, nachdem man die Frage, ob auf Grund des Art. 4 Nr. 13 der Reichsverfassung überhaupt die Zuständigkeit der Reichsgesetzgebung für die Angelegenheiten der freiwilligen Gerichtsbarkeit gegeben sei, dahin beantwortet hatte, daß dieselbe mindestens insoweit gegeben sei, als es zur einheitlichen Durchführung des Bürgerlichen Gesetzbuches notwendig sei. Demgemäß hat die Kommission im Jahre 1881 einen Entwurf eines Gesetzes über das Verfahren in den Vormundschaftssachen und sonstigen das Familienrecht betreffenden Angelegenheiten gefertigt. Ein zweiter Entwurf, der auch die Nachlaßsachen behandelte, dagegen eine Reihe allgemeiner Vorschriften aus dem vorausgegangenen Entwurfe wieder entfernte, wurde nach Maßgabe eines Beschlusses des Bundesrates vom 14. Juni 1888 von der ersten Kommission für die Ausarbeitung des Entwurfes eines Bürgerlichen Gesetzbuches gefertigt. Dieser Entwurf kam jedoch in der Kommission nicht mehr zur Beratung.

Die durch Beschluß des Bundesrates vom 4. Dezember 1890 eingesetzte zweite Kommission sprach sich gleichfalls sofort nach ihrem Zusammentritt und vor Eintritt in die Beratung des Entwurfes des Bürgerlichen Gesetzbuches für die Notwendigkeit besonderer reichsrechtlicher Regelung des Verfahrens in Angelegenheiten der freiwilligen Gerichtsbarkeit, soweit es zur einheitlichen Durchführung des Bürgerlichen Gesetzbuchs notwendig sei, aus und entfernte dann auch alle in den Entwurf des Bürgerlichen Gesetzbuchs aufgenommenen Bestimmungen über das Verfahren aus demselben. Die Zustimmung des Bundesrates fand ihren Ausdruck in der Ergänzung des Art. 1 EG. z. BGB. dahin, daß mit dem Bürgerlichen Gesetzbuche u. a. auch ein Gesetz über die Angelegenheiten der freiwilligen Gerichtsbarkeit in Kraft treten solle; in dieser Fassung wurde der Art. 1 auch vom Reichstag angenommen und damit die Notwendigkeit der Schaffung eines Gesetzes über das Verfahren in den Angelegenheiten der freiwilligen Gerichtsbarkeit festgelegt.

Das Reichsjustizamt bearbeitete hierauf einen neuen Entwurf; dieser unterschied sich von den beiden früheren Entwürfen einmal dadurch, daß er außer den familienrechtlichen Angelegenheiten und den Vormundschaftssachen noch weitere Angelegenheiten und das Verfahren bei Errichtung von gerichtlichen oder notariellen Urkunden behandelte und in einem einleitenden Abschnitte allgemeine für alle durch Reichsgesetz den Gerichten übertragene Angelegenheiten geltende Vorschriften enthielt. Dieser Entwurf gelangte am 26. November 1897 an den Reichstag und wurde durch Beschluß desselben vom 3. Dezember 1897 einer Kommission von 21 Mitgliedern überwiesen, die jedoch an den Grundzügen des Gesetzes Aenderungen nicht vornahm. Mit den in der Kommission vorgeschlagenen Aenderungen wurde das Gesetz vom Reichstag angenommen, vom Kaiser unterm 17. Mai 1898 vollzogen und in Nr. 21 des Reichsgesetzblattes (S. 342) veröffentlicht. Auf Grund des Gesetzes betreffend die Ermächtigung des Reichskanzlers zur Bekanntmachung der Texte verschiedener Reichsgesetze vom 17. Mai 1898 wurde das Gesetz durch Bekanntmachung vom 20. Mai 1898 (RGBl. S. 369) mit den Aenderungen, die sich bei Verweisung auf die Vorschriften anderer Reichsgesetze nach deren neuer Paragraphenfolge ergaben, wiederholt veröffentlicht.

Das Verhältnis des Gesetzes vom $\frac{17.}{20.}$ Mai 1898 zu den übrigen Reichsgesetzen ist in § 185 Abs. 2 durch Bezugnahme auf den Art. 32 EG. z. BGB. geregelt; hienach bleiben die Vorschriften der Reichsgesetze auch, soweit sie Verfahrensvorschriften in Angelegenheiten der freiwilligen Gerichtsbarkeit enthalten, in Kraft; sie treten nur insoweit außer Kraft, als sich aus den Vorschriften dieses Gesetzes ihre Aufhebung ergibt.

Die Regelung des Verfahrens in Angelegenheiten der freiwilligen Gerichtsbarkeit durch das gegenwärtige Gesetz ist keine erschöpfende; dies zeigt sich nach verschiedenen Richtungen. Die Vorschriften des Gesetzes gelten nicht für andere als gerichtliche Behörden, welche Angelegenheiten der freiwilligen Gerichtsbarkeit zu besorgen haben, so das Standesamt, das Patentamt, das Seeamt, das Seemannsamt; die allgemeinen Vorschriften beziehen sich nur auf die durch Reichsgesetz den Gerichten übertragenen Vorschriften, die Sondervorschriften enthalten nicht alle Arten von Angelegenheiten der freiwilligen Gerichtsbarkeit, solche sind vielmehr auch, soweit sie Gerichten übertragen sind, in anderen Gesetzen enthalten (siehe z. B. § 132 Abs. 2 BGB. Bewilligung der öffentlichen Zustellung von Willenserklärungen, § 176 BGB. Kraftloserklärung einer Vollmachtsurkunde). Das Gesetz will selbst die von ihm behandelten Materien nicht ausschließlich und vollständig regeln; es läßt abweichende Verfahrensvorschriften der Reichsgesetze zu (siehe z. B. § 60 Abs. 2 BGB.); weitere Verfahrensvorschriften finden sich vielfach in den Gesetzen, welche das materielle Recht regeln, zahlreich auch im Bürgerlichen Gesetzbuch und im Handelsgesetzbuch (siehe z. B. §§ 1308, 1673 Abs. 2, 1847 Abs. 2, 1862, 1690 Abs. 3, 1826, 1827, 2200 Abs. 2, 2204 Abs. 2 BGB.). Endlich enthält das Gesetz nur zur gleichmäßigen Durchführung der Reichsgesetze zivilrechtlichen Inhalts notwendige Vorschriften und läßt der Landesgesetzgebung einen bald weiteren, bald engeren Spielraum für ergänzende Vorschriften und Ausführungsvorschriften. In Bayern sind gesetzliche Ausführungsvorschriften in Art. 129 bis 133 des Ausführungsgesetzes zum Bürgerlichen Gesetzbuch vom 9. Juni 1899 enthalten; weitere zur Ausführung und Ergänzung dienende Vorschriften geben Verordnungen und Ministerialbekanntmachungen.

Hinsichtlich derjenigen Materien, deren materiellrechtliche Regelung den Landesgesetzen vorbehalten ist, ist auch die Regelung der Zuständigkeit und des Verfahrens der Landesgesetzgebung überlassen.

Gesetz

über

die Angelegenheiten der freiwilligen Gerichtsbarkeit

vom 17. Mai 1898.

Wir **Wilhelm**, von Gottes Gnaden Deutscher Kaiser, König von Preußen ꝛc. verordnen im Namen des Reichs, nach erfolgter Zustimmung des Bundesrats und des Reichstags, was folgt:

Erster Abschnitt.

Allgemeine Vorschriften.

§ 1.

Für diejenigen Angelegenheiten der freiwilligen Gerichtsbarkeit, welche durch Reichsgesetz den Gerichten übertragen sind, gelten, soweit nicht ein Anderes bestimmt ist, die nachstehenden allgemeinen Vorschriften.

Anwendungsgebiet der allgemeinen Vorschriften.

1. Begriff der freiwilligen Gerichtsbarkeit und Verhältnis zur streitigen Gerichtsbarkeit. Weder das gegenwärtige noch ein anderes Gesetz gibt eine Begriffsbestimmung der freiwilligen Gerichtsbarkeit. Sie steht im Gegensatz zur streitigen Gerichtsbarkeit. Einzelne Schriftsteller bestimmen deshalb ihren Begriff negativ dahin, daß als Angelegenheiten der freiwilligen Gerichtsbarkeit diejenigen Angelegenheiten des bürgerlichen Rechts zu betrachten sind, bei welchen zur Erreichung eines rechtlichen Erfolges die Mitwirkung staatlicher Organe einzutreten hat und welche nicht nach den Vorschriften der Prozeßgesetze unter die streitige Gerichtsbarkeit fallen. Theoretisch kann die freiwillige Gerichtsbarkeit als die Mitwirkung der Gerichte zur Gestaltung der Privatrechtsordnung, bei der Begründung, Fortentwicklung und Veränderung von Privatrechtsverhältnissen bezeichnet werden, während die streitige Gerichtsbarkeit den Schutz und die Aufrechterhaltung der bestehenden Privatrechtsordnung zum Gegenstand hat (Wach, Handb. des Zivilprozesses I 42, 53, Monich im ZBl. **4** 325, Unger in der ZZP. **34** 271). Diese Begriffsbestimmung hat da Bedeutung, wo bei der Gesetzesauslegung Zweifel vorhanden sind, ob eine Angelegenheit der freiwilligen oder streitigen Gerichtsbarkeit angehört. Praktisch hat sich das positive Recht die Zuteilung einer Angelegenheit zur einen oder zur anderen zur Aufgabe gemacht und hat dabei an der obigen theoretischen Unterscheidung nicht durchweg festgehalten, wie die Zuteilung der Entmündigung und der Todeserklärung zur streitigen Gerichtsbarkeit zeigt, obwohl diese Gegenstände ihrem Wesen nach der freiwilligen Gerichtsbarkeit zuzuteilen gewesen wären (vergl. Koll in der ZZP. **30** 243 gegen Levis, die Entmündigung Geisteskranker, der lediglich das Anfechtungsverfahren als Angelegenheit der streitigen Gerichtsbarkeit gelten lassen will). Nach dem geltenden Recht sind also Angelegenheiten der freiwilligen Gerichtsbarkeit alle diejenigen Gegenstände, welche das Gesetz — Reichsgesetz oder Landesgesetz — entweder unmittelbar oder durch Zuweisung an Behörden der freiwilligen Gerichtsbarkeit — Vormundschaftsgericht, Nachlaßgericht, Registerbehörde — als solche bezeichnet.

Soweit eine Angelegenheit der freiwilligen Gerichtsbarkeit angehört, ist ihre Geltendmachung im ordentlichen Rechtsweg ausgeschlossen; umgekehrt kann eine zur streitigen Gerichtsbarkeit gehörige Angelegenheit auch mit Einwilligung der Beteiligten nicht im Verfahren der freiwilligen Gerichtsbarkeit erledigt werden (ZBl. **2** 424, **5** 90). Ein etwa von einer Behörde der freiwilligen Gerichtsbarkeit geschlossener und von ihr beurkundeter Vergleich über ein streitiges Privatrechtsverhältnis ist deshalb kein öffentlicher, wenn nicht die Behörde nach besonderen Vorschriften zur öffentlichen Beurkundung von derartigen Rechtsgeschäften zuständig ist (z. B. das Vormundschaftsgericht nach Art. 15 Abs. 2 Satz 1 AG. z. GVG.). Behandelt eine Behörde der freiwilligen Gerichtsbarkeit zu Unrecht eine zur streitigen Gerichtsbarkeit gehörige Angelegenheit, so erfolgt die Beseitigung der ergangenen Entscheidung im Beschwerdeverfahren der freiwilligen Gerichtsbarkeit; ein Gericht der streitigen Gerichtsbarkeit ist formell nicht in der Lage die Entscheidung einer Behörde der freiwilligen Gerichtsbarkeit aufzuheben. Möglich ist es, daß inhaltlich gleichartige Entscheidungen sowohl vom Prozeßgericht als von einer Behörde der freiwilligen Gerichtsbarkeit erlassen werden; beide bestehen dann unabhängig von einander; so kann während des Ehescheidungsprozesses das Prozeßgericht nach § 627 ZPO. auf Antrag der Ehegatten durch einstweilige Verfügung Anordnungen wegen der Sorge für die Person der gemeinschaftlichen minderjährigen Kinder treffen und gleichzeitig das Vormundschaftsgericht nach § 1666 BGB. die zum Schutz der Person der Kinder erforderlichen Maßregeln anordnen (RJA. **3** 223, ZBl. **4** 132).

Ist die Entscheidung einer Angelegenheit der freiwilligen Gerichtsbarkeit von der Beurteilung eines Rechtsverhältnisses abhängig, über das im Streitfalle die Gerichte der streitigen Gerichtsbarkeit zu entscheiden haben, so entscheidet gleichwohl regelmäßig das Gericht der freiwilligen Gerichtsbarkeit darüber; es kann seine Verfügung nur dann aussetzen und die Beteiligten auf den Rechtsweg verweisen, wenn das Gesetz es erlaubt, z. B. § 127 FGG.; es muß seine Verfügung aussetzen, wo das Gesetz es anordnet, z. B. § 95 FGG. (siehe Josef im ZBl. **3** 589).

Entscheidungen der freiwilligen Gerichtsbarkeit, die von der sachlich zuständigen Behörde erlassen worden sind (siehe § 7 FGG.), sind nach dem Eintritt ihrer Wirksamkeit auch für jedes Prozeßgericht bindend (siehe N. 4 zu § 16).

2. Inhalt des 1. Abschnittes: Nach einer Umgrenzung des Anwendungsgebietes (§ 1) enthält der 1. Abschnitt eine Reihe allgemeiner Vorschriften über Rechtshilfe (§ 2), Zuständigkeit (§§ 3—5, 7), Ausschließung vom Richteramt (§ 6), über das Verfahren der Gerichte (§§ 8—18), über die Beschwerde (§§ 19—30), über Rechtskraft, Folge der Aufhebung von Verfügungen, Ordnungsstrafen und Akteneinsicht (§§ 31—34). Diese Vorschriften sind nicht erschöpfend, sie enthalten nicht wie die Zivilprozeßordnung für die streitige Gerichtsbarkeit eine Kodifikation des gerichtlichen Verfahrens, sondern lassen der Landesgesetzgebung einen mehr oder minder weiten Spielraum zur Ergänzung (§ 200); eine einheitliche reichsgesetzliche Regelung ist nur erfolgt, soweit es zur gleichmäßigen Durchführung der Reichsgesetze erforderlich erschien. Mehrfach sind Vorschriften des Gerichtsverfassungsgesetzes (in §§ 2, 8, 30 Abs. 2) und der Zivilprozeßordnung (§§ 14, 15, 16, 27) für verwendbar erklärt; nur soweit dies der Fall ist, sind Vorschriften dieser Gesetze anwendbar, darüber hinaus ist eine Ergänzung der Vorschriften des gegenwärtigen Gesetzes aus jenen Gesetzen oder eine analoge Anwendung von Vorschriften derselben nicht zulässig.

3. Anwendungsgebiet des 1. Abschnittes: Nach § 1 gelten die allgemeinen Vorschriften des 1. Abschnittes reichsrechtlich nicht für alle Angelegenheiten der freiwilligen Gerichtsbarkeit; ihre Anwendung ist auf die durch Reichsgesetz den Gerichten übertragenen beschränkt, soweit nicht ein anderes bestimmt ist.

a) Die Übertragung muß durch Reichsgesetz (§ 185 FGG. mit Art. 2 EG. z. BGB.) erfolgt sein; dabei kommen neben dem gegenwärtigen Gesetze alle bestehenden oder künftig zu erlassenden Reichsgesetze in Betracht, hauptsächlich das BGB., HGB., GenG., GmbHG., BörsG., PStG., BinnenSchG. Dagegen finden die Vorschriften nicht ohne weiteres in Angelegenheiten, die zur Zuständigkeit der Landesgesetze gehören, deren Regelung der Landesgesetzgebung vorbehalten ist, Anwendung; siehe für Bayern unten N. 5.

b) Die Übertragung muß an die Gerichte erfolgt sein. Als Gerichte gelten die nach dem GVG. bestehenden. Ohne Einfluß ist es für die Anwendbarkeit der allgemeinen Vorschriften, wenn Angelegenheiten, die reichsgesetzlich primär den Gerichten überwiesen sind, auf Grund eines Vorbehaltes von der Landesgesetzgebung anderen Behörden übertragen sind; das ist im § 194 ausdrücklich ausgesprochen, eine Ausnahme macht nur § 196 für den Fall der Übertragung der Volljährigkeitserklärung an die Zentralstelle des Bundesstaats (für Bayern Art. 2 AG. z. BGB.). Es finden also die Vorschriften des 1. Abschnittes auch dort Anwendung, wo auf Grund des Art. 147 EG. z. BGB. Vormundschaftssachen oder Nachlaßsachen anderen als gerichtlichen Behörden übertragen sind.

Dagegen sind die Vorschriften des 1. Abschnittes unanwendbar:

in Angelegenheiten, welche anderen Beamten oder Behörden übertragen sind, z. B. dem Standesamt, dem Notar, dem Patentamt,

in Angelegenheiten, welche dem Gericht oder dem Notar wahlweise übertragen sind,

in Angelegenheiten, bezüglich deren es das Reichsrecht der Landesgesetzgebung überläßt, die zuständige Behörde zu bestimmen, auch wenn landesrechtlich ein Gericht für zuständig erklärt wird.

Sie sind also für das im 10. Abschnitt geregelte Beurkundungswesen, das im BGB. und HGB. den Gerichten oder Notaren übertragen ist, nicht anwendbar (RG. **57** 396, **58** 94, Dorner N. 3, Schneider N. 3 zu § 1 Fuchs im Recht **10** 473, a. M. Aron in der ZZP. **27** 319, Zastrow ZZP. **25** 523, Josef im ZBl. **6** 201, 206, Unger in der ZZP. **34** 264 und im ZBl. **7** 327, Frese im Recht **10** 655, Josef N. 2 b, Rausnitz N. 9, Wellstein N. 1 d zu § 1, Josef Lehrb. 25), ferner nicht auf die Herstellung von Teil-Hypothekenbriefen, = Grundschuldbriefen und =Rentenbriefen (§ 61 Abs. 1, § 70 Abs. 1 GBO.) und auf die Abnahme der Versicherung an Eidesstatt nach § 2356 Abs. 2 BGB.

Die Vorschriften sind endlich unanwendbar in Grundbuchsachen erster Instanz, da die Führung des Grundbuchamts reichsrechtlich den Grundbuchämtern übertragen ist, ohne daß bestimmt wäre, daß dies ein Gericht sein müsse; dagegen ist das Verfahren in der Beschwerdeinstanz in Grundbuchsachen den Gerichten überwiesen (§§ 72, 79 GBO.), es finden also die Vorschriften des 1. Abschnittes mit den sich aus der GBO. ergebenden Abweichungen Anwendung (OLG. **9** 145, Schneider S. XXII, Dorner N. 5i, Wellstein N. 1d zu § 1, a. M. Josef N. 2b, Rausnitz, N. 9 zu § 1, Unger in ZZP. **34** 258). In Bayern sind die Vorschriften der §§ 2, 5—10, 13, 14, 16—18, 34 (und 199 Abs. 2 Satz 2) FGG., soweit nicht reichsgesetzliche anderweitige Vorschriften bestehen, in Grundbuchsachen für entsprechend anwendbar erklärt (Art. 8 AG. z. GBO. u. ZVG.).

Als Angelegenheiten der freiwilligen Gerichtsbarkeit, die durch Reichsgesetz den Gerichten übertragen sind, sind insbesondere anzusehen:

1. Die Vormundschaftssachen im Sinne des 2. Abschnittes,

2. die Bestätigung des Vertrages über Annahme an Kindesstatt und über die Auflösung des bestehenden Verhältnisses (§ 65),

3. die den Gerichten nach dem Personenstandsgesetz obliegenden Verpflichtungen (§ 69),

4. die Nachlaß- und Teilungssachen (§§ 72 ff.),

5. die Führung der Register für Binnenschiffe (§ 120 BinnenSchG., §§ 100 ff. FGG.) und für Seeschiffe (§§ 4 ff. FlaggenG.).

6. die Führung des Handelsregisters und des Genossenschaftsregisters und die Handelssachen i. S. des 7. Abschnittes,

7. die Ermächtigung zur Berufung einer Versammlung der Besitzer von Schuldverschreibungen und Beurkundung der Versammlungsbeschlüsse (§§ 4, 9 G. betr. die gemeinsamen Rechte der Besitzer von Schuldverschreibungen vom 4. 12. 99),

8. die Führung des Musterregisters (§ 9 MustG.) und des Börsenregisters (§ 54 BörsG.),

9. die Vereinssachen und die Führung der Güterrechtsregister (8. Abschnitt, §§ 29, 48, 73, 86 BGB.),

10. die Bewilligung der öffentlichen Zustellung einer Willenserklärung (§ 132 Abs. 2 BGB.),

11. die Bewilligung der öffentlichen Bekanntmachung der Kraftloserklärung einer Vollmachtsurkunde (§ 176 BGB.),

12. die Bestellung eines Vertreters des Grundstückseigentümers zur Entgegennahme der Kündigung von Hypotheken, Grundschulden und Rentenschulden (§ 1141, 1192, 1200 BGB.),

13. die im 9. Abschnitt behandelten Angelegenheiten, Offenbarungseid, Untersuchung und Verwahrung von Sachen, Pfandverkauf,

14. die weitere Aufbewahrung von Testamenten und Erbverträgen nach erfolgter Eröffnung (§§ 2261, 2264 BGB., KGJ. **21** 228).

15. das Beschwerdeverfahren in Grundbuchsachen (siehe oben).

Nicht zur freiwilligen, sondern zur streitigen Gerichtsbarkeit gehören die Fälle der §§ 1052, 1054, 2128 BGB. (Böhm-Klein N. 5a zu Art. 129, Josef N. 1 lit b zu § 1, a. M. Dorner N. 5h zu § 1).

c) Die Vorschriften des 1. Abschnittes haben nur subsidäre Bedeutung, sie gelten auch, wenn die Voraussetzungen unter a und b vorliegen, nur, soweit nicht ein anderes bestimmt ist, d. h. abweichende Vorschriften hinsichtlich der in den §§ 2—34 geregelten Materien für besondere Fälle vorhanden sind; die bestehenden Reichsgesetze sind durch § 185 Abs. 2 mit Art. 32 EG. z. BGB. ausdrücklich aufrecht erhalten, soweit sich nicht aus dem FGG. ihre Aufhebung ergibt. Abweichende Vorschriften sind in diesem Gesetz (z. B. §§ 51—53 gegenüber § 16, § 55 gegenüber

§ 18, §§ 57, 96 gegenüber § 20, § 60 Abs. 2 Satz 2 gegenüber § 20 Abs. 2, § 96 Satz 2 gegenüber § 23, § 128 gegenüber § 11, § 143 Abs. 2 Satz 2 gegenüber § 27) und in anderen geltenden Reichsgesetzen vorhanden, siehe insbes. §§ 60, 73 BGB. hinsichtlich der Beschwerde in Vereinssachen; es können Abweichungen auch in künftigen Reichsgesetzen erfolgen, dagegen nicht in einem Landesgesetze; die Landesgesetzgebung ist durch § 200 nur zur Erlassung ergänzender Vorschriften ermächtigt.

4. Die Vorschriften des FGG. gelten auch in den Konsulargerichtsbezirken und in den Schutzgebieten. An Stelle des Amtsgerichts tritt der Konsul beziehungsweise in den Schutzgebieten der vom Reichskanzler mit der Ausübung der Gerichtsbarkeit betraute Beamte (§ 7 Nr. 2, § 18 Abs. 2, § 19 Nr. 1 KonsGG. §§ 2, 3 SchutzgebG.).

5. Geltung der Vorschriften des 1. Abschnittes in landesrechtlichen Angelegenheiten in Bayern. Nach Art. 129 Satz 1 AG. z. BGB. gelten die Vorschriften der §§ 2 bis 27, 29 bis 34 auch für diejenigen Angelegenheiten der freiwilligen Gerichtsbarkeit, für welche die Landesgesetze maßgebend sind, soweit nicht in den — bestehenden oder künftig zu erlassenden — Landesgesetzen ein Anderes vorgeschrieben ist; Zweck dieser Vorschrift ist, im Interesse der Einheitlichkeit und Uebersichtlichkeit des Rechts für die reichs- und landesrechtlichen Angelegenheiten ein möglichst gleichmäßiges Verfahren herbeizuführen. § 28 FGG., der die Zuständigkeit des Oberlandesgerichts bezw. in gewissen Fällen des Reichsgerichts für die Entscheidung über die weitere Beschwerde feststellt, ist nicht für anwendbar erklärt, da in Bayern an Stelle des Oberlandesgerichts das Oberste Landesgericht über die weitere Beschwerde entscheidet (Art. 42 Abs. 3 AG. z. GVG.); die Zuständigkeit des Reichsgerichts kommt in Angelegenheiten, für welche die Landesgesetze maßgebend sind, nicht in Frage. Siehe auch die kaum mehr praktische Bestimmung des Art. 34 ÜbergG. über das Verfahren in anhängigen Sachen.

Zu den Angelegenheiten, für welche die Landesgesetze maßgebend sind, gehören insbesondere:

die Verrichtungen des Fideikommißgerichts (Beilage VII zur Verfassungsurkunde, V. vom 3. März 1857) und die nach dem Gesetze vom 22. Februar 1855 über die landwirtschaftlichen Erbgüter den Gerichten obliegenden Verrichtungen;

die Verrichtungen, welche in standesherrlichen Vormundschaftssachen durch § 10 Abs. 1 der IV. Beilage zur Verfassungsurkunde den Gerichten zugewiesen sind;

die den Gerichten durch die Gesetze vom 21. April 1889 über die Landeskulturrentenanstalt und vom 29. Mai 1886 über die Flurbereinigung übertragenen Verrichtungen (siehe hiezu Art. 170, 171 AG. z. BGB.);

die Feststellung der Unschädlichkeit gewisser Änderungen des Gegenstandes von Hypotheken und anderen Rechten (G. das Unschädlichkeitszeugnis betr. vom 15. Juni 1898);

die Feststellung des Bestehens von Realgewerbeberechtigungen;

die Verrichtungen in Bezug auf die registrierten Gesellschaften nach dem bay. G. vom 29. April 1868;

die amtliche Ermittelung des Wertes von Grundstücken (Art. 87, 88 AG. z. BGB.);

die Feststellung des Datums einer Privaturkunde (Art. 33 AG. z. ZPO. u. KO.);

die Rechtshilfe in Angelegenheiten, die vor nichtdeutschen Behörden anhängig sind, z. B. die Vernehmung von Zeugen, die Abnahme von Eiden in ausländischen Nachlaßsachen (Becher, Mat. IV. u. V. Abt. Bd. 1 S. 130);

die den Gerichten zukommenden Verfügungen in Bezug auf die Zwangserziehung;

die Verrichtungen der Gerichte in Bezug auf die Befreiung von Ehehindernissen, die Ehelichkeitserklärung, die Volljährigkeitserklärung, die Befreiung von dem für die Annahme an Kindesstatt erforderlichen Alter des Annehmenden und die Namensänderung;

die Festsetzung der Notariatskosten nach Art. 50 NotG. und die in Art. 57 ff. NotG. den Gerichten überwiesenen Aufgaben (SeuffBl. **70** 53.)

Über die Geltung der allgemeinen Vorschriften in Grundbuchsachen siehe oben N. 3.

Keine Angelegenheiten der freiwilligen Gerichtsbarkeit sind die in den Bereich des bayerischen Gebührengesetzes fallenden Streitigkeiten, auch wenn sie Akte der freiwilligen Gerichtsbarkeit betreffen (BayObLG. **1** 502, **2** 672, SeuffBl. **67** 374) und das Hinterlegungswesen (Art. 76 AG. z. GVG.)

§ 2.

Die Gerichte haben sich Rechtshülfe zu leisten. Die §§ 158 bis 169 des Gerichtsverfassungsgesetzes finden Anwendung.

Rechtshilfe.

1. Anwendungsgebiet des § 2. Durch § 2 wird die Verpflichtung zur Leistung von Rechtshilfe in Angelegenheiten der freiwilligen Gerichtsbarkeit für die Gerichte geregelt. Sachlich beschränkt sich die Rechtshilfepflicht nach § 2 zunächst auf die Angelegenheiten, welche durch Reichsgesetz den Gerichten übertragen sind (§ 1), erstreckt sich aber insoweit auch auf Amtshandlungen, welche auf Grund nach § 200 FGG. erlassener landesrechtlicher Ausführungs- und Ergänzungsvorschriften vorzunehmen sind, jedoch mit der sich aus § 159 Abs. 2 GVG. ergebenden Einschränkung, daß die vorzunehmende Handlung dem ersuchten Gericht nicht nach dem Rechte des eigenen Bundesstaats verboten ist (OLG **2** 393).

Zu den rechtshilfeberechtigten und -verpflichteten Gerichten gehören auch die deutschen Konsulargerichte im Auslande und die Schutzgebietsgerichte. Die Vorschriften der §§ 157—169 GVG. und des § 2 finden auch auf die Leistung der Rechtshilfe unter den bei der Ausübung der Konsulargerichtsbarkeit mitwirkenden Behörden sowie unter diesen Behörden und den Behörden im Reichsgebiet oder in den deutschen Schutzgebieten mit der Maßgabe entsprechende Anwendung, daß für die im § 160 Abs. 1 GVG. vorgesehene Entscheidung, sofern die Rechtshilfe von dem Konsul versagt oder gewährt wird, das Reichsgericht in erster und letzter Instanz zuständig ist (§ 18 des RG. über die Konsulargerichtsbarkeit vom 7. 4. 00 RGBl. 213); dasselbe gilt hinsichtlich der Schutzgebietsgerichte (§ 2 des Schutzgebietsgesetzes vom 25. 7. 00 RG.-Bl. 813).

In Bayern finden die Vorschriften des § 2 nach Art. 129 AG. z. BGB. auch in den Angelegenheiten der freiwilligen Gerichtsbarkeit, für welche die landesgesetzlichen Vorschriften maßgebend sind, ferner nach Art. 8 AG. z. GBO. und ZVG. in Grundbuchsachen Anwendung, insoweit jedoch nur im Verkehr unter bayerischen Gerichten; über Ausschluß der letztinstanziellen Zuständigkeit des Reichsgerichts siehe unten S. 14 Note zu § 160 GVG.

Der Rechtshilfeverkehr zwischen Gerichten verschiedener Bundesstaaten beruht auf Staatsverträgen und Herkommen.

2. Begriff, Gegenstand, Voraussetzungen der Rechtshilfe. Rechtshilfe ist die Vornahme einer den Zwecken eines anderen Gerichts dienenden Amtshandlung auf dessen Ersuchen. Die Notwendigkeit der Rechtshilfe ergibt sich aus der territorialen

Abgrenzung der Gerichtsbezirke und dem Verbot, Amtshandlungen außerhalb des Gerichtsbezirk vorzunehmen (§ 167 GVG). Gegenstand der Rechtshilfe können also nur Amtshandlungen sein, welche an sich zum Geschäftskreis des ersuchenden Gerichts gehören, aber außerhalb seines Bezirks vorzunehmen sind, an deren Vornahme sonach das Gericht durch die räumliche Abgrenzung seines Machtbereichs verhindert ist, so daß es genötigt ist, die Mithilfe des Richters eines anderen Bezirks in Anspruch zu nehmen. Es gehören hierher insbesondere Beweiserhebungen durch Vernehmung auswärts befindlicher Personen oder Augenscheinseinnahme an im Bezirke anderer Gerichte befindlichen Objekten, überhaupt Einvernahme von Personen, auch von Beteiligten zur Sache, Abnahme von Eiden, Verpflichtung von Vormündern u. s. w.

Dagegen können nicht Gegenstand der Rechtshilfe Amtshandlungen sein, die das mit der Sache befaßte Gericht kraft der ihm zukommenden, sich auf alle im deutschen Reiche befindlichen Personen erstreckenden Gerichtsgewalt von seinem Sitze aus vornehmen kann, wie die Bekanntmachung von Verfügungen und Entscheidungen an nicht im Gerichtsbezirk wohnende Personen, sowie Rechtsbelehrungen, welche sich tatsächlich nur als Gründe einer Entscheidung darstellen; das Gericht ist vielmehr nach § 16 FGG. in der Lage und deshalb auch verpflichtet, solche Verfügungen und Entscheidungen schriftlich zu treffen und durch Zustellung bekannt zu machen (OLG. **6** 497, **8** 2, **10** 20, ZBl. **2** 490, **4** 116, 509, **5** 496, **7** 32, DJZ. **01** 512, a. M. Josef N. VII zu § 2, der es in das Ermessen des Gerichts stellt, auf welche Weise es eine Verfügung bekannt machen will, ähnlich Breit im ZBl. **4** 482, m. E. mit Unrecht, da das Gesetz eine Bekanntmachung zu Protokoll nur gegenüber einem Anwesenden, nämlich bei Erlassung der Verfügung Anwesenden, kennt, im übrigen nur den Weg der Bekanntmachung nach § 16 Abs. 2 FGG. gibt). Die Bekanntgabe des Inhalts eines eröffneten Testaments nach § 2262 BGB. an die bei der Eröffnung nicht anwesenden Personen kann Gegenstand der Rechtshilfe sein, dagegen nicht die Eröffnung des Testaments selbst nach §§ 2260, 2261 BGB., der unbedingt den dort genannten Gerichten obliegt (BayObLG. **5** 516, ZBl. **4** 795).

Da der Rechtshilferichter nur Ausführungsorgan des ersuchenden Richters ist, kann demselben auch die Erlassung von Entscheidungen nicht aufgetragen werden, deren Erlassung Aufgabe des mit der Sache befaßten Gerichts ist, wie die Auswahl von Vormündern, Pflegern aus den im Bezirke des ersuchenden Gerichts wohnenden Personen (OLG. **5** 261, **8** 1, ZBl. **3** 392). Zur selbständigen Erlassung von Entscheidungen kann der Rechtshilferichter gelangen, wenn die von ihm vorzunehmende Amtshandlung dazu Anlaß gibt, wie Ungebührstrafen oder Ungehorsamstrafen gegen Zeugen und Sachverständige.

Gegenstand des an ein Gericht zu stellenden Rechtshilfeersuchens können nur richterliche Handlungen, nicht etwaige Verwaltungshandlungen sein (OLG. **4** 221d), ferner nur Handlungen, die zum richterlichen Geschäftskreis des ersuchenden Gerichts in der betreffenden Sache gehören. Um Ermittelungen, deren Vornahme Sache des Vormunds ist, kann daher regelmäßig ein anderes Gericht vom Vormundschaftsgericht nicht ersucht werden; soweit jedoch das Vormundschaftsgericht eine Unterstützung des Vormunds bei seiner Tätigkeit für zweckmäßig und notwendig hält, kann es zu diesem Zwecke auch Rechtshilfe verlangen; siehe über die Pflicht zur Rechtshilfe bei Maßregeln zur Ermittelung des unehelichen Vaters OLG. **6** 495, **7** 448, ZBl. **2** 428, Josef N. V zu § 2 und im ZBl. **4** 165, dagegen OLG. **1** 282, **2** 392, ZBl. **5** 497, 630, **6** 229, DJZ. **05** 748.

Auskunfterteilung über inländisches Recht fällt nicht unter den Begriff der Rechtshilfe (ZBl. **3** 124).

Voraussetzung der Rechtshilfepflicht in reichsrechtlichen Angelegenheiten ist, daß das ersuchte Gericht zu der ihm angesonnenen Amtshandlung sachlich zuständig ist, daß also nicht nur das Rechtshilfeersuchen in einer unter § 1 fallenden Angelegenheit erfolgt, sondern daß auch die dem ersuchten Gericht angesonnene Handlung eine den Gerichten durch Reichsgesetz übertragene oder ihm nach dem Rechte des Staates, dem es angehört, erlaubt ist.

Da die Beurkundung von Rechtsgeschäften nach unserer Ansicht nicht zu den unter § 1 fallenden Angelegenheiten gehört (N. 3 zu § 1), besteht reichsrechtlich auf Grund des § 2 auch keine Rechtshilfepflicht. Da in Bayern regelmäßig die Notare, nicht die Gerichte zur Vornahme von Beurkundungen zuständig sind, sind insoweit die bayerischen Gerichte den Gerichten anderer Bundesstaaten gegenüber zur Rechtshilfe weder berechtigt noch verpflichtet. Bei selbständigen Beurkundungen wird sich übrigens nur selten die Notwendigkeit einer Rechtshilfe ergeben. Soweit Beurkundungen von Rechtsgeschäften in einem anhängigen Verfahren der freiwilligen Gerichtsbarkeit nach Reichsrecht zu erfolgen haben, wie dies in Vormundschaftssachen, Nachlaßsachen und Registersachen der Fall ist, kann auch die Beurkundung rechtsgeschäftlicher Erklärungen im Wege der Rechtshilfe verlangt werden, da es sich dabei um eine Tätigkeit innerhalb einer unter § 1 fallenden Angelegenheit handelt (OLG. **2** 393, **8** 368, BayObLG. **2** 885, Josef N. II, III zu § 2 und in der DJZ. **03** 150, Recht **04** 14, ZBl. **6** 201, dagegen RG. **57** 397, **58** 94, OLG. **9** 374, JW. **04** 344, 385). Auch bei der Beurkundung des Übereinkommens mit dem unehelichen Vater über den Unterhalt ist Rechtshilfe zu leisten. Für die Erteilung vollstreckbarer Ausfertigungen derartiger Alimentenübereinkommen kommt es darauf an, in welchem Sinn das vom Vormundschaftsgericht angegangene Gericht gehandelt hat; wollte es nur Rechtshilfe leisten, hat es also nur an Stelle des Vormundschaftsgerichts gehandelt, so hat nach § 797 Abs. 1 ZPO. der Gerichtsschreiber des letzteren die Ausfertigung zu erteilen; wollte es dagegen die Urkunde kraft eigener Zuständigkeit, die in Bayern nach Art. 15 AG. z. GVG. gegeben ist, aufnehmen, so obliegt auch dem Gerichtsschreiber dieses Gerichts die Erteilung der Ausfertigung (siehe hierüber BayObLG. **3** 565, 1068, SeuffBl. **67** 271, 392, Josef im Recht **04** 14, Bezold in Seuff.-Bl. **66** 413, Schäfer ebenda **66** 388, **67** 49). Ein an das beurkundende Gericht seitens des Vormundschaftsgerichts gerichtetes Ersuchen um Erteilung der vollstreckbaren Ausfertigung ist im letztgedachten Falle kein Rechtshilfeersuchen, da die Antragstellung auf Erteilung der Ausfertigung Sache der Beteiligten ist; gegen die Ablehnung des vom Vormundschaftsgericht übermittelten Gesuches findet deshalb auch nicht die Beschwerde nach § 160 GVG. statt.

Rechtshilfe kann nur verlangt werden, wenn und solange das Gericht mit der Sache, in der es dieselbe nachsucht, befaßt ist. Das Verlangen ist also ausgeschlossen, wenn die gerichtliche Tätigkeit von einem Antrag abhängt und dieser noch nicht gestellt ist; es kann also insbesondere nicht ein Gericht ein anderes um Einleitung eines solchen einen Parteiantrag voraussetzenden Verfahrens ersuchen (OLG. **2** 236, **4** 219). Dagegen ist bei den Ermittelungen, welche das Gericht auf den Antrag hin gemäß § 12 FGG. einleitet, ehe es sich entschließt, auf den Antrag hin ein Verfahren einzuleiten, Rechtshilfe zu leisten. Ausgeschlossen ist das Verlangen ferner, wenn eine Amtshandlung nicht mehr zum Geschäftskreis des Gerichts gehört; es kann deshalb ein Vormundschaftsgericht nach Abgabe der Vormundschaft an ein anderes Gericht nach Maßgabe des § 46 FGG. kein auf die Vormundschaft bezügliches Rechtshilfeersuchen mehr stellen (DJZ. **01** 512). Soweit dagegen das Vormundschaftsgericht nach Beendigung der Vormundschaft noch Amtshandlungen vorzunehmen hat, wie die Abnahme der Schlußrechnung des Vormunds, muß ihm dabei auch Rechtshilfe geleistet werden (OLG. **2** 394).

Von einem Rechtshilfeersuchen zu unterscheiden ist die bloße Übermittelung von Anträgen Beteiligter, deren Notwendigkeit sich bei Gelegenheit eines anderen Verfahrens ergibt und welche das in diesem Verfahren zuständige Gericht aus Zweckmäßigkeitsgründen entgegennimmt und protokolliert, an das zuständige Gericht, z. B. auf Ausstellung eines Erbscheines, dessen Jemand in einem anderen Verfahren bedarf (OLG. **1** 194, ZBl. **5** 494).

3. Form und Inhalt des Rechtshilfeersuchens: Aus dem Ersuchen muß vor allem deutlich ersichtlich sein, daß es sich um Ausführung einer bestimmten zum Geschäftskreis des ersuchenden Gerichts gehörigen Tätigkeit und um eine Angelegenheit, auf welche sich § 2 bezieht, handelt (OLG. **2** 392). Werden Beweiserhebungen verlangt, so ist der Gegenstand derselben beim Mangel eines Beweisbeschlusses (siehe N. zu § 15) genau anzugeben. Bei Ersuchen um Eidesabnahme muß die Eidesformel angegeben werden. Formelle Anstände geringfügiger Natur sollen jedoch nicht zum Anlaß einer Ablehnung gemacht werden (OLG. **1** 175).

Über die Formen des schriftlichen Verkehrs siehe für Bayern MBek. vom 24. 4. 01 JMBl. 363, die auch für den Verkehr mit nicht bayerischen Gerichten maßgibt.

4. Die anzuwendenden Vorschriften des GVG.

§ 158. Das Ersuchen um Rechtshilfe ist an das Amtsgericht zu richten, in dessen Bezirke die Amtshandlung vorgenommen werden soll.

a) Soweit eine Rechtshilfepflicht der Gerichte besteht, sind zur Leistung der Rechtshilfe die Amtsgerichte zuständig und verpflichtet; für die örtliche Zuständigkeit ist die Lage des Ortes, an dem die Amtshandlung vorzunehmen ist, maßgebend.

Sind in einem Bundesstaat auf Grund des Vorbehaltes des Art. 147 EG. z. BGB. für Vormundschafts- oder Nachlaßsachen andere als gerichtliche Behörden zuständig, so sind sämtliche Amtsgerichte im Deutschen Reich auch diesen Behörden rechtshilfepflichtig. Diese Behörden sind aber auch ihrerseits in dem nämlichen Umfange wie die Amtsgerichte in Sachen, die sich auf den ihnen sachlich zugewiesenen Wirkungskreis beziehen, rechtshilfepflichtig; neben ihnen sind aber auch die Amtsgerichte des Bundesstaats rechtshilfepflichtig (§ 194 Abs. 4 FGG.)

Über die Rechtshilfepflicht der Konsuln und Schutzgebietsgerichte siehe oben N. 1. Das Ersuchen ist an den Konsul, auch wenn er zur eigenen Erledigung nicht zuständig ist, beziehungsweise an den zur Ausübung der Gerichtsbarkeit in dem Schutzgebiete bestellten Beamten zu richten; siehe über den Verkehr mit Konsuln JMBl. **87** 285, **93** 227, mit Schutzgebieten **87** 284, **99** 355, **00** 963, über die Orte, an denen sich mit Gerichtsbarkeit ausgestattete oder solche Konsuln befinden, welche zur Abhörung von Zeugen und zur Abnahme von Eiden allgemein ermächtigt sind JMBl. **06** 134, über die Schutzgebiete Keidel Handb. 95. Bei den Militärgerichten sind im Felde auch die Kriegsgerichtsräte und Oberkriegsgerichtsräte für die Erledigung von Rechtshilfeersuchen zuständig (§ 1 Nr. 3 des RG. vom 28. 5. 01, RGBl. 185).

§ 159. Das Ersuchen darf nicht abgelehnt werden.

Das Ersuchen eines im Instanzenzuge vorgesetzten Gerichts ist jedoch abzulehnen, wenn dem ersuchten Gerichte die örtliche Zuständigkeit mangelt, oder die vorzunehmende Rechtshandlung nach dem Rechte des ersuchten Gerichts verboten ist.

b) Das Ersuchen eines im Instanzenzug vorgesetzten Gerichts, d. i. eines Landgerichts oder Oberlandesgerichts, zu dessen Bezirk das ersuchte Amtsgericht gehört, soweit bayerische Amtsgerichte in Frage kommen, des Obersten Landesgerichts, endlich des Reichsgerichts, darf, soferne überhaupt ein Fall der Rechtshilfe vorliegt, niemals abgelehnt werden. Dem ersuchten Gericht ist es jedoch nicht verwehrt, insbesondere wenn ihm die örtliche Zuständigkeit fehlt, bei dem ersuchenden Gericht vorstellig zu werden oder die Sache zur Erledigung an das zuständige Gericht abzugeben.

Das Ersuchen jedes anderen Gerichts, auch eines im Rang übergeordneten, muß abgelehnt werden,

1. wenn dem ersuchten Amtsgericht die örtliche Zuständigkeit fehlt, z. B. wenn sich die zu vernehmende Person, der in Augenschein zu nehmende Gegenstand nicht in seinem Bezirk befindet,
2. wenn die vorzunehmende Amtshandlung nach dem Rechte des ersuchten Gerichts verboten ist, wenn ihm also die sachliche Zuständigkeit zu derselben fehlt oder Gesetze materiellen Inhalts ihrer Vornahme entgegenstehen.

Die Ablehnung des Ersuchens ist zweifellos auch zulässig, wenn die verlangte Rechtshilfe überhaupt rechtlich unzulässig ist, insbesondere wenn sie gegen die guten Sitten verstößt oder wenn sie anerkannten Rechtsbegriffen zuwiderläuft (DJZ. **02** 560).

Aus anderen Gründen darf die Ablehnung nicht erfolgen, insbesondere hat das ersuchte Gericht kein Recht der Prüfung der Notwendigkeit oder der Zweckmäßigkeit der vorzunehmenden Handlung überhaupt oder gerade durch das ersuchte Gericht; es kann deshalb z. B. nicht die Vernehmung einer erkrankten Person in ihrer Wohnung deshalb abgelehnt werden, weil die Sache nicht dringend sei, die Wiederherstellung der Person abgewartet werden könne (OLG. **3** 35), oder das Ersuchen des Registergerichts um Vernehmung einer im Bezirk des ersuchten Gerichts weilenden Person, weil nach Ansicht des ersuchten Gerichts das Registergericht selbst in der Lage wäre, die Amtshandlung vorzunehmen, weil die Erklärung von einem Bevollmächtigten abgegeben werden könne, weil die Einsendung einer beglaubigten Erklärung genüge oder weil die Beteiligten gezwungen werden könnten, die Erklärung selbst beizubringen (ZBl. **2** 12, OLG. **3** 314, **4** 220, DJZ. **01** 440). Die Ablehnung kann auch nicht auf eine Bemängelung der Zuständigkeit des ersuchenden Gerichts gestützt werden (ZBl. **3** 840, **4** 631). Über die Zulässigkeit der Unterstützung des Vormunds durch das Vormundschaftsgericht bei Ermittelung des unehelichen Vaters siehe oben N. 2.

§ 160. Wird das Ersuchen abgelehnt, oder wird der Vorschrift des § 159 Abs. 2 zuwider dem Ersuchen stattgegeben, so entscheidet das Oberlandesgericht, zu dessen Bezirke das ersuchte Gericht gehört. Eine Anfechtung dieser Entscheidung findet nur statt, wenn dieselbe die Rechtshilfe für unzulässig erklärt, und das ersuchende und das ersuchte Gericht den Bezirken verschiedener Oberlandesgerichte angehören. Ueber die Beschwerde entscheidet das Reichsgericht.

Die Entscheidungen erfolgen auf Antrag der Beteiligten oder des ersuchenden Gerichts ohne vorgängige mündliche Verhandlung.

c) § 160 regelt die Anfechtung des Verhaltens des ersuchten Gerichts zu dem Ersuchen und sieht zwei Instanzen vor.

Die Ablehnung des Ersuchens ist stets ohne Rücksicht auf den Ablehnungsgrund anfechtbar; dies gilt für die gänzliche wie für die teilweise Ablehnung durch Verweigerung der Ausführung der nachgesuchten Handlung in der verlangten Form oder Art und Weise (z. B. das Vormundschaftsgericht ersucht, den Vormund in bestimmter Weise hinsichtlich seines Wirkungskreises zu belehren und seine hiernach abzugebende Erklärung zu beurkunden; das ersuchte Gericht hält die Rechtsanschauung des ersuchenden für unrichtig und belehrt nach seiner eigenen — nicht zu billigenden — Anschauung; SeuffBl. **63** 429).

Wird dem Gesuch stattgegeben, so kann die Anfechtung nur darauf gestützt werden, daß dem Gesuche nach § 159 Abs. 2 GVG. nicht stattgegeben werden sollte, daß also das ersuchte Gericht örtlich unzuständig oder die vorzunehmende Handlung nach dem Rechte desselben verboten sei. Die Anfechtung setzt nicht einen ausdrücklichen Bescheid, daß dem Ersuchen stattgegeben werden wolle, voraus; es genügt, wenn das ersuchte Gericht irgendwie, z. B. durch Anordnung der Ladung der zu vernehmenden Person, zu erkennen gegeben hat, daß es dem Ersuchen stattgeben wolle.

Im Falle des Ersuchens eines im Instanzenzuge vorgesetzten Gerichts ist jede Anfechtung ausgeschlossen (Rausnitz N. 17 zu § 2, Löwe N. 6 zu § 160).

Zur Entscheidung berufen ist das Oberlandesgericht, zu dessen Bezirk das ersuchte Gericht gehört, und zwar auch im Falle der Anfechtung der Erfüllung des Ersuchens, obwohl sich hier die Anfechtung eigentlich gegen die Zulässigkeit des Ersuchens richtet.

Eine Anfechtung der Entscheidung des Oberlandesgerichts ist ausgeschlossen,

wenn die Rechtshilfe für zulässig erklärt wurde,

wenn das ersuchende und das ersuchte Gericht dem Bezirke desselben Oberlandesgerichts angehören,

dagegen zulässig, wenn die beiden Gerichte zu den Bezirken verschiedener Oberlandesgerichte desselben oder verschiedener Bundesstaaten gehören und die Rechtshilfe vom Oberlandesgericht für unzulässig erklärt wurde. Zuständig zur Entscheidung ist das Reichsgericht.

Das Reichsgericht ist auch als erste und letzte Instanz zuständig, wenn die Rechtshilfe von einem Konsul oder einem Schutzgebietsgericht versagt oder gewährt wird (§ 18 des G. über die Konsulargerichtsbarkeit vom 7. 4. 00 und § 2 des Schutzgebietsgesetzes vom 25. 7. 00).

Das bayerische Oberste Landesgericht kann in reichsrechtlichen Angelegenheiten mit Rechtshilfesachen nie befaßt werden, weder an Stelle des Oberlandesgerichts noch an Stelle des Reichsgerichts, da sich der Vorbehalt des § 199 FGG. nur auf das Rechtsmittel der weiteren Beschwerde i. S. des § 27 FGG. und die in § 199 Abs. 2 bezeichneten Fälle, wozu § 2 mit § 160 GVG. nicht gehört, bezieht. In Angelegenheiten, für welche die Landesgesetze maßgebend sind, ist dagegen die Zuständigkeit des Reichsgerichts ausgeschlossen, da die Landesgesetzgebung nicht dessen Zuständigkeit verfügen kann; da Grundbuchsachen nicht unter § 1 FGG. fallen (N. 3 zu § 1, N. 1 zu § 2), ist auch hier in Rechtshilfesachen die Zuständigkeit des Reichsgerichts ausgeschlossen (RG. **55** 275, auch OLG. **9** 145); an seine Stelle tritt in Bayern, da es sich um Angelegenheiten der freiwilligen Gerichtsbarkeit handelt gemäß Art. 42 Abs. 3 AG. z. GVG. (nicht Art. 77) das Oberste Landesgericht.

Die Entscheidung beider Instanzen setzt einen Antrag voraus. Antragsberechtigt ist das ersuchende Gericht, ferner jeder Beteiligte, d. h. jeder, der an der Regelung der Angelegenheit, in der Rechtshilfe gesucht wird, ein rechtliches Interesse hat, an dem Verfahren teilnimmt oder teilzunehmen berechtigt ist. Der Antrag bedarf zu keiner Instanz einer Form; er ist an keine Frist gebunden; die Vorschriften der §§ 19 ff. FGG. finden in diesem Verfahren keine Anwendung.

Die Entscheidung erfolgt in beiden Instanzen ohne mündliche Verhandlung, eine solche ist also unzulässig.

Gegen die bloße Verzögerung der Rechtshilfe findet nur die Aufsichtsbeschwerde statt.

§ 161. Die Herbeiführung der zum Zwecke von Vollstreckungen, Ladungen und Zustellungen erforderlichen Handlungen erfolgt nach Vorschrift der Prozeßordnungen ohne Rücksicht darauf, ob die Handlungen in dem Bundesstaate, welchem das Prozeßgericht angehört, oder in einem anderen Bundesstaate vorzunehmen sind.

§ 162. Gerichte, Staatsanwaltschaften und Gerichtsschreiber können wegen Erteilung eines Auftrages an einen Gerichtsvollzieher die Mitwirkung des Gerichtsschreibers des Amtsgerichts in Anspruch nehmen, in dessen Bezirk der Auftrag ausgeführt werden soll. Der von dem Gerichtsschreiber beauftragte Gerichtsvollzieher gilt als unmittelbar beauftragt.

d) Nach § 161 bedarf es zur Herbeiführung von Vollstreckungen, Ladungen und Zustellungen außerhalb des Gerichtsbezirks regelmäßig keines Rechtshilfeersuchens, jedes Gericht ist ermächtigt, den Gerichtsvollzieher oder die Post mit der Vornahme solcher Handlungen außerhalb des Gerichtsbezirks zu beauftragen. § 162 sieht aber die Zulässigkeit einer Vermittelung des Gerichtsschreibers des Amtsgerichts bei der Auftragerteilung an einen Gerichtsvollzieher vor. Bei Ladungen und Zustellungen ist es dabei ohne Einfluß, wenn sie auf Grund landesrechtlicher Ausführungsvorschriften erfolgen. Der Vollzug gerichtlicher Verfügungen durch Anwendung von Zwang ist der Landesgesetzgebung überlassen; für Bayern siehe Art. 130 AG. z. BGB.; die Pflicht zur Rechtshilfe ist dabei davon abhängig, daß die verlangte Maßregel auch nach dem Rechte des Bundesstaats, dem das ersuchte Gericht angehört, zulässig ist.

§ 163. Eine Freiheitsstrafe, welche die Dauer von sechs Wochen nicht übersteigt, ist in demjenigen Bundesstaate zu vollstrecken, in welchem sich der Verurteilte befindet.

§ 164. Soll eine Freiheitsstrafe in dem Bezirke eines anderen Gerichts vollstreckt oder ein in dem Bezirke eines anderen Gerichts Verurteilter zum Zwecke der Strafverbüßung ergriffen und abgeliefert werden, so ist die Staatsanwaltschaft bei dem Landgerichte des Bezirks um die Ausführung zu ersuchen.

e) § 163 findet nur für die Ungebührstrafe nach § 8 FGG. mit § 179 GVG. und für die Ungehorsamstrafen nach § 15 FGG. mit §§ 380, 390 Abs. 1 ZPO. Anwendung, nicht auf Freiheitsentziehungen, die nicht den Charakter einer Strafe haben, sondern zur Erzwingung einer Handlung dienen, wie die Zwangshaft nach § 390 Abs. 2 ZPO.

§ 165. Im Falle der Rechtshilfe unter den Behörden verschiedener Bundesstaaten sind die baren Auslagen, welche durch eine Ablieferung oder Strafvollstreckung entstehen, der ersuchten Behörde von der ersuchenden zu erstatten.

Im übrigen werden Kosten der Rechtshilfe von der ersuchenden Behörde nicht erstattet.

Ist eine zahlungspflichtige Partei vorhanden, so sind die Kosten von derselben durch die ersuchende Behörde einzuziehen und der eingezogene Betrag der ersuchten Behörde zu übersenden.

Stempel-, Einregistrierungsgebühren und andere öffentliche Abgaben, welchen die von der ersuchenden Behörde übersendeten Schriftstücke (Urkunden, Protokolle) nach dem Rechte der ersuchten Behörde unterliegen, bleiben außer Ansatz.

f) Regel ist, daß die Rechtshilfe unter den Gerichten verschiedener Bundesstaaten kostenlos gewährt, d. h. Ersatz von Kosten oder Zahlung von Gebühren von dem ersuchenden Gericht nicht verlangt wird (Abs. 2).

Ausnahmsweise werden

1. bare Auslagen für eine Ablieferung oder Strafvollstreckung stets vom ersuchenden Gericht ersetzt,
2. Kosten, die von dem zahlungspflichtigen Beteiligten eingezogen werden, an die ersuchte Behörde abgeliefert.

Durch § 165 ist die Erstattung von Rechtshilfekosten seitens des ersuchenden Gerichts, bezw. des Bundesstaats, dem es angehört, ausgeschlossen, dagegen nicht die

Erhebung von Gebühren für die im Wege der Rechtshilfe nachgesuchte Handlung von den Beteiligten. Über diese trifft für Bayern Art. 282 GebG. die nötigen Bestimmungen; vergl. hierzu ferner Bek. vom 10. 11. 04, die Kosten der Rechtshilfe unter den Behörden verschiedener Bundesstaaten betr. JMBl. 267, und vom 11. 1. 05 gl. Betr. JMBl. 8, Bek. vom 21. 7. 00, die Kosten der Rechtshilfe betr. JMBl. 1067 (enthält Vorschriften über das bei der Zuziehung von Sachverständigen, die in einem anderen Bundesstaate wohnen, mit Rücksicht auf die Gebühren einzuhaltende Verfahren), Bek. vom 22. 2. 01 JMBl. 266, vom 15. 5. 03 betr. den Verkehr mit Baden, JMBl. 291, und vom 25. 5. 03 betr. den Verkehr mit Elsaß-Lothringen JMBl. 294 (siehe auch Bek. vom 16. 4. 01 die auf Ersuchen der Behörden eines anderen Bundesstaats erfolgende Einziehung von Kosten in Angelegenheiten der freiwilligen Gerichtsbarkeit und in Grundbuchsachen JMBl. 319 und gl. Betr. vom 6. 7. 03 JMBl. 309).

Die Prüfung, ob die von der ersuchenden Behörde angesetzten Kosten richtig berechnet sind, steht nicht der ersuchenden Behörde, sondern dem Zahlungspflichtigen zu (OLG. 8 369).

§ 166. Für die Höhe der den geladenen Zeugen und Sachverständigen gebührenden Beträge sind die Bestimmungen maßgebend, welche bei dem Gerichte gelten, vor welches die Ladung erfolgt.

Sind die Beträge nach dem Rechte des Aufenthaltsorts der geladenen Personen höher, so können die höheren Beträge gefordert werden.

Bei weiterer Entfernung des Aufenthaltsorts der geladenen Personen ist denselben auf Antrag ein Vorschuß zu bewilligen.

g) § 166 ist eine allgemeine Ergänzung des nach § 15 FGG. anwendbaren § 401 ZPO. Er findet ohne Rücksicht darauf Anwendung, ob die Vernehmung von Zeugen und Sachverständigen vor dem zuständigen oder vor dem ersuchten Gericht stattfindet. Maßgebend sind für die von auswärts geladenen Zeugen und Sachverständigen primär die Gebührensätze des Gerichts, vor welches die Ladung erfolgt ist, höhere Sätze nach dem Rechte des Aufenthaltsorts des Geladenen können nur bewilligt werden, wenn der Geladene darauf anträgt. Eine Verschiedenheit der Gebührensätze wird regelmäßig nur vorkommen, wenn der Geladene einem anderen Bundesstaate angehört und die Sätze der Gebührenordnung für Zeugen und Sachverständige nicht Anwendung finden.

Ob die Entfernung des Aufenthaltsorts des Geladenen eine weitere ist, entscheidet das Gericht, welches die Ladung verfügt hat, nach seinem Ermessen, wobei insbesondere die Verhältnisse des Geladenen in Betracht gezogen werden müssen.

§ 167. Ein Gericht darf Amtshandlungen außerhalb seines Bezirks ohne Zustimmung des Amtsgerichts des Orts nur vornehmen, wenn Gefahr im Verzuge obwaltet. In diesem Falle ist dem Amtsgerichte des Ortes Anzeige zu machen.

h) Aus dieser Vorschrift ergibt sich die Regel, daß einem Gericht außerhalb seines Bezirks die Gerichtsbarkeit fehlt, daß es also Amtshandlungen mit rechtlicher Wirksamkeit nicht vornehmen kann (ebenso Dorner N. 5 XIII, Rausnitz N. 8, Wellstein N. 5 zu § 2, a. M. Weißler N. 4 zu § 2, der die Vorschrift für bloß instruktionell hält); § 7 FGG. trifft nicht zu, da es sich hier nicht um den Mangel der örtlichen Zuständigkeit handelt. Aus der Unwirksamkeit der Amtshandlung ergibt sich aber nicht mit Notwendigkeit die Unwirksamkeit der auf Grund der Amtshandlung später ergehenden Entscheidung.

Von Handlungen, welche außerhalb des Gerichtsbezirks vorgenommen werden, sind solche zu unterscheiden, welche nur ihre Wirksamkeit über den Gerichtsbezirk hinaus äußern, wie Ladungen auswärtiger Personen, Zustellungen und Vollstreckungen (siehe § 161 GVG.).

Von der Regel läßt § 167 zwei Ausnahmen zu; der Richter kann Amtshandlungen wirksam im Bezirk eines anderen Gerichts desselben oder eines anderen Bundesstaats vornehmen

a) wenn von dem Amtsgericht des Ortes die Zustimmung — also vorher — erteilt wird; die Erteilung der Zustimmung liegt im Ermessen des darum angegangenen Gerichts; da die Erteilung keine Rechtshilfe ist, findet gegen ihre Verweigerung auch nicht die Beschwerde nach § 160 GVG. statt (Dorner N. 5 VIII, Rausnitz N. 8 zu § 2, Löwe zu § 167, Josef im ZBl. **5** 177, a. M. Wilmowsky-Levy und Struckmann-Koch zu § 167, OLG. **5** 263);

b) wenn Gefahr im Verzug obwaltet (z. B. bei Nachlaßsicherungen, Inventaraufnahmen, Vernehmung schwer Erkrankter); ob das der Fall ist, entscheidet lediglich das Gericht, das die Handlung im fremden Bezirk vornimmt; die Wirksamkeit der Amtshandlung kann nicht deshalb angezweifelt werden, weil unmittelbare Gefahr nicht vorhanden gewesen sei.

Die Vorschrift der Anzeigeerstattung an das Gericht des Orts, wo die Amtshandlung vorgenommen wurde, ist lediglich instruktionell, ihre Unterlassung also für die Wirksamkeit der Handlung ohne Belang. Einer nachträglichen Genehmigung bedarf es nicht; auch hat das Gericht kein Recht der Nachprüfung und Entscheidung, ob die Amtshandlung mit Recht vorgenommen wurde, Gefahr obwaltete.

GVG. § 168 — hat die Nacheile in das Gebiet eines anderen Bundesstaats bei Verfolgung Flüchtiger zum Gegenstand, hat also nur für Strafsachen Bedeutung.

§ 169. Die in einem Bundesstaate bestehenden Vorschriften über die Mitteilung von Akten einer öffentlichen Behörde an ein Gericht dieses Bundesstaates kommen auch dann zur Anwendung, wenn das ersuchende Gericht einem andern Bundesstaate angehört.

§ 169 regelt nicht die Verpflichtung öffentlicher Behörden zur Mitteilung von Akten auf gerichtliches Ersuchen überhaupt, sondern spricht nur aus, daß die Bestimmungen über die Mitteilung für Gerichte eines anderen Bundesstaats nicht von den für die eigenen Gerichte geltenden (zu Ungunsten der ersteren) abweichen dürfen. Für Bayern siehe Art. 3 AG. z. ZPO. über Urkundenedition durch öffentliche Behörden, § 191 der Geschäftsordnung für die Notariate über Einsicht der Notariatsakten durch zur Wahrnehmung der Angelegenheiten der freiwilligen Gerichtsbarkeit berufene Behörden.

Für das Ersuchen um die Aktenmitteilung bedarf es nicht der Vermittelung des Amtsgerichts, da es sich nicht um Rechtshilfe handelt; aus dem gleichen Grunde findet gegen die Verweigerung der Mitteilung nicht die Beschwerde nach § 160 GVG. statt; es kann nur die Aufsichtsbehörde angerufen werden.

5. Rechtshilfeverkehr mit anderen als gerichtlichen Behörden. Ein Bedürfnis nach ausdrücklicher Feststellung der Rechtshilfepflicht von Verwaltungsbehörden, insbesondere der Polizeibehörden, wurde nach dem Berichte der Reichstagskommission (S. 3) nicht anerkannt, da wohl keine Behörde sich der Leistung der Rechtshilfe werde entziehen können. Tatsächlich wird besonders von den Polizeibehörden Rechtshilfe vielfach begehrt und geleistet; auch mit Behörden anderer Bundesstaaten ist der direkte Verkehr teils auf Grund von Staatsverträgen gestattet, teils üblich. Das Reichsgesetz über die Gewährung von Rechtshilfe vom 21. Juni 1869 findet in diesen Angelegenheiten keine Anwendung. Eine Rechtshilfepflicht der Gerichte gegenüber Verwaltungsbehörden wird in Angelegenheiten der freiwilligen Gerichtsbarkeit, die unter gegenwärtiges Gesetz fallen, kaum in Frage kommen. Besondere Bestimmungen über

Rechtshilfe in Angelegenheiten der freiwilligen Gerichtsbarkeit im weiteren Sinne enthalten § 32 des Patentgesetzes vom 7. 4. 1891, § 144 des gewerblichen, § 154 des land- und forstwirtschaftlichen, § 54 des Bau-, und § 141 des See-Unfallversicherungsgesetzes, ferner § 172 des Invalidenversicherungsgesetzes i. d. F. vom 17. 7. 99, § 79 des Gesetzes über die privaten Versicherungsunternehmer vom 12. 5. 01.

Die Rechtshilfepflicht der bayerischen Militärgerichte beruht auf Art. 77 Abs. 3 AG. z. GVG.

6. Für den **Rechtshilfeverkehr mit dem Auslande** sind die Staatsverträge maßgebend; siehe insbesondere Abkommen zur Regelung von Fragen des internationalen Privatrechts vom 14. 11. 96, dem Deutschland beigetreten ist (RGBl. **99** 285; für dessen Geltung in Angelegenheiten der freiwilligen Gerichtsbarkeit KGJ. **25** 244, dagegen Josef N. X zu § 2). Über die Form des Rechtshilfeverkehrs siehe für Bayern Bek. vom 28. 11. 87, JMBl. 279 mit den Ergänzungen im JMBl. **90** 291, **93** 227, **01** 645, **06** 54, ferner die Bek. vom 7. 3. 03 und vom 1. 1. 05, den Verkehr mit den in Bayern zugelassenen fremden Konsularbehörden betr., JMBl. **03** 243, **05** 5.

Vorbemerkungen zu den §§ 3 bis 5 und 7.

1. Die §§ 3 bis 5 und 7 enthalten einige allgemeine auf die Zuständigkeit der Gerichte in Sachen der freiwilligen Gerichtsbarkeit bezügliche Vorschriften, nämlich über den Wohnsitz von Exterritorialen und im Auslande angestellten Reichs- und Staatsbeamten, soweit er für die örtliche Zuständigkeit in Betracht kommt (§ 3), über mehrfache Zuständigkeit (§ 4), über die Bestimmung des zuständigen Gerichts im Falle eines Streites oder einer Ungewißheit über die Zuständigkeit oder Verhinderung des zuständigen Gerichts (§ 5) und über die Wirkung mangelnder örtlicher Zuständigkeit (§ 7).

Allgemeine Vorschriften über die sachliche und örtliche Zuständigkeit in Angelegenheiten der freiwilligen Gerichtsbarkeit überhaupt waren bei dem verschiedenen Charakter dieser Angelegenheiten nicht möglich.

2. Als sachlich zuständige Behörden kommen nach reichsrechtlichen Vorschriften Gerichte, Notare und andere als gerichtliche Behörden, in Bayern, da von dem Vorbehalte des Art. 147 EG. z. BGB. nur sehr beschränkt und von dem der §§ 190, 191 GFG. kein Gebrauch gemacht ist, sowohl reichsrechtlich als auch landesrechtlich regelmäßig nur Gerichte und Notare in Betracht, in einzelnen Fällen (Volljährigkeitserklärung, Befreiung vom Ehehindernis) das Staatsministerium der Justiz. Daneben sind einzelne Angelegenheiten königlicher Entschließung vorbehalten (Befreiung von Ehehindernissen, Ehelichkeitserklärung, Befreiung von dem für die Annahme an Kindesstatt erforderlichen Alter des Annehmenden, Änderung des Familiennamens); über Ausnahmen von der ordentlichen Gerichtsbarkeit siehe Keidel, Handbuch 7. Die sachliche Zuständigkeit ist jeweils für die einzelnen Angelegenheiten teils durch dieses Gesetz, teils durch das Bürgerliche Gesetzbuch und das Handelsgesetzbuch, teils durch die betreffenden Spezialgesetze geregelt, teils auch landesgesetzlicher ergänzender Vorschrift vorbehalten.

3. Soweit Gerichte sachlich zuständig sind, kann als Regel erstinstanzielle Zuständigkeit der Amtsgerichte bezeichnet werden; vergl. für Bayern die allgemeine Norm des Art. 15 AG. z. GVG. und über die Bedeutung dieser Vorschrift Keidel, Handb. 5, 6; über Ausnahmen von der amtsgerichtlichen Zuständigkeit siehe § 1876 Abs. 2 BGB. mit § 64 GFG., die §§ 143, 144, 147, 159 GFG., ferner § 197 mit Art. 147 ÜbergG.

Auch die örtliche Zuständigkeit bestimmt sich nach den besonderen, die einzelnen Angelegenheiten regelnden Vorschriften. Für die Bestimmung der örtlichen Zuständigkeit kommen wieder verschiedene Momente in Betracht, so die Lage des Grundstücks, der Ort, wo eine Sache sich befindet, der Ort, wo eine Verpflichtung zu erfüllen ist, der Ort der Handelsniederlassung, Sitz einer Gesellschaft, der Aufenthalt und besonders häufig der Wohnsitz einer Person. Wo eine Person ihren Wohnsitz hat, bestimmt sich nach den §§ 7 bis 11 BGB., ferner nach § 3 GFG. mit § 15 ZPO.; für den Wohnsitz von Militärpersonen ist nunmehr durch das RG. vom 5. 3. 06 eine dem § 14 ZPO. entsprechende Vorschrift geschaffen (siehe § 3 Abs. 2).

4. Eine **Vereinbarung** über die Zuständigkeit eines an sich unzuständigen Gerichts ist, mit Ausnahme der in § 164 GFG. geregelten Fälle (Untersuchung und Verwahrung von Sachen), in der freiwilligen Gerichtsbarkeit ausgeschlossen.

§ 3.

Soweit für die örtliche Zuständigkeit der Gerichte der Wohnsitz eines Beteiligten maßgebend ist, bestimmt sich für Deutsche, die das Recht der Exterritorialität genießen, sowie für Beamte des Reichs oder eines Bundesstaats, die im Ausland angestellt sind, der Wohnsitz nach den Vorschriften des § 15 der Zivilprozeßordnung.

Ist der für den Wohnsitz einer Militärperson maßgebende Garnisonort in mehrere Gerichtsbezirke geteilt, so wird der als Wohnsitz geltende Bezirk von der Landesjustizverwaltung durch allgemeine Anordnung bestimmt.

Gerichtsstand für Exterritoriale und Militärpersonen.

ZPO. § 15. Deutsche, welche das Recht der Exterritorialität genießen, sowie die im Ausland angestellten Beamten des Reichs oder eines Bundesstaats behalten in Ansehung des Gerichtsstandes den Wohnsitz, welchen sie in dem Heimatstaate hatten. In Ermangelung eines solchen Wohnsitzes gilt die Hauptstadt des Heimatstaates als ihr Wohnsitz; ist die Hauptstadt in mehrere Gerichtsbezirke geteilt, so wird der als Wohnsitz geltende Bezirk von der Landesjustizverwaltung durch allgemeine Anordnung bestimmt. Gehört ein Deutscher einem Bundesstaate nicht an, so gilt als sein Wohnsitz die Stadt Berlin; ist die Stadt Berlin in mehrere Gerichtsbezirke geteilt, so wird der als Wohnsitz geltende Bezirk vom Reichskanzler durch allgemeine Anordnung bestimmt.

Auf Wahlkonsuln finden diese Bestimmungen keine Anwendung.

1. § 3 enthält eine Ergänzung zu den Vorschriften der §§ 7 bis 11 BGB. über den **Wohnsitz**; er bestimmt den Wohnsitz, soweit er nach anderweitigen Vorschriften für die örtliche Zuständigkeit der Gerichte in Angelegenheiten der freiwilligen Gerichtsbarkeit maßgebend ist,

für Deutsche, die das Recht der Exterritorialität genießen,

für Beamte des Reichs oder eines Bundesstaats, die im Auslande angestellt sind (Abs. 1),

für Militärpersonen, deren Garnisonsort in mehrere Gerichtsbezirke geteilt ist (Abs. 2).

Ausländer, die in Deutschland das Recht der Exterritorialität genießen, unterliegen der Hoheitsgewalt der deutschen Bundesstaaten nach völkerrechtlichen Grundsätzen überhaupt nicht.

Welche Deutsche im Ausland oder im Inland das Recht der Exterritorialität genießen, geht aus den §§ 18 bis 21 GVG. hervor; es sind

a) die Chefs und Mitglieder einer im Ausland beglaubigten Mission des Deutschen Reichs oder eines Bundesstaates,

b) die Chefs und Mitglieder der bei einem Bundesstaat beglaubigten Missionen eines anderen Bundesstaates,

c) die nicht von Preußen abgeordneten Mitglieder des Bundesrats,

d) die Familienglieder und das Geschäftspersonal der unter a bis c erwähnten Personen,

e) die Bediensteten der unter a bis c erwähnten Personen, wenn sie Deutsche sind und wenn sie im Falle b nicht Angehörige des Bundesstaates, bei welchem die Beglaubigung erfolgt ist, im Falle c nicht preußische Staatsangehörige sind,

f) Deutsche, welche im Ausland als Reichskonsuln angestellt und durch Staatsverträge von der ausländischen Gerichtsbarkeit befreit sind.

Zu den im Auslande angestellten Beamten des Reichs oder eines Bundesstaats, welche nicht das Recht der Exterritorialität genießen, gehören insbesondere die im Auslande angestellten Berufskonsuln, soweit sie nicht nach Staatsverträgen exterritorial sind, (wegen im Konsulargerichtsbezirk wohnender siehe § 2 Abs. 1 Nr. 1) ferner die Zollvereinsbevollmächtigten im Großherzogtum Luxemburg. Ausland ist jedes nicht zum Deutschen Reich gehörige Gebiet, auch die Schutzgebiete; der Wohnsitz im Schutzgebiete angestellter Beamter bestimmt sich jedoch nach § 21 des Gesetzes, betr. die Rechtsverhältnisse der Reichsbeamten, vom 31. 3. 73 (RGBl. 61), das nach Art. 1 der V. betr. die Rechtsverhältnisse der Bundesbeamten in den Schutzgebieten vom 9. 8. 96 (RGBl. 691) Anwendung findet; § 21 stimmt inhaltlich mit § 15 ZPO. überein.

Auf Wahlkonsuln findet § 3 nach § 15 Abs. 2 ZPO. keine Anwendung. Für im Ausland angestellte Beamte, welche nicht Deutsche sind, gilt § 3 nicht, wie aus § 15 ZPO. hervorgeht; auch § 21 des Gesetzes, betr. die Rechtsverhältnisse der Reichsbeamten findet auf sie keine Anwendung (ebenso Rausnitz N. 32, a. M. Dorner N. 6, Schultze Nr. 4 zu § 3).

Für die im Abs. 1 genannten Personen **gilt** zur Bestimmung der örtlichen Zuständigkeit **als Wohnsitz**

a) in erster Linie der Wohnsitz, welchen sie zuletzt in ihrem Heimatstaat, also in dem Bundesstaat, dem sie angehören, gehabt haben,

b) wenn sie einen Wohnsitz im Heimatstaate unmittelbar, bevor sie exterritorial oder im Ausland angestellt wurden, nicht hatten, die Hauptstadt des Heimatstaats, sofern diese in mehrere Gerichtsbezirke geteilt ist, der von der Landesjustizverwaltung durch allgemeine Anordnung bestimmte Bezirk,

c) wenn sie einem Bundesstaat nicht angehörten, die Stadt Berlin und innerhalb derselben der vom Reichskanzler durch allgemeine Anordnung bestimmte Bezirk.

2. Abs. 2 ist durch das Reichsgesetz vom 5. März 1906 (RGBl. 387) hinzugefügt; er tritt ergänzend zu § 9 BGB.

3. § 3 findet auch in dem Verfahren vor anderen als gerichtlichen Behörden, welche nach Landesgesetz zuständig sind, Anwendung (§ 194 Abs. 1 FGG.).

4. In Bayern gilt § 3 auch für landesrechtliche Angelegenheiten (Art. 129 AG. z. BGB.). Ausland im Sinne bayerischer Landesgesetze ist jedes nicht zum Königreich Bayern gehörige Gebiet.

§ 4.

Unter mehreren zuständigen Gerichten gebührt demjenigen der Vorzug, welches zuerst in der Sache tätig geworden ist.

Konkurrenz mehrerer Gerichte.

1. Die Vorschrift enthält eine Einschränkung auf die örtliche Zuständigkeit wie die §§ 3 und 5 nicht; sie muß daher sowohl für den Fall der Konkurrenz mehrerer örtlich als für den mehrerer sachlich zuständiger Gerichte gelten (ebenso Rausnitz N. 1 zu § 4, a. M. Birkenbihl, Dorner, Fuchs, Wellstein N. 1 zu § 4).

Örtliche Konkurrenz kann z. B. durch mehrfachen Wohnsitz des zu Bevormundenden oder des Erblassers (§ 7 Abs. 2 BGB.) oder in den Fällen der §§ 44, 73 Abs. 3 FGG. begründet werden; die Vorschrift gilt aber nur für den Fall, daß für die mehreren Gerichte auch rechtlich örtliche Zuständigkeit begründet ist; sie ist nicht anwendbar, wenn ein Gericht, das sich mit der Sache befaßt, seine örtliche Zuständigkeit infolge eines tatsächlichen oder rechtlichen Irrtums annimmt; Handlungen dieses Gerichts begründen trotz ihrer rechtlichen Wirksamkeit nach § 7 FGG. keinen Vorzug (BayObLG. **6** 118). **Sachliche Konkurrenz** kann in den Fällen der §§ 143, 144, 147, 159, 161 FGG., in welchen neben dem Amtsgericht das Landgericht in erster Instanz zuständig ist, gegeben sein.

2. Von den mehreren — zwei oder mehr — zuständigen Gerichten wird eines unter Ausschluß der übrigen allein zur weiteren Behandlung der Sache dadurch zuständig, daß es zuerst in der Sache tätig wird.

a) Entscheidend ist, welches Gericht zeitlich zuerst tätig wurde, ohne Rücksicht auf die größere oder geringere sachliche Bedeutung der bisherigen Tätigkeit für die Erledigung der Sache.

b) In der Sache ist ein Gericht dadurch tätig geworden, daß es eine die Angelegenheit betreffende richterliche Verfügung erlassen hat, die nicht bloß die Prüfung der eigenen Zuständigkeit betrifft, auch wenn dieselbe nach außen den Beteiligten noch nicht bekannt geworden ist. Die mehreren Gerichte müssen in derselben Sache tätig geworden sein z. B. in Bezug auf die Bevormundung derselben Person. Bei Verrichtungen nach §§ 43, 45 FGG. ist aber, wenn sie sachlich verschieden sind, nicht deshalb Identität anzunehmen, weil sie das nämliche Kind, das nämliche Ehepaar betreffen; dasselbe muß auch bei verschiedenartigen Verrichtungen in Bezug auf den nämlichen Nachlaß gelten.

c) Tätig geworden ist das Gericht, sobald es eine wenn auch nur durch § 12 gebotene Anordnung getroffen hat; es genügt nicht, daß das Gericht durch Einlauf eines Antrages mit der Sache befaßt wurde (§§ 43, 45), es muß das Gericht auf den Antrag irgend eine Verfügung getroffen haben. Ein Tätigwerden liegt auch in der Entgegennahme von Erklärungen, die vor Gericht abzugeben sind, nicht dagegen von solchen, die gegenüber dem Gerichte abzugeben sind; in Fällen der letzteren Art ist erforderlich, daß das Gericht auf die Erklärung eine positive Tätigkeit entwickelt (z. B. im Falle des § 2081 BGB. durch Mitteilung an die Beteiligten).

3. Die Wirkung der Prävention besteht darin, daß lediglich das zuerst tätig gewordene Gericht zuständig bleibt, während jedes andere Gericht seine Tätigkeit einzustellen hat; ein Streit über die örtliche Zuständigkeit ist eventuell nach § 5 zu schlichten. Da die Handlungen des unzuständigen Gerichts nach § 7 nicht unwirksam sind, hat das später tätig gewordene Gericht seine Verfügungen nach § 18 aufzuheben, wenn ihr Inhalt es verlangt, z. B. die Bestellung eines Vormunds; eventuell kann die Aufhebung seitens Beteiligter (nicht des zuständigen Gerichts) im Beschwerdeweg herbeigeführt werden.

4. Die Vorschrift gilt auch für andere Behörden, welche landesrechtlich an Stelle der Gerichte treten (§ 194 GFG.), so für die Notare in Auseinandersetzungsangelegenheiten nach §§ 86 ff., 99.

5. **In Bayern** gilt § 4 auch für landesrechtliche Angelegenheiten (Art. 129 AG. z. BGB.).

§ 5.

Besteht Streit oder Ungewißheit darüber, welches von mehreren Gerichten örtlich zuständig ist, so wird das zuständige Gericht durch das gemeinschaftliche obere Gericht bestimmt. Ist das zuständige Gericht in einem einzelnen Falle an der Ausübung des Richteramts rechtlich oder tatsächlich verhindert, so erfolgt die Bestimmung durch das ihm im Instanzenzuge vorgeordnete Gericht.

Eine Anfechtung der Entscheidung findet nicht statt.

Bestimmung des zuständigen Gerichts.

1. § 5 sieht die Bestimmung des zuständigen Gerichts durch ein Gericht höherer Ordnung vor für die Fälle, daß

a) die örtliche Zuständigkeit streitig oder ungewiß ist (Abs. 1 Satz 1),

b) das zuständige Gericht verhindert ist (Satz 2).

2. **Entscheidung bei Streit oder Ungewißheit über die Zuständigkeit:**

a) Zur Entscheidung ist in diesem Falle das gemeinschaftliche obere Gericht berufen, das ist das nächste gemeinsame obere Gericht für diejenigen Gerichte, deren Zuständigkeit in Frage steht (BayObLG. **1** 134, SeuffBl. **65** 383), sohin

für Amtsgerichte im Bezirk des nämlichen Landgerichts das Landgericht,

für Amtsgerichte im Bezirk verschiedener Landgerichte, aber desselben Oberlandesgerichts dieses Oberlandesgericht,

für Amtsgerichte im Bezirk verschiedener Oberlandesgerichte das Reichsgericht.

Für Bayern erleidet diese Zuständigkeitsbestimmung lediglich für den dritten Fall eine Änderung. Für Amtsgerichte im Bezirk verschiedener bayerischer Oberlandesgerichte ist als gemeinschaftliches Obergericht zur Entscheidung das Oberste Landesgericht berufen (§ 199 Abs. 2 FGG., siehe auch Note zu § 199, BayObLG. **1** 134, 264, 410, **6** 118, ZBl. **1** 20); über die Besetzung desselben siehe Art. 48 AG. z. GVG. Wenn die Zuständigkeit eines bayerischen Amtsgerichts und eines Amtsgerichts eines anderen Bundesstaats in Frage steht, ist das Reichsgericht zuständig.

b) Nur das **örtlich zuständige** Gericht zu bestimmen, ist das gemeinschaftliche Obergericht berufen; auf Streit oder Ungewißheit über die sachliche Zuständigkeit bezieht sich § 5 nicht, ebensowenig auf den Streit, ob die Zivilkammer oder die Kammer für Handelssachen zuständig ist.

c) Streit über die örtliche Zuständigkeit besteht,

wenn von mehreren Gerichten jedes die Zuständigkeit für sich in Anspruch nimmt (positiver Kompetenzkonflikt),

wenn verschiedene Gerichte, von denen eines zuständig ist, sich für unzuständig erklären (negativer Kompetenzkonflikt).

Der Streit muß zwischen den Gerichten bestehen; sind Beteiligte darüber in Meinungsverschiedenheit, welches Gericht für eine Angelegenheit örtlich zuständig sei, so können sie nicht ohne weiteres die Entscheidung des gemeinschaftlichen Obergerichts für die nach ihren Ansichten in Betracht kommenden Gerichte anrufen; Streit

i. S. des § 5 entsteht erst, wenn sie verschiedene Gerichte angerufen und diese sich zu einander in Widerspruch gesetzt haben.

Zu einem Streit von zwei oder mehreren Gerichten gehört weiter, daß dieselben bewußt widersprechende Entscheidungen über die örtliche Zuständigkeit treffen, daß also jedes Gericht von der Entscheidung des anderen Kenntnis hat und trotzdem auf der Annahme oder Ablehnung der eigenen Zuständigkeit besteht; wenn die Gerichte unabhängig von einander über die Zuständigkeit ausdrücklich oder stillschweigend durch materielle Behandlung einer Angelegenheit entscheiden, besteht noch kein Streit und ist zu einer Entscheidung durch das Obergericht kein Anlaß (Josef, Lehrb. 49).

Die Entscheidung des Obergerichts setzt voraus,

α) daß Entscheidungen der streitenden Gerichte vorliegen; daß diese Entscheidungen rechtskräftig seien, d. h. daß vorher mit den zuständigen Rechtsmitteln durch die Beteiligten die Lösung des Widerspruchs vergeblich versucht sei, ist nicht erforderlich (ebenso Josef a. a. O. entgegen OLG. **1** 137);

β) daß sie in dem Zeitpunkt, in welchem die Entscheidung über die Bestimmung der Zuständigkeit fällt, noch notwendig ist. Die Anrufung der Entscheidung des Obergerichts hindert Beteiligte nicht, die Entscheidungen der Untergerichte im ordentlichen Beschwerdeverfahren anzufechten; fällt die Entscheidung des Beschwerdegerichts in einer Weise aus, durch die der Streit beseitigt wird, so entfällt die Notwendigkeit und Zulässigkeit einer Entscheidung nach § 5; wird also z. B. die Entscheidung eines von zwei Gerichten, die sich für unzuständig erklärt haben, aufgehoben und die Zuständigkeit des einen Gerichts festgestellt, so hat es dabei sein Bewenden; im Falle der Einleitung eines Beschwerdeverfahrens kann also das Obergericht seine Entscheidung aus Zweckmäßigkeitsgründen aussetzen;

γ) beim positiven Kompetenzkonflikt, daß keines der streitenden Gerichte schon eine sachliche Verfügung getroffen hat, welche wirksam geworden ist; durch die Verfügung muß aber die Angelegenheit materiell vollkommen erschöpft sein, so daß zu einer weiteren Tätigkeit des Gerichts kein Anlaß gegeben ist; das ist z. B. nicht der Fall bei Einleitung einer Vormundschaft durch Bestellung eines Vormunds.

Die Entscheidung des gemeinschaftlichen Obergerichts erfolgt

α) auf Anrufen der streitenden Gerichte oder eines derselben; zur Herbeiführung der Entscheidung nach § 5 sind die streitenden Gerichte von amtswegen verpflichtet; der Anrufung muß eine Klarlegung der tatsächlichen für die rechtliche Frage der Zuständigkeit maßgebenden Verhältnisse vorangehen;

β) auf Anrufen eines Beteiligten, d. i. eines jeden, der an der Entscheidung ein rechtliches Interesse hat (auch einer Behörde, die ohne die Entscheidung nicht in der Lage ist, eine ihr obliegende Amtshandlung vorzunehmen), wenn die streitenden Gerichte die Entscheidung nicht rechtzeitig herbeiführen (Josef, Lehrb. 49, Rausnitz im Recht **5** 6, BayObLG. **5** 142; a. M. KGJ. **20** 121).

γ) von amtswegen, wenn das Obergericht von dem Streite durch Aktenvorlage aus einem anderen Grunde Kenntnis erhält (Rausnitz a. a. O., OLG. **3** 36).

Das Obergericht entscheidet nach den über die Zuständigkeit bestehenden rechtlichen Vorschriften, ob eines der streitenden Gerichte und welches von ihnen zuständig ist; die Entscheidung kann auch dahin fallen, daß keines der streitenden Gerichte zuständig ist; in diesem Falle hat das Obergericht keinen Anlaß, das wirklich zuständige Gericht zu bestimmen.

Der Streit, welches von mehreren Gerichten die vollstreckbare Ausfertigung einer gerichtlichen Urkunde zu erteilen habe (siehe N. 2 zu § 2), kann nicht nach § 5 entschieden werden; ein ablehnender Bescheid des Gerichtsschreibers ist vielmehr von den

Beteiligten in dem von der ZPO. vorgeschriebenen Wege (§ 576) anzufechten (KGJ. **26** 178).

d) Ungewißheit über die örtliche Zuständigkeit liegt vor

α) wenn solche rein tatsächliche Verhältnisse, welche für die Entscheidung der rechtlichen Frage der örtlichen Zuständigkeit maßgebend sind, sich nicht mit Sicherheit feststellen lassen (BayObLG. **1** 550, OLG. **2** 262, SeuffBl. **66** 116). Hierher gehört insbesondere die Ungewißheit mit Rücksicht auf die Grenzen der Gerichtsbezirke.

Beispiele: der Wohnsitz einer Person ist zweifelhaft, weil das von ihre bewohnte Haus auf der Grenze zweier Gerichtsbezirke steht; ein auf der Grenze der Gerichtsbezirke gefundener Minderjähriger, dessen Familienstand nicht zu ermitteln ist (§ 36 Abs. 3); ein auf der Grenze gefundener Leichnam (§ 74).

Sonstige Zweifel über tatsächliche Verhältnisse können sich z. B. ergeben, wenn sich der Zeitpunkt des Todes einer Person und damit des Erbfalles nicht ermitteln läßt (§ 73), wenn eine Person, deren Wohnsitz nicht zu ermitteln ist, sich in der letzten Zeit an mehreren Orten im Inlande aufgehalten hat, aber der letzte Aufenthalt nicht mit Bestimmtheit zu ermitteln ist (§§ 36, 73). Zweifel über den Wohnsitz gehören nur hierher, wenn die Ungewißheit sich auf tatsächliche Verhältnisse bezieht, welche für die Frage, ob überhaupt und wo ein Wohnsitz begründet wurde, von Bedeutung sind, nicht aber, wenn auf Grund der festgestellten tatsächlichen Verhältnisse rechtliche Bedenken obwalten. Auch der Fall gehört hieher, wenn ein Ort in mehrere Amtsgerichtsbezirke (nicht bloß Abteilungen eines Gerichts) geteilt und die Wohnung dessen, auf dessen Wohnsitz es ankommt, unbekannt ist (Jastrow in ZZP. **34** 507).

β) wenn mehrere Gerichte sich unabhängig von einander rechtskräftig für zuständig oder für unzuständig erklärt haben (OLG. **1** 137); wenn jedoch die mehreren Gerichte, die sich für zuständig erklärt haben, sämtlich wirklich nach den bestehenden tatsächlichen Verhältnissen und Rechtsregeln zuständig sind, ist zunächst kein Raum für eine Entscheidung nach § 5, es entscheidet Prävention (§ 4).

Die Entscheidung des gemeinschaftlichen Obergerichts kann auch hier durch Anrufen seitens eines Gerichts oder eines Beteiligten ohne vorherige Angehung eines Untergerichts oder von amtswegen erfolgen.

Das Obergericht prüft, ob überhaupt eine Ungewißheit vorliegt; wenn es zur Bejahung der Frage gelangt, bestimmt es nach Zweckmäßigkeitsrücksichten das zuständige Gericht; es kann nur ein in seinem Bezirk gelegenes Gericht bestimmen, aber jedes solche ohne Rücksicht darauf, ob es eines der bei seiner Anrufung als in Betracht kommend bezeichneten Gerichte ist. Die Entscheidung ist von definitiver Wirkung, d. h. das bestimmte Gericht bleibt zuständig, auch wenn nachher die Ungewißheit beseitigt wird oder sich herausstellt, daß ein anderes Gericht zuständig wäre; im Wege des § 46 kann jedoch abgeholfen werden.

3. Entscheidung bei Verhinderung des Gerichts.

In diesem Falle entscheidet das dem verhinderten Gericht im Instanzenzug vorgeordnete Gericht; maßgebend ist die Rangordnung der Gerichte; im Instanzenzug vorgeordnet ist nicht gleichbedeutend mit Beschwerdegericht, es finden also insbesonders etwaige Sondervorschriften über die Zuständigkeit im Beschwerdeverfahren nicht Anwendung; deswegen findet auch § 199 FGG. nicht Anwendung; denn das Oberste Landesgericht ist in Abs. 1 nur zur Entscheidung über die weitere Beschwerde an Stelle des Oberlandesgerichts berufen und nach Abs. 2 entscheidet es nur als höchstes gemeinschaftliches Obergericht bei Streit und Ungewißheit über die Zuständigkeit.

Der Instanzenzug ist also folgender:

bei Verhinderung eines Amtsgerichts ist zuständig das vorgesetzte Landgericht,

bei Verhinderung eines Landgerichts, gleichviel ob es erste oder höhere Instanz ist, das vorgesetzte Oberlandesgericht (auch in Bayern),

bei Verhinderung eines Oberlandesgerichts das Reichsgericht.

Verhinderung des Gerichts tritt ein, wenn sämtliche Richter eines Gerichts oder bei Gerichten höherer Instanz doch so viele Richter von der Ausübung des Richteramts abgehalten sind, daß eine ordnungsmäßige Besetzung des Gerichts (einer Kammer oder eines Senats) nicht mehr möglich ist. Ein mit mehreren Richtern besetztes Amtsgericht ist daher nicht schon dann verhindert, wenn der nach der internen Geschäftsverteilung des Gerichts mit der Sache befaßte Richter verhindert ist, es tritt vielmehr zunächst Stellvertretung ein. Der Fall einer Verhinderung des Reichsgerichts und in Bayern des Obersten Landesgerichts ist als praktisch kaum vorkommend nicht geregelt.

Über die Stellvertretung gelten reichsrechtlich folgende Vorschriften des Gerichtsverfassungsgesetzes:

für die Landgerichte:

§ 62 Abs. 1. Vor Beginn des Geschäftsjahres werden auf die Dauer desselben die Geschäfte unter die Kammern derselben Art verteilt und die ständigen Mitglieder der einzelnen Kammern sowie für den Fall ihrer Verhinderung die regelmäßigen Vertreter bestimmt.

§ 65 Abs. 1. Im Falle der Verhinderung des ordentlichen Vorsitzenden führt den Vorsitz in der Kammer dasjenige Mitglied der Kammer, welches dem Dienstalter nach und bei gleichem Dienstalter der Geburt nach das älteste ist.

§ 66. Im Falle der Verhinderung des regelmäßigen Vertreters eines Mitgliedes wird ein zeitweiliger Vertreter durch den Präsidenten bestimmt.

für die Oberlandesgerichte:

§ 122. Die Bestimmungen des § 61—68 finden Anwendung.

für das Reichsgericht:

§ 133. Die Bestimmungen der §§ 61—68 finden Anwendung.

Über Vertretung bei den Amtsgerichten fehlen reichsrechtliche Vorschriften. Die Art. 19—21 AG. z. GVG. müssen im Hinblick auf § 200 FGG. als ergänzende Vorschriften für reichsrechtliche Angelegenheiten gelten. Sie lauten:

Art. 19 Abs. 1. Mehrere Richter desselben Amtsgerichts vertreten sich gegenseitig.

Art. 20. Für diejenigen Amtsgerichte, an welchen nur ein Richter angestellt ist, wird von dem Präsidium des Landgerichts ein Richter eines benachbarten Amtsgerichts oder ein Mitglied des Landgerichts ständig mit der Stellvertretung des Amtsrichters beauftragt . . . . .

Wird in einem einzelnen Falle die Anordnung einer weiteren Stellvertretung an einem Amtsgericht nötig, so beauftragt das Präsidium des Landgerichts einen Richter eines benachbarten Amtsgerichts oder ein Mitglied des Landgerichts mit derselben.

Art. 21. Die im Art. 20 Abs. 1 angeordnete Stellvertretung erstreckt sich nicht auf den Fall rechtlicher Verhinderung des Gerichts.

Bei rechtlicher Verhinderung des einen Richters (§ 6) tritt also sofort die Entscheidung des Obergerichts ein. (Die bisherige Vorschrift des Art. 21 Abs. 2 AG. z. GVG. ist durch Art. 167 Nr. IV AG. z. BGB. aufgehoben.)

Die Bestimmungen der §§ 62, 65, 66 GVG. finden in Bayern auch auf das Oberste Landesgericht bezüglich aller zu seiner Zuständigkeit gehörender Rechtssachen Anwendung (Art. 45 Abs. 1 AG. z. GVG.).

Über die Stellvertretung des Vorsitzenden der Kammern für Handelssachen, deren Verhinderung oder Ausschließung die Handelskammer beschlußunfähig macht, enthält das Gerichtsverfassungsgesetz keine Bestimmung; in Bayern wird im Verordnungswege über die Stellvertretung Bestimmung getroffen (Art. 30 Abs. 2 AG. z. GVG.; siehe AllerhVO. die Bildung von Kammern für Handelssachen bei den Landgerichten betr., vom 2. Sept. 1879, JMBl. 533, ergänzt durch AllerhVO. gleichen Betreffs vom 7. Sept. 1891, JMB. 169, GVBl. 323).

Die Verhinderung muß in einem einzelnen Fall eingetreten sein, das ist bezüglich einer einzelnen Sache oder auch einer Reihe einzelner Sachen; den Gegensatz bildet Behinderung der Gesamttätigkeit des Gerichts z. B. in Folge von Krieg oder eines sonstigen Ereignisses.

Rechtliche Verhinderung tritt ein, wenn Richterpersonen kraft Gesetzes von der Ausübung des Richteramtes ausgeschlossen sind oder sich derselben wegen Befangenheit enthalten (§ 6). Dabei ist, was die Stellvertretung bei den mit einem einzigen Richter besetzten Amtsgericht verlangt, Art. 21 AG. z. GVG. zu beachten (siehe oben); es ist hier sofort unter Ausschluß der Stellvertretung Entscheidung nach § 5 notwendig. Nicht hieher gehört der Fall, daß ein Richter nach §§ 170, 171 FGG. von der Mitwirkung bei einer Beurkundung ausgeschlossen ist, da die Vorschriften des 1. Abschnittes dieses Gesetzes für Beurkundungen nicht gelten (N. 3 zu § 1); für Bayern ist diese Frage kaum von Bedeutung, da der beurkundende Richter regelmäßig zugleich in anderer Eigenschaft, als Vormundschafts- oder Nachlaßrichter, in der Sache tätig ist.

Tatsächliche Verhinderung, die praktisch wohl äußerst selten vorkommen wird, ist jede Unmöglichkeit der Amtsübung, die in rein tatsächlichen Verhältnissen ihren Grund hat, z. B. Erkrankung eines Richters und seiner Stellvertreter, Absperrung des Gerichts von dem Orte, an welchem es eine Amtshandlung vornehmen soll.

Die Entscheidung des vorgeordneten Gerichts erfolgt

a) auf Anrufen des verhinderten Gerichts; hiezu ist das Gericht, wenn es von seiner Verhinderung Kenntnis erlangt und zu der Mitteilung imstande ist, verpflichtet;

b) auf Anrufen von Beteiligten, insbesondere wenn tatsächliche Verhältnisse die Anrufung des verhinderten Gerichts ausschließen;

c) von Amtswegen, wenn das vorgeordnete Gericht auf andere Weise von der Verhinderung und der Notwendigkeit einer Amtshandlung eines untergebenen Gerichts Kenntnis erhält.

Die zum Ersatz des verhinderten Gerichts zu treffenden Maßregeln liegen im Ermessen des Gerichts, jedoch darf die betreffende richterliche Handlung nur einer Richterperson oder einem Richterkollegium übertragen werden, das nach den Regeln über die sachliche Zuständigkeit zu der Handlung berufen ist; ein Richter höheren Ranges kann aber zweifellos mit einem Geschäfte betraut werden, das sonst einem Richter niedrigeren Ranges zukommt.

4. Über die Besetzung der Obergerichte in den Fällen des § 5 siehe N. 1 u. 6 zu § 30.

5. Für das Verfahren sowohl des gemeinschaftlichen oberen als des vorgeordneten Gerichts gelten keine besonderen Vorschriften. Das zur Entscheidung berufene Gericht hat nötigenfalls von Amtswegen (§ 12) die erforderlichen Ermittelungen zu veranstalten, seine Entscheidung ist nach § 16 den Beteiligten bekannt zu machen; Beteiligte sind im Falle eines Streites über die Zuständigkeit die streitenden Gerichte, bei Ungewißheit über die Zuständigkeit die Antragsteller, bei Verhinderung eines Gerichtes dieses und der eventuelle Antragsteller. Eine Änderung der Entscheidung nach § 18 ist zwar an sich zulässig; wirksam gewordene Verfügungen des bestimmten Gerichts können jedoch durch die Änderung nicht mehr beeinflußt werden.

6. Die Entscheidung des gemeinschaftlichen Obergerichts und des vorgeordneten Gerichts — Bestimmung des zuständigen Gerichts — hat den Sinn, daß das von dem höheren Gerichte bestimmte Gericht als zuständig gilt und sich mit der Sache zu befassen hat. An die Entscheidung ist das Gericht und sind die Beteiligten gebunden, letztere haben insbesondere nicht das Recht, jetzt noch die Zuständigkeit des bestimmten Gerichts im ordentlichen Beschwerdeverfahren anzufechten.

7. Beschwerde: Eine Anfechtung der Entscheidung, durch welche das zuständige Gericht bestimmt wird, findet nicht statt (§ 5 Abs. 2). Auch die Anfechtung der Entscheidung, durch welche die Bestimmung des zuständigen Gerichts abgelehnt wird, muß als ausgeschlossen angesehen werden; im Gegensatz zu § 37 Abs. 2 ZPO., der ausdrücklich nur die Anfechtung des Beschlusses, welchen das zuständige Gericht bestimmt, ausschließt, findet nach § 5 Abs. 2 eine Anfechtung „der Entscheidung" nicht statt; unter dieser muß jede Entscheidung des Obergerichts, mag sie fallen, wie sie wolle, verstanden werden.

8. Für andere als gerichtliche Behörden, welche nach Landesgesetz zuständig sind, gilt § 5 mit der Maßgabe, daß als gemeinschaftliches Obergericht dasjenige Gericht gilt, welches das gemeinschaftliche obere Gericht für die Amtsgerichte ist, in deren Bezirk die Behörden ihren Sitz haben, und daß durch Landesgesetz bestimmt werden kann, daß, wenn die Behörden in dem Bezirk desselben Amtsgerichts ihren Sitz haben, dieses als gemeinschaftliches oberes Gericht zuständig ist (§ 194 Abs. 2); von letzterer Befugnis ist in Bayern kein Gebrauch gemacht.

9. Bayerisches Recht:

I. Die Vorschrift des § 5 gilt auch für diejenigen Angelegenheiten der freiwilligen Gerichtsbarkeit, für welche die landesgesetzlichen Vorschriften maßgebend sind (Art. 129 AG. z. BGB). Daneben gibt Art. 10 AG. z. GVG. für die dem ordentlichen Gerichten übertragenen, nicht zur streitigen Gerichtsbarkeit gehörenden Angelegenheiten eine sich mit § 5 FGG. im wesentlichen deckende Vorschrift. Angesichts der Anwendbarkeitserklärung des § 5 für landesrechtliche Angelegenheiten hat Art. 10 für die freiwillige Gerichtsbarkeit seine Bedeutung verloren.

II. Über die Zuständigkeit des Obersten Landesgerichts als höchsten gemeinschaftlichen Obergerichts für Bayern siehe oben Note 2.

III. Über Stellvertretung bei den Amtsgerichten und beim Obersten Landesgericht siehe oben Note 3; die Vorschriften der §§ 62, 65, 66 und 121 GVG. über die Vertretung bei den Landgerichten und Oberlandesgerichten gelten auch für Angelegenheiten, für welche die Landesgesetze maßgebend sind (Art. 30 Abs. 1, Art. 38 AG. z. GVG.).

10. In **Gebührensachen** in Angelegenheiten der freiwilligen Gerichtsbarkeit findet § 5 nicht Anwendung, es gelten vielmehr die Vorschriften des § 36 Nr. 1, 2, 5 und 6 und § 37 ZPO.; dies ergibt sich aus Art. 50 Abs. 3 GebG.

11. In **Grundbuchsachen** findet § 5 auf Grund des Art. 8 AG. z. GBO. u. ZVG. Anwendung. Für den Fall, daß ein Grundstück in den Bezirken verschiedener Grundbuchämter liegt, verfügt Art. 5. I. c, daß das zuständige Grundbuchamt durch das im Instanzenzug zunächst höhere Gericht bestimmt wird; eine Anfechtung der Entscheidung des letzteren Gerichts findet nicht statt.

§ 6.

Ein Richter ist von der Ausübung des Richteramts kraft Gesetzes ausgeschlossen:

1. in Sachen, in denen er selbst beteiligt ist oder in denen er zu einem Beteiligten in dem Verhältnis eines Mitberechtigten oder Mitverpflichteten steht;
2. in Sachen seiner Ehefrau, auch wenn die Ehe nicht mehr besteht;
3. in Sachen einer Person, mit der er in gerader Linie oder im zweiten Grade der Seitenlinie verwandt oder verschwägert ist;
4. in Sachen, in denen er als Vertreter eines Beteiligten bestellt oder als gesetzlicher Vertreter eines solchen aufzutreten berechtigt ist.

Ein Richter kann sich der Ausübung seines Amtes wegen Befangenheit enthalten. Die Ablehnung eines Richters ist ausgeschlossen.

Ausschluß vom Richteramt.

(Hiezu Josef in der ZZP. **29** 118, Weißler in der DNotV. **1** 97.)

1. Sachliches Geltungsgebiet. Die Vorschrift des § 6 hat nur auf den Richter Bezug; sie gilt für den Richter jeder Instanz, auch für den Handelsrichter (der nach § 30 in der Beschwerdeinstanz mit der Sache befaßt sein kann), auch für den beauftragten und den ersuchten Richter, ferner auch für den Vormundschaftsrichter in seiner Eigenschaft als Vorsitzender des Familienrates; es besteht kein Anlaß auf diesen die Vorschrift des § 6 nicht anzuwenden, da er Vorsitzender nur in seiner Eigenschaft als Richter ist und § 1874 Abs. 3 BGB. nur für die Mitglieder des Familienrats gilt; der Vorsitzende ist nach der Terminologie des BGB. nicht Mitglied (ebenso Rausnitz N. 1, Wellstein N. 2, a. M. Birkenbihl N. 2 zu § 6). Soweit ein Richter die Beurkundung eines Rechtsgeschäfts vornimmt, z. B. als Vormundschaftsrichter nach Art. 15 AG. z. GVG. oder als Nachlaßrichter nach §§ 91, 93, sind neben § 6 die Vorschriften der §§ 170, 171 über die Ausschließung von der Mitwirkung bei der Beurkundung zu beachten.

Nach § 9 Abs. 2 findet § 6 auch auf den Dolmetscher entsprechende Anwendung.

Für den Gerichtsschreiber gilt die Vorschrift des § 6 nicht (siehe für Bayern unten Note 7); für ihn kommen reichsrechtlich nur die Vorschriften über die Ausschließung von der Mitwirkung bei der Beurkundung (§§ 170 bis 172), bei der Testamentserrichtung (§§ 2234 bis 2236 BGB.) und bei Beurkundung eines Erbvertrags (§§ 2276 BGB.) in Betracht.

§ 6 gilt ferner nicht für die für reichsrechtliche Angelegenheiten auf Grund des Art. 147 EG. z. BGB. und des § 192 FGG. nach Landesrecht zuständigen anderen als gerichtlichen Behörden (§ 194 Abs. 3 FGG); die Landesgesetzgebung kann also für diese Behörden Vorschriften über die Ausschließung und Ablehnung treffen, nicht aber über die Wirkung der Verletzung der getroffenen Vorschriften, da die Anwendung des § 7 für diese Behörden nicht ausgeschlossen ist.

2. Bedeutung der Ausschließung: Die Ausschließung des Richters von der Ausübung des Richteramts in den vom Gesetz aufgezählten Fällen kraft Gesetzes bedeutet

a) für den Richter den bestimmten Befehl, sich in diesen Fällen der Amtsausübung zu enthalten; dies ist um so mehr von Bedeutung, als — anders wie nach § 42 ZPO. — eine Ablehnung des Richters wegen des Vorliegens von Ausschließungsgründen nach Abs. 2 Satz 2 nicht zugelassen ist;

b) für die Beteiligten das Recht, die Handlungen des ausgeschlossenen Richters, welche sich als Verfügungen im Sinne des § 19 darstellen, wegen Verletzung des Gesetzes mit Beschwerde anzufechten.

Nach § 7 sind die Handlungen des ausgeschlossenen Richters nicht kraft Gesetzes unwirksam; da nicht jede richterliche Handlung eine Verfügung im Sinne des § 19 darstellt, sind diejenigen Handlungen, bei welchen das letztere nicht der Fall ist, jedem Angriff seitens des Beteiligten entzogen. Damit ist vernunftgemäß die Beschwerde auf den Fall eingeschränkt, daß die sachliche Entscheidung des Richters den Beteiligten zu Bedenken Anlaß gibt; denn nur in diesem Falle werden sie sich der Beschwerde bedienen.

Die Verletzung des § 6 Abs. 1 bildet einen selbständigen Beschwerdegrund. Da jedoch das der anfechtbaren Verfügung vorausgegangene Verfahren (Ermittelungen, Beweiserhebungen) nicht unwirksam ist, muß das Beschwerdegericht dieses Verfahren nicht aufheben, sondern kann auf die Beschwerde hin auf Grund des Ergebnisses dieses Verfahrens in der Sache entscheiden und so die Entscheidung des ausgeschlossenen Richters in materieller Beziehung aufrecht halten. Die weitere Beschwerde führt jedoch im Hinblick auf § 27 FGG. mit § 551 Nr. 2 ZPO. stets zur Aufhebung der von einem ausgeschlossenen Richter oder unter dessen Mitwirkung erlassenen Verfügung oder Entscheidung.

Für den Instanzenzug sind die nach dem materiellen Inhalt der richterlichen Verfügung oder Entscheidung geltenden Vorschriften maßgebend; die Geltendmachung des Ausschließungsgrundes mittels Beschwerde ist also für die Beteiligten ausgeschlossen, wenn die betreffende Verfügung kraft besonderer Vorschrift der Beschwerde nicht unterliegt, ferner wenn in der höchsten Instanz ein ausgeschlossener Richter mitgewirkt hat. Die Mitwirkung eines ausgeschlossenen Richters in der Beschwerdeinstanz wird mit der weiteren Beschwerde geltend gemacht.

3. Ausschließungsgründe: Diese zeigen in verschiedener Beziehung Abweichungen von den in der Zivilprozeßordnung normierten Ausschließungsgründen. Nicht ausgeschlossen ist ein Richter in Sachen, in welchen er als Zeuge oder Sachverständiger vernommen worden ist (§ 41 Ziff. 5 ZPO.). Der Richter, der sich mit der Sache befaßt und schließlich die sachliche Endentscheidung trifft, kann sich also unbedenklich vorher als Zeuge oder Sachverständiger durch einen anderen Richter vernehmen lassen und so seine Sachkenntnis aktenmäßig machen; er kann aber seine Sachkenntnis auch unmittelbar in der von ihm zu treffenden Entscheidung verwerten (ebenso Rausnitz N. 2 zu § 6, a. M. Jastrow N. 1 zu § 30, Birkenbihl N. 4 zu § 6). — Nicht verboten ist die Mitwirkung eines Richters in einer höheren Instanz, der in einer früheren Instanz bei der Erlassung der angefochtenen Entscheidung mitgewirkt hat (§ 41 Ziff. 6 ZPO., so auch Fuchs N. 1 c, Rausnitz N. 2, Weißler N. 7 zu § 6, a. M. Birkenbihl N. 4, Wellstein N. 2 zu § 6).

In beiden Fällen kann sich aber der Richter der Amtsausübung wegen Befangenheit enthalten. Über eine Einschränkung der Ausschließung wegen verwandtschaftlicher Beziehungen zu einem Beteiligten siehe unter lit c.

Zu den Ausschließungsgründen ist allgemein zu bemerken: **Sache** ist jede Angelegenheit, jeder Sachverhalt, der zu einem Verfahren und einer Entscheidung der freiwilligen Gerichtsbarkeit Anlaß gibt. Da wo das Gericht eine länger dauernde Tätigkeit zu entfalten hat, wie besonders in Vormundschafts- und Nachlaßsachen, ist Sache im Sinne des § 6 jede einzelne in den Rahmen der Gesamttätigkeit fallende Angelegenheit, welche zu einer besonderen Entscheidung Anlaß gibt, also z. B. in Vormundschaftssachen eine einzelne Genehmigung zu einem Rechtsgeschäft.

a) zu Ziff. 1: **Beteiligter** ist jeder, der in der Sache als unmittelbar Berechtigter oder Verpflichteter in Betracht kommen kann, auch wenn er als solcher in dem Verfahren noch nicht aufgetreten ist, z. B. der Gläubiger eines Verschwenders, ein Nachlaßgläubiger, auch wenn er seine Forderung zum Nachlaß nicht anmeldet; nicht die tatsächliche Teilnahme am Verfahren entscheidet (ebenso Rausnitz N. 4, Schneider N. 3, a. M. Dorner N. 4 zu § 6). Das die Beteiligung begründende Interesse kann dem Privatrecht oder dem öffentlichen Recht angehören; beteiligt ist der Vormundschaftsrichter, wenn er einen zu genehmigenden Vertrag mit dem Mündel schließt, der Nachlaßrichter, wenn er Erbe, Nacherbe oder Pflichtteilsberechtigter ist. Kein Beteiligter ist der Regreßpflichtige (anders § 41 Ziff. 1 ZPO.). Auch sonst begründet ein mittelbares wirtschaftliches oder gar bloß ideelles Interesse am Ausgang der Sache keine Beteiligung (z. B. der Nachlaßrichter ist Gläubiger eines Erben, der Vormundschaftsrichter Gläubiger oder Schuldner des Mündels, der Richter, der einen Verein eintragen soll, ist Mitglied dieses Vereins BayOLG. **1** 753, OLG. **1** 115). Die Beteiligung ist im einzelnen Falle Tatfrage. In § 6 ist der Begriff der Beteiligung viel weiter als in einzelnen Spezialvorschriften, vergl. z. B. §§ 86 ff., 150 ff.

Mitberechtigter oder Mitverpflichteter ist, wer, ohne in der Sache selbst als Beteiligter aufzutreten und auftreten zu können, neben einem Beteiligten von dem Verfahren unmittelbar betroffen wird. In Betracht kommt hier die Eigenschaft eines Richters als Mitglied einer beteiligten Gesellschaft im Sinne des BGB., einer offenen Handelsgesellschaft, Kommanditgesellschaft, Genossenschaft. Nicht mitberechtigt oder mitverpflichtet ist der Richter, der Aktionär einer beteiligten Aktiengesellschaft oder Kommanditgesellschaft auf Aktien oder Gesellschafter einer Gesellschaft mit beschränkter Haftung ist (ebenso Rausnitz N. 5, teilweise a. M. Dorner N. 4 a zu § 6). Nicht ausgeschlossen ist bei der Entscheidung über eine Beschwerde der Handelskammer ein Handelsrichter, der zugleich Mitglied der Handelskammer ist (RJA. **2** 172, ZBl. **1** 238, **2** 379). Siehe hierzu auch Josef, der Parteibegriff in der freiwilligen Gerichtsbarkeit ZBl. **2** 309.

Das Verhältnis als Beteiligter, Mitberechtigter oder Mitverpflichteter muß zu der Zeit noch fortbestehen, zu der der Richter als solcher tätig werden soll.

b) zu Ziff. 2: **In Sachen seiner Ehefrau** ist ein Richter ausgeschlossen, wenn die Ehefrau an der von dem Richter zu behandelnden Sache beteiligt ist (siehe unter a), nicht auch dann, wenn die Ehefrau in der Sache eines Dritten mitberechtigt oder mitverpflichtet ist. Als nicht mehr bestehend gilt die Ehe, wenn sie durch Scheidung (§§ 1564 ff. BGB.) aufgelöst wurde. Eine wegen Formmangels (§§ 1317, 1324 BGB.) nichtige und nicht in das Heiratsregister eingetragene Ehe ist überhaupt keine Ehe, begründet also keinen Ausschließungsgrund. Ist die Ehe aus einem anderen Grunde als wegen Formmangels nichtig, so besteht der Ausschließungsgrund, solange die Nichtigkeitserklärung nicht durch Urteil erfolgt ist; nach diesem Zeitpunkte bildet der frühere scheinbare Bestand einer Ehe keinen Ausschließungsgrund; denn das Urteil hat deklaratorische Wirkung, stellt also fest, daß eine Ehe überhaupt nicht bestanden hat, nicht aber bewirkt es, daß eine Ehe nicht mehr besteht (§ 1329 BGB.). Das Gleiche gilt für eine anfechtbare Ehe; denn auch eine solche ist, wenn die Anfechtung erfolgt, als von Anfang an nichtig anzusehen (§ 1343 BGB.); a. M. Gaupp N. III zu § 41 ZPO.

Verlöbnis ist kein Ausschließungsgrund.

c) zu Ziff. 3: Die Verwandten oder Verschwägerten müssen Beteiligte an der von dem Richter zu behandelnden Sache sein, bloße Mitberechtigung oder Mitverpflichtung an der Sache eines Dritten genügt nicht.

Verwandte in gerader Linie sind Personen, deren eine von der anderen abstammt, also Aszendenten und Deszendenten; ein uneheliches Kind und dessen Vater gelten jedoch nicht als verwandt (§ 1589 BGB.); Verwandtschaft in gerader Linie wird auch begründet

durch Annahme an Kindesstatt zwischen dem Annehmenden einerseits und dem Angenommenen und dessen Abkömmlingen anderseits (§§ 1757, 1762 BGB.),

durch Legitimation durch nachfolgende Ehe (§ 1719 BGB.),

durch Ehelichkeitserklärung, jedoch nur zwischen dem Vater einerseits und dem Kinde und dessen Abkömmlingen anderseits, nicht auch zwischen den letzteren und den Eltern und Voreltern des Vaters (§ 1737 BGB.).

Keine Verwandtschaft besteht zwischen Eltern und Kindern aus einer Ehe, die wegen Formmangels nichtig oder nicht in das Heiratsregister eingetragen ist; im übrigen gelten Kinder aus einer nichtigen oder angefochtenen Ehe als ehelich und sind deshalb mit ihren Aszendenten verwandt, soferne nicht beide Ehegatten bei der Eheschließung die Nichtigkeit oder Anfechtbarkeit gekannt haben (§ 1699 BGB.). Zwischen dem unehelichen Kinde und seiner Mutter und deren Verwandten besteht Verwandtschaft (§ 1705 BGB.).

Verwandtschaft in gerader Linie ist ein Ausschließungsgrund ohne Rücksicht auf die Nähe der Verwandtschaft.

Verwandte in der Seitenlinie sind Personen, die von derselben dritten Person abstammen; der Grad der Verwandtschaft bestimmt sich nach der Zahl der sie vermittelnden Geburten (§ 1589 BGB.). Einen Ausschließungsgrund bildet jedoch nur Verwandtschaft im *zweiten* Grade (abweichend von § 41 Ziff. 3 ZPO.), also die Eigenschaft als Geschwister, gleichviel ob halbbürtig oder vollbürtig. Nicht verwandt in der Seitenlinie sind Adoptivgeschwister, d. h. der Angenommene und ein natürliches Kind des Annehmenden oder ein weiteres angenommenes Kind desselben, da sich die Wirkungen der Annahme an Kindesstatt nicht auf die Verwandten des Annehmenden erstrecken (§ 1763 BGB.), und aus demselben Grunde nicht ein für ehelich erklärtes Kind und ein anderes Kind des Vaters, es sei denn, daß sie von derselben Mutter abstammen, und ebensowenig mehrere für ehelich erklärte Kinder desselben Vaters, aber verschiedener Mütter; Geschwister sind rechtlich auch die unehelichen Kinder derselben Mutter, gleichviel ob von dem nämlichen Vater, dagegen nicht uneheliche Kinder desselben Vaters, die von verschiedenen Müttern abstammen.

Verschwägert sind die Verwandten eines Ehegatten mit dem anderen Ehegatten; die Schwägerschaft dauert fort, auch wenn die Ehe, durch die sie begründet ist, durch Tod, Scheidung oder Wiederverheiratung nach Todeserklärung des früheren Ehegatten (§ 1348 Abs. 2 BGB.) aufgelöst ist (§ 1590 l. c.). Keine Schwägerschaft wird begründet durch bloße Beiwohnung, also durch eine nichtige Ehe — durch Nichtigkeitserklärung der Ehe wird die Schwägerschaft mit rückwirkender Kraft wieder beseitigt —, ferner zwischen dem unehelichen Kinde und den Verwandten des Mannes; durch Ehelichkeitserklärung wird keine Schwägerschaft begründet (§ 1737 Abs. 1 BGB.), wohl aber durch Legitimation durch nachfolgende Ehe (§ 1719 l. c.); Annahme an Kindesstatt begründet gleichfalls keine Schwägerschaft (§ 1763 l. c.).

Schwägerschaft in gerader Linie besteht mit den Verwandten des anderen Ehegatten in gerader Linie, also zwischen Eltern und Voreltern des einen Ehegatten und einseitigen Abkömmlingen desselben einerseits und dem anderen Ehegatten anderseits — *Schwiegereltern und -Kinder, Stiefeltern und -Kinder* — (§ 1590 Abs. 1 BGB.). Eine Beschränkung hinsichtlich des Grades der Schwägerschaft gilt für die Ausschließung des Richters nicht.

Schwägerschaft in der Seitenlinie besteht mit den Verwandten des anderen Ehegatten in der Seitenlinie; der Grad der Schwägerschaft bestimmt sich nach dem Grad der sie vermittelnden Verwandtschaft (§ 1590 Abs. 1 BGB.). Einen Ausschließungsgrund bildet nur Schwägerschaft im zweiten Grade (abweichend von § 41 Ziff. 3 ZPO.). Hieher zählen die Geschwister der Ehefrau des Richters und die Ehegatten der Geschwister des Richters.

Keinen Ausschließungsgrund bildet die Verwandtschaft oder Schwägerschaft mit dem gesetzlichen Vertreter eines Beteiligten, sowie unter mehreren Richtern eines Kollegialgerichts oder zwischen einem Richter der unteren und der oberen Instanz.

d) zu Ziff. 4. Ausgeschlossen ist der Richter, der kraft Auftrags (§§ 164 ff. BGB.) von einem Beteiligten im Sinne der Erörterungen unter a zum **bevollmächtigten Vertreter** in einer von ihm als Richter zu behandelnden Sache bestellt ist und die Bestellung angenommen hat. Mit der Annahme der Bestellung ist der Ausschließungsgrund gegeben, gleichviel ob der Richter als Bevollmächtigter auch auftreten will oder nicht, also auch, wenn der Vertretene die notwendigen Erklärungen vor dem Richter selbst abgeben wollte. Daß der Richter in irgend einer anderen Sache Vertreter eines Beteiligten ist, bildet ebensowenig einen Ausschließungsgrund wie der Umstand, daß er früher in der jetzt von ihm als Richter behandelten Sache Vertreter eines Beteiligten war (anders § 41 Ziff. 4 ZPO., der auch den gewesenen Vertreter ausschließt).

Der Beistand im Sinne des § 13 ist zwar nicht Vertreter des Beteiligten, allein die Unmöglichkeit der gleichzeitigen Eigenschaft als Richter und Beistand eines Beteiligten in der nämlichen Sache ergibt sich aus der Natur der Sache.

Ausgeschlossen ist der Richter, der als **gesetzlicher Vertreter** eines Beteiligten (einer natürlichen oder juristischen Person z. B. als Vorstandsmitglied eines Vereins BayObLG. **1** 753) aufzutreten berechtigt ist. Auch hier kommt es nur auf das Recht zur Vertretung, nicht auf die tatsächliche Ausübung der Vertretungsmacht an. Es kann also z. B. einer von mehreren Vormündern nicht Richter in einer Sache sein, an der der Mündel beteiligt ist, wenn er nach der Geschäftsverteilung unter den Mitvormündern in der Sache ebenso vertretungsberechtigt ist, wie ein anderer Vormund; er ist dagegen nicht kraft Gesetzes ausgeschlossen, wenn dies nicht der Fall ist. Kein Ausschließungsgrund ist es, daß der Richter früher gesetzlicher Vertreter eines Beteiligten war; der frühere Vormund kann also später Vormundschaftsrichter sein, er kann eine Sache, die während der Dauer seiner Vormundschaft begonnen war, als Richter, Vormundschafts-, Nachlaßrichter, Richter in einer Handelssache ꝛc. weiter behandeln. Darüber, wer gesetzlicher Vertreter ist, entscheidet das materielle Recht; gesetzlicher Vertreter ist also der Vater, ev. die **Mutter**, der **Vormund**, der Pfleger eines Geschäftsunfähigen, dagegen nicht der Gegenvormund, ferner regelmäßig nicht der Beistand der Mutter nach § 1687 ff. BGB.; letzterer ist gesetzlicher Vertreter des Kindes nur, wenn er auf Grund des § 1693 BGB. das Kind in Vermögensangelegenheiten zu vertreten berechtigt ist.

Nicht ausgeschlossen ist, daß der Vormundschaftsrichter eine Sache, an welcher ein unter seiner Obervormundschaft stehender Mündel beteiligt ist, als Nachlaßrichter behandelt; denn er ist nicht Vertreter des Bevormundeten (vergl. hiezu auch § 97 Abs. 2).

4. Befangenheit ist Zweifel an der Fähigkeit zu unparteiischer Behandlung einer Sache; sie ist Ermessenssache. Maßgebend ist dabei nur die Ansicht des Richters, nicht die Ansicht der Beteiligten. Die Enthaltung von der Amtsausübung kann nur wegen Befangenheit, nicht wegen Besorgnis der Befangenheit erfolgen, also nur, wenn der Richter sich selbst für befangen hält, nicht wenn er Grund zu der Annahme hat, daß Beteiligte Zweifel an seiner Unbefangenheit haben (a. M. Rausnitz N. 19 zu § 6, der den Richter für verpflichtet hält, der Anschauung der Beteiligten Rechnung zu tragen).

Der nach seiner Anschauung befangene Richter kann sich ohne weiteres der Amtsausübung enthalten; es bedarf keiner Anzeige an die Beteiligten und keiner Entscheidung. Eine Pflicht zur Amtsenthaltung besteht nicht („kann"). Ein Antragsrecht auf Amtsenthaltung steht den Beteiligten nicht zu; die Amtsausübung entgegen der Anschauung Beteiligter, daß der Richter befangen sei, bildet auch keinen selbständigen Beschwerdegrund, der Zweifel an der Befangenheit des Richters kann aber bei der Begründung einer sachlichen Beschwerde verwertet werden.

5. **Ablehnung** des Richters ist weder wegen des Vorhandenseins von Ausschließungsgründen noch wegen Besorgnis der Befangenheit zulässig; über die Geltendmachung von Ausschließungsgründen durch die Beteiligten siehe oben Note 2.

6. Ersatz des ausgeschlossenen oder befangenen Richters: Enthält sich ein Richter wegen Vorhandenseins von Ausschließungsgründen oder wegen Befangenheit der Amtsausübung, so tritt an seine Stelle sein Stellvertreter nach den für die Vertretung von Richterpersonen geltenden Vorschriften (siehe Note 3 zu § 5).

7. **Bayerisches Recht:** Die Vorschriften des § 6 gelten auch für diejenigen Angelegenheiten der freiwilligen Gerichtsbarkeit, für welche die landesgesetzlichen Vorschriften maßgebend sind (Art. 129 AG. z. BGB); sie finden mangels einer Ausdehnung auch in Bayern nur auf Richterpersonen Anwendung.

Für den Gerichtsschreiber gilt § 6 auch nach Landesrecht nicht, weder in reichsrechtlichen noch in landesrechtlichen Angelegenheiten. Auch wenn eine der Beziehungen des § 6 Abs. 1 in der Person des Gerichtsschreibers zutrifft, ist er berechtigt und verpflichtet, Anträge entgegenzunehmen, Zustellungen zu bewirken und die sonstigen dem Gerichtsschreiber zur selbständigen Besorgung übertragenen Geschäfte vorzunehmen; er kann die Tätigkeit nicht wegen Befangenheit ablehnen.

Hievon gilt eine Ausnahme, welche jedoch nur Ordnungsvorschrift, deren Nichtbefolgung deswegen auf die Gültigkeit und Wirksamkeit der vom Gerichtsschreiber vorgenommenen Handlung ohne jeden Einfluß ist. Dem Gerichtsschreiber sollen in den in § 6 FGG. bezeichneten Fällen Verrichtungen in Nachlaßsachen nicht übertragen werden (§ 142 NachlO.). Diese Vorschrift gilt sowohl für den Fall des Vorhandenseins von Ausschließungsgründen nach § 6 Abs. 1 als auch für den Fall, daß sich der Gerichtsschreiber der Amtsausübung wegen Befangenheit enthalten will; denn eine Beschränkung auf die Anwendbarkeit des Abs. 1 ist nicht ausgesprochen. Die Vorschrift gilt aber nur für diejenigen Angelegenheiten, welche kraft besonderer — reichs- oder landesrechtlicher — Vorschrift dem Gerichtsschreiber zur selbständigen Behandlung übertragen sind (siehe z. B. Art. 63 AG. z. GVG.), dagegen nicht, soweit ein Gerichtsschreiber nur übungsgemäß als Gehilfe oder Schreibkraft zugezogen wird.

Die Vorschrift des § 142 NachlO. gilt auch für die Bürgermeister hinsichtlich der Geschäfte, die ihnen nach § 18 Abs. 2 Ziff. 3 NachlO. in Nachlaßsachen übertragen werden können (Siegelung, Entsiegelung). Auf die Geschäfte, zu denen der Bürgermeister nach Art. 105 AG. z. BGB., § 18 Abs. 4 NachlO. selbständig berufen ist und die ihm im Einzelfall nicht erst aufgetragen werden müssen (Sicherung des Nachlasses in dringenden Fällen) findet dagegen § 142 NachlO. nach seinem Wortlaut („sollen nicht . . . übertragen werden") keine Anwendung; diese Annahme ist auch innerlich begründet, weil es sich hier einerseits nur um vorläufige Maßregeln, anderseits um solche handelt, welche wegen Dringlichkeit keinen Aufschub durch Amtsenthaltung der berufenen Person dulden. Für die Personen, welche der Bürgermeister seinerseits nach der Anweisung für die Mitwirkung der Gemeindebehörden bei der Sicherung des Nachlasses (JMBl. 03 216) mit der Ausführung der Maßregeln betrauen kann, ist § 142 NachlO. zwar nicht für anwendbar erklärt, es wird sich aber bei vorhandener Auswahl von Beamten seine sinngemäße Anwendung empfehlen.

Für die bayerischen Notare gilt, auch soweit sie zur Besorgung von Angelegenheiten der freiwilligen Gerichtsbarkeit im Sinne des § 1 FGG. berufen sind, § 6 im Hinblick auf § 194 Abs. 3 FGG. nicht. Soweit sie bei einer Beurkundung mitwirken, gelten die reichsrechtlichen Vorschriften der §§ 170—172 FGG.; im übrigen bestimmt

Art. 15 NotG.: Der Notar soll, soweit er nicht durch besondere Vorschriften von der Ausübung seines Amtes ausgeschlossen ist, die Vornahme von Amtsgeschäften verweigern:

1. in Sachen, in denen er selbst beteiligt ist oder in denen er zu einem Beteiligten in dem Verhältnis eines Mitberechtigten oder Mitverpflichteten steht;
2. in Sachen seiner Ehefrau, auch wenn die Ehe nicht mehr besteht;
3. in Sachen einer Person, mit der er in gerader Linie oder im zweiten Grade der Seitenlinie verwandt oder verschwägert ist;
4. in Sachen, in denen er als Vertreter eines Beteiligten bestellt oder als gesetzlicher Vertreter eines solchen aufzutreten berechtigt ist.

Diese Vorschrift findet auch auf die Tätigkeit der Notare bei Vermittelung der Auseinandersetzung eines Nachlasses oder eines Gesamtgutes Anwendung.

Außerdem bestimmt § 142 NachlO., daß einem Notar in den in § 6 FGG. und Art. 15 NotG. bezeichneten Fällen Verrichtungen in Nachlaßsachen nicht übertragen werden sollen; würde dies dennoch geschehen, so könnte der Notar nach Art. 15 NotG. die Vornahme des ihm aufgetragenen Geschäfts verweigern. Die Ablehnung eines Notars wegen Befangenheit ist ausgeschlossen (BayNotZ. **04** 44).

8. Grundbuchsachen: Auf den Grundbuchbeamten in Bayern, also den Amtsrichter, der die Geschäfte eines solchen besorgt, ist § 6 durch Art. 8 AG. z. GBG. u. ZVG. für anwendbar erklärt. Die Wirksamkeit der von einem ausgeschlossenen Grundbuchbeamten vorgenommenen Eintragungen ergibt sich aus § 10 GBO.

In den Beschwerdeinstanzen, beim Landgericht und bei dem in Bayern für die weitere Beschwerde zuständigen Obersten Landesgericht ist die Anwendbarkeit des § 6 durch die reichsgesetzliche Vorschrift des § 81 Abs. 2 GBO. ausgeschlossen; es finden die Vorschriften des §§ 41 ff. ZPO. über die Ausschließung und Ablehnung von Gerichtspersonen, die nach § 49 ZPO. auch für den Gerichtsschreiber gelten, entsprechende Anwendung.

9. In Gebührensachen findet auch, soweit sie Gegenstände der freiwilligen Gerichtsbarkeit betreffen, § 6 nicht Anwendung, es gelten die Vorschriften des §§ 41 ff. ZPO. (Art. 50 Abs. 3 GebG.).

§ 7.

Gerichtliche Handlungen sind nicht aus dem Grunde unwirksam, weil sie von einem örtlich unzuständigen Gericht oder von einem Richter vorgenommen sind, der von der Ausübung des Richteramts kraft Gesetzes ausgeschlossen ist.

Handlungen eines unzuständigen oder ausgeschlossenen Richters:

1. Handlungen: Das Gesetz bedient sich für die dem Gericht in der freiwilligen Gerichtsbarkeit gestellten Aufgaben an verschiedenen Stellen verschiedener Bezeichnungen, so „Verrichtungen" in den §§ 35, 72, „Verfügungen" u. a. in den §§ 16, 18 ff., 32, „Entscheidungen" z. B. in den §§ 24 ff., 59, 166, „Beschluß" in den §§ 67, 68, 84, 96, 139. In den §§ 35, 72 ist die Zuständigkeit für die „Verrichtungen" des Vormundschaftsgerichts und des Nachlaßgerichts bestimmt; zu den Aufgaben beider Gerichte gehört nicht bloß die Entwicklung positiver Tätigkeit durch Anordnungen in Bezug auf das Verfahren, Erlassung von Verfügungen, Beschlüssen, sondern auch ein bloß duldendes Verhalten, nämlich die Entgegennahme von Erklärungen, welche gegenüber diesen Gerichten abzugeben sind, also zu einer positiven Tätigkeit des Gerichts unmittelbar keinen Anlaß geben (vergl. z. B. §§ 1491, 1662, 1679, 1945, 1955 BGB.).

Hiernach erscheint der Begriff „Verrichtungen" als der weiteste, weil er alle möglichen Aufgaben der Gerichte in sich begreift. Der Begriff „Handlungen" ist enger; nach dem keine Deutung zulassenden Wortsinn kann darunter nur positive Tätigkeit des Gerichts verstanden werden; Verfügungen und Entscheidungen sind nur bestimmte Arten von Handlungen.

Unter „gerichtlichen Handlungen" im Sinne des § 7 ist daher die Erledigung aller amtlichen Aufgaben mit Ausnahme der bloßen Entgegennahme von Erklärungen zu verstehen. Diese Erklärungen sind also unwirksam, wenn sie gegenüber einem örtlich unzuständigen Gericht vorgenommen werden (ebenso Rausnitz Note 12, Schneider Note 1 zu § 7, Staudinger Bd. V N. 4, Planck Bd. V N. 1 zu § 1945, Jastrow in ZZP. **34** 499). Die Folge der Unwirksamkeit der Erklärungen gegenüber dem Gericht kann allerdings trotz § 7 die Unwirksamkeit auch von Handlungen des unzuständigen Gerichts sein, wenn nämlich das Gericht auf die ihm gegenüber abgegebene Erklärung hin irgend eine Tätigkeit zu entfalten hat (z. B. Mitteilung der Erklärung an dritte Personen, § 1491 BGB.). Die Unwirksamkeit ist aber nicht Folge der Unzuständigkeit des Gerichts, sondern Folge der Unwirksamkeit der die Grundlage und Voraussetzung für die Handlung des Gerichts bildenden Erklärung, daher keine Ausnahme von § 7. Undenkbar ist die Unwirksamkeit einer Erklärung der erwähnten Art wegen Abgabe gegenüber einem von der Ausübung des Amtes ausgeschlossenen Richter; denn die Erklärung wird gegenüber der richterlichen Behörde, nicht gegenüber dem einzelnen Richterbeamten abgegeben (verschieden von der vor dem Gericht abzugebenden Erklärung).

2. Nur auf **gerichtliche** Handlungen bezieht sich § 7, also auf Handlungen des Richters oder Richterkollegiums, nicht auf Handlungen nichtrichterlicher Beamter des Gerichts, also insbesondere des Gerichtsschreibers. Dagegen gilt § 7 auch für die auf Grund des Art. 147 EG. z. BGB. und des § 192 FGG. nach Landesrecht zuständigen anderen als gerichtlichen Behörden (§ 194). Die Landesgesetzgebung hat also bezüglich der letzteren Behörden nur das Recht, Vorschriften über den Ausschluß und die Ablehnung von Angehörigen dieser Behörden zu treffen, da § 6 auf dieselben nicht anwendbar ist, nicht aber Vorschriften über die Wirkung der Verletzung der erlassenen Vorschriften.

3. Wirksamkeit der gerichtlichen Handlungen: Wirksam ist eine gerichtliche Handlung, wenn sie den rechtlichen Erfolg erzielt, der von der handelnden Behörde von Rechtswegen gewollt ist. Diese Wirksamkeit tritt ein, wenn der gerichtlichen Handlung von Rechtswegen die Anerkennung nicht versagt werden darf.

Die Vorschriften über die Zuständigkeit in der freiwilligen Gerichtsbarkeit (sachliche wie örtliche) sind regelmäßig zwingender Natur; daraus ergibt sich theoretisch als Regel, daß kraft Gesetzes gerichtliche Handlungen, die von einem unzuständigen Gericht vorgenommen sind, keine Wirksamkeit haben, weil dem unzuständigen Gericht das Recht zu der Handlung fehlt. Das Gleiche müßte für den kraft Gesetzes von der Ausübung des Richteramts ausgeschlossenen Richter gelten. Bei dieser Regel verbleibt es jedoch nur, soweit sachliche Unzuständigkeit in Betracht kommt. Daß gerichtliche Handlungen eines sachlich unzuständigen Gerichts unwirksam sind, ist vom Gesetz als rechtlich selbstverständlich nicht besonders ausgesprochen; es ergibt sich aber noch besonders aus der Vorschrift des § 32 FGG. (ZBl. **4** 639 Nr. 578, Josef in ZBl. **6** 848). Über die Folgen des Mangels der sachlichen Zuständigkeit zur Errichtung gerichtlicher oder notarieller Urkunden, welch letztere nicht unter § 7 fällt (siehe Note 3 zu § 1) vergl. § 200 Abs. 2 FGG. und Art. 151 Satz 2 EG. z. BGB.

Um den Unzuträglichkeiten, welche gerade auf dem Gebiete der freiwilligen Gerichtsbarkeit mit der Nichtigkeit gerichtlicher Handlungen verbunden sind (D. 33, 34) vorzubeugen, hat das Gesetz in § 7 eine weitgehende Ausnahme von der Regel der Unwirksamkeit der von einem nicht dazu legitimierten Gericht oder Richter vorgenommenen Handlungen geschaffen.

Wirksam sind nach § 7

a) Die Handlungen eines **örtlich unzuständigen** Gerichts; dies gilt sowohl für die erste Instanz als für die Beschwerdeinstanzen; nicht die örtliche Zuständigkeit, sondern die Gerichtsbarkeit fehlt einem Gericht, wenn es Amtshandlungen entgegen der nach § 2 FGG. in der freiwilligen Gerichtsbarkeit anwendbaren Vorschrift des § 167 GVG. außerhalb seines Bezirks ohne Zustimmung des Amtsgerichts des Ortes und, ohne daß Gefahr im Verzuge obwaltet, vornimmt; § 7 gilt deshalb für diese Fälle nicht; im Auslande vorgenommene Amtshandlungen sind unwirksam (Josef in DNotV. **4** 375);

b) die Handlungen eines Richters, der nach § 6 Abs. 1 FGG. von der Ausübung des Richteramts **kraft Gesetzes ausgeschlossen** ist; dies gilt nicht bloß für Handlungen des Einzelrichters, sondern erst recht für den Fall der Mitwirkung eines kraft Gesetzes ausgeschlossenen Richters bei der gerichtlichen Handlung eines Kollegialgerichts.

4. Die Wirkungen der Vorschrift des § 7 äußern sich in folgender Weise:

a) Die von dem unzuständigen Gericht oder ausgeschlossenen Richter vorgenommenen Handlungen brauchen nicht vom zuständigen Gericht oder einem anderen Richter wiederholt zu werden. Dies ist insbesondere von Bedeutung bei Angelegenheiten, welche nicht mit einer einzigen Handlung, Verfügung oder Entscheidung des Gerichts erledigt sind. Hat z. B. ein örtlich unzuständiges Gericht einen Vormund verpflichtet, so braucht das zuständige Gericht, nachdem es die Vormundschaft übernommen hat, die Verpflichtung nicht zu wiederholen, wenn es denselben Vormund aufstellen will. Ebensowenig ist eine Wiederholung einer Beweisaufnahme oder sonstiger einer Verfügung oder Entscheidung des Gerichts vorausgehender Handlungen durch das zuständige Gericht erforderlich.

b) Nicht dagegen hat die Handlung des örtlich unzuständigen Gerichts oder des ausgeschlossenen Richters einen Anspruch auf unbedingte Anerkennung für alle Zukunft. Dies ist nach zwei Richtungen von Bedeutung:

α) Da regelmäßig — soweit es sich nicht um eine ausnahmsweise nur auf Antrag eintretende Handlung des Gerichts handelt — das zuständige Gericht nach § 12 von Amtswegen tätig zu werden hat, schließt der unzuständige Richter den zuständigen nicht auf die Dauer von der Behandlung der Sache aus; der letztere muß, wenn er von der Notwendigkeit einer Amtshandlung, zu der er örtlich zuständig ist, Kenntnis erlangt, eingreifen; eventuell ist nach § 5 zu verfahren. Handelt es sich freilich um eine Angelegenheit, die mit einer Verfügung erledigt ist und ist diese Verfügung von dem örtlich unzuständigen Gericht nach § 7 mit Wirksamkeit erlassen, so ist kein Raum mehr für eine Handlung des zuständigen Gerichts.

β) Die Vornahme einer Amtshandlung, welche eine Verfügung im Sinne des § 19 darstellt, durch ein unzuständiges Gericht oder durch einen kraft Gesetzes ausgeschlossenen Richter oder unter Mitwirkung eines solchen Richters ist trotz § 7 eine Gesetzesverletzung (§§ 27 FGG., § 550, 551 Nr. 2 u. 4 ZPO.) und begründet die Beschwerde und die weitere Beschwerde (RJA. **6** 1, ZBl. **6** 261). Der Sinn des § 7 ist nur der, daß die betreffende Handlung nicht kraft Gesetzes unwirksam ist, nicht der, daß sie der Anfechtung wegen Nichteinhaltung der Vorschriften über örtliche Zuständigkeit oder der Vorschrift des § 6 Abs. 1 entzogen sein soll. Da die Verfügung an sich wirksam ist, wirkt ihre Aufhebung im Beschwerdeweg aber nur von dem Eintritt der Wirksamkeit der Entscheidung des Beschwerdegerichts ab und hat keine rückwirkende Kraft; vergleiche auch § 32, ferner Note 2 zu § 6. Die Beschwerde gegen das Verfahren eines Vormundschaftsgerichts wegen örtlicher Unzuständigkeit desselben kann also nicht die Aufhebung des gesamten Verfahrens und der Vormundschaft für die Vergangenheit bezwecken und erreichen, sondern lediglich für die Zukunft einer weiteren Tätigkeit des unzuständigen Gerichts vorbeugen und dieses zur Abgabe an das örtlich zuständige Gericht veranlassen (RJA. **6** 85, ZBl. **6** 430, a. M. Josef N. 6a zu § 7). Dies gilt auch für die vorläufige Vormundschaft (ZBl. **6** 766).

Soweit jedoch eine Verfügung kraft besonderer Vorschrift unanfechtbar ist (§§ 68, 84), kann eine Beschwerde auch nicht auf Verletzung des § 6 oder der Vorschriften über die örtliche Zuständigkeit gestützt werden.

γ) Keinesfalls kann § 7 eine Handhabe zur Umgehung der Vorschriften über die örtliche Zuständigkeit bieten, indem sich die Beteiligten kraft getroffener Vereinbarung an ein unzuständiges Gericht wenden; denn das Gericht hat seine Zuständigkeit von dem Willen der Beteiligten unabhängig von amtswegen zu prüfen und eventuell die ihm angesonnene Amtshandlung abzulehnen.

5. In **Bayern** gilt die Vorschrift des § 7 auch für diejenigen Angelegenheiten der freiwilligen Gerichtsbarkeit, für welche die landesgesetzlichen Vorschriften maßgebend sind (Art. 129 AG. z. BGB).

6. Auf das Verfahren vor **Grundbuchämtern** finden die Vorschriften des gegenwärtigen Gesetzes reichsrechtlich nicht Anwendung. Ähnlich dem § 7 bestimmt § 10 GBO., daß eine Eintragung nicht aus dem Grunde unwirksam ist, weil ein Grundbuchbeamter sie bewirkt hat, der von der Mitwirkung bei der Eintragung kraft Gesetzes oder infolge Ablehnung ausgeschlossen war.

In Bayern ist die Ablehnung eines Grundbuchbeamten ausgeschlossen, für den Ausschluß desselben vom Richteramt finden die Vorschriften des § 6 Abs. 1 FGG. Anwendung (Art. 8 AG. z. GBO. u. ZVG.). Ergänzend zu der reichsrechtlichen Vorschrift des § 10 GBO., welcher nur die Wirksamkeit der Eintragung zum Gegenstand hat, ist für Bayern durch Art. 8 AG. z. GBO. u. ZVG., auch § 7 FGG. für anwendbar erklärt worden; dies ist für die von und gegenüber dem Grundbuchamt abzugebenden Erklärungen von Bedeutung (§ 873 Abs. 2, § 875 Abs. 1, § 876 Satz 3 BGB.); siehe hierzu oben N. 1.

§ 7 findet auch Anwendung auf die gerichtlichen Handlungen eines örtlich unzuständigen Beschwerdegerichts in Grundbuchsachen. Eine ganz selbständige Regelung hat die Ausschließung und Ablehnung von Richterpersonen im Beschwerdeverfahren reichsrechtlich erhalten; es finden die Vorschriften des §§ 41 ff. ZPO. Anwendung (Art. 81 Abs. 2 GBO.); da die Zivilprozeßordnung über die rechtliche Folge der Verletzung der Vorschriften über die Ausschließung und Ablehnung keine Bestimmung enthält und die Aufhebung der Verfügung eines ausgeschlossenen oder abgelehnten Richters von der Ergreifung der gegen die Verfügung gegebenen Rechtsmittel abhängig macht, ist § 7 nach Landesrecht in Bayern auch dann anwendbar, wenn in der Beschwerdeinstanz ein abgelehnter oder ausgeschlossener Richter mitgewirkt hat.

7. Beim **Notariat** kommt in Bayern die Vorschrift des Art. 15 NotG. in Betracht (siehe Note 7 zu § 6); dieselbe hat lediglich dienstrechtliche Natur, ihre Verletzung aber nicht die Unwirksamkeit des vorgenommenen Geschäftes zur Folge (Becher VIII 44). Die Abgrenzung der Amtsbezirke der Notariate (Art. 6 NotG.) ist keine Zuständigkeitsabgrenzung, sondern nur eine Schranke für die Bewegung des Notars (Becher VIII 41); Art. 6 Abs. 5 NotG. bestimmt ausdrücklich, daß ein Notariatsgeschäft nicht aus dem Grunde unwirksam ist, weil es von einem Notar außerhalb seines Amtsbezirkes vorgenommen ist.

Vorbemerkungen zu den §§ 8 bis 18.

1. Das Gesetz gibt in den §§ 8—18 eine Anzahl allgemeiner Verfahrensvorschriften. Erschöpfend ist jedoch das Verfahren nicht geregelt. Vielfach sind Vorschriften der ZPO. und des GVG. für entsprechend anwendbar erklärt. Dies rechtfertigt aber keinesfalls, die Lücken in den Verfahrensvorschriften durch entsprechende Anwendung dieser Gesetze auszufüllen. Soweit Verfahrensvorschriften fehlen, kann die Landesgesetzgebung auf Grund des § 200 FGG. ergänzend eingreifen.

Es fehlen namentlich reichsgesetzliche Vorschriften

a) über Öffentlichkeit oder Nichtöffentlichkeit des Verfahrens,
b) über die Form, in welcher Verhandlungen vor dem Gericht zu pflegen und aktenmäßig zu machen sind (Protokolle),
c) über die Form der Verfügungungen des Gerichts,
d) über Vollziehung gerichtlicher Verfügungen,
e) über die Kosten des Verfahrens.

2. Öffentlichkeit: Aus dem Fehlen einer Vorschrift, daß die Verhandlungen in der freiwilligen Gerichtsbarkeit öffentlich zu führen seien, daß also jedermann ein Recht habe, diesen Verhandlungen anzuwohnen, ergibt sich der Grundsatz der Nichtöffentlichkeit; denn um ein Recht der erwähnten Art zu begründen, bedürfte es einer ausdrücklichen Vorschrift. Mit Recht ist daher ein Antrag, vorzuschreiben, daß die Verhandlungen nicht öffentlich seien, mit der Begründung abgelehnt worden, daß sich das von selbst verstehe und nur eine Abweichung von diesem Grundsatz einer Vorschrift bedürfe (Mat. 204 f.). Der Landesgesetzgebung bleibt es allerdings im Hinblick auf § 200 FGG. unbenommen, Vorschriften über die Öffentlichkeit zu erlassen.

In Bayern fehlen solche Vorschriften für reichsrechtliche Angelegenheiten, so daß es für diese ausnahmslos bei dem Grundsatz der Nichtöffentlichkeit verbleibt. Für Angelegenheiten, für welche die Vorschriften der Landesgesetze maßgebend sind, bestimmt Art. 78 Abs. 2 AG. z. GVG.:

> Finden in diesen Angelegenheiten mündliche Verhandlungen nach den Vorschriften der Zivilprozeßordnung statt, so erfolgen dieselben öffentlich nach Maßgabe der § 170—176 GVG.

Daraus ergibt sich wieder als Regel Nichtöffentlichkeit der Verhandlungen; Ausnahme ist Öffentlichkeit nur in denjenigen Fällen, in welchen eine mündliche Verhandlung ausdrücklich vorgeschrieben ist mit der weiteren Beschränkung, daß Verhandlung nach den Vorschriften der Zivilprozeßordnung vorgeschrieben sein muß.

Daß die Verhandlungen vor dem Familienrat nicht öffentlich sind, ergibt sich daraus, daß er die rechtliche Stellung des Vormundschaftsgerichts hat (§ 1872 Abs. 1 Satz 1 BGB.)

Mangels einer ausdrücklichen Vorschrift der Nichtöffentlichkeit ist es keine Gesetzesverletzung, wenn Unbeteiligte sich während der Verhandlung in dem Verhandlungsraume befinden. Aus dem gleichen Grunde bedurfte es einer dem § 176 Abs. 2 GVG. analogen Vorschrift, wonach zu nichtöffentlichen Verhandlungen der Zutritt einzelnen Personen vom Gericht ohne Anhörung der Beteiligten gestattet werden kann, nicht; eine derartige Erlaubnis zu geben, liegt im Ermessen des Vorsitzenden, da das Gericht mit der Öffentlichkeit oder Nichtöffentlichkeit sich nicht zu befassen hat.

Entscheidung in nichtöffentlicher Sitzung ist in Art. 59 Abs. 2 NotG. ausdrücklich für die Behandlung bestimmter Notariatssachen durch die Zivilkammer des Landgerichts vorgeschrieben.

3. Form des Verfahrens: Darüber, in welcher Form das Gericht mit den Beteiligten zu verkehren hat, bestehen keine allgemeinen Vorschriften; der Verkehr kann also regelmäßig sowohl schriftlich als mündlich erfolgen. Mündliches Verfahren tritt, wo es nicht ohnehin im Gesetz ausdrücklich vorgeschrieben ist (z. B. §§ 89 ff., 134 ff., 153 ff. FGG.), dann ein, wenn es das Gericht nach seinem Ermessen für zweckentsprechend hält, mit den Beteiligten in persönlichen mündlichen Verkehr zu treten; dies gilt an sich auch für die Beschwerdeinstanzen, wenn auch in der Praxis wenig Gebrauch von dieser Möglichkeit gemacht wird. Auch Erscheinen von Beteiligten ohne Vorladung kann zu mündlichen Verhandlungen Anlaß geben.

Soweit Verhandlungen vor dem Gericht mündlich gepflogen werden, fehlt wieder eine allgemeine Vorschrift darüber, in welcher Form und in welchem Umfang der Inhalt dieser Verhandlungen aktenmäßig zu machen ist. Damit ist es in erster Linie dem Ermessen des Richters anheim gestellt, ob Besprechungen mit Beteiligten überhaupt aktenmäßig gemacht werden sollen; es ist dies beispielsweise dann nicht erforderlich, wenn eine Unterredung des Richters mit Beteiligten zu einem bestimmten tatsächlich oder rechtlich erheblichen Ergebnis nicht geführt hat oder wenn es sich bloß um Anfragen handelt. In einzelnen Fällen ist die Beurkundung der Erklärungen der Beteiligten vorgeschrieben (vergl. B. §§ 91, 93, 99 FGG.).

Auch die Form des Vermerks über gepflogene Verhandlungen ist regelmäßig dem Ermessen des Richters überlassen. Der Richter kann

a) selbst eine Konstatierung zu den Akten machen (dem bayerischen Richter unter dem Namen „Vormerkung" geläufig, Wagner Handbuch 20),

b) ein Protokoll aufnehmen.

Unter Protokoll ist nach dem Sprachgebrauch eine Beurkundung des Verhandlungsinhalts unter Zuziehung eines Protokollführers zu verstehen.

In **Bayern** soll die formlose Vormerkung die Regel bilden, die protokollarische Form der Beurkundung amtlicher Vorgänge unter Zuziehung eines Aktuars ist tunlichst zu beschränken (MBek. vom 28. 4. 01 betr. die Vereinfachung des dienstlichen Verkehrs § 8, JMBl. 363). Auch bei Vernehmung von Zeugen und Sachverständigen ergibt sich aus der analogen Anwendung der Vorschriften der ZPO. (§ 15 FGG.) nicht auch die Notwendigkeit der Protokollierung durch einen Gerichtsschreiber oder Aktuar. (Josef, Lehrb. 61, ZZP. **29** 174). Bei Verhängung von Ordnungsstrafen wegen Ungebühr ist nach § 184 GVG. Aufnahme eines Protokolles gewöhnlich erforderlich, die Unterlassung jedoch kein Beschwerdegrund (OLG. **10** 322, ZBl. **6** 30, siehe auch N. zu § 8 und § 184 GVG.).

Protokollierung unter Einhaltung der Vorschriften der §§ 167 ff. FGG. hat ausnahmsweise da zu erfolgen, wo ein Rechtsgeschäft von dem Richter beurkundet wird, wie die Vereinbarung zwischen dem unehelichen Kinde und dessen Vater über den Unterhalt für die Zukunft (§ 1714 BGB.), die Ausschlagung einer Erbschaft

(§ 1945), die Anfechtung der Ehelichkeit eines Kindes (§ 1597 BGB.), die Vereinbarung über vorbereitende Maßregeln bei der Auseinandersetzung (§ 91 Abs. 1 FGG.) oder die Vereinbarung über den Auseinandersetzungsplan (§ 93 Abs. 1).

Abgesehen von diesen Fällen ist in Bayern die Aufnahme eines Protokolls u. a. vorgeschrieben

über die Bestellung eines Vormunds, Gegenvormunds, Pflegers, Beistandes (§ 6 Abs. 3, § 8 Abs. 4, §§ 35, 41 VormundO.), über die Verhandlung mit dem Mündel bei Beendigung der Vormundschaft (ebenda § 30 Abs. 2, § 31),

über den Offenbarungseid in Nachlaßsachen (§ 29 Abs. 3, § 76 Abs. 2 NachlO.), über die Testamentseröffnung (ebenda § 32),

für die mündlichen Anmeldungen beim Registerrichter in Handelssachen (Bek. vom 24. 12. 99, die Registerführung betr. § 51),

angeraten in § 13 Abs. 4, § 47 Abs. 6 der Bek. vom 19. 1. 00 für einfachere Fälle der Rechnungstellung und der Aufnahme eines Vermögensverzeichnisses.

Bei Anträgen und Erklärungen in Vormundschafts- und Nachlaßsachen, die der Richter selbst entgegennimmt, kann er sich einer Schreibkraft bedienen (Bek. vom 19. 1. 00 § 50, Bek. vom 20. 3. 03 § 138).

Auch wenn das vom Richter aufgenommene Protokoll rechtsgeschäftliche Erklärungen nicht enthält, sollen in Vormundschaftssachen und Nachlaßsachen die Vorschriften der §§ 174, 177 FGG. beobachtet werden (§ 51 VormundO., § 139 NachlO.).

Über Form und Inhalt der vom Richter aufzunehmenden Protokolle bestehen auch landesrechtlich in Bayern keine allgemeinen Vorschriften. Eine entsprechende Anwendung der Vorschriften der ZPO. oder der Vorschriften der §§ 168 ff. FGG. ist ausgeschlossen, letzteres soferne nicht das Protokoll die Beurkundung eines Rechtsgeschäftes enthält (§ 139 der NachlO.). Insbesondere bedarf das Protokoll nicht der Unterschrift der Beteiligten, Zeugen oder Sachverständigen. Die Protokolle sind in deutscher Sprache abzufassen (§ 8 FGG. mit § 186 GVG.).

Sondervorschriften bestehen für die Protokolle über Anlegung von Siegeln in Nachlaßsachen, wenn dieselbe ausnahmsweise durch den Richter selbst erfolgt (§§ 8, 18, 19 Abs. 1 und 2 der NachlO.), über Testamentseröffnung (§§ 32, 33, 37 Abs. 4 ebenda), über Eröffnung von Erbverträgen (§ 38 Abs. 2) und für Protokolle in Registersachen (§ 14 der Bek. vom 24. 12. 99).

Über die Form der vom Gerichtsschreiber aufzunehmenden Protokolle siehe Note 5c zu § 11.

4. Verfügungen des Gerichts. Über deren verschiedenartige Benennung im Gesetz siehe N. 1 zu § 7, auch N. 1 zu § 19.

Hinsichtlich der Form der Verfügungen geht lediglich aus der Vorschrift des § 25 FGG. hervor, daß die Entscheidungen des Beschwerdegerichts schriftlich abzufassen sind. Im übrigen wird die Schriftform die Regel bilden; es ist jedoch nicht ausgeschlossen, daß der wörtliche Text einer Verfügung die einem Beteiligten schriftlich mitgeteilt wird, nicht im Akt konstatiert wird, nur der Vermerk über die Bekanntmachung, in welchem die Verfügung allgemein charakterisiert werden kann, ist obligatorisch (§ 16 Abs. 2 Satz 2 FGG.). Das Gleiche gilt für mündliche Verfügungen und Anordnungen; solche sind mangels gesetzlicher Anordnung der Schriftform und der nachträglichen schriftlichen Fixierung zulässig und üblich.

Für schriftliche Verfügungen ist eine Ausscheidung zwischen Tenor und Gründen nicht vorgeschrieben; ob eine Entscheidung überhaupt der Begründung bedarf, liegt im

Ermessen des Gerichts, nur die Entscheidungen der Beschwerdegerichte sind stets mit Gründen zu versehen (§ 25 FGG).

5. Über Vollziehung gerichtlicher Verfügungen siehe N. 9 zu § 33, über die Kosten des Verfahrens Vorbem. 2 zu § 14.

6. Über Gerichtsort siehe N. 4 zu § 2 (§ 167 GVG.) und N. 3 a zu § 7, über Gerichtszeit Keidel, Handb. § 11 II.

§ 8.

Auf das gerichtliche Verfahren finden die Vorschriften des Gerichtsverfassungsgesetzes über die Gerichtssprache, über die Sitzungspolizei und über die Beratung und Abstimmung entsprechende Anwendung, die Vorschriften über die Gerichtssprache mit den sich aus dem § 9 ergebenden Abweichungen.

Gerichtssprache, Gerichtspolizei, Beratung und Abstimmung.

1. Über Gerichtssprache siehe die Noten zu § 9, woselbst die Vorschriften des Gerichtsverfassungsgesetzes im Zusammenhang mit den sich aus § 9 ergebenden Abweichungen besprochen sind.

2. Gerichtspolizei: In der freiwilligen Gerichtsbarkeit finden die Vorschriften der §§ 177 bis 185 GVG. mit den sich aus dem Wesen der freiwilligen Gerichtsbarkeit ergebenden Modifikationen entsprechende Anwendung.

GVG. § 177. Die Aufrechterhaltung der Ordnung in der Sitzung liegt dem Vorsitzenden ob.

Sitzungen im Sinne der ZPO. und des GVG. finden in der freiwilligen Gerichtsbarkeit nicht statt; gleichwohl gilt § 177 bei entsprechender Anwendung für die zur Verhandlung mit Beteiligten an der Gerichtsstelle anberaumten Termine und zwar auch dann, wenn sie von einem Amtsrichter wahrgenommen werden (siehe hierüber auch Rausnitz Note 4 zu § 8). Die Gerichtspolizei erstreckt sich auf alle im Verhandlungsraume anwesenden Personen; § 177 GVG. regelt die Zuständigkeit zur Handhabung derselben; sie steht bei Kollegialgerichten nicht dem Gerichte, sondern dem Vorsitzenden zu, bei Verhandlungen des Familienrats dem Vormundschaftsrichter als Vorsitzenden desselben. Im Ermessen des Vorsitzenden liegen auch die zur Aufrechthaltung der Ordnung zu erlassenden Anordnungen; diese sind keine Verfügungen im Sinne des § 19 FGG., daher nicht mit Beschwerde anfechtbar; sie können höchstens mit Aufsichtsbeschwerde gerügt werden, auch ist der Vorsitzende für Schäden, welche aus unbegründeten Maßregeln, z. B. den Kosten der unbegründeten Aussetzung einer Verhandlung, entstehen, zivilrechtlich verantwortlich.

GVG. § 178. Parteien, Beschuldigte, Zeugen, Sachverständige oder bei der Verhandlung nicht beteiligte Personen, welche den zur Aufrechthaltung der Ordnung erlassenen Befehlen nicht gehorchen, können auf Beschluß des Gerichts aus dem Sitzungszimmer entfernt, auch zur Haft abgeführt und während einer in dem Beschlusse zu bestimmenden Zeit, welche vierundzwanzig Stunden nicht übersteigen darf, festgehalten werden.

GVG. § 179. Das Gericht kann gegen Parteien, Beschuldigte, Zeugen, Sachverständige oder bei der Verhandlung nicht beteiligte Personen, welche sich in der Sitzung einer Ungebühr schuldig machen, vorbehaltlich der strafgerichtlichen Verfolgung, eine Ordnungsstrafe bis zu einhundert Mark oder bis zu drei Tagen Haft festsetzen und sofort vollstrecken lassen.

Die Vorschriften der beiden §§ richten sich gegen den nämlichen Personenkreis; an Stelle der Parteien oder Beschuldigten treten die Sachbeteiligten. Außer gegenüber Zeugen und Sachverständigen kommen die Vorschriften gegenüber allen in einer Sache vor Gericht erscheinenden Personen mit Ausnahme der Rechtsanwälte, also auch gegenüber Bevollmächtigten und Beiständen, Auskunftspersonen zur Anwendung. Gegen Personen, welche bei der Verhandlung nicht beteiligt sind, können Maßregeln veranlaßt sein, wenn solche Personen im Verhandlungsraume erscheinen und sich auf die Aufforderung des Vorsitzenden nicht entfernen.

Die zulässigen Maßregeln sind:

Entfernung aus dem Verhandlungsraume,
Abführung zur Haft und Festhaltung bis zu 24 Stunden (§ 178),
Ordnungsstrafen bis zu 100 *M* oder Haft bis zu 3 Tagen (§ 179).

Anlaß zu den beiden ersten Maßregeln gibt jeder Verstoß gegen die Gerichtspolizei, jeder Ungehorsam gegen erlassene Befehle. Ordnungsstrafen setzen dagegen eine Ungebühr voraus; ob ein Verhalten ein ungebührliches ist, ist im wesentlichen Tatfrage; über Ungebühr durch Weigerung, vor Gericht deutsch zu sprechen siehe DJZ. **03** 244, 266; der etwa beleidigte Richter ist von der Verhängung der Strafe nicht nach § 6 FGG. oder § 22 Nr. 1 StPO. ausgeschlossen, da Ordnungsstrafen keine Kriminalstrafen sind. Über Ungebühr in Schreiben an das Gericht siehe DJZ. **03** 191, 364, 472.

Zuständig zur Verhängung der sämtlichen Maßregeln ist das Gericht, nicht der Vorsitzende allein, also auch bei Verhandlungen vor dem Familienrat dieser, nicht der Vormundschaftsrichter allein.

Die beiden Arten der Ordnungsstrafen sind wahlweise neben einander angedroht: auch eine Umwandlung der uneinbringlichen Geldstrafe in Haftstrafe ist ausgeschlossen (so die ständige Rechtsprechung der BayObLG, a. M. Dorner Note 4 III c zu § 8, Löwe Note 5 zu § 179 GVG.). Die Haftstrafe kann auch weniger als einen Tag betragen. Auf diese Ordnungsstrafen finden die Vorschriften des § 33 FGG. keine Anwendung, eine vorherige Androhung ist nicht erforderlich.

Gegen Militärpersonen ist von den Maßregeln des § 178 nur die Entfernung aus dem Verhandlungsraum, nicht auch die Zurückbehaltung in Haft zulässig. Eine Geldstrafe kann gegen dieselben verhängt werden (OLG. **1** 352, Recht **00** 497), um Verhängung einer Haftstrafe muß das Militärgericht ersucht werden.

Über das Verfahren siehe Bemerkungen zu § 184 GVG. über die Vollstreckung zu § 181.

Ein Rechtsmittel ist gegen die Maßregeln des § 178 nicht gegeben, jedoch kann die in der behandelten Angelegenheit der freiwilligen Gerichtsbarkeit getroffene Sachentscheidung wegen ungerechtfertigter Entfernung eines Beteiligten angefochten werden und der Aufhebung unterliegen, insbesondere dann, wenn die Entfernung eine Veränderung der rechtlichen Lage des von der Maßregel Betroffenen zur Folge hatte; so gilt z. B. im Auseinandersetzungsverfahren der vor der Beurkundung der Vereinbarungen Entfernte als nicht erschienen mit den sich aus §§ 91, 93 ergebenden rechtlichen Folgen; siehe auch § 155 FGG. Über die Beschwerde gegen Ordnungsstrafen nach § 179 siehe Bemerkungen zu § 183. Eine Änderung der Entscheidung durch das Gericht ist zulässig, solange nicht eine Entscheidung in höherer Instanz ergangen ist (DJZ. **00** 397).

GVG. § 180. Das Gericht kann gegen einen bei der Verhandlung beteiligten Rechtsanwalt oder Verteidiger, der sich in der Sitzung einer Ungebühr schuldig macht, vorbehaltlich der strafgerichtlichen oder disziplinaren Verfolgung, eine Ordnungsstrafe bis zu einhundert Mark festsetzen.

Diese Vorschrift ist gegen Rechtsanwälte anwendbar, wenn sie in dieser ihrer Eigenschaft als Bevollmächtigte oder Beistände vor Gericht auftreten, nicht wenn sie selbst als Beteiligte oder als Zeugen erscheinen; da eine Vertretung durch Rechtsanwälte bei Verhandlungen nicht notwendig ist, können sich Rechtsanwälte, die als Beteiligte erschienen sind, nicht darauf berufen, daß sie sich selbst vertreten. Umwandlung der Geldstrafe in Haftstrafe ist ausgeschlossen. Im übrigen gilt das zu § 179 Gesagte.

GVG. 181. Die Vollstreckung der vorstehend bezeichneten Ordnungsstrafen hat der Vorsitzende unmittelbar zu veranlassen.

Die Vorschrift gilt nur für die Ordnungsstrafen nach §§ 179 und 180; zur Vollziehung der Strafen ist die Vermittelung der Staatsanwaltschaft nicht anzurufen; über die aufschiebende Wirkung der Beschwerde siehe Bemerkung zu § 183.

GVG. § 182. Die in den §§ 177—181 bezeichneten Befugnisse stehen auch einem einzelnen Richter bei der Vornahme von Amtshandlungen außerhalb der Sitzung zu.

§ 182 findet auf den von einem Kollegialgericht beauftragten und auf den ersuchten Richter Anwendung; er gilt bei Terminen außerhalb der Gerichtsstelle sowie bei Terminen, in welchen lediglich Zeugen oder Sachverständige vernommen werden, und für Verhandlungen mit Beteiligten, die ohne Ladung erschienen sind (a. M. Rausnitz Note 28, der § 182 in der freiwilligen Gerichtsbarkeit überhaupt für unanwendbar hält, und dagegen Dorner, der anscheinend dem Einzelrichter nur auf Grund § 182, nicht der §§ 177 bis 181 unmittelbar die Gerichtspolizei und die Befugnis zur Verhängung von Ordnungsstrafen zusprechen will); die Frage ist wegen der aufschiebenden Wirkung der Beschwerde nach § 183 Abs. 2 GVG. von Bedeutung.

Ungebühr in Schreiben an das Gericht fällt unter keine der Bestimmungen des Gerichtsverfassungsgesetzes.

GVG. § 183. Ist in den Fällen der §§ 179, 180, 182, eine Ordnungsstrafe festgesetzt, so findet binnen der Frist von einer Woche nach der Bekanntmachung der Entscheidung Beschwerde statt, sofern die Entscheidung nicht von dem Reichsgerichte oder einem Oberlandesgerichte getroffen ist.

Die Beschwerde hat in dem Falle des § 179 keine aufschiebende Wirkung, in den Fällen des § 180 und des § 182 aufschiebende Wirkung.

Über die Beschwerde entscheidet das Oberlandesgericht.

Die Beschwerde ist zulässig gegen alle von einem Amtsgericht oder Landgericht nach Maßgabe der §§ 179, 180 oder 182 erlassenen Ordnungsstrafen, sie ist ausgeschlossen gegen die von einem Oberlandesgericht, dem Obersten Landesgericht oder dem Reichsgericht erlassenen Strafverfügungen.

Auf die Beschwerde finden die Vorschriften des allgemeinen Teiles dieses Gesetzes insoweit Anwendung, als sich nicht aus § 183 GVG. Abweichungen ergeben (§ 1).

Zuständig zur Verbescheidung der Beschwerde ist, gleichviel ob die Strafe von einem Amtsgericht oder einem Landgericht verhängt wurde, das im Instanzenzug vorgesetzte Oberlandesgericht, das in einem Zivilsenate entscheidet, nicht das Oberste Landesgericht (OLG. **3** 315, unrichtig ebenda 316). Die weitere Beschwerde ist ausgeschlossen (RG. **2** 385).

Für die Form der Beschwerdeeinlegung gilt § 21 FGG.

Die Beschwerde ist an eine Frist von einer Woche nach Bekanntmachung der Entscheidung gebunden; über die Berechnung der Frist siehe § 17 FGG. Die Bekanntmachung des die Ordnungsstrafe verhängenden Beschlusses (§ 184) erfolgt durch Bekanntmachung zu Protokoll an den anwesenden Bestraften oder durch Zustellung von Amtswegen (§ 16 Abs. 2 Satz 1, Abs. 3 FGG.); Bekanntmachung im Termine, nachdem der zu Bestrafende sich entfernt hat, genügt nicht. Die Beschwerde ist trotz der Fristbestimmung keine sofortige, weshalb die für diese geltenden Sonderbestimmungen keine Anwendung finden (a. M. Dorner Note 3 VIb, teilweise auch Rausnitz Note 33 zu § 8, der § 18 Abs. 2 FGG. für anwendbar hält).

§ 24 Abs. 1 FGG. findet hinsichtlich der aufschiebenden Wirkung der Beschwerde angesichts der Sonderbestimmung des § 183 Abs. 2 nicht Anwendung; hienach kann die nach Maßgabe des § 179 verhängte Ordnungsstrafe sofort und ohne Rücksicht auf eine eingelegte Beschwerde vollzogen werden, im Falle der Beschwerdeeinlegung kann jedoch das Gericht, dessen Beschluß angefochten wird, anordnen, daß die Vollziehung auszusetzen ist; die gleiche Anordnung kann das Oberlandesgericht als Beschwerdegericht treffen (§ 24 Abs. 2 und 3 FGG.); dagegen kann die Vollstreckung der nach §§ 180, 182 GVG. ausgesprochenen Ordnungsstrafen zwar vor Ablauf der Beschwerdefrist eingeleitet werden, die Vollstreckung ist aber einzustellen oder muß unterbleiben, sobald die Beschwerde eingelegt ist (Rausnitz Note 35, siehe auch Hassenstein in DJZ. **00** 413).

GVG. § 184. Ist eine Ordnungsstrafe wegen Ungebühr festgesetzt, oder eine Person zur Haft abgeführt, oder eine bei der Verhandlung beteiligte Person entfernt worden, so ist der Beschluß des Gerichts und dessen Veranlassung in das Protokoll aufzunehmen.

§ 184 gibt eine Sondervorschrift

1. für das Verfahren bei Verhängung von Ordnungsstrafen aller Art nach §§ 179, 180, 182,
2. für die vom Gericht verhängten Zwangsmaßregeln der Abführung einer Person zur Haft oder der Entfernung einer bei der Verhandlung beteiligten Person, nicht auch einer andern der in § 178 bezeichneten Personen.

Es soll in diesen Fällen der Beschluß des Gerichts, durch den die Strafe oder Zwangsmaßregel verhängt wird, und eine Schilderung des Vorganges, wegen dessen der Beschluß erlassen wird, in das Protokoll aufgenommen werden.

Die wörtliche Anwendung dieser Vorschrift ist nur dann möglich, wenn über die behandelte Angelegenheit der freiwilligen Gerichtsbarkeit ein Protokoll aufgenommen wird, sie stößt dagegen auf Schwierigkeiten, wenn ein Protokoll nicht geführt wird, also ein Gerichtschreiber, der ein Protokoll führen könnte, nicht zur Verhandlung zugezogen ist. Es kann in diesem Falle auch nicht (wie Rausnitz Note 4c zu § 8 annimmt) ein gesondertes Protokoll aufgenommen werden; denn, wenn auch die Erlassung und Verkündigung des Beschlusses bis zur Herbeiholung eines Protokollführers ausgesetzt werden könnte, so könnte doch dieser Protokollführer niemals die Veranlassung zu dem Beschluß, also einen Vorgang, der ihm fremd ist und der ihm nur durch Mitteilung des Richters bekannt wird, „protokollieren". Es erübrigt also nur die entsprechende Anwendung des § 184 dahin, daß der Richter selbst den Beschluß und dessen Veranlassung aktenmäßig macht, d. h. schriftlich zu den Akten bringt. Daß in der einen oder anderen Weise verfahren wird, ist Voraussetzung der Wirksamkeit des Beschlusses (OLG. **10** 322). Zur Bekanntmachung des Beschlusses nach § 16 Abs. 3 FGG. ist aber stets ein Protokollführer zuzuziehen.

GVG. § 185. Wird eine strafbare Handlung in der Sitzung begangen, so hat das Gericht den Tatbestand festzustellen und der zuständigen Behörde das darüber aufgenommene Protokoll mitzuteilen. In geeigneten Fällen ist die vorläufige Festnahme des Täters zu verfügen.

Die Vorschrift findet Anwendung, wenn strafbare Handlungen in dem zur Verhandlung mit Beteiligten an der Gerichtsstelle anberaumten Termine begangen werden, dagegen nicht in den Fällen des § 182 GVG. (ebenso Rausnitz Note 41, a. M. Jastrow zu § 185 GVG.). Auch hier entfällt die Aufnahme des Tatbestandes in ein Protokoll, wenn ein solches nicht geführt wird, aus den zu § 184 ausgeführten Gründen.

3. Beratung und Abstimmung: Entsprechende Anwendung finden die Vorschriften der §§ 194 bis 200 GVG. Dieselben haben nur für die Kollegialgerichte, also die Beschwerdeinstanzen, Bedeutung; für den Familienrat gelten sie mit den sich aus den Vorschriften des BGB. (insbesondere § 1874 Abs. 2) ergebenden Abweichungen.

GVG. § 194 Abs. 1 und 2. Bei Entscheidungen dürfen Richter nur in der gesetzlich bestimmten Anzahl mitwirken.

Bei Verhandlungen von längerer Dauer kann der Vorsitzende die Zuziehung von Ergänzungsrichtern anordnen, welche der Verhandlung beiwohnen und im Falle der Verhinderung eines Richters für denselben einzutreten haben.

Über die Zahl der mitwirkenden Richter siehe Note 2, 3, 4 und 6 zu § 30. Bei einer Entscheidung dürfen weder mehr noch weniger Richter, als gesetzlich bestimmt ist, mitwirken (hiezu Schneider im Recht **03** 172). Eine Verletzung der Vorschrift des Abs. 1 begründet die Beschwerde und die weitere Beschwerde nach § 27 FGG. mit § 551 Nr. 1 ZPO.

Der Familienrat besteht aus mindestens 2 und höchstens 6 Mitgliedern und dem Vorsitzenden (§ 1860 BGB.); bei Beschlüssen desselben müssen also einschließlich des Vorsitzenden mindestens 3 Personen mitwirken (§ 1874 Abs. 1 BGB.); alle Erschienenen nehmen an der Beschlußfassung teil.

Abs. 2 wird in der freiwilligen Gerichtsbarkeit kaum praktisch werden; Abs. 3 handelt nur von Schöffen und Geschworenen.

GVG. § 195. Bei der Beratung und Abstimmung dürfen außer den zur Entscheidung berufenen Richtern nur die bei demselben Gericht zu ihrer juristischen Ausbildung beschäftigten Personen zugegen sein, soweit der Vorsitzende deren Anwesenheit gestattet.

Der Grundsatz der geheimen Beratung und Abstimmung gilt nach dieser Vorschrift auch für die freiwillige Gerichtsbarkeit; über Zulässigkeit der Beratung im Verhandlungsraum durch leises Flüstern siehe RGSt. **22** 396. Daß die zur juristischen Ausbildung beschäftigte Person als Protokollführer in der Sache tätig ist, hindert nicht die Zulassung zur Beratung und Abstimmung.

Eine Verletzung der Vorschrift begründet die Beschwerde und die weitere Beschwerde wegen Verletzung des Gesetzes; jedoch trifft nicht § 551 ZPO. zu, insbesondere nicht dessen Ziffer 6, die nur die Öffentlichkeit der Verhandlung, nicht der Beratung und Abstimmung zum Gegenstand hat; ob die Entscheidung auf dem Verstoß gegen die Vorschrift beruht, ist daher in jedem Falle besonders festzustellen.

GVG. § 196. Der Vorsitzende leitet die Beratung, stellt die Fragen und sammelt die Stimmen.

Meinungsverschiedenheiten über den Gegenstand, die Fassung und die Reihenfolge der Fragen oder über das Ergebnis der Abstimmung entscheidet das Gericht.

Stellung des Vorsitzenden bei der Beratung und Abstimmung. Er leitet die Beratung in der in Abs. 1 bestimmten Weise, erst bei Meinungsverschiedenheiten über die formelle Behandlung der Beratung und Abstimmung entscheidet das Gericht. Der Streitfrage, ob nach Gründen oder nach dem Resultat abgestimmt werden soll, lege ich wenig praktische Bedeutung bei (vergl. hierüber Rausnitz Note 56 zu § 8 und die dort angegebene Literatur, Dorner Note 5 III **b** zu § 8).

GVG. § 197. Kein Richter, Schöffe oder Geschworener darf die Abstimmung über eine Frage verweigern, weil er bei der Abstimmung über eine vorhergegangene Frage in der Minderheit geblieben ist.

Die Teilnahme von Familienratsmitgliedern an der gesamten Beschlußfassung kann durch Ordnungsstrafen erzwungen werden (§ 1875 Abs. 2 BGB.)

GVG. 198. Die Entscheidungen erfolgen, soweit das Gesetz nicht ein Anderes bestimmt nach der absoluten Mehrheit der Stimmen.

Bilden sich in Beziehung auf Summen, über welche zu entscheiden ist, mehr als zwei Meinungen, deren keine die Mehrheit für sich hat, so werden die für die größte Summe abgegebenen Stimmen den für die zunächst geringeren abgegebenen so lange hinzugerechnet, bis sich eine Mehrheit ergibt.

Bilden sich in einer Strafsache, von der Schuldfrage abgesehen, mehr als zwei Meinungen, deren keine die Mehrheit für sich hat, so werden die dem Beschuldigten nachteiligsten Stimmen den zunächst minder nachteiligen, so lange hinzugerechnet, bis sich eine Mehrheit ergibt.

Eine Sondervorschrift besteht nur für den Familienrat, da die Zahl der beratenden und abstimmenden Personen eine gerade sein kann; es entscheidet ebenfalls die absolute Mehrheit der Anwesenden, bei Stimmengleichheit gibt die Stimme des Vorsitzenden den Ausschlag (§ 1874 Abs. 2 BGB.).

Eine Entscheidung über Summen kommt bei der Beschlußfassung über die Höhe der einem Vormund oder Pfleger zu gewährenden Vergütung oder der an Verwandte und Verschwägerte des Mündels oder Kindes zu ersetzenden Auslagen (§§ 1308, 1673, 1847 Abs. 2, § 1862 BGB.) vor.

Die Vorschrift des Abs. 3, nicht diejenige des Abs. 2 ist bei Ordnungsstrafen anwendbar, gleichviel ob es sich um Geld- oder Haftstrafen handelt (Planck Note 1, Staudinger Note 2 zu § 1874 BGB., a.M. Rausnitz Note 58, 60 zu § 8.).

GVG. § 199 Abs. 1. Die Reihenfolge bei der Abstimmung richtet sich nach dem Dienstalter, bei den Schöffengerichten und den Kammern für Handelssachen nach dem Lebensalter; der Jüngste stimmt zuerst; der Vorsitzende zuletzt. Wenn ein Berichterstatter ernannt ist, so gibt dieser seine Stimme zuerst ab.

Die Vorschrift ist auch auf den Familienrat entsprechend anzuwenden; entscheidend ist das Lebensalter ohne Rücksicht auf etwaige frühere oder spätere Ernennung der Mitglieder.

Ernennung eines Berichterstatters ist zwar in der freiwilligen Gerichtsbarkeit nicht vorgeschrieben, in Beschwerdesachen und im Familienrat aber zweifellos zulässig.

Über schriftliche Separatvota überstimmter Richter siehe Dorner Note 5 III b, Rausnitz Note 63 zu § 8.

Abs. 2 des § 199 hat nur auf Schwurgerichte Bezug.

GVG. § 200. Schöffen und Geschworene sind verpflichtet über den Hergang bei der Beratung und Abstimmung Stillschweigen zu beobachten.

Amtsgeheimnis: § 200 kann nur auf Mitglieder des Familienrats entsprechende Anwendung finden. Über die Verpflichtung von Richtern und Handelsrichtern zur Wahrung des Amtsgeheimnisses siehe für Bayern Art. 106b AG.

z. StPO., von bei der Beratung anwesenden im juristischen Vorbereitungsdienst befindlichen Personen § 29 der V. vom 4. 7. 99 (GVBl. 367).

4) Die Vorschriften über die Sitzungspolizei und über die Beratung und Abstimmung finden für andere als gerichtliche Behörden, welche nach Landesrecht zuständig sind, nicht Anwendung. (§ 194 Abs. 3 FGG.). Notare haben also in Bayern keinerlei Ordnungsstrafgewalt.

5) In **Bayern** gelten die sämtlichen Vorschriften auch für diejenigen Angelegenheiten der freiwilligen Gerichtsbarkeit, für welche die landesgesetzlichen Vorschriften maßgebend sind (Art. 129 AG. z. BGB.). Die Art. 78 und 79 AG. z. GVG., welche übrigens gleichfalls die Vorschriften des GVG. für entsprechend anwendbar erklären, haben auf Angelegenheiten der freiwilligen Gerichtsbarkeit keinen Bezug (Habel Note zu Art. 78 und 79 und Note 2 zu Art. 77); dagegen haben dieselben Bedeutung für die Gebührensachen, da diese nicht Angelegenheiten der freiwilligen Gerichtsbarkeit sind.

6) In Grundbuchsachen gelten die Vorschriften des § 8 FGG in Bayern auf Grund des Art. 8 AG. z. GBO. u. ZVG.

§ 9.

Der Zuziehung eines Dolmetschers bedarf es nicht, wenn der Richter der Sprache, in der sich die beteiligten Personen erklären, mächtig ist; die Beeidigung des Dolmetschers ist nicht erforderlich, wenn die beteiligten Personen darauf verzichten. Auf den Dolmetscher finden die Vorschriften des § 6 entsprechende Anwendung.

Gerichtssprache, Dolmetscher.

1. Auf das gerichtliche Verfahren finden nach § 8 FGG. die Vorschriften des GVG. über die Gerichtssprache mit den sich aus § 9 ergebenden Abweichungen „entsprechende“ Anwendung; zu berücksichtigen ist also bei der Anwendung die Verschiedenheit des Verfahrens im Zivilprozeß und in der freiwilligen Gerichtsbarkeit. Keine Anwendung finden § 187 Abs. 2, §§ 189, 193 GVG. (siehe hierüber Note 2a, 3b, 4 und 6c.).

2. Gerichtssprache:

GVG. § 183. Die Gerichtssprache ist die deutsche.

Die Regel des § 186 gilt sowohl für den mündlichen als für den schriftlichen Verkehr des Gerichts.

Für den **mündlichen** Verkehr ergeben sich folgende Ausnahmen:

a) Jede Person, die vor einer Behörde der freiwilligen Gerichtsbarkeit zur Sprache kommt, kann sich einer fremden Sprache bedienen, wenn sie der deutschen Sprache nicht mächtig ist; die Vorschrift des § 189 Abs. 2 GVG., wonach in Anwaltsprozessen einer Partei, die der deutschen Sprache nicht mächtig ist, nach dem Ermessen des Gerichts der Vortrag gestattet werden kann, findet in der freiwilligen Gerichtsbarkeit keine Anwendung, da es einen Anwaltsprozeß nicht gibt.

b) Eide leisten Personen, welche der deutschen Sprache nicht mächtig sind, in der ihnen geläufigen Sprache (N. 5).

Im **schriftlichen Verkehr** gilt die Regel des § 186 für die Verfügungen des Gerichts selbst, für alle Aktenvermerke, für die Protokolle (siehe auch § 187 GVG und N. 3), ferner für alle Anträge an das Gericht, soweit sie notwendige Voraussetzung für eine Tätigkeit des Gerichts sind (siehe N. 1 zu § 12) und für die Erklärungen vor und gegenüber dem Gericht. Solche Anträge und Erklärungen, in fremder Sprache abgefaßt, sind unwirksam und dürfen nicht berücksichtigt werden, auch wenn der Richter der betreffenden Sprache mächtig ist; die Vorschrift des § 9 hat auf den schriftlichen Verkehr keinen Bezug. Es kann deshalb durch Einreichung eines nicht in deutscher Sprache abgefaßten Schriftstücks eine Frist, insbesondere die Frist für die sofortige Beschwerde (§ 22 FGG) nicht gewahrt werden (RG. **31** 428). Als Anlagen zu Erklärungen und Anträgen oder als Beweisstücke kann das Gericht fremdsprachige Urkunden entgegennehmen; von selbst versteht es sich, daß der Richter, wenn er der betreffenden Sprache nicht mächtig ist, einen Dolmetscher zur Übersetzung beiziehen muß. Soweit das Gericht von Amtswegen tätig werden muß, kann und muß es natürlich auch fremdsprachige Mitteilungen berücksichtigen; es darf z. B. die Einleitung einer Vormundschaft oder Pflegschaft nicht deshalb unterlassen, weil die private Mitteilung, aus der sich die Notwendigkeit derselben ergibt, in fremder Sprache abgefaßt ist.

3. Zuziehung eines sprachenkundigen Dolmetschers.

GVG. § 187 Abs. 1. Wird unter Beteiligung von Personen verhandelt, welche der deutschen Sprache nicht mächtig sind, so ist ein Dolmetscher zuzuziehen. Die Führung eines Nebenprotokolls in der fremden Sprache findet nicht statt; jedoch sollen Aussagen und Erklärungen in fremder Sprache, wenn und soweit der Richter dies mit Rücksicht auf die Wichtigkeit der Sache für erforderlich erachtet, auch in der fremden Sprache in das Protokoll oder in eine Anlage niedergeschrieben werden. In den dazu geeigneten Fällen soll dem Protokolle eine durch den Dolmetscher zu beglaubigende Übersetzung beigefügt werden.

a) Beteiligung im Sinne des § 187 ist weiter als die im technischen Sinne mehrerer Vorschriften des FGG. (z. B. §§ 86 ff., 150 ff., 169 ff.) und umfaßt alle in einer Sache auftretenden Personen einschließlich der Zeugen, Sachverständigen, Auskunftspersonen. Ob ein Beteiligter in diesem Sinne der deutschen Sprache nicht mächtig ist, entscheidet das Gericht nach seinem Ermessen, die Erklärung der betreffenden Person ist nicht maßgebend (anders als nach § 179 FGG. bei Beurkundungen); es ist aber auch keine Beweisführung darüber erforderlich. Wegen der Behandlung der bewußt unwahren Behauptung, der deutschen Sprache nicht mächtig zu sein, als Ungebühr siehe OLG. **8** 3, Koffka in DJZ. **03** 266 gegen Bartholomäus ebenda 244.

b) Die Zuziehung des Dolmetschers ist Pflicht des Gerichts mit der sich aus § 9 ergebenden Ausnahme; die Zuziehung kann unterbleiben, wenn der Richter der Sprache, in der sich die beteiligten Personen erklären, mächtig ist. Durch § 9 ist § 187 Abs. 2 GVG. für die freiwillige Gerichtsbarkeit außer Wirksamkeit gesetzt; darauf, ob auch die übrigen anwesenden und an der Verhandlung interessierten Personen der betreffenden Sprache mächtig sind, kommt es nicht an. Vor einem Richterkollegium oder vor dem Familienrat genügt es nicht, wenn ein Richter beziehungsweise der Vorsitzende der fremden Sprache mächtig ist; der eine Richter würde in diesem Falle den übrigen faktisch Dolmetscherdienste tun müssen, was im Hinblick auf § 192 GVG. nicht zulässig erscheint (a. M. Rausnitz Note 7 zu § 9). Die Verständigung zwischen dem Richter und der der deutschen Sprache nicht mächtigen Person braucht nicht gerade in der Landessprache der letzteren zu erfolgen, es kann jede beiden Personen geläufige Sprache zur Verständigung gewählt werden. Über die rechtliche Natur der Dienste des Dolmetschers siehe unten Note 6 a.

c) Im Protokoll ist nach § 186 die deutsche Sprache anzuwenden, jedoch nicht ausschließlich; nach § 187 Abs. 1 Satz 2 entscheidet das Ermessen des Gerichts darüber, ob und inwieweit Anträge und Erklärungen, die in fremder Sprache abgegeben werden, auch in dieser Sprache neben der Feststellung in deutscher Sprache in das Protokoll oder in eine Anlage desselben niedergeschrieben werden sollen. Auf Verhandlungen, deren Inhalt nicht in der Form von Protokollen im technischen Sinn aktenmäßig gemacht wird, findet § 187 nicht Anwendung; deshalb wird da, wo der Richter wegen der Wichtigkeit der Sache die fremdsprachige Aussage oder Erklärung aktenmäßig machen will, ein Protokoll aufzunehmen sein.

4. Verhandlung mit tauben und stummen Personen.

GVG. § 188. Zur Verhandlung mit tauben oder stummen Personen ist, sofern nicht eine schriftliche Verständigung erfolgt, eine Person als Dolmetscher zuzuziehen, mit deren Hilfe die Verständigung in anderer Weise erfolgen kann.

Zu den Tauben gehören nicht die bloß schwerhörigen Personen, den Stummen sind auch die vorübergehend, z. B. durch Erkrankung der Zunge, am Sprechen vollständig verhinderten Personen beizuzählen (Rausnitz Note 9).

Mit solchen Personen kann auf zweierlei Art verhandelt werden, entweder schriftlich durch Niederschreiben von Fragen und Antworten oder durch Vermittelung eines Dolmetschers. Ob die eine oder die andere Art der Verständigung nach Lage der Sache am Platze ist, liegt im Ermessen des Gerichts, die zweite Art ist insbesondere nicht auf den Fall der Unmöglichkeit der schriftlichen Verständigung beschränkt; ein Dolmetscher muß aber zugezogen werden, wenn die schriftliche Verständigung nicht möglich ist.

Keine Anwendung findet § 189 Abs. 1 GVG., wonach es dem Ermessen des Gerichts überlassen bleibt, ob einer Partei, welche taub ist, bei der mündlichen Verhandlung der Vortrag zu gestatten sei, weil mündliche Verhandlungen im Sinne des GVG. in der freiwilligen Gerichtsbarkeit nicht stattfinden (ebenso Josef Lehrb. 107, Rausnitz N. 15 zu § 9). Ob das Gericht eine Person, also auch einen Tauben, hören will, liegt in der freiwilligen Gerichtsbarkeit stets in seinem Ermessen.

5. Eidesleistung in fremder Sprache, von Tauben und Stummen.

GVG. § 190. Personen, welche der deutschen Sprache nicht mächtig sind, leisten Eide in der ihnen geläufigen Sprache.

Die Vorschrift gilt für die Beteiligten im technischen Sinne (Offenbarungseid) und für Zeugen und Sachverständige. Ist der Richter der betreffenden Sprache mächtig, so kann er den Eid selbst abnehmen, andernfalls ist ein Dolmetscher zuzuziehen (§ 187 GVG.); der Eid kann auch durch Ablesen der in der fremden Sprache abgefaßten Eidesformel geleistet werden.

Taube leisten den Eid mittels Ablesens der die Eidesnorm enthaltenden Eidesformel (§ 15 FGG. mit § 482 ZPO.) oder unter Vermittelung eines Dolmetschers (§ 188 GVG.), Stumme, welche schreiben können, mittels Abschreibens und Unterschreibens der die Eidesnorm enthaltenden Eidesformel, solche, welche nicht schreiben können, mit Hilfe eines Dolmetschers durch Zeichen (§ 15 FGG. mit § 483 ZPO.).

6. Verfahren bei Zuziehung eines Dolmetschers.

GVG. § 191. Der Dolmetscher hat einen Eid dahin zu leisten: daß er treu und gewissenhaft übertragen werde.

Ist der Dolmetscher für Übertragungen der betreffenden Art im allgemeinen beeidigt, so genügt die Berufung auf den geleisteten Eid.

GVG. § 192. Der Dienst des Dolmetschers kann von dem Gerichtsschreiber wahrgenommen werden. Einer besonderen Beeidigung bedarf es nicht.

a) Der Dolmetscher ist Gehilfe des Gerichts bei der Verständigung mit einer dritten Person, also Sachverständiger. Es finden daher auf ihn nach § 15 FGG. die Vorschriften der §§ 402 ff. ZPO. Anwendung mit Ausnahme der Vorschrift des § 406 über Ablehnung des Sachverständigen (siehe unten lit. c) und des § 410 über Beeidigung (lit. b).

Die Auswahl des Dolmetschers obliegt dem Gericht; nach § 192 Satz 1 GVG. kann ein Gerichtsschreiber des nämlichen Gerichts als Dolmetscher bestellt werden. Regelmäßig wird ein Dolmetscher genügen, das Gericht kann jedoch auch mehrere bestellen.

b) Beeidigung des Dolmetschers ist regelmäßig erforderlich; ausnahmsweise kann dieselbe unterbleiben,

wenn ein Gerichtsschreiber desselben Gerichts den Dienst als Dolmetscher wahrnimmt (§ 192 Satz 2 GVG.);

wenn ein Dolmetscher für Übertragungen der betreffenden Art im allgemeinen beeidigt ist (§ 191 Satz 2 GVG.); in diesem Falle genügt Berufung des Dolmetschers auf den geleisteten Eid, nicht ein Hinweis seitens des Gerichts auf denselben;

wenn die beteiligten Personen darauf verzichten (§ 9 Satz 1 FGG); maßgebend ist der Verzicht der Personen, deren Erklärungen verdolmetscht werden sollen, nicht der an dem Verfahren im technischen Sinn Beteiligten (so mit zutreffender Begründung Rausnitz Note 21, a. M. Dorner Note 10, Wellstein, Schultze-Görlitz Note 2 zu § 9); der Verzicht ist für das Gericht nicht bindend, es kann gleichwohl die Beeidigung vornehmen.

Diese Vorschriften gelten sowohl für den sprachenkundigen Dolmetscher als auch für den für Stumme und Taube (a. M. hinsichtlich des Verzichts auf Beeidigung Dorner Note 10 zu § 9).

c) Ausschließung des Dolmetschers.

Die Anwendbarkeit des § 193 GVG. in der freiwilligen Gerichtsbarkeit ist durch § 9 Satz 2 FGG. ausgeschlossen; hiernach finden die Vorschriften des § 6 l. c Anwendung; es gilt also Folgendes:

Ablehnung des Dolmetschers ist ausgeschlossen (§ 6 Abs. 1 Satz 2);

der Dolmetscher kann sich der Ausübung seines Amtes wegen Befangenheit enthalten; wobei lediglich sein Ermessen maßgebend, irgend ein Zwang seitens des Gerichts ausgeschlossen ist; für eine richterliche Entscheidung ist kein Raum; von der Ausübung des Amtes ausgeschlossen ist der Dolmetscher kraft Gesetzes aus den nämlichen Gründen, aus welchen ein Richter ausgeschlossen ist (siehe § 6 Abs. 1 und die Noten zu § 6); eine Verletzung dieser Vorschriften ist für die Wirksamkeit des Verfahrens ohne Belang (ebenso Rausnitz Note 27, Dorner Note 13 zu § 9 mit verschiedener Begründung, wovon der von Rausnitz der Vorzug zu geben ist), sie gibt aber ein Recht zur Beschwerde.

7. Die sämtlichen Vorschriften gelten auch für die Verhandlungen vor dem Familienrat, ferner vor den nach Landesrecht zuständigen anderen als gerichtlichen Behörden (§ 194 Abs. 1 FGG).

8. In **Bayern** gelten die Vorschriften auch für diejenigen Angelegenheiten der freiwilligen Gerichtsbarkeit, für welche die Landesgesetze maßgebend sind (Art. 129 AG. z. BGB.).

9. In **Grundbuchsachen** gelten die Vorschriften des § 9 in Bayern auf Grund des Art. 8 BayAG. z. GBO. u. ZVG. auch für das Verfahren in erster Instanz.

§ 10.

Auf das gerichtliche Verfahren sind die Gerichtsferien ohne Einfluß. Die Bearbeitung der Vormundschaftssachen und der Nachlaßsachen kann während der Ferien unterbleiben, soweit das Bedürfniß einer Beschleunigung nicht vorhanden sind.

Gerichtsferien.

1. Regel ist, daß die Gerichtsferien — welche am 15. Juli beginnen, und am 15. September endigen (§ 201 GVG.) — ohne Einfluß auf die Behandlung von Angelegenheiten der freiwilligen Gerichtsbarkeit sind. Es laufen also insbesondere während der Ferien alle Fristen, auch die Beschwerdefristen in Vormundschafts- und Nachlaßsachen; ist in einer solchen Angelegenheit eine sofortige Beschwerde beim Gericht, dessen Verfügung angefochten wird, eingelegt, so hat dieses Gericht die Beschwerde dem Beschwerdegericht vorzulegen und dieses hat sich darüber schlüssig zu machen, ob ein Bedürfnis der Verbescheidung während der Ferien vorliegt.

2. Eine Ausnahme enthält Satz 2. Die Bearbeitung von Vormundschaftssachen (§§ 35—64) und Nachlaßsachen (§§ 72—99), sowohl die Einleitung eines Verfahrens in diesen Sachen als die Fortsetzung eines bereits eingeleiteten Verfahrens, kann unterbleiben, wenn das Bedürfnis einer Beschleunigung nicht vorhanden ist; dies gilt auch für die vorläufige Vormundschaft (SeuffBl. **00** 494). Ein Ausschluß der dem Vormundschaftsgericht und dem Nachlaßgericht überwiesenen Streitigkeiten (Schneider in ZZP. **29** 115) ist nicht gerechtfertigt.

Es besteht einerseits kein Recht eines Beteiligten auf Unterlassung der Behandlung der Sache während der Ferien, daher kein Beschwerderecht gegen die Behandlung während der Ferien, anderseits hat das Gericht, wenn es die Behandlung unterlassen will, nach seinem pflichtgemäßen Ermessen und in Erwägung seiner allenfallsigen Haftung nach §§ 839, 1674, 848 BGB. zu untersuchen, ob die Behandlung ohne Schaden für die Beteiligten unterbleiben kann; einer besonderen Verfügung, daß die Bearbeitung unterbleibe, bedarf es nicht; gegen die Unterlassung der Bearbeitung sind die Beteiligten beschwerdeberechtigt, es findet nicht bloß Dienstaufsichtsbeschwerde statt (Unger in ZZP. **34** 240, a. M. Josef ZBl. **5** 174).

Im Rechtshilfeverkehr hat nicht der ersuchte, sondern der ersuchende Richter zu entscheiden, ob die Bearbeitung einer Vormundschafts- oder einer Nachlaßsache zu unterbleiben habe; der ersuchte Richter kann also nicht unter Berufung auf Satz 2 die Rechtshilfe verweigern.

3. Für andere als gerichtliche Behörden, welche nach Landesrecht zuständig sind, gilt § 10 nicht (§ 194 Abs. 2 GFG.).

4. Bayerisches Recht: Nach Art. 126 AG. z. BGB. gilt § 10 auch für die landesrechtlichen Angelegenheiten; es sind also regelmäßig auf die Bearbeitung dieser Angelegenheiten die Gerichtsferien ohne Einfluß, auf die standesherrlichen Vormundschaftssachen ist aber Satz 2 anwendbar.

§ 11.

Anträge und Erklärungen können zum Protokolle des Gerichtsschreibers des zuständigen Gerichts oder des Gerichtsschreibers eines Amtsgerichts erfolgen.

Anträge und Erklärungen.

1. § 11 gibt keine erschöpfende Aufzählung der Formen, in welchen Anträge und Erklärungen erfolgen können, sondern eröffnet nur zur Erleichterung des Verkehrs mit den Gerichten die Form der Erklärung oder Antragstellung bei jedem Gerichtsschreiber eines deutschen Amtsgerichts.

2. Erklärung ist jede für das Gericht bestimmte Äußerung, auch jede Mitteilung nur tatsächlicher Natur, aus welcher rechtliche Folgen nicht unmittelbar entstehen. Unter den Erklärungen von rechtlicher Bedeutung und Wirksamkeit sind die Erklärungen, die vor dem Richter und diejenigen, die gegenüber dem Gericht abzugeben sind, zu unterscheiden. Die gesetzliche Anordnung der Abgabe einer Erklärung vor dem Richter (oder Notar) ist eine Spezialvorschrift, welche die Anwendung des § 11 ausschließt; Erklärungen dieser Art können überhaupt nicht zu Protokoll des Gerichtsschreibers, auch nicht desjenigen des zuständigen Gerichts, abgegeben werden. Daß Erklärungen, welche auf Abschluß eines Vertrags abzielen (z. B. bei der Nachlaßauseinandersetzung) nicht zu Protokoll des Gerichtsschreibers abgegeben werden können, wenn das Gesetz für den Vertrag gerichtliche oder notarielle Beurkundung oder für eine Erklärung öffentliche Beurkundung, z. B. in §§ 1718, 1720 BGB. (Schmidt in ZBl. **4** 319, Josef in DNotV. **5** 177) vorschreibt, geht schon daraus hervor, daß die Vorschriften des allgemeinen Teils und damit auch die des § 11 für solche Beurkundungen nicht gelten (N. 3 zu § 1).

Für Erklärungen, die gegenüber dem Gericht abzugeben sind, ist vom Gesetz teilweise eine bestimmte Form, nämlich öffentliche Beglaubigung vorgeschrieben (z. B. § 1342 Anfechtung der Ehe nach dem Tode des anderen Teiles, § 1491 Verzicht eines Abkömmlings auf seinen Anteil am Gesamtgut, § 1492 Aufhebung der fortgesetzten Gütergemeinschaft durch den überlebenden Ehegatten, §§ 1597, 1599 Anfechtung der Ehelichkeit nach dem Tode des Kindes und Anfechtung der Anerkennung der Ehelichkeit, § 1662 Verzicht auf die elterliche Nutznießung, §§ 1945, 1955, 1956 Ausschlagung der Erbschaft, Anfechtung der Annahme oder Ausschlagung, Anfechtung der Versäumung der Ausschlagungsfrist, §§ 2198, 2199 Bestimmung der Person des Testamentsvollstreckers, eines Mitvollstreckers oder Nachfolgers); in diesen Fällen muß die Erklärung nach § 129 BGB. schriftlich abgefaßt und in Bayern von einem Notar beglaubigt werden (§ 15 Abs. 2 Satz 2 AG. z. GVG., Art. 1 NotG.); jede sonstige Form der Erklärung, insbesondere Erklärung zu Protokoll des Gerichtsschreibers ist daher ausgeschlossen. In allen übrigen Fällen, soweit also öffentliche Beglaubigung nicht vorgeschrieben ist, können Erklärungen gegenüber dem Gericht in jeder der nachstehend (Note 4) erörterten Formen abgegeben werden (siehe z. B. § 2081 Abs. 1, § 2202 Abs. 2, §§ 2226, 2281 Abs. 2 BGB.).

3. Anträge sind Erklärungen, welche eine bestimmte Tätigkeit des Gerichts fordern; es macht keinen Unterschied für die Form, ob das Gericht nicht ohne den Antrag tätig werden kann (Ausnahme von dem Offizialprinzip des § 12 FGG.) oder ob der Antrag eine vom Gericht von Amtswegen vorzunehmende Tätigkeit bezweckt und anregt oder ob er endlich innerhalb eines solchen Verfahrens gestellt wird.

4. Die **Formen,** in denen Erklärungen und Anträge mangels spezieller Vorschriften erfolgen können, sind folgende:

a) Schriftliche Erklärung und Einreichung bei Gericht (siehe für Bayern MBek. vom 28. 4. 01, die Vereinfachung des dienstlichen Verkehrs betr., § 4, JMBl. 363, die aber, soweit sie die Form der schriftlichen Erklärungen Privater gegenüber Behörden zum Gegenstand hat, nur den Charakter einer beratenden Anweisung, nicht einer Vorschrift hat).

Die Schriftform erfordert nicht unbedingt, daß das eingereichte Schriftstück von dem Erklärenden selbst geschrieben oder unterschrieben ist; besonders seitens der ländlichen Bevölkerung erfolgen Erklärungen häufig durch die Hand des Bürgermeisters oder Gemeindeschreibers.

Die **Unterschrift** oder die Unterzeichnung mittelst (in Bayern ausschließlich) notariell beglaubigten Handzeichens ist nur notwendig, wo ein Gesetz für rechtsgeschäftliche Erklärungen Schriftform ausdrücklich vorgeschrieben hat (§ 126 BGB). Die Unterschrift ist entbehrlich bei Erklärungen und Anträgen, welche nicht notwendige rechtliche Voraussetzung für die Tätigkeit des Gerichts sind, so z. B. bei Anträgen auf Einleitung eines Verfahrens, welches das Gericht von Amtswegen einzuleiten hat, wenn es von der Notwendigkeit desselben irgendwie glaubhaft Kenntnis erhält, oder bei Anträgen auf vormundschaftsgerichtliche Genehmigung, da diese, wenn sie auch nur auf Antrag erfolgt, doch ohne Rücksicht auf den Antrag giltig und rechtswirksam ist. Bei Anträgen, von denen die Einleitung eines Verfahrens rechtlich abhängt (z. B. §§ 56, 86, 99, 100, 128, 150, 153 FGG.), kann mangels einer gesetzlichen Vorschrift die Unterschrift ebenfalls nicht bei Meidung der Ungiltigkeit und Wirkungslosigkeit des Antrags gefordert werden. Allein wie in allen Fällen hat das Gericht besonders bei Anträgen der letzterwähnten Art von Amtswegen (§ 12 FGG.) zu prüfen, ob das Schriftstück von dem herrührt, dessen Erklärung es seinem Inhalte nach enthalten soll, und dessen Willen entspricht, und nötigenfalls zu seiner Sicherheit die Unterschrift nachholen. Jedenfalls darf ein unterschriftloses Schriftstück nicht ohne weiteres zurückgegeben werden oder unbeachtet bleiben; durch Einreichung eines solchen Schriftstücks können auch Fristen gewahrt werden (vergl. über die Frage Rausnitz N. 6 zu § 14, Josef ZBl. 5 S. 817 ff.).

b) **Mündliche Erklärung vor dem Richter:** Diese ist überall zulässig, wo nicht das Gesetz ausdrücklich nur Schriftform oder Erklärung zu Protokoll des Gerichtsschreibers vorgeschrieben hat (vergl. z. B. § 21 Abs. 2 FGG.). Ob der Richter eine Erklärung selbst entgegennehmen oder den Erklärenden an den Gerichtsschreiber verweisen will, liegt in seinem Ermessen; häufig ist es im Interesse des Fortganges des Verfahrens gelegen, wenn der Richter den Antrag oder die Erklärung selbst entgegennimmt, um bei rechtlich schwierigen oder tatsächlich verwickelten Fällen Ergänzungen und wiederholte Erklärungen zu vermeiden. Über die Erklärung macht der Richter eine entsprechende Vormerkung zum Akt oder nimmt unter Zuziehung einer Schreibkraft ein Protokoll über dieselbe auf (siehe Vorbem. 3 vor § 8). In Bayern bestimmt für Vormundschaftssachen § 50 VormundO., für Nachlaßsachen § 138 NachlO., daß Anträge und Erklärungen, die beim zuständigen Amtsgericht erfolgen, in der Regel der Richter selbst entgegennehmen soll, wobei er sich einer Schreibkraft bedienen kann.

c) Erklärungen zu Protokoll eines Gerichtsschreibers; siehe N. 5.

5. Erklärungen zu Protokoll eines Gerichtsschreibers; über die Ausnahmen von deren Zulässigkeit siehe N. 2 oben.

a) Zuständig ist nach der Regel des § 11 sowohl der Gerichtsschreiber des zuständigen Gerichts als der jeden Amtsgerichts. Zuständiges Gericht ist das Gericht, bei welchem die Angelegenheit, auf welche sich die Erklärung bezieht, anhängig ist oder, soferne die Sache noch nicht anhängig ist, nach den gesetzlichen Regeln über die sachliche und örtliche Zuständigkeit anhängig gemacht werden kann; sind nach diesen Regeln mehrere Gerichte zuständig, ist aber die Sache schon bei einem derselben anhängig, so ist zuständiges Gericht im Sinne des § 11 nur mehr das letztere, nicht auch ein weiteres theoretisch zuständiges Gericht. Jedes Instanzgericht kann zuständiges Gericht sein, wenn bei ihm die Sache anhängig ist oder anhängig gemacht werden soll.

Neben dem Gerichtsschreiber des zuständigen Gerichts ist der Gerichtsschreiber jeden Amtsgerichts zur Entgegennahme von Erklärungen und Anträgen zuständig, soweit nicht das Gesetz eine Ausnahme macht; eine solche besteht hinsichtlich der Anmeldungen zum Handelsregister, Genossenschaftsregister, Vereinsregister und Güterrechtsregister (§§ 128, 147, 159, 161 FGG.); diese können nur zu Protokoll des Gerichtsschreibers des zuständigen Gerichts erfolgen. Eine weitere Sondervorschrift über die Zuständigkeit des Gerichtsschreibers besteht für die **Beschwerdeeinlegung**; nach § 21 Abs. 2 FGG. erfolgt die Einlegung der Beschwerde durch Erklärung zum Protokoll des Gerichtsschreibers desjenigen Gerichts, dessen Verfügung angefochten wird, oder des Gerichtsschreibers des Beschwerdegerichts; die weitere Beschwerde kann nach § 29 Abs. 1 Satz 1 beim Gericht erster Instanz, beim Landgericht und beim Oberlandesgericht, bezw. in Bayern beim Obersten Landesgericht eingelegt werden. Vorbehaltlich der Sonderbestimmungen des § 29 finden nach Abs. 4 desselben hinsichtlich der Einlegung die Vorschriften über die Beschwerde entsprechende Anwendung; hiernach kann die weitere Beschwerde durch Erklärung zum Protokoll des Gerichtsschreibers eines der drei Instanzgerichte eingelegt werden. Aus § 11 mit den §§ 21, 29 ergibt sich also für die Beschwerdeeinlegung folgendes: Erklärt kann die Beschwerde und die weitere Beschwerde sowohl zu Protokoll der Gerichtsschreiber der in den §§ 21, 29 aufgeführten Gerichte als auch zum Protokoll des Gerichtsschreibers jedes Amtsgerichts werden; als Einlegung der Beschwerde oder weiteren Beschwerde gilt nur die Erklärung zum Protokoll eines der Instanzgerichte; das ist auch der Inhalt der über diesen Punkt ergangenen Entscheidungen (BayOLG. **4** 214, **5** 393, RJA **1** 1, OLG. 6 483, ZBl. **1** 67).

Die praktische Bedeutung dieser Unterscheidung ist die, daß das Protokoll des Gerichtsschreibers eines anderen als des erstinstanziellen Amtsgerichts nur als Beschwerdeschrift gilt; das ist in doppelter Richtung von Erheblichkeit: Bei Einlegung der weiteren Beschwerde muß das Protokoll von einem Rechtsanwalt unterzeichnet sein (§ 29 Abs. 1 Satz 2); ist die Erklärung nur von dem Beschwerdeführer selbst abgegeben und unterzeichnet, so ist die Beschwerdeeinlegung unwirksam; insoferne stellt sich die Vorschrift des § 29 als eine Ausnahme von dem Grundsatz des § 11 dar; zweitens wird die Frist für die Einlegung der sofortigen und sofortigen weiteren Beschwerde durch Erklärung zum Protokoll eines anderen als des erstinstanziell zuständigen Amtsgerichts nicht gewahrt, sondern erst durch Einreichung des Protokolls bei einem der Instanzgerichte innerhalb der Frist; der Gerichtsschreiber ist für die Wahrung der Frist dienstlich und zivilrechtlich verantwortlich.

Ähnliches gilt für den Einspruch gegen die Maßregeln zur Erzwingung einer Anmeldung zum Handelsregister; derselbe kann schriftlich zum Registergericht oder mündlich zum Protokoll des Registerrichters oder des Gerichtsschreibers des Registergerichts erhoben werden; er kann auch zu Protokoll des Gerichtsschreibers eines anderen Amtsgerichts erklärt werden, jedoch ist in diesem Falle die richterlich bestimmte Frist nur gewahrt, wenn das den Einspruch enthaltende Protokoll rechtzeitig beim Registergericht einläuft (§ 132 FGG., § 42 Bek. vom 24. 12. 99, die Registerführung betr.).

b) Der Befugnis der Beteiligten, ihre Erklärungen vor einem Gerichtsschreiber abzugeben, entspricht die Verpflichtung jedes Gerichtsschreibers, der nach lit. a zuständig ist, die Erklärungen entgegen zu nehmen und zu protokollieren.

Die Aufnahme des Protokolls darf, wenn der Antragsteller darauf besteht, auch nicht verweigert werden, wenn der Antragsteller nicht alle sachdienlichen Aufschlüsse zu geben vermag. Im übrigen hat der Gerichtsschreiber durch geeignete Fragen für Feststellung aller wesentlichen Umstände Sorge zu tragen und das Gesuch oder die Erklärung in der den gesetzlichen Erfordernissen entsprechenden Weise aufzunehmen; siehe hierüber auch die Sondervorschrift für Handelssachen in § 11 der Bek. vom 24. 12. 99 die Führung der Handelsregister betr. (JMBl. **99** 815).

c) Über Form und Inhalt des Gerichtsschreiberprotokolls bestehen allgemeine Vorschriften nicht. Man wird jedoch folgende Angaben als notwendig bezeichnen müssen:

1. Ort und Tag der Aufnahme,
2. genaue Bezeichnung desjenigen, dessen Erklärung beurkundet wird, nach Vor- und Familiennamen, Stand oder Gewerbe und Wohnort,
3. die Bemerkung, daß das Protokoll dem Antragsteller vorgelesen oder zur Durchsicht vorgelegt und von ihm genehmigt wurde.

Erforderlich ist weiter jedenfalls die Unterschrift des Gerichtsschreibers, dagegen nicht unbedingt die Unterschrift desjenigen, dessen Erklärung beurkundet wird; diese wird durch die amtliche Erklärung des Gerichtsschreibers, daß die niedergeschriebenen Erklärungen von jenem herrühren, ersetzt.

Sondervorschriften über Form und Inhalt von Protokollen enthalten die §§ 9, 11, 74 der NachlO. für die Protokolle über Anlegung von Siegeln, über Entsiegelung und über die Inventarerrichtung; in diesen Fällen ist insbesondere die Unterschrift der Beteiligten angeordnet.

6. Für die landesrechtlich zuständigen anderen als gerichtlichen Behörden ist § 11 nicht für anwendbar erklärt (§ 194 Abs. 3 FGG.). Dagegen ist es nicht ausgeschlossen, daß Erklärungen oder Anträge in Angelegenheiten, für welche andere als gerichtliche Behörden nach Landesrecht zuständig sind (in Bayern die Notare), bei dem Gerichtsschreiber eines Amtsgerichts des nämlichen oder eines anderen Bundesstaats zu Protokoll gegeben werden (Dorner N. 6, Rausnitz N. 14 zu § 11).

7. In **Bayern** gilt § 11, soweit nicht für besondere Fälle ein anderes vorgeschrieben ist, auch für diejenigen Angelegenheiten, für welche die landesgesetzlichen Vorschriften maßgebend sind (Art. 129 AG. z. BGB.); in solchen Angelegenheiten können Anträge und Erklärungen nur bei Gerichtsschreibern bayerischer Amtsgerichte erfolgen, da nur diese durch die landesgesetzliche Vorschrift gebunden sind. Vergleiche über die Zuständigkeit des Gerichtsschreibers zur Entgegennahme des Gesuchs um Befreiung von Ehehindernissen § 1 Abs. 2 der Bek. vom 24. 12. 99, die Bewilligung der Befreiung von Ehehindernissen betr. (JMBl. **00** 105).

§ 12.

Das Gericht hat von Amtswegen die zur Feststellung der Tatsachen erforderlichen Ermittelungen zu veranstalten und die geeignet erscheinenden Beweise aufzunehmen.

Offizialtätigkeit des Gerichts.

1. § 12 stellt für das Verfahren in der freiwilligen Gerichtsbarkeit die Regel auf, daß das Gericht von Amtswegen die zur Erledigung einer Angelegenheit erforderliche Tätigkeit zu entwickeln hat **(Offizialprinzip).** Das Gesetz spricht nur von den zur Durchführung eines Verfahrens notwendigen Maßnahmen; das Verfahren wird vom Untersuchungsprinzip beherrscht, der Richter ist berufen, den Stoff zu sammeln, den Gang des Verfahrens und den Umfang der Ermittelungen und der Beweisaufnahme zu bestimmen (Recht **9** 256); die Beteiligten können das Gericht bei dieser Aufgabe durch Angabe von Tatsachen und Beweismitteln unterstützen (OLG. **7** 49).

Daß der Richter überhaupt seine Anordnungen von Amtswegen zu treffen hat, soweit nicht für einzelne Angelegenheiten etwas anderes bestimmt ist, daß also auch die Einleitung des Verfahrens regelmäßig von Amtswegen zu erfolgen hat, ergibt sich aus dem Wesen der freiwilligen Gerichtsbarkeit von selbst und bedurfte deshalb keiner gesetzlichen Anordnung (D. zu § 12). Soferne also ein Gesetz dem Richter beim Vorliegen bestimmter Voraussetzungen eine Tätigkeit, welche zur freiwilligen Gerichtsbarkeit gehört, vorschreibt, hat der Richter von Amtswegen tätig zu werden, sobald er auf irgend eine Weise von dem Vorhandensein der Voraussetzungen Kenntnis erlangt; einem Antrag an das Gericht, ein Verfahren einzuleiten, kommt nur die Bedeutung einer Mitteilung an das Gericht und einer Anregung, die von Amtswegen zu entfaltende Tätigkeit einzuleiten, zu (siehe z. B. für Vormundschaftssachen OLG. **1** 311, **6** 309, RJA. **4** 78, ZBl. **3** 805, **5** 46, **6** 232, SeuffA. **56** 87, in Nachlaßsachen RJA. **5** 143, ZBl. **3** 667, **6** 65, in Registersachen OLG. **3** 383, **9** 248, RJA. **4** 28, ZBl. **4** 539, **7** 215). Auch die zur Feststellung der eigenen Zuständigkeit oder Unzuständigkeit erforderlichen Ermittelungen hat das Gericht von Amtswegen zu pflegen.

Nur in Ausnahmefällen darf das Gericht **nur auf Antrag** tätig werden (vergl. z. B. §§ 86, 99, 100, 150, 153 FGG., §§ 1304 Abs. 2, 1308 Abs. 1, 1337 Abs. 1, 1357 Abs. 2, 1402, 1447, 1560, 1741, 1961, 1981, 1994, 2253 BGB., nicht auch § 56 — Volljährigkeitserklärung —, da hier nur eine Sollvorschrift gegeben ist, so daß die Volljährigkeitserklärung also auch beim Mangel eines giltigen Antrages wirksam ist, ferner §§ 146 Abs. 2, 147, 166 Abs. 2 HGB.). Der Antrag bildet in diesen Fällen die notwendige Voraussetzung einer rechtswirksamen, die Parteien bindenden Tätigkeit des Gerichts, seine Zurücknahme, die beim Mangel entgegenstehender Vorschriften zulässig ist, beendet das Verfahren. Die Frage, ob ein Verfahren Antragsverfahren in diesem Sinne ist, wird auch von Bedeutung für die Befugnis des Gerichts zur Abänderung einer Verfügung (§ 18 Abs. 1 2. Halbsatz FGG.) und für die Beschwerdeberechtigung (§ 20 Abs. 2 FGG.).

In einer Reihe von Fällen sind **Anmeldungen** die Voraussetzung für eine richterliche Tätigkeit, so besonders in Registersachen (§§ 100, 128 FGG. § 59 BGB., § 122 BinnenSchG.); hier kann das Gericht häufig die Anmeldung erzwingen, hat also von Amtswegen zu sorgen, daß die Anmeldung erfolgt (§ 14 HGB., §§ 123, 127 BinnenSchG., §§ 13—15 FlaggenG.).

2. Die Vorschrift des § 12 über die Durchführung des Verfahrens von Amtswegen gilt nicht bloß für das von Amtswegen einzuleitende Verfahren, sondern auch für das **Antragsverfahren**, in diesem jedoch nur, soweit nicht in einzelnen Fällen das Gesetz dem Antragsteller die Beischaffung gewisser Grundlagen des Antrags aufgibt oder den Richter ermächtigt, solche vom Antragsteller zu verlangen; so sind nach § 107 Abs. 2 FGG. die Voraussetzungen der Eintragung ins Handelsregister, soweit sie nicht offenkundig sind, durch öffentliche Urkunden nachzuweisen; § 2356 BGB. schreibt beim Antrag auf Erteilung eines Erbscheines die Vorlage urkundlichen Nachweises für die vom Antragsteller zur Begründung seines Antrags nach § 2354 gemachten tatsächlichen Angaben vor; nach den §§ 87, 154 FGG. kann das Gericht beim Antrag auf Auseinandersetzung und auf Dispache dem Antragsteller die Beschaffung von Unterlagen aufgeben. Das Gericht hat im Antragsverfahren die Legitimation zur Antragstellung, die Fähigkeit des Antragstellers zu dem Antrag und die Erfordernisse des Antrags von Amtswegen zu prüfen (Josef im ZBl. **7** 476).

3. Der Grundsatz des § 12 FGG. gilt sowohl für die **erste Instanz** als auch für die **Beschwerdeinstanz**; für letztere ergibt sich daraus folgendes:

a) das Beschwerdegericht darf eine Beschwerde nicht wegen ungenügender Begründung zurückweisen, da es den Sachverhalt selbst aufzuklären hat (BayObLG. **1** 317; **2** 334);

b) das Beschwerdegericht ist an die Beschwerdeanträge und an die angebotenen Beweise nach keiner Richtung gebunden; es kann daher eine Entscheidung der Vorinstanz aufheben, auch wenn lediglich deren Änderung beantragt ist, selbst wenn dadurch der Beschwerdeführer ungünstiger gestellt ist (ZBl. **7** 62, OLG. **12** 204) und ist überhaupt in der Nachprüfung des Sachverhalts durch Anträge nicht beschränkt (Recht **10** 810); siehe auch N. 16 zu § 19.

c) eine Mitteilung der Beschwerdeschrift an die übrigen Beteiligten zur Äußerung ist nicht geboten (OLG. **7** 207);

d) die zweckdienlichen Ermittelungen hat das Beschwerdegericht selbst vorzunehmen, wobei es die Mitwirkung des Amtsgerichts nur im Wege des Ersuchens beanspruchen kann, es darf sich aber nicht seiner Ermittelungspflicht durch Zurückweisung an die erste Instanz behufs weiterer Ermittelungen entziehen (ZBl. **1** 257, OLG. **4** 97, RJA. **7** 18, OLG. **12** 42, ZBl. **7** 42, 74, 77, a. M. Josef N. 4 zu § 23 u. im ZBl. **6** 825).

Für das Gericht der weiteren Beschwerde gilt § 12 im Hinblick auf § 27 FGG. nicht; dieses hat auch, da es selbständige tatsächliche Feststellungen nicht treffen kann, das Recht der Zurückverweisung.

Im Beschwerdeverfahren in Grundbuchsachen (§§ 71 ff. GBO.) ist § 12 anwendbar, da dasselbe Angelegenheit der freiwilligen Gerichtsbarkeit im Sinne des § 1 FGG. ist (siehe N. 3 dortselbst). Auch soweit nach besonderen Vorschriften die Beschwerde nach Maßgabe der ZPO. stattfindet (§ 60 Abs. 2, § 71 Abs. 2, § 73 Abs. 1 Satz 3 BGB., § 80 GenG.), gilt gleichwohl die Vorschrift des § 12, da durch die Formvorschrift für die Beschwerde die rechtliche Natur der Angelegenheit nicht berührt wird (Dorner N. 5, Rausnitz N. 1 zu § 12).

4. Das Gesetz trägt dem Richter die **Feststellung der Tatsachen** von Amtswegen auf; es ist also vom Gericht die objektive Wahrheit zu ergründen. Tatsächliche Zugeständnisse von Beteiligten sind daher auf ihre Richtigkeit zu prüfen; das Geständnis hat nicht wie im Zivilprozeß (§ 288 ZPO.) Beweiskraft; Verzicht und Anerkenntnis sind ausgeschlossen. Als Mittel zur Feststellung von Tatsachen erwähnt das Gesetz Veranstaltung der erforderlichen Ermittelungen und Aufnahme der geeignet erscheinenden Beweise. Über Feststellung der Staatsangehörigkeit in der freiwilligen Gerichtsbarkeit siehe Recht **8** 383.

5. Ermittelungen können in jeder möglichen Form und Art erfolgen. Das Gericht kann dieselben selbst vornehmen durch Einsichtnahme von Urkunden, Augenschein, Einziehung von Erkundigungen bei Behörden, von welchen sachdienliche Auskünfte zu erwarten sind, Abhörung von Personen oder es kann dieselben durch andere ersuchte Behörden vornehmen lassen.

Die Ermittelungen beginnen — im Zweifelsfalle — mit der Forschung nach den Voraussetzungen der eigenen Zuständigkeit; die Ermittelungspflicht erstreckt sich nicht bloß auf die Grundlagen für eine materielle Entscheidung in der Sache, sondern auch auf formelle Verfahrensvoraussetzungen (z. B. Nachweis der Vollmacht eines Vertreters, siehe N. 3 zu § 13). Auch soweit eine Verfügung von der Entscheidung streitiger Rechtsverhältnisse abhängt, hat das Gericht die nötigen Ermittelungen selbst zu pflegen; eine Aussetzung des Verfahrens bis zur Entscheidung über solche Rechtsverhältnisse ist regelmäßig nicht zulässig (siehe Josef im ZBl. **3** 589, Schneider in ZZP. **29** 96). Aussetzung, um eine Klärung des Sachverhalts abzuwarten, ist nicht unzulässig (vergl. hierüber Schultzky im Recht 05 338 gegen Schmitz ebenda 245). Die Ermittelungen sind soweit auszudehnen, als es nach der Sachlage erforderlich ist, es entscheidet also das pflichtgemäße Ermessen des Gerichts, ob eine Sache hinlänglich aufgeklärt ist, das Gericht ist nicht zur Erschöpfung aller nur möglichen Ermittelungen verpflichtet (BayObLG. **5** 418, **6** 286, Recht **8** 449); Ermittelungen sind nur hinsichtlich derjenigen Tatsachen zu veranstalten, deren Feststellung im Geschäftsbereich des Gerichts liegt; siehe hierzu über das Recht der Vormundschaftsgerichte, Ermittelungen nach dem unehelichen Vater anzustellen OLG. **2** 392; **3** 35; ZBl. **1** 645; **2** 147; 428; Josef im ZBl. **4** 165.

Ermittelungen sind auch der Weg zur Feststellung des Inhalts des anzuwendenden Rechts, soweit die Anwendung ausländischen Rechts in Betracht kommt; der Richter hat sich, soweit er dazu in der Lage ist, von den zur Anwendung kommenden im Auslande geltenden gesetzlichen Vorschriften Kenntnis zu verschaffen, § 293 ZPO. findet nicht Anwendung (vergl. Dorner N. 6, Rausnitz N. 26, OLG. **1** 412, **8** 222).

Die Anhörung der Beteiligten bei Ermittelung des Sachverhalts und zum Zwecke derselben ist nicht allgemein vorgeschrieben. Es besteht daher auch kein Recht auf Gehör, auch nicht über angestellte Ermittelungen und erhobene Beweise (RJA. **6** 50, ZBl. **6** 298). Die Anhörung steht im Ermessen des Richters (Recht **8** 143), sie kann, wenn sie erfolgt, schriftlich oder mündlich erfolgen. Sie empfiehlt sich nach Abschluß der Ermittelungen durch Befragung der Beteiligten, ob sie noch weitere Ermittelungen vorzuschlagen im Stande sind (Josef im Recht **03** 515), insbesondere aber in der Beschwerdeinstanz zur Vermeidung unrichtiger, nicht der Sachlage entsprechender Entscheidungen (Rausnitz N. 3 zu § 23).

In bestimmten Fällen schreibt das Gesetz ausnahmsweise das Gehör der Beteiligten vor und zwar teils in der Form, daß den Beteiligten Gelegenheit gegeben werden muß, sich zu Maßnahmen des Gerichts zu äußern, ehe eine definitive Entscheidung erfolgt (siehe §§ 141, 142, 143, 144, 159 FGG.), teils in der Form, daß vor einer Entscheidung die Anhörung erfolgen soll (§ 1827 Abs. 1, § 1836 BGB.), in den meisten Fällen mit der Einschränkung „soweit das Gehör tunlich ist“ oder „es sei denn, daß die Anhörung untunlich ist“ (§§ 54, 146, 160, 164, 165, 166 FGG., §§ 1673, 1690, 1826, 1827 Abs. 2, 1996, 2216, 2360, 2364 BGB), in einem Falle (§ 2200 BGB.) nur, „soferne die Anhörung ohne erhebliche Verzögerung und ohne unverhältnismäßige Kosten erfolgen kann“.

Auch wo die Anordnung des Gehörs nur Ordnungsvorschrift (Sollvorschrift) ist, begründet die Verletzung derselben die Beschwerde und die weitere Beschwerde, wenn angenommen werden kann, daß die angefochtene Entscheidung auf der Verletzung der Vorschrift beruht (RJA. **2** 152, OLG. **3** 185, BayObLG. **4** 91, Josef im Recht **7** 515; siehe auch Note 3 zu § 27).

Zur Ermittelung des Sachverhalts dient auch die Anhörung von **Auskunftspersonen**, das sind Personen, welche sich über Verhältnisse, die ihnen bekannt sind und bei der Entscheidung des Gerichts in Betracht zu ziehen sind, äußern sollen. Als Auskunftspersonen kommen besonders in Vormundschaftssachen Verwandte und Verschwägerte des Mündels in Betracht, deren Anhörung teils auf Antrag teils von Amtswegen das Gesetz in einer Reihe von Fällen vorschreibt (§§ 1673, 1847, 1862 BGB.). Die Anhörung kann schriftlich oder mündlich erfolgen. Über Beeidigung von Auskunftspersonen siehe BayObLG. **1** 506. Bezüglich der Beschwerde wegen unterlassener Anhörung gilt das nämliche wie bei unterlassener Anhörung von Beteiligten.

6. Als Beweismittel kommen außer Zeugen und Sachverständigen auch Urkunden (Marcus im Recht **05** 613) und Augenschein in Betracht. Der Eid eines

Beteiligten als Beweismittel ist in der freiwilligen Gerichtsbarkeit unbekannt. Eidesstattliche Versicherung erwähnt das BGB. in § 2356 BGB. als Mittel zum Nachweis der Voraussetzungen für Erteilung eines Erbscheins und in § 15 Abs. 2 FGG. als Mittel zur Glaubhaftmachung von Tatsachen.

Das Gericht hat die **ihm geeignet erscheinenden Beweise** zu erheben; damit ist der Umfang der Beweisaufnahme in das Ermessen des Gerichts gestellt, sowohl, was die Art und Zahl der Beweismittel (der zu vernehmenden Zeugen und Sachverständigen) anlangt, als bezüglich des Beweisthemas. Das Gericht darf also einerseits nicht Beweisanträge der Beteiligten abwarten (BayObLG. **4** 3), anderseits ist es an gestellte Beweisanträge nicht gebunden und nicht verpflichtet, Beweisanträge zu berücksichtigen, wenn es die angebotenen Beweise nach dem sonstigen Ergebnisse der Ermittelungen oder aus Rechtsgründen für überflüssig oder unerheblich hält, also ein sachdienliches Ergebnis von ihnen nicht erwertet (BayObLG. **4** 3, 94, **5** 414, ZBl. **6** 30, OLG. **4** 97).

Ausnahmsweise schreibt § 2358 BGB. die Benutzung der beim Antrag auf Erteilung eines Erbscheins angegebenen Beweismittel vor; aber das Gericht ist nicht auf diese beschränkt, sondern berechtigt und verpflichtet, von Amtswegen die weiteren zur Feststellung der Tatsachen erforderlichen Ermittelungen zu veranstalten und weitere geeignet erscheinende Beweise zu erheben.

Daraus, daß das Gericht den Umfang der Beweisaufnahme bestimmt und den Beteiligten ein entscheidender Einfluß auf dieselbe nicht eingeräumt ist, ergibt sich auch, daß den Beteiligten ein Recht auf Zuziehung zu den Beweiserhebungsterminen und, wenn sie denselben anwohnen, ein Recht auf Fragestellung nicht zusteht (OLG. **8** 371, RJA. **4** 1, ZBl. **4** 521, **7** 30), ferner, daß wegen Verweigerung von Abschriften von Zeugenaussagen und Gutachten kein Recht auf Aufhebung der auf diese Beweismittel gestützten Entscheidung besteht, weil durch die Versagung die amtliche Ermittelung nicht berührt wird (DJZ. **04** 220).

Da die Beweise von Amtswegen zu erheben sind, darf die Vernehmung von Zeugen und Sachverständigen nicht von der Erlage eines Vorschusses seitens eines Beteiligten abhängig gemacht werden (siehe auch N. 8 zu § 15), die Vorschrift des § 379 ZPO. findet (trotz § 15 FGG.) keine Anwendung; die Haft zur Erzwingung des Zeugnisses (§ 390 Abs. 2 ZPO.) ist von Amtswegen anzuordnen.

So wenig, wie Beteiligte, können sich Zeugen und Sachverständige gegen die Anordnung ihrer Vernehmung deswegen beschweren, weil dieselbe überflüssig oder nicht zweckentsprechend sei (KGJ. **22** 205).

7. Über das Ergebnis der Ermittelungen und Beweiserhebungen entscheidet das Gericht nach freiem Ermessen; eine Beweislast gibt es nicht (OLG. **7** 49). Die Beweiswürdigung des Beschwerdegerichts und seine Entscheidung über den Umfang der Beweisaufnahme, insbesondere über Zurückweisung angebotener Beweise ist der weiteren Beschwerde entzogen (OLG. **3** 395; **4** 1).

8. § 12 gilt auch für die Fälle des sog. **echten Streitverfahrens**, das sind die Fälle, in denen sich zwei Beteiligte oder zwei Gruppen von Beteiligten im entgegengesetzten Interesse gegenüber stehen und die Aufgabe des Gerichts darin besteht, über die Meinungsverschiedenheit zu entscheiden. Es gehören hieher — nach Josef, Lehrb. 99 und Zusatz C zu § 12 — insbesondere die Entscheidungen:

a) über Rechte aus körperschaftlichem Verband auf Berufung einer Mitgliederversammlung, Bestellung oder Abberufung von Liquidatoren, Revisoren rc. nach § 37 BGB., §§ 145, 148 160 FGG.,

b) über den einem unverheirateten Kinde zu gewährenden Unterhalt § 1612 Abs. 2 BGB.,

c) über mißbräuchliche Beschränkung oder Ausschließung der Schlüsselgewalt § 1357 Abs. 2 BGB., § 53 FGG.,

d) über Kündigung einer persönlichen Leistungspflicht der Frau § 1358 Abs. 1 BGB, § 53 FGG.,

e) über Berechtigung zur Eingehung einer solchen Verpflichtung § 1358 Abs. 2 BGB.,

f) durch die „die Ermächtigung oder Zustimmung eines anderen zu einem Rechtsgeschäft ersetzt" wird, § 53 FGG., §§ 1318, 1379, 1402 auch 1447, 1451, 1519 Abs. 2 BGB.,

g) über die Verpflichtung des Dispacheurs § 150 FGG.,

h) über die Art des Pfandsverkaufs § 166 FGG., § 1246 Abs. 2 BGB.,

i) über die Vergütung des gerichtlich bestellten Verwahrers § 165 Abs. 2 FGG., § 194 Abs. 2 HGB.,

k) im Falle des § 590 HGB., 146 FGG. (Schiffsfrachtgeschäft),

l) über Entlassung des Testamentsvollstreckers, über Meinungsverschiedenheiten zwischen mehreren Vollstreckern, zwischen mehreren Vormündern, zwischen Vater und Pfleger §§ 2227, 2224, 1797, 1627 BGB., §§ 81, 82 FGG.

Das Gesetz selbst hebt die Fälle dieser Art als etwas Besonderes nicht hervor; es gelten deshalb auch für das Verfahren und die Entscheidung in denselben besondere Vorschriften nicht. Die Besonderheit liegt wesentlich darin, daß die Beteiligten das gerichtliche Verfahren insoferne beherrschen, als sie es durch Zurücknahme des Antrags, Anerkenntnis, Verzicht, Vergleich nach ihrem Gutdünken beenden können. Soweit Ermittelungen anzustellen sind, beschränken sie sich auf den Streitstoff; die Beteiligten haben hier besonderes Interesse, das Gericht durch Angabe von Tatsachen und Beweismitteln zu unterstützen, ohne aber ein Recht auf Ausführung beantragter Beweiserhebungen zu besitzen. Siehe über das echte Streitverfahren auch Josef in der NotV. **4** 97, im ZBl. **4** 600, in GruchotsBeitr. **48** 557 und in ArchBürgR. **26** 353, Monich im Recht **03** 493 und in ZZP. **33** 61, Jastrow, Schneider, Unger in ZZP. **25** 153, **29** 96, **34** 275, Gletzer in GruchotsBeitr. **49** 566.

9. Die Vorschrift des § 12 gilt auch für die nach Landesrecht zuständigen anderen als gerichtlichen Behörden (§ 194 Abs. 1 FGG.).

10. In **Bayern** gilt § 12 auch für diejenigen Angelegenheiten der freiwilligen Gerichtsbarkeit, für welche die landesgesetzlichen Vorschriften maßgebend sind (Art. 129 AG. z. BGB.).

11. Für die gerichtliche Entscheidnng und die Beschwerde in **Notariatssachen** nach Maßgabe der Art. 57 ff. NotG. enthält Art. 59 Abs. 1 mit Art 61 Abs. 3 NotG. eine mit dem § 12 wörtlich übereinstimmende Vorschrift.

12. In **Gebührensachen** gilt § 12 nicht (Note 3 zu § 1, BayObLG. **2** 879); Art. 43 Abs. 2 GebG. gibt eine Sondervorschrift dahin, daß das Gericht im Wertfestsetzungsverfahren auf Antrag oder von Amtswegen eine Beweisaufnahme insbesondere Einnahme eines Augenscheins oder Begutachtung durch Sachverständige anordnen kann.

§ 13.

Die Beteiligten können mit Beiständen erscheinen. Sie können sich, soweit nicht das Gericht das persönliche Erscheinen anordnet, auch durch

Bevollmächtigte vertreten lassen. Die Bevollmächtigten haben auf Anordnung des Gerichts oder auf Verlangen eines Beteiligten die Bevollmächtigung durch eine öffentlich beglaubigte Vollmacht nachzuweisen.

Verbeistandung und Vertretung.

1. Das Recht, sich eines Bevollmächtigten zu bedienen oder mit einem Beistand zu erscheinen, gibt das Gesetz den **Beteiligten**, das sind im Sinne des § 13 nicht nur diejenigen Personen, welche selbst von dem Ergebnis des Verfahrens betroffen werden, sondern auch deren gesetzliche Vertreter, dagegen nicht sonstige im Verfahren auftretende Personen, wie Zeugen, Sachverständige, Auskunftspersonen; soweit allerdings letztere Personen wieder selbst an einem Teil des Verfahrens interessiert sind, steht auch ihnen das Recht zu, Beistände und Bevollmächtigte beizuziehen, so Zeugen oder Sachverständige, gegen welche Ordnungs- oder Ungehorsamstrafen ausgesprochen sind, wenn sie solchen Verfügungen entgegentreten wollen. Soweit in der Geschäftsfähigkeit beschränkte Personen das Recht haben, ihre Angelegenheiten ohne Vermittelung eines gesetzlichen Vertreters vor Gericht wahrzunehmen (§ 59 FGG.), muß auch ihnen die Befugnis gewährt werden, Beistände mitzubringen oder sich durch Bevollmächtigte vertreten zu lassen; sie können also eine dem Gericht gegenüber giltige Vollmacht erteilen.

2. Beistand ist diejenige Person, welche nicht an Stelle eines Beteiligten, sondern neben ihm auftritt; die Legitimation des Beistands beruht auf der Anwesenheit des Beteiligten und erlischt mit seiner Entfernung.

a) Die rechtliche Fähigkeit, als Beistand aufzutreten, fehlt natürlich den geschäftsunfähigen Personen; eine weitere Schranke besteht aber nicht, insbesondere können auch Frauen und in der Geschäftsfähigkeit beschränkte Personen Beistände sein; dagegen kann Beiständen, welchen faktisch die Fähigkeit zum Verhandeln mit dem Gericht fehlt, auch ohne diesbezügliche gesetzliche Vorschrift (wie sie § 157 Abs. 1 ZPO. für den Zivilprozeß gibt) der weitere Vortrag untersagt werden; siehe hierüber noch N. 4. Auch Bevollmächtigte können vor Gericht als Beistände neben ihrem Vollmachtgeber auftreten. Eine Mehrheit von Beiständen kann nicht ausgeschlossen werden.

b) Die Rechte des Beistands sind vom Gesetz nicht begrenzt; er hat jederzeit die Befugnis, die Partei zu beraten, seine Handlungen und Erklärungen haben die nämlichen Wirkungen, als ob sie von den Beteiligten selbst vorgenommen oder abgegeben wären, soferne nicht der Beteiligte ersichtlich macht, daß er denselben nicht zustimme. Ergeben sich Zweifel darüber, ob ein Beteiligter mit Rechtshandlungen und Erklärungen seines Beistandes einverstanden ist, so hat das Gericht von Amtswegen für die Beseitigung des Zweifels durch Fragestellung an den Beteiligten Sorge zu tragen. Bei einem Widerspruch zwischen Erklärungen des Beistands und des Beteiligten sind die letzteren allein maßgebend (a. M. Rausnitz, der den Beistand nur als Berater, nicht als Sprecher des Beteiligten ansieht und annimmt, daß der Beistand mit der Ermächtigung zu Erklärungsabgaben Bevollmächtigter wird). Eine Vertretungsmacht hat der Beistand nicht. Wo eine Unterschrift des Beteiligten notwendig ist, wird sie durch die des Beistands nicht ersetzt; der Beistand kann mitunterzeichnen.

c) Ein Beistand kann bei Erklärungen und Verhandlungen sowohl vor dem Richter als vor dem Gerichtsschreiber zugezogen werden; schriftliche Erklärungen des Beistands sind nach der Natur der Beistandschaft ausgeschlossen.

3. Bevollmächtigter ist diejenige Person, welche kraft erklärten Willens eines Beteiligten mit Wirksamkeit für diesen handeln, Erklärungen abgeben, Erklärungen und Zustellungen entgegennehmen kann.

a) Zulässigkeit der Vertretung: Beteiligte können sich in jeder Lage des Verfahrens durch Bevollmächtigte vertreten lassen. Die Zulässigkeit der Vertretung bei Anmeldungen zum Handelsregister ergibt sich aus § 12 Abs. 2 HGB.; auch bei Anmeldungen zum Vereins- und Güterrechtsregister ist beim Mangel einer entgegenstehenden Bestimmung Vertretung zulässig (RJA. **4** 31, ZBl. **4** 541, woselbst jedoch öffentliche Beglaubigung der Vollmacht verlangt wird). Auch im Ordnungsstrafverfahren des Registergerichts kann sich der Beteiligte durch einen Bevollmächtigten vertreten lassen, sofern nicht das Gericht das persönliche Erscheinen anordnet (Josef im Recht **04** 101, a. M. hinsichtlich letzterer Anordnung Marcus in DJZ. **03** 494). Die Erfordernisse der Bevollmächtigung bestimmen sich auch für das Erbauseinandersetzungsverfahren ausschließlich nach § 13 (BayObLG. **5** 1).

Ausnahmsweise ist die Vertretung durch einen Bevollmächtigten **ausgeschlossen:**

α) wenn das Gericht das **persönliche Erscheinen** eines Beteiligten anordnet; diese Anordnung kann das Gericht nach seinem Ermessen jederzeit treffen (D. 35); ein Zwang zum Erscheinen, etwa durch Ordnungsstrafen oder durch Vorführung kann jedoch — auch nach bayerischem Recht — regelmäßig nicht geübt werden (wohl aber gegen Vormünder, Pfleger nach §§ 1837, 1915 BGB.) siehe auch N. 10 zu § 33; das Gericht hat nur das indirekte Zwangsmittel der Zurückweisung des Vertreters, den es jedoch als Beistand des erscheinenden Beteiligten jederzeit zulassen muß. Das persönliche Erscheinen des unehelichen Vaters bezw. desjenigen, der als solcher benannt ist, kann auch nicht auf dem Umwege seiner Ladung als Zeuge unter Anwendung des Zeugniszwangsverfahrens erzwungen werden; denn er ist an dem Verfahren Beteiligter und kann deshalb nicht als Zeuge vernommen werden (BayZ. **1** 60).

β) wo ein Gesetz oder die Natur der Sache persönliches Erscheinen oder Handeln der Beteiligten fordert, so bei Verpflichtung des Vormunds, Gegenvormunds, Pflegers (§§ 1789, 1792, 1915 BGB.), bei Eidesleistungen (Offenbarungseid), Abgabe einer Versicherung an Eidesstatt (siehe N. 13 zu § 15), bei Anmeldungen zum Genossenschaftsregister § 77 GenG., § 6 Abs. 3 der Bek. des Reichskanzlers vom 1. 7. 99; nicht hierher gehören die Fälle, in welchen nur die Vertretung im Willen, nicht auch diejenige in der Erklärung ausgeschlossen ist, wie in §§ 1336 mit 1342, 1595 mit 1597, 1599, 2281 Abs. 2 mit 2282 Abs. 1 BGB. (Staudinger N. zu diesen §§, Fuchs im Recht **4** 300).

Die Verhandlung mit einem Vertreter in einem Falle, in dem Vertretung kraft Gesetzes ausgeschlossen ist, ist ohne jede rechtliche Wirkung, weil sie als Verhandlung mit dem Beteiligten nicht gelten kann (ebenso Schneider N. 4, Birkenbihl N. 2 c zu § 13, Fuchs a. a. O.).

Ein Zwang, sich durch Bevollmächtigte vertreten zu lassen (Anwaltszwang), besteht regelmäßig nicht; ausnahmsweise ist bei der Einlegung der weiteren Beschwerde durch Einreichung einer Beschwerdeschrift Unterzeichnung durch einen Anwalt vorgeschrieben. (§ 29 Abs. 1 FGG., für Gebührensachen Art. 49 Abs. 3 GebG.). Bei der Beschwerde in Notariatssachen in Bayern ist Zuziehung eines Rechtsanwalts nicht erforderlich (Art. 61 NotG.).

b) Die Fähigkeit, Bevollmächtigter zu sein, ist nicht an das Vorhandensein bestimmter Voraussetzungen geknüpft, insbesondere muß der Bevollmächtigte regelmäßig nicht Rechtsanwalt sein (Ausnahme siehe oben unter lit a a. E.); über

Winkeladvokaten siehe N. 4. Mangels einschränkender Vorschriften des Verfahrensgesetzes bestimmt sich die Fähigkeit nach den Vorschriften des Bürgerlichen Rechts; absolut unfähig sind daher Geschäftsunfähige. In der Geschäftsfähigkeit beschränkte Personen (§§ 106, 114 BGB.) können ohne Einwilligung ihres gesetzlichen Vertreters eine Vollmacht nicht übernehmen; ergibt sich diese Einwilligung aus der Vollmacht, oder ist das Gericht sonst in der Lage, sie festzustellen, so steht der Vertretungsbefugnis des in der Geschäftsfähigkeit Beschränkten ein Hindernis nicht entgegen (ebenso Josef Zusatz II zu § 13 unter Aufgabe der Lehrb. 79 und ZBl. **1** 849 vertretenen Ansicht, Kraus in BayZ. **2** 61); andernfalls kann das Gericht den in der Geschäftsfähigkeit Beschränkten zurückweisen. Jedenfalls sind aber die Rechtshandlungen, welche der in der Geschäftsfähigkeit beschränkte Vertreter vorgenommen hat, nicht unwirksam, selbst wenn der Vertretene oder das Gericht diese Eigenschaft des Vertreters nicht kannten (§ 165 BGB., Staudinger N. 2, Planck N. 2 hiezu). Ausgeschlossen ist, daß der gesetzliche Vertreter eines in der Geschäftsfähigkeit Beschränkten diesem Vollmacht zu seiner Vertretung überträgt (Josef a. a. O.).

c) Der Umfang der Vollmacht ist nicht, wie für den Zivilprozeß (§§ 81 ff. ZPO) gesetzlich geregelt; er bemißt sich daher nach ihrem Inhalt; als Auslegungsmaßstab gilt der Wille des Vollmachtgebers. Durch eine ohne Einschränkung erteilte Vollmacht muß daher der Bevollmächtigte als zu allen in dem Verfahren, für welches die Vollmacht erteilt ist, notwendigen und zulässigen Handlungen ermächtigt angesehen werden, es bedarf also keiner Spezialvollmacht zur Empfangnahme von Zustellungen (über Notwendigkeit und Zulässigkeit der Zustellungen an Bevollmächtigte siehe N. 8 zu § 16) oder zur Einlegung oder Zurücknahme von Rechtsmitteln (KGJ. **22** 198). Eine Generalvollmacht ist ausreichend, wo nicht ausnahmsweise das Gesetz eine Spezialvollmacht verlangt; an den Generalbevollmächtigten können auch Zustellungen erfolgen. (§ 16 Abs. 2 FGG. mit § 173 ZPO.).

d) Eine bestimmte Form ist für die Vollmacht nicht allgemein vorgeschrieben; sie kann also in den Formen der §§ 167, 171, 172 BGB. erteilt werden (Recht **10** 1146). Da sich das Gericht regelmäßig von dem Bestande der Vollmacht überzeugen wird, ist, wenn nicht die Vollmacht durch Erklärung vor oder gegenüber dem Gericht oder durch öffentliche Bekanntmachung erteilt wird, oder sonst dem Gericht bekannt ist, gewöhnlich einfache Schriftform notwendig, aber auch genügend, soferne nicht nach Spezialvorschriften eine strengere Formvorschrift besteht (vergl. z. B. § 12 HGB. mit §§ 108, 128 FGG., Vollmacht für Anmeldungen zum Registergericht, §§ 1945, 1955 BGB., für Ausschlagung der Erbschaft, Anfechtung der Annahme oder Ausschlagung der Erbschaft).

Ob eine Vollmacht zu Recht besteht, hat das Gericht von Amtswegen (§ 12) zu prüfen; es liegt aber in seinem Ermessen, ob es einen besonderen **Nachweis der Vollmacht** verlangen will; es kann davon absehen, wenn nach den tatsächlichen Verhältnissen, insbesondere mit Rücksicht auf die Stellung des Vollmachtgebers (Rechtsanwalt) anzunehmen ist, daß Bevollmächtigung vorliegt (Jur. Z. f. Elsaß-Lothringen **02** 391) oder wenn sich aus dem Inhalt der Eingabe ersehen läßt, daß dem Bevollmächtigten ausführliche Instruktion über die einschlägigen Verhältnisse erteilt ist (OLG. **4** 412, ZBl. **2** 180). Die Vollmacht ist überhaupt nur auf Verlangen vorzuweisen; deshalb kann auch ein Antrag oder ein Rechtsmittel nicht ohne weiteres mangels Vollmachtsvorlage zurückgewiesen werden, solange nicht die Vorlage erfolglos angeordnet worden ist (BayObLG. **1** 662, OLG. **4** 100, **6** 483, **8** 231, Seuffert A. **01** 485, KGJ. **24** 148, RJA. **6** 113). Dies kann natürlich bei der sofortigen und sofortigen weiteren Beschwerde nicht gelten, wenn die Vollmachtsvorlage innerhalb der Frist nicht mehr möglich wäre; aus praktischen Erwägungen ist daher bei diesen Rechtsmitteln Vollmachtsvorlage stets angezeigt.

Zum Nachweis der Vollmacht ist die Vollmachtsurkunde selbst vorzulegen, ein Auszug aus derselben genügt nicht (OLG. **5** 299). Für das Erlöschen der Vollmacht sind die §§ 170 ff., 176 BGB. maßgebend; ein Nachweis, daß die Vollmacht fortbesteht, insbesondere kraftlos erklärt ist, kann aber nur verlangt werden, wenn begründete Zweifel an dem Fortbestand der Vollmacht vorhanden sind (ZBl. **1** 978).

Wenn eine Beschwerdeschrift mit dem Namen des Beschwerdeführers ohne Andeutung eines Vollmachtsverhältnisses von einer anderen Person unterzeichnet ist, so hat das Beschwerdegericht auch in diesem Falle nicht die Befugnis, die Beschwerde sofort wegen Formmangels zu verwerfen, sondern von Amtswegen zu untersuchen, ob der andere zur Abgabe der Namensunterschrift bevollmächtigt war (KGJ. **27** 3).

Ausnahmsweise ist in allen Fällen, in denen nicht schon eine gleich strenge oder eine strengere Vorschrift über den Vollmachtsnachweis besteht, die Bevollmächtigung durch eine öffentlich beglaubigte Vollmacht nachzuweisen

α) auf Anordnung des Gerichts; diese hängt ganz vom Ermessen des Gerichts ab; nur ganz besonders gelagerte Fälle, in denen sich das Gericht durch eine einfache Vollmacht von der Bevollmächtigung nicht überzeugt sieht, werden zu der Anordnung führen;

β) auf Verlangen eines sachlich Beteiligten; dieses Verlangen ist für das Gericht bindend, es darf den Bevollmächtigten, wenn das Verlangen gestellt ist, ohne die Veranlassung und innere Berechtigung desselben prüfen zu dürfen, nicht zulassen, ehe das Verlangen erfüllt ist; eine Ausnahme dürfte zu machen sein, wenn das Verlangen offenbar auf Chikane beruht.

Für die Beglaubigung ist § 129 BGB. maßgebend (siehe auch Note zu § 167). Die öffentliche Beglaubigung wird nach § 129 Abs. 2 durch (gerichtliche oder) notarielle Beurkundung ersetzt; dies gibt jedoch dem Gericht oder einem Beteiligten nicht das Recht, eine notarielle Urkunde über die Vollmacht zu verlangen.

Eine weitere Ausnahme allgemeinerer Art hinsichtlich des Erfordernisses des Vollmachtsnachweises besteht für Notare, welche als Bevollmächtigte handeln; auch Notare haben regelmäßig, wenn sie für Beteiligte Anträge stellen, ihre Vollmacht auf Verlangen nachzuweisen; ausnahmsweise gilt der Notar nach §§ 71, 100 FGG. mit § 15 GBO., §§ 129, 147, 159, 161 FGG. ohne Nachweis der Bevollmächtigung als ermächtigt, die Eintragung von Erklärungen in öffentliche Bücher und Register zu beantragen, wenn er die zu der Eintragung erforderlichen Erklärungen beurkundet oder beglaubigt hat **(vermutete Vollmacht der Notare)**; wegen der Ermächtigung des Notars zur Einlegung der Beschwerde in diesen Fällen siehe Note 6 zu § 21; siehe ferner auch §§ 29, 124 FGG. Über diese Ausnahmebestimmungen hinaus besteht jedoch für Angelegenheiten der freiwilligen Gerichtsbarkeit nicht, wie nach § 15 GBO. für Grundbuchsachen, eine allgemeine Vorschrift, wonach der Notar, der eine Erklärung beurkundet oder beglaubigt hat, für ermächtigt gilt, im Namen des Antragsberechtigten den der Erklärung entsprechenden Antrag zu stellen (RJA. **4** 135, OLG. **8** 232, ZBl. **5** 83; BayNotZ. **04** 107). Der einen Antrag beurkundende Notar gilt auch nicht damit ohne weiteres als bevollmächtigt, gegen eine den Antrag abweisende Verfügung Beschwerde einzulegen (BayObLG. **4** 215).

4. Eine dem § 157 ZPO. entsprechende Vorschrift, wonach das Gericht Bevollmächtigten oder Beiständen, welchen die Fähigkeit zum geeigneten Vortrag mangelt, den weiteren Vortrag untersagen und solche, welche das Verhandeln vor

Gericht geschäftsmäßig betreiben (Winkeladvokaten), zurückweisen kann, besteht für die freiwillige Gerichtsbarkeit nicht. Der in der Literatur bestrittenen Frage, ob gleichwohl dem Gericht ein solches Recht zusteht (bejahend Birkenbihl S. 46, Dorner N. 4a, Jastrow S. 31, Schultze-Görlitz N. 4 zu § 13, verneinend Josef Lehrb. 31, Rausnitz N. 6, Schneider N. 1 u. 4 zu § 13), kann bei Bevollmächtigten praktisch durch Anordnung des persönlichen Erscheinen's des Beteiligten und Zurückweisung des Vertreters aus diesem Grunde aus dem Wege gegangen werden; soweit Personen der genannten Art nur als Beistände erscheinen, hat die Zurückweisung kaum Bedeutung, da das Gericht von dem erschienenen Beteiligten jedenfalls verlangen kann, daß er Rede und Antwort steht. Wenn man von diesem praktischen Auswege absieht, spricht für die Bejahung der Frage hinsichtlich zum Vortrag nicht tauglicher Personen der Umstand, daß das Gericht von Amtswegen für einen geordneten Fortgang des Verfahrens sorgen muß, während für die Zurückweisung von Winkeladvokaten jeder rechtliche Anhaltspunkt fehlt.

5. Die Frage, ob Bevollmächtigte ohne Nennung des Vollmachtgebers zuzulassen sind, wird in besonderen Ausnahmefällen zu bejahen sein. So hat bisher die Praxis keinen Anstand genommen, mit dem Bevollmächtigten des unehelichen Vaters, der sich nicht nennt, über eine Abfindung zu unterhandeln (denselben Standpunkt nimmt für das neue Recht das LG. Dresden in zwei Beschlüssen vom 6. Juli und 22. Sept. 00 ein — ZBl. **1** 468, dagegen Wellstein N. 3d zu § 13, Josef Lehrb. 75).

6. Einen auftragslosen Geschäftsführer braucht das Gericht als Vertreter nicht zuzulassen; § 89 ZPO. ist jedenfalls nicht anwendbar; es kann ihn jedoch nach seinem Ermessen zulassen, wenn die Genehmigung seiner Handlungen und Erklärungen sicher zu erwarten ist, so bei nahen Verwandten (ebenso Schulze-Görlitz N. 5c zu § 13); das Gericht hat sich aber dann nachträglich über die Genehmigung des Vertretenen zu vergewissern.

7. Die Vorschriften des § 13 gelten auch, wenn andere als gerichtliche Behörden nach Landesrecht zuständig sind (§ 194 FGG.), also in Bayern beim Verfahren vor den Notaren, wenn sie Angelegenheiten im Sinne des § 1 FGG. behandeln (Nachlaßauseinandersetzung nach §§ 6, 8 NachlG.).

8. In **Bayern** gelten die Vorschriften des § 13 auch, soweit nicht ein anderes bestimmt ist, für diejenigen Angelegenheiten der freiwilligen Gerichtsbarkeit, für welche die landesgesetzlichen Vorschriften maßgebend sind (Art. 129 BayAG. z. BGB.) und für Grundbuchsachen (Art. 8 AG. z. GBO. u. ZVG.).

9. Zusatz: Fähigkeit, als Beteiligter aufzutreten. Eine der Bestimmung des § 52 ZPO. über die Prozeßfähigkeit entsprechende Vorschrift besteht für die freiwillige Gerichtsbarkeit nicht. Die Natur derselben bringt es mit sich, daß das Gericht, wo es zur Aufklärung des Sachverhalts notwendig oder förderlich ist (§ 12), auch mit Geschäftsunfähigen und in der Geschäftsfähigkeit Beschränkten unterhandeln, von ihnen sachliche Erklärungen und Anregungen für das Verfahren entgegennehmen kann. Die Anhörung Minderjähriger ist vielfach sogar vorgeschrieben (z. B. in §§ 4, 1837 BGB.). Soweit eine formelle Antragstellung an das Gericht in Frage kommt und Voraussetzung der Tätigkeit des Gerichts ist, müssen geschäftsunfähige und in der Geschäftsfähigkeit beschränkte Personen regelmäßig durch ihre gesetzlichen Vertreter vertreten sein (siehe §§ 1627, 1630, 1793, 1897 BGB., Josef in DNotV. **4** 377); dasselbe gilt regelmäßig für die Beschwerdeeinlegung und für die Entgegennahme gerichtlicher Bekanntmachungen; über Abgabe eidesstattlicher Versicherungen durch gesetzliche Vertreter siehe N. 13 zu § 15. Ein selbständiges Antragsrecht räumt ausnahmsweise

§ 1612 Abs. 2 BGB. auch dem minderjährigen Kinde ein, ein Pfleger zu dem Antrage ist also nicht erforderlich (OLG. 2 93); über das selbständige Beschwerderecht eines Kindes oder Mündels siehe § 59.

Beim Abschluß eines Rechtsgeschäftes vor Gericht (z. B. im Nachlaßauseinandersetzungsverfahren) kommen für die Notwendigkeit gesetzlicher Vertretung die Vorschriften der §§ 104 ff. BGB. über die Geschäftsfähigkeit zur Anwendung.

Insoweit nach besonderen gesetzlichen Vorschriften in der Geschäftsfähigkeit beschränkte Personen Rechtshandlungen mit Wirksamkeit vornehmen können, müssen sie zu den darauf bezüglichen Handlungen vor Gericht ohne gesetzliche Vertreter zugelassen werden, so der nach § 112 BGB. zum selbständigen Betrieb eines Handelsgeschäfts Ermächtigte in Handelssachen, der in der Geschäftsfähigkeit beschränkte Ehemann zum Antrag auf Ermächtigung zur Kündigung von Rechtsverhältnissen der Frau nach § 1358 Abs. 1 BGB. mit Rücksicht auf Abs. 3 (Josef Zusatz II B zu § 13).

Über die Parteifähigkeit nicht rechtsfähiger Vereine und diejenige der Ehefrau, die sich nach den Vorschriften des materiellen Rechts, insbesondere des Güterrechts richtet, siehe Josef Zusatz III A und B zu § 13 (S. 363), Nußbaum in ZZP. **34** 161, Josef in DNotV. **6** 49.

Vorbemerkungen zu § 14.

Kosten und Gebühren.

1. Das Reichsrecht enthält keine allgemeinen Vorschriften darüber, wer in Angelegenheiten der freiwilligen Gerichtsbarkeit die Kosten des Verfahrens zu tragen hat; einzelne Spezialvorschriften siehe in den §§ 138, 152 FGG.; §§ 1035, 1067 Abs. 1, § 1372 Abs. 2, § 1528 Abs. 2, § 1672 Abs. 2, § 1844 Abs. 3, § 2121 Abs. 4, § 2122, § 2314 Abs. 2 BGB., § 84 BinnenSchG. Auf Grund des § 200 Abs. 1 FGG. kann die Landesgesetzgebung die erforderlichen Vorschriften erlassen. Für Bayern sind solche Vorschriften in den Art. 131—133 AG. z. BGB. gegeben. Dieselben gelten sowohl für reichsrechtliche als für landesrechtliche Angelegenheiten der freiwilligen Gerichtsbarkeit; sie sollen nachstehend erörtert werden.

2. Kosten. Bayerisches Recht.

Art. 131 AG. z. BGB. In den Angelegenheiten der freiwilligen Gerichtsbarkeit, mit Einschluß der Grundbuchsachen, sind die Kosten, soweit nicht besondere Vorschriften bestehen, von demjenigen zu tragen, in dessen Angelegenheit die amtliche Verrichtung stattfindet. Die einem anderen Beteiligten entstandenen Kosten sind diesem zu erstatten, soweit die gemachten Aufwendungen zur zweckentsprechenden Erledigung der Angelegenheit notwendig waren.

Die durch einen unbegründeten Antrag, eine unbegründete Beschwerde oder durch Verschulden eines Beteiligten verursachten Kosten, mit Einschluß der Aufwendungen eines anderen Beteiligten, soweit diese den Umständen nach notwendig waren, fallen dem Beteiligten zur Last, der sie verursacht hat. Die Vorschriften des § 91 Abs. 1 Satz 2, des § 100 Abs. 1, 2 und des § 102 der Zivilprozeßordnung finden entsprechende Anwendung.

a) Zur **Kostentragung** (Abs. 1 Satz 1) verpflichtet ist derjenige, in dessen Angelegenheit die amtliche Verrichtung stattfindet (Hauptbeteiligter). Die Beantwortung der Frage, wer Hauptbeteiligter in diesem Sinne ist, wird in der Praxis kaum auf Schwierigkeiten stoßen; insbesondere ist in Nachlaßsachen zu prüfen, ob eine bei Gelegenheit der Nachlaßauseinandersetzung behandelte Angelegenheit nicht bloß einen einzelnen Erben als solchen betrifft; in diesem Falle treffen die Kosten den Erben, nicht nach Art. 132 den Nachlaß.

Die Kosten des Verfahrens auf Erteilung eines Erbscheines fallen dem Antragsteller zur Last, dagegen fallen die Kosten, die durch den Antrag auf Einziehung eines unbegründeter Weise erteilten Erbscheines entstanden sind, nicht dem die Einziehung Beantragenden, sondern demjenigen zur Last, der den Erbschein beantragt hat, da durch seinen Antrag auf Erteilung auch das Verfahren auf dessen Einziehung verursacht war (BayObLG. 5 652). Schuldner der durch den Antrag auf Eintragung des Ausscheidens eines Genossen wegen Kündigung in die Liste der Genossen verursachten Kosten ist die Genossenschaft, nicht der kündigende Gläubiger (BayObLG. 5 60).

Die eigenen auf die Teilnahme am Verfahren aufgewendeten Kosten (Reisekosten, Anwaltskosten, Portoauslagen u. dergl.) hat also der Hauptbeteiligte selbst zu tragen, soweit ihm nicht ein Ersatzanspruch nach Abs. 2 zusteht.

Für die Verpflichtung des Hauptbeteiligten macht es keinen Unterschied, ob das Gericht auf seinen Antrag oder von Amtswegen tätig geworden ist oder ob ein anderer Beteiligter durch seinen Antrag die amtliche Tätigkeit herbeigeführt hat.

Zu den Kosten gehören auch die Gebühren. Für die Frage, wer dem Staate gegenüber Gebührenschuldner ist, sind jedoch nach Art. 39 GebG. die Vorschriften der §§ 86 bis 92 GKG. maßgebend; hiernach haften mehrere Hauptbeteiligte regelmäßig nach Kopfteilen (§ 91 l. c.); siehe jedoch in Vormundschaftssachen Art. 86, in Nachlaßsachen Art. 115 GebG.

Die Verpflichtung zur Kostentragung tritt kraft Gesetzes ein, eine Entscheidung darüber ist regelmäßig nicht erforderlich, auch nicht bei Entscheidungen über Anträge und Rechtsmittel, da keine Parteien vorhanden sind, zwischen denen die Kostenpflicht zu entscheiden wäre (ZBl. **1** S. 151 Nr. 76), sofern nicht das Gesetz eine Entscheidung ausdrücklich vorschreibt (wie z. B. in § 138 FGG., § 112 Abs. 3 ZPO., siehe unten lit. d) oder eine solche nach Lage der Sache angemessen oder notwendig erscheint, wie im Falle des § 100 Abs. 2 ZPO. (siehe unten lit. c).

Die Vorschrift des Abs. 1 Satz 1 über die Kostentragungspflicht gilt nur, soweit nicht ein anderes bestimmt ist; letzteres ist z. B. der Fall nach Reichsrecht in den in Bem. 1 angeführten Bestimmungen, landesrechtlich in Art. 132 AG. z. BGB. Art. 49 f., 62, 137 NotG., Art. 12 Abs. 3 ZEG.

b) Kostenerstattung (Abs. 1 Satz 2): Wenn neben dem Hauptbeteiligten, in dessen Angelegenheit die amtliche Verrichtung stattfand, noch andere Personen beteiligt waren, so hat ihnen der Hauptbeteiligte diejenigen Aufwendungen zu ersetzen, welche zur zweckentsprechenden Erledigung der Angelegenheit notwendig waren. Es ist also im Einzelfalle zu untersuchen, ob die Handlungen, welche Aufwendungen verursacht haben, zum Nutzen des Hauptbeteiligten vorgenommen wurden und zur Förderung der Erledigung der Sache in der Art beigetragen haben, daß ohne dieselben eine so zweckentsprechende Erledigung nicht stattgefunden hätte. Dies gilt insbesondere hinsichtlich der Kosten der Beiziehung eines Rechtsanwalts oder sonstigen Bevollmächtigten; diese Kosten sind nicht ohne weiteres als erstattungspflichtig anzusehen, sondern nur dann, wenn sie nach Lage der Sache notwendig waren; § 91 Abs. 2 ZPO. ist nicht anwendbar. Notwendige Aufwendungen sind z. B. die Kosten der Reise zu einem Termine, wenn die persönliche Anwesenheit des Beteiligten notwendig ist, die Kosten eines Bevollmächtigten, wenn bei Untunlichkeit des persönlichen Erscheinens die Mitwirkung des Beteiligten bei einem Termine notwendig ist. Über die Notwendigkeit einer Aufwendung entscheidet das richterliche Ermessen.

Mehrere Hauptbeteiligte haften mangels einer entgegenstehenden Vorschrift nach Kopfteilen; die Vorschrift des § 100 ZPO. findet auf die Erstattungspflicht nach Art. 131 Abs. 1 nicht Anwendung (Becher IV V Bd. 1 S. 606). Sind Aufwendungen nur im Interesse eines oder einiger Hauptbeteiligter gemacht, so haften nur diese.

Der Umfang der Erstattungspflicht bestimmt sich nach § 91 Abs. 1 Satz 2 ZPO.; diese Vorschrift findet auch auf die Erstattungspflicht nach Art. 131 Abs. 1 Anwendung; dagegen spricht zwar der Umstand, daß die Anordnung der entsprechenden Anwendung derselben dem Abs. 2 des Art. 131 und nicht als besonderer auf den ganzen Artikel bezüglicher Absatz beigefügt ist; allein dies scheint nur auf einem Redaktionsversehen zu beruhen; in der Begründung des Entwurfes ist der jetzige Satz 2 des Abs. 2 als Abs. 3 bezeichnet (siehe Becher IV V Bd. 1 S. 606). Hiernach umfaßt die Kostenerstattung auch die Entschädigung des Beteiligten für die durch notwendige Reisen oder durch die notwendige Wahrnehmung von Terminen entstandene Zeitversäumnis; die für die Entschädigung von Zeugen geltenden Vorschriften finden entsprechende Anwendung (§§ 2, 5—12 der GGO).

c) Eine weitere Voraussetzung für eine Kostentragungs- und Kostenerstattungspflicht von Hauptbeteiligten oder anderen Beteiligten enthält die Vorschrift des Abs. 2. Die Verpflichtung, die Kosten zu tragen und die Aufwendungen anderer Beteiligter zu ersetzen, wird begründet

1. durch einen **unbegründeten Antrag**, gleichviel ob es sich um ein eigentliches Antragsverfahren oder um einen Antrag auf Einleitung des Offizialverfahrens oder innerhalb eines solchen handelt,
2. durch eine **unbegründete Beschwerde**,
3. durch **Verschulden eines Beteiligten**, so insbesondere durch schuldhafte Versäumung eines Termines oder einer Frist; siehe auch N. 7 zu § 33.

In den beiden ersten Fällen tritt die Verpflichtung ohne Rücksicht auf ein Verschulden ein; wer einen Antrag stellt oder eine Beschwerde einlegt, handelt auf seine Gefahr und muß im Falle eines ungünstigen Bescheides nicht bloß die Kosten tragen, sondern auch anderen Beteiligten die Aufwendungen ersetzen, die zur Bekämpfung des Antrags oder der Beschwerde notwendig waren (Becher IV V Bd. 1 S. 606).

Die durch eine erfolgreiche Beschwerde entstandenen Kosten fallen stets demjenigen nach Art. 131 Abs. 1 zur Last, in dessen Angelegenheit das Verfahren stattfindet, auch wenn er selbst der Beschwerdeführer ist (BayObLG. **2** 760, auch **5** 182, 184). Zur Vermeidung unbilliger Belastung mit Kosten wird in der Praxis bei Entscheidungen über Beschwerden von der sich aus Art. 39 GebG. mit § 6 GKG. ergebenden Befugnis, Gebührenfreiheit zu gewähren, vielfach Gebrauch gemacht.

Ob ein Verschulden im Sinne des Falles 3 vorliegt, entscheidet das Gericht nach seinem Ermessen, nachdem es erforderlichen Falles nach Maßgabe des § 12 FGG. Ermittelungen veranstaltet hat. Sind auf Grund der Vorschrift einem Beteiligten Kosten überbürdet und erfolgt nachträglich ausreichende Entschuldigung, so ist die Kostenentscheidung nach § 18 FGG. abzuändern. In der Verweigerung der Zustimmung zu einer von den Vorschriften der §§ 1235 ff. BGB. abweichenden Art des Pfandverkaufs liegt noch kein Verschulden; die Kosten für die Erwirkung der gerichtlichen Entscheidung nach § 1246 Abs. 2 BGB. treffen daher den Antragsteller, nicht den Gegner (BayObLG. **5** 511). Mehrkosten, welche ohne Verschulden eines Beteiligten, z. B. durch Versäumung eines Termines infolge plötzlicher Erkrankung oder sonstiger unvorhergesehener Ereignisse, entstanden sind, trägt der Hauptbeteiligte nach Art. 131 Abs. 1 und bleibt auch anderen Beteiligten für die Mehrauslagen haftbar.

Der Pflichtige kann sowohl ein Hauptbeteiligter als ein sonstiger Beteiligter sein. Dies gilt nicht bloß für den Fall eines Verschuldens, sondern insbesondere auch für den Fall, daß ein Antrag Einleitung eines eine andere Person als Hauptbeteiligten betreffenden Verfahrens herbeiführt oder herbeiführen soll oder in einem solchen Verfahren Beschwerde eingelegt wird; ein Hauptfall, der hieher gehört, ist der, daß mehrere Personen in einer Angelegenheit in entgegengesetztem Interesse beteiligt sind.

Besteht der kosten- oder ersatzpflichtige Teil aus mehreren Personen, so haften dieselben für die Kostenerstattung nach Kopfteilen. Bei einer erheblichen Verschiedenheit der Beteiligung an der Angelegenheit — diese kommt bei Anträgen und Beschwerden in Betracht — kann nach dem Ermessen des Gerichts die Beteiligung zum Maßstabe der Kostentragungs- oder Erstattungspflicht genommen werden (§ 100 Abs. 1 u. 2 ZPO.). Diese Vorschriften gelten nicht bloß, wenn mehrere Beteiligte in entgegengesetztem Interesse beteiligt waren, wenn auch § 100 von „unterliegendem Teil" und von einem „Rechtsstreit" spricht, wie sich aus der „entsprechenden" Anwendung der Vorschrift ergibt.

Neben die Erstattungspflicht nach Art. 131 Abs. 2 kann nach Lage der Sache, wenn sie einen Hauptbeteiligten trifft, auch noch die nach Abs. 1 treten.

Umfang der Pflicht: Bei gänzlicher Abweisung eines Antrages oder einer Beschwerde treffen den Pflichtigen alle Kosten. War der Antrag oder die Beschwerde nur teilweise unbegründet, so treffen den Antragsteller oder Beschwerdeführer Kosten nur, soweit die Unbegründetheit reicht; ob ihn ein verhältnismäßiger Teil der Kosten trifft oder ob sich ein anderer Maßstab für die Ausscheidung der Kosten findet, hängt von der Lage des Falles ab (a. M. Böhm-Klein Note 5 b, der § 92 ZPO. entsprechend anwenden will; dafür gibt das Gesetz keinen Anhaltspunkt).

Eine verhältnismäßige Teilung der Kosten macht stets eine Entscheidung über dieselben, auch abgesehen von der Kostenfestsetzung, erforderlich.

Im übrigen bestimmt sich der Umfang der Erstattungspflicht nach § 91 Abs. 1 Satz 2 ZPO.; siehe hierüber oben unter b a. E.

Erstattungsfähig sind die Aufwendungen hier nur, soweit sie den Umständen nach notwendig waren; ob das der Fall ist, entscheidet das Ermessen des Gerichts.

d) Außer der Haftung von Beteiligten besteht auf Grund des Art. 131 Abs. 2 Satz 2 mit § 102 ZPO. eine Haftung weiterer Personen für Kosten. Gerichtsschreiber, gesetzliche Vertreter, Rechtsanwälte und andere Bevollmächtigte sowie Gerichtsvollzieher können durch das mit der Sache befaßte Gericht von Amts wegen zur Tragung derjenigen Kosten verurteilt werden, welche sie durch grobes Verschulden veranlaßt haben. Die Kostenpflicht dieser Personen setzt also immer eine richterliche Entscheidung voraus. Ob ein grobes Verschulden vorliegt (über den Begriff siehe Gaupp-Stein N. zu § 102) und ob die Verurteilung erfolgen soll, hängt vom Ermessen des Gerichts ab; unberührt bleibt die zivilrechtliche Haftung dieser Personen gegenüber den Beteiligten.

Die Entscheidung des Gerichts kann ohne mündliche Verhandlung erfolgen; vor der Entscheidung sind die Personen, deren Verurteilung zur Kostentragung in Frage kommt, mündlich oder schriftlich zu hören; sie sind zu diesem Zwecke unter Fristsetzung zur Erklärung aufzufordern; äußern sie sich innerhalb der Frist nicht, so kann Verurteilung erfolgen. Gegen die Entscheidung findet sofortige Beschwerde statt; maßgebend für diese sind die Vorschriften des §§ 19 ff., insbesondere § 22 FGG. (s. N. zu § 19).

Art. 132 AG. z. BGB. in der Fassung des Art. 11 NachlG.: Die Kosten der Auseinandersetzung in Ansehung eines Nachlasses oder eines Gesamtgutes einer aufgehobenen ehelichen oder fortgesetzten Gütergemeinschaft fallen, soweit sie durch das gemeinschaftliche Verfahren entstehen, bei der Auseinandersetzung in Ansehung eines Nachlasses dem Nachlasse, bei der Auseinandersetzung in Ansehung des Gesamtguts einer aufgehobenen ehelichen oder fortgesetzten Gütergemeinschaft dem Gesamtgute zur Last.

Kosten im Auseinandersetzungsverfahren hinsichtlich eines Nachlasses oder Gesamtgutes: Art. 132 begann früher mit den Worten: „Die Kosten des im Art. 104 bezeichneten Verfahrens"; Art. 104 regelte die Zuständigkeit für die Vermittelung der Auseinandersetzung in Ansehung eines Nachlasses oder eines Gesamtgutes auf Antrag und ist durch Art. 11 NachlG. aufgehoben. Die jetzige Fassung des Art. 132 stellt klar, daß sich die Vorschrift sowohl auf das Antragsverfahren als auf die Auseinandersetzung von Amts wegen bezieht.

Der Masse des Nachlasses oder Gesamtgutes fallen nur die durch das gemeinschaftliche Verfahren entstehenden Kosten zur Last, das sind insbesondere die Gebühren für die Auseinandersetzung, dann etwaige Schätzungskosten, Kosten, die auf die Veräußerung eines Nachlaßgegenstandes zum Zwecke der Teilung erwachsen u. dergl. Dagegen hat jeder Beteiligte die Kosten, die ihm auf die Teilnahme an dem Verfahren erwachsen, z. B. durch Reise zu Terminen, Bestellung eines Vertreters, Erteilung von Abschriften oder Ausfertigungen, nach Art. 131 Abs. 1 als in seiner Angelegenheit erwachsen selbst zu tragen.

Art. 133 AG. z. BGB.: Die Kosten, welche einem Beteiligten zu erstatten sind, werden auf Antrag durch das Gericht erster Instanz, in Vormundschaftssachen, falls ein Familienrat bestellt ist, durch den Vorsitzenden festgesetzt. Gegen die Verfügung, durch welche die Festsetzung erfolgt, findet die sofortige Beschwerde statt.

Aus der Verfügung, durch welche die zu erstattenden Kosten festgesetzt werden, findet die Zwangsvollstreckung nach den Vorschriften statt, welche für die Zwangsvollstreckung aus den in bürgerlichen Rechtsstreitigkeiten erlassenen Kostenfestsetzungsbeschlüssen gelten.

a) **Die Festsetzung der Kosten,** welche nach Art. 131 Abs. 1 oder 2 zu erstatten sind, findet nur auf Antrag statt; antragsberechtigt ist nur der Erstattungsberechtigte.

b) Zuständig für die Kostenfestsetzung ist ausschließlich das Gericht erster Instanz, in Vormundschaftssachen, falls ein Familienrat bestellt ist, dessen Vorsitzender, das ist der Vormundschaftsrichter (§ 1860 BGB.).

c) Das Verfahren bei der Kostenfestsetzung ist nicht besonders geregelt, die Vorschriften der Zivilprozeßordnung finden auch nicht entsprechende Anwendung. Für die Form des Antrags gelten die allgemeinen Vorschriften, er kann schriftlich, zu Protokoll des Gerichtsschreibers oder auch unmittelbar vor dem Richter angebracht werden. Beilage einer Kostenrechnung ist nicht vorgeschrieben, selbstverständlich müssen aber die einzelnen Posten im Antrag oder in einer Beilage desselben aufgeführt werden. Der Richter kann auch regelmäßig Belege für die Auslagen verlangen.

Die Festsetzung der Kosten setzt natürlich im Verfahren der freiwilligen Gerichtsbarkeit nicht wie im Zivilprozeß Vorhandensein eines zur Zwangsvollstreckung geeigneten Titels voraus (Becher Mat. IV V. Bd. 1 S. 672), nicht einmal eine vorausgegangene Entscheidung über die Kostenpflicht. Der festsetzende Richter hat deshalb nötigenfalls zu prüfen, ob der Antragsteller wirklich ersatzberechtigt, der in Anspruch Genommene ersatzpflichtig ist.

Auch zeitlich ist der Antrag und die Festsetzung nicht beschränkt, es braucht also die vollständige Durchführung eines Verfahrens nicht abgewartet zu werden, die Festsetzung der Kosten kann in jedem Stadium des Verfahrens erfolgen, wenn nur die Erstattungspflicht schon feststeht.

d) Gegen die Verfügung, durch welche die Festsetzung erfolgt, findet die sofortige Beschwerde nach Maßgabe der §§ 19 ff., 22 FGG. statt (Abs. 1 Satz 2, Art. 129 AG. z. BGB.). Mit der Beschwerde kann nicht bloß die Höhe der Kosten angegriffen, sondern auch geltend gemacht werden, daß eine Erstattungspflicht überhaupt nicht besteht;

in ersterer Hinsicht steht die sofortige Beschwerde nicht bloß dem Ersatzpflichtigen, sondern auch dem Antragsteller (wegen teilweisen Abstriches) zu. Gegen die Verfügung, durch welche der Antrag auf Festsetzung abgelehnt wird, sei es wegen Unzuständigkeit des Gerichts oder weil das Gericht die Erstattungspflicht des in Anspruch Genommenen in Abrede stellt, findet die einfache Beschwerde statt. Über die Beschwerde bei Verurteilung zur Kostentragung nach § 102 ZPO. siehe oben zu Art. 131 lit. c.

e) Die Verfügung, durch welche die Festsetzung erfolgt, ist Vollstreckungstitel. Die Zwangsvollstreckung findet nach den Vorschriften statt, welche für die Zwangsvollstreckung aus den in bürgerlichen Rechtsstreitigkeiten erlassenen Kostenfestsetzungsbeschlüssen gelten (Abs. 2). Nach § 795 ZPO. finden die Vorschriften der §§ 724 bis 793 ZPO. mit den sich aus den §§ 796 bis 800 ergebenden Abweichungen entsprechende Anwendung. Die Verfügung bedarf also einer vom Gerichtsschreiber erster Instanz oder, wenn die Sache infolge eingelegter Beschwerde bei einem höheren Gericht anhängig ist, von dem Gerichtsschreiber dieses Gerichts zu erteilenden vollstreckbaren Ausfertigung (§ 724 ZPO., nicht wie Böhm-Klein annimmt § 797); dadurch, daß die Sache durch sofortige Beschwerde gegen die Festsetzung an das Gericht höherer Instanz gelangt ist, wird dessen Gerichtsschreiber zur Erteilung der vollstreckbaren Ausfertigung der Endentscheidung des Beschwerdegerichts oder der durch dieselbe bestätigten Entscheidung der Vorinstanz nicht zuständig, da durch die Entscheidung des Beschwerdegerichts die Sache bei diesem Gericht erledigt ist. Die Form der Vollstreckungsklausel bestimmt § 725 ZPO. Die Verfügung muß mindestens am Tage vor Beginn der Zwangsvollstreckung zugestellt sein (§ 798, Modifikation von § 750 ZPO.).

f) Hinsichtlich der Gebühren für die Kostenfestsetzung finden die Vorschriften des Reichsgerichtskostengesetzes (insbesondere § 38 Nr. 1, § 39) Anwendung (Art. 140 GebG.).

g) Über die Festsetzung der Notariatskosten siehe Art. 50 ff. NotG. und SeuffBl. **70** 41.

3. Das Gebührenwesen in der freiwilligen Gerichtsbarkeit ist nicht reichsrechtlich geregelt. Für Bayern sind hinsichtlich der Gerichtsgebühren die Vorschriften der Art. 39 bis 197 GebG. maßgebend (vergl. Keidel, Handb. § 25 Ziff. II). Daneben kommt in den durch Notare behandelten Angelegenheiten die Notariatsgebührenordnung vom $\frac{28.\,12.\,99}{4.\,7.\,03}$ in Betracht. Die Gebühren der Rechtsanwälte bemessen sich nach der VO. vom 26. 3. 02, die Gebühren der Rechtsanwälte in Angelegenheiten der Rechtspflege betreffend, GVBl. 02 133, und Bek. gleichen Betreffs vom 27. 3. 02 JMBl. 441 (Keidel, Handb. § 26).

§ 14.

Die Vorschriften der Zivilprozeßordnung über das Armenrecht sowie die Vorschriften der §§ 34 bis 36 der Rechtsanwaltsordnung finden entsprechende Anwendung.

Armenrecht.

1. Durch § 14 sind die Vorschriften der ZPO. über das Armenrecht und der Rechtsanwaltsordnung vom 1. Juli 1878 über die Beigabe von Rechtsanwälten auf die freiwillige Gerichtsbarkeit ausgedehnt worden. Die Vorschriften dieser Gesetze finden entsprechende Anwendung, d. h. mit den sich aus dem Unterschied der freiwilligen Gerichtsbarkeit vom Prozeßrecht ergebenden Modifikationen.

2. § 114 ZPO.: Wer außerstande ist, ohne Beeinträchtigung des für ihn und seine Familie notwendigen Unterhalts die Kosten des Prozesses zu bestreiten, hat auf Bewilligung des Armenrechts Anspruch, wenn die beabsichtigte Rechtsverfolgung oder Rechtsverteidigung nicht mutwillig oder aussichtslos erscheint.

Ausländer haben auf das Armenrecht nur insoweit Anspruch, als die Gegenseitigkeit verbürgt ist.

Maßgebend ist hier die Unfähigkeit, die Kosten eines Verfahrens der freiwilligen Gerichtsbarkeit zu tragen. Das Armenrecht kann in jedem Verfahren, im Offizialverfahren wie im Antragsverfahren, nachgesucht und bewilligt werden. Auf die Bewilligung haben nur physische Personen einen Anspruch, soweit sie selbst an dem Verfahren beteiligt sind, daher der Testamentsvollstrecker (Rausnitz Note 3 zu § 14), nicht aber der Pfleger oder der Konkursverwalter. In Bayern sind die Armenpflegen kraft Gesetzes zum Armenrecht zugelassen und genießen Gebührenfreiheit (Art. 9 Abs. 1 G. über die öffentliche Armen- und Krankenpflege vom 29. 4. 69 i. d. F. vom 30. 7. 99, Art. 3 Abs. 3 GebG.).

Die Bewilligung hat zur formellen Voraussetzung einen Antrag; über dessen Form und Inhalt siehe § 118 ZPO. (unten N. 6).

Materielle Voraussetzung für die Bewilligung des Armenrechts ist außer der im Gesetz näher umgrenzten Unfähigkeit zur Bestreitung der Kosten, daß im Antragsverfahren und bei beabsichtigter Beschwerdeeinlegung die beabsichtigte Rechtsverfolgung, im sonstigen Verfahren die Beteiligung des Gesuchstellers nicht mutwillig oder aussichtslos ist; dies hat das Gericht in jedem Falle von Amtswegen zu prüfen (ebenso Rausnitz Note 4, a. M. Dorner, der die Prüfung in erster Instanz im Offizialverfahren für nicht nötig hält). Für die Beschwerdeinstanz ist § 119 Abs. 2 Satz 2 ZPO. zu beachten. Nach Beendigung der Instanz kann das Armenrecht für dieselbe nicht mehr bewilligt werden (RG. **2** 378).

Auf die Bewilligung besteht, wenn die Voraussetzungen für dieselbe gegeben sind, ein Recht.

Ausländer haben ein Recht auf Bewilligung des Armenrechts nur, wenn die Gegenseitigkeit in Angelegenheiten der freiwilligen Gerichtsbarkeit verbürgt ist, d. h. wenn in dem Staate, dem der Gesuchsteller angehört, Deutschen gleichfalls das Armenrecht gewährt wird. Ob das der Fall ist, hat das Gericht von amtswegen zu prüfen; die Gegenseitigkeit ist verbürgt auf Grund Art. 14 des Abkommens zur Regelung von Fragen des internationalen Privatrechts vom 14. 11. 96 nebst den dazu gehörigen Zusatz- und Anschlußprotokollen (RGBl. **99** 285) von Belgien, Spanien, Frankreich, Italien, Luxemburg, von den Niederlanden, von Portugal, der Schweiz, Schweden, Norwegen, Österreich-Ungarn, Dänemark, Rumänien und Rußland. Soweit in sonstigen Verträgen (Freundschafts- und Handelsverträgen) die Gleichstellung der beiderseitigen Staatsangehörigen auf dem Gebiete des Zivilrechts und Prozeßrechts garantiert ist, muß hinzukommen, daß in dem auswärtigen Staate ein Armenrecht in Angelegenheiten der freiwilligen Gerichtsbarkeit besteht und Deutschen bewilligt wird; die bloße Gleichstellung von Inländern und Ausländern in dem ausländischen Staate genügt nicht. Siehe wegen Verbürgung der Gegenseitigkeit im Verhältnis zu England Hanseatische Gerichtszeitung **01** 203 Nr. 38, ZBl. **2** 289 Nr. 156, im Verhältnis zu den Vereinigten Staaten von Nordamerika, Dresdner Annalen **25** 466, ZBl. **4** 850 Nr. 848.

Mit der Anwendbarkeit der Bestimmungen der ZPO. kommen auch die Vollzugsbestimmungen hierzu in Anwendung.

3. § 115 ZPO.: Durch die Bewilligung des Armenrechts erlangt die Partei:
1. die einstweilige Befreiung von der Berichtigung der rückständigen und künftig erwachsenden Gerichtskosten, einschließlich der Gebühren der Beamten, der den Zeugen und den Sachverständigen zu gewährenden Vergütung und der sonstigen baren Auslagen, sowie der Stempelsteuer;
2. die Befreiung von der Sicherheitsleistung für die Prozeßkosten;
3. das Recht, daß ihr zur vorläufig unentgeltlichen Bewirkung von Zustellungen und von Vollstreckungshandlungen ein Gerichtsvollzieher und, insoweit eine Vertretung durch Anwälte geboten ist, zur vorläufig unentgeltlichen Wahrnehmung ihrer Rechte ein Rechtsanwalt beigeordnet werde.

Ziff. 1 findet in Angelegenheiten der freiwilligen Gerichtsbarkeit unbeschränkt Anwendung. Soweit in Bayern die Vermittelung der Auseinandersetzung in Ansehung eines Nachlasses oder in Ansehung des Gesamtgutes einer aufgehobenen ehelichen oder fortgesetzten Gütergemeinschaft nach Art. 6, 8 NachlG. durch einen Notar stattfindet, bewirkt das Armenrecht auch die Befreiung von den Notariatsgebühren, da nach dem BayNotG. die Notariate Behörden sind und nach § 194 FGG. die in § 14 gegebenen Vorschriften über das Armenrecht auch auf andere als gerichtliche Behörden Anwendung finden. Die Vorschrift des Art. 53 NotG. über die Verpflichtung der Notare zur unentgeltlichen Vornahme von Amtsgeschäften findet daher hier keine Anwendung, eine besondere Entscheidung des Landgerichts über diese Verpflichtung nach § 53 Abs. 2 NotG. findet deshalb nicht mehr statt, wenn einmal das Gericht für das Auseinandersetzungsverfahren das Armenrecht bewilligt hat. Art. 53 hat nur für Beurkundungen Bedeutung, auf welche die allgemeinen Vorschriften des FGG. keine Anwendung finden (Becher Mat. VIII S. 57). Nach Art. 4 Abs. 2 GebG. werden in Angelegenheiten, in welchen der Notar seine Amtsgeschäfte unentgeltlich vorzunehmen hat, Staatsgebühren vorläufig nicht erhoben.

Ziff. 2 hat für Bayern keine Bedeutung, da nach dem Bayerischen Gebührengesetze eine Sicherheitsleistung für Gebühren in der freiwilligen Gerichtsbarkeit nicht vorkommt.

Ziff. 3 wird in denjenigen Fällen praktisch, in welchen ausnahmsweise eine Vollziehung gerichtlicher Verfügungen durch die Beteiligten stattfindet (siehe §§ 98, 158 FGG., Art. 133 AG. z. BGB.) oder Zustellungen auf Betreiben Beteiligter erfolgen (§ 132 Abs. 1 BGB.). In Bayern hat die Gerichtsvollzieherei oder der Gerichtsvollzieher, in dessen Bezirk die Amtshandlung vorzunehmen ist, die Pflicht zur Übernahme des Auftrags und gilt ohne weiteres als beigeordnet (§ 63 GVDA. vom 29. Dez. 1899). Ein Anwaltszwang besteht für Einlegung der weiteren Beschwerde, wenn der Weg der Einlegung durch eine Beschwerdeschrift gewählt wird; da jeder Beteiligte ein Recht hat, diesen Weg einzuschlagen, besteht in diesem Falle auch ein Recht auf Beiordnung eines Rechtsanwalts; der Gesuchsteller kann nicht auf den Weg der Beschwerdeeinlegung zu Protokoll des Gerichtsschreibers verwiesen werden (ebenso Rausnitz N. 8 § 19). Der Anwalt hat wegen seiner Bestellung, nicht auch wegen Aussichtslosigkeit der Beschwerde ein Beschwerderecht.

4. § 116 ZPO.: Insoweit nicht eine Vertretung durch Anwälte geboten oder ein Anwalt gemäß § 34 der Rechtsanwaltsordnung beigeordnet ist, kann einer armen Partei, welche nicht im Bezirke des Prozeßgerichts wohnt, zur unentgeltlichen Wahrnehmung ihrer Rechte in der mündlichen Verhandlung ein Justizbeamter, der nicht als Richter angestellt ist, oder ein Rechtskundiger, der die vorgeschriebene erste Prüfung für den Justizdienst bestanden hat, auf Antrag beigeordnet werden. Die infolgedessen erwachsenden baren Auslagen werden von der Staatskasse bestritten und als Gerichtskosten in Ansatz gebracht.

Die Beiordnung setzt stets einen Antrag voraus. Die Vorschrift kommt zur Anwendung, wenn der Beteiligte nicht im Bezirk des mit der Sache befaßten Gerichts wohnt und wenn ein Termin vor diesem Gericht wahrzunehmen ist. Ein Recht auf Beiordnung eines Rechtsanwalts besteht nicht; die Beiordnung ist Ermessenssache, ihre Ablehnung begründet deshalb die weitere Beschwerde nicht (BayObLG. **4** 1).

5. § 117 ZPO.: Die Bewilligung des Armenrechts hat auf die Verpflichtung zur Erstattung der dem Gegner erwachsenden Kosten keinen Einfluß.

Die Vorschrift hat Geltung für die Verpflichtung zur Erstattung von Kosten und Auslagen an einen Beteiligten nach Art. 131 AG. z. BGB.; siehe hierüber die Vorbemerkungen 2 zu § 14.

6. § 118 ZPO.: Das Gesuch um Bewilligung des Armenrechts ist bei dem Prozeßgericht anzubringen; es kann vor dem Gerichtsschreiber zu Protokoll erklärt werden.

Dem Gesuch ist ein von der obrigkeitlichen Behörde der Partei ausgestelltes Zeugnis beizufügen, in welchem unter Angabe des Standes oder Gewerbes, der Vermögens- und Familienverhältnisse der Partei sowie des Betrags der von dieser zu entrichtenden direkten Staatssteuern das Unvermögen zur Bestreitung der Prozeßkosten ausdrücklich bezeugt wird. Für Personen, welche unter Vormundschaft oder Kuratel stehen, kann das Zeugnis auch von der vormundschaftlichen Behörde ausgestellt werden.

In dem Gesuche ist das Streitverhältnis unter Angabe der Beweismittel darzulegen.

Zuständig für die Verbescheidung des Armenrechtsgesuches ist das mit der Sache befaßte Gericht und zwar dasjenige Instanzgericht, bei dem die Sache zur Zeit der Gesuchstellung anhängig ist.

Für die Form des Gesuchs gilt auch die Vorschrift des § 11 FGG.; das Gesuch kann bei dem Gerichtsschreiber jedes Amtsgerichts, außerdem aber schriftlich und jedenfalls auch vor dem Richter unmittelbar angebracht werden.

Die Absätze 2 und 3 enthalten eine Ausnahme von dem Prinzip des § 12; die Gerichte haben die Grundlagen für die Entscheidung über das Gesuch nicht von amtswegen festzustellen, sondern die Gesuchsteller haben dieselben beizubringen; dies gilt auch für die Beweismittel für das dargestellte Sachverhältnis. Über Erleichterungen der Voraussetzungen bei Bewilligung des Armenrechts in höheren Instanzen siehe § 119 ZPO. Wegen des Zeugnisses der vormundschaftlichen Behörde siehe § 24 VormundO. und Formular XVI hierzu (JMBl. **00** 107).

7. § 119 ZPO.: Die Bewilligung des Armenrechts erfolgt für jede Instanz besonders, für die erste Instanz einschließlich der Zwangsvollstreckung.

In der höheren Instanz bedarf es des Nachweises des Unvermögens nicht, wenn das Armenrecht in der vorherigen Instanz bewilligt war. Hat der Gegner das Rechtsmittel eingelegt, so ist in der höheren Instanz nicht zu prüfen, ob die Rechtsverfolgung oder Rechtsverteidigung der Partei mutwillig oder aussichtslos erscheint.

Das Armenrecht muß für jede Instanz besonders nachgesucht werden; für die höhere Instanz entfällt jedoch der wiederholte Nachweis des Unvermögens, wenn das Armenrecht in der unmittelbar vorausgegangenen Instanz bewilligt war; damit ist aber die höhere Instanz der wiederholten Prüfung, ob der Gesuchsteller zur Tragung der Kosten, welche durch das Rechtsmittel entstehen, unvermögend sei, nicht enthoben.

Die Vorschrift des Abs. 2 Satz 2 hat nur für diejenigen Fälle Bedeutung, in welchen eine Beteiligung im entgegengesetzten Sinne stattfindet (vergl. z. B. §§ 146, 164 FGG., § 113 Abs. 3, §§ 1304, 1308, 1357, 1358, 1379, 1402 BGB.).

8. § 120 ZPO. Die Bewilligung des Armenrechts für den Kläger, den Berufungskläger und den Revisionskläger hat zugleich für den Gegner die einstweilige Befreiung von den im § 115 Nr. 1 bezeichneten Kosten zur Folge.

Die Vorschrift findet in erster Instanz und in den Beschwerdeinstanzen nur da Anwendung, wo Beteiligte im entgegengesetzten Interesse vorhanden sind (siehe die Note zu § 119 ZPO.). In anderen Fällen erlangen durch die Bewilligung des Armenrechts an einen Beteiligten die übrigen keine Befreiung.

9. § 121 ZPO.: Das Armenrecht kann zu jeder Zeit entzogen werden, wenn sich ergibt, daß eine Voraussetzung der Bewilligung nicht vorhanden war oder nicht mehr vorhanden ist.

Die Entziehung des Armenrechts kann nur durch dieselbe Instanz erfolgen, welche dasselbe bewilligt hat; hier findet der Grundsatz des § 12 FGG. Anwendung. Zur Entziehung wäre übrigens das Gericht auch auf Grund des § 18 FGG. ermächtigt.

10. § 122 ZPO. Das Armenrecht erlischt mit dem Tode der Person, welcher es bewilligt ist.

11. § 123 ZPO.: Die Gerichtskosten, von deren Berichtigung die arme Partei einstweilen befreit ist, können von dem in die Prozeßkosten verurteilten Gegner nach Maßgabe der für die Beitreibung rückständiger Gerichtskosten geltenden Vorschriften eingezogen werden.

Die Gerichtskosten, von deren Berichtigung der Gegner der armen Partei einstweilen befreit ist, sind von demselben einzuziehen, soweit er in die Prozeßkosten verurteilt oder der Rechtsstreit ohne Urteil über die Kosten beendigt ist.

Abs. 1 gilt wieder nur, wenn im entgegengesetzten Interesse Beteiligte vorhanden sind (siehe Note zu § 119 ZPO.). Abs. 2 findet auch Anwendung, wenn der andere Beteiligte nach der Sachlage kraft Gesetzes kostenpflichtig ist.

12. § 124 ZPO.: Die für die arme Partei bestellten Gerichtsvollzieher und Rechtsanwälte sind berechtigt, ihre Gebühren und Auslagen von dem in die Prozeßkosten verurteilten Gegner beizutreiben.

Eine Einrede aus der Person der armen Partei ist nur insoweit zulässig, als die Aufrechnung von Kosten verlangt wird, welche nach der in demselben Rechtsstreite über die Kosten erlassenen Entscheidung von der armen Partei zu erstatten sind.

Auch diese Vorschrift kann nur Anwendung finden, wenn im entgegengesetzten Interesse Beteiligte vorhanden sind (Note zu § 119 ZPO.) und zugleich der Gegner nach Art. 131 AG. z. BGB. (N. 2 der Vorbem. zu § 14) hinsichtlich der Kosten ersatzpflichtig ist.

13. § 125 ZPO.: Die zum Armenrechte zugelassene Partei ist zur Nachzahlung der Beträge, von deren Berichtigung sie einstweilen befreit war, verpflichtet, sobald sie ohne Beeinträchtigung des für sie und ihre Familie notwendigen Unterhalts dazu imstande ist.

Dasselbe gilt in Betreff derjenigen Beträge, von deren Berichtigung der Gegner einstweilen befreit war, soweit die arme Partei in die Prozeßkosten verurteilt ist.

Zur Entscheidung über die Nachzahlungspflicht ist das Instanzgericht zuständig, bei welchem die Sache anhängig ist, nach Beendigung des Verfahrens das Gericht erster Instanz (ebenso Rausnitz N. 27, Dorner N. 41 zu § 14). Die Fähigkeit, die Kosten in Raten zu zahlen, genügt nicht, um die Verpflichtung zur Nachzahlung zu begründen (RG. **12** 416).

14. Die Vorschrift des § 126 ZPO., daß alle auf das Armenrecht bezüglichen Entscheidungen ohne vorgängige mündliche Verhandlung getroffen werden können, hat für die freiwillige Gerichtsbarkeit keine Bedeutung.

15. § 127 ZPO.: Gegen den Beschluß, durch welchen das Armenrecht bewilligt wird, findet kein Rechtsmittel, gegen den Beschluß, durch welchen das Armenrecht verweigert oder entzogen oder die Nachzahlung von Kosten angeordnet wird, findet die Beschwerde statt.

Der Ausschluß der Beschwerde gegen den das Armenrecht bewilligenden Beschluß stellt sich formell als eine Ausnahme von § 19 FGG. dar.

Für die Beschwerde gegen die Verweigerung und Entziehung des Armenrechts und die Anordnung der Nachzahlung von Kosten gelten nicht die Vorschriften der §§ 567 ff. ZPO., sondern die §§ 19 ff. FGG. (siehe die zutreffende Begründung bei Rausnitz N. 1 zu § 19; ferner Wellstein N. 7 zu § 14, KGJ. **01** 184). Dies ist nicht bloß wegen der Form der Einlegung, sondern insbesondere wegen des Wegfalles der Voraussetzung des § 568 ZPO. für die weitere Beschwerde von Bedeutung. Eine Zuständigkeitsbestimmung fehlt in diesem Gesetze für den Fall, daß nicht das Gericht erster Instanz den anzufechtenden Beschluß erlassen hat; es erübrigt hier nur das Prinzip anzuwenden, daß über die Beschwerde das im Instanzenzug zunächst höhere Gericht entscheidet, das ist auch in Bayern das vorgesetzte Oberlandesgericht, nicht das Oberste Landesgericht (ebenso mit verschiedener Begründung Dorner N. 4 k, Rausnitz N. 14 zu § 14, Schultze-Görlitz in ZBl. **5** 618).

Gegen Entscheidungen der Oberlandesgerichte ist kein Rechtsmittel gegeben.

16. § 34 RAO.: Einer Partei, welcher das Armenrecht bewilligt ist, kann auch, insoweit eine Vertretung durch Anwälte nicht geboten ist, zur vorläufig unentgeltlichen Wahrnehmung ihrer Rechte von dem Prozeßgericht ein Rechtsanwalt auf Antrag beigeordnet werden.

In allen Fällen, auch abgesehen von § 29 FGG., kann Beiordnung eines Rechtsanwalts durch das mit der Sache befaßte Instanzgericht erfolgen; die Beiordnung ist hier Ermessenssache, ihre Ablehnung daher nicht mit weiterer Beschwerde anfechtbar (BayObLG. **4** 3); sie erfolgt nur auf Antrag, nicht von Amtswegen. Wohnt die arme Partei nicht im Gerichtsbezirke, so ist § 116 ZPO. zu beachten. Wegen des Anspruches des Rechtsanwalts gegenüber der armen Partei und dem Gegner derselben siehe §§ 124, 125 ZPO., wegen der Gebühren der Rechtsanwälte Vorbem. 3 zu § 14.

17. § 35 RAO.: Gegen die Entscheidung, durch welche die Beiordnung eines Rechtsanwalts abgelehnt wird, steht der Partei die Beschwerde nach Maßgabe der Zivilprozeßordnung zu.

§ 36 RAO.: Die Auswahl eines beizuordnenden Rechtsanwalts erfolgt durch den Vorsitzenden des Gerichts aus der Zahl der bei diesem zugelassenen Rechtsanwälte. Gegen die Verfügung steht der Partei und dem Rechtsanwalte die Beschwerde nach Maßgabe der Zivilprozeßordnung zu.

Die Auswahl des beizuordnenden Rechtsanwalts steht nicht dem Gericht, sondern dem Vorsitzenden zu (§ 36 Abs. 1). Es darf nur ein bei dem entscheidenden Gericht zugelassener Anwalt aufgestellt werden, in amtsgerichtlichen Angelegenheiten also nur ein bei dem Amtsgericht zugelassener Anwalt. Die Verpflichtung des aufgestellten Anwalts zur Wahrnehmung der Rechte der armen Partei erlischt, wenn diese ihm die Bevollmächtigung verweigert; wegen des Nachweises der Vollmacht gilt § 13 FGG.

Die Rechtsmittel sind in den §§ 35, 36 erschöpfend geregelt; daraus ergibt sich:

Kein Rechtsmittel ist gegeben gegen die gerichtliche Entscheidung, durch die ein Rechtsanwalt beigeordnet wird (abweichend von § 19 FGG.). Gegen die Ablehnung der Beiordnung steht nur dem Antragsteller die Beschwerde zu (§ 35, übereinstimmend mit dem Grundsatz des § 20 Abs. 2 FGG.); weitere Beschwerde ist, da die Beiordnung im Ermessen des Gerichts steht, ausgeschlossen (BayObLG. **4** 3). Gegen die Verfügung des Vorsitzenden, die die Auswahl des Rechtsanwalts enthält, steht nur dem Antragsteller und dem ausgewählten Anwalt, nicht auch Dritten, die Beschwerde zu (§ 36 Abs. 2, abweichend von § 20 Abs. 1 FGG.). Der Anwalt hat überhaupt nur wegen der Auswahl, nicht etwa auch wegen Aussichtslosigkeit der Sache ein Beschwerderecht. Beim Gericht erster Instanz (Amtsgericht) wird Beiordnung und Auswahl des Rechtsanwalts gewöhnlich in einer Verfügung erfolgen; dieselbe ist dann lediglich nach § 36 Abs. 2 anfechtbar.

Die entsprechende Anwendung der Vorschriften ergibt, daß auf die Beschwerden nicht die Vorschriften der ZPO., sondern — mit den erwähnten Abweichungen — diejenigen des FGG. Anwendung finden (ebenso Rausnitz N. 39, Dorner N. 5 d zu § 14, a. M. Birkenbihl, Wellstein N. 7 zu § 14).

18. Die Vorschriften des § 14 gelten auch, wenn andere als gerichtliche Behörden nach Landesrecht zuständig sind (§ 194 FGG.), in Bayern also insbesondere für die Notare. Soweit also eine Angelegenheit der freiwilligen Gerichtsbarkeit, für welche die Vorschriften des 1. Abschnittes maßgebend sind, unmittelbar beim Notar anhängig wird (z. B. eine Auseinandersetzung nach Art. 8 Nachl.G.), hat der Notar über das Gesuch um Bewilligung des Armenrechts zu befinden; über Beschwerden entscheidet das Landgericht, in dessen Bezirk der Notar seinen Sitz hat. Für die im 10. Abschnitt behandelten Geschäfte des Notars erfolgt die Bewilligung des Armenrechts nicht, da auf diese die Vorschriften des 1. Abschnittes keine Anwendung finden; hier ist § 53 NotG. maßgebend; der Notar ist hiernach verpflichtet, die Amtsgeschäfte vorläufig unentgeltlich vorzunehmen, wenn Beteiligte, die ihn um Vornahme eines Amtsgeschäfts angehen, zur Bezahlung der Notariatsgebühren außer Stande sind; über diese Verpflichtung des Notars entscheidet auf Antrag der Beteiligten das Landgericht; hierüber und über das Beschwerdeverfahren siehe Art. 57 ff. NotG. (vergleiche auch oben die Note zu § 115 ZPO.). Siehe auch Bek. vom 21. 1. 1901, die Gewährung des Armenrechts in Notariatssachen, hier die Vergütung der Tagegelder und Reisekosten aus der Staatskassa betr., JMBl. 01 207.

19. In **Bayern** gelten die Vorschriften des § 14 auch für diejenigen Angelegenheiten der freiwilligen Gerichtsbarkeit, für welche die landesgesetzlichen Vorschriften maßgebend sind (Art. 129 AG. z. BGB.), ferner für Grundbuchsachen (Art. 8 AG. z. GBO. u. ZVG.).

§ 15.

Die Vorschriften der Zivilprozeßordnung über den Zeugenbeweis, über den Beweis durch Sachverständige und über das Verfahren bei der Abnahme von Eiden finden entsprechende Anwendung. Ueber die Beeidigung eines Zeugen oder Sachverständigen entscheidet jedoch, unbeschadet der §§ 393, 402 der Zivilprozeßordnung, das Ermessen des Gerichts.

Behufs der Glaubhaftmachung einer tatsächlichen Behauptung kann ein Beteiligter zur Versicherung an Eidesstatt zugelassen werden.

Beweisaufnahme, Glaubhaftmachung.

1. Den Behörden der freiwilligen Gerichtsbarkeit obliegt nach § 12 FGG., zur Feststellung der Tatsachen Ermittelungen zu veranstalten und die erforderlichen Beweise zu erheben. Ob sich das Gericht mit formlosen Ermittelungen begnügen oder in der in § 15 vorgesehenen Form Beweis erheben will, liegt in seinem pflichtgemäßen Ermessen. Es kann die sich aus der Anwendung der Vorschriften der ZPO. ergebende Pflicht zur Zeugnisablegung und Abgabe von Gutachten Anlaß zur formellen Beweiserhebung geben, wenn durch Ermittelungen genügende Auskunft nicht zu erreichen ist. Außerdem wird die Wichtigkeit der Sache ausschlaggebend sein. Dies gilt vor allem für die Fälle, in denen aus Zweckmäßigkeitsgründen über streitige Rechtsverhältnisse im Wege des Verfahrens der freiwilligen Gerichtsbarkeit entschieden wird; hierher gehören die Verfügungen, welche in das Elternrecht oder in das Recht des Ehemanns eingreifen, insbesondere die Zustimmung zu Rechtsgeschäften ersetzen, sowie die Verfügungen, durch die bei einer in Liquidation befindlichen Handelsgesellschaft auf Antrag eines Beteiligten ein Liquidator abberufen oder ernannt wird (vergl. z. B. § 1357 Abs. 2, § 1358 Abs. 1 und 2,

§§ 1379, 1402, 1447, 1451, 1308, 1612 Abs. 2, §§ 1635, 1636, 1727 BGB., § 146 Abs. 2, §§ 147, 161 Abs. 2, § 295 Abs. 2 und 3, § 302 Abs. 4, § 320 Abs. 3, § 331 Abs. 2 HGB., § 81 Abs. 3 und 4 GenG., § 66 Abs. 2 und 3 GmbHG., siehe N. 8 zu § 12). Aber auch in anderen Fällen wird das Gericht in die Lage kommen von der Befugnis zur Beweiserhebung Gebrauch zu machen, so wenn es sich darum handelt, eine Pflegschaft über einen Gebrechlichen oder eine vorläufige Vormundschaft anzuordnen oder aufzuheben, ferner bei den auf die Führung des Handelsregisters bezüglichen Geschäften, namentlich im Ordnungsstrafverfahren nach den §§ 132 ff. FGG.

2. Rechtlich zulässig ist die Beweiserhebung nicht bloß, um die Grundlage für eine bestimmte Entscheidung zu finden, sondern in allen Fällen, in denen eine Feststellung zu treffen ist, so wenn bei Auseinandersetzungen eine Ermittelung des Wertes von Nachlaßgegenständen erforderlich wird (D. 36), oder wenn sich das Vormundschaftsgericht zur Unterstützung des Vormunds bei der Verfolgung privatrechtlicher Ansprüche, zur Vorbereitung von Prozessen zu Feststellungen veranlaßt sieht (Josef im ZBl. **4** 167, DNotV. **6** 119).

3. § 15 regelt nur die Form für bestimmte Beweis aufnahmen, aber nicht die zulässigen Beweismittel. Als solche kommen auch im Verfahren der freiwilligen Gerichtsbarkeit neben Zeugen und Sachverständigen Urkunden (Marcus im Recht **05** 613) und Augenschein in Betracht. Dagegen ist der Eid eines Beteiligten als Beweismittel ausgeschlossen, sowohl als zugeschobener wie als richterlicher Eid (a. M. hinsichtlich des letzteren nur Dorner N. 1, Fuchs N. 4 d zu § 15).

4. Das Verfahren bei der Beweisaufnahme ist weder reichsrechtlich noch in Bayern durch ergänzende landesgesetzliche Vorschriften erschöpfend geregelt. Eine weitergehende Anwendung der Vorschriften der ZPO., als § 15 sie anordnet, ist nicht zulässig. Keine Anwendung finden daher die allgemeinen Vorschriften über Beweisaufnahme der §§ 355—370 ZPO. Für die Anordnung einer Beweisaufnahme ist die Erlassung eines Beweisbeschlusses nicht vorgeschrieben, die Ladung von Zeugen und Sachverständigen kann formlos angeordnet werden; eine vorherige Benachrichtigung der Beteiligten vom Termine ist nicht erforderlich (RJA. **4** 1, ZBl. **4** 522, a. M. Josef N. c zu § 15 m. E. ohne zwingende Gründe). Von Beweismitteln, welche bereit stehen (vorgelegten Urkunden, anderen in Augenschein zu nehmenden Sachen, mitgebrachten Zeugen) kann ohne weiteres Verfahren Gebrauch gemacht werden. Auf den Umfang der Beweisaufnahme haben die Beteiligten keinen entscheidenden Einfluß; das Gericht hat von Amtswegen die ihm erforderlich erscheinenden Beweise aufzunehmen (N. 6 zu § 12), es kann Beteiligte zum Vorschlag von Beweismitteln auffordern, ist aber regelmäßig an Beweisanträge nicht gebunden, die sämtlichen Vorschriften der ZPO. über Beweisantretung sind unanwendbar (siehe unten N. 8 und OLG. **1** 399, **4** 97, ZBl. **2** 526, 667, **3** 727). Beweisanordnungen bedürfen nicht der Bekanntmachung, sie unterliegen auch nicht der Beschwerde (RJA. **1** 177, **7** 76, OLG. **2** 139, **12** 196, ZBl. **1** 725, 782, **7** 30, a. M. Josef in ZZP. **32** 307, ZBl. **1** 545.

Unanwendbar ist ferner die Vorschrift des § 357 ZPO. über das Recht der Beteiligten, einer Beweisaufnahme anzuwohnen, wenn auch andernteils ihre Zuziehung nicht gegen das Gesetz verstößt (RJA. **4** 1, ZBl. **4** 522, **7** 30, OLG. **8** 370; über die Unanwendbarkeit des § 397 siehe unten N. 8).

Keine Anwendung finden die Vorschriften der ZPO. über den Beweis durch Augenschein und durch Urkunden. Die Vorlage von Urkunden und in Augenschein zu nehmenden Gegenständen kann in Bayern nach Maßgabe des Art. 130 AG. z. BGB. erzwungen werden (Keidel Handb. § 21).

Die Formvorschriften der ZPO. über die Feststellung des Ergebnisses von Beweisaufnahmen gelten nicht; die Zuziehung eines Gerichtsschreibers zu Beweisaufnahmen ist daher nicht erforderlich (Josef Lehrb. 61, ZZP. **29** 174), kann aber nach dem Ermessen des Gerichts erfolgen.

5. Da das Gericht die erforderlichen Beweise von Amtswegen aufzunehmen hat, sind auch die Grundsätze von der Beweislast unanwendbar. In streitigen Angelegenheiten, die im Verfahren der freiwilligen Gerichtsbarkeit entschieden werden, werden allerdings die Beteiligten, die einen Anspruch geltend machen oder einem solchen mit Einreden begegnen und befürchten müssen, daß bei ungenügender Aufklärung der Sache zu ihren Ungunsten entschieden werde, in ihrem Interesse gehalten sein, Beweismittel für ihre Behauptungen zu beschaffen und dem Gericht zur Verfügung zu stellen; das Gericht ist aber auch in diesen Fällen an Beweisanträge nicht gebunden.

6. Über das Ergebnis einer Beweisaufnahme entscheidet das Gericht nach seinem Ermessen, es gibt keine Beweisregeln, es gilt der Grundsatz **freier Beweiswürdigung.**

7. Die Vorschriften der ZPO. sind, soweit sie überhaupt nach § 15 Anwendung finden, entsprechend anzuwenden, d. h. mit den Abweichungen, welche sich aus der Natur des Verfahrens in der freiwilligen Gerichtsbarkeit und seinen Abweichungen vom Zivilprozeß ergeben; näheres hierüber siehe N. 8. Eine ausdrückliche Ausnahme von den Vorschriften der ZPO. macht § 15 Abs. 1 Satz 2 hinsichtlich der **Beeidigung von Zeugen und Sachverständigen.** Während diese nach § 391 Abs. 2, § 410 Abs. 2 ZPO., soweit sie nach Maßgabe des § 393 zulässig ist, nur im Falle des Verzichts der Parteien unterbleiben darf, liegt es hier im freien Ermessen des Gerichts, ob es Zeugen oder Sachverständige beeidigen will oder nicht; es kann aber das Gericht zweifellos jederzeit die nachträgliche Beeidigung anordnen. Die Vorschrift des § 393 ZPO., wonach in bestimmten Fällen die Beeidigung unzulässig ist, bleibt unberührt, das Gericht kann nicht in Widerspruch mit derselben die Beeidigung anordnen.

Weder die Vornahme noch die Unterlassung der Beeidigung von Zeugen und Sachverständigen kann Grund zu einer Beschwerde geben (BayObLG. **1** 506, SeuffA. **56** 256). Eine Verletzung des § 393 kann dagegen auch noch mit der Beschwerde gegen die nachfolgende Endentscheidung gerügt werden.

8. Die Vorschriften über den Zeugenbeweis sind in den §§ 373—401, über den Sachverständigenbeweis in den §§ 402—414 ZPO. enthalten (über Dolmetscher siehe die besonderen Vorschriften des § 9 FGG.).

Unanwendbar sind alle diejenigen Vorschriften, welche dem Parteibetrieb des Zivilprozesses angepaßt sind und sich deshalb mit dem Offizialbetrieb des Verfahrens in der freiwilligen Gerichtsbarkeit nicht vereinbaren lassen. Hierher gehören die Vorschriften der §§ 373, 403 über Beweisantretung (siehe auch oben N. 4), § 374 über Zurückweisung neuer Zeugen, § 379 über die Vorschußpflicht (a. M. Josef N. 4b zu § 15 und ZZP. **32** 297, der im Antragsverfahren Vorschußpflicht für gegeben hält, wenn das Verfahren nur im Interesse eines Beteiligten betrieben wird), § 391 Abs. 2, § 410 über Parteiverzicht auf Beeidigung (siehe auch N. 7), § 397 über Fragerecht der Parteien — das Gericht kann nach seinem Ermessen Fragen gestatten —, § 399 über den Verzicht auf vorgeschlagene Zeugen, § 404 Abs. 4 über Wahl der Sachverständigen durch die Parteien.

Im übrigen erleiden die Vorschriften der ZPO. mehrfach Modifikationen:

a) Bei der Ladung von Zeugen und Sachverständigen (§§ 377, 402), die nach Maßgabe des § 16 FGG. zu erfolgen hat, bleibt die Bezugnahme auf den Beweisbeschluß weg, an Stelle der Bezeichnung der Parteien tritt die der Angelegenheit (z. B. „in der Vormundschaft über N. N.“).

b) Die Bestrafung nicht erschienener Zeugen oder Sachverständiger (§§ 380, 409) ist auch hier obligatorisch und erfolgt durch Verfügung des Gerichts; für die Beschwerde sind nicht die Vorschriften der ZPO., sondern der §§ 19 ff. FGG. maßgebend; ihre Einlegung hat nach § 24 Abs. 1 FGG. aufschiebende Wirkung. Die Beschwerde gegen Verfügungen des Amtsgerichts geht zum Landgericht, die weitere Beschwerde zum Oberlandesgericht, die Beschwerde gegen Verfügungen des Landgerichts zum Oberlandesgericht; eine weitere Beschwerde an das Reichsgericht ist ausgeschlossen, da das FGG. eine Beschwerdetätigkeit des Reichsgerichts nur behufs Wahrung der Rechtseinheit nach § 28 Abs. 2 an Stelle des Oberlandesgerichts, nicht als diesem übergeordnetes Gericht kennt (Schultze-Görlitz in ZBl. 5 737); gegen Verfügungen der Oberlandesgerichte, des Obersten Landesgerichts oder des Reichsgerichts, soweit diese Gerichte ausnahmsweise in die Lage kommen, Zeugen zu vernehmen, ist die Beschwerde ausgeschlossen.

c) Auch die Aufhebung der Strafen (§§ 381, 402) erfolgt durch Verfügung des Gerichts; § 381 Abs. 2 ist nicht anwendbar, für die Form der Anträge gelten die allgemeinen Vorschriften (siehe zu § 11).

d) Für die Erklärung der Verweigerung des Zeugnisses oder Gutachtens genügt die Einhaltung der in der freiwilligen Gerichtsbarkeit allgemein für Anträge und Erklärungen zulässigen Formen. Die die Weigerung begründenden Tatsachen sind anzugeben und glaubhaft zu machen (Ausnahme von § 12 FGG.). Die in Abs. 4 vorgeschriebene Benachrichtigung von einer Zeugnisweigerung ist im Hinblick auf das Beschwerderecht der Beteiligten notwendig, aus demselben Grunde die Anhörung der Beteiligten vor der Entscheidung über die Weigerung. Die Entscheidung über die Weigerung (§ 387) erfolgt nicht durch Zwischenurteil, sondern durch Beschluß, der nach § 16 Abs. 2 Satz 1 oder Abs. 3 zuzustellen ist; für die sofortige Beschwerde sind nicht die Vorschriften der ZPO., sondern der §§ 19, 22 ff. FGG. maßgebend; wegen des Instanzenzuges siehe unter b. Gegen die Verfügung, durch die die Weigerung des Zeugen für grundlos erklärt wird, ist lediglich der Zeuge beschwerdeberechtigt, da durch dessen im Ermessen des Gerichts stehende Vernehmung kein Recht eines Beteiligten verletzt wird; gegen die gegenteilige Verfügung hat jeder Beteiligte, der an der Vernehmung ein Interesse hat, die Beschwerde.

Die Vorschrift des § 388 über Berichterstattung über Zeugnisweigerung kommt nur für die Beschwerdeinstanzen in Betracht.

Im Falle der Zeugnisweigerung vor dem beauftragten oder ersuchten Richter (§ 389) findet keine mündliche Verhandlung statt, die Ladung der Beteiligten und der Zeugen zu einem Termine unterbleibt, es muß jedoch schriftliche oder mündliche Anhörung dieser Personen vor der Entscheidung erfolgen; diese setzt keinen Antrag voraus, sondern erfolgt von Amtswegen.

e) Im Falle der Verweigerung des Zeugnisses (oder des Gutachtens) oder der Eidesleistung, soferne letztere verlangt ist, ohne Grundangabe (§ 390) ist die Verhängung der Strafen nach Abs. 1 obligatorisch, die Anordnung der Zwangshaft nach Abs. 2 liegt im Ermessen des Gerichts, ein Antrag ist hierzu weder erforderlich noch für die Verhängung bestimmend. Die Zwangshaft darf nicht länger dauern, als das Verfahren in erster Instanz anhängig, bezw. die Vernehmung noch von Bedeutung für den Fortgang des Verfahrens ist. Für die Vollstreckung der Haft sind die Vorschriften der §§ 904—910, 912, 913 ZPO. maßgebend; in dem Haftbefehl (§ 908) ist neben dem Haftgrunde die Sache, in der das Zeugnis abgelegt werden sollte, anzugeben; eine Kostenvorschußpflicht (§ 911) besteht auch dann nicht, wenn ein Beteiligter ein besonderes Interesse an der Zeugnisablegung oder Eidesleistung hat. Das Beschwerdeverfahren richtet sich nach den Vorschriften dieses Gesetzes (siehe auch oben unter b).

f) Über die Modifikation der Vorschrift des § 391 Abs. 2, § 410 Abs. 2 ZPO. siehe oben N. 7.

g) Für die Ablehnung von Sachverständigen, die auch im Verfahren der freiwilligen Gerichtsbarkeit zulässig ist, sind nach § 406 ZPO. dieselben Gründe maßgebend, welche für die Ablehnung eines Richters gelten; nach § 42 ZPO. kann ein Richter sowohl in den Fällen, in denen er von der Ausübung des Richteramts kraft Gesetzes ausgeschlossen ist, als auch wegen Besorgnis der Befangenheit abgelehnt werden. Als Ausschließungs- und deshalb Ablehnungsgründe kommen auch für den Sachverständigen die in § 6 Abs. 1 FGG. aufgeführten in Betracht; dagegen kann aus der Unzulässigkeit der Ablehnung eines Richters wegen Befangenheit nach § 6 Abs. 2 Satz 2 nicht auch die Unzulässigkeit der Ablehnung eines Sachverständigen aus diesem Grunde geschlossen werden, diese ist vielmehr zulässig (Schultze-Görlitz im ZBl. **5** 737 gegen OLG. **10** 321).

Berechtigt zur Ablehnung ist jeder an dem Verfahren Beteiligte. Für die Form des Ablehnungsgesuches gelten die allgemeinen Vorschriften über Anträge (siehe N. zu § 11). Die sofortige Beschwerde gegen die Verfügung, durch die die Ablehnung für unbegründet erklärt wird, richtet sich nach den Vorschriften der §§ 19, 22 ff. FGG. (siehe oben unter b).

h) Aus der Geltung der §§ 401, 413 ZPO. für die freiwillige Gerichtsbarkeit ist auch die Anwendbarkeit der Reichsgebühren-Ordnung für Zeugen und Sachverständige vom $\frac{\text{30. Juni 1878}}{\text{20. Mai 1898}}$ zu folgern.

9. Der Wegfall des Zeugnisweigerungsrechtes nach § 385 Abs. 1 N. 3 ZPO. über Tatsachen, welche die durch die Familienverhältnisse bedingten Vermögensverhältnisse betreffen, tritt nicht ein bei den Beweisaufnahmen zur Ermittelung der unehelichen Vaterschaft; denn es handelt sich hier zunächst um eine reine Statusfrage und es ist ohne Einfluß, daß als Folge der Ermittelung der Vaterschaft die Unterhaltspflicht des Ermittelten eintritt (ZBl. **1** 522, 786).

10. Unfähig als Zeuge oder Sachverständiger vernommen zu werden ist jeder an dem Verfahren Beteiligte, ferner der gesetzliche Vertreter einer beteiligten physischen oder juristischen Person (RG. **45** 427). Soferne jedoch in der Geschäftsfähigkeit Beschränkte ausnahmsweise berechtigt sind, in einem Verfahren selbständig aufzutreten und der Vertretung durch den gesetzlichen Vertreter nicht bedürfen, steht auch der Vernehmung des letzteren als Zeuge ein Hindernis nicht entgegen (Josef N. 3 zu § 15). Der Vertretene kann in einer auch ihn selbst betreffenden Sache als Zeuge auftreten, wenn sich das Verfahren zunächst gegen den gesetzlichen Vertreter richtet, so z. B., wenn es sich darum handelt, Pflichtwidrigkeiten des Vormunds festzustellen oder im Verfahren nach § 1666 BGB. gegen den Vater oder nach § 1635 Abs. 1 Satz 2 BGB. gegenüber den geschiedenen Eltern; Mündel bezw. Kinder sind in diesen Fällen nur Objekte des gerichtlichen Schutzes, daher nicht Beteiligte (Josef Lehrb. 64, 65 und ArchBürgR. **26** 353, BayZ. **05** 130, ZBl. **5** 755, 757; RG. **60** 134, BayObLG. **6** 54).

Im übrigen ist die Frage, wer Beteiligter ist, nur für die Fälle, in denen sich im entgegengesetzten Interesse Beteiligte gegenüberstehen, sofort zweifelsfrei zu beantworten; in anderen Fällen läßt sich die Beteiligung jeweils nur für den einzelnen Fall feststellen. Im Antragsverfahren ist der Antragsteller stets Beteiligter, kann also nicht als Zeuge vernommen werden; derjenige dagegen, der durch seinen Antrag, richtiger seine Anregung, ein Offizialverfahren veranlaßt, ist nicht notwendig Beteiligter in diesem Verfahren, so im Ordnungsstrafverfahren nach § 140 FGG. wegen unbefugten Firmengebrauchs.

Stellt das Vormundschaftsgericht Ermittelungen nach dem Vater eines unehelichen Kindes an, so ist außer dem Kind auch der mutmaßliche Vater beteiligt und kann deshalb nicht als Zeuge vernommen werden; dagegen ist die uneheliche Mutter nicht Beteiligte, aber nach § 383 Abs. 1 N. 3 ZPO. zeugnisweigerungsberechtigt (ZBl. **1** 519, **5** 633, BayZ. **1** 60, DIZ. **03** 570); über Unanwendbarkeit des § 385 Abs. 1 N. 3 ZPO. siehe oben N. 9. In dem die Anordnung einer vorläufigen Vormundschaft vorausgehenden Verfahren ist lediglich derjenige, dessen Entmündigung beantragt ist, Beteiligter; es können daher zum Zwecke der nach § 1986 BGB. zu treffenden Feststellungen, auch Verwandte, der Ehegatte und der gesetzliche Vertreter desselben als Zeugen vernommen werden, obwohl sie nach § 57 Abs. 1 N. 2 FGG. beschwerdeberechtigt sind und in der Beschwerdeinstanz daher Beteiligte werden können (Josef Lehrb. 64). Im Zwangserziehungsverfahren nach dem ZEG. vom 10. 5. 02 ist zwar die Anhörung desjenigen, dessen Zwangserziehung angeordnet werden soll, seiner Eltern und gesetzlichen Vertreter vorgeschrieben (Art. 3); gleichwohl sind diese Personen deshalb nicht immer sämtliche als Beteiligte anzusehen; es kommt vielmehr darauf an, ob sich das Verfahren nur gegen den Erziehungsbedürftigen oder gegen die Erziehungspflichtigen oder gegen beide richtet; je nachdem das eine oder das andere der Fall ist, können Eltern, bezw. Vertreter oder der Minderjährige auch als Zeugen vernommen werden.

Gegen die Verfügung, durch welche die Vernehmung einer zur Zeugnisablegung nicht verpflichteten Person angeordnet wird, findet keine B e s c h w e r d e statt, dagegen kann die Verwertung des Zeugnisses einer solchen Person in einer darauf gestützten Entscheidung Anlaß zur Beschwerde gegen die letztere geben; die Verfügung, durch welche über die Zeugnisweigerung entschieden wird, ist selbständig anfechtbar.

11. Von den Zeugen verschieden sind die sog. **Auskunftspersonen,** deren Anhörung in verschiedenen Fällen vorgeschrieben ist (z. B. § 1673 Abs. 2, § 1847 Abs. 1 BGB.). Die Vorschriften über den Zeugen- und Sachverständigenbeweis finden auf ihre Anhörung keine Anwendung; es besteht für sie also auch keine Zeugnis- und Begutachtungspflicht (ZBl. **6** 762).

12. Die Vorschriften über das **Verfahren bei Abnahme von Eiden** sind in den §§ 478—484 ZPO. enthalten. Sie gelten für alle in der freiwilligen Gerichtsbarkeit vorkommenden Arten von Eiden, also für den Zeugen- und Sachverständigeneid, den Offenbarungseid und den Eid als Glaubhaftmachungsmittel (Schneider ZZP. **29** 140); über die Unzulässigkeit des richterlichen Eides und der Eideszuschiebung siehe oben N. 3. An Stelle des Prozeßgerichts tritt das mit der Sache befaßte Gericht.

Der Gebrauch von Beteuerungsformeln an Stelle des Eides (§ 484 ZPO.) ist nur Mitgliedern von Religionsgesellschaften gestattet, deren Bekenntnis die Eidesleistung untersagt (Art. 15 AG. z. ZPO. u. KO.); als solche kommen in Bayern nur die Mennoniten in Betracht; siehe hierüber V. vom 20. 10. 1811 (RegBl. 1601), die mit Handschlag zu gebrauchende Formel lautet: „Ich verspreche mit gegenwärtigem Handschlage, wie bei meinem Taufbunde, die reine Wahrheit zu sagen".

13. In einer Reihe von Fällen erfordert das Gesetz die **Glaubhaftmachung** von Tatsachen (z. B. § 22 Abs. 2, §§ 34, 78, 85, 92, 93, 137 FGG., §§ 386, 406 ZPO. mit § 15 FGG., §§ 1597, 1953, 1994, 2010, 2228, 2264 BGB., § 124

BinnenSchG.). Glaubhaftmachung ist diejenige Art der Beweisführung, bei welcher in dem Richter nicht die volle Überzeugung von der Richtigkeit der zu beweisenden Tatsache, sondern lediglich der Glaube daran, gestützt auf Wahrscheinlichkeitsgründe, herbeigeführt werden muß. Wo das Gesetz die Glaubhaftmachung eines rechtlichen oder berechtigten Interesses verlangt, sind die Tatsachen glaubhaft zu machen, welche dieses Interesse darzutun geeignet sind.

Glaubhaftmachungsmittel: Hinsichtlich dieser besteht keine beschränkende Vorschrift. Es liegt zunächst bei dem zur Glaubhaftmachung Verpflichteten, welcher Mittel er sich bedienen will. Hierher gehören insbesondere Urkunden, Aussagen von Zeugen, bezw. schriftliche Bestätigungen dritter Personen; besonders erwähnt ist im Gesetz die Zulassung des Beteiligten zur Versicherung an Eidesstatt; durch deren Zulassung ist der Eid als Glaubhaftmachungsmittel nicht unbedingt ausgeschlossen, wenn dem Richter die eidesstattliche Versicherung nicht genügt (ebenso Dorner N. 6 zu § 15). § 294 ZPO. ist nicht anwendbar, die Beschränkung, daß eine Beweisaufnahme, die nicht sofort erfolgen kann, unstatthaft ist, gilt sohin nicht; es kann also die Glaubhaftmachung durch Bezugnahme auf Zeugen oder Sachverständige, die erst vernommen werden sollen, oder erst zu beschaffende Urkunden (Akten) erfolgen, das Gericht ist verpflichtet, derartigen Beweisanträgen Folge zu geben.

Darüber, ob die gebrauchten Glaubhaftmachungsmittel genügend sind, entscheidet das freie vernünftige Ermessen des Gerichts; bei der Würdigung hat das Gericht alle Umstände zu würdigen, welche für oder gegen die Glaubhaftmachung sprechen. Das Gericht kann dem Pflichtigen die Ergänzung der Glaubhaftmachung anheimgeben.

Wer zur Glaubhaftmachung verpflichtet ist, ergibt jeweils die besondere gesetzliche Vorschrift. Sie obliegt stets dem oder den Beteiligten, d. h. demjenigen, in dessen Angelegenheit das Gericht tätig ist, selbst; eine eidesstattliche Versicherung kann also nicht von einem Bevollmächtigten abgegeben werden, da der zu der Versicherung Verpflichtete sein Wissen nicht auf einen Bevollmächtigten übertragen kann (Recht **03** 211, Jastrow in ZZP. **34** 512, Bollenbeck in DNotV. **3** 261, Beßler in BadNotZ. **05** 113, a. M. Boschan, Nachlaßsachen **1** 47, Josef in DNotV. **3** 460, der übrigens die hier vertretene Ansicht aufgegeben hat, siehe Josef N. 4 f zu § 13). Minderjährige oder sonst in der Geschäftsfähigkeit Beschränkte sind nicht unbedingt zur Abgabe der eidesstattlichen Versicherung unfähig; regelmäßig wird dieselbe der gesetzliche Vertreter abgeben, das Gericht kann aber nach Lage der Sache die Versicherung des Vertretenen neben oder an Stelle der des Vertreters für erforderlich halten und verlangen. Personen, die das 16. Lebensjahr nicht zurückgelegt haben, darf, soweit nicht die Reichsgesetze darüber bestimmen, eine Versicherung an Eidesstatt nicht abgenommen werden (Art. 14 AG. z. ZPO. u. KO.).

Form der eidesstattlichen Versicherung: Diese kann jedenfalls von dem Verpflichteten körperlich vor dem Gericht erklärt werden. Es steht dem Gericht aber auch frei, eine von dem Beteiligten beigebrachte schriftlich abgefaßte Erklärung als Glaubhaftmachungsmittel zu benützen (RG. **50** 360, Schlockermann in der DJZ. **01** 529, a. M. und nur für Zuläſſigkeit der mündlichen Erklärung RG. 2. 6. 02 in JW. **02** 396 und Böhner in DJZ. **01** 303). Außer dem Gericht ist auch der Gerichtsschreiber, ferner in Bayern der Notar (Art. 3 Abs. 1 NotG.) zur Entgegennahme eidesstattlicher Versicherungen zuständig, dagegen nicht ein Rechtsanwalt, da ihm die Beamteneigenschaft fehlt (Becher Mat. VIII 39).

Bei Abnahme der eidesstattlichen Versicherung zur Erlangung eines Erbscheines (§ 2356 BGB.) schreibt § 52 NachlO. für den Fall, daß sie vor dem Richter erfolgt, die Aufnahme eines Protokolls vor.

14. § 15 gilt nach Art. 129 AG. z. BGB. in **Bayern** auch für diejenigen Angelegenheiten der freiwilligen Gerichtsbarkeit, für welche die landesgesetzlichen Vorschriften maßgebend sind.

15. Gebührensachen: Zum Zwecke der Festsetzung des Wertes in Angelegenheiten der freiwilligen Gerichtsbarkeit kann das Gericht eine Beweisaufnahme, insbesondere die Einnahme eines Augenscheins oder die Begutachtung durch Sachverständige, auf Antrag oder von Amts wegen, anordnen. In dem Beschlusse, durch welchen der Wert festgestellt wird, ist über die Kosten der Beweisaufnahme zu entscheiden (Art. 43 Abs. 2 GebG.).

§ 16.

Gerichtliche Verfügungen werden mit der Bekanntmachung an denjenigen, für welchen sie ihrem Inhalte nach bestimmt sind, wirksam.

Die Bekanntmachung erfolgt, wenn mit ihr der Lauf einer Frist beginnt, durch Zustellung nach den für die Zustellung von Amts wegen geltenden Vorschriften der Zivilprozeßordnung; durch die Landesjustizverwaltung kann jedoch für Zustellungen im Ausland eine einfachere Art der Zustellung angeordnet werden. In denjenigen Fällen, in welchen mit der Bekanntmachung nicht der Lauf einer Frist beginnt, soll in den Akten vermerkt werden, in welcher Weise, an welchem Orte und an welchem Tage die Bekanntmachung zur Ausführung gebracht ist; durch die Landesjustizverwaltung kann näher bestimmt werden, in welcher Weise in diesen Fällen die Bekanntmachung zur Ausführung gebracht werden soll.

Einem Anwesenden kann die Verfügung zu Protokoll bekannt gemacht werden. Auf Verlangen ist ihm eine Abschrift der Verfügung zu erteilen.

Wirksamkeit und Bekanntmachung gerichtlicher Verfügungen.

1. Gerichtliche Verfügungen im Sinne des § 16 sind alle Entscheidungen eines Instanzgerichts, die bestimmt und geeignet sind, eine rechtliche Wirkung für die Beteiligten (durch Begründung, Aufhebung oder Änderung von Rechten) zu äußern, im Gegensatz zu den internen Anordnungen rein geschäftsleitender Natur, wie die Anordnung von Ladungen oder sonstige Anweisungen an das Gerichtspersonal, oder Ersuchen anderer Behörden. Es macht keinen Unterschied, ob durch die Verfügung ein Verfahren beendet wird oder ob sie innerhalb eines anhängigen Verfahrens erlassen wird (z. B. innerhalb einer Vormundschaft eine Genehmigung eines einzelnen Rechtsgeschäftes), wenn sie nur einen sachlichen Inhalt hat.

Die Ausdrucksweise des Gesetzes ist eine verschiedene; es spricht von Beschlüssen (§§ 67, 68, 84, 96, 159 FGG.) von Entscheidungen (§§ 27, 59, 166 FGG.) und von Anordnungen (§ 24 Abs. 2 und 3 FGG. und zahlreiche Bestimmungen des BGB.), ohne daß die Verschiedenheit der Bezeichnung einen inneren Unterschied begründen würde.

Zu den bekannt zu machenden Verfügungen gehört auch die Genehmigung von Rechtsgeschäften und die Verweigerung derselben; diese bedürfen, um wirksam zu werden, der Bekanntmachung an den Vormund, Gewalthaber, Ehegatten; ein bloßer Aktenvermerk über die Genehmigung oder mündliche — gesprächsweise — Mitteilung genügt nicht (Schmidt im ZBl. **3** 268, Josef in DNotV. **3** 556). Von dieser Bekanntmachung verschieden und erst, nachdem dieselbe erfolgt ist, mit Wirksamkeit möglich und zulässig ist die in § 1829 Abs. 1 Satz 2 BGB. besprochene Mitteilung an den anderen Teil (RG. **56** 124). Eine Verfügung ist auch der Erbschein, er wird also erst mit der Bekanntmachung wirksam (Josef in ArchZivPrax. **96** 219).

Dagegen findet § 16 auf Eintragungen in die öffentlichen Register (Handels-, Genossenschafts-, Schiffs-, Vereins-, Güterrechtsregister) keine Anwendung; sie sind nicht Verfügungen, sondern gerichtliche Handlungen und werden mit dem Zeitpunkt ihrer Bewirkung wirksam (Josef in der DJZ. **04** 63).

Eine bestimmte Form ist für die gerichtlichen Verfügungen regelmäßig nicht vorgeschrieben; sie können schriftlich für sich erfolgen oder in ein Protokoll aufgenommen werden (Abs. 3); in beiden Fällen bedürfen sie der Unterschrift des Richters; sie können auch mündlich ergehen, ihr Erlaß ist dann in den Akten zu vermerken (siehe unten N. 7 a. E.); es darf aber nicht jeder Vermerk im Akt als Verfügung des Richters aufgefaßt werden, es ist vielmehr stets zu prüfen, ob sie sich äußerlich und nach dem Willen des Richters als solche darstellt (OLG. **6** 296).

Eine Begründung der Verfügungen ist nur ausnahmsweise vorgeschrieben; siehe §§ 25, 100 mit § 18 GBO.

2. § 16 Abs. 1 stellt als Regel auf, daß gerichtliche Verfügungen mit der Bekanntmachung an denjenigen, für welchen sie ihrem Inhalte nach bestimmt sind, wirksam werden; über Ausnahmen siehe N. 3 a. E. (siehe zu Abs. 1 Unger in ZZP. **34** 330 ff.).

Die **Wirksamkeit** einer Verfügung äußert sich darin, daß die rechtlichen Wirkungen eintreten, welche sie herbeizuführen nach ihrem Inhalte geeignet und bestimmt ist. Soferne die Verfügung direkt auf eine Rechtsänderung abzielt, tritt diese also mit der Wirksamkeit der Verfügung ein; soferne die Verfügung eine Rechtsänderung oder eine sonstige Handlung von rechtlicher Tragweite gestattet oder anordnet, ist vom Eintritt der Wirksamkeit an die Vornahme zulässig bezw. geboten. Zu den Verfügungen der ersteren Art gehört z. B. die Volljährigkeitserklärung, die Entlassung eines Vormunds, die Aufhebung der vorläufigen Vormundschaft; zu denen der letzteren Art gehören die Verfügungen, durch die eine Person ein Recht erlangt, Rechtshandlungen vorzunehmen (vorbehaltlich § 53 FGG.), alle Anordnungen des Gerichts zur Vornahme von Handlungen (z. B. Gebote des Vormundschaftsgerichts an den Vormund § 1837 Abs. 1, §§ 1818, 1839 BGB. oder an den Gewalthaber § 1667 Abs. 2, §§ 1668, 1671 BGB.) und alle der Vollstreckung fähigen und bedürftigen Verfügungen, wie die Anordnung der Herausgabe von Sachen, eines Kindes. Die Vollstreckbarkeit fällt also mit dem Beginn der Wirksamkeit zeitlich zusammen, der Begriff der Wirksamkeit ist aber ein weiterer, weil nicht alle Verfügungen in der freiwilligen Gerichtsbarkeit der Vollstreckung bedürfen. Über die Vollstreckbarkeit durch Anwendung von Zwang siehe für Bayern Art. 130 AG. z. BGB. und N. 11 zu § 33.

3. Eintritt der Wirksamkeit ist regelmäßig an die Bekanntmachung der Verfügung geknüpft, nicht an die Rechtskraft, das ist die Unanfechtbarkeit der Verfügung (siehe über Rechtskraft auch N. zu § 31). Hieraus folgt, daß regelmäßig der Eintritt der Wirksamkeit nicht durch die Möglichkeit der Anfechtung mit Beschwerde, ihre Fortdauer nicht durch die Einlegung der Beschwerde gehindert wird; Ausnahmen enthält § 24 FGG. Auf die Frage, wann die Bekanntmachung als erfolgt anzusehen ist, sind die Grundsätze der §§ 130, 132 BGB. entsprechend anzuwenden (Schmid im ZBl. **3** 266). Es wird häufig, so insbesondere bei Verfügungen, durch die jemand ein Recht zur Vornahme von Rechtshandlungen erlangt oder verliert, wegen der Prüfung der Giltigkeit der letzteren auch die Feststellung der Tagesstunde der Bekanntmachung notwendig

(Josef in ArchZivPrax. **96** 219). Auf die Bekanntmachung kann nicht mit der Wirkung verzichtet werden, daß die Wirksamkeit der Verfügung schon mit der Beschlußfassung des Gerichts als eingetreten anzusehen ist; dies gilt namentlich für die vormundschaftsgerichtliche Genehmigung (BayObLG. 2 746, OLG. **4** 114).

Die Wirksamkeit tritt mit der Bekanntmachung an denjenigen, für welchen sie ihrem Inhalte nach bestimmt ist, ein. Wer das ist, läßt sich nicht allgemein, sondern nur für den einzelnen Fall bestimmen und ist bald Tatfrage, bald Rechtsfrage. Als Inhalt der Verfügung gilt dabei nur das, was sie unmittelbar zum Gegenstand hat, nicht aber kommt es auf etwaige weitere Wirkungen derselben, auf ihren Einfluß auf Rechte oder Rechtsverhältnisse Dritter oder zu Dritten, an. Bestimmt ist die Verfügung für denjenigen, auf dessen rechtliche Beziehungen sie unmittelbar einzuwirken bestimmt ist; derjenige, in dessen Rechtssphäre sie in ihrem weiteren Erfolg noch eingreift, kommt nicht in Betracht. So ist die Entlassung des Vormunds nach ihrem Inhalte nur für diesen, nicht auch für den Bevormundeten oder den Gegenvormund, die Genehmigung zum Abschluß eines Vertrages oder deren Verweigerung nur für den Vormund, Gewalthaber, Ehemann, nicht auch für den künftigen Kontrahenten bestimmt (hinsichtlich des Eintritts der Wirksamkeit der nach Abschluß des Geschäfts erteilten Genehmigung gegenüber dem andern Teil siehe § 1829 Abs. 1 Satz 2 BGB.).

Aus § 16 Abs. 1 ist nicht zu folgern, daß die Verfügung nur an die dort bezeichneten Personen bekannt zu machen ist, die Bekanntmachung hat vielmehr an alle Beteiligten, d. h. alle, in deren Rechte sie eingreift, zu erfolgen.

Ist die Verfügung ihrem Inhalte nach für mehrere Personen bestimmt (Ablehnung eines gemeinschaftlichen Antrages mehrerer, Bekanntmachung nach § 91 Abs. 3 FGG. an mehrere Nichterschienene), so tritt die Verfügung mit der Bekanntmachung an jeden für ihn in Wirksamkeit, soweit sie für ihn bestimmt ist, wenn die Verfügung ihrem Inhalte nach trennbar ist, dagegen mit der Bekanntmachung an einen für alle, wenn nur eine einheitliche Ausführung der Verfügung rechtlich möglich ist, z. B. Bestätigung eines Vertrages (hierzu Unger in ZZP. **34** 335).

Von diesen Grundsätzen bestehen mehrfache **Ausnahmen:**

a) In einer Reihe von Fällen tritt die Wirksamkeit erst mit der Rechtskraft ein; siehe die §§ 26, 53, 82 Abs. 2, 56 Abs. 2 (für Bayern bedeutungslos), 70, 97, 98, 99, 141 Abs. 4—144 FGG.

b) In bestimmten Fällen tritt die für mehrere Personen bestimmte Verfügung mit der Bekanntmachung an eine derselben für alle in Wirksamkeit; siehe die §§ 51, 52, 67 FGG.

c) Sondervorschriften über den Eintritt der Wirksamkeit bestehen für die Einziehung und Kraftloserklärung des Erbscheines und des Zeugnisses über die Fortsetzung der Gütergemeinschaft (§§ 2361, 1507 BGB.).

Keine Ausnahme stellt § 1829 Abs. 1 Satz 2 BGB. dar; s. hierüber oben N. 1.

4. Umfang der Wirksamkeit: Die Wirksamkeit der Verfügungen beschränkt sich nicht auf diejenigen, für welche sie ihrem Inhalte nach bestimmt ist, oder auf die sonstigen Beteiligten; sie erstreckt sich vielmehr auf jeden Dritten; die Wirksamkeit gegenüber Dritten ist jedoch ausnahmsweise in einzelnen Fällen dadurch eingeschränkt, daß die Verfügung dem Dritten bekannt geworden (§§ 1357, 1435 BGB.) oder eine Eintragung in ein öffentliches Register erfolgt sein muß (§ 68 BGB., § 15 HGB.). Die Verfügungen der Behörden der freiwilligen Gerichtsbarkeit sind auch der Nachprüfung ihrer Rechtmäßigkeit durch andere Gerichte der freiwilligen oder streitigen Gerichtsbarkeit entzogen (vergl. die Entscheidungen JW. **91** 435, ZBl. **4** 723, RJA. **6** 13, Recht **05** 509). Dies gilt jedoch nur für die Verfügungen rechtserzeugenden Inhalts, durch die also Rechte begründet, geändert oder aufgehoben werden; dagegen ist die Rechtsauffassung, die in einem eine Verfügung ablehnenden Bescheide vertreten ist, für andere Gerichte nicht bindend. Wohl aber sind andere Behörden und Gerichte befugt, zu prüfen, ob die Verfügung überhaupt wirksam ist, ob sie also nicht etwa nichtig ist und ob sie nach § 16 wirksam geworden, richtig und an die richtige Person bekannt gemacht ist. Die Gründe der Verfügungen haben keine bindende Kraft (Josef DNotZ. **05** 349, 358, auch Gläßing im ZBl. **1** 831).

5. Dauer der Wirksamkeit: Die Wirksamkeit einer Verfügung erlischt je nach ihrem Inhalt mit der Änderung der tatsächlichen Verhältnisse, für die sie geschaffen ist (so die Vormundschaft mit Eintritt der Volljährigkeit), oder nur durch Aufhebung oder Änderung der Verfügung durch das Gericht, das sie erlassen hat, oder ein Instanzgericht.

Über die Folgen nachträglicher Aufhebung von Verfügungen enthalten die §§ 32, 55, 61, 62 Sonderbestimmungen.

6. Die Form der Bekanntmachung gerichtlicher Verfügungen ist in Abs. 2 und 3 des § 16 geregelt. Mögliche Formen sind die Verkündigung (Bekanntmachung zu Protokoll) und die schriftliche Eröffnung durch Zustellung oder in sonstiger Form; landesgesetzlichen Ausführungsvorschriften ist hinsichtlich der schriftlichen Eröffnung ein weiter Spielraum gegeben; für Bayern siehe Bek. vom 16. 12. 99, die Ausführung der Zustellungen von Amts wegen betr., JMBl. 475.

Die Vorschriften des Abs. 2 über die Zustellung oder sonstige schriftliche Eröffnung finden keine Anwendung, soweit nach Landesrecht andere als gerichtliche Behörden zuständig sind (§ 194 Abs. 3 FGG.).

7. Die Bekanntmachung zu Protokoll (Abs. 3) ist die in allen Fällen zulässige Form der Bekanntmachung; sie ist zulässig ohne Rücksicht darauf, ob mit der Bekanntmachung der Lauf einer Frist beginnt oder nicht (RJA. **2** 53, OLG. **4** 347, ZBl. **2** 37). Durch die Landesgesetzgebung kann diese Form der Bekanntmachung für reichsrechtliche Angelegenheiten niemals ausgeschlossen werden. Unzulänglich und nicht geeignet, die Wirksamkeit der Verfügung herbeizuführen, ist sie lediglich in denjenigen Fällen, in welchen die sofortige Beschwerde nach Maßgabe der ZPO. stattfindet (§§ 60, 73 BGB.), da hier die Frist für die sofortige Beschwerde erst mit der Zustellung beginnt (§ 577 Abs. 2 ZPO.).

Die Bekanntmachung zu Protokoll kann nur erfolgen, wenn derjenige, für welchen die Verfügung bestimmt ist, bei Gericht anwesend ist. Nach § 52 der zit. Bek. soll diese Form der Bekanntmachung, wo sie möglich ist, gewählt werden, wenn nicht besondere Gründe gegen dieselben vorliegen. Ist die Verfügung mehreren Personen bekannt zu machen, die nicht sämtlich anwesend sind, so kann die Bekanntmachung an die Anwesenden gleichwohl zu Protokoll erfolgen, den nicht Anwesenden ist die Verfügung zuzustellen.

Form: Die Bekanntmachung zu Protokoll erfolgt durch wörtliche Aufnahme der mündlich eröffneten Verfügung in das Protokoll. Die Bekanntmachung ist erst erfolgt, wenn die Verfügung zu Protokoll gebracht ist. Über die Form des Protokolles siehe oben S. 40. Es genügt auch nicht, wenn ein Aktenvermerk ohne Willen des Richters dem Beteiligten bekannt geworden, z. B. ihm durch den Gerichtsschreiber mitgeteilt worden ist (Schmid in ZBl. **3** 266).

Die Person, an welche die Verkündigung erfolgte, hat ein Recht auf Erteilung einer Abschrift der Verfügung, nicht des ganzen Protokolls über die etwa vorausgegangenen Verhandlungen. Ein Recht auf Beglaubigung der Abschrift ist aus § 34 Satz 2 FGG. abzuleiten, wonach Beglaubigung jeder Abschrift aus den Akten verlangt werden kann; über die Art der Beglaubigung siehe N. zu § 34.

Die Kosten der Abschrift sind Verfahrenskosten, also von demjenigen zu tragen, den die letzteren treffen.

Eine Verfügung, mit deren Bekanntmachung der Lauf einer Frist nicht beginnt, kann auch formlos ohne Protokoll mündlich bekannt gemacht werden (OLG. **4** 348); das ist aber keine Bekanntmachung nach § 16 Abs. 3; sie muß aber nach § 16 Abs. 2 Satz 2 zugelassen werden, da die dortigen Vorschriften nur Sollvorschriften sind (ebenso Breit in ZBl. **4** 481, a. M. Josef in DNotZ. **3** 556).

Unzulässig ist es, ein anderes Gericht um die mündliche Bekanntmachung einer Verfügung an in dessen Bezirk wohnhafte Personen im Wege der Rechtshilfe zu ersuchen (siehe N. 2 zu § 2).

8. Bekanntmachung in Fällen, in welchen mit derselben der Lauf einer Frist beginnt. Es ist gleichgiltig, ob die Frist eine gesetzliche oder eine richterlich bestimmte ist; es gehören hierher insbesondere die Fälle, in welchen die bekannt zu machende Verfügung der sofortigen Beschwerde unterliegt, außerdem die Ladungen mit Ladungsfrist (§ 90 Abs. 1, § 153 Abs. 4 FGG.).

Die Bekanntmachung muß hier nach § 16 Abs. 2 Satz 1 nach den für die Zustellung von Amts wegen geltenden Vorschriften der ZPO. (§§ 208—213) erfolgen. Auf die von Amts wegen zu bewirkenden Zustellungen finden die Vorschriften der §§ 166 ff. ZPO. über die Zustellungen auf Betreiben der Parteien entsprechende Anwendung, soweit sich nicht aus den §§ 209—213 Abweichungen ergeben; siehe hierzu für Bayern §§ 4—41, 46 der Bek. vom 16. 12. 99, JMBl. 475, ferner vom 8. 1. 02 Nr. 3, JMBl. 305 und vom 26. 3. 02, JMBl. 519, vom 16. 3. 03, JMBl. 102 (siehe auch JMBl. **99** 515 Zust. an Personen, die der inländischen Gerichtsbarkeit nicht unterworfen sind, **00** 110 Niederlegung von Schriftstücken, 503, 612 postdienstliche Behandlung, 591 Portopflicht, 952 Formulare, **02** 240 Bezug der Formulare, **00** 582, **03** 308 Zust. an Gefangene).

Von der Anwendung sind diejenigen Vorschriften der ZPO. ausgeschlossen, welche nach ihrem Inhalte mit dem vom Verfahren im Zivilprozeß abweichenden Verfahren in der freiwilligen Gerichtsbarkeit unvereinbar sind. Nicht anwendbar ist insbesondere die Vorschrift des § 176 ZPO. über die Zustellung an Bevollmächtigte; Bekanntmachungen können vielmehr, auch wenn Beteiligte vertreten sind und die Vertretungsmacht sich auch auf die Empfangnahme von Zustellungen erstreckt, mit Wirksamkeit an die vertretenen Beteiligten selbst erfolgen; das Gericht hat die Wahl, ob es die Bekanntmachung an die Beteiligten selbst oder ihre Bevollmächtigten erlassen will; die Frist für die sofortige Beschwerde wird also durch die Bekanntmachung der anzufechtenden Verfügung an die Beteiligten selbst in Lauf gesetzt und bedarf es hierzu nicht auch der Zustellung an den Bevollmächtigten (BayObLG. **5** 1, ZBl. **4** 843, Werle im ZBl. **3** 1 ff., Josef ebenda 763 ff. gegen die Entsch. des Kammergerichts ZBl. **2** 560, OLG. **4** 3, Frese im ZBl. **3** 320, Marcus DJZ. **03** 494; meine gegenteilige im Handb. 42 vertretene Ansicht gebe ich aus den in der Entsch. des ObLG. angeführten Gründen auf).

Über das Verfahren bei der Zustellung siehe Keidel, Handb. § 17 S. 42 ff.

Eine Verletzung der Formvorschriften der ZPO. hat auch in der freiwilligen Gerichtsbarkeit die Unwirksamkeit der Bekanntmachung zur Folge; vorbehaltlich der Ausnahmebestimmung des § 187 ZPO. für Ladungen ist daher eine unter einer Formverletzung erfolgte Bekanntmachung auch dann nicht wirksam, wenn der Adressat sie erhalten hat. Die Giltigkeit der Bekanntmachung ist deshalb von dem Gericht, das sie verfügt hat, und auch vom Beschwerdegericht insbesondere, in den Fällen der sofortigen Beschwerde, zu prüfen.

Für die **Zustellungen im Auslande** gelten an sich die Vorschriften der §§ 199 bis 202 ZPO.; die Landesjustizverwaltung kann jedoch, auch wenn mit derselben der Lauf einer Frist beginnt, eine einfachere Form der Zustellung anordnen.

In Bayern ist eine solche Vereinfachung durch § 47 der Bek. vom 16. 12. 99 für den Fall zugelassen, daß die Adresse desjenigen, dem zugestellt werden soll, genau bekannt ist; es kann die Zustellung in diesem Falle durch die Post mittels Einschreibesendung gegen Rückschein bewirkt werden. In wichtigeren Fällen soll jedoch die Zustellung stets auf diplomatischem Wege oder, soweit der unmittelbare Verkehr mit ausländischen Behörden gestattet ist, durch deren Vermittelung bewirkt werden; siehe hierzu JMBl. **87** 283, **93** 227, **06** 54 (Schweiz), **01** 459 (Ersuchsschreiben der Notare um Bewirkung der Zustellung), ferner das Abkommen zur Regelung von Fragen des internationalen Privatrechts vom 14. 11. 96 Art. 1—4, RGBl. **99** 285.

Im Konsulargerichtsbezirk erfolgen Zustellungen an die der Konsulargerichtsbarkeit unterworfenen Personen nach den Vorschriften über Zustellungen im Ausland mittels Ersuchens des Konsuls (§ 28 Abs. 2 des Konsulargerichtsbarkeitsgesetzes vom 7. 4. 00, RGBl. 213).

In Schutzgebieten gelten die Vorschriften des FGG. und der ZPO. vorbehaltlich der durch Kaiserliche Verordnung erlassenen Vorschriften über Anwendung einfacherer Bestimmungen (§§ 3, 6 N. 7 des Schutzgebietsgesetzes i. d. F. vom 10. 9. 00, RGBl. 813, § 13 der VO. vom 9. 11. 00, RGBl. 1005).

9. Die Bestimmung der Form der **Bekanntmachung, wenn mit ihr der Lauf einer Frist nicht beginnt,** überläßt § 16 Abs. 2 Satz 2 der Landesjustizverwaltung und beschränkt sich auf die Anweisung, daß in den Akten Art und Weise, Ort und Tag der Bekanntmachung vermerkt werden soll. Für Bayern siehe die Ausführungsbestimmungen in den §§ 48—51 der Bek.; hiernach genügt regelmäßig Übersendung mittels einfachen Briefes oder durch Behändigung ohne Beurkundung, in wichtigen Fällen soll Einschreibesendung oder Behändigung gegen Empfangsschein erfolgen. Übersendung mittels Postkarte ist zugelassen, wenn es für denjenigen, dem zugestellt werden soll, offenbar gleichgiltig ist, ob von dem Inhalt des auszuhändigenden Schriftstückes Dritte Kenntnis erhalten; hierüber entscheidet das Ermessen des Gerichts. Das Gericht kann jedoch jederzeit die Bekanntmachung nach den Vorschriften über die Zustellung von Amts wegen anordnen und wird dies insbesondere bei Ladungen und in anderen Fällen, in denen an die Nichtbefolgung der Verfügung Nachteile geknüpft sind, tun. In allen Fällen ist der reichsgesetzlich vorgeschriebene Vermerk zu den Akten zu machen, bei Übersendung durch einfachen Brief oder Behändigung ohne Beurkundung entfällt jedoch die Angabe des Ortes der Bekanntmachung (siehe auch Bek. vom 8. 1. 02 über die Wahl der vereinfachten Zustellung, JMBl. 305, 307).

Über den Ausschluß der öffentlichen Zustellung in den Fällen bloßer Benachrichtigung von Beteiligten (z. B. §§ 1342, 1953, 2081, 2262 BGB.) siehe § 53 der Bek.

10. Die Vorschriften des § 16 Abs. 2 finden keine Anwendung, wenn nach Landesrecht andere als gerichtliche Behörden zuständig sind (§ 194 Abs. 3 BGB.).

11. In **Bayern** gilt § 16 auch für diejenigen Angelegenheiten der freiwilligen Gerichtsbarkeit, für welche die landesgesetzlichen Vorschriften maßgebend sind (Art. 129 AG. z. BGB.). Die Verfügung, durch welche die Zwangserziehung oder die vorläufige Unterbringung eines Minderjährigen angeordnet wird, ist nach Art. 4 des Zwangserziehungsgesetzes durch den Minderjährigen selbst, seine Eltern und gesetzlichen Vertreter, die Distriktsverwaltungsbehörde und die Heimatgemeinde nur mit sofortiger Beschwerde anfechtbar, daher nach § 16 Abs. 2 Satz 1 zuzustellen. In Grundbuchsachen ist § 16 nach Art. 8 AG. z. GBO. u. ZVG. anwendbar.

§ 17.

Für die Berechnung der Fristen gelten die Vorschriften des Bürgerlichen Gesetzbuchs.

Fällt das Ende der Frist auf einen Sonntag oder allgemeinen Feiertag, so endigt die Frist mit dem Ablaufe des nächstfolgenden Werktags.

Fristberechnung.

1. Frist ist der Zeitraum, innerhalb dessen eine Handlung von rechtlicher Bedeutung vorzunehmen ist, verschieden vom Termine, das ist der Zeitpunkt, an welchem etwas, was von rechtlicher Bedeutung ist, vorgehen soll.

Die Fristen sind gesetzliche oder richterlich bestimmte.

Gesetzliche Fristen sind diejenigen, deren Dauer das Gesetz bestimmt; dieselben sind der Änderung durch Vereinbarung der Beteiligten und regelmäßig auch durch Verfügung des Gerichts entzogen; eine Änderung ist nur zulässig, wo das Gesetz sie ausdrücklich zuläßt.

Richterliche Fristen sind diejenigen, deren Dauer das Gericht bestimmt; hierher gehören sowohl die Fälle, in welchen das Gericht eine Fristbestimmung überhaupt aus freiem Ermessen trifft, als diejenigen, in welchen das Gesetz eine Fristbestimmung anordnet, ohne die Frist zu begrenzen, als auch endlich diejenigen, in welchen das Gesetz innerhalb eines bestimmten Rahmens die Fristbestimmung dem Gericht überläßt (ebenso Rausnitz N. 3 zu § 17).

Richterliche Fristbestimmungen unterliegen der Änderung durch das Gericht nach Maßgabe des § 18, aber auch mit der Beschränkung nach Abs. 2 daselbst.

Die Fristbestimmung kann den Sinn haben, daß die betreffende Handlung mit Wirksamkeit nur innerhalb der Frist vorgenommen werden kann (Ausschlußfrist, Präklusivfrist) oder daß die Handlung innerhalb der Frist vorgenommen werden soll, aber nach Ablauf der Frist nachgeholt werden kann. Ob das eine oder das andere der Fall ist, ergibt sich jeweils aus den Vorschriften und Anordnungen, welche die Frist bestimmen. Gegen Ausschlußfristen ist in einer Reihe von Fällen Wiedereinsetzung in den vorigen Stand gewährt (vergl. §§ 22, 92, 93, 99, 137, 140, 159 FGG.).

2. Für **die Berechnung von Fristen** gelten die Vorschriften des BGB.

a) Beginn: Ist für den Anfang einer Frist ein Ereignis (z. B. Bekanntmachung einer Verfügung) oder ein in den Lauf eines Tages fallender Zeitpunkt maßgebend, so wird bei der Berechnung der Frist der Tag nicht mitgerechnet, in welchen das Ereignis oder der Zeitpunkt fällt (§ 187 Abs. 1 BGB.). Ist der Beginn eines Tages der für den Anfang einer Frist maßgebende Zeitpunkt, so wird dieser Tag bei der Berechnung der Frist mitgerechnet. Das Gleiche gilt von dem Tage der Geburt bei Berechnung des Lebensalters (§ 187 Abs. 2 BGB.).

b) Berechnungsart: Unter einem halben Jahre wird eine Frist von sechs Monaten, unter einem Vierteljahre eine Frist von drei Monaten, unter einem halben Monat eine Frist von fünfzehn Tagen verstanden. Ist eine Frist auf einen oder mehrere ganze Monate und einen halben Monat gestellt, so sind die fünfzehn Tage zuletzt zu zählen (§ 189 BGB.). Ist ein Zeitraum nach Monaten oder nach Jahren in dem Sinne bestimmt, daß er nicht zusammenhängend zu verlaufen braucht, so wird der Monat zu dreißig, das Jahr zu 365 Tagen gerechnet (§ 191 BGB.). Unter Anfang des Monats wird der erste, unter Mitte des Monats der fünfzehnte, unter Ende des Monats der letzte Tag des Monats verstanden (§ 192 BGB.). Im Falle der Verlängerung einer Frist wird die neue Frist von dem Ablauf der vorigen Frist an berechnet (§ 190 BGB.); dies gilt auch dann, wenn die erste Frist an einem Sonntag oder Feiertag endet (Staudinger I Note 3 zu § 190); für die Berechnung der Verlängerung gilt immer § 187 Abs. 2 BGB., weil die vorige Frist mit dem Ablauf eines Tages endet.

c) Ende: Eine nach Tagen bestimmte Frist endigt mit dem Ablaufe des letzten Tages der Frist. Eine Frist, die nach Wochen, nach Monaten oder nach einem mehrere Monate umfassenden Zeitraume — Jahr, halbes Jahr, Vierteljahr — bestimmt ist, endigt im Falle des § 187 Abs. 1 BGB. mit dem Ablaufe desjenigen Tages der letzten Woche oder des letzten Monats, welcher durch seine Benennung oder seine Zahl dem Tage entspricht, in den das Ereignis oder der Zeitpunkt fällt, im Falle des § 187 Abs. 2 BGB. mit dem Ablauf desjenigen Tages der letzten Woche oder des letzten Monats, welcher dem Tage vorhergeht, der durch seine Benennung oder seine Zahl dem Anfangstage der Frist entspricht. Fehlt bei einer nach Monaten bestimmten Frist in dem letzten Monate der für ihren Ablauf maßgebende Tag, so endigt die Frist mit dem Ablaufe des letzten Tages dieses Monats (§ 188 BGB.). Ist an einem bestimmten Tage oder innerhalb einer Frist eine Willenserklärung abzugeben oder eine Leistung zu bewirken und fällt der bestimmte Tag oder der letzte Tag der Frist auf einen Sonntag oder einen am Erklärungs- oder Leistungsorte staatlich anerkannten allgemeinen Feiertag, so tritt an die Stelle des Sonntags oder des Feiertags der nächstfolgende Werktag (§ 193 BGB.).

Auch wo nicht die Abgabe einer Willenserklärung oder die Bewirkung einer Leistung, sondern nur eine Handlung rein tatsächlicher Natur in Frage steht, endigt die Frist für deren Vornahme, wenn das Ende der Frist auf einen Sonntag oder allgemeinen Feiertag fällt, mit dem Ablaufe des nächstfolgenden Werktags (§ 17 Abs. 2 FGG.).

Welche Tage als allgemeine Feiertage anzusehen sind, bestimmt sich nach Landesrecht und in Ermangelung besonderer Vorschriften nach Ortsgebrauch. Allgemein in allen Bundesstaaten sind Neujahr, Ostermontag, Pfingstmontag, Himmelfahrt und Weihnachten als Feiertage anerkannt; (siehe für Preußen Rausnitz N. 26 zu § 17, für Bayern unten N. 3). Nicht maßgebend sind die Bestimmungen, welche auf Grund und zur Ausführung der Vorschriften der Reichsgewerbeordnung über die Sonntagsruhe erlassen sind. Politische Feiertage (Geburts-, Namensfest des Landesherrn, des Regenten) gehören nicht zu den allgemeinen Feiertagen, weshalb an denselben Gelegenheit zur Einreichung oder Einlegung des Rechtsmittels der sofortigen Beschwerde sowie zur Abgabe an eine Frist geknüpfter Erklärungen vor oder gegenüber dem Gericht Gelegenheit geboten sein muß; vollständiger Schluß der Bureaus, insbesondere der Gerichtsschreiberei, würde eventuell einen Wiedereinsetzungsgrund nach § 22 Abs. 2 FGG. bilden. Räumlich ist für die Frage, ob ein Tag allgemeiner Feiertag ist, der Ort maßgebend, an welchem die betreffende Handlung vorzunehmen ist, bei sofortiger Beschwerde also im Hinblick auf § 21 FGG. der Sitz des Gerichts, dessen Verfügung angefochten wird, oder des Beschwerdegerichts, je nachdem die Beschwerde bei jenem oder bei diesem Gerichte eingelegt wird, bei Einlegung der sofortigen weiteren Beschwerde der Sitz des Gerichts erster Instanz, des Landgerichts oder des Oberlandesgerichts.

3. In **Bayern** gilt § 17 auch in Angelegenheiten, für welche die Landesgesetze maßgebend sind (Art. 129 AG. z. BGB.), ferner in Grundbuchsachen (Art. 8 AG. z. GBO. u. ZVG.).

Darüber, welche Tage als allgemeine Feiertage zu gelten haben, bestehen in Bayern allgemeine gesetzliche oder verordnungsmäßige Bestimmungen nicht, es entscheidet das Herkommen; die zur Ausführung der Gewerbeordnung erlassenen Vorschriften sind nicht anwendbar; siehe Neumiller ZPO. Note zu § 188.

4. In Gebührensachen gelten für die Fristberechnung gleichfalls die Vorschriften des BGB. (Art. 6 GebG., der auch eine dem § 17 Abs. 2 wörtlich entsprechende Vorschrift enthält).

§ 18.

Erachtet das Gericht eine von ihm erlassene Verfügung nachträglich für ungerechtfertigt, so ist es berechtigt, sie zu ändern; soweit eine Verfügung nur auf Antrag erlassen werden kann und der Antrag zurückgewiesen worden ist, darf die Änderung nur auf Antrag erfolgen.

Zu der Änderung einer Verfügung, die der sofortigen Beschwerde unterliegt, ist das Gericht nicht befugt.

Änderung gerichtlicher Verfügungen.

1. Zulässigkeit: Die Verfügungen in der freiwilligen Gerichtsbarkeit erwachsen regelmäßig nicht in Rechtskraft (N. 9 zu § 31); es ist daher eine Änderung derselben zulässig, wenn das Gericht sie nachträglich für ungerechtfertigt hält. Das Gericht kann nachträglich zu einer anderen Rechtsanschauung gelangen (OLG. **12** 300) oder es können ihm nachträglich weitere Tatsachen, die schon zur Zeit des Erlasses der Verfügung eingetreten waren, die ihm aber unbekannt geblieben sind, bekannt werden und zu einer tatsächlichen oder rechtlichen Beurteilung der Sache führen.

Nicht unter § 18 gehören die Fälle, in welchen eine Verfügung wegen veränderter Sachlage nicht mehr aufrecht erhalten werden kann und durch eine neue Verfügung ersetzt werden muß; vergl. z. B. § 1635 Abs. 1 Satz 2, § 1880 Abs. 2, § 1908 Abs. 3, §§ 1919 ff. In diesen Fällen gelten daher auch die Beschränkungen für die Zulässigkeit der Änderung (Note 4 ff.) nicht. Werden mit einer Beschwerde Tatsachen vorgebracht, die erst nach Bekanntmachung der angefochtenen Verfügung eingetreten sind, so hat das Gericht erster Instanz die Pflicht, diese Tatsachen zu prüfen und eventuell eine neue Entscheidung anderen Inhalts zu treffen (ZBl. **6** 225).

2. Das Gericht ist zur Änderung einer Verfügung, die es für ungerechtfertigt hält, **berechtigt**; eine gesetzliche Verpflichtung hiezu besteht nicht, lediglich eine dienstliche, wenn nämlich das Gericht die Änderung nach seinem pflichtgemäßen Ermessen für angebracht hält; die Änderung kann im Beschwerdeweg erzwungen werden. Die Änderung erfolgt von Amts wegen, eines Antrages bedarf es nicht; den Anstoß zu der Änderung kann aber ein Antrag an das entscheidende Gericht (über Änderung nur auf Antrag siehe Note 4a) oder insbesondere eine Beschwerde an das höhere Gericht geben; ist die Beschwerde bei der höheren Instanz eingereicht, so wird mit Rücksicht auf die Änderungsbefugnis der Vorinstanz dieser Mitteilung zu machen sein; wegen Beschränkungen der Änderung im letzten Fall siehe N. 5b und 6.

3. Zuständig zur Änderung ist das Gericht, das die Verfügung erlassen hat. Ist eine Vormundschaft, Pflegschaft oder Nachlaßpflegschaft auf Grund der §§ 46, 75

FGG. an ein anderes Gericht abgegeben worden, so ist das übernehmende Gericht hinsichtlich der Verfügungen des abgebenden Gerichts abänderungsberechtigt; denn das erstere Gericht tritt rechtlich an die Stelle des letzteren. Ebenso kann, wenn eine Sache wegen örtlicher Unzuständigkeit oder wegen rechtlicher und tatsächlicher Verhinderung des bisher mit der Sache befaßten Gerichts an ein anderes Gericht übergeht (§ 5 FGG.), das letztere Gericht die Verfügungen des ersteren ändern. Über die Unzulässigkeit der Änderung der Verfügungen, welche das nach § 44 FGG. zuständige Gericht getroffen hat, durch das Vormundschaftsgericht siehe Note 1 zu § 44.

Jedes Instanzgericht ist nur hinsichtlich der von ihm erlassenen Verfügungen abänderungsberechtigt. Das Gericht erster Instanz kann also Verfügungen eines Beschwerdegerichts nicht nach § 18 ändern, weil es dieselben für ungerechtfertigt hält; es kann aber bei veränderter Sachlage eine neue Entscheidung anderen Inhalts treffen (N. 1). Eine die Beschwerde abweisende Verfügung ist jedoch für die erste Instanz nicht bindend; in diesem Falle ist die erstinstanzielle Verfügung einfach aufrecht erhalten, die erste Instanz also zur Änderung seiner Entscheidung berechtigt.

Auch die Beschwerdeinstanz kann ihre Verfügungen nach § 18 ändern (a. M. Josef, Lehrb. 148) mit Ausnahme der die Beschwerde zurückweisenden Verfügungen; solche fallen unter Abs. 1, 2, Halbsatz (siehe N. 4a). Die Entscheidungen des Gerichts der weiteren Beschwerde unterliegen auch auf Antrag einer Änderung nicht mehr (BayObLG. **3** 49, OLG. **4** 350, **12** 196, RJA. **6** 167, ZBl. **6** 693).

4. Beschränkungen der Änderungsbefugnis.

a) Soweit Verfügungen **nur auf Antrag** erlassen werden können und der Antrag zurückgewiesen worden ist, setzt die Änderung einen Antrag voraus, (Abs. 2) sobald die Verfügung bekannt gemacht worden ist (ebenso Josef, Lehrb. 144 und in DJZ. **04** 63, Birkenbihl N. 3, a. M. Rausnitz N. 1 a. E., der den Erlaß der Verfügung entscheiden läßt). Die Erneuerung eines zurückgewiesenen Antrags ist jederzeit zulässig (OLG. **4** 199). Der Antrag muß von demjenigen ausgehen, dessen früherer Antrag zurückgewiesen ist; stellt ein anderer hiezu Berechtigter einen sachlich gleichen Antrag, so handelt es sich um eine neue Angelegenheit, die vom Gericht neuerdings zu behandeln und zu entscheiden ist; dies muß auch dann gelten, wenn der neue Antragsteller auf den früheren Antrag Bezug nimmt; es darf in diesem Falle nicht etwa der Antrag wegen mangelnder Legitimation des Antragstellers zu dem Antrag auf Änderung der früheren Verfügung zurückgewiesen werden.

Als Antrag, der auf eine Änderung der abweisenden Verfügung abzielt und deswegen auch dem Gericht erster Instanz die Abänderungsbefugnis verschafft, gilt auch die Beschwerde gegen die Zurückweisung. Als Abweisung eines Antrages ist auch die Abweisung einer Beschwerde anzusehen, weil die Entscheidung des Beschwerdegerichts stets einen Antrag voraussetzt; über Unabänderlichkeit dieser abweisenden Verfügung siehe Note 3 a. E. Auch hier ist aber der Erlaß einer abweichenden Verfügung durch die erste Instanz wegen nachträglicher Änderung der tatsächlichen Verhältnisse zulässig, ohne daß es eines Antrages bedürfte (SeuffA. **57** 188).

Über Antragsverfahren überhaupt siehe Note 1 zu § 12, N. 6 zu § 20. Kein Antragsverfahren ist die Volljährigkeitserklärung, da § 56 FGG. nur eine Ordnungsvorschrift enthält, ferner nicht die Genehmigung des Vormundschaftsgerichts zu Rechtshandlungen des Vormunds oder des Gewalthabers (§§ 1820 f., 1643 BGB.), da dieselbe nach dem Gesetz nicht von einem Antrag abhängt (ZBl. **2** 432, Breit im ZBl. **4** 483).

b) Eine Verfügung, durch welche die Genehmigung zu einem Rechtsgeschäft erteilt oder verweigert wird, kann vom Vormundschaftsgericht insoweit nicht mehr geändert werden, als die Genehmigung oder Verweigerung einem Dritten gegenüber wirksam geworden ist (§ 55 Abs. 1, 62, 63 FGG., hiezu Schmidt im ZBl. **3** 271); das gleiche gilt für das Nachlaßgericht bei der Nachlaßpflegschaft (§ 75 lit. c) und in beiden Fällen für die Beschwerdeinstanzen (vergl. auch § 32). Eine diesen Vorschriften zuwider erfolgte Abänderung ist unwirksam und übt insbesondere auf den genehmigten Vertrag keinen Einfluß. War jedoch der genehmigte Vertrag nichtig, so kann die Genehmigungsverfügung jederzeit geändert werden, auch wenn die Genehmigungserklärung schon an den Vertragsgegner gelangt ist, da der nichtige Vertrag durch die vormundschaftliche Genehmigung keine Giltigkeit erlangt hat.

Über weitere zeitliche Beschränkungen siehe Note 6.

5. Unzulässigkeit der Änderung.

a) Unzulässig ist die Änderung einer Verfügung, die der sofortigen oder der sofortigen weiteren Beschwerde unterliegt (**Abs. 2**); die Fälle der sofortigen Beschwerde siehe N. 1 zu § 22. Der Verlust der Abänderungsbefugnis tritt erst mit der Bekanntmachung der Verfügung ein (oben N. 4 a), dagegen ohne Rücksicht darauf, ob das Rechtsmittel eingelegt ist. Wegen veränderter Umstände ist jedoch auch in diesem Falle die Änderung beziehungsweise der Erlaß einer neuen Verfügung anderen Inhalts zulässig (siehe hierüber Josef, Lehrb. 255 f. und im ZBl. **3** 607, ferner ZBl. **7** 128, RJA. **7** 89).

b) Unzulässig ist die Änderung von Verfügungen, welche der Rechtskraft fähig und rechtskräftig geworden sind; über Rechtskraft siehe N. 1, 4 zu § 31, Josef, Lehrb. 252. Auf Grund veränderter Umstände kann eine neue denselben Gegenstand betreffende Verfügung anderen Inhalts getroffen werden (Josef in ZZP. **31** 71, a. M. Schneider in ZZP. **29** 96), nicht auch auf Grund von Umständen, welche schon vor der früheren Entscheidung eingetreten waren, aber dem Gericht unbekannt geblieben waren; Tatsachen, welche eingetreten sind, während die frühere Verfügung beim Gericht der weiteren Beschwerde anhängig war, können für eine neue Verfügung verwertet werden, weil das letztgenannte Gericht nach § 27 FGG. nicht in der Lage war, sie in dem Verfahren zu verwerten.

Eine Ausnahme enthält § 136 FGG.

c) Der Beschluß, durch welchen die Bestätigung des Vertrages erteilt wird, durch den jemand an Kindesstatt angenommen oder das durch die Annahme an Kindesstatt begründete Rechtsverhältnis wieder aufgehoben wird, darf nicht geändert werden (§ 67 Abs. 3 FGG.).

6. Einer zeitlichen Beschränkung unterliegt die Abänderungsbefugnis regelmäßig nicht; sie ist an keine Frist gebunden und kann auch nach Ablauf eines längeren Zeitraumes noch erfolgen, sobald das Gericht zu der Erkenntnis gelangt, daß die Verfügung ungerechtfertigt war. Es bestehen jedoch einzelne zeitliche Schranken:

a) Ausnahmsweise unterliegt die Änderung der Verfügung, durch welche die Zustimmung zu einer Ehelichkeitserklärung ersetzt wird, einer zeitlichen Beschränkung; sie kann nicht mehr erfolgen, sobald die Ehelichkeitserklärung erfolgt ist (§ 55 Abs. 2 FGG.).

b) Unzulässig ist die Änderung einer Verfügung sowohl durch das Gericht erster Instanz als durch das Beschwerdegericht, sobald weitere Beschwerde eingelegt ist (§ 29 Abs. 3). Erst die Einlegung, nicht schon die Zulässigkeit der weiteren Beschwerde führt den Verlust der Abänderungsbefugnis herbei (siehe auch N. 8 zu § 29).

c) Eine zeitliche Schranke allgemeiner Art wird durch den Devolutiveffekt der Beschwerde herbeigeführt; die Befugnis zur Abänderung erlischt im Falle der Einlegung der Beschwerde mit der Vorlage der Akten an die Beschwerdeinstanz. OLG.

1 267, DIJ. **00** 104, ZBl. **1** 62, 257, a. M. Keßler im ZBl. **1** 269, Josef, Lehrb. 140, der dem Gericht auch noch nach der Aktenvorlage die Änderungsbefugnis gibt.

7. Wirkung und Wirksamkeit der Änderung: Abändernde Verfügungen treten nach den allgemein für Verfügungen der betreffenden Art geltenden Regeln (§ 16 FGG.) in Wirksamkeit.

Über die Frage, ob die abändernde Verfügung die frühere Verfügung nach rückwärts aufhebt oder ob sie nur für die Zukunft wirkt, trifft § 32 FGG. nur für den Fall eine Anordnung, daß Jemand durch die aufgehobene Verfügung die Fähigkeit oder Befugnis zur Vornahme eines Rechtsgeschäfts oder zur Entgegennahme einer Willenserklärung erlangt hat; die Aufhebung einer solchen Verfügung hat auf die Wirksamkeit der inzwischen von ihm oder ihm gegenüber vorgenommenen Rechtsgeschäfte keinen Einfluß.

Im übrigen läßt sich die Frage häufig nach dem Inhalt der Verfügung entscheiden; so wirkt die Erteilung der Genehmigung zu einem Rechtsgeschäft nach vorausgegangener Verweigerung derselben, die Aufhebung einer Ordnungsstrafe stets rückwärts, dagegen wirken Anordnungen positiven Inhalts regelmäßig nur für die Zukunft. In zweifelhaften Fällen hat das Gericht darüber zu befinden, welches die Wirkung der abändernden Verfügungen sein soll; so ist z. B. bei Zubilligung eines Honorars an den Vormund, Pfleger ꝛc., nachdem diese früher abgelehnt worden war, darüber eine Entscheidung notwendig, von wann ab die Zubilligung erfolgt (siehe hiezu Josef in ZZP. **31** 71, Aron in ZZP. **27** 310 und GruchotsBeitr. **45** 599 ff.).

Die weitere Frage, ob die abändernde Verfügung die Wirkungen der aufgehobenen oder abgeänderten Verfügung kraft Gesetzes beseitigt oder ob es der Wiederherstellung dieser Wirkungen durch besondere Anordnungen bedarf, ist im ersteren Sinne zu entscheiden; ist z. B. eine Pflegschaft aufgehoben und nachher die aufhebende Verfügung wieder beseitigt worden, so bedarf es keiner Neubestellung des Pflegers, derselbe tritt von selbst wieder in sein Amt ein (Dorner N. 4 zu § 18, Josef, Lehrb. 143); siehe auch N. 8c.

8. Sonderfälle: Die Vorschrift des § 18 findet nach § 1 nur Anwendung, soweit nicht ein anderes bestimmt ist. Abgesehen von einzelnen Ausnahmen von dem Grundsatze des § 18 bestehen auch Sondervorschriften über die Abänderung gerichtlicher Verfügungen:

a) für Registersachen in den §§ 119, 142 ff., 147, 159, 161 FGG.; hier ist die Änderung von der Unzulässigkeit einer Eintragung abhängig;

b) für Ordnungsstrafen gegen Familienratsmitglieder, Zeugen und Sachverständige (§ 1875 Abs. 3 BGB., § 381 Abs. 1 Satz 2, §§ 409, 402 ZPO.); die Abänderung erfolgt nicht von Amtswegen, sondern auf nachträgliche Entschuldigung hin;

c) ein Erbschein kann nach erfolgter Bekanntmachung nicht mehr nach § 18 geändert, sondern muß nach § 2361 BGB. eingezogen oder für kraftlos erklärt werden; auch eine Abänderung der Verfügung, durch welche der Erbschein für kraftlos erklärt wird, ist ausgeschlossen, weil eine kraftlos gewordene Urkunde nur durch Erneuerung wieder ihrem Inhalte nach hergestellt werden kann (ebenso im Ergebnis mit verschiedener Begründung Josef 147, Rausnitz N. 42 zu § 84, Dorner N. 2 zu § 84); siehe jedoch wegen Berichtigung offenbarer Streitigkeiten N. 13.

9. Die Vorschrift des § 18 gilt auch für andere als gerichtliche Behörden, welche nach Landesrecht zuständig sind (§ 194 FGG.).

10. In **Bayern** gilt § 18 auch in Angelegenheiten, für welche die Landesgesetze maßgebend sind (Art. 129 AG. z. BGB.).

11. Für Grundbuchsachen siehe § 54 GBO. über die Eintragung eines Widerspruches gegen eine unrichtige und Löschung einer unzulässigen Eintragung von Amts wegen. Beschwerden, welche das Grundbuchamt für begründet hält, hat es nach § 75 GBO. abzuhelfen; im übrigen ist § 18 nach Art. 8 AG. z. GBO. und ZVG. anwendbar.

12. Für Gebührensachen bestimmt Art. 45 GebG., daß Entscheidungen über Wertfestsetzungen oder über Erinnerungen gegen einen Kostenansatz von dem Gerichte, welches die Entscheidung getroffen hat, oder von dem Gericht höherer Instanz auch nach Beendigung des Verfahrens von Amts wegen geändert werden können.

13. Berichtigung von Unrichtigkeiten: Die für den Zivilprozeß in den §§ 319 ff. ZPO. behandelte Frage, ob und inwieweit Unrichtigkeiten berichtigt werden können, ist für die freiwillige Gerichtsbarkeit im Gesetz nicht entschieden. Da es sich hier nicht um eine Änderung einer Entscheidung, sondern nur um deren äußerliche Richtigstellung unter Aufrechterhaltung des gewollten Inhaltes handelt, findet § 18 nicht Anwendung. Eine Berichtigung ist aber trotz des Mangels einer sie ausdrücklich zulassenden gesetzlichen Bestimmung jederzeit zulässig und zwar auch in denjenigen Fällen, in welchen die zu berichtigende Verfügung der sofortigen Beschwerde unterliegt; denn eine den Inhalt der Verfügung unrichtig ausdrückende Fassung wird nicht rechtskräftig, die Verfügung erhält durch die Versäumung der Beschwerdefrist keinen anderen Inhalt, insbesondere nicht den der unrichtigen Fassung (BayObLG. **4** 340, Recht **7** 316); dies gilt auch für einen Erbschein, der eine offenbare Unrichtigkeit enthält (SeuffBl. **70** 545, BayObLG. **6** 388).

§ 19.

Gegen die Verfügungen des Gerichts erster Instanz findet das Rechtsmittel der Beschwerde statt. Über die Beschwerde entscheidet das Landgericht.

Zulässigkeit der Beschwerde, Beschwerdegericht.

1. Geltungsgebiet der Vorschriften der §§ 19 ff. Die §§ 19—30 regeln die Anfechtung der Verfügungen in der freiwilligen Gerichtsbarkeit. Es ist nur ein einziges Rechtsmittel gegeben, die Beschwerde (siehe über diese und das Beschwerdeverfahren überhaupt Unger in ZZP. **34** 232). Nur eine besondere Art derselben ist die sofortige Beschwerde, verschieden nur durch die Bindung an eine Frist. Weitere Rechtsbehelfe sind die Wiedereinsetzung gegen Versäumung einer Frist (§§ 22, 92, 99, 137), der Widerspruch gegen Eintragungen ins Schiffsregister (§ 100 FGG. mit § 18 GBO., §§ 103, 119, 122, 123 FGG.), der Einspruch im Ordnungsstrafverfahren in Handelssachen (§§ 132 ff.).

Die Vorschriften der §§ 19 ff. finden auch Anwendung, soweit die Beschwerde nicht unmittelbar durch das FGG., sondern durch Vorschriften des GVG. und der ZPO., die nach Vorschriften des FGG. entsprechende Anwendung finden, gegeben ist; siehe §§ 2, 8, 14, 15 und unten N. 7. Sie finden keine Anwendung, soweit ein anderes bestimmt ist, wo nämlich in Angelegenheiten, die unter § 1 fallen, ausdrücklich die Beschwerde nach Maßgabe der ZPO. gegeben ist. Hieher gehören die Fälle der §§ 60, 73 ZPO., Beschwerde gegen Zurückweisung einer Vereinsanmeldung und gegen die Entziehung der Rechtsfähigkeit des Vereins — die sofortige Beschwerde nach Maßgabe der ZPO. und nicht die unbefristete Beschwerde nach § 19 FGG. findet auch gegen die Zurückweisung aus anderen als den in § 60 Abs. 1 BGB. genannten Gründen statt (BayObLG. **1** 619, **2** 326, RG. **47** 388, Recht **9** 310, ZBl. **6** 27), ebenso gegen Zwischenverfügungen des Registergerichts, die die Zulassung des Eintragungsantrages von der Beseitigung eines nach Ansicht des Registergerichts vorhandenen Mangels abhängig machen, da dies einer Zurückweisung des Antrages, so wie er gestellt ist, gleichkommt (a. M. ZBl. **7** 393), — ferner des § 80 GenG., Auflösung der Genossenschaft wegen geringer Mitgliederzahl (siehe auch N. 5 zu § 22).

2. Unter **Verfügungen**, die nach Abs. 1 der Beschwerde unterliegen, sind alle sachlichen Entschließungen des Richters zu verstehen. Es sind sohin, was den Gegenstand und Inhalt anlangt, jedenfalls alle ein Verfahren oder einen Abschnitt innerhalb einer anhängigen Angelegenheit abschließenden Verfügungen (Anordnungen, Entschließungen, Entscheidungen) anfechtbar, also innerhalb einer Vormundschaft die einzelnen während der Dauer derselben ergehenden Verfügungen, wie die Genehmigung eines Rechtsgeschäfts, die Zubilligung eines Honorars an den Vormund.

Im Gegensatz zu den Endentscheidungen stehen die bloß vorbereitenden Verfügungen (Zwischenverfügungen). Diese sind nur insoweit der Anfechtung entzogen, als sie nicht für die Beteiligten bestimmt sind, sondern nur den Dienstbetrieb betreffen (Josef in ZZP. **32** 297), oder soweit durch sie sonst Rechte der Beteiligten nicht verletzt werden können; hieher gehören insbesondere die Beweisanordnungen (N. 4 zu § 15 und die Literatur daselbst), ferner die Anordnungen des Registerrichters, durch welche eine Eintragung angeordnet wird (§ 103 der Vorschriften über die Führung des Handelsregisters, Bek. vom 24. 12. 99, Josef in DJZ. **04** 63, 64 gegen ZZP. **30** 147). Dagegen sind Zwischenverfügungen anfechtbar und zwar auch, wenn sie von einem Landgericht als Beschwerdeinstanz erlassen werden (Schultze-Görlitz im ZBl. **5** 622), soweit sie bereits in Rechte der Beteiligten eingreifen, so die Anordnung der Ergänzung eines Antrages, die eine Zurückweisung des Antrages in der Art, wie er gestellt ist, enthält, alle Anordnungen, die ein bestimmtes Verhalten der Beteiligten in dem Verfahren verlangen, wie die Anordnung des persönlichen Erscheinens, die Zurückweisung eines Beistandes oder Bevollmächtigten, die Anordnung der Vorlage von Beweismitteln (z. B. im Verfahren auf Ausstellung eines Erbscheines, Freudenthal im Recht **06** 494) und dergl. (RJA. **1** 80, **7** 75, ZBl. **7** 116, auch **6** 32). Die Beschwerde ist schon zulässig, wenn jemand einen prinzipalen und einen eventuellen Antrag gestellt hat und das Gericht eine auf den letzteren bezügliche Zwischenverfügung erläßt, aus der die Ablehnung des primären Antrages hervorgeht (ZBl. **2** 9). Eine Feststellung familienrechtlicher Verhältnisse durch das Vormundschaftsgericht, z. B. der Ehelichkeit, der Legitimation, die eine Entscheidung der Vorfrage für Einleitung eines Verfahrens bildet, ist auch dann schon anfechtbar, wenn sie noch nicht verändernd in das Bestehen eines bürgerlichen Rechtsverhältnisses eingreift (ZZP. **27** 185).

Keine bloße Zwischenverfügung ist die Anordnung der Einziehung eines Erbscheines; nicht erst die Einziehung, die durch vom Gericht beauftragte Organe geschieht, sondern die Anordnung ist eine Verfügung; die Unanfechtbarkeit ist insbesondere nicht aus der Unanfechtbarkeit der Kraftloserklärung nach § 84 FGG. zu schließen (RJA. **2** 63). Die Anordnung einer Pflegschaft für eheliche Kinder im Erziehungsstreit nach § 1635 BGB. oder im Verfahren nach § 1666 BGB. ist eine selbständige Anordnung und deshalb anfechtbar (Wellstein N. 2c, a. M. RJA. **4** 136, ZBl. **5** 84); die Frage ist von geringerer Bedeutung geworden, da nach der Rechtsprechung des Reichsgerichts die Anordnung einer Pflegschaft in diesem Verfahren nicht unbedingt notwendig ist (RG. **60** 134, **62** 132, ZBl. **6** 790, **7** 55).

Keine Verfügungen im Sinne des § 19, also nicht anfechtbar sind die einstweiligen Anordnungen des Beschwerdegerichts nach § 24 Abs. 3 (RJA. **3** 1, **4** 189, ZBl. **2** 763, **5** 409, vergl. auch RG. **35** 341 zu § 572 Abs. 3 ZPO.). Dagegen unterliegt die Verfügung des Gerichts, dessen Verfügung angefochten wird, daß die Vollziehung auszusetzen sei, oder die Ablehnung eines Antrages hierauf, der Beschwerde.

3. Verfügungen sind anfechtbar, gleichviel, ob sie **formell- oder materiellrechtlichen Inhalts** sind (vergl. über die doppelte Funktion der Beschwerde und die Beschränkung des Beschwerderechts auf die das Verfahren Betreibenden im ersteren Fall Du Chesne in ZBl. **3** 324, **4** 189). So sind Verfügungen, die das Recht einer Person, zu einem Verfahren zugezogen zu werden oder von der Zuziehung verschont zu bleiben, verletzen, anfechtbar, also die Ladungsverfügungen, durch die jemand wider seinen Willen in ein gerichtliches Verfahren hineingezogen wird, das ihm gewisse Pflichten auferlegt und ihn bei Versäumnis mit Nachteilen bedroht (Auseinandersetzungsverfahren nach §§ 91, 93, RJA. **1** 183, OLG. **2** 37, SeuffA. **56** 387). Die Beschwerde (und die sofortige Beschwerde) kann auch im Kostenpunkt allein eingelegt werden, vorausgesetzt, daß nicht auch die Entscheidung in der Hauptsache der Anfechtung entzogen ist (OLG. **5** 439, BayObLG. **5** 511). Die Anfechtung im Kostenpunkt ist auch mit der Begründung zulässig, daß die Entscheidung in der Hauptsache unrichtig sei, gleichviel ob der Beschwerdeführer den in der Vorinstanz gestellten Antrag nicht mehr aufrechthalten kann oder will (OLG. **3** 219, BayObLG. **5** 511, Recht **04** 579).

4. Da für die Verfügungen des Gerichts erster Instanz eine bestimmte Form regelmäßig nicht vorgeschrieben ist, macht es für die Anfechtbarkeit keinen Unterschied, in welcher Form die Verfügung ergangen ist. Die Beschwerde ist also nicht bloß **gegen schriftliche,** sondern auch gegen **mündliche Verfügungen** zulässig, es ist nicht einmal erforderlich, daß die in § 16 Abs. 2 vorgeschriebene Form des Aktenvermerks eingehalten ist; der vom Gericht erster Instanz dem Beschwerdegericht zu erstattende Bericht bildet eine genügende Grundlage für die Entscheidung des Beschwerdegerichts (RJA. **2** 151). Bei nur mündlichen Äußerungen des Richters ist jedoch stets zu untersuchen, ob er mit derselben wirklich eine Verfügung treffen wollte. Die bloße Beantwortung einer Anfrage ohne praktische Verwirklichung der geäußerten Ansicht auf einen gegebenen Tatbestand stellt gewöhnlich nur eine unverbindliche Meinungsäußerung dar und ist deshalb nicht anfechtbar (OLG. **4** 349, **9** 463, DJZ. **7** 296, Unger in ZZP. **34** 320). So sind Äußerungen des Registerrichters über ihm vorgelegte Urkundenentwürfe für künftige Anmeldungen zum Handelsregister noch keine anfechtbaren Verfügungen (Recht **00** 175, **06** 1085). Dagegen ist z. B. die mündliche Eröffnung, daß das Gericht die Akteneinsicht ablehne, daß es zur Einleitung einer Pflegschaft, die bei ihm angeregt wurde, keinen Anlaß habe, eine Äußerung von rechtlicher Konsequenz und daher anfechtbar. Aber auch bei schriftlichen Äußerungen des Gerichts, mögen sie die äußere Form eines Beschlusses oder einer Verfügung haben oder nicht, kommt es darauf an, ob sie nur die Darlegung einer Rechtsanschauung ohne praktische Folgerungen oder schon eine Beschwerung eines Beteiligten enthalten (ZBl. **7** 389); ein bloßer Rat, auch ein solcher, den das Beschwerdegericht dem Amtsgericht für die weitere Behandlung der Sache gibt, kann nicht Gegenstand der Anfechtung sein (BayObLG. **6** 84); dagegen begründet die schriftliche Eröffnung, daß ein Antrag in bestimmtem Sinne verbeschieden würde, schon die Beschwerde (RJA. **1** 208, OLG. **9** 350). Ob in diesem Sinne eine Verfügung vorliegt, hat das Beschwerdegericht und das Gericht der weiteren Beschwerde selbständig zu prüfen (OLG. **4** 348).

Ein rein passives Verhalten des Gerichts, eine Unterlassung desselben, wird regelmäßig nur zu einer Dienstaufsichtsbeschwerde Anlaß geben. Ausnahmsweise kann es die Bedeutung einer Verfügung haben, also die Beschwerde begründen, so wenn das Gericht einen von mehreren Anträgen unberücksichtigt läßt oder einen Antrag absichtlich nicht verbescheidet, um zum Ausdruck zu bringen, daß es ihm nicht stattgeben wolle, wie dies in der Praxis bei öfterer Wiederholung der nämlichen Anträge trotz der Eröffnung, daß ihnen nicht stattgegeben werde, vorkommt (Schultzenstein in ZZP. 25 189 ff.).

5. Jede Beschwerde setzt eine **formelle Beschwerung** des Beschwerdeführers voraus. Die Beschwerde ist daher nicht zulässig gegen eine dem Beschwerdeführer günstige Entscheidung bloß wegen einer ihm nicht entsprechenden Begründung der Entscheidung (RJA. **1** 62, 65, OLG. **4** 349, 350, **7** 209). Verfügungen, deren Wirkung so endgültig eingetreten ist, daß durch die Aufhebung derselben weder ihre Wirkung rückgängig gemacht, noch sonst ein praktischer Erfolg erzielt würde, sind der Beschwerde entzogen; diese ist zur Erzielung eines rein theoretischen Erfolges nicht zulässig (OLG. **2** 499, **10** 437). Aus diesem Grunde ist die Beschwerde im Berichtigungsverfahren ausgeschlossen, wenn einmal die Berichtigung erfolgt ist (Frese im ZBl. **4** 677). Es ist aber nicht schlechthin für alle Verfügungen des Vormundschaftsgerichts anzunehmen, wenn inzwischen die Vormundschaft beendet worden oder der Vormund, gegen den sie sich richtet, entlassen worden ist; denn die Amtsgewalt des Vormundschaftsgerichts dauert auch nach Beendigung zwecks Abwickelung der auf der Führung der Vormundschaft beruhenden Geschäfte fort (RJA. **2** 5, **6** 15, ZBl. **1** 801, **6** 268, dagegen Josef in DNotV. **6** 123, der die Beschwerde des entlassenen Vormunds gegen ein den Vorwurf der Pflichtwidrigkeit enthaltendes Gebot ausschließt); gleiches gilt für die Verfügungen des Nachlaßgerichts nach beendigter Nachlaßpflegschaft (RJA. **6** 33, ZBl. **6** 285). Zulässig ist die Beschwerde gegen eine Verfügung, die einem Antrag (im Sinne von Anregung), der nicht Voraussetzung für eine Tätigkeit des Gerichts ist (siehe § 18 Abs. 2, § 20 Abs. 2 und N. 6 dazu), stattgibt, auch für den Antragsteller, da dieser an seine Ansicht nicht gebunden ist. (BayObLG. **1** 502).

7. Die Beschwerde findet gegen die **Verfügungen des Gerichts erster Instanz statt.** Dies ist regelmäßig das Amtsgericht; wegen der Anfechtung der Verfügungen von anderen als gerichtlichen Behörden, die nach Landesrecht an Stelle der Gerichte zuständig sind, siehe § 195 (für Bayern bedeutungslos).

Soweit ausnahmsweise das Landgericht in erster Instanz zuständig ist, ist teilweise der Instanzenzug besonders geregelt, (§§ 64, 143 Abs. 1). Soweit das Landgericht als Beschwerdegericht über ein erst bei ihm angebrachtes Gesuch um Bewilligung des Armenrechts oder Beiordnung eines Rechtsanwaltes (§ 14) oder über Zwangsmaßregeln gegen Zeugen oder Sachverständige innerhalb eines von ihm angeordneten Beweisverfahrens (§ 15 mit § 380 Abs. 3, § 390 Abs. 3, § 490 Abs. 2 ZPO.) zu entscheiden hat, ist es insoweit erstinstanzielles Gericht, weshalb gegen solche Verfügungen die Beschwerde, nicht die weitere Beschwerde stattfindet (a. M. Wellstein N. 3 zu § 19); dasselbe gilt für sonstige in der Beschwerdeinstanz erlassenen Zwischenverfügungen (Schultze-Görlitz in ZBl. **5** 738). Beschwerdegericht ist in diesen Fällen mangels besonderer Regelung nach dem Prinzip der entsprechend anzuwendenden ZPO. das nach der Gerichtsverfassung vorgeordnete Gericht, das ist das Oberlandesgericht, nicht das Oberste Landesgericht, das nach § 199 nur zur Entscheidung über die weitere Beschwerde berufen sein kann; weitere Beschwerde ist ausgeschlossen, da in der freiwilligen Gerichtsbarkeit die Zuständigkeit des Reichsgerichts nur nach Maßgabe des

§ 28 Abs. 2 gegeben ist. Soweit das Oberlandesgericht als Gericht der weiteren Beschwerde oder als Beschwerdegericht nach §§ 64, 143 derartige Entscheidungen erläßt, ist die Anfechtung aus dem nämlichen Grunde ausgeschlossen (Schultze-Görlitz im ZBl. **5** 618, 737, OLG. **10** 321).

8. Die Beschwerde findet nur gegen **richterliche** Verfügungen statt. Gegen Handlungen oder Unterlassungen des Gerichtsschreibers ist regelmäßig nur die Dienstaufsichtsbeschwerde möglich (DJZ. **05** 1012). Zur Beseitigung von Verfügungen, welche von dem Richter zu erlassen sind, muß aber die Beschwerde nach § 19 zugelassen werden, wenn sie in gesetzwidriger Weise von einem Gerichtsschreiber erlassen wurden (Josef im Recht **03** 516).

9. Auch zur formellen Beseitigung einer materiell **nichtigen** Handlung des des Richters, also einer rechtlich bedeutungslosen Verfügung, ist die Beschwerde gegeben (OLG. **7** 135, 136).

10. Verfügungen des **Familienrates** sind als erstinstanzielle Entscheidungen mit der Beschwerde anfechtbar, da der Familienrat nach § 1872 BGB. an Stelle des Vormundschaftsgerichts tritt. Daneben unterliegen auch die Entscheidungen, die der Vorsitzende desselben selbständig und allein zu treffen hat, z. B. der Ausspruch von Ordnungsstrafen gegen Mitglieder (§ 1875 BGB.), der Beschwerde nach § 19. Über die Beschwerde gegen die Entlassung eines Familienratsmitgliedes nach § 1878 Abs. 2 BGB. siehe § 64.

11. Beschwerdegericht ist nach Abs. 2 das **Landgericht,** das ist das nach der Gerichtsverfassung vorgesetzte Landgericht. Abweichungen von dieser Regel ergeben sich aus den nach §§ 2, 8 entsprechend anzuwendenden Vorschriften der §§ 160, 183 GVG.; nach diesen Vorschriften ist das Oberlandesgericht Beschwerdegericht, im Falle des § 183 ohne Rücksicht darauf, ob ein Amtsgericht oder ein Landgericht in erster Instanz entschieden hat; siehe N. 4c zu § 2 und N. 2 zu § 8 und oben N. 7. Wegen des Beschwerdegerichts in Fällen erstinstanzieller Zuständigkeit des Landgerichts siehe N. 7.

Irrige Bezeichnung des Beschwerdegerichts schadet nicht (BayObLG. **1** 354, 444, 454, 462, 739).

12. Zeitlich ist die Beschwerde **zulässig,** sobald die Verfügung erlassen ist; vorherige Bekanntmachung ist nicht erforderlich, auch nicht in den Fällen der sofortigen Beschwerde. Wegen der Abänderungsbefugnis des Gerichts, dessen Verfügung angefochten ist, bis zur Bekanntmachung siehe N. 4a, 5 zu § 18. Dagegen ist die Einlegung der Beschwerde im voraus für den Fall der Ablehnung eines Antrages oder Gesuches unzulässig (ZBl. **2** 353).

13. Die Beschwerde kann jederzeit **zurückgenommen** werden. Die Zurücknahme muß, um wirksam zu sein, unbedingt und vorbehaltlos erklärt sein (ZBl. **3** 501). Durch die Zurücknahme geht das Beschwerderecht auch für die Zukunft verloren; in derselben liegt regelmäßig ein endgültiger Verzicht auf das Beschwerderecht, soferne nicht besondere Umstände erkennen lassen, daß dem Zurücknehmenden der Wille, einen solchen Verzicht zu erklären, nicht innegewohnt habe (ZBl. **5** 319, auch Fuchs N. 6 zu § 19 und in ZZP. **31** 411), so wenn eine formell fehlerhafte Beschwerde zurückgenommen wurde, um den Fehler zu beseitigen. Deshalb ist auch der Widerruf der Zurücknahme ausgeschlossen, soferne er nicht mindestens gleichzeitig mit der Erklärung der Zurücknahme bei Gericht einläuft. Durch die Zurücknahme erlischt das Recht des Beschwerdegerichts zu einer Entscheidung; eine gleichwohl erlassene Entscheidung ist unwirksam, da die formelle Voraussetzung für dieselbe fehlt (vergl. Petersen in DJZ.

02 214 für den Zivilprozeß). Die Abänderungsbefugnis des Gerichts erster Instanz wird durch die Zurücknahme nicht beeinflußt.

Der **Verzicht** auf die Beschwerde ist sowohl vor als nach Erlaß der Verfügung des Gerichts erster Instanz zulässig. Er kann, vorbehaltlich der Bestimmungen des § 138 BGB., durch Vertrag mit anderen Beteiligten erfolgen. Ein einseitiger Verzicht kann gegenüber dem Gericht oder einem allenfallsigen Gegner erklärt werden (gegen die Bindung eines Beschwerdeberechtigten an einen dem Gerichte gegenüber erklärten Verzicht RJA. **7** 1, ZBl. **7** 61).

14. Die Beschwerde findet nicht statt, soweit sie ausdrücklich ausgeschlossen ist — § 5 Abs. 2, § 132 Abs. 2.

15. Wegen der **Begründung** der Beschwerde siehe die Noten zu § 23. Beschränkungen hinsichtlich des Beschwerdegrundes finden sich in §§ 96, 139 Abs. 2, § 157 Abs. 2.

16. Die **Entscheidung des Beschwerdegerichts** lautet je nach dem Ergebnis der Prüfung der Verfügung der Vorinstanz dahin, daß dieselbe bestätigt oder aufgehoben wird. Ausgeschlossen ist es, daß sich das Beschwerdegericht da, wo infolge der Aufhebung der Verfügung der ersten Instanz eine Entscheidung positiven Inhalts notwendig wird, auf die Aufhebung beschränkt und die positive Entscheidung der Vorinstanz überläßt unter Angabe der Grundsätze, von denen bei der neuen Entscheidung auszugehen ist. Soferne das Beschwerdegericht nicht wegen formeller Beanstandungen zur Verwerfung der Beschwerde als unzulässig gelangt, sondern auf eine materielle Würdigung derselben eingegangen ist, muß es die erforderliche Entscheidung selbst treffen (so auch bei der Beschwerde gegen Versagung der Genehmigung des Vormundschaftsgerichts ZBl. **7** 315); über die Anwendung des § 12 in der Beschwerdeinstanz siehe im übrigen N. 3 zu § 12.

Erachtet das Beschwerdegericht zwingende Verfahrensvorschriften für verletzt, so darf es seine Entscheidung nicht auf das fehlerhafte Verfahren stützen, sondern muß nötigenfalls den betreffenden Teil des Verfahrens (z. B. eine Zeugenvernehmung, bei der die Vorschriften über Beeidigung verletzt sind) wiederholen. Im Falle der Verletzung unheilbarer Mängel im Sinne des § 551 ZPO. muß die Verfügung der Vorinstanz ohne weitere Prüfung aufgehoben werden.

Über die Zulässigkeit einer reformatio in pejus siehe N. 3b zu § 12, N. 1 zu § 23, auch noch Schultzenstein in ZZP. **31** 7; a. M. Josef in ZZP. **33** 517 ff.

17. Über Abgrenzung der Beschwerde nach den §§ 19 ff. von der Dienstaufsichtsbeschwerde siehe Josef in ZBl. **5** 163, Unger in ZZP. **34** 238. Während sich die erstere gegen sachliche Anordnungen richtet, findet die letztere gegen die Art des Geschäftsbetriebs, so insbesondere gegen angeblich unberechtigte Verweigerung von Amtshandlungen oder Verweigerung von solchen statt.

18. Die Vorschriften der §§ 19 ff. über das Beschwerdeverfahren finden mit Ausnahme des § 28 (siehe N. 1 hiezu) auch in denjenigen Angelegenheiten der freiwilligen Gerichtsbarkeit Anwendung, für welche die landesgesetzlichen Vorschriften maßgebend sind, mit der Maßgabe, daß an Stelle des Oberlandesgerichts als Gericht der weiteren Beschwerde das Oberste Landesgericht tritt (Art. 42 Abs. 3 AG. z. GVG.).

Die Vorschriften gelten auch für die Anfechtung der Entscheidungen in Fideikommißsachen (14 Abs. 3 der VII. Beilage zur Verfassungsurkunde i. d. F. des Art. 135 Ziff. II Nr. 1 AG. z. GVG.). Aufgehoben ist der Art. 33 des G., die landwirtschaftlichen Erbgüter betr., vom 22. 5. 55 durch Art. 152 Nr. VI AG. z. BGB., es finden daher auch in den durch dieses Gesetz den Gerichten der nichtstreitigen Gerichtsbarkeit überwiesenen Angelegenheiten die Vorschriften der §§ 19 ff. FGG. Anwendung.

Ausgeschlossen ist die Beschwerde gegen die Ausstellung des Unschädlichkeitszeugnisses (Art. 18 des G. das Unschädlichkeitszeugnis betr. vom 15. 6. 98).

Ein kaum mehr praktische Übergangsvorschrift für Beschwerden in anhängigen Verfahren siehe in Art. 34 ÜG.

19. In Gebührensachen finden die Vorschriften der §§ 19 FGG. keine Anwendung (BayObLG. **1** 502, **2** 672, SeuffBl. **67** 374), siehe Art. 46 GebG.

20. Über die Beschwerde gegen die Entscheidungen des Landgerichts in Notariatssachen siehe Art. 60 f. NotG.

§ 20.

Die Beschwerde steht Jedem zu, dessen Recht durch die Verfügung beeinträchtigt ist.

Soweit eine Verfügung nur auf Antrag erlassen werden kann und der Antrag zurückgewiesen worden ist, steht die Beschwerde nur dem Antragsteller zu.

Legitimation zur Beschwerdeführung.

1. § 20 regelt allgemein die Befugnis zur Einlegung der Beschwerde; Sondervorschriften enthalten die § 57 für Vormundschaftssachen, § 126 für die Beschwerde der Organe des Handelsstandes erweiternd, § 76 Abs. 2 einschränkend. § 20 gilt auch für die weitere Beschwerde (§ 29 Abs. 4), ferner, wenn landesgesetzlich andere als gerichtliche Behörden zuständig sind (§§ 194, 195). Durch § 20 Abs. 1 wird das Beschwerderecht, das sich für bestimmte Personen aus anderen Reichsgesetzen ergibt, nicht berührt (RJA. **2** 10).

2. Zur Beschwerde ist jeder legitimiert, **dessen Recht beeinträchtigt wäre, wenn die angefochtene Entscheidung ungerechtfertigt wäre.** Es genügt also zur Begründung des Beschwerderechts die Behauptung der Beeinträchtigung eines Rechts. Die Prüfung der Legitimation erstreckt sich daher nur auf diese Frage; im Falle ihrer Verneinung wird die Beschwerde als unzulässig verworfen, im Falle der Bejahung ist zu prüfen, ob die Beschwerde sachlich begründet ist, und im Falle der Verneinung dieser Frage die Beschwerde als unbegründet zu verwerfen (ZBl. **2** 650, RJA. **5** 9, Dorner N. 6 zu § 20).

3. Das **Recht,** dessen Beeinträchtigung § 20 fordert, kann dem Privatrecht oder dem öffentlichen Rechte angehören. Im ersteren Falle braucht nicht ein konkretes Privatrecht oder eine bestimmte Verfahrensvorschrift, auf deren Einhaltung ein Recht besteht, verletzt zu sein; es genügt vielmehr jeder Eingriff in die Rechtssphäre des Beschwerdeführers durch die anzufechtende Entscheidung (Schultze-Görlitz N. 3a zu § 20). Zur Beschwerde berechtigt deshalb auch jede Verletzung des allgemeinen Rechts auf ordnungsmäßige Führung der Angelegenheit; wegen der Beeinträchtigung eines Rechts durch Bestimmung einer Frist von unangemessen langer Dauer (z. B. im Falle des § 140 FGG.) für eine Handlung des Gegners des Beschwerdeführers siehe Josef im ZBl. **5** 171; wegen der Zulässigkeit der Beschwerde gegen die Anordnung oder Ablehnung der Aussetzung des Verfahrens ebenda 172. Die Behauptung, das Gericht habe von einem ihm zustehenden Ermessen unrichtigen Gebrauch gemacht, begründet die Beschwerde (Josef in DNotV. **4** 249); dies trifft auch zu, wenn die Vornahme einer Amtshandlung in bestimmtem Sinne überhaupt in das Ermessen des Gerichts gestellt ist, wie z. B. die Gewährung der Akteneinsicht (§ 34 „kann gewährt werden", OLG. 2 396, Recht 04 82); auch auf Einhaltung von Sollvorschriften besteht ein Recht (ZBl. 5 41, RJA. 2 152, OLG. 3 241; siehe auch N. 3 zu § 27). Immer aber ist die Verletzung eines wirklich vorhandenen subjektiven, mit dem Schutze der Staatsgewalt bekleideten, wenn auch nicht notwendig klagbaren Rechts erforderlich; Verletzung eines bloßen — wirtschaftlichen, rechtlichen oder berechtigten — Interesses genügt nicht, um die Beschwerde aus § 20 zu begründen (Recht 00 538, 02 559, OLG. 12 199), ebensowenig die Verletzung einer moralischen Berechtigung oder einer sittlichen Pflicht (OLG. 7 203). Ein Recht im Sinne des § 20 ist auch schon das in §§ 12, 823 BGB. anerkannte allgemeine Persönlichkeitsrecht, das durch Ansinnen einer unter Umständen zeitraubenden und kostspieligen Tätigkeit, soferne diese unnötig sein sollte, verletzt wird (ZBl. 2 290).

Das beeinträchtigte Recht muß endlich ein Recht des Beschwerdeführers sein (verbis „dessen Recht"). Wegen einer Beeinträchtigung eines Rechts hat also nicht jeder an dem Verfahren Beteiligte oder Interessierte die Beschwerde.

Hieraus ergibt sich Folgendes:

a) In Vormundschaftssachen ist der Vormund, Pfleger, Inhaber der elterlichen Gewalt für den Mündel, Pflegling, das Kind beschwerdeberechtigt, wenn ein Recht der letzteren oder eine ihrem Schutze dienende Verfahrensvorschrift verletzt ist. Wird daher vom Vormundschaftsgericht zu einem Rechtsgeschäfte des Vormundes oder Pflegers die erforderliche Genehmigung versagt, so ist der Vormund oder Pfleger berechtigt, gegen die Verfügung des Vormundschaftsgerichts namens des Mündels oder Pfleglings die Beschwerde einzulegen; durch unbegründete Verweigerung wird das Recht des Mündels oder Pfleglings auf eine gesetz- und sachgemäße Entscheidung beeinträchtigt (BayObLG. 4 728, 5 76; RJA. 2 108, ZBl. 2 204, BayNotZ. 04 132, Breit in ZBl. 4 484). Dagegen hat der Antragsgegner kein Beschwerderecht (siehe unten N. 4). Beschwerderecht für den Mündel besteht auch im Falle der Verweigerung einer Genehmigung, weil dieselbe überflüssig sei (Recht 8 81). Vormund, Pfleger, Inhaber der elterlichen Gewalt sind im eigenen Namen nur beschwerdeberechtigt, wenn die Verfügung in ihre eigene Rechtssphäre eingreift, so gegenüber Maßregeln nach § 1836 oder 1666 ff. BGB.; daher Beschwerderecht des Vaters gegen die Anordnung einer Pflegschaft zur Verwaltung einer Vermächtniszuwendung an die Kinder, weil dieselbe nach § 1628 BGB. seine elterliche Gewalt beeinträchtigt (BayObLG. 2 411, ähnlich RJA. 5 224); aber kein Beschwerderecht des Vaters, dem nur die Nutznießung an dem Vermögen seiner Kinder, nicht aber die Verwaltung zusteht, in Angelegenheiten der Vermögensverwaltung wegen der Verwendung des Stammkapitals zur Bestreitung des Unterhalts der Kinder (BayObLG. 5 189, RJA. 4 191, Recht 9 25); kein Beschwerderecht des Pflegers gegen eine Entscheidung, die in einer das Rechtsverhältnis zwischen dem Pflegling und dessen Vater betreffenden Angelegenheit erlassen wird (BayObLG. 3 182), wohl aber gegen die Bestellung eines weiteren Pflegers, durch die er in dem ihm eingeräumten Wirkungskreis beschränkt wird (OLG. 2 65); dem Gegenvormund steht keine Beschwerde gegen die nach Anhörung desselben trotz von ihm geäußerter Bedenken erfolgte Genehmigung eines Rechtsgeschäfts zu; verletzt ist weder sein Recht, auf pflichtgemäße Führung der Vormundschaft durch den Vormund zu achten, noch sein Recht auf Anhörung (§ 1826 BGB.), das durch die erfolgte Anhörung erschöpft ist, aber keinen Anspruch auf Berücksichtigung seiner Ansicht gibt (RJA. 4 73, OLG. 10 24, Recht 04 260, unrichtig ZBl. 2 191). Dagegen ist der Gegenvormund beschwerdeberechtigt, wenn seine Zustimmung zu Rechtshandlungen des Vormunds durch Verfügung des Vormundschaftsgerichts ersetzt, also in sein freies Selbstbestimmungsrecht eingegriffen ist (Josef N. 2c zu § 20).

Beschwerdeberechtigt ist die Mutter des unehelichen Kindes gegen Verfügungen über die Unterbringung des Kindes, selbst wenn die Verfügung ihrem früher erklärten Willen entspricht; sie hat ein unveräußerliches Recht, für die Person ihres Kindes zu sorgen, kann daher ihren Willen jederzeit ändern (BayObLG. **1** 455); dagegen steht ihr gegen die ihren Antrag auf Entlassung des Vormunds abweisende Entscheidung weder aus eigenem Rechte noch aus dem Rechte des Kindes die Beschwerde zu; sie hat weder ein eigenes Recht auf Entlassung, noch ist sie zur Vertretung des Kindes berechtigt (BayObLG. **7** 42).

Zur Einlegung der Beschwerde gegen die Bestellung einer Pflegschaft ist sowohl der Pflegebefohlene als der Pfleger berechtigt, ersterer, weil ihm ein Vertreter aufgedrängt wird, letzterer, weil er ohne gesetzlichen Grund zur Wahrnehmung von Angelegenheiten herangezogen wird (BayObLG. **5** 56), das gleiche Beschwerderecht besteht im Falle der Anordnung durch ein unzuständiges Gericht (BayObLG. **4** 80, OLG. **10** 17). Über das Beschwerderecht der zur Vormundschaft gesetzlich Berufenen siehe § 60 Nr. 1; dagegen steht gegen die Bestellung eines nicht zu den Verwandten oder Verschwägerten des Pfleglings gehörenden Pflegers dem Großvater des Pfleglings die Beschwerde nicht zu; die in § 1779 Abs. 2 Satz 3, 1915 BGB. gegebene Anweisung, Verwandte und Verschwägerte des Pfleglings zunächst zu berücksichtigen, gewährt einem von diesen kein Recht auf Berücksichtigung (BayObLG. **6** 346, RJA. **6** 28, OLG. **12** 208). Gegen die Aufhebung einer Vormundschaft steht dem Vormund namens des Mündels wegen der in der Aufhebung liegenden Entziehung des vormundschaftlichen Schutzes die Beschwerde zu, nicht aber im eigenen Namen, da er kein eigenes Recht auf Fortbestand der Vormundschaft hat (Josef N. 2c zu § 20 und in der DNotV. **4** 259, Unger in ZZP. **34** 293); dies gilt auch für die Aufhebung der vorläufigen Vormundschaft (RJA. **3** 172). Im eigenen Namen hat der Vormund auch nach Beendigung seines Amts das Beschwerderecht, wenn die anzufechtende Verfügung ihm eine Pflichtwidrigkeit vorwirft (RJA. **6** 15, dagegen Josef in DNotV. **6** 123), oder sonst in seine Rechte eingreift (z. B. Festsetzung seines Honorars nach Beendigung der Vormundschaft). Wegen des Beschwerderechts des Ehemannes gegen Verfügungen, die im echten Streitverfahren gegen die beteiligte Ehefrau ergangen sind und das eingebrachte Gut oder Gesamtgut berühren, wegen Beeinträchtigung seines Verwaltungsrechts siehe Josef in DNotZ. **6** 60.

b) Wegen Beschwerderechts in **Nachlaßsachen** siehe auch unten N. 4b. Gegen die Entscheidung des Nachlaßgerichts, durch welche es auf Antrag eines Erben, der von einer nach § 2028 BGB. auskunftpflichtigen Person die Leistung des Offenbarungseides verlangt, einen Termin zur Eidesleistung bestimmt, steht dem Auskunftpflichtigen nicht das Recht der Beschwerde zu; durch die Terminsbestimmung und die Ladung wird nicht über das Recht des Antragstellers, den Eid zu verlangen, und die Verpflichtung des anderen Teiles ihn zu leisten, entschieden (BayObLG. **4** 229, **5** 192, RJA. **4** 166). Wegen der Beschwerde gegen Ablehnung der Eröffnung von Testamenten siehe Unger in ZZP. **34** 292.

c) Handels- und Registersachen: Im Verfahren wegen Firmenmißbrauch genügt es nicht, wenn der dritte Beschwerdeführer an dem Nichtgebrauch oder der Löschung einer Firma persönlich oder wirtschaftlich interessiert ist, es muß ein bestimmtes Recht, z. B. sein Namens- oder Firmenrecht verletzt sein (ZBl. **3** 248, **7** 48, 421, RJA. **7** 186, OLG. **9** 241, 246, Recht **06** 693).

Kein Beschwerderecht hat ein Aktionär oder Aufsichtsratsmitglied, gegen die gerichtliche Abberufung eines Liquidators; der Aktionär ist im allgemeinen nicht befugt, Gesellschaftsangelegenheiten wahrzunehmen, der Aufsichtsrat nach dem Gesetze bei der Bestellung und Abberufung von Liquidatoren überhaupt nicht beteiligt (RJA. **4** 147, OLG. **8** 235; siehe auch OLG. **6** 344); aber Beschwerderecht des Besitzers älterer Aktien gegen Verfügung in Bezug auf die Eintragung der erfolgten Erhöhung des Grundkapitals einer Aktiengesellschaft (RJA. **5** 171, Recht **9** 322). Kein Beschwerderecht der Genossenschaft über die Auswahl der für die Bekanntmachungen der Eintragungen in das Genossenschaftsregister bestimmten Blätter durch nicht sachgemäße Auswahl der Blätter werden Rechte der Genossenschaft nicht beeinträchtigt (BayObLG. **6** 752, RJA. **7** 37, ZBl. **7** 88), ferner des einzelnen Genossen in Angelegenheiten der Genossenschaft, insbesondere auch nicht zwecks Herbeiführung eines genossenschaftsgerichtlichen Ordnungsstrafverfahrens zur Erzwingung der Bekanntmachungen gemäß §§ 33, 160 GenG. (Recht **06** 866 Nr. 2155); dagegen Beschwerderecht des entlassenen Vertreters eines Vereins gegen die Verfügung des Registergerichts, durch die sein Ausscheiden eingetragen oder ein neuer Vertreter bestellt wird, wenn er mit der Beschwerde geltend macht, daß ihm ein Recht auf Fortführung der Vertretung zustehe oder daß das Vertretungsverhältnis noch jetzt zu Recht bestehe (Josef in DNotV. **4** 328).

d) Behörden steht ein Beschwerderecht nur zu, insoweit sie unabhängig von dem Willen der Beteiligten zur Vertretung öffentlicher Interessen berufen oder selbst an einem Verfahren beteiligt sind (BayZ. **2** 425); Aufsichtsbehörden haben als solche kein Beschwerderecht für die ihnen unterstellten Personenkreise oder Anstalten; sie können nur kraft ihres Aufsichtsrechts dahin wirken, daß Rechtsmittel von den hiezu Legitimierten eingelegt werden (OLG. **7** 188). Daher **kein** Beschwerderecht des Richters, dessen Verfügung aufgehoben ist, gegen die Entscheidung des Beschwerdegerichts (OLG. **5** 287), da dem Richter hinsichtlich der von ihm zu bearbeitenden Angelegenheiten eigene Rechte nicht zustehen; auch nicht wenn das Amtsgericht vom Beschwerdegericht zur Vornahme einer Amtshandlung, z. B. einer Eintragung im Güterrechtsregister angewiesen wird; kein Beschwerderecht des Amtsgerichts im Berichtigungsverfahren nach § 66 Abs. 2 PersStG. (ZBl. **4** 633); kein Beschwerderecht des Nachlaßgerichts gegen Ablehnung der Einleitung einer Abwesenheitspflegschaft für einen Erbbeteiligten (SeuffBl. **71** 425, BayZ. **1** 62), oder, wenn das das Testament eröffnende Gericht die Mitübersendung des über die Übergabe des Testaments errichteten Protokolls verweigert; denn es hat weder ein eigenes Recht, noch nimmt es Parteirechte wahr (OLG. **12** 384); kein Beschwerderecht des Standesbeamten gegen Verfügungen über Berichtigung von Eintragungen im Standesregister, selbst wenn er behauptet, daß die angesonnene Amtshandlung eine Verletzung seiner Amtspflicht enthalten würde (RJA. **2** 158, **4** 84, OLG. **8** 233), der Polizeibehörde gegen Feststellung des Bestehens eines realen Gewerberechts (BayObLG. **7** 66, 255, BayZ. **2** 210). Wohl aber Beschwerderecht des Gerichts, das nach § 54 FGG. befugt ist, das Grundbuchamt oder die Registerbehörde um Eintragung einer Sicherungshypothek oder eines Pfandrechts am Schiffe zu ersuchen, gegen Verfügungen auf seinen Antrag (RJA. **2** 41); ferner der ausländischen Behörde, wenn das inländische Vormundschaftsgericht auf ihr Verlangen die über einen Ausländer geführte Vormundschaft nicht an sie abgibt (RJA. **2** 55, ZBl. **2** 38, OLG. **2** 260, siehe jedoch Unger in ZZP. **34** 309 und Josef N. 2 zu § 66); der standesamtlichen Aufsichtsbehörden, die berufen sind, das öffentliche Interesse an einer richtigen Eintragung, das Recht der Staatsgewalt auf eine solche wahrzunehmen (RJA. **2** 10, OLG. **2** 176,

ZBl. **1** 804, RG. **60** 196, ZBl. **6** 126, siehe auch Hahn in LBl. **05** 209); des Heroldsamtes zur Erlangung der Beseitigung zu Unrecht geführter Adelsprädikate aus öffentlichen Registern (OLG. **12** 203). Kein Beschwerderecht des Aufsichtsrates für Privatversicherung gegen die Ablehnung der Eintragung eines Versicherungsvereins auf Gegenseitigkeit in das Handelsregister, da ihm hinsichtlich der Registerpflicht der Versicherungsunternehmungen kein Aufsichtsrecht zusteht (RJA. **7** 122, ZBl. **7** 147).

Notaren steht ein selbständiges Beschwerderecht gleichfalls nur bei Verletzung eigener Rechte zu, z. B. wenn von einem Notar Ablieferung eines Testaments verlangt wird (§ 2259 Abs. 2), zu dessen Herausgabe an das verlangende Gericht er sich nicht verpflichtet hält, oder wenn das Gericht die Annahme des vom Notar zur Verwahrung überreichten Testaments ablehnt, dagegen nicht im eigenen Namen gegen Verfügungen auf einen Antrag, den er im Namen der Beteiligten gestellt hat (ZBl. **1** 474, Josef in DNotZ. **5** 190). Über das Beschwerderecht des Notars in Fällen vermuteter Vollmacht namens des vertretenen Beteiligten siehe N. 3 zu § 71, N. 4 zu § 100.

Ähnliches gilt von Anstalten und Korporationen, die berufen sind, bestimmte allgemeinere Interessen wahrzunehmen; sie haben ein Beschwerderecht nur innerhalb des ihnen zugewiesenen Interessenkreises; darauf beruht das Beschwerderecht der Handelskammern gegen unrichtige Eintragungen in das Handelsregister (§ 126 FGG., s. RJA. **4** 207); daher Beschwerderecht der Handwerkskammer gegen eine Eintragung in das Handelsregister, durch welche einem Handwerker fälschlich der Meistertitel beigelegt wird; beeinträchtigt ist ihr dem öffentlichen Rechte angehörendes Recht auf den Schutz des Handwerksmeistertitels (RJA. **7** 194, ZBl. **7** 427); aber keines der Innung gegen den Beschluß, durch welchen das von ihr beantragte Einschreiten gegen den Gebrauch einer unzulässigen Firma abgelehnt wird, da sie nicht berufen ist, darüber zu wachen, daß das Handelsregister dem Gesetz entspricht, also eine öffentlich rechtliche Befugnis derselben nicht verletzt ist (RJA. **2** 17, ähnlich OLG. **12** 201, 202 hinsichtlich anderer Verbände zur Wahrung gewerblicher Interessen).

Ein Armenverband, der infolge einer Verfügung des Vormundschaftsgerichts, wonach Kinder getrennt von ihren Eltern zu erziehen seien, in die Lage kommt, für den Unterhalt der Kinder aufkommen zu müssen, hat gegen die Anordnung kein Beschwerderecht, da er an der Beseitigung der Anordnung nur ein wirtschaftliches Interesse, auf dieselbe aber kein dem Vormundschaftsgericht gegenüber bestehendes Recht hat (ebenso Josef N. 3a Abs. 3 zu § 20, a. M. RJA. **3** 55, OLG. **5** 438, Leo in DJZ. **03** 247).

4. Beeinträchtigung eines Rechts: Es genügt zur Anfechtung nicht, daß die Verfügung auf die rechtlichen Beziehungen des Beschwerdeführers von Einfluß ist und daß er insofern ein Interesse an ihrer Änderung hat (D. 39). Nicht ausreichend ist eine bloße Gefährdung eines Rechts (vergl. § 1133 BGB.), nicht notwendig eine völlige Vereitelung eines Rechts (vergl. §§ 160, 2113 BGB.), erforderlich und genügend jeder tatsächlich störende Eingriff in ein Recht, jede ungünstige Beeinflussung und wirkliche Schmälerung desselben (siehe hierüber Schultzenstein ZZP. **25** 217).

a) Daher steht in **Vormundschaftssachen** wegen der Stellung, die das Vormundschaftsgericht in einer einen Dritten berührenden Angelegenheit des Mündels, Pflegebefohlenen oder unter elterlicher Gewalt stehenden Kindes dem Vormund, Pfleger oder Vater gegenüber einnimmt, dem Dritten das Beschwerderecht nicht zu; die Aufsicht obliegt dem Vormundschaftsgericht im Interesse des Mündels rc., nicht gegenüber dem Gläubiger; die Rechte des letzteren, die im Zivilrechtswege verfolgbar sind, bleiben daher durch die Stellungnahme des Vormundschaftsgerichts unberührt. Dies gilt auch dann, wenn es sich um die Genehmigung eines Rechtsgeschäfts durch das Vormundschaftsgericht handelt, das die Befriedigung eines dem Dritten zustehenden Anspruchs bezweckt (BayObLG. **4** 725, RG. **56** 125, RJA. **5** 14, a. M. OLG. Braunschweig, RJA. **2** 207; siehe auch Josef in ArchZivPr. **97** 123, ferner SeuffA. **58** 432, OLG. **6** 300, BayObLG. **6** 230, 732, **7** 97), oder um Anweisung des Vormunds zur Erteilung einer Quittung (Bonschott in GruchotBeitr. **49** 31); daher auch kein Beschwerderecht des Dienstherrn, wenn das Vormundschaftsgericht aus Sorge für die Person des minderjährigen Dienstboten die Lösung des Dienstverhältnisses anordnet (BayObLG. **1** 436, RJA. **1** 137, ZBl. **1** 563). Dies gilt auch hinsichtlich der Stellung, die das Vormundschaftsgericht einem den Anspruch eines Dritten ablehnenden Verhalten des Abwesenheitspflegers gegenüber einnimmt (BayObLG. **4** 449); ferner hinsichtlich der Stellungnahme gegenüber Ansprüchen der Eltern gegen Kinder; daher kein Beschwerderecht des Vaters gegen das Verlangen des Vormundschaftsgerichts, die Auseinandersetzung mit den Kindern nach dem Tode der Frau vorzunehmen, und die zu diesem Zwecke erfolgte Bestellung eines Pflegers für die Kinder (BayObLG. **2** 358), gegen eine Verfügung, durch welche ein von ihm hinsichtlich der Auseinandersetzung mit seinen Kindern gemachter Vertragsvorschlag abgelehnt wird (BayObLG. **2** 240, 244, 530), gegen eine Verfügung, durch welche dem Pfleger der Kinder gegenüber die Genehmigung zu der Auseinandersetzung davon abhängig gemacht wird, daß der Auseinandersetzung die Vorschriften des BGB. zu Grunde gelegt werden; die Beschwerde steht dem Vater aber dann zu, wenn die verlangte Auseinandersetzung nicht dem Pfleger gegenüber zur Bedingung der Genehmigung gemacht, sondern dem Vater gegenüber als Bedingung der Erteilung des Wiederverehelichungszeugnisses aufgestellt worden ist (BayObLG. **3** 423); kein Beschwerderecht des nach § 1656 Abs. 1 BGB. von der Verwaltung des Vermögens der Kinder ausgeschlossenen Vaters wegen der Stellung, die das Vormundschaftsgericht bezüglich des Anspruchs des Vaters auf die Nutzungen des Kindervermögens dem Pfleger gegenüber einnimmt (BayObLG. **5** 189, RJA. **4** 191); kein Beschwerderecht der wiederverehelichten Mutter wegen der Stellung gegenüber ihren Ansprüchen gegen die Kinder (BayObLG. **3** 115), ferner gegen die Verfügung des Vormundschaftsgerichts, durch welche ihr Antrag, den Vormund zur Verabfolgung der Zinsen des Vermögens der ersteheliche Kinder an sie zur Bestreitung der Kosten des Unterhalts zu beauftragen, abgewiesen wird (BayObLG. **2** 195). Ebensowenig berechtigt die Stellungnahme des Vormundschaftsgerichts in Angelegenheiten der Eheleute unter sich, so die Entscheidung über die beantragte Ersetzung der Zustimmung des einen Teils zu Rechtshandlungen des anderen oder die Ermächtigung zur Kündigung des von einer Frau mit einem Dritten eingegangenen Dienstvertrags (§ 1358 BGB.) den Dritten zur Beschwerde, da er an der Entscheidung nur ein wirschaftliches Interesse hat (Josef N. 3a zu § 20, Schneider in ZZP. **29** 127 ff. abweichend hinsichtlich der Kündigung Strüwe in GruchotBeitr. **48** 306).

Wenn im vormundschaftsgerichtlichen Verfahren dem einen Elternteil auf Grund §§ 1635, 1666 BGB. die Sorge für die Person des Kindes entzogen werden soll und dem Kinde für dieses Verfahren ein Pfleger bestellt wird, so steht diesem gegen die in dem Verfahren ergehende Entscheidung kein Beschwerderecht zu, da die Entscheidung nur über das Sorgerecht der Eltern, nicht über ein Recht des Kindes ergeht, dagegen ist der Vater zur Beschwerde gegen die Anordnung einer Pflegschaft im Erziehungsstreit legitimiert, weil die Pflegschaft eine Einschränkung der elterlichen Gewalt enthält (Josef in ArchBürgR. **26** 350).

Das Elternrecht erstreckt sich nicht auf die Fürsorge für die Angelegenheiten einer künftig möglichen Nachkommenschaft; durch die Bestellung einer Pflegschaft zur Fürsorge für die Nacherbenrechte noch nicht erzeugter Kinder wird daher das Elternrecht nicht verletzt (BayObLG. **3** 1). Gegen die Bestellung eines Pflegers für den unbekannten Erben steht dem Testamentsvollstrecker die Beschwerde zu; denn die Kosten für die Einleitung der Pflegschaft fallen dem Nachlaß zur Last (Art. 115 GebG.), eine ungerechtfertigte Pflegschaftseinleitung enthält hienach eine unmittelbare vermögensrechtliche Beeinträchtigung des von dem Beschwerdeführer vertretenen Nachlasses und verletzt damit ein Recht, zu dessen Wahrung der Beschwerdeführer in seiner Eigenschaft als Testamentsvollstrecker berufen ist (ZBl. **6** 371).

b) In **Nachlaßsachen** enthält die gemäß Art. 3 NachlG. von Amts wegen getroffene Feststellung der Erbeneigenschaft einer Person, die nicht Erbe geworden ist, eine das Beschwerderecht begründende Beeinträchtigung ihres Rechtes (BayObLG. **5** 450, Recht **04** 556, siehe auch ZBl. **1** 729, **6** 286, RJA. **6** 35). Gegen eine die Erteilung des Erbscheines für einen Nichterben anordnende Verfügung ist der wirkliche Erbe beschwerdeberechtigt; sein Recht ist beeinträchtigt, da ihm infolge der im § 2365 BGB. aufgestellten Vermutung die Geltendmachung seines Erbrechtes durch Erteilung des Erbscheines an einen Nichterben erschwert wird (OLG. **4** 127, ZBl. **2** 660); die Beeinträchtigung des wirklichen Erben liegt nicht erst in der Ausstellung des Erbscheines, sondern schon in der Anordnung derselben; dies ist von Bedeutung für die weitere Beschwerde, wenn das Beschwerdegericht die Ausstellung angeordnet hat (KGJ. **28** 20; siehe auch wegen des Beschwerdeantrages nach erfolgter Ausstellung ZBl. **6** 406, RJA. **6** 102). Kein Beschwerderecht hat der Nacherbe gegen die Einziehung eines dem Vorerben erteilten, das Nacherbrecht bezeugenden Erbscheines, wohl aber gegen den Ausschluß der Nacherbschaft von der Aufnahme in den dem Vorerben zu erteilenden Erbschein (OLG. **11** 267). Den Erben steht gegen die Anordnung von Maßregeln gemäß § 1960 BGB. die Beschwerde zu, weil sie in ihrem Rechte, selbständig, ohne behördliche Fürsorge, den Nachlaß zu ordnen, beeinträchtigt sind (Recht **01** 312). Gegen den Beschluß des Nachlaßgerichts, durch welchen festgestellt wird, daß ein anderer Erbe als der Fiskus nicht vorhanden ist, steht dem Fiskus die Beschwerde zu; beeinträchtigt wird sein Recht insoferne, als ihm mit der Erbschaft ein weitgehender Pflichtenkreis auferlegt wird (RJA. **4** 21, OLG. **7** 338, ZBl. **4** 534); wegen des Beschwerderechts im Falle gegenteiliger Feststellung siehe Hörnle im Recht **04** 374. Gegen Anordnung der Nachlaßpflegschaft steht dem Gläubiger, der den Anspruch des Erben gegen den Nachlaßpfleger auf Hinausgabe des Nachlasses pfändet, die Beschwerde zu; durch den Pfändungs- und Überweisungsbeschluß sind die durch Anordnung der Nachlaßpflegschaft beeinträchtigten Rechte des Erben auf ihn übergegangen (OLG. **12** 199); regelmäßig aber hat der Nachlaßgläubiger gegen Ablehnung der Nachlaßpflegschaft nach § 1960 BGB. kein Beschwerderecht, da die Nachlaßsicherung dem Gerichte nur im Interesse des Erben obliegt (RJA. **2** 122); auch Miterben, Nacherben und Vermächtnisnehmer haben kein Beschwerderecht gegen die Anordnung oder Ablehnung, die keine Beeinträchtigung ihrer Rechte bedeutet (ZBl. **5** 262, **7** 82, BayObLG. **5** 398, RJA. **7** 29). Der Nachlaßkonkursverwalter hat gegen die Anordnung einer Nachlaßpflegschaft keine Beschwerde; er wird durch das Vorhandensein eines Nachlaßpflegers in seinen Rechten nicht beeinträchtigt (ZBl. **3** 628, **4** 838, OLG. **5** 436).

Dem Vorerben steht gegen die Anordnung einer Pflegschaft für den Nacherben gemäß § 1913 Abs. 2 BGB. ein Beschwerderecht nicht zu (BayObLG. **4** 311, OLG. **8** 323).

Der als Ersatzerbe Eingesetzte — auch wenn er zugleich Vermächtnisnehmer ist — hat, solange die Wirksamkeit seiner Berufung noch ungewiß ist, kein Beschwerderecht gegen die Anordnung einer Nachlaßpflegschaft, auch dann nicht, wenn diese Anordnung seinem Interesse zuwiderläuft (BayObLG. **5** 398).

5. Maßgebend für die Frage, ob durch die Verfügung ein Recht des Beschwerdeführers beeinträchtigt wird, ist der **Zeitpunkt des Erlasses** der Verfügung. Entsteht ein Recht erst nach diesem Zeitpunkt, so kann es durch die Verfügung nicht beeinträchtigt sein; es entsteht dann nur mit den sich aus der Verfügung ergebenden Einschränkungen (RJA. **3** 111, ZBl. **3** 335, OLG. **5** 437, Recht **02** 530 — gegen die auf Antrag des Vaters erfolgte Volljährigkeitserklärung eines unter seiner väterlichen Gewalt stehenden Kindes steht der Mutter, die nachher die elterliche Gewalt erwirbt, die Beschwerde nicht mehr zu).

6. Gegen die **nur auf Antrag zu erlassenden Verfügungen** (siehe N. 1 zu § 12) steht die Beschwerde nach **Abs. 2** nur dem Antragsteller zu. Diese Bestimmung trifft nur die Fälle, in welchen nach ausdrücklicher gesetzlicher Vorschrift ein Antrag einer Person (ZZP. **25** 214) die notwendige materiellrechtliche Voraussetzung für den Erlaß der betreffenden Verfügung bildet, ohne einen solchen Antrag die Verfügung nicht bloß nicht erlassen werden soll (z. B. die Volljährigkeitserklärung § 56) oder nach der Natur der Sache oder dem Inhalt der Verfügung tatsächlich nicht erlassen wird (wie die vormundschaftsgerichtliche Genehmigung, die Bestätigung der Annahme an Kindesstatt, Breit im ZBl. **4** 475, Josef im ZBl. **5** 818), sondern wirksam nicht erlassen werden kann, z. B. nach § 1304 Abs. 2, § 1687 Ziff. 2, § 1859 Abs. 1, § 1847 Abs. 2, §§ 1877, 1961, 2005 Abs. 2 BGB.

Die Vorschrift des Abs. 2 stellt sich als Einschränkung des Beschwerderechts dar, insoferne zu dem Erfordernis des Abs. 1, daß eine Beeinträchtigung des Beschwerdeführers vorliegen muß, noch das weitere kommt, daß der Beschwerdeführer den Antrag in erster Instanz gestellt haben muß (RG. **56** 129, Josef in DNotZ. **4** 255), während alle weiteren Personen, auch wenn sie durch die abweisende Verfügung in einem Rechte beeinträchtigt sind, von der Beschwerde ausgeschlossen sind.

Die Folge ist, daß in denjenigen Fällen, in welchen dem Antragsteller ein Recht auf Erlassung der Verfügung nicht eingeräumt ist, wie nach § 1859 BGB., durch die bloße Ablehnung des Antrages noch kein Beschwerderecht entsteht. Wegen des Beschwerderechts im genannten Falle siehe aber § 57 Ziff. 4, a. M. Wellstein N. 3 auf Grund D. 50, der die Beschwerde ohne Rücksicht auf Beeinträchtigung eines Rechts gibt).

Von der Anfechtung der abweisenden Verfügung sind auch diejenigen Personen ausgeschlossen, die zu dem Antrag in erster Instanz berechtigt gewesen wären.

Erfordert eine gerichtliche Verfügung den gemeinschaftlichen Antrag mehrerer Personen, wie die Anordnung der Nachlaßverwaltung nach § 2062 BGB. oder die Anmeldung einer Aktiengesellschaft, so kann auch das Beschwerderecht nur gemeinsam von allen Antragstellern ausgeübt werden; die von einem einzelnen eingelegte Beschwerde ist als unzulässig zurückzuweisen (ZBl. **4** 32, Recht **01** 468).

In Fällen, in denen das Gericht von Amts wegen tätig werden muß, ein Antrag also nur die Bedeutung einer Anregung zu einer amtswegigen Tätigkeit hat, gilt die Regel des Abs. 1 ohne Einschränkung.

7. In landesgesetzlichen Angelegenheiten ist in **Bayern** § 20 anwendbar, soweit nicht besondere Vorschriften bestehen (Art. 129 AG. z. BGB.). In Angelegenheiten der Zwangserziehung richtet sich die Beschwerde nicht bloß nach Art. 4 ZEG., daneben besteht vielmehr auch die Beschwerdeberechtigung nach § 20 FGG. und § 57 Nr. 8 und 9 FGG. (v. d. Pfordten N. 3b zu Art. 4 ZEG.).

8. In **Grundbuchsachen** findet § 20 nicht Anwendung, obwohl die Beschwerdeberechtigung in den §§ 71 ff. GBO. nicht geregelt ist; siehe über diese Du Chesne im ZBl. **2** 624, Josef in ZZP. **29** 214.

§ 21.

Die Beschwerde kann bei dem Gerichte, dessen Verfügung angefochten wird, oder bei dem Beschwerdegericht eingelegt werden.

Die Einlegung erfolgt durch Einreichung einer Beschwerdeschrift oder durch Erklärung zum Protokolle des Gerichtsschreibers desjenigen Gerichts, dessen Verfügung angefochten wird, oder des Gerichtsschreibers des Beschwerdegerichts.

Einlegung der Beschwerde.

1. § 21, der dem § 73 GBO. nachgebildet ist, bestimmt in Abs. 1 den Ort, an dem die Beschwerde einzulegen ist, und in Abs. 2 die Form der Beschwerdeeinlegung. Für die weitere Beschwerde wird § 21 Abs. 1 durch die Vorschrift in § 29 Abs. 1 Satz 1 ersetzt; § 21 Abs. 2 findet mit den sich aus § 29 Abs. 1 Satz 2 und 3 ergebenden Abweichungen auch auf die weitere Beschwerde Anwendung (29 Abs. 4).

2. Gericht, bei welchem die Beschwerde einzulegen ist. Die Beschwerde kann nach der Wahl des Beschwerdeführers eingelegt werden:

bei dem Gerichte, dessen Verfügung angefochten wird oder

beim Beschwerdegericht, ohne Unterschied, ob es sich um eine einfache oder sofortige Beschwerde handelt und ohne Rücksicht auf Dringlichkeit der Sache (abweichend von § 569 ZPO.).

Die Einlegung bei einem anderen Gericht ist unwirksam, durch dieselbe wird insbesondere die Frist für die sofortige Beschwerde nicht gewahrt, wenn auch später die Beschwerde an das zuständige Gericht gelangt ist; vergl. hierüber insbesondere über die Einlegung zu Gerichtsschreiberprotokoll unten N. 5.

Welches Gericht Beschwerdegericht ist, ergibt sich für den Fall, daß erstinstanzielles Gericht das Amtsgericht ist, aus § 19 Abs. 2 (Landgericht), für zwei Sonderfälle, in welchen das Landgericht in erster Instanz zuständig ist, aus den §§ 64, 143 Abs. 2 FGG. (Oberlandesgericht, bezw. in Bayern nach § 199 FGG., 42 Abs. 3 AG. z. GVG. das Oberste Landesgericht); über Beschwerdegericht in anderen Fällen, in denen nicht das Amtsgericht in erster Instanz entschieden hat, siehe N. 7 und 11 zu § 19.

Das Gericht, dessen Verfügung angefochten wird, hat die bei ihm eingelegte Beschwerde dem Beschwerdegericht vorzulegen, wenn es nicht von seiner Befugnis, der Beschwerde abzuhelfen (§ 18 FGG.) Gebrauch macht, ebenso, wenn es der Beschwerde nur teilweise abhilft; eine Äußerung darüber, daß und warum es der Beschwerde nicht abhelfen wolle, ist bei der Vorlage nicht erforderlich; die Vorlage an das Beschwerdegericht ergibt, daß von dem Recht auf Änderung kein Gebrauch gemacht werden will. Das Beschwerdegericht braucht die bei ihm eingelegte Beschwerde der Vorinstanz nicht zur Äußerung, ob es der Beschwerde abhelfen wolle, mitzuteilen; denn dem Recht zur Änderung der Verfügung entspricht nicht ein Recht auf Vorprüfung der Beschwerde und gegebenenfalls auf Änderung.

3. Form der Beschwerdeeinlegung: Das Gesetz kennt zweierlei Formen der Beschwerdeeinlegung;

Einreichung einer Beschwerdeschrift bei einem der in Abs. 1 genannten Gerichte (N. 4),

Erklärung zu Protokoll des Gerichtsschreibers einer dieser Gerichte (N. 5).

Dies gilt auch, wenn in erster Instanz nicht ein Amtsgericht, sondern ein Landgericht entschieden hat, z. B. nach §§ 64, 143 FGG.

Die Einlegung in anderer Form ist unwirksam, wobei jedoch stets zu prüfen ist, ob eine scheinbar andere Form nicht als Beschwerdeschrift gelten kann. So ist die Erklärung der Beschwerde gegenüber dem Richter, also zu Richterprotokoll, an sich unwirksam (Rausnitz N. 6 zu § 21, RJA. **1** 42, OLG. **1** 189, ZBl. **1** 159, BayObLG. **5** 508, 510); das Richterprotokoll genügt aber für die Beschwerde den Erfordernissen einer Beschwerdeschrift, so daß sich die Unwirksamkeit auf den Fall der weiteren Beschwerde wegen der Vorschrift in § 29 Abs. 1 Satz 2 FGG. beschränkt, soferne die darin abgegebenen Erklärungen nicht von einem Rechtsanwalt unterzeichnet sind.

4. **Beschwerdeschrift:** Einreichung ist die Abgabe der Beschwerdeschrift bei einem der in Abs. 1 (N. 2) bezeichneten Gerichte; die durch die Post oder Boten übersendete Beschwerdeschrift gilt also erst, wenn sie an das Gericht gelangt ist, als eingereicht. Die Überreichung der Beschwerdeschrift an einen Beamten des Gerichts außerhalb der Amtsräume oder an einen zur Entgegennahme nicht legitimierten Bediensteten des Gerichts (Gerichtsdiener, Schreiber) ist nicht als Einlegung anzusehen (vergl. RG. 18. 11. 04 in SeuffA. **60** 299 zu § 569 ZPO.) und daher zur Wahrung der Frist für die sofortige Beschwerde nicht geeignet.

Für die Beschwerdeschrift bei der Beschwerde besteht, verschieden von der weiteren Beschwerde nach § 29 Abs. 1 FGG. kein Anwaltszwang, auch nicht in den Fällen, in welchen wegen erstinstanzieller Zuständigkeit des Landgerichts die Beschwerde zum Oberlandesgericht (Obersten Landesgericht) geht.

Für die Beschwerdeschrift sind nähere Vorschriften über Form und Inhalt nicht gegeben. Notwendig ist nur die Abfassung in deutscher Sprache (§ 9). Es muß jedes Schriftstück, aus dem der Wille, eine bestimmte Verfügung anzufechten, mit genügender Sicherheit hervorgeht, als ausreichend erachtet werden, es bedarf weder des Gebrauchs des Wortes „Beschwerde", noch schadet eine unrichtige Bezeichnung des Rechtsmittels. Auch die irrige Bezeichnung des Beschwerdegerichts schadet nicht, wenn nur die Beschwerde am richtigen Ort eingelegt ist (BayObLG. **1** 454, 462, 737 und **2** 156, JMBl. **01** 357; siehe auch N. 2 zu § 29). Die Beschwerde bedarf keiner Orts- und Zeitangabe (Datierung); sie braucht weder einen bestimmten Antrag (a. M. Birkenbihl N. 2 zu § 21) noch eine Begründung zu enthalten; die letztere kann aber jederzeit im Laufe des Verfahrens nachgebracht werden (OLG. **12** 204).

Streitig ist die Frage, ob die Beschwerdeschrift der Unterschrift des Beschwerdeführers bedarf (bejaht von Rausnitz N. 4, Schultze-Görlitz N. 2 a, Weißler N. 2 zu § 21, OLG. **7** 340, verneint von Dorner N. 7, Fuchs N. 4, Josef N. 3, Schneider N. 4 zu § 21, Josef Lehrb. S. 209 und in ZBl. **5** 817, 831, Schultzenstein in der ZZP. **27** 574 ff.). Unrichtig ist jedenfalls die Begründung von Rausnitz daß die Beschwerde ein Rechtsgeschäft sei und deshalb § 126 BGB. Anwendung finde; dagegen spricht sich auch das KG. in der zitierten Entscheidung aus, nimmt aber an, daß die Unterschrift nötig sei, um zum Ausdruck zu bringen, daß der Inhalt der Schrift dem Willen des Beschwerdeführers entspreche. Auch dieser Ansicht ist nicht beizupflichten; es muß vielmehr als genügend erachtet werden, wenn aus der Beschwerdeschrift mit ausreichender Sicherheit hervorgeht, daß sie von dem Beschwerdeführer herrühre und seinem Willen entspreche (z. B. die einem Beteiligten zugestellte Ausfertigung einer gerichtlichen Verfügung kommt mit dem Vermerk „Gegen diese Entscheidung beschwere ich mich" wieder in den Gerichtseinlauf); im Zweifelsfalle ist das Gericht nach § 12 FGG. verpflichtet, festzustellen, ob die Beschwerdeschrift von demjenigen, der nach derselben als Beschwerdeführer erscheint, herrührt und mit seinem Willen eingereicht ist, ebenso, wie es die Echtheit einer Unterschrift zu prüfen hat; es darf aber nicht die Beschwerde wegen des Mangels der Unterschrift zurückweisen.

Hienach muß auch Unterschrift mit Vornamen, Bühnennamen, mit Namenszug oder Chiffre, mit Namens- oder Firmenstempel genügen (Schultzenstein a. a. O., a. M. hinsichtlich Stempel OLG. **2** 255).

Mittels Telegramm kann die Beschwerde (nicht die weitere) eingelegt werden (Josef Lehrb. 211, Schultzenstein a. a. O., BadR. **02** 346, auch RG. St. **9** 38), nicht aber mittels Fernsprecher.

Als Beschwerdeschrift gilt auch das Protokoll des Gerichtsschreibers eines anderen Amtsgerichts als desjenigen, dessen Verfügung angefochten wird; die Beschwerde gilt aber nicht mit Erklärung zum Protokoll dieses Gerichtsschreibers, sondern erst mit der Einreichung dieses Protokolles bei einem der in § 21 Abs. 1 bezeichneten Gerichte als eingelegt. Dies ist namentlich wichtig für die sofortige Beschwerde, insoferne die Beschwerdefrist nicht mit der Erklärung zu Protokoll, sondern erst mit der Einreichung des Protokolls gewahrt wird (siehe auch N. 5a zu § 11), ferner für die weitere Beschwerde, zu deren Einlegung eine nicht von einem Rechtsanwalt unterzeichnete Beschwerdeschrift nicht ausreicht (§ 29 Abs. 1, BayObLG. **4** 214, **5** 393, RJA. **1** 1, ZBl. **1** 67). Da die Beschwerde nicht als Protokollarbeschwerde gilt, schadet es nicht, wenn die gewöhnlichen Erfordernisse eines Protokolles, so namentlich die Unterschrift des Gerichtsschreibers, fehlen; für die Unterschrift des Beschwerdeführers gilt dasselbe, wie bei jeder Beschwerdeschrift.

5. Einlegung zum Protokoll des Gerichtsschreibers: Eingelegt wird die Beschwerde nur durch Erklärung zum Protokoll des Gerichtsschreibers desjenigen Gerichts, dessen Verfügung angefochten wird; oder des Gerichtsschreibers des Beschwerdegerichts; über die Wirkung der Erklärung der Beschwerde zum Protokoll des Gerichtsschreibers eines anderen Amtsgerichts siehe N. 4 a. E.

Für den Inhalt der Beschwerde gilt das nämliche, wie für die Beschwerdeschrift (N. 4); es bedarf also insbesondere keiner Begründung der Beschwerde.

Was die Form anlangt, so ist es unzulässig und unwirksam und gilt nicht als Beschwerdeeinlegung zu Gerichtsschreiberprotokoll, wenn der Gerichtsschreiber lediglich den vom Beschwerdeführer übergebenen Erklärungen dadurch, daß er sie mit den Eingangs- und Schlußformeln eines Protokolls versieht, den Schein eines Protokolls verleiht; das ganze Protokoll muß vom Gerichtsschreiber abgefaßt sein (KGJ. **22** 202, RJA. **2** 209, OLG. **3** 395, ZBl. **2** 558).

Auch wenn das Protokoll alle nötigen Erklärungen enthält, gelten weitere vom Beschwerdeführer gleichzeitig schriftlich übergebene Erklärungen nicht als Teile des Protokolls, sondern als Beschwerdeschrift (BayObLG. **2** 240, 243, SeuffBl. **66** 422, OLG. **3** 71); wegen Untauglichkeit beider Formen zur Einlegung der weiteren Beschwerde siehe N. 5 zu § 29.

Das Protokoll bedarf nur der Unterschrift des Gerichtsschreibers, nicht auch derjenigen des Beschwerdeführers, da hier jedenfalls die urkundliche Erklärung des Gerichtsschreibers zum Beweise dafür, daß und von wem Beschwerde eingelegt werden wollte, genügt (so auch Rausnitz N. 6, Schultze-Görlitz N. 2 zu § 21). Das Fehlen der Unterschrift des Gerichtsschreibers nimmt dem Protokoll seinen amtlichen Charakter, das Schriftstück kann aber als Beschwerdeschrift gelten, wenn dies dem Willen des Beschwerdeführers entspricht.

6. Einlegung durch Bevollmächtigte. Die Beschwerde kann in beiden zulässigen Formen durch einen Bevollmächtigten eingelegt werden; über die Form und den Nachweis der Vollmacht siehe N. 3d zu § 13; nach den dort angeführten Entscheidungen darf eine Beschwerde wegen mangelnder Vollmachtsvorlage nicht zurückgewiesen werden, ehe nicht der angebliche Bevollmächtigte zur Vorlage der Vollmacht vergeblich aufgefordert wurde, soferne das Beschwerdegericht überhaupt den ausdrücklichen Nachweis der Vollmacht für erforderlich hält. Auch wenn eine Beschwerdeschrift erkennbar von einer anderen Person als dem Beschwerdeführer ohne Andeutung eines Vollmachtsverhältnisses mit dem Namen des Beschwerdeführers unterzeichnet ist, darf das Beschwerdegericht die Beschwerde nicht ohne weiteres wegen Formmangels verwerfen, sondern muß zunächst in Anwendung des § 12 FGG. untersuchen, ob der andere zu der Abgabe der Unterschrift nicht ermächtigt war (OLG. **10** 22).

Eine für eine Angelegenheit allgemein erteilte Vollmacht berechtigt auch zur Beschwerdeeinlegung, es bedarf hiezu keiner Spezialvollmacht (N. 3c zu § 13).

Streitig ist, ob der Notar in denjenigen Fällen, in denen er ohne Nachweis der Bevollmächtigung als ermächtigt gilt, Anträge für andere zu stellen (§§ 70, 100, 129, 147, 159, 161 FGG., **vermutete Vollmacht der Notare,** siehe N. 3 a. E. zu § 13), auch zur Beschwerdeeinlegung ohne Vollmachtsnachweis berechtigt ist. Die Frage wird verneint von Dorner N. 3 zu § 29, Fuchs N. 2β zu § 29, Wellstein N. 3 ff. zu § 13 und N. 4 zu § 21, BayObLG. **4** 215, bejaht von den übrigen Kommentatoren, ferner in OLG. **1** 266, 318, RJA. **1** 153, ZBl. **1** 579, SeuffA. **56** 133. Die bejahende Ansicht wird damit begründet, daß die Beschwerde nur ein erneuter Antrag sei. Dagegen wird von Wellstein mit Recht darauf hingewiesen, daß die Vorschriften über die vermutete Vollmacht der Notare Ausnahmevorschriften und daher strikte zu interpretieren sind Zutreffend führt das BayObLG aus: „Die durch das Ersuchen um Beurkundung eines Rechtsgeschäfts veranlaßte amtliche Tätigkeit des Notars umfaßt außer der Aufnahme der Urkunde selbst nur die Vorlegung der Urkunde beim zuständigen Gericht und die Verständigung der Beteiligten von dessen Verfügung. Das Ersuchen um die Beurkundung enthält nicht auch die Ermächtigung des Notars, gegen eine ablehnende Verfügung die Beschwerde einzulegen, die Beteiligten erklären nicht schon dadurch, daß sie den Notar mit der Beurkundung betrauen, zugleich im voraus den Willen, gegenüber einer Beanstandung der von ihm errichteten Urkunde die höhere Instanz anzugehen und die damit verbundenen Kosten auf sich zu nehmen, sondern es bedarf zur Einlegung der Rechtsmittel einer besonderen Vollmacht. Daran wird auch durch den § 29 Abs. 1 Satz 3 FGG. nichts geändert; die Einlegung der weiteren Beschwerde für den Beschwerdeführer durch den Notar, der in der Angelegenheit für den Beschwerdeführer einen Antrag beim Gericht erster Instanz gestellt hat, macht die Zuziehung eines Rechtsanwalts entbehrlich, aber die Ermächtigung zu der Stellung des Antrags beim Gericht erster Instanz gilt nicht ohne weiteres als Bevollmächtigung zur Einlegung der Rechtsmittel".

7. Zeit der Beschwerdeeinlegung: Die Beschwerde kann wirksam auch vor der durch Zustellung erfolgenden Bekanntmachung der anzufechtenden Verfügung eingelegt werden; das gilt auch für die sofortige Beschwerde (BayObLG. **2** 435, 437, 581, 584, RJA. **2** 210, ZBl. **2** 560, vergl. auch RG. **29** 341). Dagegen ist die im voraus abgegebene Erklärung, für den Fall eines bestimmten Bescheides auf einen Antrag eventuell Beschwerde einlegen zu wollen, sohin auch die Erklärung dieses Willens vor der Bekanntmachung einer Verfügung zu Protokoll, unwirksam (so für den Zivilprozeß RG. **46** 418).

8. Die Vorschriften des § 21 gelten auch, wenn für reichsrechtliche Angelegenheiten nach Landesrecht andere als gerichtliche Behörden in erster Instanz zuständig sind (§ 194 Abs. 1 FGG.), sohin in Bayern in dem Verfahren der Eröffnung einer Verfügung von Todeswegen und im Nachlaß- und Gesamtgutsauseinandersetzungsverfahren für Notare. Die Beschwerde kann hier außer beim Beschwerdegericht nur bei der erstinstanziell zuständigen Behörde, nicht etwa auch beim Amtsgericht, in dessen Bezirk die Behörde ihren Sitz hat, eingelegt werden; eine Einlegung zu Protokoll ist bei der ersten Instanz ausgeschlossen, weil bei diesen Behörden Gerichtsschreiber im Sinne der FGG. nicht angestellt sind. Von der Ermächtigung des § 195 FGG. ist in Bayern kein Gebrauch gemacht.

9. Für **Grundbuchsachen** bestimmt § 73 GBO. im wesentlichen übereinstimmend mit § 21 FGG., daß die Beschwerde beim Grundbuchamt oder beim Beschwerdegericht eingelegt werden und daß die Einlegung durch Einreichung einer Beschwerdeschrift oder durch Erklärung zum Protokoll des Grundbuchamts oder des Gerichtsschreibers des Beschwerdegerichts erfolgen kann; zur Aufnahme des Protokolls beim Grundbuchamt ist in Bayern sowohl der Grundbuchbeamte als der Gerichtsschreiber zuständig (Art. 3 Abs. 2 AG. z. GBO. und ZVG.).

10. In **Bayern** gilt § 21 auch für Angelegenheiten der freiwilligen Gerichtsbarkeit, für welche die Landesgesetze maßgebend sind (Art. 129 AG. z. BGB.), so namentlich in Angelegenheiten der Zwangserziehung nach Art. 12 Abs. 1 des G. vom 10. Mai 02, die Zwangserziehung betr. (BayObLG. **4** 12, Recht **7** 485).

11. Für Notariatssachen enthält Art. 61 Abs. 1 NotG. (der jedoch nicht gilt, soweit Notare reichsrechtliche Angelegenheiten im Sinne des § 1 FGG. erledigen, siehe N 8), für Gebührensachen Art. 48 Abs. 1 GebG. eine mit § 21 Abs. 2 FGG. übereinstimmende Vorschrift.

§ 22.

Die sofortige Beschwerde ist binnen einer Frist von zwei Wochen einzulegen. Die Frist beginnt mit dem Zeitpunkt, in welchem die Verfügung dem Beschwerdeführer bekannt gemacht worden ist.

Einem Beschwerdeführer, der ohne sein Verschulden verhindert war, die Frist einzuhalten, ist auf Antrag von dem Beschwerdegerichte die Wiedereinsetzung in den vorigen Stand zu erteilen, wenn er die Beschwerde binnen zwei Wochen nach der Beseitigung des Hindernisses einlegt und die Tatsachen, welche die Wiedereinsetzung begründen, glaubhaft macht. Eine Versäumung der Frist, die in dem Verschulden eines Vertreters ihren Grund hat, wird als eine unverschuldete nicht angesehen. Gegen die Entscheidung über den Antrag findet die sofortige weitere Beschwerde statt. Nach dem Ablauf eines Jahres, von dem Ende der versäumten Frist an gerechnet, kann die Wiedereinsetzung nicht mehr beantragt werden.

Sofortige Beschwerde.

1. Die sofortige Beschwerde ist kein besonderes Rechtsmittel, sondern enthält nur eine für besondere Fälle vorgesehene Qualifikation des einzigen Rechtsmittels der Beschwerde. Regelmäßig ist die Beschwerde an keine Frist gebunden. „Ausnahmen sind jedoch für bestimmte Angelegenheiten geboten, in denen das Interesse der Beteiligten verlangt, daß das Rechtsverhältnis möglichst bald eine feste Grundlage erhalte" (D. zu § 21). Diese Ausnahmefälle der Beschwerde, in welchen dieselbe an eine Frist gebunden ist, bezeichnet das Gesetz mit „sofortiger Beschwerde". Die in diesem Gesetze enthaltenen Fälle der sofortigen Beschwerde sind folgende: § 15 mit ZPO. §§ 387, 406 (Entscheidungen über Rechtmäßigkeit der Zeugnisverweigerung und Ablehnung eines Sachverständigen), § 22 Abs. 2 (Wiedereinsetzung in den vorigen Stand), §§ 53 Abs. 1, 56 Abs. 2, 60 (Vormundschaftssachen), § 68 Abs. 2 (Versagung der Bestätigung des Adoptionsvertrags), § 70 (Berichtigung der Standesregister), §§ 76 Abs. 2, 77, 80, 81, 82 Abs. 2, 96, 99 (Nachlaß- und Teilungssachen), §§ 139 Abs. 1, 140, 141 Abs. 3, 142 Abs. 3, 143 Abs. 2, 146 Abs. 2, 147, 148 (Registersachen), §§ 150, 157 Abs. 1 (bei der Dispache), §§ 159, 160 (Vereinssachen), § 161 Abs. 1 (Güterrechtsregister).

Die an eine einwöchige Frist geknüpfte Beschwerde gegen Ordnungsstrafen (§ 183 GVG.) ist keine sofortige (N. 2 zu § 8 S. 44).

Da die sofortige Beschwerde nur eine Unterart der Beschwerde ist, finden die für diese geltenden Vorschriften der §§ 20, 21, 23 bis 25, 27 bis 30 FGG. unmittelbar Anwendung. Die **Besonderheiten der sofortigen Beschwerde** sind folgende:

a) Sie ist an eine Frist von zwei Wochen gebunden (§ 22 Abs. 1);

b) die Entscheidung des Beschwerdegerichts wird in den Fällen, in welchen die sofortige Beschwerde stattfindet, erst mit der Rechtskraft wirksam, soferne nicht das Beschwerdegericht die sofortige Wirksamkeit der Entscheidung anordnet (§ 26);

c) die der sofortigen Beschwerde unterliegenden Verfügungen dürfen von der Vorinstanz nicht geändert werden (§ 18 Abs. 2).

Soweit eine Verfügung der sofortigen Beschwerde unterliegt, findet auch gegen die Entscheidung des Beschwerdegerichts die sofortige weitere Beschwerde statt (s. N. 7 zu § 29).

Über die sofortige Beschwerde nach Maßgabe der ZPO. in besonderen Fällen siehe unten N. 5.

2. Die Frist für die sofortige Beschwerde:

a) Dauer: Die Frist ist eine zweiwöchige; eine Abkürzung oder Verlängerung durch Verfügung des Gerichts oder Vereinbarung der Beteiligten ist ausgeschlossen; die Gerichtsferien sind ohne Einfluß auf ihren Lauf (§ 10 FGG.).

b) Die Frist **beginnt** für jeden, dessen Recht durch die Verfügung beeinträchtigt und der deshalb oder nach Sonderbestimmungen beschwerdeberechtigt ist, mit dem Zeitpunkte, in welchem die Verfügung ihm bekannt gemacht worden ist, kann also für verschiedene Beteiligte zu verschiedenen Zeiten beginnen. Das Gesetz enthält jedoch folgende Ausnahmebestimmungen, nach denen der Fristbeginn für sämtliche Beteiligte auf einen bestimmten einheitlichen Zeitpunkt festgesetzt ist:

α) für die Anfechtung der Verfügung, durch die ein als Vormund, Pfleger, Gegenvormund, Beistand oder Mitglied eines Familienrats Berufener übergangen wird, auf den Zeitpunkt, in dem der Beschwerdeführer von seiner Übergehung Kenntnis erlangt (§ 60 Abs. 2),

β) für die Anfechtung der Aufhebung des Familienrats auf den Zeitpunkt, in welchem das Vormundschaftsgericht die bisherigen Mitglieder von der Aufhebung in Kenntnis setzt (§ 60 Abs. 2),

γ) für die Anfechtung einer Inventarfrist und der Verfügung, durch die über die Bestimmung einer neuen Inventarfrist oder über den Antrag der Erben, die Inventarfrist zu verlängern, entschieden wird, für jeden Nachlaßgläubiger auf den Zeitpunkt, in welchem die Verfügung demjenigen Nachlaßgläubiger bekannt gemacht wird, welcher den Antrag auf Bestimmung der Inventarfrist gestellt hat (§ 77 Abs. 3).

Maßgebend für den Beginn der Frist ist nur der Zeitpunkt der von Amts wegen erfolgten Bekanntmachung; eine etwa von einem Beteiligten einem anderen gemachte Mitteilung und die so erlangte Kenntnis von der Verfügung ist ohne Einfluß auf den Beginn der Frist. Die Frist beginnt im Falle der Bekanntmachung durch Zustellung nach § 16 Abs. 2 FGG. mit dem Zeitpunkt der formrichtigen Zustellung, nicht der Kenntnisnahme von der Zustellung oder ihrem Inhalt, im Falle der Bekanntmachung zu Protokoll nach § 16 Abs. 3 FGG. mit dieser, auch wenn eine Abschrift verlangt wird, nicht erst mit Empfang der Abschrift.

Die gesetzliche Normierung des Fristbeginnes hat aber nur Bedeutung für die Berechnung der Frist, nicht für die Zulässigkeit der Einlegung des Rechtsmittels; die Einlegung ist auch vor Fristbeginn zulässig (N. 7 zu § 21 und die Entscheidungen dortselbst).

c) Für die **Berechnung** der Frist ist § 17 FGG. mit § 187 Abs. 1, § 188 Abs. 2 BGB. maßgebend; es wird also der Tag, an dem die Zustellung oder Eröffnung zu Protokoll erfolgte, nicht in die Frist eingerechnet, die Frist endet mit Ablauf desjenigen Tages der zweiten Woche, welcher durch seine Benennung dem Tage der Bekanntmachung entspricht, und, wenn dieser Tag ein Sonntag oder allgemeiner Feiertag ist, mit Ablauf des nächstfolgenden Werktags.

d) Zur **Wahrung** der Frist genügt nur eine nach Maßgabe der §§ 21, 29 Abs. 1 FGG. am richtigen Ort und in der richtigen Form eingelegte Beschwerde (s. N. 2—5 zu § 21, N. 2—5 zu § 29). Es genügt auch nicht, wenn eine zunächst nicht in gehöriger Form erfolgte Beschwerdeeinlegung nach Ablauf der Frist formrichtig wiederholt oder wenn der Mangel der Einlegung erst nach Ablauf der Frist gehoben wird (OLG. **5** 440). Eine nicht in deutscher Sprache abgefaßte Beschwerdeschrift ist im Hinblick auf § 8 FGG. mit § 186 GVG. nicht geeignet, die Frist zu wahren.

3. Wiedereinsetzung in den vorigen Stand: Abs. 2 regelt die Voraussetzungen, das Verfahren und die zeitliche Zulässigkeit der Wiedereinsetzung. Über weitere Fälle der Wiedereinsetzung gegen eine Fristversäumung siehe §§ 92, 93 Abs. 2; §§ 137, 140, 159 FGG., § 1996 BGB.

a) Voraussetzung der Zulässigkeit der Wiedereinsetzung ist,

daß der Beschwerdeführer an der Wahrung der Frist verhindert war

daß die Verhinderung eine unverschuldete war.

Während nach § 233 ZPO. nur Naturereignisse oder andere unabwendbare Zufälle als ausreichende Hinderungsgründe aufgezählt sind, setzt § 22 für die Art des Hindernisses keine Schranken; das Hindernis muß nicht notwendig die Person des Beschwerdeführers unmittelbar treffen (Beispiele s. unten). Der Richter hat nach seinem Ermessen zu entscheiden, ob eine Tatsache als Hindernis anzusehen ist.

Ohne Verschulden des Beschwerdeführers ist ein Hindernis dann eingetreten, wenn der Beschwerdeführer dasselbe bei Anwendung der Sorgfalt, welche unter Berücksichtigung der konkreten Sachlage im Verkehr erforderlich war, nicht abzuwenden im Stande war (BayObLG. **2** 721). Auch über die Frage des Verschuldens entscheidet das Ermessen des Gerichts. Als unverschuldete Hinderungsgründe können gelten: Eigene Erkrankung oder plötzliche Erkrankung eines Familienmitglieds, Unglücksfälle aller Art, sei es, daß sie unmittelbar eine körperliche Abhaltung bildeten oder daß ihr Eintritt die Aufmerksamkeit des Beschwerdeführers derart auf sich zog und in ihren Folgen ihn so beschäftigte, daß ihm der Fristablauf entging;

Unkenntnis oder zu spät erlangte Kenntnis von dem Inhalt der ihm bekannt gemachten Verfügung ist ein genügender Wiedereinsetzungsgrund nur dann, wenn der Beschwerdeführer sie nicht selbst verschuldet hat, so wenn eine formell richtige Ersatzzustellung erfolgt ist, die zugestellte Verfügung aber vom Empfänger dem Adressaten vorenthalten wurde, nicht dagegen, wenn der Adressat von einer nach Maßgabe des § 182 ZPO. erfolgten Niederlegung des zuzustellenden Schriftstücks durch die Anzeige an seiner Wohnungstüre Kenntnis erhalten, die Verfügung aber nicht oder nicht rechtzeitig abgeholt hat. Nicht rechtzeitige Erlangung einer Abschrift von einer zu Protokoll bekannt gemachten Verfügung ist kein Wiedereinsetzungsgrund (Fuchs N. 8 b, Wellstein N. 4 a, a. M. Birkenbihl N. 6 b, Jastrow N. 5 zu § 22). Kein Verschulden des Beschwerdeführers liegt vor, wenn derselbe die sofortige Beschwerde zu Protokoll des Gerichtsschreibers eines anderen Amtsgerichts als des in erster Instanz zuständigen erklärte und der Gerichtsschreiber die rechtzeitige Übersendung des Protokolls an das zuständige Gericht versäumte; denn er hat nicht fahrlässig gehandelt, wenn er einen vom Gesetz eröffneten Weg der Beschwerdeeinlegung einschlug, und der Gerichtsschreiber, der mit Aufnahme des Protokolls eine Amtspflicht erfüllte, ist nicht Vertreter des Beschwerdeführers (Dorner N. 6, Fuchs N. 8 b, Rausnitz N. 8, Wellstein 2. Aufl. N. 4 a zu § 22, Fuchs im Recht **4** 322, a. M. Birkenbihl N. 6 b zu § 22). Besonders genau ist die Frage des Verschuldens bei tatsächlichem Irrtum zu prüfen. Rechtsirrtum und Unkenntnis des Gesetzes ist regelmäßig kein Wiedereinsetzungsgrund (OLG. **5** 440), insbesondere dann nicht, wenn jemand zwar über die Voraussetzungen und die Formen des Rechtsmittels in Unkenntnis war, aber die leicht gebotene Gelegenheit, sich darüber Kenntnis zu verschaffen, versäumte (DJZ. **7** 534). Bei wenig befähigten Leuten, insbesondere bei Minderjährigen, soweit sie Rechtsmittel ohne Zuziehung eines gesetzlichen Vertreters einlegen können, kann übrigens auch Rechtsunkenntnis und Rechtsirrtum als Wiedereinsetzungsgrund angesehen werden. (ZBl. **7** 389 Nr. 302). Dagegen ist Minderjährigkeit an sich kein Wiedereinsetzungsgrund.

Hat der Beschwerdeführer einen gesetzlichen Vertreter oder hat er oder sein Vertreter sich einen bevollmächtigten Vertreter bestellt, so kommt es lediglich darauf an, ob der Vertreter verhindert war und ob ihn ein Verschulden trifft. Die Wiedereinsetzung ist im Falle des Verschuldens des Vertreters auch dann zu versagen, wenn der Vertretene selbst ohne Schuld ist und wenn er insbesondere den Vertreter mit Sorgfalt ausgewählt hat (BayObLG. **2** 721).

Unverschuldete Fristversäumnis liegt dagegen vor bei Verschulden eines Vertreters, der nicht Vertreter im Willen, sondern nur Bote ist; letzteres ist auch, wer die Erklärung des Geschäftsherrn, er wolle, daß Beschwerde eingelegt werde, schriftlich niederlegt und dem Anwalt des Geschäftsherrn übermittelt (ZBl. **7** 528 Nr. 386).

Im Falle der Bejahung der Frage, ob die angegebenen und glaubhaft gemachten (s. b γ) Tatsachen eine unverschuldete Verhinderung an der Einhaltung der Frist ergeben, muß die Wiedereinsetzung erteilt werden, auch wenn das Beschwerdegericht der Ansicht ist, daß die sofortige Beschwerde selbst nicht begründet ist; die Entscheidung über diese darf nicht durch Zurückweisung des Wiedereinsetzungsantrages erfolgen.

b) Formelle Voraussetzungen der Wiedereinsetzung sind

α) Antragstellung seitens desjenigen, der die Frist versäumt hat, vor Ablauf eines Jahres von dem Ende der versäumten Frist an gerechnet,

β) Nachholung der Beschwerdeeinlegung,

γ) Glaubhaftmachung der die Wiedereinsetzung begründenden Tatsachen und zwar alles binnen zwei Wochen nach Beseitigung des Hindernisses.

ad α) Für den **Antrag** gelten keine Formvorschriften; es kann insbesondere auch bei dem Antrag auf Wiedereinsetzung gegen die Versäumung der Frist für die sofortige weitere Beschwerde nicht Zuziehung eines Rechtsanwalts bei schriftlicher Antragstellung verlangt werden; die eine Ausnahme darstellende Vorschrift des § 29 Abs. 1 für die Beschwerdeeinlegung darf nicht ausdehnend interpretiert werden.

Zuständig zur Entgegennahme und Verbescheidung des Antrags ist nur das Beschwerdegericht, bei Versäumung der Frist für die sofortige weitere Beschwerde nur das Gericht der weiteren Beschwerde; der Antrag kann nicht etwa bei jedem Gericht, bei dem nach § 21 Abs. 1, § 29 Abs. 1 FGG. die Beschwerde, bezw. sofortige Beschwerde, einlegt werden kann, gestellt werden in der Weise, daß Erklärung zu Protokoll des Gerichtsschreibers eines dieser Gerichte oder schriftliche Einreichung bei einem dieser Gerichte die Frist für den Antrag wahren könnte, sondern nur beim Beschwerdegericht bezw. Gericht der weiteren Beschwerde (a. M. Rausnitz N. 7 zu § 22); der Wiedereinsetzungsantrag ist neben der Beschwerde ein selbständiger Antrag, es finden daher auf ihn die für die letztere geltenden Formvorschriften nicht Anwendung.

Für die **zeitliche Zulässigkeit des Antrags** besteht eine doppelte Schranke: Der Antrag muß binnen zwei Wochen nach der Beseitigung des Hindernisses gestellt werden, d. h. beim Beschwerdegericht (Gericht der weiteren Beschwerde) eingelaufen sein; diese Frist gilt nicht nur für die Nachholung der Beschwerdeeinlegung (OLG. **5** 202).

Außerdem besteht nach § 22 Abs. 2 Satz 4 eine Ausschlußfrist von einem Jahre von dem Ende der versäumten Frist an gerechnet. Diese Frist gilt nur für die Einreichung des Antrages, nicht auch für dessen Verbescheidung, die Wiedereinsetzung selbst; einem vor Ablauf der Frist an das zuständige Gericht gelangten Antrag kann also auch noch nach deren Ablauf stattgegeben werden. Dagegen ist nach Ablauf der einjährigen Ausschlußfrist der Antrag auch dann ausgeschlossen, wenn die zweiwöchige Frist für die Einreichung des Antrags zwar noch vor Ablauf der Ausschlußfrist begonnen hat, aber nicht mehr innerhalb derselben vollendet ist; die zweiwöchige Frist kann dadurch also eine Abkürzung kraft Gesetzes erleiden.

(Beispiel: Ablauf der ersten Frist für die sofortige Beschwerde 12. 1. 05, Ablauf der Ausschlußfrist 12. 1. 06. — Zeit des Wegfalles des Hindernisses der Beschwerdeeinlegung 9. 1. 06, Ende der zweiwöchigen Frist 23. 1. 06 — gleichwohl kann der Antrag nach dem 12. 1. 06 nicht mehr gestellt werden; wegen der Beschwerdeeinlegung in diesem Falle siehe unter β).

Die beiden Fristen sind gesetzliche und der Abänderung durch Vereinbarung der Beteiligten oder durch Richterspruch entzogen, die Gerichtsferien sind ohne Einfluß auf ihren Lauf, für die Berechnung ist § 17 FGG. mit § 187 Abs. 1, § 188 Abs. 2 BGB. maßgebend.

ad β) **Die Nachholung der Beschwerdeeinlegung** braucht nicht gleichzeitig mit dem Antrag auf Wiedereinsetzung zu erfolgen, sie kann vorher oder nachher geschehen (a. M. Rausnitz N. 7 zu § 22); sie muß aber innerhalb der nämlichen zweiwöchigen Frist erfolgen, die für den Antrag gilt (s. unter α). Die einjährige Ausschlußfrist gilt für die Nachholung der Beschwerdeeinlegung nicht; wenn also ein Teil der zweiwöchigen Frist außerhalb der Ausschlußfrist für den Antrag liegt (s. das Beispiel unter α), so kann die Beschwerde auch noch nach Ablauf der Ausschlußfrist eingelegt werden (a. M. Rausnitz N. 9 zu § 22). Die Beschwerde muß nicht bei dem nämlichen Gericht, bei dem der Wiedereinsetzungsantrag gestellt ist, eingelegt werden.

ad γ) **Glaubhaft zu machen** sind die Tatsachen, welche die Verhinderung an der Einhaltung der Frist, den Mangel an Verschulden und die Zeit des Wegfalles der

Verhinderung ersehen lassen. Zeitlich gilt für die Glaubhaftmachung dieser die Wiedereinsetzung begründenden Tatsachen dasselbe wie für die Beschwerdeeinlegung; es müssen also innerhalb der zweiwöchigen Frist dem Gericht die Glaubhaftmachungsmittel vorgelegt sein; daß sich das Gericht noch innerhalb der Frist durch die eingelegten Glaubhaftmachungsmittel überzeugen läßt, seine Entschließung über ihre Tauglichkeit trifft, ist natürlich nicht erforderlich (OLG. **5** 262, Birkenbihl N. 6 d, Dorner N. 7, Rausnitz N. 10 zu § 22, anscheinend mißverstanden von Wellstein N. 4 b zu § 22). Über die Form und die Mittel der Glaubhaftmachung siehe § 15.

c) **Anfechtung der Entscheidung**: Die Entscheidung über den Wiedereinsetzungsantrag, sowohl diejenige, mit welcher dem Antrag stattgegeben wird, als die den Antrag abweisende, unterliegt der sofortigen weiteren Beschwerde (Abs. 2 Satz 3). Für ihre Zulässigkeit ist also § 27 FGG. maßgebend und erforderlich, daß die Entscheidung auf einer Gesetzesverletzung beruhe, für die Zuständigkeit § 28 und § 199 Abs. 1 FGG.; in Bayern ist sohin das Oberste Landesgericht zuständig. Die Anfechtung ist ausgeschlossen bei der Entscheidung über den Antrag auf Wiedereinsetzung gegen Versäumung der Frist für die sofortige weitere Beschwerde (N. 7 zu § 29).

d) Die Wiedereinsetzung ist ausnahmsweise **ausgeschlossen** gegen die Versäumung der Frist für die Anfechtung des Beschlusses, durch den die Bestätigung des Vertrages versagt wird, der über die Annahme an Kindesstatt oder die Wiederaufhebung des durch dieselbe begründeten Rechtsverhältnisses geschlossen wird (§ 68 Abs. 2 FGG.).

4. § 22 findet auch Anwendung, wenn nach der Landesgesetzgebung reichsrechtliche Angelegenheiten in erster Instanz anderen als gerichtlichen Behörden übertragen sind (§ 194 Abs. 1 FGG.); im Falle des § 195 FGG. (für Bayern gegenstandslos) ist auch die Entscheidung des Amtsgerichts innerhalb der Frist des § 22 Abs. 1 anzurufen; gegen deren Versäumung findet die Wiedereinsetzung statt.

5. Beschwerde nach Maßgabe der ZPO. Ausnahmsweise findet in einzelnen Angelegenheiten der freiwilligen Gerichtsbarkeit nicht die sofortige Beschwerde nach Maßgabe des FGG., sondern nach Maßgabe der ZPO. statt, nämlich

nach § 60 Abs. 2 BGB. gegen den die Anmeldung eines Vereins zur Eintragung zurückweisenden Beschluß und zwar ohne Rücksicht auf den Grund der Zurückweisung, nicht bloß, wenn diese aus einem der in § 60 Abs. 1 erwähnten Gründe erfolgt (RG. **47** 386, JW. **03** Beil. 113, BayObLG. **1** 526, 619, **2** 326, RJA. **1** 69, Nöldecke im ZBl. **1** 647 ff., Bendix in DJZ. **6** 328, a. M. OLG. **1** 15, Frantz im ZBl. **1** 483 ff., Heine im Recht **01** 118, 140, Meyerhoff ebenda 170);

nach § 73 BGB. gegen die Entziehung der Rechtsfähigkeit wegen zu geringer Mitgliederzahl;

nach § 80 GenG. gegen die Auflösung der Genossenschaft wegen zu geringer Zahl der Genossen.

Es finden also an Stelle der Verfahrensvorschriften der §§ 19 ff. FGG. die Vorschriften des §§ 568 bis 577 ZPO. Anwendung; daraus ergeben sich nachstehende besonders wichtige Folgerungen:

a) Die Frist für die Einlegung der sofortigen Beschwerde beginnt mit der Zustellung der anzufechtenden Verfügung (§ 577 Abs. 2 ZPO.); eine nach § 16 Abs. 3 FGG. etwa zu Protokoll bekannt gemachte Verfügung muß also, um die Frist in Lauf zu setzen, auch noch nach § 16 Abs. 2 FGG. zugestellt werden;

b) Die Einlegung kann regelmäßig nur bei dem Gericht, von dem die anzufechtende Verfügung erlassen ist, und nur in dringenden Fällen beim Beschwerdegericht erfolgen. Die Form der Einlegung ist in § 569 Abs. 2 ZPO. geregelt; für die Einlegung der weiteren Beschwerde durch Einreichung einer Beschwerdeschrift gilt also kein Anwaltszwang (KGJ. **27** 237);

c) Die **weitere Beschwerde** ist nur gegeben, wenn in der Entscheidung des Landgerichts ein **neuer selbständiger Beschwerdegrund** enthalten ist, dagegen ist eine Gesetzesverletzung nicht erforderlich (§ 568 Abs. 2 ZPO.; für dessen Anwendung BayObLG. **1** 622, **2** 326, **3** 651, ZBl. **6** 27, Wellstein N. 4a zu § 27, a. M. Drabert in der DJZ. **04** 586 ff.).

Die **Zuständigkeit** für Verbescheidung der sofortigen weiteren Beschwerde bemißt sich dagegen nicht nach der ZPO., sondern nach dem FGG.; es findet deshalb auch § 199 FGG. Anwendung; in **Bayern** ist also das Oberste Landesgericht zur Entscheidung berufen (BayObLG. **1** 353, OLG. **6** 19, Drabert in der DJZ. **04** 586 ff., Josef in der DNotV. **4** 319; auch zu schließen aus der Entsch. des RG. **47** 386); auch § 28 Abs. 2 FGG. findet also Anwendung (Werner im Recht **5** 276).

Die **Wiedereinsetzung in den vorigen Stand** gegen die Fristversäumung ist zulässig, richtet sich aber nach Vorschriften der § 233 ff. ZPO. (ebenso Dorner N. 5 zu § 22).

Gegen die Verfügung des Amtsgerichts, durch welche ein vor der Eintragung eines Vereins gestellter Antrag auf Zurückweisung der Vereinsanmeldung oder ein Antrag, dem Verein die Rechtsfähigkeit zu entziehen, die Genossenschaft aufzulösen, zurückgewiesen wird, findet die Beschwerde nach §§ 19 ff. FGG. statt.

6. In **Bayern** gilt § 22 auch für Angelegenheiten der freiwilligen Gerichtsbarkeit, für welche die Landesgesetze maßgebend sind (Art. 129 AG. z. BGB.).

7. In **Gebührensachen** finden die Vorschriften des § 22 auf **jede** weitere Beschwerde Anwendung (Art. 49 Abs. 4 GebG. und N. 12 zu § 29).

§ 23.

Die Beschwerde kann auf neue Tatsachen und Beweise gestützt werden.

Begründung der Beschwerde, neue Tatsachen und Beweise.

1. Die Beschwerde bedarf weder eines Antrages noch einer Begründung (N. 4 zu § 21). Beide, Antrag und Begründung, binden, wenn sie in der Beschwerde enthalten sind, das Beschwerdegericht nicht; dieses hat nach § 12 die Richtigkeit der Entscheidung der Vorinstanz nach jeder Richtung von Amts wegen zu prüfen und demnach seine Entscheidung zu treffen (siehe hierüber N. 3 zu § 12); nur im **Antragsverfahren** ist das Gericht an den Beschwerdeantrag gebunden, soferne durch denselben der frühere gesetzlich erforderliche Antrag eingeschränkt wurde (Josef im ZBl. **6** 844, OLG. **12** 204).

Wird die Beschwerde begründet, so kann sie — sowohl die einfache als die sofortige — auf neue Tatsachen gestützt werden und es können neue Beweismittel sowohl für die neu aufgeführten Tatsachen als für solche Tatsachen, welche in erster Instanz aufgestellt worden sind, benannt werden.

Neu sind **Tatsachen,** welche in erster Instanz nicht vorgebracht und nicht festgestellt worden sind; neu sind **Beweismittel,** welche in erster Instanz von keinem der Beteiligten vorgeschlagen und vom Gericht auch von Amts wegen nicht benützt worden sind.

Für die Zulassung in der Beschwerdeinstanz ist es **nicht erforderlich,** daß die Tatsachen erst nach Erlaß der angefochtenen Verfügung entstanden oder Tatsachen und Beweismittel erst nach diesem Zeitpunkt dem Beschwerdeführer bekannt geworden sind, also von ihm nicht früher geltend gemacht werden konnten; es rechtfertigt auch eine Veränderung der Sachlage durch Eintritt neuer für die Entscheidung des Gerichts erheblicher Tatsachen die Beschwerde und kann mit ihr geltend gemacht werden; auch eine Verfügung, die mit den Erklärungen des Beschwerdeführers in erster Instanz in Einklang steht, kann angefochten werden, die Beschwerde stützt sich hier auf die Willensänderung (BayObLG. **1** 452). Das Beschwerdegericht entscheidet nach Maßgabe des Sachverhalts, wie er sich zur Zeit seiner Entscheidung darstellt; erst für das Gericht der weiteren Beschwerde ist mit Rücksicht auf § 27 FGG. der Sachverhalt maßgebend, der vom Beschwerdegericht festgestellt worden ist.

Eine Verpflichtung, über die neuen Tatsachen Ermittelungen anzustellen und die neuen Beweise zu erheben, besteht für das Beschwerdegericht nicht, da es nach § 12 FGG. nur die ihm erforderlich erscheinenden Ermittelungen zu veranstalten und die ihm geeignet erscheinenden Beweise zu erheben hat; § 12 ermächtigt und verpflichtet aber anderenteils das Beschwerdegericht, auch ohne Antrag erforderlichen Falles neue Tatsachen zu erforschen und weitere Beweise zu erheben (siehe N. 3 und 6 zu § 12).

2. Zeitlich können die neuen Tatsachen und Beweise vom Beschwerdeführer nicht bloß bei der Beschwerdeeinlegung, sondern, solange das Verfahren beim Beschwerdegericht anhängig ist, vorgebracht werden (OLG. **12** 204).

3. Das Vorbringen neuer Tatsachen und Beweismittel mit der einfachen Beschwerde legt dem Gericht erster Instanz die Frage nahe, ob es auf Grund derselben seine Entscheidung nach § 18 Abs. 1 FGG. ändern solle; es kann deshalb Ermittelungen über die neuen Tatsachen und über die Aussichten neuer Beweiserhebungen anstellen; eine gesetzliche Verpflichtung hiezu besteht aber nicht (vergl. § 75 GBO. und unten N. 7); mit Unrecht bezweifelt Wellstein N. 2 zu § 23 das Recht der ersten Instanz, auch neue Beweise zu erheben; denn durch die Beschwerdeeinlegung wird das Recht der Vorinstanz zur (nicht „auf") Änderung seiner Verfügung in keiner Weise beeinträchtigt. Auch für eine einstweilige Anordnung des Gerichts erster Instanz nach § 24 Abs. 2 FGG. kann das neue Vorbringen maßgebend sein und verwertet werden.

4. Wenn das Beschwerdegericht auf Grund von Tatsachen, welche nach Erlaß der Verfügung erster Instanz eingetreten sind, zu einer abändernden Entscheidung gelangt, so hat diese Entscheidung, welche eine ganz neue Verfügung zur Sache darstellt, keine rückwirkende Kraft, wie sie sonst aufhebenden Entscheidungem zukommt, sondern wirkt nur für die Zukunft (vergl. auch D. zu § 74 GBO.).

5. Eine **Ausnahme** von dem Grundsatze des § 23 enthält § 96 Satz 2 mit § 99 FGG. für die Beschwerde gegen den Beschluß, durch welchen im Auseinandersetzungsverfahren hinsichtlich eines Nachlasses oder Gesamtgutes eine vorgängige Vereinbarung oder die Auseinandersetzung bestätigt wird; die Beschwerde kann nur darauf gestützt werden, daß Vorschriften über das Verfahren nicht beobachtet sind; neue Tatsachen und Beweise können also nur insoweit vorgebracht werden, als durch sie Verletzungen des Verfahrens nachgewiesen werden sollen (ähnlich § 157 Abs. 2). Eine weitere Beschränkung hinsichtlich der Beschwerdegründe siehe in § 139 Abs. 2 für die sofortige Beschwerde im Ordnungsstrafverfahren in Handelssachen.

6. Ausgeschlossen ist die Anbringung neuer Anträge in der Beschwerdeinstanz, die die Angelegenheit zu einer anderen machen, als diejenige war, welche Gegenstand der Verfügung erster Instanz gewesen ist, und zwar auch im Falle einer Änderung der tatsächlichen Verhältnisse, welche an sich einen anderen Antrag rechtfertigen würde; der neue Antrag kann in solchem Falle nur wieder beim erstinstanziell zuständigen Gericht gestellt werden (BayObLG. **2** 42). Beispiel: Antrag auf Einleitung einer Pflegschaft nach § 1910 Abs. 2 BGB. statt einer solchen nach Abs. 1 daselbst; die Behauptung, daß eine andere Art der Pflegschaft als die vom Amtsgericht eingeleitete am Platze ist, kann hier nur als Begründung des Beschwerdeantrages auf Aufhebung der eingeleiteten Pflegschaft verwertet werden; anders, wenn Beschwerdeführer in erster Instanz schon eine bestimmte Art der Pflegschaft beantragt, das Amtsgericht aber eine andere Art eingeleitet hat; hier kann nicht bloß Aufhebung der eingeleiteten, sondern zugleich Anordnung der Einleitung der gewollten Art der Pflegschaft beim Beschwerdegericht beantragt werden.

7. Für die **Beschwerde in Grundbuchsachen** gibt § 74 GBO. eine mit § 23 FGG. wörtlich übereinstimmende Vorschrift; § 75 GBO. verpflichtet jedoch — anders als § 18 FGG. — das Grundbuchamt, der Beschwerde abzuhelfen, wenn es dieselbe für begründet erachtet; daraus ergibt sich für das Grundbuchamt die Pflicht, die mit der Beschwerde vorgebrachten neuen Tatsachen festzustellen, und die Beweise, wenn sie ihm erheblich erscheinen, aufzunehmen.

8. § 23 findet auch Anwendung, wenn in erster Instanz für reichsrechtliche Angelegenheiten nach Landesrecht andere als gerichtliche Behörden zuständig sind (§ 194 Abs. 1 FGG.).

9. In **Bayern** gilt § 23 nach Art. 129 AG. z. BGB. auch für diejenigen Angelegenheiten der freiwilligen Gerichtsbarkeit, für welche die landesgesetzlichen Vorschriften maßgebend sind.

10. Auch die Beschwerde in Gebührensachen kann nach Art. 48 Abs. 2 GebG. auf neue Tatsachen und Beweise gestützt werden.

§ 24.

Die Beschwerde hat nur dann aufschiebende Wirkung, wenn sie gegen eine Verfügung gerichtet ist, durch die eine Strafe festgesetzt wird.

Das Gericht, dessen Verfügung angefochten wird, kann anordnen, daß die Vollziehung auszusetzen ist.

Das Beschwerdegericht kann vor der Entscheidung eine einstweilige Anordnung erlassen: es kann insbesondere anordnen, daß die Vollziehung der angefochtenen Verfügung auszusetzen ist.

Aufschiebende Wirkung der Beschwerde.

1. Die gerichtlichen Verfügungen werden nach § 16 Abs. 1 FGG. regelmäßig mit der Bekanntmachung an denjenigen, für den sie ihrem Inhalte nach bestimmt sind, wirksam und — soweit sie einer Vollziehung fähig sind – vollziehbar. Daraus ergibt sich der Grundsatz, daß **die Beschwerde regelmäßig keine aufschiebende Wirkung hat;** dies gilt auch für die sofortige Beschwerde.

Eine **Ausnahme** besteht für die Fälle, in welchen die Verfügung abweichend von dem Grundsatz des § 16 Abs. 1 erst mit der Rechtskraft wirksam wird; hier hat die Beschwerde, welche den Eintritt der Rechtskraft hemmt, aufschiebende Wirkung (§§ 26, 53 Abs. 1, § 56 Abs. 2, § 70 Satz 2, § 82 Abs. 2, §§ 97, 98, 141 Abs. 4, 158 Abs. 2 FGG.); soweit in diesen Fällen dem Gericht die Befugnis eingeräumt ist, die sofortige Wirksamkeit der Verfügung anzuordnen (§§ 26, 53 Abs. 2, § 82 Abs. 2 FGG.), und das Gericht von dieser Befugnis Gebrauch gemacht hat, hat auch die Beschwerde wieder keine aufschiebende Wirkung.

Weitere Ausnahmen enthält § 24, in dem er der Beschwerde aufschiebende Kraft verleiht

a) kraft Gesetzes nach Abs. 1,

b) auf gerichtliche Anordnung nach Abs. 2 und 3.

2. Kraft Gesetzes hat die Beschwerde aufschiebende Wirkung, wenn sie gegen eine Verfügung gerichtet ist, durch die eine Strafe festgesetzt wird. Dies gilt für die Beschwerde und die weitere Beschwerde (§ 29 Abs. 4 FGG.), auch bezüglich vom Beschwerdegericht erstinstanziell festgesetzter Strafen.

Strafen im Sinne des § 24 Abs. 1 sind sowohl die Ordnungsstrafen im Sinne des § 33 (siehe N. 1 zu § 33), soweit solche zulässig sind (Beispiele §§ 83, 133, 135, 140, 151, 154, 159 FGG., §§ 78, 1788, 1837 BGB., §§ 14, 37, 319, 325 N. 9 HGB., § 160 GenG., § 127 BinnenSchG., § 79 GmbHG.), als auch wirkliche Strafen für begangene Ordnungswidrigkeiten, so gegen säumige Familienratsmitglieder nach § 1875 Abs. 2 BGB. (Staudinger IV N. 2b zu § 1875); auch für die nach § 15 FGG. mit §§ 380, 390, 409 ZPO. gegen ungehorsame Zeugen und Sachverständige zulässigen Strafen gilt § 24 Abs. 1, nicht § 572 Abs. 1 ZPO. Dagegen gilt für die Beschwerde gegen Verhängung von Ordnungsstrafen in Ausübuug der Sitzungspolizei die Sondervorschrift des § 183 Abs. 2 GVG. (§ 8 FGG.).

Keine Anwendung findet § 24 bei der Zwangshaft nach § 390 Abs. 2 ZPO., die nicht den Charakter einer Strafe hat (ebenso Dorner N. 1, a. M. Rausnitz N. 3 zu § 24).

Die aufschiebende Wirkung tritt erst mit der Einlegung der Beschwerde ein; bis dahin kann die Vollziehung der Strafverfügung beginnen und erfolgen. Dagegen kann die Vollstreckung von der Einlegung der Beschwerde ab nicht mehr beginnen, die begonnene Vollstreckung muß eingestellt werden, sobald Beschwerde eingelegt ist, ohne daß es eines darauf gerichteten Antrags bedarf.

3. Aussetzung der Vollziehung jeder Verfügung bis zur Entscheidung über die Beschwerde kann erfolgen

durch das Gericht, dessen Verfügung angefochten wird (Abs. 2),

durch das Beschwerdegericht (Abs. 3, 2. Halbsatz).

Die Aussetzung ist nur bezüglich solcher Verfügungen möglich und zulässig, die erst einer Vollziehung bedürfen; hinsichtlich Verfügungen, deren rechtliche Wirkungen von selbst mit dem Wirksamwerden der Verfügung eintreten (z. B. Genehmigung eines Rechtsgeschäfts, Ersetzung oder Ergänzung einer Willenserklärung, Bestellung eines Vormunds), ist eine Anordnung, durch welche die eingetretenen Wirkungen vorläufig sistiert würden, nicht zulässig.

Ob die Vollziehung einer Verfügung ausgesetzt werden soll, steht völlig im Ermessen des Gerichts, es bedarf keines Antrags. Wo es nach dem Inhalt der Verfügung möglich ist, ist auch eine teilweise Aussetzung zulässig.

4. Während das Gericht, dessen Verfügung angefochten ist, darauf beschränkt ist, die Vollziehung auszusetzen, kann das Beschwerdegericht vor der endgiltigen Entscheidung über die Beschwerde auch **einstweilige Anordnungen anderer Art** erlassen.

Diese Befugnis des Beschwerdegerichts bezieht sich nur auf Verfügungen, deren Wirkungen nach der Regel des § 16 Abs. 1 FGG. eingetreten sind, nicht auf solche, welche erst mit der Rechtskraft wirksam werden (siehe N. 1), mit anderen Worten, das Beschwerdegericht hat nur die Befugnis, Anordnungen hinsichtlich schon eingetretener Wirkungen zu treffen, nicht aber etwa Verfügungen, welche noch nicht wirksam geworden sind, auf dem Wege der einstweiligen Anordnung Wirksamkeit zu verleihen;

Verfügungen nach Maßgabe des § 53 Abs. 2, § 82 FGG. wird jedoch auch wieder das Beschwerdegericht treffen können.

Die Erlassung einer Anordnung und ihr Inhalt steht völlig im Ermessen des Beschwerdegerichts. Solche Anordnungen werden insbesondere in Fällen vorkommen, in welchen die Verfügung des Gerichts die Herstellung eines bestimmten Zustandes bezweckt (vergl. z. B. §§ 1665 bis 1667, 1635 bis 1637 BGB.); die Anordnungen können positiven Inhalt haben, durch Gestattung oder Anordnung von bestimmten Handlungen in Fällen, in welchen die Vorinstanz solche nicht gestattet hat. Durch einstweilige Anordnung des Beschwerdegerichts kann auch — was dem Gericht erster Instanz verwehrt ist (N. 2) — eine mit der Bekanntmachung in Wirksamkeit getretene Verfügung wieder außer Wirksamkeit gesetzt werden.

Eine Ausnahme besteht bei der Bestätigung der Annahme an Kindesstatt; wird gegen den Beschluß, durch den die Bestätigung versagt wird, die sofortige Beschwerde eingelegt, so ist das Beschwerdegericht zu irgend einer einstweiligen Anordnung nicht befugt (§ 68 Abs. 2 Satz 3 FGG.).

Spezialvorschriften über einstweilige Anordnungen des Beschwerdegerichts enthalten die § 123 FGG., § 76 GBO.; nach denselben kann das Beschwerdegericht durch eine einstweilige Anordnung der Registerbehörde bezw. dem Grundbuchamte aufgeben, eine Vormerkung oder einen Widerspruch einzutragen.

5. Die Anordnungen nach Abs. 2 und 3 treten nach der Regel des § 16 Abs. 1 FGG. mit der Bekanntmachung an denjenigen, für den sie bestimmt sind, in Wirksamkeit. Die Dauer der Wirksamkeit kann in der Anordnung selbst beschränkt werden, endet aber jedenfalls mit der endgiltigen Entscheidung über die Beschwerde; einer Aufhebung bedarf es regelmäßig nicht, insbesondere dann nicht, wenn in der Anordnung zum Ausdruck gebracht ist, daß sie nur bis zur Entscheidung über die Beschwerde getroffen werden wolle.

6. Die Anordnungen nach Abs. 2 und 3 können nach § 18 FGG. von dem Gericht, das sie getroffen hat, jederzeit **geändert** werden. Die Anordnungen des Gerichts erster Instanz sind Verfügungen im Sinne des § 19 FGG. und deshalb mit der **Beschwerde** anfechtbar; auch die Ablehnung eines Antrags auf Aussetzung der Vollziehung unterliegt der Beschwerde (a. M. Wellstein N. 2 b zu § 24); aus Absatz 3 ergibt sich übrigens, daß das Beschwerdegericht auch, ohne daß die Anordnung der ersten Instanz mit der Beschwerde angefochten wird, eine abweichende Anordnung erlassen kann. Dagegen sind die Anordnungen des Beschwerdegerichts nach Absatz 3 nicht anfechtbar, weder mit der Beschwerde noch mit der weiteren Beschwerde (RJA. **3** 1, **4** 189, OLG. **3** 394, ZBl. **2** 763, **5** 409, auch RG. **35** 345 zu § 572 Abs. 3 ZPO.).

7. § 24 findet auch Anwendung, wenn in erster Instanz für reichsrechtliche Angelegenheiten andere als gerichtliche Behörden zuständig sind (§ 194 Abs. 1 FGG.).

8. In **Bayern** gilt § 24 nach Art. 129 AG. z. BGB. auch für diejenigen Angelegenheiten der freiwilligen Gerichtsbarkeit, für welche die landesgesetzlichen Vorschriften maßgebend sind. Nach Art. 4 Abs. 3 ZEG. hat die Beschwerde gegen die die Zwangserziehung anordnende Verfügung aufschiebende Wirkung.

9. Für **Gebührensachen** bestimmt Art. 48 Abs. 4 GebG., daß die Beschwerde keine aufschiebende Wirkung hat.

§ 25.

Die Entscheidung des Beschwerdegerichts ist mit Gründen zu versehen.

Begründung der Entscheidung.

1. Die **Prüfungspflicht des Beschwerdegerichts** bezieht sich sowohl auf die formelle Zulässigkeit (Form, Frist der Einlegung, Legitimation zur Beschwerdeführung) als auf die materielle Begründetheit der Beschwerde. Auch für das Beschwerdegericht gilt § 12 FGG. (N. 3 zu § 12); das Beschwerdegericht kann dadurch zu Verfügungen verschiedener Art Anlaß haben, ehe es zu einer Entscheidung über die Beschwerde gelangt; nicht auf solche Verfügungen, die das Beschwerdegericht gelegentlich der Prüfung der Begründetheit der Beschwerde erläßt, bezieht sich § 25, sondern lediglich auf die Endentscheidung über die Begründetheit oder Unbegründetheit der Beschwerde.

2. Für den **Inhalt des verfügenden Teils** der Entscheidung bestehen besondere Vorschriften nicht; fehlt es an einem Formerfordernis der Beschwerde oder ist die sofortige Beschwerde nicht rechtzeitig eingelegt, so ist die Beschwerde als unzulässig zu verwerfen; gibt die materielle Prüfung der Verfügung der Vorinstanz zu einer Änderung keinen Anlaß, so erfolgt die Verwerfung der Beschwerde als unbegründet; wegen der Verbescheidung der materiell begründet befundenen Beschwerde siehe N. 3 zu § 12, N. 16 zu § 19, N. 1 zu § 23.

3. Die **Begründung** der Entscheidung hat mit Rücksicht auf § 27 FGG. in tatsächlicher und in rechtlicher Beziehung zu erfolgen, um die Nachprüfung richtiger Anwendung des Gesetzes auf den vorliegenden Tatbestand durch das Gericht der weiteren Beschwerde zu ermöglichen. Die Entscheidung muß also eine vollständige Darstellung des Sachverhalts unter Anführung der Gründe, aus welchen eine Tatsache für erwiesen erachtet wurde oder nicht (OLG. **4** 412), enthalten; dabei ist eine Verweisung auf Aktenprodukte — die Feststellungen der ersten Instanz (OLG. **4** 351), Protokolle über Zeugenaussagen, Gutachten 2c. — nicht ausgeschlossen. Eine Entscheidung des Beschwerdegerichts, die nicht oder mit ungenügenden Gründen versehen ist, verstößt gegen das Gesetz und unterliegt der Aufhebung nach § 27 FGG. mit § 551 Ziff. 7 ZPO. (N. 4d zu § 27). Unvollständig ist die Begründung, wenn aus derselben nicht hervorgeht, ob einzelne wesentliche Behauptungen des Beschwerdeführers gewürdigt worden sind (BayObLG. **2** 330, **3** 886, Recht **5** 123).

4. Die **Bekanntmachung** der Entscheidung des Beschwerdegerichts erfolgt nach Maßgabe des § 16 FGG., wobei nach Abs. 2 dortselbst darauf zu achten ist, ob weitere oder sofortige weitere Beschwerde zulässig ist; hinsichtlich der Personen, an welche zuzustellen ist, muß § 20 FGG. berücksichtigt werden, es genügt nicht die Bekanntmachung lediglich an den Beschwerdeführer, wenn andere Beteiligte vorhanden sind, deren Recht durch die Verfügung des Beschwerdegerichts beeinträchtigt wird. Daß das Ergebnis auch dem Gerichte erster Instanz mitzuteilen ist, versteht sich von selbst, besondere Vorschriften darüber sind auch landesrechtlich in Bayern nicht erlassen.

5. Über den Eintritt der Wirksamkeit der Entscheidung des Beschwerdegerichts siehe § 26.

6. Bayerisches Recht: Die Vorschrift des § 25 findet auch in denjenigen Angelegenheiten der freiwilligen Gerichtsbarkeit Anwendung, für welche die Landesgesetze maßgebend sind.

7. In **Grundbuchsachen** schreibt § 77 GBO. vor, daß die Entscheidung des Beschwerdegerichts mit Gründen zu versehen und dem Beschwerdeführer mitzuteilen sei.

8. Auch in **Gebührensachen** ist durch Art. 48 Abs. 5 GebG. Begründung der Entscheidung des Beschwerdegerichts vorgeschrieben.

§ 26.

Die Entscheidung des Beschwerdegerichts wird in den Fällen, in welchen die sofortige weitere Beschwerde stattfindet, erst mit der Rechtskraft wirksam. Das Beschwerdegericht kann jedoch die sofortige Wirksamkeit der Entscheidung anordnen.

Wirksamkeit der Entscheidung des Beschwerdegerichts.

1. Auch die Entscheidungen des Beschwerdegerichts werden nach der Regel des § 16 Abs. 1 FGG. mit der Bekanntmachung an denjenigen wirksam, für den sie ihrem Inhalte nach bestimmt sind, so daß von diesem Zeitpunkt an ihre Vollziehung erfolgen kann. Eine Ausnahme von dieser Regel enthält § 26 Abs. 1 für diejenigen Entscheidungen des Beschwerdegerichts, welche mit der **sofortigen weiteren Beschwerde** anfechtbar sind; solche Entscheidungen werden erst **mit der Rechtskraft wirksam.** Der sofortigen weiteren Beschwerde unterliegen

a) diejenigen Entscheidungen des Beschwerdegerichts, welche auf sofortige Beschwerde hin ergangen sind, und diejenigen, welche ihrem Inhalte nach, wenn sie erstinstanzielle Entscheidungen wären, nur mit der sofortigen Beschwerde anfechtbar wären (siehe § 29 Abs. 2 und Note 7 hiezu),

b) die Entscheidungen des Beschwerdegerichts über einen Antrag auf Wiedereinsetzung in den vorigen Stand gegen die Versäumung der Frist zur sofortigen Beschwerde (§ 22 Abs. 2 Satz 3).

Während der einzelne Beteiligte die sofortige weitere Beschwerde nicht mehr einlegen kann, wenn für ihn die Rechtsmittelfrist verstrichen ist, tritt die Wirksamkeit der Entscheidung erst ein, wenn die Frist auch für denjenigen Beteiligten verstrichen ist, dem die Entscheidung des Beschwerdegerichts zuletzt zugestellt worden ist (§ 22 Abs. 1 Satz 2 mit § 29 Abs. 4 FGG.); die Entscheidung des Beschwerdegerichts wird sohin allen Beteiligten gegenüber gleichzeitig wirksam; vergl. § 60 Abs. 2, § 77 Abs. 3 FGG., in den dort bezeichneten Fällen tritt die Wirksamkeit mit Ablauf der Frist für den dort bezeichneten Beteiligten ein.

Bis zum Eintritt der Rechtskraft und damit bis zum Eintritt der Wirksamkeit der Entscheidung des Beschwerdegerichts bleibt die Entscheidung des Gerichts erster Instanz in Wirksamkeit.

2. § 26 Satz 2 läßt eine von der Vorschrift des Satz 1 **abweichende Anordnung des Beschwerdegerichts** zu. Dasselbe kann anordnen, daß seine Entscheidung sofort wirksam werden solle, so daß also die abweichende Entscheidung der Vorinstanz sofort außer Kraft und an ihre Stelle die Entscheidung des Beschwerdegerichts gesetzt wird.

Nur das Beschwerdegericht, nicht auch das Gericht erster Instanz, ist zu einer Entscheidung solchen Inhalts zuständig. Die Anordnung kann vom Gericht von Amts wegen oder auf Antrag erlassen werden; das Gericht wird dieselbe erlassen, wenn nach der Sachlage für die Beteiligten ein wesentliches Interesse besteht, daß die Entscheidung der ersten Instanz alsbald außer Kraft und die des Beschwerdegerichts in Kraft trete.

Die Anordnung kann nur gleichzeitig mit der Entscheidung über die Beschwerde, nicht nachträglich erfolgen (Rausnitz N. 2, a M. Dorner N. 3 zu § 26). Die Anordnung muß den Beteiligten bekannt gemacht werden und tritt mit der Bekanntmachung nach der Regel des § 16 Abs. 1 in Wirksamkeit.

Das Gericht, das zur Entscheidung über die sofortige weitere Beschwerde zuständig ist, kann nach Erhebung der sofortigen weiteren Beschwerde die Vollziehung der Entscheidung des Beschwerdegerichts im Wege der einstweiligen Anordnung aussetzen und damit eine vom Beschwerdegericht nach § 26 Satz 2 erlassene Anordnung wieder außer Kraft setzen (§ 24 Abs. 3, § 29 Abs. 4 FGG.).

Die Anordnung des Beschwerdegerichts nach Satz 2 ist **ausgeschlossen:**

a) nach § 68 Abs. 2 Satz 3 bei der Entscheidung über den Antrag auf Bestätigung eines Vertrages über Annahme an Kindesstatt und über Aufhebung des durch eine Annahme begründeten Rechtsverhältnisses,

b) in denjenigen Fällen, in welchen die Wirksamkeit der Entscheidung kraft besonderer Vorschrift von der Rechtskraft abhängig gemacht ist, § 26 Satz 1 also nicht zur Anwendung kommen kann, (siehe §§ 53, 56, 70, 82, 141 Abs. 4, 142—144 FGG.); vergl. jedoch § 53 Abs. 2, § 82, woselbst die Anordnung sofortiger Wirksamkeit der Entscheidung bei Gefahr im Verzug zugelassen ist;

c) im Falle des § 24 Abs. 1 FGG. (Beschwerde gegen Strafverfügungen), weil hier die Entscheidung jedes Instanzgerichts aufschiebende Kraft hat.

3. § 26 gilt auch, wenn in erster Instanz nach Landesrecht andere als gerichtliche Behörden zuständig waren (§ 194 Abs. 1 FGG.).

4. In **Bayern** gilt § 26 auch für diejenigen Angelegenheiten der freiwilligen Gerichtsbarkeit, für welche die Landesgesetze maßgebend sind (Art. 129 AG. z. BGB.).

§ 27.

Gegen die Entscheidung des Beschwerdegerichts ist das Rechtsmittel der weiteren Beschwerde zulässig, wenn die Entscheidung auf einer Verletzung des Gesetzes beruht. Die Vorschriften der §§ 550, 551, 561, 563 der Zivilprozeßordnung finden entsprechende Anwendung.

Weitere Beschwerde.

1. Die weitere Beschwerde ist

a) zulässig gegen die Entscheidungen des Beschwerdegerichts, d. h. gegen diejenigen Entscheidungen des Landgerichts, die über das Rechtsmittel der Beschwerde gegen die Verfügungen des Gerichts erster Instanz erlassen wurden, also nicht auch gegen diejenigen Entscheidungen des Beschwerdegerichts, welche dieses Gericht innerhalb des Beschwerdeverfahrens erläßt, wie einstweilige Anordnungen nach § 24 Abs. 3 (BadRpr. **05** 169), die Verbescheidung eines erst in der zweiten Instanz angebrachten Armenrechtsgesuchs oder Verfügungen gegen in zweiter Instanz zu vernehmende ungehorsame Zeugen oder Sachverständige.

Das Rechtsmittel der weiteren Beschwerde ist das einzige gegen Entscheidungen des Beschwerdegerichts gegebene Rechtsmittel; es steht deshalb auch demjenigen zu, der an dem früheren Verfahren noch nicht teilgenommen hat, sondern erst durch die Entscheidung des Beschwerdegerichts beeinträchtigt ist.

Die weitere Beschwerde findet gegen die Entscheidung des Landgerichts auch dann statt, wenn dieses Gericht (unzulässiger Weise, siehe N. 3 zu § 12) die Sache zur anderweitigen Entscheidung an das Amtsgericht zurückverwiesen hat; Gegenstand der Anfechtung sind hier die vom Landgericht aufgestellten Grundsätze (OLG. **8** 236).

In Fällen, in welchen das Oberlandesgericht Beschwerdegericht ist, ist die weitere Beschwerde durch ausdrückliche Vorschrift ausgeschlossen (§§ 64, 143).

b) Sie ist **nur begründet,** wenn die Entscheidung des Beschwerdegerichts auf einer Gesetzesverletzung beruht; für die Entscheidung dieser Frage sind die §§ 550, 551 ZPO. als maßgebend erklärt; siehe hierüber N. 2—4.

Weitere Erfordernisse für die Zulässigkeit der weiteren Beschwerde, wie Angabe der Beschwerdepunkte, eine bestimmte Beschwerdesumme, Einhaltung einer Frist (soferne sich das Rechtsmittel nicht als sofortige weitere Beschwerde darstellt, § 29 Abs. 4), das Vorliegen eines neuen Beschwerdegrundes, sind nicht aufgestellt; die weitere Beschwerde ist also auch zulässig, wenn die Entscheidungen der beiden Vorinstanzen gleichlautend sind. Auch die Beschränkung des § 549 ZPO. hinsichtlich der verletzten Rechtsnorm findet nicht Anwendung.

§ 27 gilt auch, wenn in erster Instanz andere als gerichtliche Behörden nach Landesrecht zuständig sind (§ 194).

Keine Anwendung findet § 27 in den Fällen der §§ 60, 73 BGB., § 80 GenG., in welchen für das Beschwerdeverfahren die Vorschriften der ZPO. maßgebend sind; es gilt hier insbesondere die Beschränkung des § 568 Abs. 2 ZPO. (Erfordernis eines neuen Beschwerdegrundes); siehe N. 5c zu § 22.

Das Gericht der weiteren Beschwerde hat die Gesetzmäßigkeit der Entscheidung der Vorinstanz nach allen Richtungen zu prüfen und wird hieran auch durch die Beschränkung der Beschwerde auf einzelne Beschwerdepunkte nicht gehindert; es kann also aus anderen als den in der Beschwerde geltend gemachten Gründen aufheben (OLG. **12** 204).

Mit der Entscheidung über die weitere Beschwerde ist das Beschwerderecht verbraucht; der Antrag auf Änderung der erlassenen Entscheidungen ist unzulässig (BayObLG. **3** 49, OLG. **4** 350, Recht **02** 128, ZBl. **6** 634).

2. Dazu, daß die Entscheidung des Beschwerdegerichts auf einer Gesetzesverletzung **beruhe,** ist ein **Kausalzusammenhang** zwischen der Gesetzesverletzung und der Entscheidung, wie sie getroffen wurde, erforderlich. Es genügt also nicht, daß die angefochtene Entscheidung eine Gesetzesverletzung erkennen läßt, es ist vielmehr erforderlich, daß die Entscheidung anders ausgefallen wäre, wenn das Gesetz nicht verletzt wäre.

Auf einer Gesetzesverletzung, die in erster Instanz erfolgt ist, beruht die Entscheidung des Beschwerdegerichts dann — abgesehen von dem Falle, daß es die Entscheidung der Vorinstanz billigt und so wiederholt —, wenn in erster Instanz eine Verletzung des Verfahrens erfolgt ist und das Beschwerdegericht sich bei seiner Entscheidung auf jenes Verfahren stützt (so wenn es die Aussagen eines entgegen den Vorschriften des Gesetzes beeidigten Zeugen verwertet).

Der Kausalzusammenhang ist vom Gericht der weiteren Beschwerde regelmäßig zu prüfen. Ergeben die Entscheidungsgründe zwar eine Gesetzesverletzung, stellt sich aber die Entscheidung aus anderen Gründen als richtig dar, so ist die weitere Beschwerde zurückzuweisen (§ 563). Nur in den Fällen des § 551 ZPO. (siehe N. 4) ist die Entscheidung stets ohne weitere Prüfung als auf einer Gesetzesverletzung beruhend anzusehen und auch die Anwendung des § 563 ausgeschlossen (RG. **48** 28, JW. **01** 202).

Wegen Beruhens der Entscheidung auf Nichtanhörung von Auskunftspersonen siehe N. 4.

3. Gesetzesverletzung liegt vor, wenn eine Rechtsnorm nicht oder nicht richtig angewendet ist (§ 550 ZPO.). Als Rechtsnorm gelten Gesetzesrecht und Gewohnheitsrecht, ferner die sogen. Rechtsverordnungen, inländisches und ausländisches Recht (Klein im Recht **03** 100), Reichsrecht und Landesrecht (N. 1), privatrechtliche und öffentlichrechtliche Vorschriften, auch die sich aus dem internationalen Recht ergebenden Normen (Schulzenstein in ZZP. **29** 275), Vorschriften des materiellen Rechts und Verfahrensvorschriften, dagegen nicht auf privater Vereinbarung beruhende Normen wie Statuten von Korporationen u. dergl.

Eine unrichtige Anwendung des Gesetzes kann durch unrichtige Auffassung oder Auslegung eines Gesetzes, durch Anwendung einer nicht zutreffenden, auch einer nicht oder nicht mehr geltenden Rechtsnorm auf den festgestellten Sachverhalt erfolgen; sie liegt namentlich vor, wenn die tatsächlichen Feststellungen den Erfordernissen der darauf angewendeten Gesetzesstelle nicht Genüge leisten; vergl. z. B. über Verletzung des § 1666 BGB. durch unrichtige Beurteilung des festgestellten Verhältnisses des Vaters BayObLG. **4** 627, **5** 211, ZBl. **6** 212, oder des § 1667 BayObLG. **4** 151, **5** 622.

Bei der Prüfung der Frage, ob eine Gesetzesverletzung vorliegt, hat das Gericht der weiteren Beschwerde die vom Beschwerdegericht ohne Verletzung des Gesetzes festgestellten Tatsachen zu Grunde zu legen; siehe N. 5.

Ebensowenig wie die objektive Richtigkeit der tatsächlichen Feststellungen der Vorinstanzen hat es die Angemessenheit einer Entscheidung zu untersuchen. Wo also das Gesetz eine Entscheidung in das Ermessen des Gerichts stellt — **Kannvorschriften** — ist eine Prüfung, ob das Gericht von seinem Ermessen einen richtigen Gebrauch gemacht hat, ob es allen Umständen die richtige sachliche Bedeutung beigelegt hat, ausgeschlossen (BayObLG. **4** 153, 405, 627, 924, **5** 78, 511, 561, **6** 286, **7** 205); so hinsichtlich der Frage, ob ein Zeuge zu beeidigen sei, (BayObLG. **1** 507), ob Anlaß zur Löschung einer Firma sei (**3** 670), ob Anlaß zu einer Ordnungsstrafe gegen einen Vormund gegeben sei oder einfache Verwarnung genüge (**3** 801), ob nach Beendigung des Konkurses über das Vermögen des Vaters diesem die Verwaltung des Kindervermögens wieder zu übertragen sei (**2** 407), ob eine Gefährdung im Sinne des § 1981 Abs. 2 BGB. vorliege (**3** 889), ob Beiordnung eines Rechtsanwalts erfolgen solle (**4** 1), ob die Anordnung der Zwangserziehung nach den Umständen erforderlich sei (**4** 223), ob und welche Vergütung dem Vormund zu bewilligen sei (**4** 474), ob mehrere Vormünder zu bestellen seien (**5** 118), ob ein Kind zum selbständigen Betriebe eines Erwerbgeschäfts zu ermächtigen sei (**5** 227).

Die weitere Beschwerde kann aber auf die Behauptung gestützt werden, daß das Gericht das Gesetz dadurch verletzt habe, daß es eine ihm unter Anwendung seines Ermessens obliegende Prüfung überhaupt nicht vorgenommen habe.

Auf die Verletzung von Ordnungsvorschriften — **Sollvorschriften** — kann die weitere Beschwerde dann gestützt werden, wenn nach der Sachlage anzunehmen ist, daß auf der Unterlassung der vom Gesetz vorgeschriebenen Handlung die Entscheidung beruht; dies gilt namentlich für die Unterlassung der Anhörung des Vaters des Kindes, von Verwandten und Verschwägerten des Kindes oder Mündels (§§ 1673, 1847, 1862 BGB.); eine Gesetzesverletzung liegt hier in der Unterlassung der Anhörung, wenn anzunehmen ist, daß infolge davon die Entscheidung keine Gewähr einer erschöpfenden Würdigung der Verhältnisse bietet (BayObLG. **2** 527, **3** 20, **4** 91, SeuffBl. **66** 523, RJA. **2** 152, OLG. **3** 185, ZBl. **2** 364, Recht **01** 514, **06** 64). Soweit das Gehör wegen Untunlichkeit unterbleiben darf, kann die weitere Beschwerde darauf gestützt werden, daß das Gericht den Begriff der Untunlichkeit unrichtig aufgefaßt habe, nicht aber etwa darauf, daß das Gericht bei Abwägung der Dringlichkeit von unrichtigen tatsächlichen Voraussetzungen ausgegangen sei.

4. Von den in § 551 ZPO. aufgezählten Fällen, bei deren Vorliegen die Entscheidung stets als auf einer Gesetzesverletzung beruhend anzusehen ist (siehe N. 2), sind in der freiwilligen Gerichtsbarkeit nicht anwendbar der der Ziff. 3 (Mitwirkung eines abgelehnten Richters), weil eine Ablehnung nach § 6 Abs. 2 ausgeschlossen ist, und der der Ziff. 6 (Verletzung der Vorschriften über die Öffentlichkeit), weil solche Vorschriften hier nicht bestehen (siehe Vorbem. 2 zu §§ 8—18).

Der Aufhebung unterliegt die Entscheidung des Beschwerdegerichts, wenn sie mit einem der hienach noch in Betracht kommenden Mängel des § 551 ZPO. behaftet ist oder wenn dies hinsichtlich der Entscheidung des Amtsgerichts zutrifft, das Beschwerdegericht aber diese Entscheidung oder den fehlerhaften Teil bestätigt oder sich bei seiner Entscheidung auf ein fehlerhaftes Verfahren der ersten Instanz stützt (N. 2).

a) Nicht vorschriftsmäßige Besetzung des Gerichts (§ 551 N. 1) liegt vor, wenn das Gericht nicht mit der gesetzlich vorgeschriebenen Zahl von Richtern besetzt war, wenn die Vorschriften über Zuziehung von Hilfsrichtern verletzt waren, wenn eine Person mitgewirkt hat, die zur Ausübung des Richteramts nicht berechtigt war, sei es, daß sie überhaupt nicht zum Richter ernannt oder daß ihre Ernennung nicht zulässig war, (über die Streitfrage, ob die Mitwirkung eines Richters, bei dessen Ernennung die Vorschriften über die Fähigkeit zum Richteramt nicht beachtet sind, unter Nr. 1 fällt, siehe Dorner N. 5d zu § 27) oder daß sie die Fähigkeit durch strafrichterliches Urteil verloren hat (§§ 31, 33, 35, 36 StGB.), dagegen nicht, wenn die Vorschriften über Stellvertretung nicht beachtet sind. Wegen der Anfechtbarkeit einer von einer Zivilkammer statt von einer Handelskammer erlassenen Entscheidung siehe unten lit c.

b) Die Mitwirkung eines kraft Gesetzes ausgeschlossenen Richters (§ 551 Nr. 2) ist, da eine Ablehnung ausgeschlossen ist, stets Anfechtungsgrund, trotz § 7, der nur die sofortige Unwirksamkeit von Handlungen eines solchen Richters ausschließt (N. 4 zu § 7, siehe auch Josef in ZBl. **7** 504).

c) Mit Unrecht erfolgte Annahme der Zuständigkeit oder Unzuständigkeit (§ 551 N. 4) ist Anfechtungsgrund ohne Unterschied, ob es sich um Irrtum über die sachliche oder die örtliche Zuständigkeit handelt. Ziff. 4, nicht Ziff. 1, ist auch anwendbar, wenn in der Beschwerdeinstanz an Stelle der nach § 30 Abs. 1 FGG. zur Entscheidung berufenen Handelskammer die Zivilkammer oder umgekehrt eine Entscheidung erlassen hat (RG. **48** 27, siehe auch N. 2 zu § 30).

d) Eine nicht der Vorschrift der Gesetze entsprechende Vertretung (§ 551 Nr. 5) ist Anfechtungsgrund sowohl in Bezug auf gesetzliche als auf rechtsgeschäftliche Vertretung, wenn nämlich für eine Person, die eines gesetzlichen Vertreters bedarf, nicht dieser sondern die zu vertretende Person selbst gehandelt hat oder wenn nicht der zur Vertretung in der Angelegenheit berufene gesetzliche Vertreter gehandelt hat, so wenn die Sorge für die Person und für das Vermögen des Mündels verschiedenen Vormündern zusteht (§ 1798 BGB.), oder wenn ein Fall vorliegt, in dem der Vertreter von der Vertretung ausgeschlossen ist (§§ 1630, 1795, 1796 BGB.), oder wenn die Bestellung eines Pflegers zu Unrecht erfolgt ist, ferner wenn der als bevollmächtigter Vertreter Aufgetretene in Wirklichkeit zu der vorgenommenen Handlung nicht bevollmächtigt war.

Ein Anfechtungsgrund ist aber nur gegeben, wenn eine Handlung der vertretenen oder zu vertretenden Person in dem Verfahren rechtlich notwendig war, also im Antragsverfahren, wenn der Mangel die antragsberechtigte Person betraf, im Offizialverfahren nur ausnahmsweise, wenn die Entscheidung an die Voraussetzung bestimmter Erklärungen der Person gebunden ist, sonst nur, wenn es sich um dispositive Akte, wie die Beschwerdeeinlegung, handelt. Ein Fall der Nr. 5 liegt vor, wenn sich das Streitverfahren nach § 1379 BGB. gegen die minderjährige Frau selbst und nicht gegen ihren Vater richtet (Josef N. 7 zu § 27).

e) Mangel der Gründe der anzufechtenden Entscheidung (§ 551 Nr. 7) liegt nicht nur vor, wenn eine Begründung vollständig fehlt, sondern auch wenn die äußerlich als Gründe sich darstellenden Ausführungen die tatsächlichen oder rechtlichen Erwägungen nicht erkennen lassen, aus welchen das Gericht zu seiner Entscheidung gelangt ist, weil erst diese Kenntnis die Nachprüfung ermöglicht, ob bei der Ermittelung und Feststellung des Sachverhalts oder bei der Anwendung des Gesetzes auf denselben keine Gesetzesverletzung vorgekommen ist (Pitel im ZBl. **5** 240; siehe auch N. 3 zu § 25).

5. Nach § 561 ZPO. sind für die Entscheidung des Gerichts der weiteren Beschwerde die in der angefochtenen Entscheidung gerichtlich festgestellten Tatsachen maßgebend; eine **Nachprüfung tatsächlicher Verhältnisse** in der dritten Instanz ist **ausgeschlossen** (BayObLG. **3** 673, 802, **7** 295); das Vorbringen neuer Tatsachen und Beweise in Bezug auf die Sache selbst ist in dieser Instanz ausgeschlossen. Umsoweniger hat das Gericht der weiteren Beschwerde das Recht, von Amts wegen Ermittelungen anzustellen; kommt es auf Grund der Prüfung der Entscheidung des Beschwerdegerichts zu dem Schluß, daß diese Entscheidung auf einer Gesetzesverletzung beruht, bedarf es aber zur Entscheidung in der Sache selbst noch weiterer Ermittelungen und Feststellungen, so muß das Gericht der weiteren Beschwerde die Sache zur anderweitigen Entscheidung an die Vorinstanz zurückverweisen, das dann selbstverständlich (auch ohne daß § 565 Abs. 2 ZPO. für anwendbar erklärt wäre), die Rechtsauffassung des Gerichts der weiteren Beschwerde seiner neuen Entscheidung zu Grunde zu legen hat (Josef in ZBl. **4** 831).

Außer den von den Vorinstanzen zur Sache festgestellten Tatsachen können nur noch die in § 554 Nr. 2 und 3 ZPO. erwähnten Tatsachen berücksichtigt werden, das sind solche, welche ergeben, daß das Gesetz in Bezug auf das Verfahren verletzt ist, gleichviel ob sich dieselben aus den Akten ergeben oder sonst dem Gericht bekannt sind oder nachgewiesen werden, und solche, die unter Verletzung des Gesetzes festgestellt, übergangen oder als vorgebracht angenommen sind; Tatsachen der letzteren Art sind vom Gericht der weiteren Beschwerde von Amts wegen zu berücksichtigen, ohne daß sie bei Einlegung und Begründung der weiteren Beschwerde behauptet oder angeführt sind (Dorner N. 7, Rausnitz N. 14 zu § 27 gegen Ring im ArchPrR. **13** 382).

Unter Verletzung des Gesetzes sind Tatsachen festgestellt, wenn Formvorschriften über Beweisaufnahme nicht beachtet sind, ferner wenn bei Auslegung von Urkunden oder Willenserklärungen gegen gesetzliche Auslegungsvorschriften oder die Denkgesetze verstoßen ist (Rausnitz N. 17 zu § 27, BayObLG. **5** 561, Recht **04** 633, **02** 21), dagegen nicht dann, wenn die Auslegung sich auf tatsächlichem Gebiete bewegt, ferner nicht, wenn Beweisangebote nicht berücksichtigt wurden, weil die Bestimmung des Umfanges der Ermittelungen und der Beweisaufnahme dem Gericht überlassen ist (§ 12), wohl aber dann, wenn das Gericht den § 12 überhaupt nicht angewendet hat.

Wegen Übergehung von Tatsachen, die in der Beschwerdeinstanz vorgebracht sind, ist die weitere Beschwerde begründet, wenn die Tatsachen bei der Entscheidung unberücksichtigt oder unerwähnt blieben, obwohl sie für die Entscheidung von Erheblichkeit sind (siehe hierüber auch Pitel im ZBl. **5** 241, ferner ebenda **6** 895).

Außerdem eignen sich zur Erörterung in dritter Instanz solche Tatsachen, welche die Zulässigkeit der weiteren Beschwerde — Form, Frist, Verzicht, Beschwerdeberechtigung — betreffen; diese können auch mit Beweisen belegt werden.

Die nachträgliche Beseitigung eines rechtlichen Mangels, d. i.

derjenigen Tatsachen, auf welchen der Mangel beruht, begründet nicht die weitere Beschwerde, sondern einen neuen Antrag bei der ersten Instanz (BayObLG. **3** 319).

Ermittelungen darüber, ob die angefochtene Entscheidung nicht etwa auf Grund der §§ 55, 62 unabänderlich ist, obliegen auch dem Gericht der weiteren Beschwerde (Josef im ZBl. **5** 208).

6. Durch die Vorschrift des § 27 ist nur die Zulässigkeit der weiteren Beschwerde geregelt; zu dieser genügt es, wenn Verletzung einer Rechtsnorm **behauptet** wird. Ist diesem Erfordernis nicht genügt, so ist die weitere Beschwerde als unzulässig zu verwerfen; ergibt dagegen trotz Behauptung einer Gesetzesverletzung die Prüfung der Entscheidung, daß eine solche nicht vorliegt, so wird die weitere Beschwerde als unbegründet verworfen.

7. Für die weitere Beschwerde in **Grundbuchsachen** enthält § 78 GBO. eine mit § 27 wörtlich übereinstimmende Vorschrift.

8. In **Bayern** gilt § 27 auch in Angelegenheiten, für welche die Landesgesetze maßgebend sind (Art. 129 AG. z. BGB.); zur Verbescheidung ist das Oberste Landesgericht zuständig (Art. 42 Abs. 3 AG. z. GVG.).

In Zwangserziehungssachen kann die weitere Beschwerde nur darauf gestützt werden, daß die angefochtene Entscheidung auf Nichtanwendung oder unrichtiger Anwendung einer Gesetzesvorschrift beruht, nicht aber darauf, daß die Anordnung der Zwangserziehung nach den Umständen erforderlich oder nicht erforderlich sei (BayObLG. **4** 223, **6** 42).

Soweit das Oberste Landesgericht Beschwerdegericht (2. Instanz) ist, wie in Fideikommißsachen (§ 14 der VII. Verfassungsbeilage i. d. Fassung des Art. 135 Abs. 1 AG. z. BGB.) und in standesrechtlichen Vormundschaftssachen (§ 10 Abs. 1 der IV. Verfassungsbeilage), findet die weitere Beschwerde nicht statt.

Über die weitere Beschwerde in Hypothekensachen des alten Rechts siehe BayObLG. **1** 150, 153, 166, 378, **2** 155, 571, **3** 514, **4** 102.

9. Über die weitere Beschwerde in Gebührensachen siehe Art. 49 GebG., dessen Abs. 1 wörtlich dem § 27 entspricht.

§ 28.

Über die weitere Beschwerde entscheidet das Oberlandesgericht.

Will das Oberlandesgericht bei der Auslegung einer reichsgesetzlichen Vorschrift, welche eine der im § 1 bezeichneten Angelegenheiten betrifft, von der auf weitere Beschwerde ergangenen Entscheidung eines anderen Oberlandesgerichts, falls aber über die Rechtsfrage bereits eine Entscheidung des Reichsgerichts ergangen ist, von dieser abweichen, so hat es die weitere Beschwerde unter Begründung seiner Rechtsauffassung dem Reichsgerichte vorzulegen. Der Beschluß über die Vorlegung ist dem Beschwerdeführer bekannt zu machen.

In den Fällen des Abs. 2 entscheidet über die weitere Beschwerde das Reichsgericht.

Instanzgericht für die weitere Beschwerde.

1. § 28 regelt die Zuständigkeit für die Entscheidung über die weitere Beschwerde. Nach reichsrechtlicher Vorschrift soll regelmäßig das dem

Beschwerdegericht vorgesetzte **Oberlandesgericht** über die weitere Beschwerde entscheiden. Nach § 199 Abs. 1 FGG. kann durch die Gesetzgebung eines Bundesstaats, in dem mehrere Oberlandesgerichte errichtet sind, die Entscheidung über das Rechtsmittel der weiteren Beschwerde einem der mehreren Oberlandesgerichte oder an Stelle eines solchen Oberlandesgerichts dem Obersten Landesgerichte zugewiesen werden. Von dieser Ermächtigung ist in **Bayern** Gebrauch gemacht; durch Art. 42 Abs. 3 AG. z. GVG. ist die Entscheidung über das Rechtsmittel der weiteren Beschwerde in Angelegenheiten der freiwilligen Gerichtsbarkeit dem **Obersten Landesgerichte** zugewiesen. Über die Besetzung desselben siehe Note 6 zu § 30.

Die irrtümliche Bezeichnung des Beschwerdegerichts schadet nicht (siehe N. 3 zu § 21).

2. Das Oberlandesgericht entscheidet **über** die weitere Beschwerde. Es hat also regelmäßig nicht bloß die Grundsätze anzugeben, nach welchen die Sache zu entscheiden ist, sondern auch im Falle der Aufhebung der Entscheidung der Vorinstanz die erforderliche positive Entscheidung zur Sache selbst zu treffen. Eine Ausnahme ergibt sich daraus, daß das Gericht der weiteren Beschwerde nicht in der Lage ist, selbst neue tatsächliche Feststellungen zur Sache zu treffen; über die Zurückverweisung an eine der Vorinstanzen bei Notwendigkeit neuer tatsächlicher Erhebungen siehe N. 5 zu § 27. Die Zurückverweisung ist aber auch in anderen Fällen aus Zweckmäßigkeitsgründen zulässig, wenn sich infolge der Begründetheit der weiteren Beschwerde die Notwendigkeit ergibt, Maßregeln zu treffen, deren Vornahme oder Anordnung dem Gericht erster Instanz zukommt, so wenn die Zurückweisung eines Antrages auf Anordnung einer Vormundschaft, Pflegschaft, auf Erteilung eines Erbscheines vom Gericht der weiteren Beschwerde aufgehoben wird, (Josef im ZBl. **4** 827, 830). Darüber, ob die Zurückverweisung an das Amtsgericht oder an das Beschwerdegericht erfolgen soll, entscheiden nur Zweckmäßigkeitsrücksichten.

3. Ausnahmsweise ist nach § 28 Abs. 2 und 3 das **Reichsgericht** zur Verbescheidung der weiteren Beschwerde zuständig. Das Oberlandesgericht beziehungsweise in Bayern das Oberste Landesgericht hat beim Vorliegen folgender **Voraussetzungen** die sofortige Beschwerde dem Reichsgericht vorzulegen:

a) wenn über die Auslegung einer Rechtsfrage, welche eine der in § 1 bezeichneten Angelegenheiten betrifft, Streit besteht,

b) wenn es sich um Auslegung einer reichsgesetzlichen Vorschrift der sub a bezeichneten Art handelt,

c) wenn das Gericht bei der Auslegung einer solchen Vorschrift abweichen will entweder

α) von einer auf sofortige Beschwerde ergangenen Entscheidung eines anderen Oberlandesgerichts oder

β) von einer Entscheidung des Reichsgerichts über die Rechtsfrage.

ad a) Die **Rechtsfrage**, um deren Auslegung es sich handelt, muß direkt eine Angelegenheit betreffen, welche durch Reichsgesetz den Gerichten der freiwilligen Gerichtsbarkeit zur Behandlung übertragen ist; die Vorschrift kann das materielle Recht oder das Verfahren betreffen. Wenn Inzidentpunkte anderer rechtlicher Natur streitig sind, so ist die Vorlegung nicht veranlaßt und nicht zulässig. Dagegen ist es nicht notwendig, daß die Vorschrift ausschließlich für die freiwillige Gerichtsbarkeit Bedeutung hat, es genügt, wenn sie ihrer rechtlichen Natur nach auch für die freiwillige Gerichtsbarkeit in Betracht kommt; hieher gehören z. B. die Vorschriften über den Wohnsitz, der für die Zuständigkeit in der freiwilligen Gerichtsbarkeit vielfach Bedeutung hat, materiellrechtliche Vorschriften des Vormundschafts- und Erbrechts, welche sowohl in der freiwilligen Gerichtsbarkeit zur Anwendung kommen, als auch für die Entscheidung von Rechtsstreitigkeiten im Prozeßverfahren maßgebend sein können. Auch die Absicht, von einer in einer Grundbuchsache ergangenen Entscheidung abzuweichen, gibt Anlaß zur Vorlegung (Werner im Recht **01** 275, Aron in ZZP. **27** 322, a. M. Jastrow in ZZP. **28** 481).

Auslegung ist nicht nur die Klarlegung des Inhalts einer Rechtsnorm, sondern auch die Subsumtion der Tatsachen unter das Gesetz (Rausnitz N. 6 zu § 28).

ad b) Nur Meinungsverschiedenheit über die Auslegung **reichsgesetzlicher Vorschriften** geben Anlaß zur Vorlage; es muß sich also um gesetzliche, nicht im Verordnungswege vom Reich erlassene Vorschriften handeln; ist über die Auslegung einer landesgesetzlichen Vorschrift Streit, so erfolgt die Vorlegung selbst dann nicht, wenn darüber schon eine Entscheidung des Reichsgerichts ergangen sein sollte; dies gilt auch für landesrechtliche Vorschriften, die auf Grund reichsrechtlichen Vorbehalts erlassen sind, ferner für den Fall, daß reichsgesetzliche Vorschriften in Angelegenheiten, für welche die Landesgesetze maßgebend sind, kraft landesrechtlicher Vorschrift zur Anwendung kommen (so z. B. auf Grund des Art. 129 AG. z. BGB.).

ad c) Das Gericht der weiteren Beschwerde muß von der Entscheidung eines anderen Gerichts **abweichen**, d. h. die Vorschrift in einem anderen Sinne auslegen oder anwenden wollen. Maßgebend ist natürlich immer die jüngste Entscheidung des anderen Gerichts, wenn also das nämliche Oberlandesgericht die nämliche Rechtsfrage bereits in verschiedenem Sinne entschieden hat, die zuletzt ergangene Entscheidung; dies gilt auch, wenn der nämliche Senat des Reichsgerichts eine Rechtsfrage schon verschieden entschieden hat. Liegen schon verschiedene Entscheidungen mehrerer Oberlandesgerichte über die nämliche Rechtsfrage vor — wie dies insbesondere möglich ist, wenn in einem Falle die Vorlegung an das Reichsgericht dem Gesetze zuwider unterblieben ist, — so muß die Vorlegung erfolgen, gleichviel welcher Entscheidung sich das Gericht der weiteren Beschwerde anschließen will; denn es weicht damit jedenfalls von einer der vorhandenen Entscheidungen ab; es kommt also hier nicht darauf an, welche der früheren Entscheidungen die jüngere ist. Dagegen kommt eine Entscheidung eines Oberlandesgerichts (Kammergerichts, Obersten LG.) nicht mehr in Betracht, wenn zeitlich nach derselben über die Rechtsfrage eine Entscheidung des Reichsgericht ergangen ist.

Das Gesetz unterscheidet zwei Fälle der Vorlegung: Abweichung von einer Entscheidung eines anderen Oberlandesgerichts und von einer Entscheidung des Reichsgerichts; es regelt für beide Fälle die Voraussetzungen der Vorlegung verschieden.

α) Will das Gericht von einer vom nämlichen Gericht, wenn auch von einem anderen Senat erlassenen Entscheidung abweichen, so gibt das keinen Grund für die Vorlage. Veranlassung hiezu gibt nur Abweichung von einer Entscheidung eines **anderen Oberlandesgerichts** oder eines Gerichts, welches nach Landesrecht auf Grund des § 199 FGG. zur Entscheidung über die weitere Beschwerde berufen ist; für Bayern kommt also neben den Oberlandesgerichten der anderen Bundesstaaten das in Preußen nach Art. 7 des preußischen Gesetzes über die freiwillige Gerichtsbarkeit vom 21. Sept. 1899 zuständige Kammergericht in Betracht.

Voraussetzung der Vorlage ist hier weiter, daß die Entscheidung des anderen Gerichts **auf weitere Beschwerde,** also im Verfahren der freiwilligen Gerichtsbarkeit durch das nach § 28 FGG. zuständige Gericht erlassen wurde. Entscheidungen eines Oberlandesgerichts in Prozeßsachen geben zur Vorlage keine Veranlassung, ebensowenig Entscheidungen eines Oberlandesgerichts, zu denen es nicht direkt nach § 28 FGG., sondern auf Grund landesgesetzlicher Vorschrift zuständig war, also in landesgesetzlichen

Angelegenheiten der freiwilligen Gerichtsbarkeit, auch wenn sie eine nach landesgesetzlicher Vorschrift anzuwendende reichsgesetzliche Vorschrift behandeln.

β) Dagegen gibt eine Entscheidung des **Reichsgerichts** Anlaß zur Vorlage, ohne Rücksicht darauf, in welchem Verfahren — freiwillige oder streitige Gerichtsbarkeit, Beschluß oder Urteil — sie ergangen ist; die Voraussetzung, daß die Entscheidung auf weitere Beschwerde ergangen sein muß, kommt also hier in Wegfall.

4. Verfahren bei Vorlage: Wenn das Oberlandesgericht (Oberste Landesgericht) bei der Prüfung der Rechtslage zu einer Rechtsanschauung gelangt, welche von der in einer Entscheidung der in Note 2 erörterten Art niedergelegten Rechtsanschauung abweicht, so ist es seine Pflicht, die Vorlage an das Reichsgericht zu betätigen. Die Unterlassung der Vorlage, obwohl die Voraussetzungen dafür gegeben sind, hat jedoch, gleichviel ob sie aus tatsächlichen Gründen (Unkenntnis der vorhandenen abweichenden Entscheidung) oder aus Rechtsgründen (Verkennung der Abweichung) erfolgt, keine weiteren rechtlichen Folgen; die Entscheidung des Oberlandesgerichts in der Sache ist giltig und rechtswirksam, es besteht kein Beschwerderecht gegen die Entscheidung des Oberlandesgerichts oder ein sonstiges Recht auf Anrufung des Reichsgerichts (RG. in DJZ. **6** 260, RJA. **5** 1, ZBl. **5** 315).

Die Prüfung der Voraussetzung der Vorlage obliegt zunächst dem Oberlandesgericht; den Beteiligten ist jeder Einfluß versagt, insbesondere kann nicht etwa von ihnen das Reichsgericht unmittelbar angerufen werden, weil sie Abweichung von einer vorhandenen Entscheidung wünschen.

Seine Absicht, die sofortige Beschwerde dem Reichsgericht vorzulegen, hat das Gericht der weiteren Beschwerde in einem Beschlusse niederzulegen, welcher eine Begründung der Rechtsauffassung des Gerichts zu enthalten hat. Der Beschluß ist nach der ausdrücklichen Vorschrift des § 28 Abs. 2 Satz 2 nur dem Beschwerdeführer, nicht auch sonstigen Beteiligten, bekannt zu machen; die Vorschrift, daß die Zustellung gerade an den Beschwerdeführer erfolgen soll, kann nur den Sinn einer Beschränkung auf die Bekanntmachung an ihn haben; hätte nur zum Ausdruck gebracht werden wollen, daß der Beschluß nicht bloß den Charakter einer das Verfahren leitenden Verfügung habe, so hätte nur Zustellung schlechthin vorgeschrieben werden dürfen; besonders zum Ausdruck zu bringen, daß der Beschwerdeführer jedenfalls Beteiligter und an ihn zuzustellen sei, wäre überflüssig gewesen (ebenso Rausnitz N. 1 a. E., a. M. Dorner N. 6 zu § 28).

Der Beschluß ist dann samt Akten dem Reichsgericht zuzuleiten. Bis zum Vollzug der Vorlage ist das Oberlandesgericht (Oberste Landesgericht) befugt, seinen Beschluß zu ändern (a. M. anscheinend Rausnitz N. 8 Abs. 2 zu § 28, der das Recht zur Änderung schon mit der Zustellung des Beschlusses an den Beschwerdeführer erlöschen läßt).

Das Reichsgericht ist befugt, die formellrechtliche Frage, ob ein Fall des § 28 Abs. 2 vorliegt, zu prüfen und, wenn es zur Verneinung dieser Frage kommt, die Sache an das vorlegende Gericht zur Verbescheidung in eigener Zuständigkeit zurückzugeben; denn die Zuständigkeit des Reichsgerichts wird nicht schon durch die Vorlage begründet; nach § 28 Abs. 3 ist das Reichsgericht nur zuständig, wenn wirklich ein Fall des Abs. 2 vorliegt (RG. im Recht **02** 47, ZBl. **2** 650, **6** 292, Josef in DNotV. **4** 326, a. M. Schneider N. 6, Schultze N. 5 zu § 28). Dagegen findet eine Zurückverweisung nicht statt, wenn das Reichsgericht zu der Anschauung gelangt, daß aus materiellrechtlichen Gründen die Vorlegung nicht angebracht war, daß also die jetzt zu entscheidende und die früher entschiedene Rechtsfrage nicht die nämliche ist oder daß eine Abweichung von der Auffassung des anderen Gerichts überhaupt nicht vorliegt.

Das Reichsgericht entscheidet **über** die weitere Beschwerde, d. h. es entscheidet nicht bloß die streitige Rechtsfrage, sondern es erläßt die Entscheidung in der Sache selbst; es kann dabei allerdings, wenn die in zweiter Instanz festgestellten Tatsachen nicht ausreichen, um darauf eine Sachentscheidung zu gründen, die Zurückweisung an die Beschwerdeinstanz beschließen (N. 5 zu § 7).

Über die Besetzung des Reichsgerichts siehe Note 4 zu § 30. Für die Entscheidungen des Reichsgerichts gelten die nämlichen Vorschriften wie für die des Oberlandesgerichts (siehe N. 3—5 zu § 27). In Ansehung der Gerichtskosten bleiben, wenn das Reichsgericht entscheidet, diejenigen Vorschriften maßgebend, welche Anwendung finden, wenn eine solche Beschwerde bei dem Landesgericht erledigt wird; die erhobenen Kosten fließen jedoch in die Reichskasse (Art. IV Gesetz betr. Änderungen des GVG. und der StPO. v. 17. 5. 98).

Die Entscheidung des Reichsgerichts ist an alle Beteiligten gemäß § 16 Abs. 2 und 3 FGG. bekannt zu machen; sie wird nach § 16 Abs. 1 mit der Bekanntmachung wirksam, soweit nicht nach besonderer Vorschrift die Wirksamkeit mit der Rechtskraft eintritt; Entscheidungen des Reichsgerichts sind wie die der Oberlandesgerichte (des Obersten Landesgerichts) mit Erlaß rechtskräftig.

4. In den Ausnahmefällen, in welchen die Beschwerde nach den Vorschriften der ZPO. stattfindet (§§ 60, 73 BGB., § 80 GenG.), bemißt sich die Zuständigkeit zur Verbescheidung der weiteren Beschwerde nach § 28 Abs. 1; auch Abs. 2 findet Anwendung (siehe N. 5 zu § 22).

5. Der § 28 findet auch Anwendung, soweit für die in § 1 bezeichneten Angelegenheiten nach Landesgesetz andere als gerichtliche Behörden zuständig sind.

6. Bayerisches Recht: Über die Zuständigkeit des Obersten Landesgerichts an Stelle des Oberlandesgerichts in reichsrechtlichen Angelegenheiten siehe N. 1. Nach Art. 42 Abs. 3 AG. z. GVG. ist das Oberste Landesgericht auch in Angelegenheiten der freiwilligen Gerichtsbarkeit, für welche die landesgesetzlichen Vorschriften maßgebend sind, zur Verbescheidung der weiteren Beschwerde zuständig; auf diese Angelegenheiten findet jedoch § 28 nicht Anwendung (Art. 129 l. c.); auch wenn also das Reichsgericht über eine landesgesetzliche Vorschrift schon eine Entscheidung getroffen haben sollte, ist doch bei abweichender Entscheidung Vorlage an das Reichsgericht nicht zulässig; dasselbe gilt, wenn das Oberste Landesgericht bei Gelegenheit der Entscheidung einer landesrechtlichen Angelegenheit über eine reichsrechtliche Norm eine Entscheidung treffen müßte, über welche eine abweichende Entscheidung vorhanden ist.

7. Auch in **Gebührensachen** entscheidet über die weitere Beschwerde das Oberste Landesgericht in einem Zivilsenat (Art. 49, 50 GebG.). Die Zuständigkeit des Reichsgerichts scheidet aus.

8. Für **Grundbuchsachen** enthält § 79 GBO. eine mit der Vorschrift des § 28 vollständig übereinstimmende Vorschrift; die Vorlegung an das Reichsgericht findet statt, wenn es sich um Auslegung einer das Grundbuchrecht betreffenden reichsgesetzlichen Vorschrift handelt. Auf Grund des Vorbehalts des § 102 GBO. tritt nach Art. 42 Abs. 3 AG. z. GVG. auch für Grundbuchsachen an die Stelle des Oberlandesgerichts das Oberste Landesgericht. Da die Beschwerde in Grundbuchsachen zu den Angelegenheiten der freiwilligen Gerichtsbarkeit gehört, welche durch Reichsgesetz den Gerichten übertragen sind, findet § 79 auch Anwendung, wenn die Auslegung einer Vorschrift des allgemeinen Teils des FGG. in Grundbuchsachen streitig ist.

§ 29.

Die weitere Beschwerde kann bei dem Gericht erster Instanz, bei dem Landgericht oder bei dem Oberlandesgericht eingelegt werden. Erfolgt die Einlegung durch Einreichung einer Beschwerdeschrift, so muß diese von einem Rechtsanwalt unterzeichnet sein. Der Zuziehung eines Rechtsanwalts bedarf es nicht, wenn die Beschwerde von einer Behörde oder von einem Notar eingelegt wird, der in der Angelegenheit für den Beschwerdeführer einen Antrag bei dem Gericht erster Instanz gestellt hat.

Soweit eine Verfügung der sofortigen Beschwerde unterliegt, findet auch gegen die Entscheidung des Beschwerdegerichts die sofortige weitere Beschwerde statt.

Das Gericht erster Instanz und das Landgericht sind nicht befugt, der weiteren Beschwerde abzuhelfen.

Im übrigen finden die Vorschriften über die Beschwerde entsprechende Anwendung.

Einlegung der weiteren Beschwerde; sofortige weitere Beschwerde.

1. § 29 gibt einige Verfahrensvorschriften für die weitere Beschwerde. Abs. 4 ordnet die entsprechende Anwendung der Vorschriften über die Beschwerde mit den sich aus Abs. 1 bis 3 ergebenden Abweichungen an. Nicht anwendbar ist § 23, da nach § 27 FGG. das Gericht der weiteren Beschwerde nur die richtige Anwendung des Rechts auf den festgestellten Tatbestand nachzuprüfen und Tatsächliches nicht mehr zu erheben hat, ferner § 26 nach seinem Inhalt; § 27 Abs. 1 ist durch § 29 Abs. 1 Satz 1 ersetzt; die übrigen Vorschriften der §§ 19 bis 25 sind anwendbar.

2. Gericht, bei welchem die weitere Beschwerde einzulegen ist. Die weitere Beschwerde kann nach der Wahl des Beschwerdeführers eingelegt werden (Abs. 1 Satz 1):

beim Gericht erster Instanz,

bei dem Landgericht, welches die anzufechtende Entscheidung erlassen hat,

bei dem Oberlandesgericht, welches zur Verbescheidung der weiteren Beschwerde zuständig ist, also, soferne nach der Gesetzgebung eines Bundesstaats gemäß § 199 FGG. die Entscheidung über das Rechtsmittel der weiteren Beschwerde einem von mehreren Oberlandesgerichten oder dem Obersten Landesgericht zugewiesen ist, bei diesem, nicht etwa bei dem dem Beschwerdegericht vorgeordneten Oberlandesgericht (ebenso Rausnitz N. 1 zu § 29, BayObLG. **1** 737, **2** 156, RJA. **7** 159, ZBl. **7** 401, a. M. Wellstein N. 2 zu § 29).

Die Einlegung beim Reichsgericht in den Fällen, in welchen nach § 28 FGG. die Vorlage der weiteren Beschwerde an dieses Gericht notwendig ist, ist ausgeschlossen.

Die bei einem nicht zuständigen Gerichte eingelegte weitere Beschwerde ist als unzulässig zu verwerfen (BayObLG. **4** 214); das Bayerische Oberste Landesgericht läßt jedoch in ständiger Rechtsprechung eine weitere Beschwerde, welche bei einem nicht zuständigen Gericht (dem Oberlandesgericht, welches dem entscheidenden Landgericht vorgeordnet war) eingelegt ist und von diesem Gericht dem Obersten Landesgericht in Vorlage gebracht wird, zu, weil diese Vorlage dem Willen des Beschwerdeführers entspreche (BayObLG. **1** 454, 462, 737, **2** 156); diese Gerichtspraxis kann für den Fall der sofortigen weiteren Beschwerde nur Anwendung finden, wenn die Beschwerdeschrift innerhalb der Frist an das Oberste Landesgericht gelangt (RJA. **7** 159); auf die Einlegung zu Gerichtsschreiberprotokoll kann sie keine Anwendung finden.

Ist die weitere Beschwerde bei einer der beiden Vorinstanzen eingelegt, so haben diese dieselbe sofort dem zur Entscheidung zuständigen Gericht vorzulegen, da nach Abs. 3 eine Abhilfe nicht zulässig ist.

3. Form der weiteren Beschwerde. Nach Abs. 4 mit § 21 Abs. 2 kommen zweierlei Formen in Betracht:

Einreichung einer Beschwerdeschrift bei einem der nach Abs. 1 Satz 1 (N. 2) bezeichneten Gerichte (siehe N. 4),

Erklärung zum Protokoll des Gerichtsschreibers eines der Instanzgerichte (siehe N. 5).

Eine Einlegung in anderer Form ist unwirksam, so insbesondere die Erklärung zum Protokoll des Richters (siehe N. 4, auch N. 3 zu § 21); Erklärung zu einem in Gegenwart des Amtsrichters vom Gerichtsschreiber aufgenommenen Protokoll ist dagegen bedenkenfrei (Recht **10** 61).

4. Beschwerdeschrift: Als solche wird bei der Einlegung der weiteren Beschwerde nach Abs. 2 Satz 2 nur eine von einem Rechtsanwalt unterzeichnete Schrift zugelassen mit den sich aus Satz 3 ergebenden Ausnahmen; es besteht also für die weitere Beschwerde **Anwaltszwang**. Schriftstücke, welche bei der Einlegung der Beschwerde gegen erstinstanzielle Entscheidungen als Beschwerdeschriften gelten können, wie das Richterprotokoll und das Protokoll des Gerichtsschreibers eines anderen als des in erster Instanz zuständigen Amtsgerichts, können für die giltige Einlegung der weiteren Beschwerde nur dann als Beschwerdeschriften gelten, wenn die darin enthaltenen Erklärungen von einem Rechtsanwalt unterzeichnet sind (RJA. **1** 1, 42, OLG. **1** 189, **6** 483, ZBl. **1** 67, 159, BayObLG. **4** 214, **5** 393, 508, 510).

Nur die Unterzeichnung, nicht auch die Abfassung der Beschwerdeschrift durch einen Rechtsanwalt verlangt das Gesetz; es genügt also, wenn eine von dem Beschwerdeführer oder einem Dritten verfaßte Schrift von einem Rechtsanwalt unterzeichnet wird. Nicht ausreichend ist die Beglaubigung der Unterschrift des Beschwerdeführers. Die Mitunterzeichnung durch den Beschwerdeführer ist weder erforderlich noch schädlich.

Der Rechtsanwalt muß der bevollmächtigte Vertreter des Beschwerdeführers sein und sich auf Erfordern als solcher legitimieren; denn es handelt sich hier um Abgabe von Erklärungen namens des Beschwerdeführers (siehe auch N. 3d zu § 13). Die Beschwerde kann von jedem deutschen Rechtsanwalt unterzeichnet sein; es muß nicht ein beim Beschwerdegericht oder beim Gericht der weiteren Beschwerde zugelassener Rechtsanwalt sein. Ist ein Rechtsanwalt in eigener Person oder als gesetzlicher Vertreter eines Beteiligten der Beschwerdeführer, so genügt seine Unterschrift; er braucht sich nicht mehr durch einen anderen Rechtsanwalt vertreten zu lassen (Josef in DNotV. **05** 185).

Vom Anwaltszwang sind nach Abs. 1 Satz 3 **befreit:**

a) Behörden, welche als Beteiligte und Beschwerdeführer auftreten,

b) Notare, welche in der Angelegenheit für den Beschwerdeführer einen Antrag beim Gericht erster Instanz gestellt haben.

ad a) Hieher gehören alle öffentlichen **Behörden** des Reichs oder eines Bundesstaats, Gemeindebehörden und kirchliche Behörden. Den **Handelskammern** ist durch Verleihung des Beschwerderechts in § 126 FGG. nicht auch Behördeneigenschaft verliehen; ob sie diese besitzen und hienach zur Einlegung der weiteren Beschwerde ohne Zuziehung eines Rechtsanwalts berechtigt sein sollen, entscheiden die Bundesregierungen (Schultze-Görlitz N. 2 zu § 29, a. M. Josef N. 4 zu § 29, der ihnen Behördeneigenschaft unbedingt zuspricht und Wellstein, der sie ihnen unbedingt abspricht). Für Bayern bestimmt § 15 Abs. 2 der Bek. vom 27. 10. 00, die Berichtigung und Vervollständigung der Handelsregister betr. (GVBl. **01** 6 ff.), die auf Grund der § 126 Abs. 2, § 200 FGG. erlassen ist, daß die Beschwerdeschrift bei der Einlegung der weiteren Beschwerde durch eine Handelskammer nicht von einem Rechtsanwalt unterzeichnet zu sein braucht. Der Gemeindewaisenrat ist Behörde (Rausnitz N. 5). Die **bayerischen Notariate** haben Behördeneigenschaft (Becher Mat. VII 33, 39, 41); in Bayern sind deshalb die Notare zweifellos befugt, weitere Beschwerde in eigener Sache ohne Zuziehung eines Rechtsanwalts durch Einreichung einer Beschwerdeschrift einzulegen.

ad b) Voraussetzung der Befreiung des **Notars** als Bevollmächtigter eines Beteiligten vom Anwaltszwang ist, daß der nämliche Notar, welcher die weitere Beschwerde einlegt, einen Antrag beim Gericht erster Instanz in denjenigen Angelegenheiten gestellt hat, deren Erledigung durch gerichtliche Entscheidung im Beschwerdeverfahren betrieben wird; es braucht also nicht der das gerichtliche Verfahren veranlassende Antrag in erster Instanz von dem Notar gestellt zu sein, sondern nur ein auf das Verfahren bezüglicher. Der Antrag muß gestellt worden sein, solange die Angelegenheit beim Gericht erster Instanz anhängig war; wiewohl die Einlegung der Beschwerde gegen Ablehnung eines Antrags als Erneuerung des in erster Instanz gestellten Antrages angesehen werden kann, so kann doch die Vorschrift des § 29 Abs. 1 Satz 3, die als Ausnahmevorschrift strikte zu interpretieren ist, nicht auf einen Notar Anwendung finden, dessen Tätigkeit mit der Einlegung der Beschwerde gegen die erstinstanzielle Verfügung beginnt (BayObLG. **2** 213, 215, Rspr. **2** 203). Nicht erforderlich ist, daß der antragstellende Notar auch die Erklärungen beurkundet oder beglaubigt hat (eine Abweichung siehe in § 124 FGG.; siehe auch für Grundbuchsachen unten N. 10).

Auch da, wo die Notariate nicht Behördeneigenschaft haben, wie in Bayern (siehe oben unter a), sind die Notare auch dann befugt, die weitere Beschwerde ohne Zuziehung eines Rechtsanwalts durch Einreichung einer Beschwerdeschrift einzulegen, wenn sie den Antrag bei der ersten Instanz im eigenen Namen gestellt haben, also auch die weitere Beschwerde in eigener Sache einlegen; aus der den Notaren beim Gericht der weiteren Beschwerde eingeräumten Vertretungsbefugnis ergibt sich auch das Recht zur Selbstvertretung (RJA. **2** 151, OLG. **3** 186, ZBl. **2** 363, 482, auch BayObLG. **4** 215, a. M. Josef in der DNotZ. **5** 185).

5. Einlegung zum Protokoll des Gerichtsschreibers: Nicht zweifelsfrei ist bei entsprechender Anwendung des § 21 Abs. 2 mit Rücksicht auf dessen Fassung, ob die Einlegung außer zum Protokoll des Gerichtsschreibers des Gerichts der weiteren Beschwerde nur zum Protokoll des Gerichtsschreibers des Gerichts, dessen Verfügung unmittelbar mit der weiteren Beschwerde angefochten wird, also des Landgerichts, oder auch des Gerichtsschreibers des in erster Instanz zuständigen Amtsgerichts erfolgen kann, insbesondere dann, wenn die Entscheidungen der beiden ersten Instanzen verschieden ausgefallen sind und die Entscheidung der zweiten Instanz angefochten wird, weil eine Änderung der Verfügung der ersten Instanz erfolgt ist; denn jedenfalls in diesem Falle ist die Entscheidung der ersten Instanz nicht mehr angefochten (vergl. darüber Jastrow im ArchBürgR. **13** 228, ferner Bericht der Kommission des Reichstags S. 230 der Ausgabe von Heymann). Aus dem Umstande jedoch, daß nach § 29 Abs. 1 Satz 1 die Einlegung der weiteren Beschwerde auch beim Gericht erster Instanz erfolgen kann, ist zu schließen, daß auch dessen Gerichtsschreiber zur Aufnahme der weiteren Beschwerde nach der Absicht des Gesetzes zuständig sein soll (ebenso Rausnitz N. 3a, Birkenbihl N. 2b, Wellstein N. 3 zu § 29). Ausgeschlossen ist die Einlegung zum Protokoll des Gerichtsschreibers eines anderen Amtsgerichts als des in erster Instanz zuständigen (RJA. **1** 1, OLG. **6** 483, BayObLG. **4** 214, **5** 393, ZBl. **1** 67).

Da nur die vom zuständigen Gerichtsschreiber **verfaßte** Niederschrift als Protokoll gilt, kann einmal die weitere Beschwerde nicht in der Weise eingelegt werden, daß der Beschwerdeführer eine von ihm oder von einem Dritten verfaßte Schrift vom Gerichtsschreiber mit Eingangs- und Schlußworten eines Protokolls versehen und vom Gerichtsschreiber unterschreiben läßt (KGJ. **22** 202, RJA. **2** 209, ZBl. **2** 558, OLG. **3** 395), ferner eine als Anlage zum Protokoll übergebene, nicht von einem Rechtsanwalt unterzeichnete Schrift bei Würdigung der weiteren Beschwerde nicht berücksichtigt werden (BayObLG. **2** 240, 243, 466, **4** 98, 450, **5** 136, SeuffBl. **66** 422, **67** 510, OLG. **3** 71, 395).

6. Die beschränkenden Formvorschriften des § 29 gelten nur für Einlegung, nicht auch für die Zurücknahme der weiteren Beschwerde und den Verzicht auf dieselbe.

7. Zu Abs. 2. Sofortige weitere Beschwerde. Auch die weitere Beschwerde ist regelmäßig nicht an eine Frist gebunden; eine Ausnahme macht Abs. 2: Soweit eine Verfügung erster Instanz der sofortigen Beschwerde unterliegt, findet auch gegen die Entscheidung des Beschwerdegerichts die sofortige weitere Beschwerde statt, d. h. die weitere Beschwerde kann dann nur binnen einer Frist von zwei Wochen, beginnend von der Bekanntmachung der Entscheidung der Beschwerdeinstanz an den Beschwerdeführer, eingelegt werden.

Der eine Fall der Befristung der weiteren Beschwerde ist hienach, daß die Verfügung erster Instanz derart ist, daß gegen sie die sofortige Beschwerde stattfindet; es kommt nicht darauf an, ob auch noch die landesgerichtliche Entscheidung einen Inhalt hat, daß sie, falls sie in erster Instanz erlassen wäre, der Anfechtung mit der sofortigen Beschwerde unterliegen würde (Josef im ZBl. **6** 841, RJA. **2** 1, **5** 41, OLG. **2** 264, ZBl. **1** 799, 560, dagegen OLG. **7** 303).

[Beispiele: Das Amtsgericht hat vorläufige Vormundschaft bestellt; auf die nach § 60 Abs. 1 Nr. 5 FGG. eingelegte sofortige Beschwerde hat das Landgericht dieselbe aufgehoben. – Das Nachlaßgericht hat nach § 2198 Abs. 2 BGB. eine Frist zur Bestimmung der Person des Testamentsvollstreckers bestimmt, auf die nach § 80 FGG. eingelegte sofortige Beschwerde hat das Landgericht erkannt, daß zu einer Fristbestimmung kein Anlaß sei. Eine vom Amtsgericht erlassene Verfügung, daß vorläufige Vormundschaft nicht einzuleiten, keine Frist zur Bestimmung der Person des Testamentsvollstreckers zu setzen sei, würde nicht der sofortigen Beschwerde unterliegen; gegen die Entscheidung des Landgerichts findet gleichwohl die sofortige weitere Beschwerde statt.]

Die sofortige weitere Beschwerde ist aber auch dann das einzig zulässige Rechtsmittel, wenn die Entscheidung erster Instanz ihrem Inhalt nach nur mit einfacher Beschwerde anfechtbar ist, die auf die Beschwerde gegen diese Verfügung ergangene Entscheidung dagegen ihrem Inhalte nach der Art ist, daß, wenn sie so in erster Instanz erlassen worden wäre, das Rechtsmittel der sofortigen Beschwerde gegeben wäre. Dies ergibt sich mit Notwendigkeit aus dem Zweck der sofortigen Beschwerde, für bestimmte Angelegenheiten im Interesse der Beteiligten möglichst bald das Rechtsverhältnis endgiltig zu regeln; diese Erwägung trifft in gleicher Weise zu, ob nun die Entscheidung von der ersten oder erst von der zweiten Instanz erlassen ist.

[Beispiel: Das Registergericht entscheidet, daß der Widerspruch gegen die Löschung einer Firma nach § 31 Abs. 2 HGB., § 141 Abs. 1 FGG. begründet sei; auf erhobene einfache Beschwerde weist das Landgericht den Widerspruch zurück. Hätte schon das Registergericht so erkannt, so fände gegen diese Verfügung nach § 141 Abs. 3 FGG. sofortige Beschwerde statt; auch gegen die erst vom Landgericht getroffene Entscheidung solchen Inhalts ist nur sofortige weitere Beschwerde zulässig.]

Die sofortige weitere Beschwerde kann auch vor der Bekanntmachung der anzufechtenden Entscheidung eingelegt werden (N. 7 zu § 21).

Gegen die Versäumung der Frist für die sofortige weitere Beschwerde findet nach § 22 Abs. 2, § 29 Abs. 4 die Wiedereinsetzung in den vorigen Stand statt; zuständig zur Verbescheidung des Antrags auf Wiedereinsetzung ist das Gericht der weiteren Beschwerde; eine Anfechtung der Entscheidung desselben ist ausgeschlossen, da eine höhere Instanz nicht mehr existiert, die Zuständigkeit des Reichsgerichts in Sachen der freiwilligen Gerichtsbarkeit nur in dem in § 28 FGG. normierten Falle gegeben ist.

8. Zu Abs. 3. Ausschluß der Änderung der Entscheidung der Vorinstanzen. Abs. 3 begrenzt die nach § 18 FGG. den Gerichten erster und zweiter Instanz zustehende Befugnis, ihre Entscheidungen zu ändern, lediglich zeitlich; die Änderung ist zulässig, bis die weitere Beschwerde eingelegt ist, von der Einlegung an aber ausgeschlossen. Dies gilt nicht bloß für den Fall der sofortigen, sondern auch der unbefristeten weiteren Beschwerde. Hat eines der Instanzgerichte in Unkenntnis der eingelegten weiteren Beschwerde seine Entscheidung geändert, so muß es die neue Entscheidung als unwirksam zurücknehmen, eventuell unterliegt dieselbe der Aufhebung.

Das Gericht der weiteren Beschwerde kann seine eigene Entscheidung nicht mehr abändern; siehe hierüber N. 3 zu § 18.

9. § 29 findet auch Anwendung, wenn nach Landesrecht andere als gerichtliche Behörden in erster Instanz zuständig sind (§ 194 Abs. 1 FGG.); siehe auch N. 8 zu § 21.

10. Für **Grundbuchsachen** bestimmt § 80 Abs. 1 GBO. im wesentlichen übereinstimmend mit § 29 Abs. 1 FGG., daß die weitere Beschwerde beim Grundbuchamt, dem Landgericht und dem Oberlandesgericht (Obersten Landesgericht) eingelegt werden kann und daß eine Beschwerdeschrift von einem Rechtsanwalt unterzeichnet sein muß. Wenn dort weiter bestimmt ist, daß es der Zuziehung eines Rechtsanwalts nicht bedarf, wenn die weitere Beschwerde von einer Behörde oder einem Notar eingelegt wird, der den Eintragungsantrag gestellt hat, so ist diese Vorschrift, was die Befreiung der Notare vom Anwaltszwang anlangt, enger als die ähnlich lautende des § 29 FGG., insoferne nach § 15 GBO. zum Eintragungsantrag nur derjenige Notar befugt ist, der die zur Eintragung erforderliche Erklärung beurkundet oder beglaubigt hat (siehe oben N. 4b). § 80 Abs. 2 und 3 GBO. entspricht dem Inhalte von § 29 Abs. 3 und 4.

11. In **Bayern** gilt § 29 auch für die Angelegenheiten der freiwilligen Gerichtsbarkeit, für welche die Landesgesetze maßgebend sind (Art. 129 AG. z. BGB.), auch in Angelegenheiten der Zwangserziehung nach Art. 12 Abs. 1 ZEG. (BayObLG. **4** 12, Recht **7** 485, **10** 386).

12. Für **Gebührensachen** ist die Einlegung der weiteren Beschwerde in Art. 49 Abs. 3 und 4 GebG. geregelt. Die weitere Beschwerde kann beim Gericht erster Instanz oder beim Beschwerdegericht oder beim Obersten Landesgericht durch Einreichung einer Beschwerdeschrift oder Erklärung zum Protokoll eines Gerichtsschreibers (hiezu BayObLG. **5** 606, **7** 351) eingelegt werden. Für die Einlegung durch Einreichung einer Beschwerdeschrift gilt Anwaltszwang, soferne nicht die weitere Beschwerde von einer Behörde (auch die bayerischen Notariate gehören hieher, siehe oben N. 4 a) eingelegt wird; BayObLG. ältere Sammlung **16** 5 fordert die Unterzeichnung durch einen Anwalt, der bei dem Gerichte zugelassen ist, bei dem die weitere Beschwerde eingelegt wird.

Nach Art. 49 Abs. 4 finden die Vorschriften des § 22 FGG. Anwendung, die weitere Beschwerde in Gebührensachen ist hienach stets an eine Frist von zwei Wochen gebunden, beginnend von der Bekanntmachung der anzufechtenden Verfügung an den Beschwerdeführer; Wiedereinsetzung gegen die Fristversäumung findet statt; was bezüglich derselben oben in N. 7 a. E. gesagt ist, gilt auch hier.

§ 30.

Die Entscheidungen über Beschwerden erfolgen bei den Landgerichten durch eine Zivilkammer, bei den Oberlandesgerichten und bei dem Reichsgerichte durch einen Zivilsenat. Ist bei einem Landgericht eine Kammer für Handelssachen gebildet, so tritt für Handelssachen diese Kammer an die Stelle der Zivilkammer.

Die Vorschriften des § 137 des Gerichtsverfassungsgesetzes finden entsprechende Anwendung.

Besetzung der Beschwerdegerichte.

1. § 30 regelt die Besetzung der Kollegialgerichte, soweit sie als Beschwerdegerichte zu entscheiden haben. Eine Vorschrift darüber, in welcher Besetzung die Entscheidungen dieser Gerichte erfolgen, wenn die Gerichte aus anderem Rechtsgrunde zur Entscheidung berufen sind, (vergl. §§ 143, 159, 161 FGG. § 1878 BGB. über erstinstanzielle Zuständigkeit der Landgerichte, ferner die §§ 5, 46, 47, 75 FGG.), fehlt. Da jedoch § 30 auf die durch das Gerichtsverfassungsgesetz geschaffene Organisation der Zivilkammern und Zivilsenate (§§ 59, 120, 132, GVG.) hinweist, ist ohne weiteres anzunehmen, daß die Kollegialgerichte in diesen Fällen in der gleichen Besetzung entscheiden.

2. Bei den **Landgerichten** erfolgt die Entscheidung durch eine Zivilkammer, wenn aber bei dem Landgericht, das örtlich zuständig ist, eine Kammer für Handelssachen gebildet ist, in Handelssachen durch diese Kammer. Die Zivilkammer ist mit drei Mitgliedern mit Einschluß des Vorsitzenden (§ 77 GVG.), die Kammer für Handelssachen mit einem Mitglied des Landgerichts als Vorsitzendem und zwei Handelsrichtern (§ 109 GVG.) besetzt.

Zum **Geschäftskreis der Kammern für Handelssachen** als Beschwerdegerichte gehören die Handelssachen im Sinne des VII. Abschnittes dieses Gesetzes, also außer den dort aufgezählten und besonders benannten Angelegenheiten auch diejenigen im Handelsgesetzbuch und in anderen Reichsgesetzen erwähnten Angelegenheiten, welche durch Bezugnahme auf Vorschriften des VII. Abschnittes als Handelssachen erklärt sind, auch die Angelegenheiten der Versicherungsvereine auf Gegenseitigkeit (RJA. **3**

121, OLG. **5** 441, ZBl. **3** 342). Die auf ein Schiffspfandrecht bezüglichen Entscheidungen des Beschwerdegerichts gehören nicht zur Zuständigkeit der Kammern für Handelssachen, wenn auch die materiellrechtlichen Bestimmungen teilweise im Handelsgesetzbuch enthalten sind; auch nicht auf Eintragungen oder Löschungen im Vereinsregister bezügliche Beschwerdeentscheidungen (RJA. **5** 187), ebensowenig Streitigkeiten über Gebührenpflicht und Gebührensätze in Handelssachen (Markus im ZBl. **6** 406, BayObLG. **1** 502, 722).

Die die Zuständigkeit der Kammern für Handelssachen anordnende Vorschrift ist zwingender Natur (im Gegensatz zu § 104 GVG.); die Kammer für Handelssachen tritt an Stelle der Zivilkammer. Es können also die Beteiligten die Zuständigkeit jener Kammer nicht durch Vereinbarung ausschließen; ob die eine oder die andere Kammer zuständig ist, entscheidet das Gericht von Amtswegen. Die Zivilkammer ist verpflichtet, eine bei ihr eingelegte Beschwerde an die Kammer für Handelssachen abzugeben, wenn sie deren Zuständigkeit für gegeben erachtet.

Für einen Kompetenzkonflikt der beiden Kammern bestehen keine Vorschriften, insbesondere ist § 5 FGG. nicht anwendbar (a. M. Dorner N. 2 zu § 30); es kann eventuell nur im Wege der weiteren Beschwerde gegen die Entscheidungen der Kammern, in denen sie ihre Zuständigkeit annehmen oder ablehnen, Abhilfe gesucht werden.

Entscheidung durch die Zivilkammer in einer zur Zuständigkeit der Kammern für Handelssachen gehörigen Angelegenheit und umgekehrt ist eine Gesetzesverletzung und ein Grund zur weiteren Beschwerde. Zwar kann nicht vorschriftswidrige Besetzung des Beschwerdegerichts angenommen werden (§ 551 Nr. 1 ZPO.; so irrtümlich KG. in RJA. **1** 236, ZBl. **1** 317); wohl aber ist, da eine zwingende Zuständigkeitsvorschrift vorliegt, von der betreffenden Kammer die eigene Zuständigkeit mit Unrecht angenommen (§ 27 FGG. mit § 551 Nr. 4 ZPO., RG. **48** 27, BayObLG. **1** 502, RJA. **5** 187, ZBl. **6** 98, a. M. RJA. **1** 57, das überhaupt keine Gesetzesverletzung annimmt). Zu Unrecht erfolgte Ablehnung der Zuständigkeit durch eine der beiden Kammern enthält eine Verletzung des § 30 FGG.

3. Bei den **Oberlandesgerichten** erfolgt die Entscheidung in Zivilsenaten in einer Besetzung von fünf Mitgliedern mit Einschluß des Vorsitzenden (§§ 120, 124 GVG.).

4. Beim **Reichsgericht** erfolgt die Entscheidung in Zivilsenaten in einer Besetzung von sieben Mitgliedern mit Einschluß des Vorsitzenden (§§ 132, 140 GVG.). Nach Abs. 2 des § 30 findet die Vorschrift des § 137 GVG. entsprechende Anwendung. Hienach ist über eine streitige Rechtsfrage einzuholen

die Entscheidung der vereinigten Zivilsenate des Reichsgerichts, wenn ein Zivilsenat in einer Rechtsfrage gleichviel welcher Art, nicht bloß einer solchen, welche eine Angelegenheit der freiwilligen Gerichtsbarkeit betrifft, von der Entscheidung eines anderen Zivilsenats oder der vereinigten Zivilsenate abweichen will (§ 137 Abs. 1 GVG.),

die Entscheidung des Plenums des Reichsgerichts,

a) wenn ein Zivilsenat von der Entscheidung eines Strafsenats oder der vereinigten Strafsenate,

b) wenn ein Zivilsenat von der früher eingeholten Entscheidung des Plenums abweichen will (§ 137 Abs. 2).

Die Vorschrift des § 139 GVG. über die Abfassung von Plenarentscheidungen und von Entscheidungen der vereinigten Zivilsenate muß auch ohne ausdrückliche Anordnung Anwendung finden.

Die Entscheidung über die weitere Beschwerde erfolgt in diesen Fällen durch den nach der Geschäftsordnung zuständigen Senat, für den die Entscheidung der Rechtsfrage durch die vereinigten Zivilsenate oder das Plenum bindend ist (§ 137 Abs. 3 GVG.).

5. Während der Ferien treten an die Stelle der Zivilkammern und Zivilsenate die nach § 203 GVG. gebildeten Ferienkammern der Landgerichte und Feriensenate der Oberlandesgerichte und des Reichsgerichts.

6. In **Bayern** findet § 30 hinsichtlich der Besetzung der Landgerichte auch in Angelegenheiten, für welche die Landesgesetze maßgebend sind, Anwendung (Art. 129 AG. zum BGB.). Somit hat die Vorschrift des Art. 29 AG. z. GVG., wonach die in diesem Gesetze den Landgerichten zugewiesenen, nicht zur ordentlichen streitigen Gerichtsbarkeit gehörenden Angelegenheiten — nach Art. 27 l. c. auch die Entscheidung über Rechtsmittel gegen Verfügungen des Amtsgerichts — von den Zivilkammern erledigt werden, in Angelegenheiten der freiwilligen Gerichtsbarkeit nur Bedeutung, soweit die Zuständigkeit des Landgerichts auf Grund des Art. 27, 28 l. c. in Frage käme; auf die Besetzung (drei Mitglieder) findet nach Art. 30 l. c. § 77 GVG. Anwendung.

Die Oberlandesgerichte sind in Bayern im Hinblick auf § 199 FGG., Art. 92 AG. z. GVG., Art. 129 AG z. BGB. in der freiwilligen Gerichtsbarkeit überhaupt nicht Beschwerdegerichte. Die Zuweisung der Verhandlung und Entscheidung von Gegenständen an die Zivilsenate durch Art. 37 AG. z. GVG hat nur Bedeutung für die in Art. 36 l. c. aufgezählten Gegenstände.

Das **Oberste Landesgericht** entscheidet in einem Zivilsenate

a) in einer Besetzung von fünf Mitgliedern mit Einschluß des Vorsitzenden in allen reichsrechtlichen Angelegenheiten als Beschwerdegericht und soweit es sonst zu einer Entscheidung berufen ist (§ 10 Abs. 3 EG. z. GVG. mit § 124 GVG.), in landesrechtlichen Angelegenheiten der freiwilligen Gerichtsbarkeit, soweit es über das Rechtsmittel der weiteren Beschwerde der Landgerichte als Beschwerdegerichte und über die Bestimmung des zuständigen Gerichts entscheidet,

b) in einer Besetzung von sieben Mitgliedern mit Einschluß des Vorsitzenden in allen sonstigen Angelegenheiten, für welche die Landesgesetze maßgebend sind. (Art. 48 AG. z. GVG.).

Plenarentscheidungen des Obersten Landesgerichts finden in den Angelegenheiten der freiwilligen Gerichtsbarkeit nicht statt, § 137 GVG. findet keine Anwendung (§ 10 Abs. 3 EG. z. GVG.); Art. 46 AG. z. GVG. ist durch Art. 167 Nr. XXV AG. z. BGB. aufgehoben.

7. Für **Grundbuchsachen** enthält § 81 GBO. eine mit § 30 FGG. übereinstimmende Vorschrift mit der Maßgabe, daß eine Zuständigkeit der Kammer für Handelssachen nicht in Frage kommt. Was in Note 6 über die Zuständigkeit und Besetzung des Obersten Landesgerichts gesagt ist, gilt auch für Grundbuchsachen nach den dort angegebenen Gesetzesvorschriften.

8. Da **Gebührensachen** nicht Angelegenheiten der freiwilligen Gerichtsbarkeit sind, ist auch in Gebührensachen, welche Handelssachen betreffen, keine Zuständigkeit der Kammer für Handelssachen gegeben (siehe oben N. 2). Im übrigen enthält Art. 50 Abs. 1 GebG. eine mit der Vorschrift des § 30 Abs. 1 FGG. übereinstimmende Vorschrift.

9. In **Notariatssachen** entscheidet das Landgericht in einer Zivilkammer, der sich der Präsident des Landgerichts in diesen Fällen anzuschließen hat, über die Beschwerde gegen die Entscheidung des Landgerichts das Oberste Landesgericht in einem Zivilsenate in der Besetzung von fünf Mitgliedern mit Einschluß des Vorsitzenden (Art. 58 Abs. 2 NotG.).

§ 31.

Zeugnisse über die Rechtskraft einer Verfügung sind von dem Gerichtsschreiber erster Instanz zu erteilen.

Rechtskraftzeugnis.

1. Die Rechtskraft tritt ein:

a) bei Verfügungen, gegen welche ein Rechtsmittel überhaupt nicht zulässig ist, mit deren Erlaß; dies trifft zu bei den vom Oberlandesgericht (Obersten Landesgericht) oder Reichsgericht nach §§ 27, 28 erlassenen Entscheidungen, ferner in den Fällen, in welchen durch besondere Vorschrift die Beschwerde ausgeschlossen ist (siehe N. 13 zu § 19);

b) bei Verfügungen, die mit der einfachen Beschwerde anfechtbar sind, mit Erlaß der Entscheidung der letzten Instanz (N. 3 zu § 18);

c) bei Verfügungen, die der sofortigen Beschwerde unterliegen, wenn die für die Einlegung dieses Rechtsmittels gegebene Frist (§ 22) für sämtliche Beschwerdeberechtigte abgelaufen ist, (RJA. **7** 89, Recht **10** 957, ZBl. **7** 125), wenn die eingelegte sofortige Beschwerde zurückgenommen oder auf dieselbe verzichtet ist (gegen die Zulässigkeit und Wirksamkeit des Verzichtes ZBl. **7** 61); die Zurücknahme muß jedoch in der Absicht völligen Verzichtes auf das Rechtsmittel erfolgt sein, was z. B. dann nicht der Fall ist, wenn eine formell fehlerhafte Beschwerde zurückgenommen wurde, um nachträglich den Fehler zu beseitigen (Fuchs in ZZP. **31** 411).

Ein Antrag auf Wiedereinsetzung (§ 22 Abs. 2) steht an sich der Erteilung des Rechtskraftzeugnisses nicht entgegen; der Gerichtsschreiber wird aber in dem Zeugnis vermerken, daß ein solcher Antrag gestellt ist.

2. Zuständig zur Erteilung des Zeugnisses ist ausschließlich der Gerichtsschreiber der ersten Instanz (siehe dagegen § 706 ZPO.). Die zur Feststellung der Rechtskraft erforderlichen Ermittlungen hat der Gerichtsschreiber von amtswegen zu veranstalten, er darf die notwendigen Nachweise nicht von dem Antragsteller verlangen. Er erteilt das Zeugnis auf Grund der Akten; in den Fällen, in welchen die sofortige oder sofortige weitere Beschwerde stattfindet, hat er sich nötigenfalls durch Nachfrage bei den Gerichtsschreibern der höheren Instanzen zu vergewissern, daß ein Rechtsmittel nicht eingelegt ist; die Verweigerung der Auskunft berechtigt den Gerichtsschreiber aber nicht zur Beschwerde nach § 19, es ist nur Dienstaufsichtsbeschwerde möglich (DJZ. **05** 1012, OLG. **12** 198).

3. Über **Form und Inhalt** des Zeugnisses bestehen nähere Vorschriften — auch in Bayern landesrechtlich — nicht. Es ist deswegen nicht erforderlich, das Zeugnis auf eine Ausfertigung oder Abschrift der Verfügung zu setzen; wenn dies aber nicht geschieht, muß die Verfügung genau und zweifelsfrei bezeichnet werden. Das Zeugnis kann lauten, „daß die Verfügung rechtskräftig sei" oder „daß ein Rechtsmittel innerhalb der gesetzlichen Frist nicht eingelegt sei" (nur im Falle von N. 1c).

4. Berechtigt, das Zeugnis zu verlangen, ist jeder, der in dem Verfahren als Beteiligter oder Beschwerdeberechtigter in Frage kommen kann, auch wenn er an dem Verfahren nicht Teil genommen hat, ferner jeder, der ein berechtigtes Interesse an der Erteilung glaubhaft zu machen vermag.

5. Das Zeugnis **muß** dem Berechtigten auf Verlangen erteilt werden; eine Prüfung, ob er dessen bedarf, ist nur im Falle des Verlangens seitens eines Nichtbeteiligten zulässig (N. 4 a. E.). Bei Verweigerung des Zeugnisses ist die Entscheidung des Gerichts erster Instanz herbeizuführen; erst gegen diese ist die Beschwerde zulässig; der Gerichtsschreiber hat gegen die Anweisung zur Erteilung des Zeugnisses kein Beschwerderecht.

6. Soweit landesrechtlich andere als gerichtliche Behörden zuständig sind, findet § 31 nicht Anwendung (§ 194 Abs. 3).

7. In **Bayern** findet § 31 auch in denjenigen Angelegenheiten Anwendung, für welche die landesrechtlichen Vorschriften maßgebend sind. (Art. 129 AG. z. BGB.).

8. Für die Entscheidung über den Antrag auf Erteilung des Rechtskraftzeugnisses wird eine **Gebühr** nicht erhoben; dies gilt nicht für die Beschwerdeinstanz, wenn die Beschwerde als unzulässig verworfen oder zurückgewiesen wird; für das Zeugnis selbst wird auch eine Schreibgebühr nicht erhoben (Art. 140, 39 GebG. mit § 47 Abs. 1 Ziff. 16, Abs. 3, § 80a Ziff. 5 GKG.).

9. Eine **materielle Rechtskraft** besteht in der freiwilligen Gerichtsbarkeit nicht in dem Umfange wie in der streitigen. Insoweit eine Verfügung nach § 18 der Änderung unterliegt, ist sie der materiellen Rechtskraft nicht fähig; neue Anträge in Bezug auf dieselbe Sache müssen daher stets wieder materiell geprüft und entschieden werden. Insoweit die Änderung nach Maßgabe des § 18 ausgeschlossen ist, gilt dieser Ausschluß nur für unveränderte Sachlage; auf Grund veränderter Umstände kann jederzeit eine abweichende Verfügung erlassen werden; es kann deshalb ein (formell) rechtskräftig abgewiesener Antrag auf Grund neuer Tatsachen und Beweise erneuert, ein rechtskräftig zuerkannter Anspruch wieder aberkannt werden (Josef in ZZP. **31** 71, a. M. Schneider in ZZP. **29** 96, der materielle Rechtskraft allen Entscheidungen über bestrittene Rechte zuschreibt). So kann eine Verfügung nach § 1357 Abs. 2 BGB. über die Beschränkung oder den Ausschluß der Schlüsselgewalt (§ 53) wegen veränderter Umstände später wieder geändert werden.

§ 32.

Ist eine Verfügung, durch die jemand die Fähigkeit oder die Befugnis zur Vornahme eines Rechtsgeschäfts oder zur Entgegennahme einer Willenserklärung erlangt, ungerechtfertigt, so hat, sofern nicht die Verfügung wegen Mangels der sachlichen Zuständigkeit des Gerichts unwirksam ist, die Aufhebung der Verfügung auf die Wirksamkeit der inzwischen von ihm oder ihm gegenüber vorgenommenen Rechtsgeschäfte keinen Einfluß.

Wirksamkeit abändernder Verfügungen.

1. Vergl. die ähnlichen und auf den nämlichen Gesichtspunkten beruhenden Vorschriften der § 61 FGG., § 115 BGB. und § 836 Abs. 2 ZPO.

§ 32 regelt den Einfluß der Abänderung von Verfügungen, die für den Rechtsverkehr mit Dritten von Bedeutung sind. Er bezieht sich auf Verfügungen der Gerichte der freiwilligen Gerichtsbarkeit (also z. B. nicht auf die Aufhebung des Entmündigungsbeschlusses) erster und höherer Instanz sowie auf Verfügungen der in § 194 bezeichneten Behörden.

Voraussetzung seiner Anwendbarkeit ist, daß die aufgehobene Verfügung schon wirksam geworden ist, wenn auch nur im Wege der Anordnung der sofortigen Wirksamkeit nach § 53 Abs. 2, trifft dagegen nicht die Fälle, in denen die Verfügung vor der Aufhebung mangels Eintrittes der Wirksamkeit rechtliche Bedeutung nach außen noch nicht erlangt hat, so insbesondere, weil die Wirksamkeit erst mit der Rechtskraft eintritt.

Die Anwendung des § 32 scheidet auch in den Fällen der §§ 55, 62 aus, in denen die Aufhebung der einem Dritten gegenüber wirksam gewordenen Verfügung ausgeschlossen ist.

2. Die Fähigkeit zur Vornahme eines Rechtsgeschäftes oder zur Entgegennahme einer Willenserklärung kann jemand durch gerichtliche Verfügung erlangen, soferne er bisher nicht im Stande war, im eigenen Namen mit Rechtswirksamkeit zu handeln; hieher gehören die Fälle der Genehmigung des Vormundschaftsgerichts zum selbständigen Betrieb eines Erwerbsgeschäftes durch einen Minderjährigen (§ 112 BGB.), die Ergänzung der Zustimmung des Vormunds zum selbständigen Abschluß von Dienst- oder Arbeitsverträgen (§ 113 BGB.), die Ersetzung der Einwilligung des gesetzlichen Vertreters zur Eingehung einer Ehe durch einen in der Geschäftsfähigkeit Beschränkten (§ 1304 BGB.) und der elterlichen Einwilligung zur Eingehung der Ehe durch ein volljähriges Kind (1308 BGB.), die Ersetzung der Genehmigung des Vormunds zur Bestätigung einer anfechtbaren Ehe (§ 1337 BGB.), die Genehmigung des Ehemannes zur Kündigung von Verträgen der Frau über persönliche Leistungen (§ 1358 BGB.), die Ersetzung der Zustimmung eines Ehegatten zu Rechtsgeschäften des anderen (§§ 1379, 1402, 1447, 1451, 1487, 1519, 1525 BGB.).

Die Volljährigkeitserklärung zählt in Bayern nicht hieher, weil deren Anfechtung ausgeschlossen ist (siehe die Noten zu §§ 56, 196).

Wegen analoger Anwendung des Grundsatzes des § 32 auf Handlungen, die eine geschiedene Ehefrau ohne Genehmigung des Ehemannes vorgenommen hat, wenn nachher das Scheidungsurteil infolge einer Anfechtungs- oder Nichtigkeitsklage aufgehoben wird, siehe Ötker in DJZ. **04** 1032.

3. Die Befugnis zur Vornahme eines Rechtsgeschäftes oder zur Entgegennahme einer Willenserklärung erlangt jemand durch Verfügungen, durch die er ermächtigt wird, für andere als Vertreter zu handeln. Hieher gehört die Bestellung als Vormund, Pfleger, die Übertragung der elterlichen Gewalt auf die Mutter (§ 1685 Abs. 2 BGB.), die Bestellung eines Nachlaßverwalters (§ 1981, 1984 BGB.), die Ernennung eines Testamentsvollstreckers (§ 2200 BGB.), die Ernennung von Vorstandsmitgliedern und Liquidatoren von Vereinen und Stiftungen (§§ 29, 86, 48, 88 BGB.), die Ernennung von Liquidatoren einer Handesgesellschaft (§ 268 Abs. 2 HGB.), die Bestellung eines Vertreters des Grundstückseigentümers zur Entgegennahme der Kündigung von Hypotheken (§§ 1141, 1192, 1200 BGB.)

4. Ungerechtfertigt ist eine solche Verfügung, die nach den Regeln des Gesetzes in Wirksamkeit getreten ist, wenn sie sich aus tatsächlichen oder rechtlichen Gründen als unrichtig erweist; davon zu unterscheiden ist der Fall der Unwirksamkeit einer Verfügung; eine solche liegt nicht nur vor, wenn die Verfügung von einem sachlich unzuständigen Gericht erlassen wurde, sondern auch wenn die Verfügung aus anderen Gründen, wegen Verletzung einer zwingenden Norm, die Wirkung, welche ihr das verfügende Gericht beilegen wollte, zu äußern nicht im Stande ist, so die Bestellung eines Geisteskranken zum Vormund. Nicht bloß bei sachlicher Unzuständigkeit des verfügenden Gerichts, die das Gesetz als einen Fall der Unwirksamkeit einer Verfügung aufführt, sondern in allen Fällen der Unwirksamkeit ist die Anwendung des § 32 ausgeschlossen, weil die Aufhebung derartiger Verfügungen stets nur deklaratorische Bedeutung haben kann (Rausnitz N. 4 zu § 27).

5. Für die Anwendung des § 32 macht es keinen Unterschied, ob die **Aufhebung** der Verfügung gemäß § 18 durch das verfügende Gericht selbst oder im

Beschwerdewege durch ein höheres Gericht oder endlich in Fällen, in denen die Wirksamkeit der Verfügung erst mit der Rechtskraft eingetreten ist, in Folge Wiedereinsetzung in den vorigen Stand erfolgt.

Dagegen gehören nicht hieher die Fälle, in denen eine Verfügung wegen veränderter Umstände, nicht weil sie schon zur Zeit der Erlassung ungerechtfertigt war, aufgehoben beziehungsweise durch eine neue anders lautende Verfügung ersetzt wird.

6. Die Aufhebung einer hienach ungerechtfertigten Verfügung hat keinen Einfluß auf die Wirksamkeit der Rechtshandlungen, zu deren Vornahme eine Person auf Grund der aufgehobenen Verfügung formell berechtigt war. Die Aufhebung wirkt also erst von dem Zeitpunkt des Eintritts der Wirksamkeit der aufhebenden Verfügung ab; die durch die aufgehobene Verfügung erlangten Befugnisse erlöschen erst mit diesem Zeitpunkt (**Wirkung ex nunc**). Dagegen bleiben die vorgenommenen Rechtsgeschäfte – unbeschadet ihrer Anfechtbarkeit aus anderen materiellrechtlichen Gründen — giltig, die abgegebenen oder entgegengenommenen Willenserklärungen behalten die Wirkung, die ihnen rechtlich zukommt. Dies gilt auch dann, wenn der andere Teil wußte, daß die Verfügung, aus der der Handelnde seine Befugnis hiezu ableitete, ungerechtfertigt sei, z. B. daß die Voraussetzungen für die Bestellung des Pflegers, mit dem er ein Rechtsgeschäft abschloß, nicht gegeben waren.

Dagegen wirkt die Aufhebung einer Verfügung, durch die einer Person die Vertretungsmacht, die sie bisher inne hatte, entzogen wurde, ex tunc; es bleiben die Rechtshandlungen, die von ihr oder ihr gegenüber vorgenommen wurden, nachdem ihr durch die wieder aufgehobene Verfügung die Vertretungsmacht entzogen war, wirksam, es wird so angesehen, als ob ihr die Vertretungsmacht nie entzogen worden wäre. Es bedarf also z. B. auch nicht der wiederholten Verpflichtung eines Vormunds, dessen durch das Vormundschaftsgericht ausgesprochene Entlassung wieder aufgehoben worden ist (Josef in DNotV. **4** 262).

7. Auf der anderen Seite kann aber auch die Wirksamkeit der Rechtshandlungen, welche der Vertretene, der durch eine solche ungerechtfertigte Verfügung formell der Geschäftsfähigkeit oder Verfügungsgewalt beraubt wurde, vorgenommen hat, z. B. der zu Unrecht Bevormundete oder der Erbe während der zu Unrecht bestellten Nachlaßverwaltung, nicht in Frage gestellt werden (Dorner N. 3, Rausnitz N. 12, Aron in GruchotsBeitr. **45** 607; a. M. Fuchs N. 3 zu § 32, der für jedes in Betracht kommende Rechtsverhältnis die es beherrschenden Regeln des materiellen Rechts entscheiden lassen will).

Ein etwaiger Widerstreit der vom Vertreter und vom Vertretenen vorgenommenen Rechtshandlungen ist in der nämlichen Weise zu behandeln wie eine Kollision von Willenserklärungen derselben Person (Staudinger N. 2 zu § 115 BGB.).

§ 33.

Soll in den gesetzlich zugelassenen Fällen jemand durch Ordnungsstrafen zur Befolgung einer gerichtlichen Anordnung angehalten werden, so muß der Festsetzung der Strafe eine Androhung vorausgehen. Die einzelne Strafe darf den Betrag von dreihundert Mark nicht übersteigen.

Ordnungsstrafen:

1. Zweck und Anwendungsgebiet der Vorschrift: § 33 enthält eine allgemeine Norm über Verhängung von Ordnungsstrafen für diejenigen Fälle, in denen solche kraft besonderer gesetzlicher Vorschrift zugelassen sind (siehe z. B.

§§ 78, 1788, 1837 Abs. 2 BGB., §§ 14, 37, 319 HGB.; RG. **57** 134), nicht aber gibt er den Gerichten allgemein die Befugnis, jemanden mit Strafen zur Befolgung ihrer Anordnungen anzuhalten (daher keine Ordnungsstrafen gegen jedermann zur Erzwingung des Erscheinens vor Gericht, OLG. **2** 16, gegen den Inhaber der elterlichen Gewalt RJA. **1** 91, gegen den Mündel, OLG. **4** 116, gegen den Vormund oder Pfleger zur Erzwingung der Vermögensherausgabe oder Rechnungstellung RJA. **3** 63.

§ 33 gilt nur für diejenigen Fälle, in welchen die Strafe **Zwangsstrafe** ist, d. h. als Mittel zur Erzwingung der Befolgung gerichtlicher Anordnungen dient, nicht für die Fälle wirklicher Bestrafungen für begangene Ordnungswidrigkeiten. Er gilt sonach nicht

für Ordnungsstrafen in Ausübung der Sitzungspolizei,

für die Strafen gegen säumige Familienratsmitglieder (§ 1875 BGB., Staudinger N. 2 b hiezu),

für die Strafen gegen ungehorsame Zeugen und Sachverständige.

Beispiele von Exekutivstrafen enthalten die §§ 78, 1788, 1837, 1915 BGB., §§ 14, 37, 319, 325 Nr. 9 HGB., § 160 GenG., § 127 BinnenSchG., §§ 78, 79 GmbHG., §§ 83, 151, 154, 159 FGG.

Die Vorschriften des § 33 finden nach § 1 nur Anwendung, soweit nicht ein anderes bestimmt; das ist insbesondere der Fall für die Ordnungsstrafen in Handelssachen in den §§ 132 ff. FGG.

Trotz seines Wortlautes „Befolgung einer gerichtlichen Anordnung“ gilt § 33 nicht bloß für Fälle, in welchen der Richter innerhalb des gesetzlichen Rahmens eine Anordnung erlassen hat, sondern auch für diejenigen Fälle, in denen die Verpflichtung zur Vornahme oder Unterlassung einer bestimmten Handlung unmittelbar auf Gesetz beruht; in den Fällen letzterer Art ist aber im Hinblick auf die Wortfassung Voraussetzung der Bestrafung, daß der Verpflichtete zur Erfüllung der ihm gesetzlich obliegenden Pflicht aufgefordert wird (Rausnitz N. 2 zu § 33); die Aufforderung kann sofort mit der Strafandrohung verbunden werden.

Soweit die Erfüllung einer einer juristischen Person obliegenden Verpflichtung erzwungen werden soll, richtet sich das Ordnungsstrafverfahren gegen ihre Vorsteher. Auch gegen in der Geschäftsfähigkeit beschränkte Personen können Strafen festgesetzt werden (Josef N. 3 zu § 33).

Soweit die Landesgesetzgebung auf Grund der Ermächtigung des § 200 FGG. ergänzende Vorschriften erläßt und dabei Straffestsetzungen zuläßt, ist sie insbesondere im Höchstmaß der Strafe an § 33 nicht gebunden; denn wenn dieser auch eine allgemeine Norm aufstellt, so gilt er doch nur, soweit nicht ein anderes bestimmt ist; daraus ergibt sich nicht bloß für die Reichsgesetzgebung sondern auch für die Landesgesetzgebung die Möglichkeit und Zulässigkeit abweichender Vorschriften (ebenso Rausnitz N. 4, Schneider N. 1, a. M. Dorner N. 4 zu § 33).

Über Recht der Landesgesetzgebung, die Verhängung von Ordnungsstrafen zur Erzwingung von Handlungen des Inhabers der elterlichen Gewalt zu gestatten, siehe RG. **57** 134.

2. Strafart und Höhe der Strafe: In der freiwilligen Gerichtsbarkeit sind als Zwangsstrafen nur Geldstrafen vorgesehen. Auch eine Umwandlung einer nicht beitreibbaren Geldstrafe in eine Freiheitsstrafe ist ausgeschlossen.

Die Vorschrift, daß die einzelne Strafe 300 Mark nicht überschreiten dürfe, gilt nur, soweit nicht Spezialvorschriften hievon abweichend ein höheres oder geringeres Strafmaximum enthalten, wie z. B. § 1875 Abs. 2 BGB. lediglich 100 Mark. Die gleiche Höchstgrenze der Strafe wie in § 33 war übrigens schon in den meisten Fällen zugelassener Zwangsstrafen gesetzt, nur die § 83 FGG. und § 127 BinnenSchG. enthielten keine Bestimmung über die Höhe der Strafe.

Erkennung einer das gesetzliche Strafmaximum überschreitenden Strafe macht die Verfügung nicht nichtig, so daß sie nicht vollstreckbar wäre, sondern lediglich anfechtbar.

Das gesetzte Strafmaximum gilt nur für die einzelne Strafe, nicht für die Summen mehrerer aus dem nämlichen Anlaß verhängter Strafen (siehe N. 3).

Da ein Mindestbetrag der Strafe nicht vorgeschrieben ist, kann die einzelne Strafe auch weniger als eine Mark betragen (ebenso Rausnitz N. 6, Schultze-Görlitz N. 3 zu § 33).

3. Die Bestrafung kann regelmäßig beliebig oft **wiederholt** werden, bis der Anordnung Folge geleistet wird oder sonst der Grund zur Bestrafung weggefallen ist. Eine Ausnahme macht § 1788 Abs. 2 BGB.; zur Erzwingung der Übernahme der Vormundschaft (oder Pflegschaft § 1915 l. c.) dürfen nicht mehr als drei Strafen verhängt werden; es ist auch vorgeschrieben, daß die Strafen nur in Zwischenräumen von mindestens einer Woche verhängt werden dürfen, während allgemein eine derartige Schranke nicht besteht.

4. Der Bestrafung muß stets eine **Androhung** der Strafe vorausgehen. Die Androhung erfolgt durch eine der betreffenden Person nach Maßgabe des § 16 Abs. 2 Satz 2 oder Abs. 3 FGG. bekannt zu machende Verfügung, aus welcher auch der Grund der Strafandrohung hervorgehen muß; wenn die bezügliche richterliche Anordnung schon vorausgegangen ist, kann auf diese Bezug genommen werden. Daß auch die Höhe der Strafe angedroht werden muß, ist dem Gesetz nicht zu entnehmen.

Die Unterlassung der Androhung macht die ohne eine solche erfolgende Strafverfügung unzulässig und begründet gegen die letztere die Beschwerde und nach § 27 FGG. die sofortige Beschwerde.

Die Androhung muß im Falle öfterer Bestrafung vor jeder Straffestsetzung wiederholt werden (BayObLG. **2** 800, Recht **6** 74, OLG. **5** 291). Es steht nichts im Wege, bei einer Straffestsetzung sofort für die Fortsetzung des Ungehorsams gegen die richterliche Anordnung die Wiederholuug der Strafe anzukündigen.

Dem Zweck der Androhung entsprechend muß zwischen dieser und der Straffestsetzung eine ausreichende Frist liegen, um dem zu Strafenden Gelegenheit zu geben, die von ihm verlangte Handlung vorzunehmen.

5. Änderung der Verfügung, Beschwerde: Die Verfügung, durch welche eine Strafe angedroht wird, bedarf keiner Änderung, Aufhebung oder ausdrücklichen Zurücknahme, wenn nachträglich aus irgend einem Grunde die angedrohte Strafe nicht erkannt werden will; wenn die Strafe nicht festgesetzt wird, ist demjenigen, dem die Strafe angedroht ist und der ihre Berechtigung bestreitet, Genüge getan. Deshalb muß auch die Beschwerde gegen die Strafandrohung versagt werden, weil durch dieselbe ein Recht nicht beeinträchtigt wird (ebenso Rausnitz N. 7, Schneider N. 3 zu § 33, letzterer mit der Begründung, daß die Androhung keine Verfügung im Sinne des § 19 sei, a. M. Josef N. 3, Schultze-Görlitz N. 5, Wellstein N. 4 zu § 33, ferner OLG. **4** 350). Was den Betroffenen zunächst allein beschweren kann, ist die richterliche Anordnung eines bestimmten Handelns oder Unterlassens; gegen diese steht der Beschwerdeweg offen; ist die Androhung der Strafe mit der Anordnung einer Verfügung verbunden, so ist diese unter Bestreitung der Berechtigung der Anordnung mit der Beschwerde anfechtbar.

Die Straffestsetzung kann nach § 18 jederzeit geändert werden, wenn sich das Gericht überzeugt, daß dieselbe zu Unrecht erfolgt ist; eine zeitliche Schranke besteht nicht, die Zurücknahme der Strafverfügung kann also auch noch erfolgen, nachdem die Strafe beigetrieben worden ist. Entsprechend dem Charakter der hier behandelten Ordnungsstrafen als Zwangsmittel hat der Strafvollzug zu unterbleiben, wenn die Verpflichtung vor der Strafvollziehung erfüllt wird oder sich als unerfüllbar erweist (OLG. **6** 481, ZBl. **4** 115).

Gegen die Straffestsetzung findet die Beschwerde statt; mit derselben kann jedoch nicht mehr geltend gemacht werden, daß die Anordnung, wegen deren Nichtbeachtung die Straffestsetzung erfolgt war, ungerechtfertigt gewesen sei (Rausnitz N. 7); wegen der aufschiebenden Wirkung der Beschwerde siehe § 24 Abs. 1 und die Noten daselbst.

6. Die **Vollstreckung** der Strafe zu regeln, ist der Landesgesetzgebung überlassen (§ 200 FGG.). In Bayern sind die Vorschriften der Art. 285, 287 GebG. mit den dazu erlassenen Vollzugsvorschriften maßgebend; hienach ist die Beitreibung der Strafe nicht Sache des Richters, sondern des Gerichtsschreibers unter Mitwirkung der Rentämter.

7. Eine **Kostenfolge** für den Ungehorsam spricht das Reichsrecht nicht aus. In Bayern ergibt sich aus Art. 131 Abs. 2 AG. z. BGB., daß derjenige, der durch ein schuldhaftes Verhalten, wie es der Ungehorsam gegen richterliche Anordnungen ist, Kosten verursacht hat, dieselben mit Einschluß der notwendigen Aufwendungen anderer Beteiligter zu tragen hat (siehe Vorbemerkung 2 c zu § 14).

8. Die Vorschrift des § 33 gilt nach § 194 Abs. 1 FGG. auch für die landesrechtlich an Stelle der Gerichte tretenden anderen als gerichtlichen Behörden. In **Bayern** haben also die **Notare** im Verfahren der Eröffnung einer Verfügung von Todeswegen oder bei der Auseinandersetzung in Ansehung eines Nachlasses oder Gesamtgutes das Recht Ordnungsstrafen zu verhängen; dagegen findet die Beschwerde nach Maßgabe des § 19 statt.

9. Auch soweit in Landesgesetzen in **Bayern** Strafen zur Erzwingung von Handlungen oder Unterlassungen zugelassen sind, findet vorbehaltlich Sonderbestimmungen § 33 Anwendung (Art. 129 AG. z. BGB.).

10. In **Grundbuchsachen** kann der Grundbuchbeamte in den Fällen, in welchen er den Besitzer des Hypotheken-, Grundschuld- oder Rentenschuldbriefs zur Vorlegung anzuhalten hat (§ 42 Abs. 1 Satz 2, § 54 Abs. 1 und 2 GBO., Art. 19 AG. z. GBO., Art. 12 Abs. 2 Nr. 6 des G., die Landeskulturrentenanstalt betr., Art. 41 des FlurbereinigungsG., Art. 38 Abs. 2 und 65 Abs. 2 des BergG., Art. 22 Abs. 3 des G., die Fortsetzung der Grundentlastung betr. i. d. F. vom 10. 8. 04), die Vorlegung durch Ordnungsstrafen erzwingen; auf das Ordnungsstrafverfahren findet § 33 Anwendung (Art. 20 AG. z. GBO., § 492 der Dienstesanweisung für die Grundbuchämter r. d. Rh.).

11. Sonstige Zwangsmaßregeln.

Außer den Vorschriften über Ordnungsstrafen zur indirekten Erzwingung von Handlungen und einzelnen Sondervorschriften über Zwangsmittel für bestimmte Fälle (z. B. in §§ 1670, 1760, 1844 BGB.) enthält die Reichsgesetzgebung allgemeine Bestimmungen über Anwendung unmittelbaren Zwanges zur Durchführung gerichtlicher Anordnungen nicht. Landesgesetzliche Vorschriften zur Ergänzung sind auf Grund des § 200 zulässig. Für **Bayern** bestimmt Art. 130 AG. z. BGB.:

In den Angelegenheiten der freiwilligen Gerichtsbarkeit ist, soweit nicht ein anderes vorgeschrieben ist, die Anwendung unmittelbaren Zwanges zum Vollzug einer Ver-

fügung zulässig, durch welche die Herausgabe einer Sache oder der Person eines Kindes, Mündels oder Pflegebefohlenen oder eine Maßregel angeordnet wird, deren Ausführung die Anwendung unmittelbaren Zwanges erfordert.

Die Zwangsmaßregeln werden von dem Gericht erster Instanz angeordnet.

Wird die herauszugebende Person oder Sache nicht vorgefunden, so kann der zur Herausgabe Verpflichtete zur Leistung des Offenbarungseides angehalten werden. Die Vorschriften des § 883 Abs. 2, 3, des § 900 Abs. 1 und der §§ 901, 902, 904 bis 910, 912, 913 der Zivilprozeßordnung finden entsprechende Anwendung.

a) Zwangsanwendung nach Maßgabe des Art. 130 ist nur möglich und zulässig zur Durchsetzung des Gehorsams gegenüber dem Gericht, also bei Verpflichtungen, für deren Erfüllung das Gericht von Amts wegen zu sorgen hat, nicht dagegen zur Erfüllung von Verpflichtungen, die nur gegenüber anderen Personen bestehen. Voraussetzung der Zwangsanwendung ist, daß das Gericht auf Grund einer gesetzlichen Vorschrift zur Erlassung der zwangsweise durchzusetzenden Verfügung befugt ist; das Gericht der freiwilligen Gerichtsbarkeit ist aber insbesondere nicht befugt, die Erfüllung von Ansprüchen von Beteiligten unter einander, gegenüber Dritten oder seitens Dritter anzuordnen, hat also in dieser Richtung auch keine Zwangsgewalt.

Zulässig ist hienach die Erzwingung der Herausgabe eines Erbscheines nach Maßgabe des § 2361 BGB., eines Testaments durch den nach § 2259 Abs. 1 hiezu Verpflichteten, der Bestallung eines Vormunds nach Beendigung seines Amts (§ 1893 Abs. 2, Josef im Recht **04** 548).

Ausgeschlossen ist dagegen die Anordnung und Erzwingung der Herausgabe eines Nachlaßgegenstandes zur Erfüllung eines Vermächtnisses oder zum Vollzug einer Teilungsvereinbarung (über deren Vollstreckung siehe § 98 FGG.), der Herausgabe des Nachlasses an den Nachlaßverwalter oder den Testamentsvollstrecker (§§ 1984, 2205 BGB.), der Herausgabe des Nachlasses durch den Testamentsvollstrecker nach Beendigung seines Amts, auch der Herausgabe des nach § 2368 BGB. ausgestellten Zeugnisses, da dessen Herausgabe nicht (wie beim Vormund) vorgeschrieben ist, oder der Herausgabe des Mündelvermögens durch den Vormund nach Beendigung der Vormundschaft (RJA. **3** 63). Ausgeschlossen ist ferner die Erzwingung der Ersatzleistung des Vormunds zum Mündelvermögen (BayObLG. **3** 797, Recht **02** 558), der Entrichtung des festgesetzten Honorars eines Vormunds oder Pflegers, der Erstattung der vom Vormundschaftsgericht festgesetzten Auslagen von Verwandten oder Verschwägerten des Mündels (§ 1847 Abs. 2 BGB.) oder der Familienratsmitglieder (§ 1877), der Erstattung festgesetzter Kosten (siehe hierüber Art. 133 Abs. 2 AG. z. BGB. oben S. 70), der Entrichtung von Unterhaltskosten auf Grund eines gerichtlich beurkundeten Übereinkommens (hier liegt übrigens auch keine Verfügung des Gerichts, sondern nur ein gerichtlich beurkundeter Vertrag vor, für dessen Vollstreckung die Vorschriften der §§ 794 ff. ZPO. maßgebend sind).

Die **Herausgabe eines Kindes oder Mündels** kann vom Vormundschaftsgericht nur im Rahmen der §§ 1666, 1838 BGB. gegenüber dem Erziehungsberechtigten erzwungen werden; Dritten gegenüber ist eine solche Anordnung ausgeschlossen, hier steht nur der Rechtsweg nach §§ 1632, 1800 BGB. offen; es ist daher auch eine solche Anordnung im Erziehungsstreit der Eltern bei bestehender oder nach geschiedener Ehe nicht möglich (OLG. **1** 366, **2** 450, **3** 41, **6** 58, **11** 294, ZBl. **5** 182); das Vormundschaftsgericht kann auch eine von ihm nach § 1635 Abs. 2 oder § 1636 Satz 2 BGB. getroffene Anordnung nicht selbst vollziehen.

Zu den **sonstigen Maßregeln**, deren Ausführung die Anwendung unmittelbaren Zwanges erfordert, gehört z. B. die Anordnung der Vorlage von Urkunden, wo solche nach dem Gesetz vom Gericht verlangt werden kann, so nach § 166 Abs. 3, § 338 Abs. 3 HGB., nicht aber im Ermittelungsverfahren nach § 12 gegenüber Jedermann.

Die **zwangsweise Vorführung** einer Person darf nur insoweit angeordnet werden, als eine Verpflichtung besteht, dem Gericht persönlich Rede zu stehen und Auskunft zu erteilen, so gegenüber dem Vormund, gegenüber dem Vater in den Fällen der §§ 1666, 1667 BGB. (ZBl. **5** 31; vergl. über die Zulässigkeit von Zwangsmaßregeln gegen den Inhaber der elterlichen Gewalt auch Boschan im ZBl. **2** 160 und Schultheis ebenda 165), gegenüber dem Kinde oder Mündel bei Maßregeln zur Unterstützung des Erziehungsberechtigten, nicht aber gegenüber Jedermann, von dem das Gericht eine Auskunft wünscht; unbedingt ausgeschlossen ist sie besonders da, wo an das Nichterscheinen vor Gericht rechtliche Nachteile geknüpft sind, wie nach § 93 Abs. 3 FGG., ferner überhaupt im echten Streitverfahren.

Anwendung unmittelbaren Zwanges ist auch da ausgeschlossen, wo das Gesetz ersichtlich nur Ordnungsstrafen oder bestimmte andere Maßregeln zur Erzwingung einer Handlung geben will, wie in § 1788 Abs. 1 (zur Übernahme der Vormundschaft), § 1670 Satz 2 BGB. (Erzwingung der Sicherheitsleistung des Vaters; RG. **57** 134), in den Fällen, für welche die §§ 132 ff. gelten; dagegen ist die Inventarisierungspflicht des Vaters nach §§ 1640, 1686 BGB. durch Ordnungsstrafen erzwingbar, § 1670 BGB. steht hier nicht entgegen (Schröder in DJZ. **01** 558).

b) Die Anwendung von Zwang zur Durchführung einer gerichtlichen Verfügung setzt formell stets eine **besondere Anordnung** voraus, zu deren Erlaß, auch wenn es sich um Vollziehung von Beschlüssen einer höheren Instanz handelt, nur das Gericht erster Instanz zuständig ist.

c) Daß der Anordnung oder Ausführung der Zwangsmaßregel eine **Androhung** vorausgehen solle, ist nicht vorgeschrieben; Zweckmäßigkeitsgründe werden eine Androhung bald als angezeigt erscheinen lassen, bald auch verbieten. Lediglich eine Aufforderung, nicht eine Androhung der Zwangsmaßregel (wie Böhm-Klein N. 4 zu Art. 130 AG. z. BGB. annimmt) hat der Vollstreckung der Anordnung der Herausgabe eines Erbscheines vorauszugehen (§ 58 NachlO.).

d) Die Anwendung des unmittelbaren Zwanges kann dem **Gerichtsvollzieher** übertragen werden (§ 203 der Geschäftsanweisung für Gerichtsvollzieher JMBl. **00** 621). Dieser hat sich die schriftliche Anordnung des Gerichts aushändigen zu lassen und sie der Person, gegen welche sich der Zwang richtet, vor Anwendung des Zwanges vorzuzeigen; auf Verlangen ist der Person eine Abschrift der Anordnung zu erteilen; die Abschrifterteilung braucht aber der Zwangsanwendung nicht vorauszugehen. Der Gerichtsvollzieher ist befugt, erforderlichen Falls die Unterstützung der polizeilichen Vollzugsorgane nach Maßgabe des § 758 Abs. 3 Satz 1 ZPO., § 72 Abs. 3 der Geschäftsanweisung anzurufen.

Für die zwangsweise Vorführung einer Person gelten die Vorschriften der §§ 177 ff. der Anweisung. Richtet sich die Maßregel gegen eine dem aktiven Heere oder der aktiven Marine angehörende Militärperson, so finden die Vorschriften der §§ 752, 790 ZPO., §§ 68, 74 der Anweisung Anwendung. Ist bei einer in der Wohnung des Verpflichteten erfolgenden Zwangsmaßregel weder der Verpflichtete noch eine zu seiner Familie gehörige oder in dieser Familie dienende erwachsene Person gegenwärtig, so hat der Gerichtsvollzieher nach § 759 ZPO., § 73 der Anweisung zu verfahren.

Der Gerichtsvollzieher hat über die Ausführung der Anordnung einen kurzen schriftlichen Bericht zu erstatten und mit diesem die schriftliche Anordnung dem Gericht, das den Auftrag erteilt hat, wieder vorzulegen.

e) Die Vorschrift des Abs. 3 über die Zulässigkeit der Anordnung der Leistung des Offenbarungseides entspricht der Vorschrift des § 83 Abs. 2 FGG.; siehe die Noten daselbst. Voraussetzung der Anordnung ist jedoch, daß vorher ein Versuch gemacht wurde, die Person oder Sache zu erlangen, und daß dieselbe nicht vorgefunden wurde.

f) Die Inanspruchnahme von **Rechtshilfe** bei Zwangsmaßregeln ist in Bayern unbeschränkt, außerhalb Bayerns nur dann zulässig, wenn die verlangte Maßregel auch nach dem Rechte des Bundesstaats, dessen Gericht um die Ausführung ersucht wird, zulässig ist.

§ 34.

Die Einsicht der Gerichtsakten kann jedem insoweit gestattet werden, als er ein berechtigtes Interesse glaubhaft macht. Das Gleiche gilt von der Erteilung einer Abschrift; die Abschrift ist auf Verlangen zu beglaubigen.

Akteneinsicht. Abschriften.

1. § 34 gibt für Angelegenheiten der freiwilligen Gerichtsbarkeit im Sinne des § 1 FGG. eine allgemeine Anordnung über Akteneinsicht und Erteilung von Abschriften. Durch dieselbe werden spezielle Vorschriften dieses und anderer Reichsgesetze über Akteneinsicht und Abschrifterteilung nicht berührt, § 34 gilt also (nach § 1) nur, soweit nicht für bestimmte Fälle besondere Vorschriften bestehen. Diese Sondervorschriften bedürfen wegen ihres Verhältnisses zu § 34 einer kurzen Erörterung.

Als eine Ausnahme von § 34 stellt sich die Vorschrift des § 78 FGG. über Einsicht gewisser Aktenstücke in Nachlaßsachen und Abschrifterteilung von denselben dar; hier ist an die Glaubhaftmachung eines berechtigten Interesses ein **Recht** auf Einsicht und Abschrifterteilung geknüpft; die Vorschrift geht also über die des § 34 hinaus.

Weitere Vorschriften nur über Einsicht von Akten in **Nachlaßsachen** enthalten die §§ 1342 Abs. 2 (Eheanfechtung nach dem Tode des nicht zur Anfechtung Berechtigten), §§ 1597, 1599 (Anfechtung der Ehelichkeit, der Anerkennung der Ehelichkeit nach dem Tode des Kindes) § 1953 Abs. 3 (Erbschaftsausschlagung, § 1957 Abs. 2 (Anfechtung der Ausschlagung), § 2010 (Nachlaßinventar), § 2081 Abs. 2 (Anfechtung einer letztwilligen Verfügung), § 2146 Abs. 2 (Anzeige des Eintritts der Nacherbfolge), § 2228 (Erklärungen in Bezug auf Testamentsvollstrecker), § 2384 Abs. 2 BGB. (Anzeige des Verkaufs der Erbschaft; eine Vorschrift über Einsicht und Abschrifterteilung enthält § 2264 BGB. für eröffnete Testamente (auf Erbverträge nicht anwendbar OLG. **5** S. 344; siehe über Testamentsabschriften Kaden im ZBl. **1** 405); diesen Fällen ist gemeinsam, daß beim Vorliegen und der Glaubhaftmachung eines **rechtlichen** Interesses ein Recht auf Einsicht bezw. Abschrifterteilung besteht; die Vorschriften sind also enger als § 34, insoferne ein berechtigtes Interesse (über den Unterschied siehe N. 4 unten) nicht genügt, weiter insoferne für ein Ermessen des Richters, ob Einsicht gewährt werden soll, kein Raum mehr ist. Daneben hat § 34 jedenfalls für alle Fälle mit Ausnahme des § 2264 BGB. Geltung, was Erteilung von Abschriften anlangt, es muß ihm aber auch allgemein neben diesen Vorschriften Geltung eingeräumt werden; es kann also der Richter bei Glaubhaftmachung eines bloß berechtigten Interesses Einsicht gewähren (Rausnitz

N. 12 zu § 34, BayObLG. **6** 155 ZBl. **6** 219, SeuffBl. **70** 326). Von einem noch nicht i. S. des § 2260 BGB. eröffneten Testamente kann in Anwendung des § 34 Einsicht gewährt werden (BayObLG. **4** 847).

Die übrigen Sondervorschriften beziehen sich auf die Einsicht **öffentlicher Register** und Abschrifterteilung aus denselben, beim Handelsregister und Genossenschaftsregister auch auf Einsicht und Abschrifterteilung von den zu diesen Registern eingereichten Schriftstücken (§ 9 HGB., § 156 GenG. und § 26 der Bek. des Bundesrats vom 1. Juli 1899 RGBl. S. 347 ff., § 11 GebrMustG., § 56 BörsG., § 121 BinnenSchG., §§ 79, 1563 BGB. — Vereins- und Güterrechtsregister); nach diesen Vorschriften sind die betreffenden Register öffentlich, die Einsicht ist jedermann ohne Nachweis eines Interesses gestattet, im gleichen Umfange besteht ein Recht auf Abschriften (gegen Kostenerlage); das Nämliche gilt für die Einsicht der zum Handels- und zum Genossenschaftsregister eingereichten Schriftstücke; die Abschrifterteilung von denselben ist aber an die Glaubhaftmachung eines berechtigten Interesses geknüpft; eingereichte Schriftstücke sind die Anmeldungen, die mit der Anmeldung abgegebenen Erklärungen, die der Anmeldung beigefügten Schriftstücke, ferner die Zeichnungen und diejenigen Schriftstücke, welche unabhängig von einer Anmeldung dem Registergericht einzureichen sind (siehe für Handelsregister § 207 Abs. 4, §§ 244, 259 Abs. 5, § 260 Abs. 2, § 265 Abs. 2, § 267 Abs. 2, §§ 273, 299 Abs. 2, §§ 309, 320 Abs. 3, § 324 HGB., §§ 40, 41 Abs. 3, § 52 Abs. 1, § 75 GmbHG., für Genossenschaftsregister § 15 Abs. 2, §§ 69, 71 Abs. 2, § 76 Abs. 2, § 77 Abs. 2, § 137 Abs. 2, § 138 GenG.). Diese Vorschriften beziehen sich jedoch nur auf die Register und die eingereichten Schriftstücke; soweit die Registerbehörde noch andere Akten führt, bemißt sich die Akteneinsicht und Abschrifterteilung nach § 34 FGG. (§§ 206, 208 BayBek. vom 24. Dez. 99, die Registerführung betr., II. Führung des Handelsregister, JMBl. S. 805 ff. OLG. **2** 396).

Ein unbedingtes Recht auf Abschrift einer Verfügung hat derjenige, dem die Verfügung zu Protokoll bekannt gemacht worden ist (§ 16 Abs. 3 FGG.); ein Beteiligter, der im Termin zur Nachlaßauseinandersetzung nicht erschienen ist, hat ein Recht auf Abschrift der über vorbereitende Maßregeln oder über die Auseinandersetzung aufgenommenen Urkunde (§ 91 Abs. 3, § 93 Abs. 2 FGG.). Daß daneben § 34 Anwendung findet, versteht sich von selbst.

Ein weiteres Recht als auf Erteilung von Abschriften, nämlich auf Erteilung von Ausfertigungen, gibt § 85 bezüglich der dort aufgeführten Urkunden bei Glaubhaftmachung eines rechtlichen Interesses.

2. Zuständig zur Gewährung der Akteneinsicht und der Erteilung von Abschriften nach § 34 ist ausschließlich der Richter; der Gerichtsschreiber bedarf der Ermächtigung des Richters. Die Fertigung der Abschriften ist Sache des Gerichtsschreibers.

3. Gegenstand der Akteneinsicht und der Erteilung von Abschriften sind die Gerichtsakten mit allen in denselben befindlichen Urkunden, auch soweit sie nicht dauernd, sondern nur vorübergehend (z. B. zur Benützung als Beweismittel) sich in den Akten befinden, ferner Abhibenbakten. Über Akten- und Registerführung in Bayern siehe Keidel Handbuch § 22.

4. Die **Voraussetzungen** für die Gewährung der Akteneinsicht und der Erteilung von Abschriften sind die gleichen, nämlich

a) Vorliegen eines berechtigten Interesses für den Gesuchsteller,
b) Glaubhaftmachung dieses Interesses.

Berechtigtes Interesse ist, verschieden vom rechtlichen Interesse, das sich auf ein bereits vorhandenes Recht stützt, ein nach vernünftiger Erwägung durch die Sachlage gerechtfertigtes Interesse (OLG. 5 199, a. M. Dorner N. 3, der rechtliches und berechtigtes Interesse für identisch hält; vergl. über den Begriff insbes. Schulzenstein in der ZZP. **25** 222 ff.). Es genügt nicht ein Interesse an der Kenntnis des Akteninhalts als solchen, es muß vielmehr diese Kenntnis als Bestimmungsgrund für künftiges Handeln notwendig sein (ZBl. **1** 151). [Beispiele aus der Rechtsprechung: Der präsumtive Erbe hat kein begründetes Interesse an Akten, die über die Vermögensverhältnisse des präsumtiven Erblassers Aufschluß geben RJA. **1** 1, ZBl. **1** 67; Interesse haben die nach § 57 Nr. 9 FGG. Beschwerdeberechtigten Bl. f. Rpfl. i. Bz. d. KG. **04** 49; Interesse an der Einsicht eines in einem Vormundschaftsakt befindlichen Nachlaßinventars durch einen Nachlaßgläubiger bejaht OLG. **10** 28; Interesse an der Einsicht letztwilliger Verfügungen und von Nachlaßakten, um sich zu überzeugen, ob Veranlassung zu Einwendungen besteht, bejaht BayObLG. **6** 154, ZBl. **6** 219; über Abschriften von Zeugenaussagen insbes. siehe OLG. **8** 372].

§ 34 verlangt nicht bloß Darlegung des Interesses (vergl. über diese RJA. **1** 75), wie dies in anderen Vorschriften, so auch in § 11 GBO., der Fall ist, sondern **Glaubhaftmachung** desselben, d. i. Glaubhaftmachung von Umständen, aus denen sich erfahrungsgemäß nach dem gewöhnlichen Laufe der Dinge ein berechtigtes Interesse ergibt (RJA. **1** 1, Rspr. **1** 182, **5** 199, ZBl. **1** 67; die bloße Möglichkeit, daß ein Mißbrauch des Rechtes zur Akteneinsicht beabsichtigt ist, macht das berechtigte Interesse, das sich sonst aus den Tatsachen ergibt, nicht unglaubhaft (BayObLG. **4** 847). Über Form und Mittel der Glaubhaftmachung siehe § 15 Abs. 2 FGG. und Noten hiezu. Zur Glaubhaftmachung des Interesses wird vielfach die Bezugnahme auf das aus den Akten ersichtliche Sachverhältnis genügen, insbesondere soweit nicht dritte Personen, sondern Beteiligte dieselbe nachsuchen; jedoch ergibt sich aus der Eigenschaft als Beteiligter durchaus nicht notwendig das Interesse

Ohne Vorliegen der beiden erwähnten Voraussetzungen **darf keine** Einsicht gewährt, keine Abschrift erteilt werden, beim Vorliegen derselben muß sie nicht, sondern **kann** nur gewährt werden. Damit ist die Einsichtgewährung und Abschrifterteilung in das Ermessen des Gerichts gestellt. Mit dieser Regelung ermöglicht das Gesetz dem Gericht die Rücksichtnahme darauf, daß dem Interesse einer Person an der Einsicht ein noch größeres und mehr berechtigtes Interesse anderer Personen an der Geheimhaltung bestimmter Verhältnisse gegenübersteht (Recht **06** 1140, ZBl. **7** 388) Es will aber dem Gericht kein schrankenloses Ermessen einräumen; die Einsicht **ist** vielmehr zu gestatten, soferne nicht durch die Gestattung dem Gesuchsteller Verhältnisse geoffenbart werden, die vor ihm mit Rücksicht auf die Beteiligten überhaupt oder wenigstens zur Zeit geheim zu halten sind (OLG. **12** 206); dasselbe gilt von der Gewährung von Abschriften. Ein hienach bestehendes Recht auf Einsicht darf auch nicht durch eine Darstellung das Akteninhalts seitens des Gerichts verkürzt werden, der Gesuchsteller darf nicht auf diese statt der Einsicht verwiesen werden (BayObLG. **4** 847).

Trotz Glaubhaftmachung eines berechtigten Interesses kann die Einsicht versagt werden, wenn die Annahme gerechtfertigt ist, daß der Gesuchsteller schikanöse oder unlautere Absichten verfolgt, die bloße Möglichkeit eines Mißbrauches des Rechts zur Akteneinsicht rechtfertigt aber die Verweigerung noch nicht (siehe oben).

Soweit jemandem die Akteneinsicht gewährt ist, steht es ihm frei, sich Abschriften und Auszüge aus den Akten selbst zu fertigen (wegen Abschriftnahme von Handelsregistereintragungen siehe die zit. Bek. § 207).

5. Umfang der Akteneinsicht, der Abschriftgewährung: Für die Frage, inwieweit d. h. von welchen Aktenprodukten und ob von einzelnen ganz oder nur teilweise Einsicht gewährt oder Abschrift erteilt werden soll, ist gleichfalls das glaubhaft gemachte Interesse des Gesuchstellers maßgebend („insoweit"); es kann insbesondere die Erteilung von Abschriften in zu weit ausgedehntem Maße abgelehnt werden, wenn dem Interesse des Gesuchstellers durch Gestattung der Einsichtnahme von Aktenprodukten genügend gedient ist und ein besonderes Interesse an dem Besitz von Abschriften nicht besteht.

6. § 34 behandelt nur die Akteneinsicht durch **Privatpersonen**, die Befugnis von Behörden und Beamten zur Einsicht von Akten anderer Behörden zu regeln, steht der Landesgesetzgebung im Bedarfsfalle offen.

7. Ort und Zeit der Einsicht: Die Akteneinsicht erfolgt regelmäßig an der Gerichtsstelle; es ist jedoch nicht ausgeschlossen, daß der Richter nach seinem Ermessen Akten zum Zwecke der Einsichtnahme an einem anderen Orte an das dortige Gericht schickt oder bei der Notwendigkeit umfangreichen Aktenstudiums einem Rechtsanwalt, einem Vormund zur Einsicht in seinem Geschäftslokal, in seiner Wohnung verabfolgt (siehe hierüber und über das mangelnde Beschwerderecht im Falle der Ablehnung auch Josef im ZBl. **5** 176). Die Einsicht braucht regelmäßig nur während der üblichen Geschäftsstunden gestattet zu werden, soll aber in dringenden Fällen auch außerhalb derselben erlaubt werden. Siehe auch § 56 BörsG., § 121 BinnenSchG. („während der gewöhnlichen Dienststunden").

8. Auf die **Beglaubigung** einer Abschrift, wenn einmal eine Abschrift gewährt wird, besteht ein unbedingtes Recht; es braucht also nicht ein Interesse gerade an einer beglaubigten Abschrift nachgewiesen zu werden. Über ihre Form und die Zuständigkeit zu derselben bestehen reichsrechtliche Vorschriften nicht. In Bayern erfolgt die Beglaubigung üblicherweise durch den Gerichtsschreiber; sie besteht in der Bestätigung der Übereinstimmung mit der Urschrift.

9. Beschwerde: Gegen die Verweigerung oder Beschränkung der Akteneinsicht und der Abschrifterteilung steht dem Gesuchsteller die Beschwerde zu; mit der Beschwerde kann geltend gemacht werden, daß das Gericht bei seinem Bescheide nicht nach pflichtgemäßem Ermessen verfahren sei (ebenso Rausnitz N. 11, Schneider N. 2, Schulze-Görlitz N. 3, a. M. Birkenbihl N. 2, Wellstein N. 3a zu § 34, Nußbaum im Recht **4** 303). Die weitere Beschwerde kann hierauf nicht gestützt werden, wohl aber darauf, daß das Beschwerdegericht die rechtlichen Begriffe des berechtigten Interesses oder der Glaubhaftmachung oder die dem richterlichen Ermessen gesetzlich gesetzten Schranken verkannt habe (BayObLG. **4** 847, RJA. **1** 1, OLG. **1** 182, **2** 396, **5** 199, **12** 206, ZBl. **1** 67).

Gegen die Gewährung der Einsicht und die Erteilung von Abschriften muß Personen, welche ein Interesse an der Geheimhaltung des Akteninhalts haben, das Recht zur Beschwerde gewährt werden; denn ihrem Interesse entspricht ein Recht auf Geheimhaltung (a. M. Rausnitz N. 11 zu § 34, der das Beschwerderecht wegen nur mittelbarer Beeinträchtigung durch Bekanntwerden des Akteninhalts ablehnt). Das Beschwerderecht besteht nur, solange die Einsicht nicht gewährt worden ist oder die Abschriften noch zurückzuerlangen sind, da später eine Abhilfe nicht mehr möglich ist.

10. Neben der sich aus § 34 ergebenden Verpflichtung zur Gewährung der Akteneinsicht und Erteilung von Abschriften besteht vorbehaltlich Sonderbestimmungen keine rechtliche Verpflichtung des Richters oder Gerichtsschreibers, aus den Akten **Auskunft** oder **Bescheinigungen** zu erteilen; es steht jedoch nichts im Wege solche zu erteilen, es empfiehlt sich sogar häufig im Interesse der Sachbehandlung; dabei sind jedoch die Schranken, die für die Einsichtgewährung gelten, einzuhalten. **Daß Auskunfterteilung** die Akteneinsicht nicht ersetzt, darüber siehe oben N. 4 Abs. 4.

Über Bescheinigungen, daß bezüglich eines Gegenstandes weitere Eintragungen nicht vorhanden sind, siehe bezüglich des Handelsregisters § 9 Abs. 3 HGB., des Genossenschaftsregisters § 156 GenG., des Vereins- und Güterrechtsregisters § 162 FGG.

11. Die Vorschrift des § 34 gilt auch für die nach Landesrecht zuständigen anderen als gerichtlichen Behörden § 194 Abs. 1 FGG.); wegen der Einsicht der Akten des Notariats in Bayern siehe jedoch unten N. 14.

12. Grundbuchsachen: Nach § 11 GBO. ist die Einsicht des Grundbuchs und derjenigen Urkunden, auf die im Grundbuch zur Ergänzung einer Eintragung Bezug genommen ist, sowie von noch nicht erledigten Eintragungsanträgen jedem gestattet, der ein berechtigtes Interesse darlegt; im gleichen Umfange können Abschriften verlangt werden; siehe auch §§ 535 ff. der Dienstanweisung für die Grundbuchämter r. d. Rh.; für die Akten der Beschwerdeinstanzen ist § 34 maßgebend.

13. In **Bayern** gilt § 34, soweit nicht ein anderes bestimmt ist, auch für Angelegenheiten der freiwilligen Gerichtsbarkeit, für welche die landesgesetzlichen Vorschriften maßgebend sind (Art. 129 AG. z. BGB.). Eine Sondervorschrift besteht für Fideikommißangelegenheiten; auf das Recht, von der Fideikommißmatrikel, den Urkunden, auf die in der Fideikommißmatrikel zur Ergänzung einer Eintragung Bezug genommen ist, und den noch nicht erledigten Eintragungsanträgen Einsicht zu nehmen und von den Eintragungen, Urkunden und Anträgen Abschriften zu fordern, finden die Vorschriften des § 11 GBO. Anwendung (Art. 134 Abs. 2 AG. z. BGB.; siehe N. 12).

14. Die Einsicht der Urkunden und Akten des **bayerischen Notariats** soll außer den Beteiligten nur solchen Personen gestattet werden, die ein berechtigtes Interesse glaubhaft machen; das Gleiche gilt von der Erteilung einer Abschrift. Die Einsicht der letztwilligen Verfügungen und der Erbverträge darf bei Lebzeiten der Verfügenden anderen Personen nur mit Einwilligung der Verfügenden gestattet werden. Weigert sich der Notar, die Einsicht der Urkunden und Akten zu gestatten, oder Abschriften zu erteilen, so entscheidet auf Antrag das Landgericht (Art. 22 Abs. 1 NotG.); über das Verfahren siehe Art. 57 ff. NotG.

Hinsichtlich der Akten des Notariats über die Auseinandersetzung eines Nachlasses oder eines Gesamtguts und über die Verhandlungen bei Testamentseröffnung findet jedoch nach § 194 Abs. 1 FGG. nicht Art. 22 NotG., sondern § 34 FGG. Anwendung, da es sich um reichsrechtliche, den Gerichten übertragene Angelegenheiten handelt; die beiden Vorschriften stimmen allerdings im wesentlichen überein. Auch für die Beschwerde gelten die Vorschriften des FGG.

Zweiter Abschnitt.

Vormundschaftssachen.

Vorbemerkung.

I. Vormundschaftssachen im Sinne dieses Gesetzes sind alle nach Reichsrecht (BGB. und sonstigen Reichsgesetzen) regelmäßig dem Vormundschaftsgericht obliegenden Verrichtungen. Hieher gehören also die dem Gerichte obliegenden Verrichtungen bezüglich Vormundschaften und Pflegschaften, gewisse Verrichtungen in Bezug auf das Verhältnis zwischen geschäftsunfähigen oder in der Geschäftsfähigkeit beschränkten Personen und ihren gesetzlichen Vertretern außerhalb einer Vormundschaft oder Pflegschaft und Verrichtungen hinsichtlich der persönlichen Rechtsbeziehungen der Ehegatten zu einander und des ehelichen Güterrechts (vergl. §§ 43—45 und die Noten daselbst).

Für alle diese Angelegenheiten gelten die Vorschriften dieses Abschnittes. Dieser enthält spezielle Vorschriften für das Verfahren in Vormundschaftssachen mit teilweisen Abweichungen und Ausnahmen von den Vorschriften des ersten Abschnitts. Es regelt § 35 die sachliche, die §§ 36—45 die örtliche Zuständigkeit, die §§ 46, 47 die Abgabe einer Angelegenheit an ein anderes Gericht und an das Ausland, die §§ 48—50 die Anzeigepflicht von Behörden, die §§ 51—53 den Beginn der Wirksamkeit vormundschaftsgerichtlicher Verfügungen, § 54 die Eintragung einer Sicherungshypothek an Grundstücken des Vormunds, die §§ 55, 62 die Einschränkung der Abänderung gerichtlicher Verfügungen, § 56 die Volljährigkeitserklärung, die §§ 57—64 das Beschwerdeverfahren.

II. In landesrechtlichen Angelegenheiten finden die Vorschriften des 2. Abschnittes nur soweit Anwendung, als landesrechtliche Vorschriften es bestimmen. Dies ist in Bayern hinsichtlich der Zwangserziehung der Fall, deren Anordnung durch Art. 1 ZEG. dem Vormundschaftsgericht übertragen ist. Nach Art. 12 ZEG. sind, soweit nicht in diesem Gesetze ein anderes vorgeschrieben ist, für die Zuständigkeit und das Verfahren in Angelegenheiten der Zwangserziehung die allgemeinen gesetzlichen Vorschriften, insbesondere für die Zuständigkeit und das Verfahren der Gerichte die für Vormundschaftssachen geltenden Vorschriften maßgebend; damit sind sowohl die Vorschriften des 1., als die des 2. Abschnittes des FGG. für anwendbar erklärt; als Sondervorschriften sind zu erwähnen die Bestimmungen des Art. 2 über die Anzeigepflicht von Behörden, des Art. 3 über Anhörung bestimmter Personen und Behörden und der Art. 4 Abs. 3 und 6 Abs. 2 über die Bekanntmachung der Anordnung und der Aufhebung der Zwangserziehung und über die sofortige Beschwerde (siehe die N. zu § 57 und N. 6 zu § 60).

III. Die wesentlichsten auf Grund des § 200 erlassenen Bestimmungen zur Ergänzung und Ausführung der Vorschriften des BGB. und dieses Gesetzes in Vormundschaftssachen sind für Bayern enthalten in der Bek. vom 19. 1. 00, das Vormundschaftswesen betr., JMBl. 181 (zitiert „V. O."),

in der Bek. vom 24. 12. 99, die Volljährigkeitserklärung betr., JMBl. 00 8,

in der Bek. vom 22. 12. 99, den Gemeindewaisenrat betr., JMBl. 553,

in der Zuständigkeitsverordnung vom 24. 12. 99 (GVBl. 1229, JMBl. 00 97) §§ 22, 23,

in Art. 130 AG. z. BGB. (Zwangsmaßregeln; siehe N. 11 zu § 33).

An allgemeinen Vorschriften über das Verfahren enthält die Bek. vom 19. 1. 00 folgende:

Anträge und Erklärungen der beteiligten Personen beim zuständigen Gericht sollen in der Regel vom Richter selbst entgegengenommen werden, der sich einer Schreibkraft bedienen kann (§ 50). Für die Beurkundung von Rechtsgeschäften durch das Vormundschaftsgericht z. B. nach § 1714 BGB. gelten die Formvorschriften der §§ 168—173 FGG.; die Vorschriften der §§ 174, 177 FGG. sollen auch dann beobachtet werden, wenn das Protokoll keine rechtsgeschäftlichen Erklärungen enthält (§ 51). Die Ausfertigungen des Vormundschaftsgerichts, z. B. von Bestallungen, Wiederverehelichungszeugnissen, sind vom Richter (Art. 22 AG. z. GVG.), die Ausfertigungen der Protokolle, die eine rechtsgeschäftliche Erklärung enthalten, sind nach § 182 FGG., die vollstreckbaren Ausfertigungen der Vereinbarungen zwischen dem unehelichen Vater und dem Kinde oder der Mutter über den Unterhalt des Kindes und die Ansprüche der Mutter nach § 797 Abs. 6 ZPO. von dem Gerichtsschreiber zu unterzeichnen; alle Ausfertigungen sind mit dem Gerichtssiegel zu versehen.

Über Aktenbildung und Aktenführung für Vormundschaften, Pflegschaften oder Beistandschaften siehe §§ 56 ff. der VO., über Aktenbildung in sonstigen Vormundschaftssachen die JMBek. vom 28. 12. 99, Register der Angelegenheiten der freiwilligen Gerichtsbarkeit betr., JMBl. 00 89, Keidel, Handb. 69, 102.

Über die zu den Akten über eine Vormundschaft, Pflegschaft oder Beistandschaft zu führenden Vormerkungsbogen und Vermögensverzeichnisse siehe §§ 62 ff. der VO. (Formulare siehe JMBl. 00 289 und 291), Keidel, Handb. 104.

§ 35.

Für die dem Vormundschaftsgericht obliegenden Verrichtungen sind die Amtsgerichte zuständig.

Sachliche Zuständigkeit.

1. Nach Reichsrecht sind die Amtsgerichte (mit der Besetzung als Einzelrichter, §§ 22 ff. GVG.) **Vormundschaftsgerichte.** An Stelle des Vormundschaftsgerichts kann jedoch ein Familienrat die Rechte und Pflichten desselben ausüben (§§ 1858, 1872 BGB.); zur Entlassung eines Familenratsmitgliedes ist nicht das Vormundschaftsgericht, sondern das diesem vorgeordnete Gericht, also das Landgericht zuständig (§ 1878 Abs. 2 BGB.).

2. In **Bayern** ist auf Grund des Vorbehalts des § 196 FGG. die Volljährigkeitserklärung dem Staatsministerium der Justiz übertragen (Art. 2 AG. z. BGB.); von dem Vorbehalt des Art. 147 EG. z. BGB. (der erlaubt, für die die dem Vormundschaftsgericht obliegenden Verrichtungen andere als gerichliche Behörden für zuständig zu erklären) ist dagegen kein Gebrauch gemacht.

Auf Grund der Art. 57, 58 EG. z. BGB. sind in Bayern aufrecht erhalten:

Die Vorschriften des IX. Titels des Familienstatuts vom 5. August 1819 über die Vormundschaften über die Kgl. Prinzen und Prinzessinnen,

die Vorschriften des § 10 der IV. Verfassungsbeilage über die Vormundschaften der standesherrlichen Familienmitglieder (Vormundschaftsgericht ist das Oberlandesgericht, Beschwerdegericht das Oberste Landesgericht).

Wegen der Zuständigkeit des Vormundschaftsgerichts zur Anordnung und Aufhebung der Zwangserziehung siehe Vorbem. II.

3. In den Konsulargerichtsbezirken sind die Konsuln, in den Schutzgebieten die vom Reichskanzler mit der Ausübung der Gerichtsbarkeit betrauten Beamten zuständig (N. 4 zu § 1).

§ 36.

Für die Vormundschaft ist das Gericht zuständig, in dessen Bezirke der Mündel zu der Zeit, zu welcher die Anordnung der Vormundschaft erforderlich wird, seinen Wohnsitz oder in Ermangelung eines inländischen Wohnsitzes seinen Aufenthalt hat. Wird die Anordnung einer Vormundschaft über Geschwister erforderlich, die in den Bezirken verschiedener Vormundschaftsgerichte ihren Wohnsitz oder ihren Aufenthalt haben, so ist, wenn für einen der Mündel schon eine Vormundschaft anhängig ist, das für diese zuständige Gericht, anderenfalls dasjenige Gericht, in dessen Bezirke der jüngste Mündel seinen Wohnsitz oder seinen Aufenthalt hat, für alle Geschwister maßgebend.

Ist der Mündel ein Deutscher und hat er im Inlande weder Wohnsitz noch Aufenthalt, so ist das Gericht zuständig, in dessen Bezirke der Mündel seinen letzten inländischen Wohnsitz hatte. In Ermangelung eines solchen Wohnsitzes wird das zuständige Gericht, falls der Mündel einem Bundesstaat angehört, von der Landesjustizverwaltung, anderenfalls von dem Reichskanzler bestimmt.

Für die Vormundschaft über einen Minderjährigen, dessen Familienstand nicht zu ermitteln ist, ist das Gericht zuständig, in dessen Bezirke der Minderjährige aufgefunden wurde.

Örtliche Zuständigkeit für die Vormundschaft.

1. § 36 regelt die Zuständigkeit für die Anordnung der Vormundschaft über **Minderjährige** und **Volljährige** einschließlich der **vorläufigen Vormundschaft** (BayObLG. **5** 78, Recht **04** 170) und zwar in Abs. 1 für die Fälle, in denen der Mündel im Inlande Wohnsitz oder Aufenthalt hat, in Abs. 2 für die Fälle, in denen dies nicht der Fall ist, in Abs. 3 für minderjährige Findelkinder. Die Verletzung der Vorschriften begründet keine Nichtigkeit (§ 7 FGG.); das unzuständige Gericht kann aber seine Anordnungen nach § 18 FGG. aufheben; wegen der Zulässigkeit und des Erfolges der Beschwerde siehe N. 4 b β zu § 7. Über Zuständigkeit zu vorläufigen Maßregeln siehe § 44 FGG.

Maßgebend für die Bestimmung der Zuständigkeit sind die tatsächlichen Verhältnisse in dem **Zeitpunkte**, in dem nach den gesetzlichen Vorschriften (§§ 1773, 1896,

1906 BGB., Art. 23 EGzBGB.) die Anordnung der Vormundschaft erforderlich wird, also erfolgen soll, nicht in dem Zeitpunkte, in dem sie bei etwaiger Verzögerung der Anordnung wirklich erfolgt; inzwischen eingetretene Veränderungen sind ohne Belang. Die einmal begründete Zuständigkeit wird durch Umstände, welche nach Einleitung der Vormundschaft eintreten, nicht mehr berührt (OLG. **6** 301); das zur Anordnung zuständige Gericht bleibt während der ganzen Dauer der Vormundschaft zuständig, ein anderes Amtsgericht kann nur nach Maßgabe des § 46 FGG. zur Führung der Vormundschaft berufen werden.

2. Für die Zuständigkeit ist nach Abs. 1 Satz 1 **in erster Linie** der gegenwärtig vorhandene **Wohnsitz des Mündels** maßgebend; über Begründung und Aufhebung siehe §§ 7—11 BGB., ferner über Wohnsitz unehelicher Kinder BayObLG. **1** 156, 157, 205, 328, **2** 212, 541, **3** 251, 587, von doppelt verwaisten Kindern **1** 164, von mit Mutter und Vormund im Ausland befindlichen Kindern **2** 565, von ehelichen Kindern bei Wiederverheiratung der Mutter **4** 579. Ist der Wohnsitz, d. h. die tatsächlichen Verhältnisse, welche für die Begründung und Aufhebung maßgebend sind, streitig, so ist nach § 5 zu entscheiden; bei mehrfachem Wohnsitz kommt § 4 zur Anwendung.

Subsidiär, wenn nämlich ein Wohnsitz innerhalb des deutschen Reichs nicht mit Sicherheit zu ermitteln ist (RG. **27** 400, BayObLG. **1** 550, **2** 228, **5** 142, OLG. **2** 262), ist der **Aufenthaltsort des Mündels im Inland** maßgebend, gleichgiltig ob er vorübergehender oder auf längere Dauer berechneter, ein gewollter oder ein unfreiwilliger ist (ZBl. **4** 510); der Aufenthalt von Personen, nach deren Wohnsitz sich der Wohnsitz des Mündels bestimmt, ist belanglos.

Diese Grundsätze gelten ohne Rücksicht, ob der Mündel Deutscher oder Ausländer ist, soweit über Ausländer im Inlande überhaupt eine Vormundschaft anzuordnen ist; hiefür ist Art. 23 EG. z. BGB. maßgebend; darüber, ob hienach die Voraussetzungen für die Zulässigkeit der Anordnung vorliegen, hat das inländische Gericht Ermittlungen von Amts wegen zu pflegen, um festzustellen, ob der ausländische Staat die Fürsorge nicht übernimmt (RJA. **4** 78, ZBl. **5** 45, auch Niemayer in Böhms Z. **13** 24).

Siehe über Wohnsitz und Aufenthalt als Voraussetzung der Zuständigkeit Josef im ZBl. **4** 306.

3. Eine Ausnahme von der Vorschrift des Satz 1 macht Satz 2 des Abs. 1 für **Geschwister,** zu denen auch die Kinder der nämlichen unehelichen Mutter gehören (BayObLG. **3** 1021, Recht **03** 43). Gleichgiltig für den Eintritt des Geschwistergerichtsstands ist es, ob die Vormundschaft über die Geschwister aus dem gleichen oder aus verschiedenem Grunde (teils Minderjährigkeit teils Entmündigung) angeordnet wird, ferner ob es sich um gleichzeitige Anordnung über alle Geschwister oder um Anordnung einer Vormundschaft über einen Mündel, von dem Geschwister schon unter Vormundschaft stehen, handelt, endlich ob nach der Regel des § 1775 BGB. für sämtliche Geschwister nur ein Vormund oder aus besonderen Gründen mehrere Vormünder bestellt werden. Die Vorschrift gilt auch, wenn über die Geschwister teils Vormundschaft teils Pflegschaft anzuordnen ist (§ 37).

Die Vormundschaft soll über sämtliche Geschwister beim nämlichen Vormundschaftsgericht geführt werden. Haben die Geschwister ihren Wohnsitz bezw. Aufenthalt in den Bezirken verschiedener Vormundschaftsgerichte, so ist,

wenn schon eine Vormundschaft anhängig ist, das heißt nach § 1774 BGB. angeordnet oder in Bayern nach Art. 100 Abs. 1 AG. z. BGB.

(Anstaltsvormund) kraft Gesetzes eingetreten ist, das für diese zuständige Gericht, für alle später einzuleitenden Vormundschaften (Pflegschaften),

wenn eine Vormundschaft noch nicht anhängig ist, das Gericht, in dessen Bezirk der jüngste Mündel seinen Wohnsitz bezw. Aufenthalt hat, für die Vormundschaft über alle Geschwister zuständig.

Haben von den Geschwistern einige Wohnsitz oder Aufenthalt im Inlande, andere nicht, so findet die Vorschrift nach ihrem Wortlaut und ihrer Stellung in Abs. 1 nur hinsichtlich der im Inlande befindlichen Geschwister Anwendung (a. M. Dorner N. 6a, Fuchs N. 2c, Wellstein N. 4, die für analoge Anwendung für alle Geschwister eintreten); nach § 46 kann Abhilfe geschaffen werden.

Die Vorschrift ist auch auf die Frage der Abgabe der Vormundschaft an ein anderes Gericht nach § 46 entsprechend anwendbar (Recht **02** 211).

4. Abs. 2 enthält nur eine weitere Zuständigkeitsvorschrift für den Fall, daß der Mündel ein **Deutscher** ist, nicht aber entscheidet er die Frage, ob Vormundschaft einzuleiten ist; hierüber entscheiden die Normen des internationalen Privatrechts (Art. 23 EGzBGB.). Für Ausländer ist die Vorschrift des Abs. 2 nicht anwendbar.

Der letzte Wohnsitz im Inlande ist erst dann maßgebend, wenn nicht zu ermitteln ist, daß der Mündel derzeit noch einen Wohnsitz oder Aufenthalt im Inlande hat. Die Bestimmung des zuständigen Gerichts im Verwaltungswege erfolgt erst, wenn auch ein früherer Wohnsitz im Inlande sich nicht ermitteln läßt. Die Erlangung der Reichsangehörigkeit ohne eine Staatsangehörigkeit in einem Bundesstaate ist durch Naturalisation von Ausländern oder Eingeborenen in den Schutzgebieten möglich (§ 6 G. v. 15. 3. 88 über die Rechtsverhältnisse in den Schutzgebieten, RGBl. 71).

5. Abs. 3 (vergl. § 1773 Abs. 2 BGB.) gilt nur für **Minderjährige,** also nicht für volljährige Geisteskranke. Zuständig ist nicht das Gericht des Unterbringungsorts, sondern des Fundorts. Das hienach berufene Gericht wird vor Anordnung der Vormundschaft nach § 12 den Familienstand des Kindes zu ermitteln suchen. Keine Anwendung findet Abs. 3, wenn der Familienstand nur streitig und der Streit noch nicht beendet ist; nötigenfalls ist ein Pfleger zu bestellen. Läßt sich der Fundort nicht genau ermitteln (Fund in einer Eisenbahn), so ist nach § 5 zu entscheiden.

6. Die Zuständigkeitsvorschriften des § 36 gelten in Bayern auch für Angelegenheiten der Zwangserziehung (Art. 12 Abs. 1 ZEG., BayObLG. **4** 169).

§ 37.

Soll jemand nach § 1909 des Bürgerlichen Gesetzbuchs einen Pfleger erhalten, so ist, wenn bei einem inländischen Gericht eine Vormundschaft über ihn anhängig ist, für die Pflegschaft dieses Gericht zuständig. Im Übrigen finden auf die Pflegschaft die Vorschriften des § 36 Anwendung.

Für die Pflegschaft über einen Ausländer, für den bei einem ininländischen Gericht eine Vormundschaft nicht anhängig ist und der im Inlande weder Wohnsitz noch Aufenthalt hat, ist das Gericht zuständig, in dessen Bezirke das Bedürfnis der Fürsorge hervortritt.

Örtliche Zuständigkeit für die Pflegschaft über Geschäftsunfähige und in der Geschäftsfähigkeit Beschränkte.

1. § 1909 BGB. betrifft die Pflegschaft über Personen, die unter elterlicher Gewalt oder Vormundschaft stehen, bei Verhinderung des Gewalthabers oder Vormunds an der Besorgung einzelner Angelegenheiten und über Personen, für die eine Vormundschaft anzuordnen ist, vor Bestellung des Vormunds.

2. Für die Pflegschaft über im **Inlande bevormundete Personen** ist das Gericht zuständig, bei dem die Vormundschaft geführt wird; die Vorschrift des Abs. 1 gilt aber nicht auch für den Fall, daß für denjenigen, der einen Pfleger nach § 1909 erhalten soll, aus einem anderen Anlaß schon eine Pflegschaft anhängig ist (BayObLG. **3** 14).

3. Besteht für den Pflegling keine Vormundschaft, so ist das Gericht zuständig, welches im Zeitpunkt der gesetzlichen Notwendigkeit der Einleitung der Pflegschaft nach § 36 zuständig wäre, wenn statt Pflegschaft Vormundschaft einzuleiten wäre (BayObLG. **1** 339); Abs. 1 gilt für Deutsche und Ausländer, welche im Inlande Wohnsitz oder Aufenthat haben.

4. Im Falle des Bedürfnisses einer Pflegschaft für einen im Inlande nicht bevormundeten **Ausländer,** der im Inlande weder Wohnsitz noch Aufenthalt hat, ist das Gericht zuständig, in dessen Bezirk Angelegenheiten desselben wahrzunehmen sind, bei Beteiligung an einem Nachlaß also das Gericht, welches Nachlaßgericht ist (hiezu RJA. **3** 113, ZBl. **3** 336, OLG. **5** 100). Ob ein Fürsorgebedürfnis besteht, hat das Gericht von Amts wegen zu prüfen (RJA. **4** 78, ZBl. **5** 45).

5. Über Abgabe der Pflegschaft an ein anderes Gericht siehe § 46 Abs. 3, § 47.

§ 38.

Auf die Zuständigkeit für die Pflegschaft über einen Gebrechlichen finden die Vorschriften des § 36 Abs. 1, 2 und des § 37 Abs. 2 entsprechende Anwendung.

Pflegschaft über Gebrechliche.

Hier ist die Zuständigkeit für die Pflegschaft nach § 1910 BGB. über nicht unter Vormundschaft stehende **volljährige körperlich Gebrechliche,** die ihre Angelegenheiten oder einzelne oder einen bestimmten Kreis derselben nicht zu besorgen vermögen, bestimmt. Zuständig ist das Gericht, welches zuständig wäre, wenn statt der Pflegschaft eine Vormundschaft, und, wenn es sich um eine Pflegschaft über einen Ausländer handelt, der im Inlande weder Wohnsitz noch Aufenthalt hat, eine Pflegschaft nach § 1909 einzuleiten wäre; siehe die Noten zu §§ 36, 37. Über die Zuständigkeit zur Bestellung eines Pflegers für einen Reichsbeamten in dem Verfahren auf Versetzung desselben in den Ruhestand siehe RJA. **6** 2, ZBl. **6** 262.

§ 39.

Für die Pflegschaft über einen Abwesenden ist das Gericht zuständig, in dessen Bezirke der Abwesende seinen Wohnsitz hat.

Hat der Abwesende im Inlande keinen Wohnsitz, so finden die Vorschriften des § 36 Abs. 2 und des § 37 Abs. 2 entsprechende Anwendung.

Pflegschaft über Abwesende.

1. Die **materiellen Voraussetzungen** für die Einleitung einer Pflegschaft über einen abwesenden Volljährigen regelt § 1911 BGB.; dieselben sind Unbekanntheit des Aufenthalts oder Verhinderung an der Rückkehr und Besorgung seiner Vermögensangelegenheiten.

2. Für die Zuständigkeit zur Anordnung dieser Pflegschaft ist — gleichviel ob der Pflegling Inländer oder Ausländer ist — **primär der Wohnsitz** maßgebend; handelt es sich um einen Verschollenen, so entscheidet der Wohnsitz zur Zeit des Beginnes der Verschollenheit, der als fortbestehend angesehen wird, bis nach den nötigenfalls zu pflegenden Ermittelungen feststeht, daß derselbe verloren oder aufgegeben wurde (Abs. 1).

3. Ist ein inländischer Wohnsitz nicht zu ermitteln (siehe N. 2 zu § 36), so ist abweichend von § 36 nicht der letzte Aufenthalt maßgebend; es ist jetzt zu unterscheiden, ob der Pflegling Deutscher oder Ausländer ist; dabei ist der Zeitpunkt der Anordnung der Pflegschaft maßgebend. Auszugehen ist allerdings von der Staatsangehörigkeit zur Zeit des Beginnes der Verschollenheit. War er in diesem Zeitpunkte **Deutscher** und läßt sich durch die von Amts wegen anzustellenden Ermittelungen nicht feststellen, ob er aufgehört hat, Deutscher zu sein, so muß er für die Zuständigkeit als Deutscher behandelt werden (BayObLG. **4** 80, **5** 675, OLG. **6** 305, Recht **03** 130, Josef im Recht **04** 383). Die Zuständigkeit bemißt sich nach § 36 Abs. 2.

Ist der Pflegling **Ausländer,** so ist unter den Voraussetzungen des § 37 Abs. 2 das Gericht zuständig, in dessen Bezirk das Bedürfnis der Fürsorge hervortritt; dies gilt auch dann, wenn der Verschollene die Eigenschaft als Deutscher, die er bei Beginn der Verschollenheit noch besessen hat, nachweisbar verloren hat. Steht dieser Verlust fest, so ist nicht mehr das Gericht des letzten Wohnsitzes maßgebend (BayObLG. **5** 25). Über den Verlust der Staatsangehörigkeit siehe § 21 StAG. i. d. F. des Art. 41 EGzBGB.

4. Vergl. die Sondervorschrift des § 88 FGG. für abwesende Beteiligte bei einem Auseinandersetzungsverfahren.

5. Gegen die Ablehnung des Antrages auf Einleitung einer Abwesenheitspflegschaft über einen bei einer Auseinandersetzung Beteiligten steht dem Nachlaßgericht die Beschwerde nicht zu (BayZ. **1** 62).

§ 40.

Für die Pflegschaft über eine Leibesfrucht ist das Gericht zuständig, welches für die Vormundschaft zuständig sein würde, falls das Kind zu der Zeit, zu welcher das Bedürfnis der Fürsorge hervortritt, geboren wäre.

Pflegschaft über eine Leibesfrucht.

1. Nach § 1912 BGB. erhält eine Leibesfrucht im Bedürfnisfalle zur Wahrung ihrer künftigen Rechte einen Pfleger, soferne das Kind, falls es schon geboren wäre, nicht unter der elterlichen Gewalt des Vaters oder der Mutter stünde. § 40 betrifft also im Gegensatze zu § 41 die Pflegschaft über die **erzeugte, noch nicht geborene Leibesfrucht.**

2. Die Zuständigkeit bemißt sich nach § 36 FGG.; es ist für die maßgebenden Verhältnisse (Wohnsitz) so anzusehen, als ob das Kind schon am Leben wäre. Sind schon lebende Geschwister vorhanden, so ist auch § 36 Abs. 1 Satz 2 anwendbar (a. M. ohne ausreichenden Grund Rausnitz N. 3, Fuchs N. 2, Schultze-Görlitz N. 2 zu § 40). Maßgebender Zeitpunkt ist der des Eintrittes des Bedürfnisses.

3. Wegen der Beschwerde gegen Ablehnung der Pflegschaft siehe § 57 Abs. 1 Nr. 3. Gegen die Anordnung haben eventuell die Eltern ein Beschwerderecht.

§ 41.

Wird im Falle des § 1913 des Bürgerlichen Gesetzbuchs die Anordnung einer Pflegschaft für den bei einer Angelegenheit Beteiligten erforderlich, so ist das Gericht zuständig, in dessen Bezirke das Bedürfnis der Fürsorge hervortritt.

Pflegschaft über unbekannte Beteiligte.

1. Ist unbekannt oder ungewiß, wer bei einer Angelegenheit der Beteiligte ist, so kann nach § 1913 BGB. dem Beteiligten für die Angelegenheit, soweit eine Fürsorge erforderlich ist, ein Pfleger bestellt werden; insbesondere kann einem Nacherben (§§ 2100 ff. BGB.), der noch nicht erzeugt ist oder dessen Persönlichkeit erst durch ein künftiges Ereignis bestimmt wird, für die Zeit bis zum Eintritt der Nacherbfolge ein Pfleger bestellt werden. In diesen Fällen ist dasjenige Gericht zuständig, in dessen Bezirk das Bedürfnis der Fürsorge hervortritt, bei der Pflegschaft für einen Nacherben ohne Rücksicht auf seinen Wohnsitz oder den Ort, wo der Nachlaß sich befindet oder behördlich behandelt wird.

2. Wegen der Beschwerde gegen die Ablehnung der Anordnung der Pflegschaft siehe § 57 Abs. 1 N. 3 FGG.

§ 42.

Für die Pflegschaft zum Zwecke der Verwaltung und Verwendung eines durch öffentliche Sammlung zusammengebrachten Vermögens ist das Gericht des Ortes zuständig, an welchem bisher die Verwaltung geführt wurde.

Pflegschaft bei Sammelvermögen.

1. Ist durch öffentliche Sammlung Vermögen für einen vorübergehenden Zweck zusammengebracht worden, so kann zum Zwecke der Verwaltung und Verwendung des Vermögens ein Pfleger bestellt werden, wenn die hiezu berufenen Personen weggefallen sind. Zuständig ist das Gericht des Ortes, an dem bisher die Verwaltung geführt wurde; dabei ist Verwaltung im weitesten Sinne des Wortes zu fassen, so daß schon die Verwahrung an einem Orte, ohne daß dort bestimmte Verwaltungsmaßregeln im engeren Sinne getroffen worden wären, genügt; im Streitfall ist nach § 4 zu entscheiden.

2. Wegen der Beschwerde gegen Ablehnung oder Aufhebung der Pflegschaft siehe § 57 N. 3 FGG.

§ 43.

Die Zuständigkeit für eine Verrichtung des Vormundschaftsgerichts, die nicht eine Vormundschaft oder eine Pflegschaft betrifft, bestimmt sich, soweit sich nicht aus dem Gesetz ein anderes ergibt, nach den Vorschriften des § 36 Abs. 1, 2; maßgebend ist für jede einzelne Angelegenheit der Zeitpunkt, in welchem das Gericht mit ihr befaßt wird.

Ist für die Person, in Ansehung deren die Verrichtung des Vormundschaftsgerichts erforderlich wird, eine Vormundschaft oder Pflegschaft anhängig oder ist der Mutter, unter deren elterlicher Gewalt sie steht, ein Beistand bestellt, so ist das Gericht zuständig, bei welchem die Vormundschaft, Pflegschaft oder Beistandschaft anhängig ist.

Zuständigkeit für sonstige Verrichtungen des Vormundschaftsgerichts mit Ausnahme der Ehesachen.

1. Die §§ 43—45 regeln die Zuständigkeit für Verrichtungen, die nicht eine Vormundschaft oder Pflegschaft betreffen; § 43 enthält die Regel, § 45 eine Ausnahme von derselben für die dort aufgezählten Verrichtungen, nämlich die in einer Angelegenheit, welche die persönlichen Rechtsbeziehungen der Ehegatten zu einander oder das eheliche Güterrecht betrifft, erforderlichen; § 44 enthält keine Ausnahme von § 43, sondern begründet für die dort aufgezählten Fälle einen weiteren Gerichtsstand neben dem des § 43.

Zu den Verrichtungen des Vormundschaftsgerichts gehört nicht bloß die Entwicklung einer bestimmten Tätigkeit, sondern auch die Entgegennahme von Willenserklärungen. Gleichgültig ist, ob die Verrichtung Volljährige oder Minderjährige betrifft. Es zählen also hieher insbesondere die Fälle von BGB. §§ 1687 ff. (Beistandschaft, siehe auch N. 5), § 112 (Erteilung der Genehmigung zum selbständigen Betrieb eines Erwerbsgeschäfts durch den Minderjährigen), § 1308 (Ergänzung der elterlichen Einwilligung zur Eheschließung eines volljährigen Kindes), § 1314 (Erteilung des Attestes zum Zwecke der Wiederverehelichung, siehe N. 7), § 1491 (Erteilung der Genehmigung zum Verzicht eines unter elterlicher Gewalt oder Vormundschaft stehenden Abkömmlings auf seinen Anteil am Gesamtgut), § 1492 (Erteilung der Genehmigung zur Aufhebung der Gütergemeinschaft), § 1493 (Gestattung der Fortsetzung der Gütergemeinschaft bei beabsichtigter Wiederverehelichung), § 1612 (Änderung der elterlichen Bestimmung des Unterhalts eines unverheirateten Kindes), § 1630 (Entziehung der väterlichen Vertretungsbefugnis), § 1631 (Anwendung von Zuchtmitteln zur Unterstützung des väterlichen Erziehungsrechtes), §§ 1635—1637 (Regelung der Sorge für die Person des Kindes im Falle der Ehescheidung), §§ 1639, 1640, 1642, 1653 (Beaufsichtigung der Vermögensverwaltung des Vaters), §§ 1643 bis 1645 (Genehmigung von Rechtsgeschäften, welche der Vater für das Kind vornimmt), § 1665 (Fürsorge für das Kind im Falle Verhinderung von Vater und Mutter in der Ausübung der elterlichen Gewalt), §§ 1666—1668 (Eingreifen bei Gefährdung der Person oder des Vermögens des Kindes), § 1669 (Gestattung der Auseinandersetzung zwischen Vater und Kind erst nach Wiederverehelichung des ersteren), § 1670 (Entziehung der väterlichen Vermögensverwaltung), § 1671 (Änderung von getroffenen Verfügungen), § 1685 (Übertragung der elterlichen Gewalt auf die Mutter), § 1727 (Ersetzung der mütterlichen Einwilligung zur Ehelichkeitserklärung), § 1728 (Genehmigung der Einwilligung des gesetzlichen Vertreters zur Ehelichkeitserklärung), § 1729 (Genehmigung zum Antrage des Vaters auf Ehelichkeitserklärung), § 1740 (Fürsorge im Falle Wiederverehelichung des Vaters), §§ 1750, 1751 (Genehmigung des Vertrags über Annahme an Kindesstatt), § 1760 (Entziehung der Vermögensverwaltung des Annehmenden), § 1846 (vorläufige Sorge für den Mündel bis zur Bestellung oder bei Verhinderung des Vormunds), ferner Art. 23 Abs. 2 EG. z. BGB. (vorläufige Sorge für einen im Inlande zu bevormundenden oder unter Pflegschaft zu stellenden Ausländer), § 14 a StAG. (Genehmigung des Antrags auf Entlassung eines unter elterlicher Gewalt Stehenden aus dem Staatsverband), dagegen in Bayern nicht die Volljährigkeitserklärung wegen der Zuständigkeit des Staatsministeriums der Justiz, sondern lediglich die dem Vormundschaftsgerichte übertragene Entgegennahme des Antrages auf dieselbe und die Instruktion desselben.

2. Für die Zuständigkeit ist **primär** von Bedeutung, ob über die Person, welche die Verrichtung betrifft, **schon eine Vormundschaft oder Pflegschaft** (gleichviel welcher Art, ohne Beschränkung auf Vermögenspflegschaft, OLG. 8 325) oder für die Mutter, unter deren elterlicher Gewalt sie steht, **eine Beistandschaft anhängig,** d. h. nach Maßgabe der gesetzlichen Vorschriften angeordnet und in dem Zeitpunkt, in welchem das Gericht mit der jetzigen Angelegenheit befaßt wird, noch nicht wieder beendet ist. In diesem Falle ist das Gericht zuständig, bei welchem die Vormundschaft, Pflegschaft, Beistandschaft anhängig ist, auch wenn sich seit deren Einleitung die die Zuständigkeit begründenden Tatsachen geändert haben, so daß jetzt die Zuständigkeit zur Einleitung nach § 36 nicht mehr begründet wäre (Abs. 2).

3. Trifft die in N. 2 besprochene Voraussetzung nicht zu, so bestimmt sich die Zuständigkeit nach § 36 Abs. 1, 2; es ist also entscheidend in erster Linie der Wohnsitz, in Ermangelung eines solchen der inländische Aufenthalt (BayObLG. **5** 142) der Person, welche die Verrichtung betrifft, gleichviel ob sie Deutscher oder Ausländer ist, beim Mangel von Wohnsitz und Aufenthalt im Inland ihr letzter inländischer Aufenthalt, soferne sie Deutscher ist (hinsichtlich eines minderjährigen sich nicht im Inlande aufhaltenden Kindes, dessen Vater landesabwesend ist und im Inlande einen bekannten Wohnsitz nicht hat BayObLG. **3** 90); zuletzt findet § 36 Abs. 2 Satz 2 Anwendung (vergl. N. 4 zu § 36).

4. Der **Geschwistergerichtsstand** (§ 36 Abs. 1 Satz 2) ist hier in folgender Weise maßgebend:

a) Betrifft die Angelegenheit nach § 43 eines oder einige von mehreren Geschwistern, für welche sämtlich eine Vormundschaft, Pflegschaft, Beistandschaft besteht, so ist nach Abs. 2 das Gericht zuständig, wo diese anhängig ist.

b) Betrifft die Angelegenheit Geschwister, für welche eine Vormundschaft, Pflegschaft, Beistandschaft nicht besteht, gemeinschaftlich, so ist der Wohnsitz oder Aufenthalt des jüngsten derselben nach Abs. 1 maßgebend.

c) Betrifft die Angelegenheit Geschwister, für welche eine Vormundschaft, Pflegschaft, Beistandschaft teils besteht, teils nicht besteht, so bestimmt sich die Zuständigkeit für alle wie unter **a.**

d) Besteht eine Vormundschaft, Pflegschaft, Beistandschaft für einige Geschwister, betrifft die Angelegenheit nach § 43 aber andere Geschwister, so findet § 36 Abs. 1 Satz 2 nicht Anwendung, die Zuständigkeit bestimmt sich nach den persönlichen Verhältnissen derjenigen Geschwister, welche die Angelegenheit betrifft; dasselbe gilt, wenn etwa eine Verrichtung nach § 43 — wenn auch eine gleichartige — hinsichtlich einiger Geschwister noch unerledigt ist, während eine solche auch für andere Geschwister vorzunehmen ist; bei Verschiedenheit des Wohnsitzes oder Aufenthalts der Geschwister werden also verschiedene Gerichte berufen, vorbehaltlich einer Entscheidung nach § 46.

5. Maßgebender Zeitpunkt für die Bestimmung der Zuständigkeit nach Abs. 1 ist derjenige, in welchem das Gericht mit der Angelegenheit **befaßt** wird, also der Zeitpunkt, in dem der Antrag beim Gericht einläuft, und in Fällen, in denen das Gericht von Amts wegen tätig zu werden hat, der Zeitpunkt, in welchem das Gericht von Tatsachen, welche seine Tätigkeit veranlassen, Kenntnis nimmt (zu eng Gräfel in ThürBl. **51** 304, der materielle Stellungnahme des Richters zu der Angelegenheit verlangt).

6. Die einmal begründete Zuständigkeit bleibt bestehen, wenn sich ihre tatsächlichen Voraussetzungen vor Erledigung der Angelegenheit verändern; ein anderes Gericht kann nur nach § 46 Abs. 3 mit der Sache befaßt werden. Insbesondere bleibt das Gericht, welches die Beistandschaft angeordnet hat, für alle weiteren Verfügungen, welche durch die Beistandschaft selbst erforderlich werden, zuständig, da es sich bei der Beistandschaft nicht um eine Reihe getrennter Verfügungen, sondern um eine andauernde und einheitliche Tätigkeit handelt.

7. Für die Erteilung des Zeugnisses nach § 1314 BGB., wenn für das Kind eine Vormundschaft, Pflegschaft, Beistandschaft besteht, ist nicht das Gericht des dermaligen Wohnsitzes des verwitweten Elternteils, sondern das Gericht zuständig, bei dem die Vormundschaft ꝛc. ꝛc. anhängig ist, weil das Zeugnis die Sorge für das Kind betrifft (ZBl. **1** 293, BayObLG. **3** 569, a. M. Reichel im ZBl. **5** 369).

§ 44.

Für die in den §§ 1665, 1846 des Bürgerlichen Gesetzbuchs und im Artikel 23 Abs. 2 des Einführungsgesetzes zum Bürgerlichen Gesetzbuche bezeichneten Maßregeln ist auch das Gericht zuständig, in dessen Bezirke das Bedürfnis der Fürsorge hervortritt. Das Gericht soll, wenn eine Vormundschaft, Pflegschaft oder Beistandschaft anhängig ist, von den angeordneten Maßregeln dem nach § 43 Abs. 2 zuständigen Gerichte Mitteilung machen.

Zuständigkeit zu vorläufigen Maßregeln.

1. Die §§ 1665, 1846 BGB. betreffen die Sorge des Vormundschaftsgerichts für ein unter elterlicher Gewalt stehendes Kind oder einen Mündel bei Verhinderung des Gewalthabers oder Vormunds, Art. 23 Abs. 2 EG. betrifft vorläufige Maßregeln zur Fürsorge für einen Ausländer, über den im Inland eine Vormundschaft oder Pflegschaft angeordnet werden soll, vor der Anordnung.

Für alle diese Maßregeln ist **neben** dem nach den §§ 36 ff., 43 zuständigen Gericht dasjenige Gericht zuständig, in dessen Bezirk das **Fürsorgebedürfnis** hervortritt. Dieses Gericht hat nicht bloß das Recht, sondern auch, soferne nach seinem pflichtgemäßen Ermessen ein gerichtliches Einschreiten erforderlich ist, die Pflicht, sich mit der Sache zu befassen, sobald es von der Notwendigkeit einer Tätigkeit Kenntnis erlangt oder ein Antrag bei ihm gestellt wird, vorausgesetzt, daß das nach § 43 zuständige Gericht in der Sache noch nicht tätig geworden ist; es darf also seine Tätigkeit nicht mit der Begründung ablehnen, daß das nach § 43 zuständige Gericht eben so leicht zu erreichen sei oder die Sache eben so schnell erledigen könne. Die Tätigkeit des nach § 44 zuständigen Gerichts bleibt aber auf einstweilige Maßregeln beschränkt; dadurch, daß es solche im Interesse eines Mündels getroffen hat, wird es nicht für die einzuleitende Vormundschaft zuständig (BayObLG. **7** 217). Unter mehreren Gerichten entscheidet das Zuvorkommen (§ 4). Haben mehrere zuständige Gerichte Verfügungen getroffen, so kann durch Aufhebung einer Verfügung durch ein Gericht nach § 18, eventuell im Wege der Beschwerde Abhilfe geschaffen werden; dagegen kann das nach § 43 zuständige Gericht die Verfügungen eines nach § 44 zuständigen nicht auf Grund des § 18 ändern oder aufheben.

§ 46 findet Anwendung, da die in § 44 aufgezeichneten Angelegenheiten auch zu den „in § 43 bezeichneten" gehören (a. M. Rausnitz N. 11).

2. Dem nach § 44 zuständigen Gericht ist hinsichtlich seiner Tätigkeit eine **Anzeigepflicht** lediglich für den Fall auferlegt, daß sich die weitere Zuständigkeit nach § 43 Abs. 2, nicht auch, wenn sie sich nach Abs. 1 bestimmt. Durch Unterlassung der Anzeige wird die Wirksamkeit seiner richterlichen Handlungen nicht beeinflußt.

§ 45.

Wird in einer Angelegenheit, welche die persönlichen Rechtsbeziehungen der Ehegatten zu einander oder das eheliche Güterrecht betrifft, eine Verrichtung des Vormundschaftsgerichts erforderlich, so ist das Gericht zuständig, in dessen Bezirke der Mann seinen Wohnsitz oder in Ermangelung eines inländischen Wohnsitzes seinen Aufenthalt hat.

Ist der Mann ein Deutscher und hat er im Inlande weder Wohnsitz noch Aufenthalt, so finden die Vorschriften des § 36 Abs. 2 entsprechende Anwendung.

Hat der Mann die Reichsangehörigkeit verloren, die Frau sie aber behalten, so ist, wenn der Mann im Inlande weder Wohnsitz noch Aufenthalt hat, das Gericht zuständig, in dessen Bezirke die Frau ihren Wohnsitz oder in Ermangelung eines inländischen Wohnsitzes ihren Aufenthalt hat; hat sie im Inlande weder Wohnsitz noch Aufenthalt, so finden die Vorschriften des § 36 Abs. 2 entsprechende Anwendung.

Für die Zuständigkeit ist in Ansehung jeder einzelnen Angelegenheit der Zeitpunkt maßgebend, in welchem das Gericht mit ihr befaßt wird.

Zuständigkeit für Verrichtungen in Bezug auf persönliche Angelegenheiten der Ehegatten und das eheliche Güterrecht.

1. Über das Verhältnis zu § 43 siehe N. 1 dortselbst. Unter § 45 fallen nur Angelegenheiten, welche das Verhältnis **zwischen Mann und Frau** betreffen, also nicht Verrichtungen des Vormundschaftsgerichts in Bezug auf fortgesetzte Gütergemeinschaft; bei letzteren bestimmt sich die Zuständigkeit nach § 43 (a. M. Dorner N. 2, Schneider N. 2). Dagegen gehören nicht bloß die auf das bestehende Güterrecht bezüglichen Verrichtungen, sondern auch die bei Begründung und Veränderung eines Güterstandes erforderlichen hieher (a. M. Jastrow N. 2, Birkenbihl N. 1). Es zählen hienach hieher die Fälle von BGB. § 1357 Abs. 2 (Aufhebung von Beschränkungen der Schlüsselgewalt der Frau); § 1358 (Ersetzung der eheherrlichen Zustimmung zu persönlichen Leistungen der Frau); § 1379 (Ersetzung der Zustimmung der Frau zu Rechtsgeschäften in Bezug auf eingebrachtes Gut), §§ 1447, 1487 Abs. 1 (in Bezug auf Gesamtgut), § 1519 (bei Errungenschaftsgemeinschaft), § 1549 (bei Fahrnisgemeinschaft), § 1402 (Ersetzung der Zustimmung des Mannes zu Rechtsgeschäften der Frau im ordentlichen gesetzlichen Güterstand), § 1451 (bei allgemeiner Gütergemeinschaft), § 1519 (bei Errungenschaftsgemeinschaft), § 1549 (bei Fahrnisgemeinschaft); § 1437 (Genehmigung der Zustimmung des Vormunds zu einem Ehevertrag über Begründung und Aufhebung der allgemeinen Gütergemeinschaft).

2. Maßgebender Zeitpunkt für die Bestimmung der Zuständigkeit ist derjenige, in welchem das Gericht mit der Sache befaßt wird; vergl. über diesen Begriff N. 5 zu § 43 (Abs. 4); dieser Zeitpunkt ist sowohl für die Frage des Wohnsitzes oder Aufenthalts als für die der Eigenschaft des Ehemannes als Deutscher oder Ausländer entscheidend.

Eine Abgabe der Sache an ein anderes Gericht nach Maßgabe des § 46 ist in den Fällen des § 45 ausgeschlossen (siehe N. 6 zu § 46).

3. Die deutschen Gesetze finden hinsichtlich der Rechtsbeziehungen der Ehegatten und des Güterrechts auch dann noch Anwendung, wenn der Ehemann die Reichsangehörigkeit nach der Eheschließung verloren, die Frau aber sie behalten hat (Art. 14, 15 EG. z. BGB.). Für die Zuständigkeit ist deshalb die Eigenschaft des Ehemannes als Deutscher oder Ausländer von Erheblichkeit; das Gesetz unterscheidet drei Fälle:

a) Hat der Ehemann im Inlande einen Wohnsitz oder Aufenthalt, so richtet sich die Zuständigkeit, **gleichviel ob er Deutscher oder Ausländer ist,** nach seinem Wohnsitz, falls ein solcher im Inland nicht zu ermitteln ist, nach seinem Aufenthalt im Inland (Abs. 1, analog § 36 Abs. 1 Satz 1, siehe N. 2 zu § 36).

b) Hat der Mann im Inlande weder Wohnsitz noch Aufenthalt, so ist **lediglich, wenn er noch Deutscher ist,** sein letzter inländischer Wohnsitz maßgebend, und tritt, falls ein solcher nicht zu ermitteln ist, Zuständigkeitsbestimmung durch die Landesjustizverwaltung bezw. den Reichskanzler ein (Abs. 2 mit § 36 Abs. 2).

c) Erst wenn der Mann Wohnsitz und Aufenthalt im Inlande aufgegeben und **die Reichsangehörigkeit verloren hat,** regelt sich die Zuständigkeit nach den Verhältnissen der Frau (Wohnsitz, Aufenthalt im Inlande, letzter inländischer Wohnsitz, Zuständigkeitsbestimmung, Abs. 3). Wegen des Wohnsitzes der Frau siehe § 10 BGB.

Die Zuständigkeit des Gerichts, bei welchem eine Vormundschaft oder Pflegschaft über einen der Ehegatten anhängig ist, kommt in den Fällem des § 45 nicht in Betracht (anders als nach § 43 Abs. 2; Josef N. 8 zu § 45, a. M. Dorner N. 3).

§ 46.

Das Vormundschaftsgericht kann die Vormundschaft aus wichtigen Gründen an ein anderes Vormundschaftsgericht abgeben, wenn sich dieses zur Übernahme der Vormundschaft bereit erklärt; nach der Bestellung des Vormundes ist jedoch dessen Zustimmung erforderlich.

Einigen sich die Gerichte nicht oder verweigert der Vormund oder, wenn mehrere Vormünder die Vormundschaft gemeinschaftlich führen, einer von ihnen seine Zustimmung, so entscheidet das gemeinschaftliche obere Gericht. Eine Anfechtung der Entscheidung findet nicht statt.

Diese Vorschriften finden auf die Pflegschaft und die im § 43 bezeichneten Angelegenheiten entsprechende Anwendung.

Abgabe von Vormundschaftssachen an ein anderes inländisches Gericht.

1. Die einmal begründete Zuständigkeit wird durch Änderung der Umstände, auf denen sie beruht, nicht mehr berührt. § 46 sieht die Abgabe einer Vormundschaft, Pflegschaft oder einer der in § 43 bezeichneten Angelegenheiten (Abs. 3) an ein anderes inländisches, wenn auch einem anderen Bundesstaate angehöriges Gericht (auch eine landesgesetzlich auf Grund Art. 147 EG. z. BGB. zuständige Behörde) vor. Wegen Abgabe an eine ausländische Behörde siehe § 47 Abs. 2.

Die **Voraussetzungen der Abgabe** sind

a) daß bereits eine Vormundschaft angeordnet ist, sollte auch ein Vormund noch nicht bestellt sein (§ 1774 BGB., BayObLG. **6** 396 gegen Fuchs N. 2a, Birkenbihl N. 2 zu § 46); die Anordnung durch das zuständige Gericht muß selbst dann erfolgen, wenn das andere Gericht sich zur Übernahme schon bereit erklärt hat (BayObLG. **1** 96); die Abgabe kann auch durch das Gericht erfolgen, welches die Vormundschaft selbst schon gemäß § 46 übernommen hat.

b) Vorliegen wichtiger Gründe für die Abgabe; ob ein solcher vorliegt, ist Ermessenssache und in erster Linie von den beteiligten Gerichten, nämlich demjenigen, das abgeben will, und demjenigen, an das abgegeben werden soll, zu prüfen (über das Verfahren bei mangelnder Einigung siehe N. 2). Maßgebend ist in erster Linie das Interesse des Mündels (BayObLG. **2** 153, 206, 760), wobei hauptsächlich die Fürsorge für die Person, weniger diejenige für das Vermögen des Mündels ausschlaggebend ist (ZBl. **2** 425); außerdem sind auch die Interessen der übrigen an der Vormundschaft beteiligten Personen, insbesondere des Vormunds an einer möglichst einfachen, förderlichen und am wenigsten Kosten erfordernden Führung der Geschäfte zu berücksichtigen (BayObLG. **2** 206, ZBl. **1** 236, OLG. **2** 262), soferne die Abgabe das Interesse des Mündels nicht verletzt (BayObLG. **3** 950); auch das Interesse des Gerichts an einer im Interesse des Mündels liegenden möglichst vorteilhaften Führung der dem Vormundschaftsgericht obliegenden Verpflichtungen kann maßgebend sein (OLG. **10** 32). Beispiele für wichtige Gründe siehe BayObLG. **1** 73, 158, 487, 636, 741, **2** 72, 108, 154, 203 ff., 292, 312, 516, 566 ff., 622 ff., 679 ff., 761 ff., **3** 81, 147, 309, 434, 544, 571, 942, **4** 109, 248, 556, 618; hienach kommen als wichtige Gründe hauptsächlich der Aufenthaltswechsel des Mündels, insbesondere seine Ausweisung aus dem Bezirk des Vormundschaftsgerichts, der Aufenthaltswechsel der Mutter, nicht dagegen der des Vormunds allein in Betracht; Verbringung eines unheilbaren Geisteskranken in eine Irrenanstalt gibt keinen Grund zur Abgabe an das Amtsgericht der Anstalt (ZBl. **6** 375). Liegen wichtige Gründe vor, so ist die Abnahme der Vormundschaft Pflicht des anderen Gerichts; die Übernahme kann nicht von der Entlassung des bisherigen Vormunds wegen weiter Entfernung vom Sitze des Gerichts abhängig gemacht (BayObLG. **3** 766, **4** 254), auch nicht deshalb abgelehnt werden, weil der bestellte Vormund ungeeignet sei (ZBl. **2** 452).

c) Bereitwilligkeit des anderen Gerichts zur Übernahme der Vormundschaft, die jedoch nicht von seiner Willkür, sondern seiner nach pflichtgemäßem Ermessen über Vorhandensein eines Grundes gebildeten Anschauung abhängt; siehe unter b a. E.

d) Zustimmung des Vormunds, soferne ein solcher schon bestellt ist, nicht seine bloße Anhörung; die Zustimmung ist vom abgebenden Gericht zu erholen, erst dann kann über die Übernahme verhandelt werden (BayObLG. **1** 214, 365, **2** 223, SeuffBl. **65** 257); sie braucht keine ausdrückliche und formelle zu sein, es genügt, daß der Vormund keinen Widerspruch erhebt; eines Antrages desselben bedarf es jedenfalls nicht (BayObLG. **2** 153); ist der bestellte Vormund verstorben, so muß erst ein neuer bestellt und dessen Zustimmung erholt werden (SeuffBl. **65** 523, dagegen mit Unrecht Wellstein N. 3 c zu § 46); Zustimmung des Gegenvormunds ist nicht erforderlich.

2. Nach **Abs. 2** können die beiden letzten Voraussetzungen (N. 1 c und d) durch die — der Anfechtung entzogene — **Entscheidung des gemeinschaftlichen oberen Gerichts**, d. h. desjenigen Gerichts, welches sowohl dem abgebenden als dem Gericht, an das die Abgabe erfolgen soll, vorgesetzt ist, ersetzt werden; siehe über das gemeinschaftliche Obergericht und insbesondere über die Zuständigkeit des Obersten Landesgerichts in Bayern N. 2 zu § 5.

Eine solche Entscheidung **setzt** stets **voraus**,

daß schon eine Vormundschaft angeordnet ist (BayObLG. **3** 587),

daß das die Entscheidung anrufende Gericht das andere Gericht über die Übernahme gehört und daß dieses sich geäußert hat (BayObLG. **4** 459),

daß der Vormund, soferne ein solcher schon bestellt ist, gehört wurde und sich geäußert hat (BayObLG. **6** 517).

Die Entscheidung des Obergerichts **kann nur erfolgen**, wenn

entweder die Gerichte sich über die Abgabe und Übernahme nicht einigen, gleichviel, ob die Übernahme oder die Abgabe verweigert wird, und ein Vormund noch nicht bestellt oder der bestellte Vormund, bezw. die sämtlichen bestellten Vormünder der Abgabe zugestimmt haben,

oder zwar die Gerichte über die Abgabe einig sind, aber der Vormund oder einer von ihnen seine Zustimmung zu der Abgabe verweigert.

Ausgeschlossen ist die Entscheidung des Obergerichts, wenn es sowohl an der Einigung der Gerichte, als auch an der Zustimmung des Vormunds fehlt (BayObLG. **2** 223, 245, 314, 728, **3** 13, 669, a. M. Rausnitz N. 4, Wellstein N. 4 zu § 46).

Führen mehrere Vormünder die Vormundschaft nach § 1797 Abs. 1 BGB. gemeinschaftlich, so hindert schon der Widerspruch eines derselben die Abgabe und macht die Entscheidung des Obergerichts notwendig; die Meinungsverschiedenheit der mehreren Vormünder über die Abgabe kann — abweichend von § 1797 Abs. 1 Satz 2 BGB. — nicht vom Vormundschaftsgericht entschieden werden. Ist die Vormundschaft nach § 1797 Abs. 2 nach bestimmten Wirkungskreisen unter mehrere Vormünder verteilt, so steht hinsichtlich seines Wirkungskreises jeder einem Einzelvormund gleich; seine Weigerung ist daher in der gleichen Weise hindernd wie ersetzbar, wie wenn nur ein einziger Vormund vorhanden wäre.

Die Entscheidung des Obergerichts erfolgt auf Anrufen eines der beteiligten Gerichte; sie kann auch erfolgen, wenn das Obergericht irrigerweise nach § 5 angerufen wurde (BayObLG. **2** 204, OLG. **2** 442). Der Vormund, dessen Verlangen nach Abgabe das Vormundschaftsgericht abgelehnt hat, kann die Entscheidung des Obergerichts nicht herbeiführen, sondern hat lediglich die Beschwerde mit dem Antrage anzuordnen, daß sich das Vormundschaftsgericht mit dem anderen Gericht wegen der Abgabe in Verbindung setzt.

3. Rechtsmittel: Unanfechtbar ist jede Entscheidung des Obergerichts, auch wenn es ein Landgericht ist (Abs. 2 Satz 2).

Dagegen steht die Beschwerde zum vorgesetzten Landgericht zu dem Vormund im eigenen Namen und namens des Mündels gegen die Abgabe der Vormundschaft wider seinen Willen, sowie gegen die Ablehnung der von ihm angeregten Abgabe (s. N. 2 a. E.), ferner gegen die Abgabe auf Grund Einigung der Gerichte und die Ablehnung einer Anregung auf Abgabe nach § 57 N. 9 jedem, der ein berechtigtes Interesse hat, die Angelegenheit wahrzunehmen; die Beschwerde richtet sich stets gegen die Verfügung des abgebenden, nicht die des übernehmenden Gerichts.

4. Wirkung der Abgabe: Mit dem Zeitpunkt der Übernahme der Vormundschaft gehen alle gesetzlichen Befugnisse und Obliegenheiten des bisherigen Vormundschaftsgerichts auf dasjenige Gericht über, das zur Übernahme bereit oder durch die Entscheidung des Obergerichts zu derselben verpflichtet worden ist (BayObLG. **2** 516).

5. Will eine **ausländische Behörde** eine im Inland geführte Vormundschaft wider den Willen des inländischen Gerichts übernehmen, so ist eine Entscheidung nach § 46 Abs. 2 ausgeschlossen, dagegen Beschwerde der ausländischen Behörde gegen die Verweigerung der Abgabe zulässig (OLG. **2** 260, RJA. **2** 56).

6. Auch eine **Pflegschaft und die im § 43 bezeichneten Angelegenheiten** einschließlich der in § 44 aufgeführten (siehe N. 2 zu § 44) können in derselben Weise wie eine Vormundschaft auf Grund Einigung der Gerichte oder Entscheidung des Obergerichts an ein anderes Obergericht abgegeben werden. An die Stelle der Zustimmung des Vormunds tritt bei der Pflegschaft diejenige des Pflegers, bei der Beistandschaft die des Beistands und der Mutter; bei anderen Angelegenheiten ist die Zustimmung des Gewalthabers, Vormunds oder Pflegers erforderlich (a. M. Rausnitz N. 3c, der in den übrigen Angelegenheiten des § 43 die Zustimmung irgend eines Beteiligten nicht für erforderlich hält). Bei Abgabe einer Pflegschaft hat das andere Gericht von der Tatsache auszugehen, daß die Pflegschaft anhängig ist, und nicht mehr zu prüfen, ob die Voraussetzungen für deren Anordnung bestehen (BayObLG. **4** 255). Auch bei den Angelegenheiten des § 43 ist es notwendig, daß sich das zuständige Gericht vor der Abgabe mit der Sache befaßt hat, ehe die Abgabe erfolgen kann (SeuffBl. **70** 780). Wegen der Abgabe der Nachlaßpflegschaft siehe § 75.

Bei den Angelegenheiten des § 45 ist die Abgabe ausgeschlossen (Josef N. 10, Dorner N. 7, a. M. Schneider N. 11, Wellstein N. 2 zu § 46, Jastrow in ZZP. **25** 152).

7. Die Vorschriften des § 46 gelten in **Bayern** auch für die Abgabe eines Zwangserziehungsverfahrens (Art. 12 ZEG.); für Amtsgerichte im Bezirk verschiedener Oberlandesgerichte ist das Oberste Landesgericht gemeinschaftliches oberes Gericht.

§ 47.

Ist über einen Deutschen, der im Auslande seinen Wohnsitz oder Aufenthalt hat, die nach den Vorschriften des Bürgerlichen Gesetzbuchs erforderliche Vormundschaft im Auslande angeordnet, so kann die Anordnung der Vormundschaft im Inland unterbleiben, wenn dies im Interesse des Mündels liegt.

Hat ein Deutscher, über den im Inland eine Vormundschaft angeordnet ist, im Auslande seinen Wohnsitz oder Aufenthalt, so kann das Gericht, bei welchem die Vormundschaft anhängig ist, sie an den ausländischen Staat abgeben, wenn dies im Interesse des Mündels liegt, der Vormund seine Zustimmung erteilt und der ausländische Staat sich zur Übernahme bereit erklärt. Verweigert der Vormund oder, wenn mehrere Vormünder die Vormundschaft gemeinschaftlich führen, einer von ihnen seine Zustimmung, so entscheidet an Stelle des Gerichts, bei welchem die Vormundschaft anhängig ist, das im Instanzenzuge vorgeordnete Gericht. Eine Anfechtung der Entscheidung findet nicht statt.

Diese Vorschriften gelten auch für die Pflegschaft.

Vormundschaft im Auslande; Abgabe an das Ausland.

1. Für die Anordnung der Vormundschaft über Deutsche, die im Ausland Wohnsitz oder Aufenthalt haben, ist, soweit es sich um Minderjährige handelt, in erster Linie das Abkommen zur Regelung der Vormundschaft über Minderjährige vom 12. Juni 1902 zwischen Deutschland, Österreich, Belgien, Spanien, Frankreich, Italien, Luxemburg, Niederlande, Portugal, Rumänien, Schweden und der Schweiz (RGBl. **04** 240) maßgebend; wegen Ratifikation dieses Abkommens siehe RGBl. **04** 249, 307, **05** 716). Das Abkommen gilt auf 5 Jahre vom Tage der Ratifikation an gerechnet und gilt mangels rechtzeitiger Kündigung immer als auf weitere 5 Jahre verlängert. Das Abkommen findet nur Anwendung auf die Vormundschaft über Minderjährige, die Angehörige eines der Vertragsstaaten sind und ihren gewöhnlichen Aufenthalt im Gebiet eines dieser Staaten haben (Art. 9); es gilt nur für die europäischen Gebiete der Vertragsstaaten (Art. 10). Nach dem Abkommen bestimmt sich die Vormundschaft nach dem Gesetze des Heimatstaats; sieht das Gesetz des Heimatsstaats die Anordnung einer Vormundschaft über den im Auslande befindlichen Minderjährigen nicht vor, so kann der ermächtigte diplomatische oder konsularische Vertreter die Fürsorge übernehmen, wenn der Aufenthaltsstaat nicht widerspricht; in letzter Linie ist für den Minderjährigen, der seinen gewöhnlichen Wohnsitz im Auslande hat, das Gesetz des Aufenthaltsorts maßgebend (Art. 1 bis 3, 4). In allen Fällen bestimmen sich der Zeitpunkt und die Gründe für den Beginn und die Beendigung der Vormundschaft nach dem Gesetze des Heimatstaats des Minderjährigen (Art. 5). Die vormundschaftliche Verwaltung erstreckt sich auf die Person und das ganze Vermögen des Minderjährigen (Art. 6). Art. 7 sieht vorläufige Maßregeln vor, Art. 8 ordnet die gegenseitige Benachrichtigungspflicht der Behörden der Vertragsstaaten.

Soweit dieses Abkommen nicht zutrifft, gilt § 47.

2. Die Vorschrift des Abs. 1 enthält eine Ausnahme von dem Grundsatze der §§ 1774, 1897 BGB., daß beim Vorliegen der Voraussetzungen der §§ 1773, 1896 die Vormundschaft von Amts wegen einzuleiten ist, für den Fall, daß **der Mündel ein Deutscher ist,** d. h. zur Zeit, da die Einleitung der Vormundschaft im Inlande gesetzlich geboten wäre, die Reichsangehörigkeit besitzt, **aber im Ausland Wohnsitz oder Aufenthalt hat.**

Die Einleitung der Vormundschaft kann unter der doppelten Voraussetzung unterbleiben, daß im Auslande eine Vormundschaft eingeleitet ist, welche dem Mündel den nämlichen Schutz und dieselben Vorteile gewährt, welche eine nach dem BGB. einzuleitende Vormundschaft gewähren würde, und daß zugleich das Interesse des Mündels nicht auch die gleichzeitige Führung einer Vormundschaft im Inlande als geboten erscheinen läßt. Beide Voraussetzungen müssen vereint vorliegen; erstere ist eine Rechtsfrage, die sich durch Vergleichung des ausländischen und inländischen Rechts entscheidet, letztere Ermessensfrage. Die Entscheidung liegt bei dem Gerichte, welches an sich nach § 36 zur Einleitung der Vormundschaft berufen wäre. Die letztere Voraussetzung anlangend, so muß nicht das Interesse des Mündels die Unterlassung der Einleitung gebieten, es genügt, wenn dieses Interesse die Unterlassung nicht verbietet, die Unterlassung der Einleitung also dem Interesse des Mündels nicht zuwiderläuft.

Die Ausnahme bezieht sich nur auf die Anordnung der Vormundschaft, nicht auf die Fortführung; die einmal eingeleitete Vormundschaft ist fortzuführen, wenn auch das Interesse des Mündels die Fortführung nicht verlangt, soweit nicht Abs. 2 Platz greift.

3. Die Abgabe der Vormundschaft (Abs. 2) **oder einer Pflegschaft** (Abs. 3) **an das Ausland** kann nur erfolgen, wenn eine solche im Inlande bereits eingeleitet war, nicht kann die Einleitung der Vormundschaft oder Pflegschaft dem Auslande angetragen werden.

Für die Abgabe ist es gleichgiltig, ob der Mündel schon zur Zeit der Einleitung den Wohnsitz oder Aufenthalt im Auslande hatte (vergl. § 36 Abs. 2), oder ob er ihn erst während der Dauer der Vormundschaft dorthin verlegt hat.

Die Voraussetzungen der Abgabe sind folgende:

a) Die Abgabe muß im Interesse des Mündels angezeigt erscheinen; darüber entscheidet — vorbehaltlich des Beschwerderechts der Beteiligten — das Vormundschaftsgericht nach seinem Ermessen; andere wichtige Gründe kommen, verschieden von § 46, nicht in Betracht.

b) Der ausländische Staat (die maßgebende Behörde) muß zur Übernahme bereit sein.

c) Der Vormund oder die mehreren Vormünder sämtlich müssen ihre Zustimmung zur Abgabe erteilen. Der Mangel dieser letzten Voraussetzung allein ist ersetzbar, und zwar durch die — der Anfechtung entzogene — zustimmende Entscheidung des dem Vormundschaftsgerichte im Instanzenzuge vorgeordneten Gerichts, also des Landgerichts; diese kann auf Anrufen des Vormundschaftsgerichts erfolgen, wenn der Einzelvormund oder einer der mehreren Vormünder, welche die Vormundschaft nach BGB. § 1797 Abs. 1 gemeinschaftlich führen, die Zustimmung verweigern; die Meinungsverschiedenheit der mehreren Vormünder entscheidet hier nicht das Vormundschaftsgericht. Ist die Vormundschaft nach § 1797 Abs. 2 nach bestimmten Wirkungskreisen unter mehrere Vormünder verteilt, so steht hinsichtlich des ihm überwiesenen Wirkungskreises jeder einem Einzelvormund gleich; seine Weigerung ist daher in gleicher Weise ersetzbar.

Ob die Abgabe erfolgen soll, ist nur solange Ermessenssache, als der Mündel ein Deutscher ist; verliert dagegen der Mündel die Staatsangehörigkeit im Inlande und erlangt er eine ausländische Staatsangehörigkeit, so muß das Vormundschaftsgericht auf Verlangen des neuen Heimatstaates die Vormundschaft an diesen abgeben (RJA. **2** 56, OLG. **2** 206, Recht **1** 349).

Die Wirkung der Abgabe der Vormundschaft ist die Beendigung derselben im Inlande; der Vormund ist also nach Erfüllung der ihm nach den §§ 1890 ff. obliegenden Verpflichtungen zu entlassen.

4. Nach Abs. 3 kann außer der Vormundschaft lediglich eine Pflegschaft an das Ausland abgegeben werden; die Abgabe der in den §§ 43—45 aufgeführten Angelegenheiten ist ausgeschlossen; auch die Nachlaßpflegschaft kann nicht abgegeben werden, § 47 ist in § 75 nicht für anwendbar erklärt.

§ 48.

Wird bei einem Standesbeamten der Tod einer Person, die ein minderjähriges Kind hinterlassen hat, oder die Geburt eines ehelichen Kindes nach dem Tode des Vaters oder die Geburt eines unehelichen Kindes oder die Auffindung eines Minderjährigen, dessen Familienstand nicht zu ermitteln ist, angezeigt oder wird vor einem Standesbeamten von einer Frau, die ein minderjähriges eheliches Kind hat, eine Ehe geschlossen, so hat der Standesbeamte hiervon dem Vormundschaftsgericht Anzeige zu machen.

Anzeigepflicht des Standesbeamten.

1. Die **Fälle der Anzeigepflicht** sind:

a) Tod einer Person, die ein minderjähriges — eheliches oder uneheliches — Kind hinterlassen hat, weil Bestellung eines Pflegers zur Auseinandersetzung der Verlassenschaft (§ 1909 BGB.), Bestellung eines Beistands nach dem Tode des Vaters (§ 1687 BGB.), Bestellung eines Vormunds nach dem Tode der verwitweten Mutter, nach dem Tode des Vaters, wenn die väterliche Gewalt nicht auf die Mutter übergehen kann (§ 1773 BGB.), notwendig werden kann, und die Erfüllung der dem überlebenden Elternteil obliegenden Inventarisationspflicht zu überwachen ist (§§ 1640, 1686 BGB.).

b) Geburt eines ehelichen Kindes (§ 1591 BGB.) nach dem Tode des Vaters wegen etwaiger Bestellung eines Beistands oder auch Vormundes (siehe Ziff. 1).

c) Geburt eines unehelichen Kindes, für welches nach §§ 1773, 1707 BGB. stets ein Vormund zu bestellen ist.

d) Auffindung eines Minderjährigen, dessen Familienstand nicht zu ermitteln ist, weil dieser gleichfalls stets einen Vormund erhält (§ 1773 Abs. 2 BGB., § 36 Abs. 3 FGG.).

e) Wiederverehelichung einer Witwe, welche ein eheliches Kind früherer Ehe hat, weil sie dadurch die väterliche Gewalt verliert, und Bestellung eines Vormunds nötig wird (§§ 1697, 1773 BGB.).

Die Anzeigepflicht besteht unbedingt; der Standesbeamte hat nicht zu prüfen, ob eine Tätigkeit des Vormundschaftsgericht im einzelnen Falle nötig wird.

Für **Bayern** siehe Art. 1 NachlG., der schlechthin die Anzeige jedes Todesfalles an das Amtsgericht, in dessen Bezirk der Standesbeamte seinen Wohnsitz hat, vorschreibt, und die Bek., die von den Standesbeamten an die Gerichte zu erstattenden Anzeigen von Geburten, Verehelichungen und Todesfällen betr. vom 18. Dez. 99, JMBl. 578 (über deren fortdauernde Geltung nach Inkrafttreten des NachlG. siehe Schad NachlG. N. 2 zu Art. 1); durch diese Bek. ist dem Standesbeamten die Anzeigepflicht in den gleichen Fällen wie in § 48 auferlegt, außerdem ausgedehnt auf alle Todesfälle und die Eintragung der Anerkennung eines unehelichen Kindes, wenn die Anerkennung vor ihm erfolgt.

2. Die Anzeige hat nach § 48 an das Vormundschaftsgericht, das ist das nach den §§ 36 ff. zuständige Gericht zu erfolgen. Für **Bayern** siehe die Bek. vom 18. Dez. 99 (N. 1), ferner §§ 3, 54, 55 der VormundO., § 1 und § 2 Abs. 2, 3 NachlO.; hienach hat in Bayern die Anzeige an das Amtsgericht, in dessen Bezirk der Standesbeamte seinen Wohnsitz hat, zu erfolgen und ist durch diese Anzeige der in § 48 bestimmten Anzeigepflicht genügt. Die sämtlichen Anzeigen mit Ausnahme der Todesanzeigen sind beim Amtsgericht dem mit der Bearbeitung der Vormundschaftssachen betrauten Richter unmittelbar, die Todesanzeigen dem mit der Bearbeitung der Nachlaßsachen betrauten Richter, und von diesem, wenn sich aus denselben ergibt, daß als Erben minderjährige, bevormundete oder unter Pflegschaft stehende Personen beteiligt sind, dem Vormundschaftsrichter zu übergeben, der zu seinen Akten eine Abschrift oder einen Auszug der Todesanzeige nimmt und diese an den Nachlaßrichter zurückgibt. Ist als Vormundschaftsgericht nicht das Gericht, an das die Todesanzeige erstattet worden ist, sondern ein anderes Gericht zuständig, so übersendet der Vormundschaftsrichter von Todesanzeigen eine Abschrift oder einen Auszug, die übrigen Anzeigen in Urschrift an das örtlich zuständige Gericht.

Auch die Anzeigen der Standesbeamten über den Tod eines minderjährigen unehelichen oder eines ehelichen minderjährigen Kindes, dessen Eltern nach der Todesanzeige schon gestorben sind, sind dem Vormundschaftsrichter wegen der durch Beendigung der Vormundschaft veranlaßten Maßregeln vorzulegen; wird die Vormundschaft nicht bei dem Amtsgericht geführt, an das die Anzeige erstattet worden ist, sondern bei einem anderen Amtsgericht, so ist diesem Nachricht zu geben.

Wegen Änderung der Formulare für die Anzeigen siehe auch Bek. vom 10. Dez. 02, JMBl. **03** 213, und vom 12. März 04, JMBl. 55.

3. Privatpersonen legt das BGB. nur in einzelnen Fällen, in denen eine Tätigkeit des Vormundschaftsgerichts veranlaßt ist, eine Anzeigepflicht auf; siehe § 1669 Anzeigepflicht des Vaters, der eine neue Ehe eingehen will, § 1845 des als Vormund bestellten Elternteils, wenn sie eine Ehe eingehen, § 1799 Anzeigepflicht des Gegenvormunds, §§ 1894, 1895 Anzeige vom Tode des Vormunds, Gegenvormunds, § 1909 Abs. 2 Anzeigepflicht des Gewalthabers, Vormunds vom Bedürfnis einer Pflegschaft.

§ 49.

Erlangt der Gemeindewaisenrat von einem Falle Kenntnis, in welchem ein Vormund, ein Gegenvormund oder ein Pfleger zu bestellen ist, so hat er dem Vormundschaftsgericht Anzeige zu machen. Zugleich soll er die Person vorschlagen, die sich zum Vormunde, Gegenvormund oder Pfleger eignet.

Anzeigepflicht des Gemeindewaisenrats.

1. Die **Anzeigepflicht** des Gemeindewaisenrats geht weiter als die des Standesbeamten; sie begreift nicht nur die Fälle der ersten Bestellung eines Vormunds oder Pflegers, auch eines Nachlaßpflegers (§ 75) in sich, sondern erstreckt sich auch auf die Fälle notwendiger Neubestellung wegen Wegfalls (Tod) des Vormunds bezw. Pflegers oder sonstiger Beendigung seines Amtes (§§ 1885 ff., 1915 BGB.), sowie auch auf die Fälle der Bestellung eines Gegenvormunds (§ 1792 Abs. 2 BGB.).

Die hier auferlegte Anzeigepflicht ist eine Spezialvorschrift zu BGB. § 1675.

Die Anzeigepflicht ist eine unbedingte, wenn nach dem Ermessen des Gemeindewaisenrats die Voraussetzungen für dieselbe vorliegen. Ihre Versäumung macht jedoch den Waisenrat dem Mündel gegenüber nicht schadensersatzpflichtig, weil die Verpflichtung nur eine öffentlich rechtliche ist (Mot. **4** 1227).

Die Anzeigepflicht besteht hinsichtlich aller im Bezirke des Waisenrats sich aufhaltenden Mündel. Das Vormundschaftsgericht hat selbständig zu prüfen, welche Verfügungen auf die Anzeigen zu treffen sind, ein allgemeines Beschwerderecht gegen Ablehnung der vermeintlich angebrachten Maßregel steht dem Gemeindewaisenrat nicht zu (jedoch § 57 Abs. 1 Nr. 9).

2. § 1849 BGB. legt dem Gemeindewaisenrat die **Vorschlagspflicht** auf, § 49 Satz 2 bestimmt nur, daß der Vorschlag mit der Anzeige verbunden werden soll („zugleich").

3. Die Organisation des Gemeindewaisenrats ist der Landesgesetzgebung überlassen. Siehe für Bayern Art. 93—99 AG. z. BGB., Bek. vom 22. Dez. 99, JMBl. 553, vom 22. März 00, die Anlegung von Waisenlisten betr., JMBl. 612, vom 13. Aug. 00, die Führung der Waisenkisten betr., JMBl. 1131, vom 23. Aug. 00, den Gemeindewaisenrat betr., JMBl. 1134, vom 5. April 02, Einführung von Postkarten im dienstlichen Verkehr betr., JMBl. 527, vom 10. Juli 1902, Dienstsiegel betr., JMBl. 677, vom 29. Okt. 02, Portopflicht betr., JMBl. 1002, vom 9. März 03, die Formulare zu den Waisenlisten betr., JMBl. 97, Keidel Handb. § 35.

§ 50.

Wird die Anordnung einer Vormundschaft oder einer Pflegschaft infolge eines gerichtlichen Verfahrens erforderlich, so hat das Gericht das zuständige Vormundschaftsgericht hiervon zu benachrichtigen.

Benachrichtigungspflicht der Gerichte.

1. Die Benachrichtigungspflicht besteht für jedes ordentliche Zivil- und Strafgericht, für jedes Instanzgericht, auch für das nur mit der Vornahme einer Beurkundung befaßte Gericht.

Sie besteht nur, wenn Anordnung einer Vormundschaft — definitive (§§ 1773, 1896 BGB.) oder vorläufige (l. c. § 1906) — oder Pflegschaft (§§ 1909 ff. BGB.) notwendig wird, jedoch nur dann, wenn die Notwendigkeit der Anordnung Folge des gerichtlichen Verfahrens des anzeigenden Gerichts ist, nicht wenn sie sich bei Gelegenheit eines solchen Verfahrens zeigt. Sie besteht nicht, wenn Maßnahmen innerhalb einer Vormundschaft oder Pflegschaft angezeigt erscheinen (Markus in DJZ. **05** 805, so von Tatsachen, welche nach § 1886 BGB. die Entlassung des Vormunds rechtfertigen würden; sie besteht ferner nur, wenn die Anordnung einer Vormundschaft oder Pflegschaft notwendig wird, nicht wenn Beistandschaft (§ 1687 BGB.), nicht wenn sonstige Maßnahmen des Vormundschaftsgerichts außerhalb einer Vormundschaft oder Pflegschaft erforderlich wären (z. B. §§ 1635 ff., 1666 BGB.).

Ob die Anzeige zu erfolgen hat, ist eine Rechtsfrage, welche das zur Anzeige verpflichtete Gericht zunächst zu entscheiden hat, ohne daß das angegangene Vormundschaftsgericht an dessen Rechtsanschauung gebunden ist. Hält sich insbesondere das angegangene Gericht für örtlich unzuständig, so kann es die Anzeige an das nach seiner Ansicht zuständige Gericht weiterleiten oder an das anzeigende Gericht zurückgeben, weil diesem die Verpflichtung obliegt, die Anzeige an das zuständige Gericht zu machen; eventuell tritt Entscheidung nach § 5 ein.

Hält das angegangene Vormundschaftsgericht die Anordnung einer Vormundschaft oder Pflegschaft für nicht erforderlich, so hat das anzeigende Gericht kein Beschwerderecht (§ 20); die Ablehnung einer Tätigkeit erfolgt auf Gefahr und unter Haftung des Vormundschaftsgerichts.

2. Über die Form der Benachrichtigung besteht auch nach Landesrecht keine Vorschrift; es genügt also jede Form der Mitteilung, auch durch Übersendung der Akten.

3. Einzelne Fälle der Anzeigepflicht:

a) Entmündigung eines Volljährigen, welcher einen Vormund zu erhalten hat (§ 1896 BGB.), sowie auch schon bloße Antragstellung auf Entmündigung, wenn vorläufige Vormundschaft angezeigt erscheint (§ 1906 BGB.); die Anzeigepflicht ist näher geregelt in §§ 657, 660, 674, 679 Abs. 4, 680 Abs. 3, 683 Abs. 2, 684 Abs. 4, 686 Abs. 4 ZPO.; die Anzeigepflicht nach §§ 657, 680 geht weiter als die nach § 50 FGG.);

b) Todeserklärung des Vaters eines Minderjährigen, wenn die Mutter nicht die elterliche Gewalt erlangt, Todeserklärung der Mutter, wenn die elterliche Gewalt dem Vater nicht zusteht (§§ 1679, 1684, 1686, 1773 BGB.);

c) Verwirkung der elterlichen Gewalt durch strafbare Handlung an dem Kinde durch den Vater, wenn nicht die Mutter die Gewalt erlangt, durch die Mutter, wenn nicht der Vater sie besitzt (§§ 1680, 1684, 1686, 1773 BGB);
d) Verlust der Vermögensverwaltung des Gewalthabers durch Eröffnung des Konkurses über sein Vermögen (§§ 1647, 1686 BGB.);
e) Entmündigung des Gewalthabers, Stellung unter vorläufige Vormundschaft, Bestellung eines Pflegers für seine Person und sein Vermögen, beim Vater nur, wenn nicht die Mutter die elterliche Gewalt nach § 1685 BGB. erlangt (§§ 1676, 1686, 1773 BGB.);
f) rechtskräftiges Erkenntnis in Streitigkeiten, welche die Feststellung des Rechtsverhältnisses zwischen Eltern und Kindern zum Gegenstand haben, wenn nach dem Inhalt der Entscheidung eine Vormundschaft notwendig wird (§§ 640 ff. ZPO.).

Sondervorschriften bestehen außer den schon unter Ziff. 1 erwähnten im Entmündigungsverfahren nach § 627 Abs. 3, § 630 ZPO. in Ehesachen; ohne Prüfung, ob die Änderung einer Vormundschaft oder Pflegschaft notwendig ist, hat das Prozeßgericht vom Erlaß einstweiliger Verfügungen und der Rechtskraft von Urteilen in Ehesachen Mitteilung zu machen, wenn ein gemeinschaftliches minderjähriges Kind der Ehegatten vorhanden ist.

§ 51.

Eine Verfügung, durch die von dem Vormundschaftsgerichte festgestellt wird, daß der Vater oder die Mutter auf längere Zeit an der Ausübung der elterlichen Gewalt tatsächlich verhindert ist, tritt mit der Bestellung des Vormundes in Wirksamkeit; hat jedoch während der Verhinderung des Vaters die Mutter die elterliche Gewalt auszuüben, so wird die Verfügung mit der Bekanntmachung an die Mutter wirksam.

Eine Verfügung, durch die von dem Vormundschaftsgerichte festgestellt wird, daß der Grund für das Ruhen der elterlichen Gewalt des Vaters oder der Mutter nicht mehr besteht, wird mit der Bekanntmachung an den Vater oder an die Mutter wirksam.

Wirksamkeit von Verfügungen des Vormundschaftsgerichts.

1. Zu Abs. 1. Nach § 16 (vergl. dort auch über Form der Bekanntmachung) tritt die Wirksamkeit von Verfügungen mit der Bekanntmachung an denjenigen ein, für welchen sie bestimmt sind; diese Regel bleibt nach dem Schlußsatze des Abs. 1 bestehen, wenn das Vormundschaftsgericht gemäß § 1677 BGB. feststellt, daß der Vater an der Ausübung der elterlichen Gewalt tatsächlich verhindert ist, und wenn nach § 1685 BGB. die elterliche Gewalt auf die Mutter übergeht; die Wirksamkeit tritt nach dem Schlußsatze des Abs. 1 mit der Bekanntmachung an die Mutter ein, welche von da ab die elterliche Gewalt auszuüben berechtigt wird. Im Falle des BGB. § 1685 Abs. 2 äußert sich der Eintritt der Wirksamkeit der feststellenden Verfügung dadurch, daß das Vormundschaftsgericht der Mutter jedenfalls nicht vorher, sondern höchstens gleichzeitig die elterliche Gewalt übertragen kann.

Geht die elterliche Gewalt nicht auf die Mutter über, oder wird gemäß §§ 1677, 1686 BGB. festgestellt, daß die Mutter an der Ausübung der elterlichen Gewalt verhindert ist, so tritt die Wirksamkeit mit der gemäß § 1773 nunmehr notwendig werdenden Bestellung des Vormunds ein, welche sofort nach erfolgter Feststellung geschehen kann; vorherige Bekanntmachung an Vater oder Mutter ist nicht erforderlich; die Bekanntmachung an den Elternteil darf aber nicht unterbleiben.

2. Abs. 2 bezieht sich nur auf den Fall des Ruhens der elterlichen Gewalt wegen tatsächlicher Verhinderung des Gewalthabers an ihrer Ausübung, nicht auf den Fall des Ruhens derselben aus Rechtsgründen. Die aufhebende Verfügung ist sowohl dem bisher an der Ausübung der elterlichen Gewalt verhinderten Eheteil als dem inzwischen an seine Stelle Getretenen (Mutter oder Vormund) nach § 16 Abs. 2 bekannt zu geben. Die Wirksamkeit der Verfügung äußert sich darin, daß der bisher verhinderte Teil die elterliche Gewalt wieder erlangt, während die Mutter sie verliert, bezw. die Vormundschaft nach § 1882 BGB. endigt.

Diese Wirkung tritt für beide zu benachrichtigende Teile — darin liegt die Ausnahme von § 16 Abs. 1 — mit der Bekanntmachung an den bisher verhinderten Teil ein; bis dahin ist die Mutter bezw. der Vormund zur Ausübung der ihnen zustehenden Gewalt auch dann berechtigt, wenn ihnen schon eher die Verfügung bekannt gemacht wurde; dagegen sind Verfügungen, welche sie nach jenem Zeitpunkt treffen, ungiltig, auch wenn ihnen die aufhebende Verfügung noch nicht bekannt geworden ist.

3. Für den Fall der Aufhebung solcher Verfügungen des Vormundschaftsgerichtes im Beschwerdeweg vergl. § 32.

§ 52.

Eine Verfügung, durch die ein Volljähriger unter vorläufige Vormundschaft gestellt wird, tritt, wenn die Entmündigung wegen Geisteskrankheit beantragt ist, mit der Bestellung des Vormundes, wenn die Entmündigung wegen Geistesschwäche, wegen Verschwendung oder wegen Trunksucht beantragt ist, mit der Bekanntmachung an den zu Entmündigenden, eine Verfügung, durch die eine vorläufige Vormundschaft aufgehoben wird, tritt mit der Bekanntmachung an den Mündel in Wirksamkeit.

Wirksamkeit der Anordnung und Aufhebung der vorläufigen Vormundschaft.

1. Die Wirksamkeit der Verfügung, durch welche ein Volljähriger gemäß § 1906 BGB. unter vorläufige Vormundschaft gestellt wird, ist hier für alle vorkommenden Fälle besonders geregelt, obwohl teilweise die Regel des § 16 Abs. 1 Anwendung findet. Nach dieser Regel tritt die Verfügung mit der Bekanntmachung an den zu Entmündigenden ein, wenn die Entmündigung gemäß § 6 BGB., §§ 645 Abs. 1, 680 ZPO. wegen Geistesschwäche, wegen Verschwendung oder wegen Trunksucht beantragt ist. Ausnahmsweise tritt dagegen die Wirksamkeit mit der Bestellung des Vormunds ein, wenn die Entmündigung gemäß § 6 Nr. 1 BGB., § 645 Abs. 1 ZPO. wegen Geisteskrankheit beantragt ist (analog der Vorschrift von § 661 ff. ZPO. für die Wirksamkeit der Entmündigung); über Notwendigkeit der Angabe der Stunde der Bestellung des Vormunds siehe Brettner in Gruchot Beitr. **44** 701, Josef in ArchZivPr. **96** 219; die Bekanntmachung der Verfügung an den Mündel ist in allen Fällen wegen der nach § 60 Ziff. 5 zulässigen sofortigen Beschwerde empfehlenswert, die bloße Tatsache, daß der Mündel von der Bestellung des Vormunds

Kenntnis erlangt hat, steht der Bekanntmachung nicht gleich (Recht **04** 316, **07** 66, siehe auch Recht **9** 316).

Die Wirksamkeit äußert sich darin, daß der Vormund nun die ihm kraft seines Amtes zukommenden Rechte erhält; die Bestellung kann auch im Falle der Entmündigung wegen Geistesschwäche, Verschwendung oder Trunksucht schon vorher erfolgen. Eine Beschwerde hat nach § 24 Abs. 1 keine aufschiebende Kraft.

2. Bei der Aufhebung der vorläufigen Vormundschaft tritt wieder die Regel des § 16 Abs. 1 ein; sie wird wirksam mit der nach § 16 Abs. 2 erfolgenden Bekanntmachung an den Mündel, auch im Falle Entmündigungsantrag wegen Geisteskrankheit gestellt ist; der Vormund verliert mit diesem Zeitpunkt die Vertretungsbefugnis, auch wenn ihm die Verfügung noch nicht bekannt ist, und haben seine später für den Mündel vorgenommenen Handlungen keine Wirksamkeit. Die Bekanntmachung muß aber gleichwohl auch an den bisherigen Vormund erfolgen.

Für die Anwendung der Vorschrift ist es gleichgiltig, ob die Aufhebung deshalb erfolgt, weil der Mündel des vormundschaftlichen Schutzes nicht mehr bedarf (§ 1908 Abs. 3 BGB.), oder deshalb, weil die vorläufige Vormundschaft nicht hätte angeordnet werden sollen (OLG **6** 107, RJA. **3** 172).

3. Für den Fall der Aufhebung der Verfügung, durch die jemand unter vorläufige Vormundschaft gestellt wurde, weil dieselbe ungerechtfertigt war, und für den Fall der Wiederaufhebung einer die vorläufige Vormundschaft aus dem nämlichen Grunde aufhebenden Verfügung siehe § 32.

4. Der Eintritt der Wirksamkeit der eine Pflegschaft aufhebenden Verfügung (§§ 1919 ff. BGB.) bedurfte keiner besonderen Regelung; er knüpft sich an die Bekanntmachung der Verfügung an den Pfleger, für den sie bestimmt ist, da durch die Aufhebung seine Vertretungsmacht endet.

§ 53.

Eine Verfügung, durch die auf Antrag die Ermächtigung oder die Zustimmung eines Anderen zu einem Rechtsgeschäft ersetzt oder dem Manne die im § 1358 Abs. 1 des Bürgerlichen Gesetzbuchs vorgesehene Ermächtigung zur Kündigung erteilt oder durch welche die Beschränkung oder die Ausschließung der nach § 1357 des Bürgerlichen Gesetzbuchs der Frau zustehenden Rechte aufgehoben wird, tritt erst mit der Rechtskraft in Wirksamkeit. Das gleiche gilt von einer Verfügung, durch die auf Antrag des Kindes die Zustimmung der Mutter zur Ehelichkeitserklärung ihres Kindes ersetzt wird.

Bei Gefahr im Verzuge kann das Gericht die sofortige Wirksamkeit der Verfügung anordnen. Die Verfügung tritt mit der Bekanntmachung an den Antragsteller in Wirksamkeit.

Wirksamkeit einzelner Verfügungen des Vormundschaftsgerichts.

1. In einer Reihe von Fällen, welchen gemeinsam ist, daß eine Rückgängigmachung der erlassenen Verfügung die Rechtssicherheit deshalb gefährden würde, weil auf Grund der Verfügung weiteren dritten Personen gegenüber wirksame Rechtshandlungen vorgenommen werden können, ist durch § 53 Abs. 1 der Eintritt der Wirksamkeit — abweichend von § 16 Abs. 1 — an die **Rechtskraft** geknüpft. Alle diese Verfügungen sind ohne Rücksicht auf den Beschwerdegrund, also auch, wenn geltend gemacht wird, daß ein Fall, in welchem das Gesetz die Ersetzung der Zustimmung zuläßt, nicht vorliege (entgegen ThürBl. **49** 90), nach § 60 Nr. 5 mit der sofortigen Beschwerde anfechtbar und können deshalb auch durch das Gericht, das dieselben erlassen hat, nicht mehr geändert werden (§ 18 Abs. 2). Handlungen, zu welchen durch die Verfügung die Berechtigung erlangt wird, können wirksam erst vorgenommen werden, wenn die Rechtskraft der Verfügungen eingetreten; siehe hierüber N. 1 zu § 31.

Die Rechtskraft wirkt nur für die einzelne Angelegenheit und hindert nicht, daß später wieder eine von der Verfügung des Gerichts abweichende Ordnung der Verhältnisse vorgenommen wird; es kann also z. B. der Ehemann nach Aufhebung einer Beschränkung der Schlüsselgewalt später neuerlich eine solche und die gleiche Beschränkung vornehmen, gegen welche dann die Frau, ohne sich auf die Rechtskraft der früheren Verfügung berufen zu können, abermals mit Antrag zum Vormundschaftsgericht vorgehen muß (Josef, Zusatz zu § 53, Lehrb. S. 258 f., ZZP. **31** 71 gegen Schneider in ZZP. **29** 156).

Wiedereinsetzung in den vorigen Stand gegen Versäumung der Beschwerdefrist findet zwar statt; im Falle der Aufhebung der Verfügung nach Rechtskraft ist aber § 32 zu beachten.

Ablehnende Verfügungen in den unter § 53 fallenden Angelegenheiten treten nach der Regel des § 16 in Wirksamkeit.

2. Die einzelnen Fälle sind folgende:

a) Ersetzung der Ermächtigung oder der Zustimmung eines Anderen zu einem Rechtsgeschäft auf Antrag; hieher gehören nicht bloß Angelegenheiten, in welchen der Antrag formelle Voraussetzung (i. S. des § 20 Abs. 2), sondern auch diejenigen, in welchen der Antrag bloß der Anlaß zu einer Verfügung des Vormundschaftsgerichts ist, ferner nicht bloß die Fälle, in denen die erforderliche Ermächtigung oder Zustimmung (Genehmigung) von einem Anderen verweigert worden ist, sondern auch diejenigen, in welchen die Genehmigung des Vormundschaftsgerichts die einer bestimmten Person (des Gegenvormunds, Beistands) unmittelbar ersetzt, dagegen nicht die Fälle, in denen die Genehmigung des Vormundschaftsgerichts unter allen Umständen Erfordernis der Wirksamkeit eines Rechtsgeschäfts ist; es gehören also hieher z. B. die Fälle des § 113 Abs. 3 (Zustimmung zum Eintritt eines Minderjährigen in ein Dienstverhältnis), § 1304 Abs. 2 (zur Eingehung der Ehe seitens eines in der Geschäftsfähigkeit Beschränkten), § 1308 (zur Eingehung der Ehe eines volljährigen Kindes), § 1337 (zur Genehmigung einer anfechtbaren Ehe), § 1358 Abs. 2 (zu persönlichen Leistungen der Ehefrau), §§ 1379, 1447, 1525, 1549 (zu Rechtsgeschäften über eingebrachtes Gut oder Gesamtgut), §§ 1402, 1451 (zu Rechtsgeschäften über persönliche Angelegenheiten der Frau), ferner §§ 1629, 1797 Abs. 1 Satz 2, §§ 1798, 1915 (Ersetzung der Zustimmung einer Person bei Entscheidung von Meinungsverschiedenheiten mehrerer Personen — ZBl. **4** 131, OLG. **7** 208, RJA. **3** 221, Recht **7** 394 —, jedoch nur, soferne die Meinungsverschiedenheit die Vornahme eines Rechtsgeschäfts betrifft und das Vormundschaftsgericht sich für dessen Vornahme ausspricht), § 1690 Abs. 2, § 1810 Satz 1, § 1812 Abs. 2 (Ersetzung der Zustimmung des Beistands, Gegenvormunds, hinsichtlich § 1812 a. M. Glatzer im Recht **9** 428, gegen ihn Josef N. 1 zu § 53), § 1639 Abs. 2, § 1803 Abs. 3, § 1917 Abs. 3 (Ersetzung der Zustimmung eines Dritten zu Abweichungen von Anordnungen desselben, die er bei einer Zuwendung an das Kind, an den Mündel getroffen hat); dagegen gehören nicht hieher die Fälle der §§ 1810 Satz 2, 1812 Abs. 3, 1844 Abs. 2.

b) Die Ermächtigung des Mannes zur Kündigung eines Rechtsverhältnisses, kraft dessen die Frau einem Dritten gegenüber zu einer von ihr in Person zu bewirkenden Leistung verpflichtet ist (§ 1358 Abs. 1 BGB.); der Dritte ist im Verfahren vor dem Vormundschaftsgericht nicht Beteiligter, die ergehende Verfügung deshalb auch ihm nicht bekannt zu machen; hierüber und über die Wirkung der Verfügung des Vormundschaftsgerichts für das Prozeßgericht siehe Josef in ZZP. **35** 536.

c) Die Aufhebung der Beschränkung oder Ausschließung der Schlüsselgewalt der Frau durch den Mann (§ 1357 BGB.).

d) Die Ersetzung der Einwilligung der Mutter zur Ehelichkeitserklärung ihres Kindes (§ 1727 BGB.); die Ehelichkeitserklärung darf also vor Eintritt der Rechtskraft dieser Verfügung nicht erfolgen; siehe auch § 55 Abs. 2 über Ausschluß der Änderung der Verfügung des Vormundschaftsgerichts nach erfolgter Ehelichkeitserklärung.

3. Abweichend von der Vorschrift des Abs. 1 tritt nach Abs. 2 die Wirksamkeit der Verfügung mit der Bekanntmachung an den Antragsteller, ohne Rücksicht auf die etwaige Notwendigkeit der Bekanntmachung auch an dritte Personen, ein, **wenn die sofortige Wirksamkeit der Verfügung angeordnet ist.** Eine solche Anordnung darf vom Gericht erster Instanz und vom Beschwerdegericht nur erlassen werden, wenn nach dem Ermessen des Gerichts Gefahr im Verzuge, d. h. von dem Aufschub der Wirksamkeit bis zur Rechtskraft eine Gefährdung der zu verfolgenden Interessen zu befürchten ist. In diesem Falle ist die Verfügung mit einfacher Beschwerde anfechtbar, kann durch das Gericht nach § 18 Abs. 1 geändert und aufgehoben werden, § 55 Abs. 1 trifft nicht zu; § 32 kommt zur Anwendung. Das Beschwerdegericht kann die Verfügung des Vormundschaftsgerichts, durch welche die sofortige Wirksamkeit angeordnet wurde, nach § 24 Abs. 3 durch einstweilige Anordnung außer Kraft setzen.

§ 54.

Liegen nach dem Ermessen des Vormundschaftsgerichts die Voraussetzungen vor, unter denen der Vormund, der Pfleger oder der Beistand zur Sicherheitsleistung angehalten werden kann, so ist das Gericht befugt, das Grundbuchamt um die Eintragung einer Sicherungshypothek an Grundstücken des Vormundes, des Pflegers oder des Beistandes zu ersuchen. Der Vormund, der Pfleger oder der Beistand soll soweit tunlich vorher gehört werden. Die Hypothek entsteht mit der Eintragung.

Diese Vorschriften finden auf die Eintragung eines Pfandrechts an einem im Schiffsregister eingetragenen Schiffe entsprechende Anwendung.

Sicherheitshypothek an Grundstücken des Vormunds 2c.

1. Die Voraussetzungen, unter welchen von dem Vormund, dem Pfleger oder dem Beistand, dem die Vermögensverwaltung übertragen ist, Sicherheitsleistung verlangt werden kann, bestimmen sich nach den §§ 1844, 1915, 1693 BGB. Der Gewalthaber kann zur Sicherheitsleistung nicht gezwungen werden (§ 1670 Satz 2, § 1686 BGB.), weshalb ihm gegenüber § 54 nicht anwendbar ist. Die Sicherheitsleistung kann nach § 232 BGB. auch durch Bestellung von Hypotheken an inländischen Grundstücken erfolgen; über die Sicherheitshypothek siehe §§ 1184 ff. BGB. Das Verfahren bezüglich der Eintragung regelt § 54; die Vorschrift gilt auch gegenüber dem

Nachlaßpfleger (§ 75). Die Anwendung des § 54 setzt voraus, daß das Grundbuch angelegt ist; siehe für Bayern die Übergangsbestimmungen der Art. 56 ÜbergG. und Art. 6 pfälz. LiegenschG.

2. Zu dem **Ersuchen um Eintragung der Sicherheitshypothek** (wegen des Inhalts siehe § 1115 BGB., § 28 GBO.) ist das Vormundschaftsgericht jederzeit von Amts wegen berechtigt. Die vor Stellung des Ersuchens für den Fall der Tunlichkeit angeordnete **Anhörung des Vormunds** ꝛc. soll diesen Personen Gelegenheit geben, das Recht zur Ablehnung der Vormundschaft ꝛc. bezw. auf Entlassung nach § 1786 Abs. 1 Nr. 6, §§ 1889, 1915, 1693 BGB. geltend zu machen; Unterlassung des Gehörs trotz Tunlichkeit bewirkt nicht Ungiltigkeit des Hypothekeintrags, begründet aber die Beschwerde wegen Beeinträchtigung des Rechts auf Gehör (§ 20).

Die Verfügung des Vormundschaftsgerichts, durch welche die Sicherheitsleistung durch Hypothekbestellung angeordnet wird, ist dem Vormund ꝛc. ohne Rücksicht darauf, ob er gehört worden ist oder nicht, bekannt zu machen, erfolgte Bekanntmachung ist aber nicht Voraussetzung der Eintragung.

Die Eintragung hat durch das Grundbuchamt zu erfolgen, ohne daß dieses die materielle Berechtigung zu dem Ersuchen nachzuprüfen hätte (§ 39 GBO., § 139 Abs. 1 der Dienstanweisung für die Grundbuchämter); das Ersuchen ersetzt den Eintragungsantrag, die Eintragungsbewilligung und die sonst erforderliche Einwilligung eines Dritten (§§ 13, 19 GBO.). Gegen die Ablehnung des Ersuchens durch das Grundbuchamt steht dem Vormundschaftsgericht die Beschwerde zu und zwar auch dann, wenn es sich um Abteilungen des nämlichen Gerichts handelt (Dronke in ZZP. **27** 358). Will der Vormund seine Verpflichtung zur Sicherheitsleistung bestreiten, so steht ihm die Beschwerde nicht gemäß § 71 GBO. gegen die Eintragung, sondern nach § 20 FGG. gegen die Verfügung des Vormundschaftsgerichts zu.

Die Hypothek entsteht, ohne daß es der sonst nach § 873 BGB. erforderlichen Einigung der Beteiligten bedarf, mit der Eintragung (vergl. die analogen Vorschriften in Art. 91 EG. z. BGB., § 867 ZPO.).

3. Das in N. 2 Ausgeführte gilt auch für den Fall der **Erhöhung der Sicherheitsleistung,** die als erneute Anordnung einer Sicherheit anzusehen ist, nicht aber für die Minderung oder Aufhebung der Sicherheit, also teilweise oder völlige Löschung der Sicherungshypothek; auch eine nach § 18 erfolgte Änderung der Anordnung der Sicherheitsleistung hat nur Bedeutung, solange die Eintragung der Hypothek noch nicht erfolgt ist, nach diesem Zeitpunkt ist nur Minderung oder Aufhebung der Sicherheit möglich. Für diese gilt § 27 GBO. (Erfordernis der Zustimmung des Eigentümers).

Die Mitwirkung des Mündels wird bei der Bestellung, Änderung oder Aufhebung der Sicherheit durch die Anordnung des Vormundschaftsgerichts ersetzt (§ 1844 Abs. 2 BGB.).

4. Über **Schiffspfandrecht** siehe §§ 1259 ff. BGB., §§ 100 ff. FGG. Die Vorschrift ist eine Ausnahme von § 101; siehe hiezu § 110, der dem § 39 GBO. entspricht. Bei dem Ersuchen ist § 106 zu beachten, § 1260 BGB. findet nicht Anwendung.

§ 55.

Eine Verfügung, durch welche die Genehmigung zu einem Rechtsgeschäft erteilt oder verweigert wird, kann von dem Vormundschaftsgericht insoweit nicht mehr geändert werden, als die Genehmigung oder deren Verweigerung einem Dritten gegenüber wirksam geworden ist.

Eine Verfügung, durch welche die Zustimmung zu einer Ehelichkeitserklärung ersetzt wird, kann nicht mehr geändert werden, wenn die Ehelichkeitserklärung erfolgt ist.

Ausschluß der Abänderung von Verfügungen.

1. Es handelt sich hier um Fälle, in welchen die **Genehmigung** — nicht bloß die Ermächtigung wie in § 1358 BGB. (Schmidt ZBl. **3** 272) — des Vormundschaftsgerichts **als Voraussetzung der Wirksamkeit eines Rechtsgeschäfts** — im Gegensatz zu den bloß instruktionellen Anordnungen der Erholung der Genehmigung wie §§ 1810, 1823 BGB. (Schmid a. a. O., Rausnitz N. 2 zu § 55) — **sofort** — nicht erst als Ersatz für die Genehmigung einer anderen Person im Gegensatz zu § 53 — **notwendig ist,** einschließlich der Fälle, in denen an Stelle der Genehmigung des nicht vorhandenen Gegenvormunds die Genehmigung des Vormundschaftsgerichts tritt (§ 1809, 1812 Abs. 3 BGB.). Nur Fälle der Genehmigung privatrechtlicher Rechtsgeschäfte gehören hieher, daher nicht die Genehmigung zum Antrag auf Entlassung des Kindes oder Mündels aus dem Staatsverband nach § 14a StAG., der nach § 181 Abs. 2 ZVG. der Genehmigung bedürftige Antrag des Vormunds auf Zwangsversteigerung des dem Mündel miteigentümlich gehörigen Grundstücks (Josef N. 1a zu § 55, Zus. II zu § 11 und DNotZ. **6** 121, gegen KG. im ZBl. **6** 267, RJA. **6** 9) und der Antrag des Firmeninhabers auf Löschung (Josef im ZBl. **6** 205 Note gegen RG. **58** 97); sowohl Rechtsgeschäfte des Gewalthabers als des Beistands, Vormunds und Pflegers zählen hieher, sohin die Fälle der §§ 1643, 1686, 1690, 1812, 1819–1822, 1897, 1902, 1915.

2. Die Genehmigung des Vormundschaftsgerichts kann nur dem Vormund, Pfleger, Beistand, Gewalthaber gegenüber erteilt werden (§§ 1828, 1915, 1690, 1643 BGB.); dem anderen Vertragsteil gegenüber wird die Genehmigung sowie deren Verweigerung erst wirksam, wenn sie ihm durch den Vormund rc. mitgeteilt wird (§ 1829 Abs. 1). § 55 dient dem Schutze der einmal hergestellten Rechtslage. **Aus der Vorschrift des § 55 ergibt sich:**

a) Hat das Vormundschaftsgericht die Genehmigung zu einem abzuschließenden Rechtsgeschäfte vorher erteilt, so kann es die Verfügung nur bis zum Abschluß des Rechtsgeschäfts ändern (ZBl. **2** 897).

b) Hat es die Genehmigung, die vor Abschluß des Geschäfts nachgesucht war, verweigert, so kann es die Verfügung jederzeit ändern, auch wenn der Vormund die Verweigerung dem künftigen Vertragskontrahenten mitgeteilt hat, da hier § 1829 nicht zutrifft; der Vormund kann die Verweigerung mit Beschwerde anfechten.

c) Hat es die Genehmigung zu einem schon abgeschlossenen Rechtsgeschäfte nachträglich erteilt, so kann es die Verfügung nach § 18 Abs. 1 ändern, so lange nicht der Vormund die Genehmigung dem anderen Teil mitgeteilt hat; die Abänderungsbefugnis erlischt mit dem Augenblick dieser Mitteilung (siehe auch § 130 BGB.), wenn sich beiderseits bevormundete Personen gegenüberstehen, mit der Mitteilung an beide gesetzliche Vertreter, also mit der zuletzt erfolgenden (OLG. **3** 300), wenn die andere Partei aus mehreren Personen besteht, denen die Mitteilung zu machen ist, mit der ersten Mitteilung an eine dieser Personen; nach § 12 ist vor beabsichtigter Abänderung zu ermitteln, ob die Mitteilung noch nicht erfolgt ist.

d) Wird die Genehmigung zu einem abgeschlossenen Geschäfte nachträglich verweigert, so gilt hinsichtlich der Änderung der Verfügung das unter c Gesagte; die Mitteilung der Verweigerung hat aber nur dann die Wirkung des Unterganges der Abänderungsbefugnis, wenn sie als rechtsgeschäftlicher Akt vorgenommen werden wollte, nicht aber dann, wenn sie lediglich den Charakter einer Nachricht über den Stand der Sache trägt, was insbesondere dann anzunehmen ist, wenn die weitere Mitteilung daran geknüpft wird, daß man die Verfügung des Vormundschaftsgerichts anfechten wolle (vergl. hierüber die abweichenden Anschauungen von Josef im ZBl. **5** 203, 649 und Schultheiß ebenda 361, auch Breit im ZBl. **4** 584); Unterlassung der Mitteilung sichert dem Vormund unter allen Umständen die Beschwerde.

Wegen der Abänderungsbefugnis des Beschwerdegerichts und des Gerichts der weiteren Beschwerde siehe §§ 62, 63.

Eine Verfügung, durch welche entgegen der Vorschrift des § 55 eine Änderung vorgenommen wurde, ist wirkungslos ohne Unterschied, ob das Vormundschaftsgericht die erfolgte Mitteilung der Genehmigung oder Verweigerung an den anderen Vertragsteil kannte oder nicht; es kann aber trotzdem auch die formelle Beseitigung im Beschwerdewege erwirkt werden und zwar auch von dem anderen Vertragsteil (Schmid im ZBl. **3** 271). Ist jedoch der genehmigte Vertrag nichtig, so kann die Genehmigung jederzeit zurückgenommen werden, da ein solcher Vertrag auch durch die gerichtliche Genehmigung keine Geltung erlangen kann (ZBl **2** 195, Breit im ZBl. **4** 484).

3. Die Verfügung, durch welche die Zustimmung zu einer Ehelichkeitserklärung nach § 1727 BGB. **ersetzt wird,** tritt nach § 53 Abs. 1 regelmäßig erst mit der Rechtskraft in Wirksamkeit; nach § 53 Abs. 2 kann aber das Gericht die sofortige Wirksamkeit anordnen. Lediglich für den letzteren Fall ist § 55 Abs. 2 von Bedeutung; die für sofort wirksam erklärte Verfügung kann nach § 18 geändert werden; deswegen mußte die Änderung sowohl nach § 18, als durch die Beschwerdegerichte (§§ 62, 63) — von dem Zeitpunkte an ausgeschlossen werden, in dem die Ehelichkeitserklärung durch Verfügung der Staatsgewalt ausgesprochen ist.

Über Ehelichkeitserklärung in Bayern siehe VO. vom 24. 12. 99 § 20, GVBl. 1229, JMBl. **00** 102, und JMBek. vom 24. 12. 99, JMBl. **00** 107, ferner Keidel, Handb. § 106.

§ 56.

Die Volljährigkeitserklärung soll nur auf Antrag des Minderjährigen oder desjenigen gesetzlichen Vertreters des Minderjährigen erfolgen, welchem die Sorge für die Person zusteht.

Die Verfügung, durch welche der Minderjährige für volljährig erklärt wird, tritt erst mit der Rechtskraft in Wirksamkeit.

Volljährigkeitserklärung.

1. Die Vorschrift ergänzt die Bestimmungen der §§ 3—5 BGB.

a) durch die Anordnung, daß die Volljährigkeitserklärung **nur auf Antrag** erfolgen **soll,** so daß also der Mangel eines gesetzmäßigen Antrags ihre Wirksamkeit nicht beeinträchtigt,

b) durch Regelung der Antragsberechtigung.

Antragsberechtigt ist:

der Minderjährige selbst, der das achtzehnte Lebensjahr überschritten hat (§ 3 BGB.) ohne Genehmigung seines gesetzlichen Vertreters, derjenige, welchem die Sorge für die Person des Minderjährigen zusteht und welcher **zugleich** gesetzlicher Vertreter desselben ist, sonach primär der Vater (§ 1637), sodann die Mutter (nach §§ 1684, 1685), endlich der Vormund (nach §§ 1773, 1793, 1800 BGB.), ein Pfleger, wenn er nach § 1909 BGB. hiezu bestellt ist.

Nicht antragsberechtigt ist dagegen der Vater im Falle des § 1676 Abs. 2 BGB., die Mutter während der Dauer der Ehe nach § 1634 BGB. und in den Fällen der §§ 1635, 1696, 1698, endlich die uneheliche Mutter nach § 1707 BGB.

Die Antragsberechtigung des Vormunds wird dadurch nicht berührt, daß sein Fürsorgerecht oder seine Vertretungsbefugnis in einzelnen Beziehungen, z. B. nach §§ 1794, 1796, 1801 BGB., beschränkt ist. Sind mehrere Vormünder vorhanden, so finden die §§ 1797, 1798 BGB. Anwendung; die Volljährigkeitserklärung ist zweifellos eine die Person und das Vermögen betreffende Angelegenheit im Sinne des § 1798 BGB.

2. § 56 Abs. 2 findet in **Bayern** nicht Anwendung, da auf Grund des Vorbehalts des Art. 147 EG. z. BGB. durch Art. 2 AG. z. BGB. das Staatsministerium der Justiz für zuständig erklärt ist. Siehe die Noten zu § 196.

§ 57.

Die Beschwerde steht, unbeschadet der Vorschriften des § 20, zu:

1. gegen eine Verfügung, durch welche die Anordnung einer Vormundschaft abgelehnt oder eine Vormundschaft aufgehoben wird, jedem, der ein rechtliches Interesse an der Änderung der Verfügung hat, sowie dem Ehegatten, den Verwandten und Verschwägerten des Mündels, es sei denn, daß die Verfügung eine vorläufige Vormundschaft betrifft;
2. gegen eine Verfügung, durch welche die Anordnung einer vorläufigen Vormundschaft abgelehnt oder eine solche Vormundschaft aufgehoben wird, denjenigen, welche den Antrag auf Entmündigung zu stellen berechtigt sind;
3. gegen eine Verfügung, durch welche die Anordnung einer Pflegschaft abgelehnt oder eine Pflegschaft aufgehoben wird, jedem, der ein rechtliches Interesse an der Änderung der Verfügung hat, in den Fällen der §§ 1909, 1910 des Bürgerlichen Gesetzbuchs auch dem Ehegatten sowie den Verwandten und Verschwägerten des Pflegebefohlenen; diese Vorschrift gilt jedoch im Falle des § 1910 nur dann, wenn eine Verständigung mit dem Pflegebefohlenen nicht möglich ist;
4. gegen eine Verfügung, durch welche die Einsetzung eines Familienrats abgelehnt oder der Familienrat aufgehoben wird, dem Ehegatten sowie den Verwandten und Verschwägerten des Mündels;
5. gegen eine Verfügung, durch die in den Fällen des § 1687 Nr. 1, 3 des Bürgerlichen Gesetzbuchs die Bestellung eines

Beistandes der Mutter abgelehnt oder die Bestellung aufgehoben wird, dem Ehegatten sowie den Verwandten und Verschwägerten des Kindes;

6. gegen eine Verfügung, durch die ein Antrag des Gegenvormunds oder des Beistandes zurückgewiesen wird, gegen den gesetzlichen Vertreter wegen pflichtwidrigen Verhaltens einzuschreiten oder den Vormund oder den Pfleger aus einem der im § 1886 des Bürgerlichen Gesetzbuchs bezeichneten Gründe zu entlassen, dem Antragsteller;
7. gegen eine Verfügung, durch die dem Vormund oder dem Pfleger eine Vergütung bewilligt wird, dem Gegenvormunde;
8. gegen eine Verfügung, durch welche die Anordnung einer der in den §§ 1665 bis 1667 des Bürgerlichen Gesetzbuchs vorgesehenen Maßregeln abgelehnt oder eine solche Maßregel aufgehoben wird, den Verwandten und Verschwägerten des Kindes;
9. gegen eine Verfügung, die eine Entscheidung über eine die Sorge für die Person des Kindes oder des Mündels betreffende Angelegenheit enthält, jedem, der ein berechtigtes Interesse hat, diese Angelegenheit wahrzunehmen.

Die Vorschrift des Abs. 1 Nr. 9 findet auf die sofortige Beschwerde keine Anwendung.

Beschwerderecht in Vormundschaftssachen.

1. Für die Beschwerde in Vormundschaftssachen gilt zunächst die Regel des § 20; hienach bemißt sich insbesondere das Beschwerderecht des Kindes oder Mündels und dessen gesetzlichen Vertreters. § 57 räumt noch weiteren Personen, welche nach § 20 nicht beschwerdeberechtigt wären, ein selbständiges Beschwerderecht ein. Aus der Erweiterung des Beschwerderechts folgt jedoch nicht, daß die Verfügungen allen denjenigen Personen, die nach § 57 als Beschwerdeberechtigte in Betracht kommen, zugestellt werden müssen; in dieser Beziehung bleibt es bei der Regel des § 16 Abs. 1 FGG.

2. Zu Nr. 1. Gegenstand der Anfechtung ist die Verfügung, durch die ein Antrag auf Einleitung einer Vormundschaft — mit Ausnahme der vorläufigen, § 1906 BGB. — **abgelehnt** oder eine solche Vormundschaft **aufgehoben** wird, nicht auch die Beendigung der vormundschaftlichen Tätigkeit wegen Endigung der Vormundschaft kraft Gesetzes, ferner nicht die Anordnung, durch welche die Bestellung eines Gegenvormunds abgelehnt wird (ZBl. **3** 122).

Beschwerdeberechtigt ist

a) jeder Dritte, der ein rechtliches Interesse an der Änderung der Verfügung hat; ein solches ist — im Gegensatz zum berechtigten Interesse (Nr. 9), ferner im Gegensatze zu vorhandenem Recht (§ 20) — gegeben, wenn die Einleitung oder Aufhebung der Vormundschaft auf die Gestaltung eines Rechtsverhältnisses, an dem der Dritte beteiligt ist, verändernd einwirkt, das Rechtsverhältnis entweder in seinem Zustandekommen oder in seiner Wirkung beeinflußt wird (Beispiel: der Gläubiger oder Schuldner, der mit seinem Gegenkontrahenten wegen dessen Geschäftsunfähigkeit oder beschränkter Geschäftsfähigkeit nicht rechtlich verkehren kann); ungenügend ist ein ethisches oder bloß wirtschaftliches Interesse (OLG. **10** 18, ZBl. **1** 496, Schulzenstein in ZZP. **25** 223 ff.); das Interesse ist darzutun, sein Vorhandensein vom Beschwerdegericht zu prüfen;

b) Der Ehegatte, auch wenn die Ehe nicht mehr besteht (vergl. hierüber N. 3 b zu § 6 Abs. 1 Nr. 2), jeder Verwandte oder Verschwägerte (§§ 1589, 1590 BGB.) ohne Rücksicht auf Gradesnähe, diese Personen ohne Vorhandensein eines rechtlichen Interesses; das Verhältnis zum Mündel ist nötigenfalls darzulegen; sind diese Personen geschäftsunfähig oder in der Geschäftsfähigkeit beschränkt, so hat ihr gesetzlicher Vertreter das Beschwerderecht für sie auszuüben, § 59 FGG. findet nicht Anwendung.

3. Zu Nr. 2. Über vorläufige Vormundschaft siehe §§ 1906—1908 BGB. Die Beschwerdeberechtigung ergibt sich aus den §§ 646, 680 Abs. 3 und 5 ZPO. Hienach sind **beschwerdeberechtigt:**

a) wenn die Entmündigung wegen Verschwendung oder Trunksucht beantragt ist,

α) soferne der zu Entmündigende weder unter elterlicher Gewalt noch unter Vormundschaft steht und unverheiratet ist, alle Verwandten, auch die unehelichen, ohne Rücksicht auf Gradesnähe (§ 1589 BGB.) — nicht auch die Verschwägerten —, soferne er verheiratet ist, bezüglich eines Ehemannes die Frau und die Verwandten des Mannes, bezüglich einer Ehefrau der Mann, die Verwandten der Frau nur dann, wenn auf Aufhebung der ehelichen Gemeinschaft erkannt ist oder wenn der Mann die Frau verlassen hat oder zur Beschwerdeführung dauernd außer stande oder sein Aufenthalt dauernd unbekannt ist,

β) soferne er unter elterlicher Gewalt oder Vormundschaft steht und nicht verheiratet ist, derjenige, dem die Sorge für seine Person zusteht und der zugleich sein gesetzlicher Vertreter ist (siehe hiezu N. 1 zu § 56), soferne er verheiratet ist, außer dem gesetzlichen Vertreter der Ehegatte,

γ) ein nach § 1909 BGB. bestellter Pfleger des zu Entmündigenden nur dann, wenn er auch für die die Person betreffenden Angelegenheiten bestellt ist (Bestellung lediglich zur Beschwerdeführung ist jedoch ausgeschlossen);

b) wenn die Entmündigung wegen Geistesschwäche oder Geisteskrankheit beantragt ist, außer den unter a bezeichneten Personen auch der Staatsanwalt beim vorgesetzten Landgericht,

c) wenn die Entmündigung wegen Verschwendung oder Trunksucht beantragt ist, in **Bayern** der Armenpflegschaftsrat der Heimatgemeinde, wenn Grund zu der Besorgnis besteht, daß der zu Entmündigende der Armenkasse zur Last fällt (§ 680 Abs 5 ZPO., Art 36 Abs. 4 Armengesetz vom 29. 4. 69).

Das Beschwerderecht besteht ohne Rücksicht darauf, ob der Beschwerdeführer auch den Entmündigungsantrag gestellt hat. Das Beschwerderecht des vorläufig bestellten Vormunds erlischt, wenn die aufhebende Verfügung nach Maßgabe des § 52 FGG. wirksam geworden ist, weil damit auch das Amt des Vormunds erlischt (RJA. **3** 172, OLG. **6** 107, ZBl. **3** 663).

Das erweiterte Beschwerderecht besteht nur gegenüber der **Ablehnung** der vorläufigen Vormundschaft und der **Aufhebung** derselben, nicht auch gegenüber der Anordnung (siehe § 60 Abs. 1 Nr. 5, ferner die auf die vorläufige Vormundschaft bezüglichen Sondervorschriften der §§ 52, 61 FGG.).

4. Zu Nr. 3. Gegenstand der Anfechtung ist die Verfügung, durch die ein Antrag auf Einleitung einer Pflegschaft **abgelehnt** oder eine

Pflegschaft **aufgehoben** wird (siehe §§ 1909—1914, 1918—1921 BGB.), nicht aber die Beendigung der vormundschaftsrichterlichen Tätigkeit wegen Beendigung der Pflegschaft kraft Gesetzes (§§ 1918, 1921 Abs. 3 BGB.); daran ändert in Bayern auch die Vorschrift des § 38 VO. nichts, wonach auch in den Fällen der Beendigung kraft Gesetzes beschlußmäßige Aufhebung erfolgen soll.

Beschwerdeberechtigt ist

a) in allen Fällen der Pflegschaft einschließlich der Nachlaßpflegschaft (§ 75) Jeder, der ein rechtliches Interesse an der Änderung der Verfügung hat (siehe hierüber N. 2),

b) im Falle der Pflegschaft nach § 1909 BGB. auch der Ehegatte, die Verwandten und Verschwägerten des Mündels unabhängig von einem rechtlichen Interesse (siehe N. 2),

c) im Falle der Pflegschaft nach § 1910 BGB. auch die unter b aufgeführten Personen ohne Rücksicht auf ein rechtliches Interesse, jedoch nur dann, wenn eine Verständigung mit dem Pflegebefohlenen nicht möglich ist, andernfalls nur nach lit. a, wenn sie ein rechtliches Interesse an der Änderung haben.

Das **rechtliche Interesse** ist **bejaht** für einen Armenpflegschaftsrat wegen drohender Verpflegungskosten (ZBl. **1** 496), für den Schuldner einer im Grundbuch eingetragenen Summe, deren Gläubiger ungewiß ist, an der Bestellung eines Pflegers für denselben (ZBl. **5** 388), für den Nachlaßgläubiger an der Fortführung der Nachlaßverwaltung (OLG. **7** 134), **verneint** für eine Verwaltungsbehörde, der gegenüber eine Erklärung abzugeben ist und die Anordnung einer Pflegschaft für den Beteiligten beantragt hat (BayObLG. **6** 455, OLG. **12** 210, Recht **05** 533), für das Nachlaßgericht gegen Ablehnung seines Antrages auf Anordnung einer Abwesenheitspflegschaft über einen bei einer Auseinandersetzung Beteiligten (BayZ. **1** 62, SeuffBl. **71** 425). Über das Beschwerderecht des mit einem Vermächtnis Bedachten gegen die Aufhebung der Nachlaßverwaltung (einer Unterart der Nachlaßpflegschaft), die auf Antrag des Erben verfügt ist, siehe ZBl. **4** 341, OLG. **7** 135.

5. Zu Nr. 4. Gegenstand der Beschwerde ist die **Ablehnung** der Einsetzung eines Familienrats (§§ 1858, 1859 BGB.) und die **Aufhebung** des Familienrats (§§ 1879, 1880); im ersten Falle findet einfache, im letzten Falle sofortige Beschwerde statt (§ 60 Abs. 1 Nr. 4 und Abs. 2).

Beschwerdeberechtigt sind nach § 57 Nr. 4 die Verwandten und Verschwägerten des Mündels ohne Rücksicht auf Gradesnähe, gegen Ablehnung gleichviel ob sie den Antrag gestellt haben, ferner der Ehegatte des Mündels, außerdem der Vormund und der Gegenvormund gegen die Ablehnung nur nach Maßgabe des § 20 Abs. 2, wenn sie den Antrag gestellt haben, gegen die Aufhebung der Vormund und die Familienratsmitglieder nur nach Maßgabe des § 20 Abs. 1, der Gegenvormund überhaupt nicht (ebenso D. 50, Wellstein N. 3 zu § 20, 2 d zu § 57, a. M. hinsichtlich des Beschwerderechts des Vormunds und Gegenvormunds Raußnitz N. 6 zu § 20, N. 14 zu § 57, hinsichtlich der Familienratsmitglieder Dorner N. 12 a. E. zu § 57).

6. Zu Nr. 5. Nach § 1687 Nr. 1 und 3 BGB. hat das Vormundschaftsgericht der Mutter einen Beistand zu bestellen,

wenn der Vater die Bestellung nach Maßgabe des § 1777 BGB. angeordnet hat,

wenn das Vormundschaftsgericht aus besonderen Gründen, insbesondere wegen des Umfanges oder der Schwierigkeit der Vermögensverwaltung, oder in den Fällen der §§ 1666, 1657 die Bestellung im Interesse des Kindes für nötig erachtet.

Gegen die **Ablehnung** des Antrages, aus einem dieser Gründe einen Beistand zu bestellen, und die **Aufhebung** einer nach diesen Vorschriften bestellten Beistandschaft ist nach § 20 jedenfalls die Mutter für die Kinder und der etwa vom Vater benannte bezw. der bestellte Beistand beschwerdeberechtigt, außerdem nach § 57 N. 5 der Ehegatte des Kindes und sämtliche Verwandte und Verschwägerte des Mündels ohne Rücksicht auf Gradesnähe.

Hat die Mutter die Bestellung eines Beistandes beantragt (§ 1687 Nr. 2), so ist für die Beschwerdeberechtigung ausschließlich § 20 maßgebend.

7. Zu Nr. 6. Das Vormundschaftsgericht hat von Amts wegen gegen den gesetzlichen Vertreter wegen pflichtwidrigen Verhaltens einzuschreiten und den Vormund, Pfleger beim Vorliegen eines der gesetzlichen Gründe (§§ 1886, 1915 BGB.) zu entlassen. Gegenvormund und Beistand haben daher, wenn sie durch einen Antrag die Anregung zu einem Einschreiten des Vormundschaftsgerichts gegen den Vormund, Pfleger oder die Mutter gegeben haben, der Gegenvormund, wenn er die Entlassung des Vormunds, Pflegers beantragt hat, im Falle der Ablehnung des Antrages kein Beschwerderecht nach § 20 Abs. 2; das ihnen durch § 57 Nr. 6 gegebene Beschwerderecht entspricht der Pflicht dieser Personen (§§ 1799, 1689 BGB.), durch Anzeige beim Vormundschaftsgericht die Interessen des Mündels oder Kindes wahrzunehmen, ist aber enger begrenzt als die Anzeigepflicht; nicht in allen Fällen einer Anzeige oder Anregung beim Vormundschaftsgericht besteht auch das Beschwerderecht gegen Ablehnung des gestellten Antrags, sondern lediglich in den in Nr. 6 aufgeführten Fällen, eine Ausdehnung auf andere Fälle ist unzulässig.

Das Beschwerderecht steht dem Gegenvormund oder Beistand nur zu, wenn sie selbst den Antrag gestellt haben, nicht wenn von einer anderen Person die Anregung ausging, die vom Gericht abschlägig verbeschieden wurde (OLG. **2** 37, ZBl. **2** 191).

Daneben hat in diesen Fällen der Mündel und das Kind das Beschwerderecht nach § 20.

8. Zu Nr. 7. Das Beschwerderecht des Gegenvormunds besteht gegen die nach §§ 1836, 1915 BGB. erfolgende **Bewilligung** — sowohl gegen diese überhaupt als auch gegen die Höhe — und gegen jede spätere **Erhöhung** des Honorars, nicht auch gegen die Herabsetzung und Entziehung. Daneben besteht das Beschwerderecht des Mündels — eventuell durch einen ihm zu bestellenden Pfleger — nach § 20.

Gegen die Bewilligung des Honorars an den Gegenvormund oder den Beistand nach §§ 1836, 1694 BGB. hat der Vormund namens des Mündels, bezw. die Mutter die Beschwerde nach § 20.

9. Zu Nr. 8. Die §§ 1665—1667 BGB. betreffen das Einschreiten des Vormundschaftsgerichts bei Verhinderung des Gewalthabers in der Ausübung der elterlichen Gewalt, bei Gefährdung des geistigen oder leiblichen Wohles des Kindes durch den Gewalthaber und bei Gefährdung des Vermögens des Kindes durch Pflichtverletzung oder Vermögensverfall des Gewalthabers.

Das erweiterte Beschwerderecht nach Nr. 8 besteht

a) gegen die **Ablehnung** des Antrages auf eine Anordnung des Vormundschaftsgerichts nach den erwähnten Gesetzesstellen ohne Rücksicht darauf, ob der Beschwerdeführer den Antrag gestellt hat,

b) gegen die **Aufhebung** einer getroffenen Maßregel.

Beschwerdeberechtigt sind die Verwandten und Verschwägerten des Kindes ohne Rücksicht auf Gradesnähe, also auch der andere Elternteil, der nicht Inhaber der elterlichen Gewalt ist; das Beschwerderecht ist nicht von einem rechtlichen oder berechtigten Interesse des Beschwerdeführers abhängig. Außerdem hat das Kind die Beschwerde nach §§ 20, 59 und, soferne die Maßregel die Sorge für die Person des Kindes betrifft, jeder der ein berechtigtes Interesse an der Wahrnehmung der Angelegenheit hat, nach § 57 Nr. 9 (OLG. **12** 210).

10. Zu Nr. 9. Angelegenheiten, welche die Sorge für die Person des Kindes oder Mündels betreffen, stehen im Gegensatz zu den das Vermögen betreffenden; der Begriff ist enger als derjenige der die Person betreffenden Angelegenheiten (in § 59). Es gehören hierher insbesondere die unter die §§ 1631—1633, 1666, 1800, 1838 BGB. fallenden Angelegenheiten, übrigens nicht bloß bestimmte einzelne Angelegenheiten, sondern auch solche allgemeinen Inhalts, wie die Auswahl des Vormunds, die Bestellung eines Gegenvormunds (ZBl. **2** 208, JRA. **2** 113, Recht **01** 432, **06** 1204, ZBl. **4** 95, **7** 727, OLG. **7** 205, 339, BayOLG. **6** 84, 89, BayZ. **1** 155, a. M. ZBl. **3** 122) oder die Abgabe der Vormundschaft an ein anderes Gericht (OLG. **2** 347, entgegen BayOLG. **1** 197, OLG. **1** 76). Auch in Angelegenheiten, welche die Sorge für die Person **und** das Vermögen betreffen, richtet sich die Anfechtungsbefugnis nach der Vorschrift des § 57 Nr. 9; so gehört hierher die Bestimmung des für die Erziehung und den Unterhalt des Kindes zu machenden Aufwandes (ZBl. **2** 284, BayOLG. **3** 115, Recht **6** 150) und wohl auch die Genehmigung des Vergleichs im Prozeß über die Unterhaltspflicht des unehelichen Vaters, da die Höhe des Unterhalts auf die Erziehung von Einfluß ist (verneint in ZBl. **1** 161, RJA. **1** 43, OLG. **1** 190). Keine die Sorge für die Person betreffende Angelegenheit ist die Bestellung eines Pflegers für einen Abwesenden (RJA. **6** 255, ZBl. **6** 794), eines Pflegers zur Verfolgung von Unterhaltsansprüchen des Kindes (BayOLG. **6** 346, ZBl. **6** 281, RJA. **6** 28), ebensowenig der Verkauf eines den Kindern gehörigen, von ihnen bewohnten Anwesens, wenn nicht etwa die Änderung in der Unterbringung der Kinder, sondern die Höhe des Verkaufspreises strittig ist (BayOLG. **6** 405).

Die **Beschwerdeberechtigung** in diesen Angelegenheiten hängt von dem Vorhandensein und Nachweis eines **berechtigten Interesses** an der Wahrnehmung der Angelegenheit ab. Berechtigtes Interesse im Gegensatz zum rechtlichen Interesse (Nr. 1) hat Jeder, der einen verständlichen Anlaß hat (Josef N. 16), sich des Kindes oder Mündels anzunehmen. Die Beschwerdeberechtigung setzt also immer voraus, daß der Beschwerdeführer das Interesse des Kindes oder Mündels, nicht sein eigenes mit der Beschwerde verfolgt (ZBl. **2** 339, OLG. **5** 438, Recht **5** 358); aus diesem Grunde wird insbesondere das Beschwerderecht der unehelichen Mutter wegen versagter Bestellung als Vormund ihres Kindes verneint (BayOLG. **7** 42, Recht **10** 67, RG. 15. 6. 06 in ZBl. **7** 726); daß der Beschwerdeführer schon in der Sache einen Antrag gestellt oder eine Anregung zu einem bestimmten Verfahren gegeben hat, ist nicht erforderlich.

Aus der Praxis: Berechtigtes Interesse ist **bejaht** für den Gemeindewaisenrat zur Wahrnehmung von Angelegenheiten des Kindes (ZBl. **1** 319, RJA. **1** 87, OLG. **1** 282), für Verwandte des Mündels an dessen Unterbringung in einer Irrenanstalt (BayOLG. **3** 673, SeuffA. **58** 431, Recht **6** 483), für den Ehemann bezüglich der Auswahl des Vormunds (OLG. **7** 339), für die Mutter hinsichtlich der Höhe des Aufwands für Erziehung und Unterhalt des Kindes (ZBl. **2** 884, BayOLG. **3** 115, Recht **6** 150), für den Vater gegenüber dem Antrag des Pflegers des Kindes, einen Teil der für dasselbe hinterlegten Wertpapiere zur Bestreitung von Unterhaltskosten zur Verfügung zu stellen (RJA. **4** 191, ZBl. **5** 410), für den Großvater des Mündels zur Verfolgung seines Antrages auf Entlassung des Vormunds und Bestellung seiner Person (Recht **04** 226, ZBl. **4** 793), für den Großvater in einem Verfahren nach § 166 BGB. (ZBl. **6** 765), für die uneheliche Mutter hinsichtlich der Auswahl des Vormunds (Recht **06** 1204), für das Pfarramt wegen

Nichtberücksichtigung des religiösen Bekenntnisses bei der Auswahl des Vormunds (ZBl. **7** 727), für den vom Mündel zur Durchführung der Anfechtungsklage bestellten Rechtsanwalt gegenüber der Verweigerung des Kostenvorschusses durch den Vormund (BayOLG. **4** 821), in Zwangserziehungssachen (BayOLG. **4** 153, 225), **verneint** für eine Armenanstalt, die nur ihr finanzielles Interesse verfolgt (OLG. **5** 438, ZBl. **3** 502, auch Leo in DJZ. **03** 247, a. M. BayObLG. 13. 9. 06 im Recht **06** 1269), für die Verwaltungsbehörde gegenüber der Genehmigung zum Antrag auf Entlassung des Mündels aus dem Staatsverband (ZBl. **2** 339), sowie gegenüber der Ablehnung der Bestellung eines Pflegers für das uneheliche Kind im Namensänderungsverfahren nach § 1706 BGB. (BayObLG. **6** 455, OLG. **12** 210), für den Vater, dem gemäß § 1638 BGB. die Verwaltung des Kindervermögens entzogen ist, gegenüber der Entscheidung über Genehmigung eines vom Pfleger über ein Anwesen des Kindes geschlossenen Kaufvertrags (BayObLG. **6** 405), für die nach § 1779 Abs. 2, § 1915 BGB. bei der Auswahl des Vormunds, Pflegers zu berücksichtigenden Personen, wenn das Gericht sie nicht auswählt (BayObLG. **6** 346)., für den Gemeindewaisenrat gegenüber einer Verfügung, durch die ein Vormund, Pfleger, Gegenvormund oder Beistand gegen seinen Willen entlassen wird, wie überhaupt gegenüber einer Verfügung der in § 60 FGG. bezeichneten Art (Recht **07** 129, ZBl. **7** 726), für den Dienstherrn gegenüber der Verfügung des Vormundschaftsgerichts, durch welche dem Mündel das Verlassen des Dienstes aufgegeben wird (ZBl. **1** 563, BayObLG. **1** 436), für den vom entmündigten Verschwender bestellten Anwalt im eigenen Namen gegenüber der Entscheidung über die Höhe des vom Mündel gewünschten Unterhalts (BayObLG. im Recht **06** 866 Nr. 2156, BayZ. **2** 363).

Bekanntmachung der hier in Frage kommenden Verfügungen erfolgt nach der Regel des § 16 Abs. 1 an diejenigen Personen, für welche sie ihrem Inhalte nach bestimmt sind, dagegen nicht etwa an alle nach § 57 Nr. 9 Beschwerdeberechtigten, deren Kreis schwer bestimmbar ist. Deshalb ist auch die erweiterte Beschwerdeberechtigung nach § 57 Nr. 9 in den Fällen ausgeschlossen, in denen die sofortige Beschwerde stattfindet **(Abs. 2),** da sonst die Rechtskraft dieser Verfügungen stets ungewiß wäre. Hiedurch ist, was insbesondere das Verhältnis zu § 60 Abs. 1 Nr. 1 anlangt, die Beschwerde gegen die Auswahl des Vormunds nicht ausgeschlossen; denn dadurch, daß dort dem Übergangenen lediglich die sofortige Beschwerde gegen die Übergehung gegeben ist, wird im übrigen die Beschwerdeberechtigung gegen die Auswahl des Vormunds nicht beeinflußt (ZBl. **4** 95, Recht **05** 168).

11. In **Bayern** sind für die Beschwerdeberechtigung gegenüber Verfügungen des Vormundschaftsgerichts, durch welche die Zwangserziehung oder die vorläufige Unterbringung eines Minderjährigen angeordnet, und diejenige, durch welche der die Zwangserziehung anordnende Beschluß aufgehoben wird, in Art. 4 Abs. 3, Art. 6 Abs. 2 ZEG. Sondervorschriften enthalten; beschwerdeberechtigt sind

gegen die Anordnung die Eltern und der gesetzliche Vertreter des Minderjährigen, der Minderjährige selbst, wenn er das vierzehnte Lebensjahr vollendet hat, die Distriktsverwaltungsbehörde und die Heimatgemeinde,

gegen die Aufhebung die Distriktsverwaltungsbehörde.

Damit wollte die Beschwerdeberechtigung aber nicht erschöpfend geregelt werden. Es gelten daneben gemäß Art. 12 ZEG. auch noch die Vorschriften des § 20 und insbesondere diejenigen des § 57 Nr. 8 und 9 FGG. Während aber den in Art. 4, 6 ZEG. aufgeführten Personen bezw. Behörden nur die sofortige Beschwerde gegeben ist, ist die Beschwerde der nach den Vorschriften des FGG. Beschwerdeberechtigten die einfache; es steht deshalb der Anwendung des § 57 Nr. 9 die Bestimmung des

Abs. 2 dortselbst nicht im Wege (ebenso v. d. Pfordten, ZEG. N. 2b zu Art. 4, N. 3 zu Art. 6).

Für das Beschwerderecht gegen die Verfügung, durch welche die Anordnung der Zwangserziehung oder die Aufhebung derselben abgelehnt wird, kommen ausschließlich die Vorschriften des FGG., für die Ablehnung der Anordnung insbesondere § 57 Nr. 9 (aber nicht wegen des bloßen Interesses, dem Kinde oder Mündel nicht den Unterhalt gewähren zu müssen, a. M. BayObLG. **4** 223), für die Ablehnung der Aufhebung auch § 20 zur Anwendung. Aus § 20 ist insbesondere ein Beschwerderecht der Eltern und des gesetzlichen Vertreters des Minderjährigen, die in der Ausübung des ihnen zustehenden Erziehungsrechts durch die Zwangserziehung beeinträchtigt sind, gegen die Ablehnung der Aufhebung der Zwangserziehung abzuleiten. Dagegen kann für die Heimatgemeinde und das Fiskalat kein Beschwerderecht aus § 57 Nr. 9 abgeleitet werden, da diese nach Art. 8 ZEG. nur finanziell an der Aufhebung interessiert sind, aber mit einer Beschwerde nicht ein Interesse des Minderjährigen verfolgen (siehe oben N. 10, a. M. v. d. Pfordten N. 4 zu Art. 6).

Für die formellen Erfordernisse der Beschwerde in Zwangserziehungssachen gelten die Vorschriften des FGG. (BayObLG. **4** 12).

§ 58.

Führen mehrere Vormünder oder Pfleger die Vormundschaft oder die Pflegschaft gemeinschaftlich, so kann jeder von ihnen für den Mündel das Beschwerderecht selbständig ausüben.

Diese Vorschrift findet in den Fällen der §§ 1629, 1798 des Bürgerlichen Gesetzbuchs entsprechende Anwendung.

Beschwerderecht bei Mehrheit von Vormündern.

1. Beschwerderecht jedes Mitvormunds, -Pflegers; Abs. 1: Vergl. § 1797 Abs. 1 BGB. Nur wenn die mehreren Vormünder die Vormundschaft gemeinschaftlich führen, ist jeder von ihnen selbständig hinsichtlich aller Angelegenheiten der Vormundschaft beschwerdeberechtigt; eine Entscheidung des Vormundschaftsgerichts über Einlegung der Beschwerde nach § 1797 Abs. 1 Satz 2 BGB. ist natürlich ausgeschlossen. Hat dagegen nach § 1797 Abs. 2 BGB. das Vormundschaftsgericht die Führung der Vormundschaft unter mehrere Vormünder nach bestimmten Wirkungskreisen verteilt, so steht das Beschwerderecht jedem Vormund nur bezüglich der in seinen Wirkungskreis fallenden Angelegenheiten zu; die Beschränkung gilt auch, vorbehaltlich Abs. 2 (§ 1798 BGB.), wenn die Verfügung die Wirkungskreise mehrerer Vormünder gleichzeitig berührt; jeder hat aber die Beschwerde nur, soweit die Entscheidung seinen Wirkungskreis trifft. Dasselbe gilt für mehrere Pfleger, welche die Pflegschaft gemeinschaftlich führen, nach § 75 FGG. auch im Falle der Nachlaßpflegschaft. Vergl. die analoge Vorschrift des § 82 FGG. für mehrere Testamentsvollstrecker.

2. Beschwerderecht im Falle der Teilung der Sorge für die Person und für das Vermögen des Kindes, Mündels, Abs. 2: Das Vormundschaftsgericht entscheidet bei einer Meinungsverschiedenheit über die Vornahme einer sowohl die Person als das Vermögen des Kindes, Mündels betreffenden Handlung,

wenn die Sorge für die Person oder die Sorge für das Vermögen des Kindes nicht dem Inhaber der elterlichen Gewalt, sondern einem Pfleger zusteht (§ 1629 BGB.), wenn die Sorge für die Person und die Sorge für das Vermögen verschiedenen Vormündern zusteht (§ 1789 BGB.).

Gegen die Entscheidung des Vormundschaftsgerichts sind Gewalthaber und Pfleger bezw. die mehreren Vormünder für das Kind, den Mündel unbeschränkt und ohne Rücksicht auf den ihnen zugewiesenen Wirkungskreis, also ohne sich in der Beschwerdeführung und Begründung beschränken zu müssen, beschwerdeberechtigt, vorbehaltlich ihres eigenen Beschwerderechtes nach § 57 Nr. 9 FGG. Das Gleiche gilt im Verhältnis zwischen der Mutter und dem Vormund ihrer Kinder, wenn die Mutter die elterliche Gewalt durch Eingehung einer neuen Ehe verloren hat, da ihr in diesem Falle das Recht und die Pflicht, für die Person der Kinder zu sorgen, verbleibt (§ 1697 BGB., BayObLG. **3** 115, ZBl. **2** 884), ferner im Verhältnis zum Beistand, wenn die Mutter zwar die elterliche Gewalt hat, die Vermögensverwaltung aber einem Beistand übertragen ist (§ 1693 BGB.). Das Kind und der Mündel sind unter den Voraussetzungen des § 59 auch selbst beschwerdeberechtigt.

§ 59.

Ein unter elterlicher Gewalt stehendes Kind oder ein unter Vormundschaft stehender Mündel kann in allen seine Person betreffenden Angelegenheiten ohne Mitwirkung seines gesetzlichen Vertreters das Beschwerderecht ausüben. Das Gleiche gilt in Angelegenheiten, in denen der Mündel vor einer Entscheidung des Vormundschaftsgerichts gehört werden soll.

Diese Vorschriften finden auf Personen, die geschäftsunfähig sind oder nicht das vierzehnte Lebensjahr vollendet haben, keine Anwendung.

Beschwerdeberechtigung des Kindes und des Mündels:

1. Das Beschwerderecht wird für ein Kind oder einen Mündel regelmäßig durch dessen gesetzlichen Vertreter, Gewalthaber, Vormund oder Pfleger, ausgeübt. Nach § 59 kann das Kind und der Mündel — ein Beschwerderecht nach §§ 20, 57 FGG. vorausgesetzt — neben dem zur Beschwerde berechtigten gesetzlichen Vertreter und unabhängig von dessen Willen selbständig das Beschwerderecht ausüben. Die beiderseitigen Beschwerderechte sind von einander unabhängig und können gegenseitig nicht durch Verzicht oder Zurücknahme beeinflußt werden. § 59 gilt auch für die weitere Beschwerde (§ 63 FGG.).

2. Gegenstand der Anfechtung durch das Kind oder den Mündel sind nach Reichsrecht nur Entscheidungen des Vormundschaftsgerichts in reichsrechtlich geregelten Angelegenheiten, also nicht Entscheidungen des Amtsgerichts in sonstigen auf ein Kind oder einen Mündel bezüglichen Angelegenheiten, wie die Bestätigung der Annahme an Kindesstatt, ferner nicht Entscheidungen des Vormundschaftsgerichts in landesrechtlichen Angelegenheiten.

In **Bayern** hat der vierzehn Jahre alte Minderjährige ein selbständiges Beschwerderecht gegen den Beschluß, durch den die Zwangserziehung oder die vorläufige Unterbringung angeordnet wird (Art. 4 Abs. 3 ZEG. vom 10. 5. 02); außerdem findet aber nach Art. 12 ZEG. auch § 59 in Zwangserziehungssachen Anwendung; das ist von Bedeutung für die Anfechtung der Verfügung, durch die der Antrag auf Aufhebung der Zwangserziehung abgelehnt wird.

3. Voraussetzung des Beschwerderechts ist nach Abs. 2 Vollendung des 14. Lebensjahres — vorbehaltlich der weiter gehenden Beschränkung des § 1827 Abs. 2 BGB. — und Abwesenheit der in § 104 Nr. 2 und 3 BGB. aufgeführten Gründe der Geschäftsunfähigkeit, d. i. Ausschluß der freien Willensbestimmung durch krankhafte Störung der Geistestätigkeit und Entmündigung wegen Geisteskrankheit, gleichgiltig, ob sie nach BGB. oder nach früherem Recht erfolgt ist (Art. 155 EG. z. BGB., hiezu OLG. **8** 326 und wegen der Wirksamkeit der von einem unzuständigen Gericht ausgesprochenen Entmündigung ZBl. **6** 344). Beschwerdeberechtigt sind also außer den unter elterlicher Gewalt oder Vormundschaft stehenden vierzehn Jahre alten Minderjährigen die wegen Geistesschwäche, Verschwendung oder Trunksucht entmündigten bevormundeten volljährigen Personen, der unter vorläufige Vormundschaft Gestellte (Schultzenstein i. ZZP. **29** 266), der Pflegebefohlene, der zugleich unter elterlicher Gewalt oder Vormundschaft steht (siehe Schultzenstein i. ZZP. **25** 212).

4. Sachliche Voraussetzung des Beschwerderechts: Die Beschwerde findet für ein Kind in einer Art von Fällen, für den Mündel in zweierlei Fällen statt.

a) Kind und Mündel haben die Beschwerde in allen **ihre** Person — nicht blos die Sorge für die Person — mittelbar oder unmittelbar betreffenden Angelegenheiten, also auch in den die Person und das Vermögen betreffenden (siehe ZBl. **6** 266, zu eng BayObLG. **1** 193, OLG. **1** 76, wo das Beschwerderecht nur in den die Sorge für die Person unmittelbar betreffenden Angelegenheiten gegeben wird); auf Angelegenheiten, welche die elterliche Gewalt oder die Vormundschaft über Geschwister des Kindes oder Mündels (BayObLG. **6** 54, Recht **9** 111) oder über Kinder des Mündels **allein** betreffen, erstreckt sich das Beschwerderecht nicht; siehe hiezu auch Josef im Recht **04** 248. Es gehören hieher besonders die Fälle der §§ 3, 112, 113, 1308, 1337, 1612, 1838, 1357, 1631, 1800, 1636, 1666, 1750, 1751, 1729, 1731 BGB., Art. 41 Ziff. II EG. z. BGB.

b) Der Mündel — nicht auch das Kind, unrichtig ZBl. **2** 192 — hat ein selbständiges Beschwerderecht in Angelegenheiten, in denen er vor einer Entscheidung des Vormundschaftsgerichts gehört werden soll; siehe die einzelnen Fälle in § 1827 BGB. Das Beschwerderecht ist nicht davon abhängig, daß die Anhörung unterblieben ist oder die Entscheidung mit der bei der Anhörung erfolgten Äußerung des Mündels in Widerspruch steht; der Mündel kann auch eine nachträgliche Meinungsänderung mit der Beschwerde geltend machen.

Beispiele aus der Praxis: Beschwerderecht **bejaht** für die wegen Geistesschwäche entmündigte verwitwete Mutter in einer die Erziehung ihres minderjährigen Kindes betreffenden Sache (OLG. **5** 444), für den Mündel hinsichtlich der angestrebten Entlassung des Vormunds wegen Vernachlässigung der Sorge für seine Person (BayObLG. **1** 193, OLG. **1** 76), hinsichtlich einer den Unterhalt betreffenden Angelegenheit (RJA. **6** 168, ZBl. **6** 694), **verneint** gegen Ablehnung des Antrages auf Abgabe der Vormundschaft an ein anderes Gericht (BayObLG. **1** 193, OLG. **1** 76), hinsichtlich der angestrebten Entlassung des Vormunds wegen seiner Vermögensverwaltung (ebenda und Recht **9** 316, 480, RJA. **6** 7, ZBl. **6** 266), für die minderjährige uneheliche Mutter hinsichtlich der Entlassung des Vormunds ihres Kindes (RJA. **3** 371, OLG. **6** 299).

Darüber, daß sich aus der selbständigen Beschwerdeberechtigung nicht auch das Recht ergibt, selbständig Anträge zu stellen, siehe Josef in DNotZ. **4** 377 ff., Breit im ZBl. **4** 478; a. M. Rausnitz Zusatz zu § 10, Unger in ZZP. **34** 305, Jastrow in ZZP. **25** 530 ff.

5. Kind und Mündel können auf das Beschwerderecht selbständig verzichten und die Beschwerde zurücknehmen (BayObLG. **1** 437); der gesetzliche Vertreter kann insbesondere der Zurücknahme nicht entgegentreten.

Aus dem Beschwerderecht ergibt sich auch die Befugnis, Bevollmächtigte zur Beschwerdeführung zu bestellen.

6. Aus dem Beschwerderecht des Kindes und des Mündels ergibt sich nicht, daß die betreffenden Verfügungen des Vormundschaftsgerichts außer den gesetzlichen Vertretern auch dem Kinde oder Mündel bekannt zu machen sind.

§ 60.

Die sofortige Beschwerde findet statt:

1. gegen eine Verfügung, durch die ein als Vormund, Pfleger, Gegenvormund, Beistand oder Mitglied des Familienrats Berufener übergangen wird;
2. gegen eine Verfügung, durch welche die Weigerung, eine Vormundschaft, Pflegschaft, Gegenvormundschaft oder Beistandschaft zu übernehmen, zurückgewiesen wird;
3. gegen eine Verfügung, durch die ein Vormund, Pfleger, Gegenvormund oder Beistand gegen seinen Willen entlassen wird;
4. gegen eine Verfügung, durch die der Familienrat aufgehoben oder ein Mitglied des Familienrats gegen seinen Willen entlassen wird;
5. gegen eine Verfügung, durch die ein Volljähriger unter vorläufige Vormundschaft gestellt wird;
6. gegen Verfügungen, die erst mit der Rechtskraft wirksam werden.

Die Frist beginnt in den Fällen des Abs. 1 Nr. 1 mit dem Zeitpunkt, in welchem der Beschwerdeführer von seiner Übergehung Kenntnis erlangt, im Falle der Aufhebung des Familienrats mit dem Zeitpunkt, in welchem das Vormundschaftsgericht die bisherigen Mitglieder von der Aufhebung in Kenntnis setzt.

Fälle der sofortigen Beschwerde.

1. Vergl. über die sofortige Beschwerde § 22, über die sofortige weitere Beschwerde § 29 Abs. 2 FGG.; für zwei Fälle enthält § 60 Abs. 2 eine Abweichung von der Regel des § 22 Abs. 1.

Durch § 60 werden die Vorschriften über die Beschwerdeberechtigung der §§ 20, 57 Nr. 1 bis 9 nicht berührt; insbesondere kann im Falle des § 60 Nr. 1 die Auswahl des Vormunds auch von den nach § 57 Nr. 9 Beschwerdeberechtigten mit einfacher unbefristeter Beschwerde angefochten werden, wenn auch dort dem Übergangenen selbst nur die sofortige Beschwerde gegeben ist (ZBl. **4** 96, Recht **05** 168; unrichtig m. E. Rausnitz N. 21, 22, Dorner N. 2, welche auch Dritten Beschwerdeberechtigten die sofortige Beschwerde geben und damit wegen § 60 Abs. 2 in Schwierigkeiten wegen des Fristbeginnes für die sofortige Beschwerde dieser Personen geraten).

2. Zu Nr. 1. Vergl. über Berufung zum Vormund §§ 1776, 1778, 1897, 1899, 1900, zum Pfleger §§ 1915—1917, zum Gegenvormund § 1792 Abs. 4, zum

Beistand § 1694 Abs. 1, zum Mitglied des Familienrats §§ 1861, 1867 BGB. Nur für die Fälle der **gesetzlichen Berufung** nach diesen Vorschriften gilt § 60 Nr. 1, nicht für den Fall, daß sich das Vormundschaftsgericht nicht an die Sollvorschrift des § 1779 Abs. 2, 1915 BGB. über die Auswahl des Vormunds, Pflegers beim Mangel gesetzlich Berufener hält (BayObLG. **6** 84, 346, Recht **00** 463). Wegen der Beschwerdeberechtigung siehe auch N. 1.

Gleichgiltig ist, ob die Übergehung des Berufenen ausdrücklich ausgesprochen oder nur stillschweigend durch Bestellung eines Anderen zum Vormund erfolgt ist, ob sie absichtlich oder aus Unkenntnis von dem Vorhandensein des Berufenen geschehen ist. Bei stillschweigender Übergehung richtet sich die Beschwerde gegen die Bestellung des Anderen zum Vormund, bei der Übergehung durch Zurückweisung des Verlangens des Berufenen auf Bestellung gegen diese Verfügung ohne Rücksicht darauf, ob das Gericht schon einen anderen Vormund bestellt hat (RJA. **5** 130, Recht **05** 290, OLG. **10** 322, ZBl. **6** 55). Erfolgt die Übergehung durch Entscheidung der Beschwerdeinstanz, nämlich durch Anordnung der Entlassung eines Berufenen, so hat dieser gegen die Entscheidung der Beschwerdeinstanz die sofortige weitere Beschwerde (§ 29 Abs. 2 FGG. und N. 7 zu § 29). Die Übergehung macht die Bestellung einer anderen Person nicht unwirksam, sondern gibt lediglich dem Übergangenen das Recht zur sofortigen Beschwerde (BayObLG. **5** 160, Recht **04** 226).

Der Beginn der Beschwerdefrist ist für diesen Fall abweichend von der Regel des § 22 Abs. 1 Satz 2 durch § 60 **Abs. 2** auf den Zeitpunkt festgesetzt, in dem der Beschwerdeführer (der Übergangene) von seiner Übergehung — nämlich von dem Eintritt des Falles der Bevormundung, der Bestellung eines Anderen zum Vormund und von seiner eigenen Berufung, nämlich den Tatsachen, auf die sich dieselbe stützt, — Kenntnis erlangt, gleichgiltig auf welchem Wege, ob durch amtliche Mitteilung oder auf privatem Wege. Zum Nachweis der Wahrung der Frist hat der Beschwerdeführer ein Interesse daran, die Erlangung der Kenntnis bezw. seine bisherige Unkenntnis darzutun; nötigenfalls hat das Gericht nach § 12 FGG. den Zeitpunkt zu ermitteln.

Ist die Beschwerdefrist einmal versäumt, so ist das Recht auf die Berufung nicht auf alle Zeit erloschen, sondern kann nach Wegfall des derzeitigen Vormunds, Pflegers rc. durch sofortige Beschwerde gegen Bestellung eines neuen geltend gemacht werden (OLG. **5** 201).

3. Zu Nr. 2. Vergl. bezüglich der Weigerung zur Übernahme der Vormundschaft §§ 1786, 1787 Abs. 2, der Pflegschaft § 1915, der Gegenvormundschaft § 1792, der Beistandschaft § 1694 Abs. 1 BGB. Nur gegen die Zurückweisung der Weigerung findet die sofortige Beschwerde statt und zwar nur für den sich Weigernden; die Verfügung, durch die der Weigerung stattgegeben wird, kann nur mit der einfachen Beschwerde angefochten werden. Auch auf die Zurückweisung des Antrages auf Entlassung nach § 1889 BGB. findet § 60 Nr. 2 nicht Anwendung.

Der Beschwerdeführer hat auf Verlangen des Vormundschaftsgerichts bis zur Entscheidung über die Beschwerde die Vormundschaft zu führen (§ 1787 Abs. 2 BGB.); das Beschwerdegericht kann eine solche Verfügung nach § 24 Abs. 3 FGG. außer Kraft setzen.

4. Zu Nr. 3. Siehe wegen Entlassung des Vormunds §§ 1886—1888, des Pflegers § 1915, des Gegenvormunds § 1792 Abs. 4, des Beistands § 1694 Abs. 1 BGB. Die sofortige Beschwerde findet nur gegen die Entlassung wider den Willen des Entlassenen statt, also nicht, wenn sie nach § 1889 BGB. auf seinen Antrag erfolgt, in anderen Fällen dann nicht, wenn er sich vor der Verfügung der Entlassung mit derselben ausdrücklich einverstanden erklärt hat (a. M. Rausnitz N. 2). Die Beschwerde hat keine aufschiebende Wirkung, die Entlassung wird mit der Bekanntmachung an den Entlassenen nach § 16 Abs. 1 FGG. wirksam und macht die sofortige Bestellung eines anderen Vormunds, Pflegers ꝛc. notwendig. Gegen die Ablehnung des Antrags auf Entlassung findet die einfache Beschwerde statt.

Weist das Landgericht auf Beschwerde hin das Vormundschaftsgericht zur Entlassung und zur Bestellung eines anderen Vormunds an, so kann der bisherige Vormund nur diese Entscheidung des Beschwerdegerichts mit der sofortigen Beschwerde anfechten, nicht die in Ausführung dieser Entscheidung erfolgte Verfügung des Vormundschaftsgerichts. Die Beschwerde kann schon vor der tatsächlichen Entlassung erhoben werden; siehe auch Nr. 2.

5. Zu Nr. 4. Über Aufhebung des Familienrats durch das Vormundschaftsgericht siehe § 1879 BGB. Von der Aufhebung hat das Vormundschaftsgericht die bisherigen Mitglieder, den Vormund und den Gegenvormund in Kenntnis zu setzen (§ 1881 Abs. 1 BGB.) und zwar wegen § 60 Abs. 2 in Form der Zustellung nach § 16 Abs. 2 Satz 1 FGG.; mit der letzten Zustellung wird die Verfügung wirksam. Wegen der Beschwerdeberechtigung gegen die Aufhebung siehe neben § 20 auch § 57 Nr. 4 FGG; alle Beschwerdeberechtigten haben nur die sofortige Beschwerde.

Der Beginn der Beschwerdefrist ist abweichend von der Regel des § 22 Abs. 1 Satz 2 FGG durch § 60 **Abs. 2** auf den Zeitpunkt festgesetzt, in dem das Vormundschaftsgericht die bisherigen Mitglieder von der Aufhebung in Kenntnis setzt. Die Frist läuft für jedes Familienratsmitglied von der an dasselbe erfolgten Zustellung, für die übrigen Beschwerdeberechtigten von der letzten Zustellung an ein Familienratsmitglied ab.

Die Entlassung eines Familienratsmitglieds erfolgt nach § 1878 Abs. 2 BGB. durch das dem Vormundschaftsgericht vorgesetzte Landgericht; wegen des Instanzenzugs und des Ausschlusses der weiteren Beschwerde siehe § 64 FGG.

6. Zu Nr. 5. Wegen vorläufiger Vormundschaft siehe § 1906 BGB. Für den Beginn der Frist für die sofortige Beschwerde gilt die Regel des § 22 Abs. 1 FGG. Wegen der weiteren Beschwerde gegen die Entscheidung des Beschwerdegerichts, durch welche die angeordnete vorläufige Vormundschaft aufgehoben wird, siehe N. 7 zu § 29 Abs. 2 und die sich widersprechenden Entscheidungen OLG. **2** 264 und **7** 207. Gegen die Ablehnung oder Aufhebung der vorläufigen Vormundschaft findet die einfache Beschwerde statt; wegen der Beschwerdeberechtigung siehe § 57 Nr. 2. Siehe auch die §§ 52 und 61.

7. Zu Nr. 6. Siehe Nr. 53 Abs. 1, 82 Abs. 2 FGG. Hat das Gericht in diesen Fällen die sofortige Wirksamkeit der Verfügung nach § 53 Abs. 2 FGG. angeordnet, so findet nicht mehr sofortige Beschwerde statt. Der Fall des § 56 Abs. 2 (Volljährigkeitserklärung) hat für Bayern keine Bedeutung; siehe § 196 und Noten hiezu.

8. Zu Abs. 2. Siehe Nr. 2 und 4.

9. In **Bayern** ist in Zwangserziehungssachen bestimmten Personen nur die sofortige Beschwerde gegeben, nämlich

gegen die Verfügung, durch welche die Zwangserziehung oder die vorläufige Unterbringung eines Minderjährigen angeordnet wird, den Eltern und dem gesetzlichen Vertreter des Minderjährigen, dem Minderjährigen selbst, wenn er das vierzehnte Lebensjahr vollendet hat, der Distriktsverwaltungsbehörde und der Heimatgemeinde (Art. 4 Abs. 3), gegen den die Zwangserziehung aufhebenden Beschluß der Distriktsverwaltungsbehörde (Art. 6 ZEG.).

Sonstigen Beschwerdeberechtigten (siehe Nr. 11 zu § 57) steht nur die einfache Beschwerde zu (BayObLG. **4** 223, SeuffBl. **04** 445).

Ebenso findet gegen die Ablehnung der Anordnung nur die einfache Beschwerde statt (BayObLG. **4** 153, **5** 39).

§ 61.

Wird eine Verfügung, durch die ein Volljähriger unter vorläufige Vormundschaft gestellt ist, von dem Beschwerdegericht aufgehoben, so kann die Wirksamkeit der von oder gegenüber dem Volljährigen vorgenommenen Rechtsgeschäfte nicht auf Grund der aufgehobenen Verfügung in Frage gestellt werden.

Aufhebung der vorläufigen Vormundschaft durch das Beschwerdegericht.

1. Vergl. § 1906 BGB. Das Vormundschaftsgericht selbst kann die vorläufige Vormundschaft nur mehr nach § 1908 Abs. 3 BGB. wegen Fortfall des Schutzbedürfnisses aufheben, dagegen kann es die Verfügung, durch die es dieselbe angeordnet hat, wegen der Zulässigkeit der sofortigen Beschwerde nicht mehr ändern (§ 18 Abs. 2, § 60, Abs. 1 Nr. 5 FGG).

2. Die Aufhebung durch das Beschwerdegericht oder das Gericht der weiteren Beschwerde (§ 63) wirkt auf den Zeitpunkt der Einleitung der vorläufigen Vormundschaft zurück; die zwischen der Einleitung und der Aufhebung von dem Volljährigen ohne Mitwirkung des Vormunds oder ihm gegenüber vorgenommenen Rechtsgeschäfte sind giltig; vergl. die analoge Bestimmung des § 115 BGB. für die Aufhebung des Entmündigungsbeschlusses. Aber auch die vom Vormund vorgenommenen Rechtsgeschäfte behalten trotz der Aufhebung nach Maßgabe des § 32 FGG. ihre Giltigkeit. Kollisionen zwischen Erklärungen des unter vorläufige Vormundschaft Gestellten und seines Vormunds sind nach Maßgabe des Bürgerlichen Rechts zu beseitigen (vergl. Staudinger I N. 2 zu § 115).

§ 62.

Soweit eine Verfügung nach § 55 von dem Vormundschaftsgerichte nicht mehr geändert werden kann, ist auch das Beschwerdegericht nicht berechtigt, sie zu ändern.

Beschränkung des Abänderungsrechts des Beschwerdegerichts.

1. § 55 erklärt für unabänderlich

die Verfügung, durch die die Genehmigung zu einem Rechtsgeschäft erteilt oder verweigert wird, sobald die Genehmigung oder deren Weigerung einem Dritten gegenüber wirksam geworden ist,

die Verfügung, durch die die Zustimmung zu einer Ehelichkeitserklärung ersetzt wird, sobald die Ehelichkeitserklärung erfolgt ist.

Folgerichtig muß auch von den bezeichneten Zeitpunkten ab die Möglichkeit einer Änderung durch das Beschwerdegericht oder das Gericht der weiteren Beschwerde (§ 63) ausgeschlossen sein. Die Wirksamkeit der Verfügung steht nicht nur der Beschwerde des Gegenkontrahenten, sondern auch der eines Dritten durch den Vertrag angeblich Beeinträchtigten entgegen (ZBl. **6** 376).

2. Aus § 62 ergibt sich:

a) Eine eingelegte Beschwerde ist als unzulässig ohne materielle Prüfung zu verwerfen, wenn Tatsachen, an die sich die Unabänderlichkeit der angefochtenen Verfügung knüpft, entweder vor Einlegung der Beschwerde oder nach derselben und vor der Entscheidung des Beschwerdegerichts eingetreten sind; das Beschwerdegericht hat, wenn es begründete Zweifel hat, ob nicht die Unabänderlichkeit nach Maßgabe des § 55 schon eingetreten ist, nach § 12 Ermittelungen anzustellen; eine unbedingte Verpflichtung zur Anstellung solcher Ermittelungen für alle Fälle besteht nicht (Schultzenstein in ZZP. **25** 189).

b) Das Beschwerdegericht ist in gleicher Weise wie die erste Instanz verhindert, seine Entscheidung nach § 18 Abs. 1 abzuändern, sobald nach seiner Entscheidung jene Tatsachen eingetreten sind.

c) Eine Entscheidung des Beschwerdegerichts, die entgegen der Vorschrift des § 55 die Verfügung ändert, ist rechtlich unwirksam, kann aber durch weitere Beschwerde auch noch formell beseitigt werden.

§ 63.

Auf die weitere Beschwerde finden die Vorschriften der §§ 57 bis 62 entsprechende Anwendung.

Weitere Beschwerde.

1. Neben den allgemeinen Vorschriften des 1. Abschnittes über die weitere Beschwerde finden in Vormundschaftssachen auch die Sonderbestimmungen der §§ 57—62 Anwendung. Die nach den §§ 57—59 beschwerdeberechtigten Personen haben das Recht zur weiteren Beschwerde ohne Rücksicht darauf, ob sie auch die erste Beschwerde eingelegt haben; auf § 57 Nr. 1 bis 9 kann das Recht zur weiteren Beschwerde nur dann gestützt werden, wenn die Entscheidung des Beschwerdegerichts den Inhalt hat, wie er nach jenen Vorschriften Voraussetzung des ausgedehnten Beschwerderechts ist, ohne Rücksicht darauf, wie die Entscheidung der 1. Instanz gelautet hat, nicht dagegen, wenn nur die Entscheidung erster Instanz einen solchen Inhalt hatte, in der Beschwerdeinstanz aber abgeändert worden ist. Für die Anwendung des § 59 genügt es, wenn das Kind oder der Mündel zur Zeit der Einlegung der weiteren Beschwerde geschäftsfähig, bezw. 14 Jahre alt war. Die sofortige weitere Beschwerde findet nach § 29 Abs. 2 FGG. in den Fällen des § 60 stets und ohne Rücksicht darauf Anwendung, ob auch die Entscheidung des Beschwerdegerichts den Inhalt hatte, wie er nach § 60 Voraussetzung der sofortigen Beschwerde ist, also auch, wenn das Beschwerdegericht eine Entscheidung des Vormundschaftsgerichts des gedachten Inhalts aufgehoben hat (siehe N. 7 zu § 29; ebenso Josef zu § 63, Rausnitz N. 3, a. M. Dorner N. 2e, Fuchs N. 3, Schultze-Görlitz N. 1).

2. § 63 findet gemäß § 75 FGG. auf die Nachlaßpflegschaft entsprechende Anwendung.

§ 64.

Gegen eine Verfügung, durch die über die Entlassung eines Mitglieds des Familienrats von dem Gerichte, welches dem Vormundschaftsgericht im Instanzenzuge vorgeordnet ist, entschieden wird, findet die Beschwerde an das Oberlandesgericht statt. Die weitere Beschwerde ist ausgeschlossen.

Beschwerde gegen die die Entlassung eines Familienrats-mitglieds betreffende Entscheidung.

1. Da nach § 1878 Abs. 2 BGB. die Entscheidung über die Entlassung eines Familienratsmitglieds durch das Vormundschaftsgericht durch das im Instanzenzug vorgeordnete Gericht, also durch das Landgericht erfolgt, bedurfte es im Hinblick auf § 19 Abs. 2 dieser besonderen Zuständigkeitsbestimmung. Das Oberlandesgericht ist zuständig, gleichviel ob die Entlassung vom Vormundschaftsgericht ausgesprochen oder abgelehnt wird. Die Beschwerde ist die sofortige, soferne die Entlassung gegen den Willen des Entlassenen ausgesprochen wurde (§ 60 Nr. 4). Da das Landgericht nicht als Beschwerdeinstanz entschieden hat, die Beschwerde zum Oberlandesgericht also nicht den Charakter einer weiteren Beschwerde hat, finden nicht die Vorschriften der §§ 27, 29, sondern der §§ 21—25 FGG. Anwendung; es ist also insbesondere Voraussetzung der Beschwerde nicht eine Gesetzesverletzung. Die Vorschrift gilt auch im Falle des § 195 FGG.

2. In **Bayern** entscheidet über die Beschwerde an Stelle des Oberlandesgerichts das Oberste Landesgericht gemäß § 199 Abs. 2 FGG., Art. 40 Abs. 3 AG. z. GVG.

Dritter Abschnitt.

Annahme an Kindesstatt.

§ 65.

Die Bestätigung des Vertrags, durch welchen jemand an Kindesstatt angenommen oder das durch die Annahme an Kindesstatt begründete Rechtsverhältnis wieder aufgehoben wird, gehört zur Zuständigkeit der Amtsgerichte.

Sachliche Zuständigkeit.

Die Annahme an Kindesstatt sowie die Aufhebung des durch die Annahme begründeten Rechtsverhältnisses erfolgt durch Vertrag, der nach Reichsrecht vor Gericht oder einem Notar geschlossen werden muß (§§ 1741, 1750 Abs. 2, 1768, 1770 BGB.); in Bayern sind ausschließlich die Notare zuständig (Art. 1 NotG., Art. 15 Abs. 2 AG. z. GVG.).

Diese Verträge bedürfen der Bestätigung durch das zuständige Gericht (§ 1741 Abs. 2, § 1770 BGB.). Als Ausführungsnorm hiezu bestimmt § 65, daß für die Bestätigung **sachlich zuständig** das **Amtsgericht** ist. Diese Zuständigkeitsbestimmung kann durch Landesrecht nicht geändert werden; insbesondere findet Art. 147 Abs. 1 EG. z. BGB. keine Anwendung, da das Amtsgericht nicht in seiner Eigenschaft als Vormundschaftsgericht zuständig ist, auch dann nicht, wenn die anzunehmende Person unter Vormundschaft steht. Nur nach dem Fürsten- und Adelsrecht der Einzelstaaten sind nach Art. 57, 58 EG. z. BGB. abweichende Bestimmungen möglich.

Folge der Zuständigkeitsbestimmung ist, daß auf das Verfahren hinsichtlich der Bestätigung die allgemeinen Vorschriften des ersten Abschnittes Anwendung finden, soweit nicht in den §§ 67, 68 ein anderes bestimmt ist.

Der Antrag auf Bestätigung kann wirksam sowohl von allen als auch von einem der Beteiligten gestellt werden; vgl. auch § 68 Abs. 2. Die Bestätigung, der lediglich eine formelle Prüfung der gesetzlichen Voraussetzungen für die Annahme vorausgeht, hat deklaratorischen Charakter; sie ist nichtig, wenn sie durch ein sachlich unzuständiges Gericht oder eine andere Behörde erfolgt.

Über die örtliche Zuständigkeit siehe § 66.

§ 66.

Für die Bestätigung ist das Gericht zuständig, in dessen Bezirke der Annehmende zu der Zeit, zu welcher der Antrag auf Bestätigung eingereicht oder nach Maßgabe des § 1753 Abs. 2 des Bürgerlichen Gesetzbuchs das Gericht oder der Notar mit der Einreichung betraut wird, seinen Wohnsitz oder in Ermangelung eines inländischen Wohnsitzes seinen Aufenthalt hat.

Ist der Annehmende ein Deutscher und hat er im Inlande weder Wohnsitz noch Aufenthalt, so ist das Gericht zuständig, in dessen Bezirke der Annehmende seinen letzten inländischen Wohnsitz hatte. In Ermangelung eines solchen Wohnsitzes wird das zuständige Gericht, falls der Annehmende einem Bundesstaat angehört, von der Landesjustizverwaltung, andernfalls von dem Reichskanzler bestimmt.

Örtliche Zuständigkeit.

1. Geregelt ist hier die örtliche Zuständigkeit **nur für die Bestätigung,** nicht auch für die Beurkundung der zu bestätigenden Verträge. Die örtliche Zuständigkeit ist in der nämlichen Weise geregelt wie für die Vormundschaft (siehe die Noten zu § 36); maßgebend ist jedoch nicht der Wohnsitz oder Aufenthalt des Kindes, sondern des Annehmenden ohne Rücksicht auf dessen Staatsangehörigkeit; auch auf Ausländer findet die Vorschrift Anwendung, soweit die Annahme durch einen Ausländer nach dem internationalen Privatrecht wirksam nach deutschem Recht erfolgen kann (Art. 22 EG. z. BGB., siehe auch Dorner N. 3 zu § 66).

Bestimmung eines anderen Gerichts durch Vereinbarung ist ausgeschlossen. Bei mehrfachem Wohnsitz des Annehmenden haben die Beteiligten die Wahl unter den zuständigen Gerichten; eventuell findet § 4 Anwendung. Die durch ein örtlich unzuständiges Gericht vorgenommene Bestätigung ist wirksam (§ 7).

Für die Bestätigung der Annahme durch einen Ausländer, der im Inland weder Wohnsitz noch Aufenthalt hat, wurde eine Zuständigkeitsbestimmung praktisch nicht für notwendig erachtet (D. 53).

2. Maßgebender Zeitpunkt für die Bestimmung der Zuständigkeit ist nicht der des Vertragsabschlusses, sondern

regelmäßig die Zeit, in welcher der Antrag auf Bestätigung beim zuständigen Gericht eingereicht wird,

im Falle der Bestätigung nach dem Tode des Annehmenden, soweit diese nach § 1753 Abs. 2 BGB. zulässig ist, der Zeitpunkt, in welchem der Annehmende oder das Kind bei oder nach der Beurkundung des Vertrages den Notar, der den Vertrag beurkundet hat, mit der Einreichung des Antrages auf Bestätigung beim zuständigen Gericht betraut hat; es bedarf eines ausdrücklichen Auftrages an den Notar, dieser ist nicht kraft Gesetzes zu dem Antrage ermächtigt.

Ein Wechsel der maßgebenden Verhältnisse nach dem angegebenen Zeitpunkt und vor Erledigung des auf die Bestätigung gerichteten Verfahrens ist ohne Einfluß.

3. In Bayern ist das für die Bestätigung zuständige Gericht zugleich zuständig für die Entgegennahme und Instruktion der Gesuche um Bewilligung der Befreiung von dem für die Annahme an Kindesstatt erforderlichen Alter des Annehmenden (§§ 1744, 1745 BGB.); nur wenn für die Bestätigung ein bayerisches Gericht nicht zuständig ist, steht die Instruktion dem Amtsgericht zu, in dessen Bezirke die Heimatgemeinde des Annehmenden gelegen ist. Die Befreiung selbst erfolgt durch Königl. Entschließung nach Vernehmung des Staatsministeriums der Justiz (K. Allerh. VO. vom 24. Dez. 1899 § 21, G. u. VBl. 1229; JMBl. 1900 S. 97). Über die

Erfordernisse des Gesuchs und das Verfahren bei der Instruktion bestimmt die JMBek. vom 24. Dez. 1899, JMBl. 1900 S. 106 Folgendes:

In dem Gesuch um die Bewilligung sind die Tatsachen zu bezeichnen, durch die das Gesuch begründet werden soll (§ 1). Das Amtsgericht hat die erheblichen Tatsachen, insbesondere das Alter, die Staatsangehörigkeit und die Leumunds- und Vermögensverhältnisse des Annehmenden sowie das Alter des Kindes festzustellen und die Äußerung des für das Kind zuständigen Vormundschaftsgerichts über das Gesuch zu erholen (§ 2). Das Gesuch ist mit den Ermittelungen von dem Amtsgerichte dem Staatsanwalte bei dem Landgerichte und von diesem durch die Vermittelung des Oberstaatsanwalts dem Staatsministerium der Justiz vorzulegen. Die genannten Behörden haben sich gutachtlich über das Gesuch zu äußern; das Gutachten hat sich auch darauf zu erstrecken, welche Gebühr für die Entscheidung über das Gesuch nach den Vermögensverhältnissen des Gesuchstellers angemessen erscheint (§ 3).

Über die Gebühr für die Entscheidung siehe Art. 220 GebG.

§ 67.

Der Beschluß, durch den die Bestätigung erteilt wird, tritt mit der Bekanntmachung an den Annehmenden in Wirksamkeit.

Ist die Bestätigung noch nach dem Tode des Annehmenden zulässig, so tritt der Beschluß, unbeschadet der Vorschriften des § 1753 Abs. 3 und des § 1770 des Bürgerlichen Gesetzbuchs, mit der Bekanntmachung an das Kind in Wirksamkeit; wird nach dem Tode des Kindes das zwischen den übrigen Beteiligten bestehende Rechtsverhältnis durch Vertrag aufgehoben, so tritt der Beschluß, durch welchen die Aufhebung nach dem Tode des Annehmenden bestätigt wird, mit der Bekanntmachung an die übrigen Beteiligten in Wirksamkeit.

Das Gericht ist zu einer Änderung des Beschlusses nicht befugt.

Wirksamkeit der Bestätigung.

1. Beginn der Wirksamkeit der Bestätigung: Die Annahme an Kindesstatt und deren Wiederaufhebung tritt mit der Bestätigung des Vertrages in Kraft (§§ 1754, 1770 BGB.), also mit dem Eintritt der Wirksamkeit des Bestätigungsbeschlusses. Die Wirksamkeit tritt ein:

a) regelmäßig mit der Bekanntmachung des Beschlusses an den Annehmenden für alle Beteiligten, im Falle der Annahme durch ein Ehepaar nach § 1749 Abs. 2 BGB. also erst mit der Bekanntmachung an beide Eheleute (a. M. Rausnitz, der die erste Bekanntmachung an einen Ehegatten entscheiden lassen will); die Bekanntmachung des Beschlusses an das Kind oder seinen gesetzlichen Vertreter und die an dem Vertrage beteiligten Abkömmlinge (§§ 1762, 1768 BGB.) ist damit nicht erlassen;

b) im Falle der Bestätigung nach dem Tode des Annehmenden, soweit dieselbe zulässig ist, mit der Bekanntmachung an das Kind bezw., soferne dasselbe in der Geschäftsfähigkeit beschränkt ist, an seinen gesetzlichen Vertreter (§§ 1750, 1751 BGB., D. 53, a. M. Rausnitz, der Zustellung an das Kind und seinen Vertreter fordert); die Annahme oder Aufhebung gilt jedoch nach § 1753 Abs. 3, § 1770 BGB. als schon vor dem Tode des Annehmenden erfolgt; die Bekanntmachung hat außerdem an die beteiligten Abkömmlinge des Kindes, an die Erben des Annehmenden und bei Annahme durch ein Ehepaar an den überlebenden Ehegatten zu erfolgen;

c) im Falle der Aufhebung des Verhältnisses nach dem Tode des Kindes nach Maßgabe des § 1769 BGB. und der erst nach dem Tode des Annehmenden erfolgenden Bestätigung dieses Beschlusses mit der Bekanntmachung an die sämtlichen übrigen Beteiligten, also erst mit der zuletzt bewirkten Bekanntmachung; Beteiligte sind hier die Erben des Annehmenden, bei Annahme durch ein Ehepaar der überlebende Ehegatte, ferner die Abkömmlinge und sonstigen Erben des Kindes.

Wird die nach dem Tode des Kindes erfolgte Aufhebung bei Lebzeiten des Annehmenden bestätigt, so wird der Bestätigungsbeschluß nach § 67 Abs. 1 mit der Bekanntmachung an den Annehmenden wirksam.

Für den Beginn der Wirksamkeit des die Bestätigung versagenden Beschlusses gilt die allgemeine Regel des § 16 (a. M. Dorner N. 3 zu § 68, der Rechtskraft des Beschlusses verlangt, wogegen sich mit Recht Rausnitz N. 3 zu § 68 wendet); die Bekanntmachung dieses Beschlusses muß wegen § 68 Abs. 2 durch förmliche Zustellung erfolgen.

2. Abweichend von der Regel des § 18 Abs. 1 ist der Bestätigungsbeschluß **unabänderlich** und zwar sowohl für das Gericht, das ihn erlassen hat (Abs. 2), als für eine Beschwerdeinstanz (§ 68 Abs. 1). Der Verlust der Abänderungsbefugnis tritt erst mit der ersten Bekanntmachung ein (a. M. Rausnitz, der ihn an den Erlaß der Verfügung knüpft).

§ 68.

Gegen den Beschluß, durch welchen die Bestätigung erteilt wird, findet kein Rechtsmittel statt.

Gegen den Beschluß, durch welchen die Bestätigung versagt wird, findet die sofortige Beschwerde statt. Die Beschwerde steht jedem der Vertragschließenden zu, auch wenn der Antrag auf Bestätigung von ihm nicht gestellt war. Die Vorschriften des § 22 Abs. 2, des § 24 Abs. 3 und des § 26 Satz 2 finden keine Anwendung.

Rechtsmittel.

1. Ausschluß von Rechtsmitteln gegen den Bestätigungsbeschluß: Die Annahme tritt mit der Bestätigung in Kraft; das Gleiche gilt für die Wiederaufhebung (§§ 1754 Abs. 1, 1770 BGB.); um jede auch nur zeitweilige Unsicherheit in der Rechtslage zu vermeiden, sind Rechtsmittel gegen den Bestätigungsbeschluß ausgeschlossen; es schaden daher weder formelle Verstöße in dem Verfahren, noch die irrtümliche Annahme der Voraussetzungen der Bestätigung, soferne nur ein sachlich zuständiges Gericht (Amtsgericht) entschieden hat. Die Anfechtbarkeit des Vertrages selbst aus materiellrechtlichen Gründen wird dadurch nicht berührt (OLG. Hamburg, HansGerZ. **03** Beibl. 293, Geib in ZZP. **32** 450, a. M. Dernburg IV 307).

2. Rechtsmittel gegen Verweigerung der Bestätigung:

a) die sofortige Beschwerde nach Maßgabe des § 22 Abs. 1 findet statt gegen die Versagung der Bestätigung wegen des Mangels eines gesetzlichen Erfordernisses der Annahme; die Bestimmung war notwendig wegen § 1754 Abs. 2 Satz 2

BGB.; nach § 18 Abs. 2 ist das Amtsgericht zu einer Änderung seiner Verfügung nicht berechtigt.

b) Die einfache Beschwerde findet statt gegen die Ablehnung der Bestätigung aus anderen Gründen ohne eine sachliche Prüfung der gesetzlichen Erfordernisse, also insbesondere wegen örtlicher Unzuständigkeit des angegangenen Gerichts (SeuffA. **57** 176).

3. Für **das Verfahren auf die sofortige Beschwerde** gelten nach Abs. 2 Satz 2 und 3 folgende von den allgemeinen Regeln abweichende Vorschriften:

Beschwerdeberechtigt ist (abweichend von § 20 Abs. 2) jeder Vertragsteil, auch wenn der Antrag auf Bestätigung von ihm nicht gestellt ist; der Versagungsbeschluß ist deshalb allen Vertragschließenden, nicht bloß dem Antragsteller formell zuzustellen. Das Beschwerderecht kann von einem unter elterlicher Gewalt stehenden Kinde oder einem Mündel nicht in Person, sondern nur durch den gesetzlichen Vertreter ausgeübt werden; § 59 findet keine Anwendung, weil die Bestätigung nicht Vormundschaftssache ist.

Ausgeschlossen ist die Wiedereinsetzung gegen die Versäumung der Beschwerdefrist (§ 22 Abs. 2), die Erlassung einer einstweiligen Verfügung vor der Entscheidung des Beschwerdegerichts (§ 24 Abs. 3) und die Anordnung sofortiger Wirksamkeit der Entscheidung des Beschwerdegerichts (§ 26 Satz 2).

Vierter Abschnitt.

Personenstand.

---

§ 69.

Für die nach dem Gesetz über die Beurkundung des Personenstandes und die Eheschließung vom 6. Februar 1875 (Reichs-Gesetzbl. S. 23) dem Gericht erster Instanz obliegenden Verrichtungen sind die Amtsgerichte zuständig.

Zuständigkeit.

1. Das PStG. überträgt einzelne Verrichtungen, nämlich die Anweisung des Standesbeamten zur Vornahme einer Amtshandlung (§ 11 Abs. 3), die Aufbewahrung der Nebenregister (§ 14 Abs. 2) und die Entscheidung darüber, ob die Berichtigung einer Eintragung in das Standesregister erfolgen solle (§ 65), den Gerichten.

Abgehend von § 84 PStG., der die Zuständigkeitsbestimmung den Bundesstaaten überließ, bestimmt § 69 für alle diese Fälle als **sachlich zuständiges Gericht** das **Amtsgericht**; eine Ausnahme macht § 197 für die Aufbewahrung der Nebenregister (siehe hierüber, namentlich für Bayern, die Noten daselbst).

Als **örtlich** zuständiges Gericht ist für die Fälle des § 11 Abs. 3 daselbst, für die übrigen Fälle auf Grund des § 84 PStG. für Bayern durch § 6 VO. vom 14. 10. 75 (GVBl. 623) dasjenige Amtsgericht bestimmt, in dessen Bezirk der Standesbeamte seinen Amtssitz hat (siehe auch § 10 Abs. 2, § 26 Bek. vom 29. 4. 00, JMBl. **00** 862).

2. Für das **Verfahren** sind die Vorschriften des 1. Abschnittes maßgebend; die Vorbehalte zu Gunsten der Landesgesetzgebung, die in § 11 Abs. 3 und § 66 Abs. 1 enthalten waren, sind durch § 186 FGG. beseitigt; landesrechtlich können daher nur noch Ausführungsvorschriften, nicht aber von den reichsrechtlichen Vorschriften abweichende Bestimmungen erlassen werden; siehe für Bayern die zit. Bek. vom 29. 4. 00.

Es gelten insbesondere die Vorschriften des § 12 auch neben der Vorschrift des § 66 Abs. 2 Satz 3 PStG., wonach das Gericht weitere tatsächliche Aufklärungen veranlassen und geeigneten Falls den Antragsteller auf den Prozeßweg verweisen kann, wenn nämlich die Verfügung des Amtsgerichts von der Beurteilung eines streitigen Rechtsverhältnisses abhängt, für dessen Entscheidung der ordentliche Rechtsweg offen steht; über die Frage, ob im Prozeßweg auch die Zustimmung zu der Berichtigung selbst erzwungen werden kann, siehe verneinend Dorner N. 7 zu § 69 gegen Hinschius N. 76 zu § 66. Die Aufsichtsbehörde des Standesbeamten kann jedoch nicht auf den Rechtsweg verwiesen werden, da sie nicht Antragstellerin ist (ZBl. **5** 655). Ferner gelten die Vorschriften des § 18 über die Änderung von Verfügungen (siehe jedoch

N. 1 zu § 70) und die Vorschriften der §§ 19 flg. über die Beschwerde mit der sich aus § 70 ergebenden Ergänzung; über das mangelnde Beschwerderecht des Standesbeamten, dagegen das Beschwerderecht der Aufsichtsbehörden siehe N. 3d zu § 20 und über das Beschwerderecht im Berichtigungsverfahren unten N. 5. § 70 enthält auch eine von § 16 abweichende Bestimmung hinsichtlich des Eintritts der Wirksamkeit der dort genannten Verfügung. Kaum mehr praktische Übergangsbestimmungen enthalten Art. 34 Abs. 2, 35 ÜbergG.

3. Nach § 11 Abs. 3 PStG. ist das Amtsgericht zur **Anweisung des Standesbeamten zur Vornahme einer Amtshandlung** zuständig; vorausgesetzt wird, daß der Standesbeamte die Vornahme einer Amtshandlung — das sind Eintragungen in die Register, Eheschließungen, Erlassung des Aufgebots, Gestattung der Einsicht der Register — ablehnt, gleichviel ob er sich völlig weigert, sie vorzunehmen, oder nur, sie so vorzunehmen, wie der Antragsteller es will, oder endlich ihre Vornahme an Bedingungen knüpft (RJA. **2** 10, OLG. **3** 18) und zwar aus Rechtsgründen (Verzögerung von Amtshandlungen oder absichtliche grundlose Weigerung gehört nicht hierher, sondern ist Dienstaufsichtssache), ferner, daß ein Beteiligter — d. i. derjenige, der den Standesbeamten um die Vornahme der Amtshandlung ersucht hat, und jeder, der an deren Vornahme ein berechtigtes Interesse hat (§ 20 der zit. Bek.) — die Entscheidung des Gerichts beantragt. Daraus ergibt sich die Anwendbarkeit des § 18 Abs. 1, 2. Halbsatz hinsichtlich der Beschränkung der Änderung der Verfügung und des § 20 Abs. 2 hinsichtlich der Beschwerdeberechtigung im Falle der Abweisung des Antrags. Wegen der Form des Antrags und der Zuständigkeit zur Entgegennahme desselben und das weitere Verfahren siehe §§ 11—17 zit. Bek., Keidel Handb. § 62 Nr. 2, S. 218.

Siehe hiezu wegen der Weigerung, einen Vornamen in fremdsprachlicher Form einzutragen OLG. **4** 297, **5** 340, wegen der Weigerung der Vornahme einer Eheschließung mangels der Voraussetzungen des § 1315 Abs. 2 BGB., OLG. **5** 413, wegen der Zulässigkeit einer Amtshandlung auf Grund eines ausländischen Urteils OLG. **6** 18, wegen der Weigerung der Eintragung eines Vaterschaftsbekenntnisses wegen Minderjährigkeit des anzeigenden Vaters BayObLG. **2** 549, OLG. **3** 397.

4. Zur **Aufbewahrung** erhält das Gericht die **Nebenregister** durch die Aufsichtsbehörde des Standesbeamten, nachdem nach Schluß des Kalenderjahres die Register bei dieser eingereicht und von ihr geprüft wurden (§ 14 Bek., siehe auch Bek. des Bundesrats vom 25. 3. 99, RGBl. 225). Wegen der Aufbewahrung der Nebenregister in Bayern ihrer Ergänzung und Prüfung und der Erteilung von Auszügen siehe JMBek. vom 11. 1. 77, JMBl. 4, JMBek. vom 21. 2. 88, JMBl. 57 und MBek. vom 29. 4. 00 §§ 33—40, Keidel Handb. § 62 Nr. 4 S. 221.

5. Die **Berichtigung einer Eintragung** im Standesregister — abgesehen von offenbaren Schreibversehen, die der Standesbeamte mit Genehmigung der Aufsichtsbehörde beseitigen kann — kann nur auf Grund gerichtlicher Anordnung erfolgen. Wegen des Antrags auf Berichtigung bezw. der Anregung derselben siehe §§ 18—21 Bek. vom 29. 4. 00. Die Vorverhandlungen und nötigen Ermittelungen sind Sache der Aufsichtsbehörde (§ 66 Abs. 2 Satz 1 PStG.), weiter notwendige Erhebungen kann das Gericht selbst vornehmen oder durch die Aufsichtsbehörde vornehmen lassen (§§ 22—27 Bek.); wegen der Anwendbarkeit des § 12 neben § 66 Abs. 2 PStG. siehe oben N. 2.

Der Beschluß, durch welchen eine Berichtigung angeordnet wird, ist dem Antragsteller und denjenigen Personen von Amts wegen zuzustellen, deren Rechte durch die Verfügung beeinträchtigt werden (§ 28 Bek.).

Wird der Antrag auf Berichtigung abgelehnt, so hat das Amtsgericht nur dem Antragsteller Mitteilung zu machen; einfache briefliche Benachrichtigung genügt; der Aufsichtsbehörde wird der Beschluß in Urschrift zur Kenntnisnahme vorgelegt (§ 31).

Da die gerichtliche Tätigkeit nicht von dem Antrage eines Beteiligten abhängt, findet die Beschränkung des § 18 Abs. 1, 2. Halbsatz für die Änderung der ablehnenden Verfügung und die Vorschrift des § 20 Abs. 2 hinsichtlich ihrer Anfechtung nicht Anwendung.

Über das Verfahren zur Berichtigung der Standesregister siehe Frese in ZBl. **4** 675 flg., insbes. wegen des Begriffs der Beteiligten, die in dem Verfahren zu hören sind, S. 860.

Als Beschwerdeberechtigte, an die sonach auch die Verfügung des Gerichts zuzustellen ist, kommen diejenigen in Betracht, deren persönliche oder Familienstands-Verhältnisse durch die Eintragung bekundet oder verändert dargestellt werden sollen; dies können auch Personen sein, die in der Eintragung nicht genannt sind, soferne sie nur zu den Personen, die die Eintragung unmittelbar betrifft, in solchen Beziehungen stehen, daß durch die Aufrechterhaltung oder Änderung der Eintragung auch ihre Verhältnisse berührt werden, so z. B. diejenigen, welche je nach der Feststellung des Todestages einer Person als deren nächste Verwandte zur Erbschaft berufen sind oder durch nähere Verwandte ausgeschlossen werden; der Anzeigende als solcher ist nur beschwerdeberechtigt, wenn er selbst eines Zeugnisses über den Inhalt der Anzeige bedarf, die in der Anzeige Erwähnten nur, wenn das Register zur Beurkundung ihrer Verhältnisse bestimmt ist; Beteiligte und Beschwerdeberechtigte sind nicht immer die nämlichen Personen, insoferne zur Beschwerdeberechtigung ein bloßes Interesse an der Änderung, das die Anhörung rechtfertigt, nicht ausreicht, sondern ein Eingriff in die Rechtssphäre erforderlich ist (Unger in ZZP. **34** 299, Frese a. a. O.).

Die Frage, ob eine Berichtigung veranlaßt ist, gehört dem materiellen Rechte an; siehe über einzelne Fälle nach der Judikatur Josef N. 1 zu § 70.

§ 70.

Gegen eine Verfügung, durch die angeordnet wird, daß die Eintragung in dem Standesregister zu berichtigen ist, findet die sofortige Beschwerde statt. Die Verfügung tritt erst mit der Rechtskraft in Wirksamkeit.

Beschwerde.

1. § 70 regelt die **Anfechtung** und den **Eintritt der Wirksamkeit** für Verfügungen, durch die die Vornahme einer Berichtigung angeordnet wird.

Gegen solche Verfügungen findet nur die **sofortige Beschwerde** (§ 22) statt; nach § 18 Abs. 2 ist deshalb eine Änderung derselben durch das Amtsgericht ausgeschlossen. Durch § 18 Abs. 2 ist aber nicht ausgeschlossen, daß in einem neuen Berichtigungsverfahren wieder die Berichtigung des vorausgegangenen Berichtigungsvermerks angeordnet wird, wenn sich die frühere Berichtigung als den tatsächlichen Verhältnissen nicht entsprechend erweist (Frese a. a. O., RJA. **7** 89, ZBl. **7** 124).

Gegen Verfügungen, durch die ein Berichtigungsantrag vom Gericht abgelehnt wird, findet nur die einfache Beschwerde statt (RJA. **7** 12, ZBl. **7** 69); die Wirksamkeit tritt nach der Regel des § 16 Abs. 1 mit der Bekanntmachung an denjenigen ein, für den sie ihrem Inhalte nach bestimmt ist.

2. Wegen der Beschwerdeberechtigung siehe N. 2 und 5 zu § 69.

3. Die Vorschrift, daß die Verfügung, durch die eine Berichtigung angeordnet wird, erst **mit der Rechtskraft wirksam** wird, duldet keine Ausnahme, weder auf Grund des § 24 Abs. 3 noch des § 26 Satz 2. Wegen des Eintritts der Rechtskraft siehe § 34. Die Rechtskraft hat der Gerichtsschreiber des Gerichts auf der Urschrift zu bescheinigen, wenn seit der Zustellung an jede der ihm vom Amtsgericht bezeichneten Personen (siehe N. 5 zu § 69) zwei Wochen verstrichen sind; die Akten gelangen darauf zur Vornahme der Berichtigung durch Vermittelung der Aufsichtsbehörde an das Standesamt (§ 29 zit. Bek.).

§ 71.

Sind Vorgänge, die auf Antrag eines Beteiligten in dem Standesregister am Rande einer Eintragung zu vermerken sind, von einem Notar beurkundet, so gilt dieser als ermächtigt, im Namen des Beteiligten, dessen Erklärung beurkundet ist, die Eintragung des Vermerkes in das Standesregister zu beantragen.

Antragsrecht des Notars.

1. Vergl. die ähnlichen Vorschriften des § 100 Abs. 2 FGG. mit § 15 GBO., und der §§ 129, 156, 161 FGG., von denen sich jedoch die Vorschrift des § 71 dadurch unterscheidet, das in den Fällen des § 71 die Beglaubigung der Erklärung nicht genügt, um den Notar antragsberechtigt zu machen (OLG. **8** 231).

2. Wenn die Feststellung der Abstammung eines Kindes erst nach Eintragung des Geburtsfalles erfolgt oder die Standesrechte durch Legitimation, Annahme an Kindesstatt oder in anderer Weise eine Änderung erleiden, so ist dieser Vorgang, soferne er durch öffentliche Urkunden nachgewiesen wird, auf Antrag eines Beteiligten am Rande der über den Geburtsfall vorgenommenen Eintragung zu vermerken (§ 26 PStG.); siehe hiezu für Bayern §§ 1—9 der MBek. vom 29. 4. 00, JMBl. 862. Über die Zuständigkeit des Notars zur Beurkundung solcher Vorgänge siehe § 167 Abs. 2 FGG. mit §§ 1718, 1720 BGB., ferner §§ 1750, 1770 BGB. mit Art. 1 NotG. Die Beurkundung des Antrages auf Ehelichkeitserklärung (§ 1730 BGB.). berechtigt den Notar nicht zu dem Antrag auf Eintragung der erfolgten Ehelichkeitserklärung, da er hier nicht die Standesveränderung selbst beurkundet hat, diese vielmehr erst durch den nachfolgenden staatlichen Hoheitsakt erfolgt (siehe für Bayern § 20 Abs. 1 der Zuständigkeits-V. vom 24. 12. 99, GVBl. 1229, JMBl. **00** 97). Auch auf den Notar, der lediglich eine notwendige Einwilligungserklärung beurkundet hat (z. B. nach §§ 1746, 1747 BGB.), erstreckt sich die aus § 71 abzuleitende Befugnis nicht.

3. Der Notar, der einen derartigen Vorgang (N. 2) beurkundet hat, **gilt als ermächtigt,** den Eintragungsantrag beim Standesamt zu stellen, ohne daß aus der Urkunde seine Bevollmächtigung dazu hervorzugehen braucht; zum Nachweis genügt die — nach § 2 zit. Bek. vorgeschriebene — Vorlage der aufgenommenen Urkunde. Der Standesbeamte hat weder Recht noch Pflicht, zu prüfen, ob die Antragstellung dem Willen der Beteiligten entspricht. Der Notar soll jedoch den Antrag nur stellen, wenn der Erklärende damit einverstanden ist, und soll das Einverständnis bei der Stellung des Antrags erwähnen (§ 9 der Bek.).

Die Antragsberechtigung bezieht sich nur auf die Eintragung von Randvermerken nach § 26 PStG., nicht auf Berichtigungsanträge nach §§ 65, 66 l. c. Sie ist ferner in den Fällen des § 26 auf den Antrag beim Standesamt beschränkt; zu dem Antrag an das Amtsgericht, den Standesbeamten zur Vornahme der Eintragung des Vermerks anzuhalten oder zur Beschwerdeeinlegung gegen gerichtliche Verfügungen bedarf der Notar der ausdrücklichen Bevollmächtigung; Ausnahmevorschriften, wie diejenige des § 71, bedürfen der strikten Interpretation (siehe oben N. 6 zu § 21, ebenso Wellstein N. 3 zu § 71, N. 3 f zu § 13, a. M. Josef N. 4 zu § 71, Schiffer in Gruchots Beitr. **46** 347 und im Recht **01** 586).

4. Ist ein Vaterschaftsbekenntnis durch den Standesbeamten oder das Amtsgericht beurkundet (§ 167 Abs. 2), so gelten diese Behörden zur Antragstellung nicht ermächtigt; der Antrag kann jedoch bei dem zur Eintragung zuständigen Standesbeamten, bei dessen Aufsichtsbehörde und beim Amtsgericht gestellt werden (§ 1 der Bek.).

Fünfter Abschnitt.

Nachlaß- und Teilungssachen.

Vorbemerkung.

Nachlaßsachen sind diejenigen Angelegenheiten, deren Besorgung durch Reichsgesetz dem Nachlaßgericht übertragen ist und welche dadurch als Angelegenheiten der freiwilligen Gerichtsbarkeit im Sinne des § 1 gekennzeichnet sind. Das BGB. und das FGG. gehen von dem Grundsatze aus, daß die Ordnung des Nachlasses Sache der Beteiligten ist; eine gerichtliche Tätigkeit tritt nur ausnahmsweise teils von Amts wegen, teils auf Anrufen der Beteiligten ein; in einer Anzahl von Fällen ist dem Gerichte lediglich die Aufgabe zugeteilt, Erklärungen der Beteiligten entgegen zu nehmen. Die einzelnen Verrichtungen sind: Sicherung des Nachlasses (§§ 1960—1962 BGB.), Feststellung, daß kein anderer Erbe als der Fiskus vorhanden ist (§§ 1964—1966), die Anordnung der Nachlaßverwaltung (§§ 1981 ff.), eine Reihe von Verrichtungen in Bezug auf die Inventarerrichtung (§§ 1993—1996, 1999, 2003, 2006, 2010), Bestimmung der Erklärungsfrist bei Wahlvermächtnissen und Auflagen (§§ 2251 ff., 2192 ff.), Verrichtungen in Bezug auf die Testamentsvollstreckung (§§ 2200, 2216, 2224, 2227, 2228), Eröffnung und Verkündigung von Testamten und Erbverträgen (§§ 2259 ff., 2300), Ausstellung, Einziehung und Kraftloserklärung von Erbscheinen und anderen Zeugnissen (§§ 2353, 2361, 2362, 1507, 2368), die Entgegennahme bestimmter Erklärungen und teilweise die Gestattung der Einsicht dieser Erklärungen (§§ 1342, 1484, 1491, 1492, 1549, 1597, 1945, 1953, 1955, 1957, 2061, 2081, 2146, 2198, 2199, 2202, 2226, 2281, 2384), die Ausstellung der Zeugnisse nach §§ 37, 38 GBO. (siehe N. 2 lit. h zu § 78).

Eine durch Landesgesetz dem Nachlaßgericht übertragene Verrichtung siehe in Art. 16 AG. z. GBO. (N. 4 zu § 84).

Unter **Teilungssachen** ist die den Gerichten durch die §§ 86—98, 99 übertragene Auseinandersetzung einer Gemeinschaft nach Beendigung einer ehelichen oder fortgesetzten Gütergemeinschaft, nicht auch die Auseinandersetzung anderer Gemeinschaften, für welche ein Verfahren der freiwilligen Gerichtsbarkeit vom Gesetz nicht vorgesehen ist (siehe N. 1 zu § 99), zu verstehen.

Das Verfahren ist teils in diesem Gesetz, teils im BGB. geregelt. Die wesentlichsten, auf Grund des § 200 erlassenen Bestimmungen zur Ergänzung und Ausführung der Vorschriften dieser Gesetze sind für **Bayern** enthalten:

in der Bek. vom 20. 3. 03, das Nachlaßwesen betr. (JMBl. **03** 111, zitiert NachlO.),

in der Bek. vom 10. 12. 02, die von den Standesämtern an die Amtsgerichte zu erstattenden Anzeigen von Todesfällen betr. (JMBl. **03** 213), in der Bek. vom 18. 12. 02, die Mitwirkung der Gemeindebehörden bei der Sicherung des Nachlasses betr. (JMBl. **03** 216).

An **allgemeinen Vorschriften** enthält die Nachlaßordnung folgende:

Anträge und Erklärungen beim zuständigen Amtsgericht soll in der Regel nicht der Gerichtsschreiber, sondern der Richter selbst entgegennehmen; dies gilt insbesondere von dem Antrage auf Auseinandersetzung eines Nachlasses oder eines Gesamtgutes und von dem Antrage auf Erteilung eines Erbscheines; der Richter kann sich einer Schreibkraft bedienen (§ 138).

Für die Beurkundungen eines Rechtsgeschäftes durch den Nachlaßrichter, z. B. der Ausschlagung der Erbschaft (§ 1945 BGB.), der Anfechtung der Ehelichkeit eines Kindes (§ 1597 BGB.), der Vereinbarungen im Auseinandersetzungsverfahren (§§ 91, 93, 99 FGG.), gelten die Vorschriften der §§ 168—182 FGG.; die Vorschriften der §§ 174, 177 FGG. sollen auch dann beobachtet werden, wenn das Protokoll keine rechtsgeschäftlichen Erklärungen enthält; der Richter kann einen Protokollführer in den Fällen zuziehen, in denen die Zuziehung nach gesetzlichen Vorschriften nicht geboten ist (§ 139).

Die Ausfertigungen des Nachlaßgerichts, insbesondere die Ausfertigungen von Erbscheinen und ähnlichen Zeugnissen sind vom Richter zu unterzeichnen (Art. 22 AG. z. GVG.) und mit dem Gerichtssiegel zu versehen. Die Ausfertigungen derjenigen Protokolle, welche eine rechtsgeschäftliche Erklärung enthalten, sind nach § 182 FGG. von dem Gerichtsschreiber zu unterzeichnen (§ 140).

Die erforderlichen öffentlichen Bekanntmachungen hat der Richter selbst anzuordnen, kann aber die Abfassung dem Gerichtsschreiber überlassen; der Wortlaut der Bekanntmachung ist jedoch vor der Anheftung an die Gerichtstafel und vor der Absendung an die Blätter, in denen sie veröffentlicht wird, stets dem Richter zur Genehmigung vorzulegen. Der Bezeichnung des Gerichts braucht eine Namensunterschrift nicht beigefügt zu werden (§ 141).

Über Akten- und Registerführung siehe die §§ 143 ff. NachlO., Keidel, Handb. 231 ff.

§ 72.

Für die dem Nachlaßgericht obliegenden Verrichtungen sind die Amtsgerichte zuständig.

Sachliche Zuständigkeit.

1. Das BGB. hat dem Nachlaßgericht eine Reihe von Verrichtungen übertragen, ohne zu bestimmen, welche Behörde die Funktionen des Nachlaßgerichts wahrzunehmen hat. Ergänzend bestimmt § 72, daß **sachlich** das **Amtsgericht** zuständig ist. Über die örtliche Zuständigkeit siehe § 73.

2. In **Bayern** bestehen auf Grund der reichsgesetzlichen Vorbehalte eine Reihe von Ausnahmen von der amtsgerichtlichen Zuständigkeit:

a) Ausgeschlossen ist auf Grund des Art. 147 EG. z. BGB. die Zuständigkeit des Nachlaßgerichtes zur Aufnahme des Nachlaßverzeichnisses durch Art. 15 AG. z. GVG.

b) Für bestimmte Geschäfte ist die Zuständigkeit der Notare, Gerichtsschreiber und Bürgermeister begründet.

Die **Notare** sind zuständig, und zwar ausschließlich, für die Verwahrung der Testamente und Erbverträge, (Art. 1 Abs. 2 NotG.), für die Eröffnung der von ihnen verwahrten Testamente und Erbverträge, vorausgesetzt, daß der Notar seinen Amtssitz an einem anderen Orte hat, als das Nachlaßgericht (Art. 2

Abs. 2 NachlG.), neben Gerichtsschreibern und Bürgermeistern zur Anlegung und Abnahme von Siegeln (Art. 2 Nr. 2 NotG.), neben den Gerichtsschreibern zur Aufnahme der Nachlaßverzeichnisse (Art. 2 Nr. 1 NotG.), neben den Gerichten zur Vornahme der Auseinandersetzung in Ansehung eines Nachlasses oder eines Gesamtgutes (Art. 8, 6 NachlG., siehe N. 2 zu § 86).

Die **Gerichtsschreiber** bei den Amtsgerichten sind zuständig zur Aufnahme der Nachlaßverzeichnisse, zur Siegelung und Entsiegelung, jedoch nur auf Anordnung des Richters, welche nur erfolgen soll, wenn anzunehmen ist, daß der Wert des Vermögens oder des Nachlasses ohne Abzug der Schulden den Betrag von 2000 Mk. nicht oder nicht erheblich übersteigt (Art. 63 AG. z. GVG.).

Die **Bürgermeister** sind zur Anlegung von Siegeln zur Sicherung eines Nachlasses zuständig, regelmäßig nur auf Anordnung des Gerichts, in dringenden Fällen selbständig, immer aber nur, wenn sich der Nachlaß nicht in der Gemeinde befindet, in welcher das zuständige Amtsgericht seinen Sitz hat; auch die Entsiegelung kann ihnen übertragen werden (Art. 105 AG. z. BGB.); siehe auch N. 4 zu § 74.

c) Auf Grund der Art. 57, 58 EG. z. BGB., § 189 FGG. bleiben für die Behandlung der Nachlaßsachen des Königs und der Prinzen und Prinzessinen des Kgl. Hauses die Vorschriften des Tit. IX §§ 3—9, Tit. III § 1 des Familienstatuts vom 5. 8. 1819, für die Behandlung unstreitiger Verlassenschaftsverhandlungen, welche Mitglieder der standesherrlichen Familien betreffen, die Vorschriften des § 7 der IV. Beilage zur Verfassungsurkunde in Kraft.

3. In den Konsulargerichtsbezirken sind die Konsuln, in den Schutzgebieten die vom Reichskanzler mit der Ausübung der Gerichtsbarkeit betrauten Beamten zuständig (N. 4 zu § 1; siehe auch BayZfR. **1** 429).

§ 73.

Die örtliche Zuständigkeit bestimmt sich nach dem Wohnsitze, den der Erblasser zur Zeit des Erbfalls hatte; in Ermangelung eines inländischen Wohnsitzes ist das Gericht zuständig, in dessen Bezirke der Erblasser zur Zeit des Erbfalls seinen Aufenthalt hatte.

Ist der Erblasser ein Deutscher und hatte er zur Zeit des Erbfalls im Inlande weder Wohnsitz noch Aufenthalt, so ist das Gericht zuständig, in dessen Bezirke der Erblasser seinen letzten inländischen Wohnsitz hatte. In Ermangelung eines solchen Wohnsitzes wird das zuständige Amtsgericht, falls der Erblasser zur Zeit des Erbfalls einem Bundesstaate angehörte, von der Landesjustizverwaltung, anderenfalls von dem Reichskanzler bestimmt.

Ist der Erblasser ein Ausländer und hatte er zur Zeit des Erbfalls im Inlande weder Wohnsitz noch Aufenthalt, so ist jedes Gericht, in dessen Bezirke sich Nachlaßgegenstände befinden, in Ansehung aller im Inlande befindlichen Nachlaßgegenstände zuständig. Die Vorschriften des § 2369 Abs. 2 des Bürgerlichen Gesetzbuchs finden Anwendung.

Örtliche Zuständigkeit.

1. § 73 regelt die Zuständigkeit für alle Nachlaßsachen. Daneben und unbeschadet der Zuständigkeit auf Grund des § 73 begründet § 74 eine weitere

Zuständigkeit nur zur Vornahme von Sicherungsmaßregeln auf Grund des § 1960 BGB. Eine Verletzung der Vorschriften über die örtliche Zuständigkeit begründet keine Nichtigkeit der vom unzuständigen Gericht vorgenommenen Handlungen (§ 7); siehe jedoch wegen der gegenüber dem unzuständigen Gerichte vorgenommenen Handlungen N. 1 zu § 7. Das Gericht hat von Amts wegen seine Zuständigkeit zu prüfen und nötigenfalls über die Tatsachen, welche die Zuständigkeit begründen, Ermittelungen anzustellen, es darf sein Einschreiten nicht etwa deshalb ablehnen, weil seine Zuständigkeit zweifelhaft sei (Boschan in GruchotsBeitr. **46** 294). Wegen des Einflusses der Änderung der Gerichtsbezirke auf die Zuständigkeit siehe KGJ. **32** A 6, ZBl. **7** 731.

2. Für die Zuständigkeit ist in erster Linie nach Abs. 1 Satz 1 der **Wohnsitz** des Erblassers zur Zeit seines Todes (§ 1922 BGB.) maßgebend; über Begründung und Aufhebung des Wohnsitzes siehe §§ 7–11 BGB., § 3 FGG. (auch BayObLG. **6** 495, **7** 102). Ist der Zeitpunkt des Todes nicht mit Sicherheit festzustellen und kommt mit Rücksicht hierauf die Zuständigkeit mehrerer Gerichte in Frage, so ist nach § 5 zu entscheiden. Bei mehrfachem Wohnsitz des Erblassers kommt § 4 zur Anwendung.

Dem Tode steht die Todeserklärung gleich, der Zeitpunkt des Todes ist in dem die Todeserklärung aussprechenden Urteile festgestellt (§ 18 BGB., § 970 ZPO.). Ist dort die Todeszeit nur dem Tage nach festgestellt, so gilt das Ende des Tages als Zeitpunkt des Todes vorbehaltlich des Gegenbeweises (§ 18 Abs. 3 BGB.).

Subsidiär, wenn nämlich ein bestimmter Wohnsitz des Erblassers im Inlande nicht zu ermitteln ist (BayObLG. **2** 111), ist der **Aufenthalt** des Erblassers im Inlande zur Zeit seines Todes maßgebend; unter Aufenthalt ist ein rein tatsächliches Verhalten zu verstehen, gleichgiltig, ob derselbe nur ein vorübergehender oder ein auf längere Dauer berechneter, ein gewollter oder unfreiwilliger war (ZBl. **7** 722).

Diese Grundsätze gelten ohne Rücksicht, ob der Erblasser Deutscher oder Ausländer war. Die Frage, ob ein deutsches Gericht berufen ist, sich mit dem Nachlasse eines Ausländers zu befassen, entscheidet das internationale Privatrecht und die bestehenden Staatsverträge (Art. 25 ff., 56 EG. z. BGB., von der Pfordten, die Behandlung des Nachlasses von Ausländern, Niemeyer in Böhms Z. **13** 21, Josef in DNotV. **4** 199, Seidel, die Zuständigkeit deutscher Gerichte beim Tode von Ausländern; siehe auch N. 5 zu § 74, Verzeichnis der Staatsverträge siehe Anlage XIX zur NachlO., JMBl. **03** 209, Keidel, Handb. 226). Über Ausstellung eines Erbscheines hinter einem im Inlande wohnhaft gewesenen und verstorbenen fremden Staatsangehörigen durch das inländische Wohnortsgericht als Nachlaßgericht siehe ZBl. **7** 526, Bode in DJZ. **05** 1164.

3. Die Absätze 2 und 3 enthalten Zuständigkeitsnormen, Abs. 2 ausschließlich für den Fall, daß der Erblasser Deutscher, Abs. 3 nur für den Fall, daß er Ausländer war, nicht aber entscheiden sie die Frage, ob das Nachlaßgericht in Bezug auf den Nachlaß tätig zu werden hat; siehe Art. 24 ff. EG. z. BGB. und oben N. 2. Die Staatsangehörigkeit hat das Gericht von Amts wegen zu prüfen und nötigenfalls über die maßgebenden Tatsachen Ermittelungen anzustellen, so insbesondere bei ausgewanderten Deutschen, bei denen Verlust der Staatsangehörigkeit in Frage kommen kann (Josef im Recht **04** 383).

4. Nach Abs. 2 ist, wenn der Erblasser **Deutscher** war, der **letzte inländische Wohnsitz** desselben erst dann maßgebend, wenn nicht zu ermitteln ist, daß der Erblasser zur Zeit seines Todes im Inlande einen Wohnsitz oder Aufenthalt hatte. Für die in Ansehung des Nachlasses eines im Inlande für tot erklärten Verschollenen dem Nachlaßgericht obliegenden Verrichtungen ist das Gericht des letzten inländischen Wohnsitzes zuständig, wenn der Verschollene bei Beginn der Verschollenheit ein Deutscher war (BayObLG. **7** 118).

Die **Bestimmung der Zuständigkeit im Verwaltungswege** erfolgt erst dann, wenn auch ein früherer Wohnsitz des Erblassers im Inland nicht ermittelt werden kann. Wegen Deutscher, die keine Bundesangehörigkeit haben, siehe § 6 G. vom 15. 3. 88, über die Rechtsverhältnisse in den Schutzgebieten, RGBl. 71.

5. Nach Abs. 3 ist, wenn der Erblasser **Ausländer** war, das Gericht, in dessen Bezirk sich Nachlaßgegenstände befinden, erst dann zuständig, wenn nicht zu ermitteln ist, daß der Erblasser zur Zeit seines Todes im Inlande einen Wohnsitz oder Aufenthalt hatte. Zuständig ist jedes Gericht, in dem sich Nachlaßgegenstände befinden, hinsichtlich aller im Inlande befindlichen Gegenstände, also auch der nicht in seinem Bezirk befindlichen. Bei mehrfacher Zuständigkeit ist für die endgiltige Zuständigkeit § 4 maßgebend.

Zuständig ist:

a) bei im Inlande befindlichen beweglichen Sachen oder Grundstücken das Gericht, in dessen Bezirk sich dieselben befinden; als bewegliche Sachen gelten auch Forderungen aus Inhaberpapieren und Ordrepapieren, die mit Blankoindossament versehen sind; entscheidend ist der Ort, wo sich das Papier befindet; bei Grundstücksrechten, die den Grundstücken gleichgeachtet werden (z. B. dem Erbbaurecht, § 1017 BGB.), ist die Lage des Grundstückes maßgebend;

b) bei Gegenständen, für die von einer deutschen Behörde ein zur Eintragung des Berechtigten bestimmtes Buch oder Register geführt wird (§ 2369 Abs. 2 Satz 1 BGB.), das Amtsgericht, in dessen Bezirk die das Buch oder Register führende Behörde ihren Sitz hat; hieher gehören die im Grundbuch eingetragenen Grundstücke und Grundstücksrechte, Schiffsparten, die in ein deutsches Schiffsregister eingetragen sind, und Pfandrechte an denselben, ferner Urheberrechte, Zeichen- und Erfinderrechte (§§ 7, 9 MustG., § 19 PatG., §§ 3, 4 GebrMustG., § 2, 12 WarenZG.);

c) bei Ansprüchen, für deren Geltendmachung ein deutsches Gericht zuständig ist (§ 2369 Abs. 2 Satz 2 BGB.), das Amtsgericht, das ohne Rücksicht auf den Streitwert für die Klage zuständig wäre; bei mehrfacher Zuständigkeit für die Klage besteht auch mehrfache Zuständigkeit des Nachlaßgerichts.

Maßgebender Zeitpunkt für die Zuständigkeit ist hier derjenige, in welchem das Gericht mit der Sache befaßt wird (a. M. nur Wellstein N. 4).

Das nach Abs. 3 zuständige Gericht ist befugt, einem ausländischen Testamentsvollstrecker ein Zeugnis nach § 2368 BGB. hinsichtlich der im Inlande befindlichen zum Nachlaß eines Ausländers gehörigen Gegenstände zu erteilen (RJA. **6** 160, OLG. **11** 272).

6. Die einmal begründete Zuständigkeit bleibt bis zur Erledigung aller dem Nachlaßgericht obliegenden Geschäfte bestehen, eine Änderung der sie begründenden Verhältnisse ist nur in Fällen des Abs. 3 denkbar. Eine Abgabe an ein anderes Gericht ist nur bei der Nachlaßpflegschaft vorgesehen (§ 75).

§ 74.

Für die Sicherung des Nachlasses ist jedes Amtsgericht zuständig, in dessen Bezirke das Bedürfnis der Fürsorge hervortritt. Das Gericht soll von den angeordneten Maßregeln dem nach § 73 zuständigen Nachlaßgerichte Mitteilung machen.

Zuständigkeit zur Sicherung des Nachlasses.

1. Nach § 1960 Abs. 1 BGB. hat das Nachlaßgericht von Amts wegen für die Sicherung des Nachlasses zu sorgen,

wenn der Erbe bekannt ist, die Erbschaft aber nicht angenommen hat,

wenn der Erbe unbekannt ist (über den Begriff siehe BayObLG. **3** 676, OLG. **7** 133), also keine Kenntnis besteht, wer als Erbe berufen ist,

wenn ungewiß ist, ob der Erbe die Erbschaft angenommen hat.

Die wichtigsten Sicherungsmaßregeln sind in § 1960 Abs. 2 BGB. aufgezählt; siehe auch §§ 6 ff. NachlO.

Nur unter den angegebenen Voraussetzungen und zu Maßregeln zur Sicherung des Nachlasses ist, abweichend von der Regel des § 73, **jedes Amtsgericht** zuständig, in dessen Bezirk das Fürsorgebedürfnis hervortritt. Dieses Gericht ist aber unter den gegebenen Voraussetzungen auch verpflichtet, die in seinem Bezirk notwendig werdenden Sicherungsmaßregeln vorzunehmen und darf seine Tätigkeit nicht deshalb ablehnen, weil das Nachlaßgericht hätte angegangen werden können oder trotz Kenntnis der Sachlage nicht tätig geworden ist. Das mit Sicherungsmaßregeln einmal befaßte Gericht bleibt zur Vornahme der weiter in seinem Bezirk notwendigen Maßregeln zuständig und darf auch nicht etwa wegen der Ausführung der weiteren Maßregeln an das zuständige Nachlaßgericht verweisen (Boschan, Nachlaßsachen II 24).

Es ist möglich und zulässig, daß mehrere Gerichte gemäß § 74 in Bezug auf denselben Nachlaß Sicherungsmaßregeln treffen.

Die Befugnis des nach § 73 zuständigen Nachlaßgerichts, ebenfalls die ihm notwendig erscheinenden Maßregeln zu treffen, wird durch Maßnahmen, die ein Gericht nach § 74 angeordnet hat, nicht beeinträchtigt.

Eine Zuständigkeit nach § 74 wird aber noch nicht dadurch begründet, daß bei dem Amtsgericht eine Vormundschaft über einen Teil der Miterben anhängig ist oder einzuleiten sein wird, wenn nicht weitere Tatsachen hinzutreten, welche die Übernahme der Fürsorge für den Nachlaß rechtfertigen (Boschan a. a. O. 24).

Das Nachlaßgericht hat nach § 1961 BGB. in den Fällen des § 1960 Abs. 1 BGB. auf Antrag desjenigen, der einen Anspruch, welcher sich gegen den Nachlaß richtet, gerichtlich geltend machen will, einen Nachlaßpfleger zu bestellen; diese Maßregel erfolgt im Interesse des Antragstellers, nicht des Nachlasses; für dieselbe ist deshalb eine Zuständigkeit nach § 74 nicht begründet (OLG. **2** 474).

Die Anordnung der Aufhebung der Sicherungsmaßregeln, insbesondere der Entsiegelung steht nicht mehr dem nach § 74 zuständigen Gericht, sondern ausschließlich dem Nachlaßgericht zu (Boschan a. a. O. 27, a. M. Weißler, Nachlaßverfahren 99, 100).

2. Anzeigepflicht des Amtsgerichts: Das Amtsgericht, welches nach § 74 Sicherungsmaßregeln getroffen hat, soll nach der instruktionellen Vorschrift des 2. Abs. dem zuständigen Nachlaßgericht Mitteilung machen, damit dieses von der ganzen Sachlage Kenntnis erlangt; wegen der Aktenabgabe an das Nachlaßgericht siehe § 152 NachlO.

3. In **Bayern** erhält dasjenige Amtsgericht, in dessen Bezirk sich ein Todesfall ereignet, von diesem durch die nach Art. 1 NachlG. zu erfolgende Anzeige des Standesbeamten Kenntnis (siehe auch § 1 NachlO. und Bek. vom 18. 12. 99, JMBl. 578, mit Bek. vom 10. 12. 02, JMBl. 213). Die Anzeige gibt dem Amtsgericht auch, wenn es nicht zuständiges Nachlaßgericht ist, Anstoß zu der Prüfung, ob zu einer amtlichen Fürsorge zur Sicherung des Nachlasses Anlaß besteht (§ 3 NachlO.).

4. Auf Grund des Art. 147 EG. z. BGB. sind in Bayern für die Sicherung des Nachlasses in beschränkter Weise auch die **Bürgermeister** für zuständig erklärt. Diesen (oder ihren Stellvertretern, einem Mitglied des Magistrats oder der Gemeindeverwaltung, in der Pfalz des Gemeinderats, oder einem Gemeindebeamten) steht lediglich das Recht zur Siegelung eines Nachlasses zu unter der Voraussetzung,

daß ein dringender Fall vorliegt, so insbesondere, wenn zu befürchten ist, daß Nachlaßgegenstände verschleppt, verheimlicht oder sonstwie dem Berechtigten entzogen werden, bevor Sicherungsmaßregeln durch das Gericht getroffen werden können,

daß sich der Nachlaß in einer Gemeinde befindet, in der das zuständige Amtsgericht nicht seinen Sitz hat.

Von der getroffenen Maßregel ist dem Amtsgericht des Bezirks (auch wenn es nicht das Nachlaßgericht ist) unverzüglich Anzeige zu machen (Art. 105 AG. z. BGB., § 18 Abs. 4 NachlO., §§ 3, 4 der Anweisung für Mitwirkung der Gemeindebehörden bei der Sicherung des Nachlasses, Bek. vom 18. 12. 02, JMBl. **03** 216).

Wegen der Übertragung der Siegelung und Entsiegelung auf Bürgermeister oder Gerichtsschreiber siehe N. 2 lit. b zu § 72.

5. Auch für die Sicherung des Nachlasses von **Ausländern,** zu der die deutschen Gerichte beim Vorhandensein eines Bedürfnisses auch dann befugt und auf Ersuchen ausländischer Behörden grundsätzlich verpflichtet sind, wenn es an einem für die Verrichtungen des Nachlaßgerichts zuständigen deutschen Gerichte fehlt, bestimmt sich die Zuständigkeit nach § 74 (§ 134 NachlO., ZBl. **4** 42, v. d. Pfordten, die Behandlung des Nachlasses von Ausländern). Die Zuständigkeit der Gerichte kann jedoch dadurch eingeschränkt werden, daß durch Staatsvertrag die fremden Konsuln zur Sicherung des Nachlasses oder zur Mitwirkung bei der Sicherung berufen sind; die insbesondere in Betracht kommenden Verträge siehe in § 134 Abs. 2 NachlO.

6. Besondere Vorschriften gelten für den Fall des Todes eines **Beamten** für die Zuständigkeit zur Sicherung amtlicher Schriftstücke, Gelder oder sonstiger Sachen, deren Herausgabe auf Grund des Dienstverhältnisses verlangt werden kann (Art. 106 AG. z. BGB., KVO. vom 7. 12. 99, JMBl. 549). Hier kommt die Verpflichtung der Gerichte zur Vornahme von Sicherungsmaßregeln auf Grund Ersuchens der zuständigen Behörden und die Verpflichtung zur Mitteilung an diese in Betracht, wenn sich bei Ausführung von Sicherungsmaßregeln Gegenstände der oben erwähnten Art finden; siehe auch für den Fall des Todes eines Gemeindebeamten rechtsrh. GemO. Art. 104, 145 Abs. 8, pfälz. GemO. Art. 78 Abs. 10, eines Geistlichen § 68 der zweiten Verfassungsbeilage, eines Angehörigen des aktiven Heeres § 7 des G. ü. d. freiw. Ger. und andere Rechtsangelegenheiten in Heer und Marine vom 28. 5. 01, RGBl. 185.

§ 75.

Auf die Nachlaßpflegschaft finden die für Vormundschaftssachen geltenden Vorschriften dieses Gesetzes Anwendung. Unberührt bleiben die Vorschriften über die Zuständigkeit des Nachlaßgerichts; das Nachlaßgericht kann jedoch die Pflegschaft nach Maßgabe des § 46 an ein anderes Nachlaßgericht abgeben.

Nachlaßpflegschaft.

1. Eine Nachlaßpflegschaft wird nach § 1960 Abs. 2, § 1961 BGB. unter den dort aufgeführten Voraussetzungen bis zur Annahme der Erbschaft, nach den §§ 1975 ff. zum Zwecke der Befriedigung der Nachlaßgläubiger (Nachlaßverwaltung) angeordnet. Für dieselbe gelten die Vorschriften der §§ 1915 ff. BGB. mit der Maßgabe, daß an die Stelle des Vormundschaftsgerichts das Nachlaßgericht tritt (§ 1962 BGB., siehe auch § 25 NachlO.).

2. Nach § 75 gelten für die Nachlaßpflegschaft die Verfahrensvorschriften des 2. Abschnittes über die Pflegschaften nämlich die §§ 49, 50, 54, 55, 57 Nr. 3, 6, 7, §§ 58, 60 Nr. 2, 3, 6, §§ 62, 63. Über den Ausschluß des Beschwerderechts des als Ersatzerbe Eingesetzten gegen die Anordnung einer Nachlaßpflegschaft, solange ungewiß ist, ob seine Berufung wirksam ist, siehe BayObLG. **5** 398.

Dagegen gelten nicht die Zuständigkeitsvorschriften des 2. Abschnittes, nämlich die §§ 35—45. Die Zuständigkeit für die Nachlaßpflegschaft bestimmt sich nach den Vorschriften der §§ 72—74.

Nur die Vorschriften des § 46 über die Abgabe der Pflegschaft an ein anderes Gericht finden Anwendung. Hienach kann die Nachlaßpflegschaft an ein anderes Gericht erfolgen, das nicht nach § 73 oder 74 zuständig ist, aber auch von dem nach § 74 zuständigen Gericht an das nach § 73 zuständige. Für die Voraussetzungen der Abgabe sind die Vorschriften des § 46 Abs. 1 und 2 maßgebend. Die Befugnis zur Abgabe ist besonders für den Fall von Bedeutung, daß der Nachlaß hauptsächlich aus Grundstücken besteht und diese nicht im Bezirk des Gerichts liegen, in dem der Erblasser seinen Wohnsitz hatte. Das Gericht, an welches die Abgabe erfolgt, wird für alle dem Nachlaßgericht obliegenden Verrichtungen zuständig, nicht bloß für die Erledigung der Nachlaßpflegschaft (Haberstumpf-Barthelmeß NachlG. 157, a. M. Schneider N. 4 zu § 75), sofern das abgebende Gericht nach § 73 zuständig war; das nach § 74 nur für Maßregeln zur Sicherung des Nachlasses zuständige Gericht kann auf das andere Gericht nicht mehr Befugnisse übertragen, als es selbst hatte, also nur die Erledigung der Nachlaßpflegschaft.

Die Vorschriften des § 47 über die Abgabe der Pflegschaft an das Ausland sind nicht für anwendbar erklärt.

3. Für die Nachlaßpflegschaften werden in Bayern keine Vormundschaftsakten geführt, sondern sie werden in den Nachlaßakten behandelt (§ 56 Abs. 3 VO.).

§ 76.

Gegen eine Verfügung, durch die dem Antrage des Erben, die Nachlaßverwaltung anzuordnen, stattgegeben wird, ist die Beschwerde unzulässig.

Gegen eine Verfügung, durch die dem Antrag eines Nachlaßgläubigers, die Nachlaßverwaltung anzuordnen, stattgegeben wird, findet die sofortige Beschwerde statt. Die Beschwerde steht nur dem Erben, bei Miterben jedem Erben, sowie dem Testamentsvollstrecker zu, welcher zur Verwaltung des Nachlasses berechtigt ist.

Nachlaßverwaltung.

1. Über die Nachlaßverwaltung siehe §§ 1975 ff. BGB. und N. 1 zu § 75. Dieselbe wird, sofern nicht nach den Vorschriften der §§ 1982, 2013, 2062 BGB. die Ablehnung gerechtfertigt ist, nach § 1981 Abs. 1 auf Antrag des Erben stets, nach

Abs. 2 auf Antrag eines Nachlaßgläubigers dann angeordnet, wenn Grund zu der Annahme besteht, daß die Befriedigung der Nachlaßgläubiger aus dem Nachlasse gefährdet wird und seit der Annahme der Erbschaft noch nicht zwei Jahre verstrichen sind. § 76 gibt für beide Fälle Vorschriften über die Anfechtung, für den zweiten auch über die Legitimation zur Beschwerdeführung Im übrigen bleiben die Vorschriften des 1. Abschnittes in Kraft. Wegen der Anwendbarkeit des § 57 Nr. 3, 6, 7 und § 60 Nr. 2, 3, 6 siehe N. 2 zu § 75.

2. Antrag des Erben auf Anordnung der Nachlaßverwaltung.

a) Erfolgt die Anordnung auf diesen Antrag hin, so ist die Beschwerde ausgeschlossen. Dies gilt, wenn mehrere Erben vorhanden sind, nur, soferne der Vorschrift des § 2062 BGB. entsprechend die Erben gemeinschaftlich den Antrag gestellt haben; ist dies nicht der Fall, so haben gegen die sodann gesetzwidrige Anordnung nicht bloß die Erben, die den Antrag gestellt haben, sondern auch die Nachlaßgläubiger das Beschwerderecht; denn die Rechte der letzteren sind durch die Anordnung, für die der gesetzlich erforderliche Antrag fehlt, beeinträchtigt (ebenso Rausnitz N. 16 zu § 76, RJA. **7** 102, ZBl. **7** 134). Soweit die Beschwerde ausgeschlossen ist, kann sie seitens der Nachlaßgläubiger auch nicht auf Verletzung der §§ 1982, 2013, 2062 BGB. (Anordnung trotz erfolgter Verteilung des Nachlasses) gestützt werden. Das Nachlaßgericht selbst kann seine Anordnung, wenn sie dieselbe für ungerechtfertigt hält, ändern (§ 18 Abs. 1; a. M. Rausnitz N. 9 zu § 76).

b) Wird der Antrag zurückgewiesen, so steht dem Antragsteller nach § 20 Abs. 2 die einfache Beschwerde zu. Die mehreren Erben, die den Antrag gemeinschaftlich gestellt haben, können auch das Beschwerderecht gemeinschaftlich ausüben.

3. Antrag eines Nachlaßgläubigers auf die Anordnung.

a) Gegen die erfolgte Anordnung findet die **sofortige Beschwerde** statt, auch wenn geltend gemacht wird, daß der Antragsteller nicht Nachlaßgläubiger — das sind außer den Gläubigern des Erblassers die Pflichtteilsberechtigten und die aus Vermächtnissen und Auflagen Forderungsberechtigten (§ 1967 BGB.) —, also zu dem Antrag nicht berechtigt war. Beschwerdeberechtigt ist — abweichend von § 20 Abs. 2 — lediglich der Erbe, bei einer Mehrheit von Erben jeder Miterbe für sich (gemeinschaftliche Ausübung des Beschwerderechts also hier nicht erforderlich) und derjenige Testamentsvollstrecker, der zur Verwaltung des Nachlasses berechtigt ist; das ist nach § 2205 BGB. die Regel, Ausschluß der Verwaltungsbefugnis ist nach § 2208 möglich, Beschränkungen der Verwaltungsbefugnis (§ 2208 Abs. 1 Satz 2) beeinträchtigen das Beschwerderecht nicht, von mehreren verwaltungsberechtigten Testamentsvollstreckern kann jeder das Beschwerderecht selbständig ausüben (§ 58, N. 2 zu § 75, a. M. Rausnitz N. 24 zu § 76). Nicht beschwerdeberechtigt sind die übrigen Nachlaßgläubiger.

Die Beschwerdefrist beginnt nach der Regel des § 22 Abs. 1 mit der nach § 16 Abs. 2 Satz 1 oder Abs. 3 erfolgten Zustellung an den Beschwerdeführer, die öffentliche Bekanntmachung nach § 1983 BGB. ist auf die Fristberechnung ohne Einfluß. Wirksam wird die Anordnung nach der Regel des § 16 Abs. 1 mit der Bekanntmachung an die Erben (ebenso Staudinger Bd. V N. II B zu § 1984, a. M. Planck N. 1 zu § 1984, der den Erlaß der Anordnung entscheiden läßt; siehe auch § 76 NachlO., woselbst die Angabe der Stunde des Erlasses vorgeschrieben ist) und zwar für jeden mit der Bekanntmachung an ihn. Eine Änderung der Anordnung durch das Nachlaßgericht ist nach § 18 Abs. 2 ausgeschlossen.

b) Gegen die Zurückweisung des Antrages hat lediglich der Antragsteller die einfache Beschwerde (§ 20 Abs. 2).

4. Was die dem Nachlaßverwalter nach § 1987 BGB. zukommende Vergütung betrifft, so ergibt sich schon aus den §§ 1915, 1962 in Verbindung mit § 1836 Abs. 1 Satz 2 BGB., daß diese Vergütung vom Nachlaßgericht festzusetzen ist; einer besonderen den Prozeßweg ausschließenden Vorschrift, wie sie § 165 Abs. 2 für andere Fälle enthält, bedarf es daher nicht.

5. Für Bayern siehe über Nachlaßverwaltung auch die §§ 75 ff. NachlO.

§ 77.

Gegen eine Verfügung, durch die dem Erben eine Inventarfrist bestimmt wird, findet die sofortige Beschwerde statt.

Das Gleiche gilt von einer Verfügung, durch die über die Bestimmung einer neuen Inventarfrist oder über den Antrag des Erben, die Inventarfrist zu verlängern, entschieden wird.

In den Fällen der Abs. 1, 2 beginnt die Frist zur Einlegung der Beschwerde für jeden Nachlaßgläubiger mit dem Zeitpunkt, in welchem die Verfügung demjenigen Nachlaßgläubiger bekannt gemacht wird, welcher den Antrag auf die Bestimmung der Inventarfrist gestellt hat.

Inventarfrist.

1. Die Bestimmung der Inventarfrist erfolgt nach § 1994 Abs. 1 BGB. auf Antrag eines Nachlaßgläubigers, der seine Forderung glaubhaft macht; die Verlängerung der Inventarfrist nach § 1995 Abs. 3 auf Antrag des Erben, die Bestimmung einer neuen Inventarfrist nach § 1996 unter den dort normierten Voraussetzungen auf Antrag des Erben und nach § 2005 Abs. 2 zur Ergänzung des Inventars auf Antrag des Erben oder eines Nachlaßgläubigers (so Staudinger N. 3 zu § 2005). Neben einigen in den §§ 1993—2013 BGB. enthaltenen Verfahrensvorschriften gelten in dem Verfahren auf diese Anträge die allgemeinen Vorschriften des ersten Abschnittes, insbesondere auch diejenigen über die Beschwerdeeinlegung mit den sich aus § 77 ergebenden Abweichungen.

2. Gegen die Verfügung, durch die dem Erben eine Inventarfrist bestimmt wird, findet die **sofortige Beschwerde** statt (§ 77 Abs. 1). Beschwerdeberechtigt ist jeder Nachlaßgläubiger, hinsichtlich der Länge der Frist auch der Antragsteller (§ 20 Abs. 1).

Gegen die Verfügung, durch die der Antrag auf Bestimmung der Inventarfrist abgelehnt wird, findet die einfache Beschwerde und zwar nur für den Antragsteller statt (20 Abs. 2).

3. Gegen die Verfügungen, durch die
- die Inventarfrist verlängert,
- eine neue Inventarfrist bestimmt,
- ein Antrag auf Fristverlängerung oder auf Bestimmung einer neuen Inventarfrist abgelehnt wird,

findet die **sofortige Beschwerde** statt (§ 77 Abs. 2). Gegen die einen Antrag zurückweisenden Verfügungen steht die Beschwerde nur dem Antragsteller zu (§ 20 Abs. 2). Sonst sind die übrigen Beteiligten beschwerdeberechtigt; über das Beschwerderecht des Ehemannes gegen Maßnahmen, welche die Ehefrau betreffen, wegen Beeinträchtigung seines Rechtes auf Abwendung der unbeschränkten Haftung derselben siehe Krug in IheringsJ. **49** 126.

4. Die **Beschwerdefrist** beginnt

für jeden Erben nach § 22 Abs. 1 mit der Bekanntmachung der Verfügung an ihn,

für alle Nachlaßgläubiger in sämtlichen Fällen mit dem Zeitpunkt, in welchem die Verfügung demjenigen Nachlaßgläubiger bekannt gemacht wird, auf dessen Antrag nach § 1994 BGB. die ursprüngliche Frist gesetzt wurde, also auch, wenn es sich um eine neue oder Verlängerung der ursprünglichen Frist handelt. Gleichwohl muß die Bekanntmachung an alle bei dem Verfahren beteiligten Nachlaßgläubiger erfolgen.

5. Die **Änderung** der der sofortigen Beschwerde unterliegenden Verfügungen ist nach § 18 Abs. 2 ausgeschlossen, unbeschadet der Vorschrift des § 1995 Abs. 3 über die Verlängerung der Frist. Wegen nachträglich veränderter Umstände, welche die Aufhebung der Fristbestimmung auch nach eingetretener Rechtskraft rechtfertigen würden, so wenn der Erbe die Versäumung der Ausschlagungsfrist angefochten hat, ist jedoch die Änderung zulässig (Josef im ZBl. **3** 607 gegen SeuffA. **57** 189).

6. Die Verfügung, durch die eine Frist — ursprünglich oder neu — bestimmt oder die Frist verlängert wird, wird mit der Bekanntmachung an den Erben **wirksam.** Von da an beginnt auch, wenn die Annahme der Erbschaft schon erfolgt ist, die Frist und zwar bei einer Mehrheit von Erben für jeden mit der Bekanntmachung an ihn.

7. Für Bayern siehe über Inventarerrichtung auch §§ 88 ff. NachlO., hinsichtlich der Zuständigkeit Art. 63 AG. z. GVG. (Gerichtsschreiber), Art. 2 NotG. (Notar).

§ 78.

Hat das Nachlaßgericht nach § 1964 des Bürgerlichen Gesetzbuchs festgestellt, daß ein anderer Erbe als der Fiskus nicht vorhanden ist, so steht die Einsicht der dieser Feststellung vorausgegangenen Ermittelungen Jedem zu, der ein berechtigtes Interesse glaubhaft macht. Das Gleiche gilt von der Einsicht einer Verfügung, welche die Bestimmung einer Inventarfrist oder die Ernennung oder die Entlassung eines Testamentsvollstreckers betrifft, eines Protokolls über die Leistung des im § 79 bezeichneten Eides sowie von der Einsicht eines Erbscheins und eines der in den §§ 1507, 2368 des Bürgerlichen Gesetzbuches und den §§ 37, 38 der Grundbuchordnung vorgesehenen gerichtlichen Zeugnisse.

Von den Schriftstücken, deren Einsicht gestattet ist, kann eine Abschrift gefordert werden; die Abschrift ist auf Verlangen zu beglaubigen.

Akteneinsicht, Erteilung von Abschriften.

1. § 78 trifft für eine Reihe von Fällen Bestimmungen über die Akteneinsicht und die Erteilung von Abschriften, die von der allgemeinen Regel des § 34 abweichen Während nach dieser Regel das Ermessen des Richters maßgebend ist, besteht in den Fällen des § 78 ein **Recht** auf Akteneinsicht und Abschrifterteilung unter der Voraussetzung, daß ein berechtigtes Interesse daran glaubhaft gemacht wird; ist die Glaubhaftmachung erfolgt, so **muß** die Akteneinsicht gewährt, die Abschrift erteilt werden. Das Recht auf Abschrift erfordert nicht den besonderen Nachweis eines Interesses gerade an einer Abschrift. Die Beglaubigung der Abschrift erfolgt durch den Gerichtsschreiber. Über berechtigtes Interesse siehe N. zu § 34, über Glaubhaftmachung N. 13 zu § 15. Siehe ferner über Erteilung von Ausfertigungen der in N. 2 lit. e—h aufgeführten Urkunden § 85.

2. Die einzelnen Fälle sind folgende:

a) Nach § 1964 BGB. hat das Nachlaßgericht, wenn der Erbe nicht innerhalb einer den Umständen entsprechenden Frist ermittelt wird, festzustellen, daß ein anderer Erbe als der Fiskus nicht vorhanden ist. Vor der Feststellung hat das Nachlaßgericht Ermittelungen nach dem Erben anzustellen und die in § 1965 BGB. vorgeschriebene öffentliche Aufforderung zur Anmeldung von Erbrechten zu erlassen (siehe auch § 47 NachlO.). Die Feststellung erfolgt durch förmlichen Beschluß. Nicht dieser und die Akten über die öffentliche Aufforderung, sondern lediglich die angestellten Ermittelungen sind Gegenstand des Rechts auf Einsicht und Abschrift; im übrigen greift § 34 Platz. Das Recht besteht erst nach erfolgter Feststellung des Erbrechts des Fiskus, nicht schon während der Dauer der Ermittelungen; es besteht nicht, wenn in dem Verfahren der Erbe schließlich ermittelt wird.

§ 78 findet auch Anwendung, wenn nach landesrechtlichen, auf Grund des Art. 138 EG. z. BGB. bestehenden Vorschriften an Stelle des Fiskus eine Körperschaft, Stiftung oder Anstalt des öffentlichen Rechts gesetzlicher Erbe ist. In Bayern bestehen solche Vorschriften nicht.

b) Die Verfügung, welche die Bestimmung einer Inventarfrist betrifft, also auch die Verlängerung einer solchen und die Bestimmung einer neuen Frist (siehe § 77). Nach der Fassung des Gesetzes gehören auch die ablehnenden Verfügungen hieher. Liegen Verfügungen mehrerer Instanzen vor, so besteht das Recht nur hinsichtlich der zuletzt wirksamen (a. M. Rausnitz N. 15, der das Recht auf die Verfügungen aller Instanzen erstreckt). Auf andere in der Angelegenheit erwachsene Akten außer der Verfügung findet § 34 Anwendung. Wegen der Einsicht des Inventars selbst siehe § 2010 BGB.

c) Die Verfügung, welche die Ernennung oder Entlassung des Testamentsvollstreckers betrifft (§§ 2200, 2227 BGB.); auch hier gilt das zu b) Gesagte.

d) Das Protokoll über die Leistung des Offenbarungseides des Erben auf Verlangen eines Nachlaßgläubigers, nur dieses, nicht auch sonstige Aktenprodukte, siehe N. 5 zu § 79.

e) Der Erbschein (§§ 2353 ff. BGB.), nicht die Akten über die vorausgegangenen Verhandlungen und Ermittelungen, siehe auch § 84.

f) Das Zeugnis über die Fortsetzung der Gütergemeinschaft, das auf Antrag des überlebenden Ehegatten auszustellen ist (§ 1507 BGB.).

g) Das Zeugnis über die Ernennung des Testamentsvollstreckers (§ 2368 BGB.).

h) Das Zeugnis, auf Grund dessen bei einer zum Nachlaß gehörenden Hypothek, Grundschuld oder Rentenschuld einer von mehreren als Gläubiger eingetragen werden kann, und desjenigen, auf Grund dessen bei einer Hypothek, Grundschuld oder Rentenschuld, die zum Gesamtgut einer ehelichen Gütergemeinschaft oder einer fortgesetzten Gütergemeinschaft gehört, ein Beteiligter, auf welchen das Recht bei der Auseinandersetzung übergegangen ist, als neuer Gläubiger eingetragen wird (§§ 37, 38 GBO.).

Auf Erbbescheinigungen des alten Rechts bezieht sich § 78 nicht (OLG. **5** 199).

3. In gleicher Weise wie in § 78 ist das Recht auf Einsicht in einer Reihe anderer Nachlaßsachen geregelt in den §§ 1342 Abs. 2, 1597, 1599, 1953 Abs. 3, 1957, 2010, 2081 Abs. 2, 2146 Abs. 2, 2228, 2264, 2384 BGB.

4. Wegen der Gebührenfreiheit der Gestattung der Einsicht in diesen Fällen siehe Art. 114 GebG.

§ 79.

Verlangt ein Nachlaßgläubiger von dem Erben die Leistung des im § 2006 des Bürgerlichen Gesetzbuchs vorgesehenen Offenbarungseids, so kann die Bestimmung des Termins zur Leistung des Eides sowohl von dem Nachlaßgläubiger als von dem Erben beantragt werden. Zu dem Termine sind beide Teile zu laden. Die Anwesenheit des Gläubigers ist nicht erforderlich.

Offenbarungseid des Erben.

1. Nach § 2006 BGB. kann der Nachlaßgläubiger von dem Erben, der ein Inventar errichtet hat, den Offenbarungseid dahin verlangen, „daß er nach bestem Wissen die Nachlaßgegenstände so vollständig angegeben habe, als er hiezu im Stande sei". Die Eidesleistung erfolgt vor dem Nachlaßgericht, die Eidesabnahme ist daher Angelegenheit der freiwilligen Gerichtsbarkeit. Die nach Landesrecht (auf Grund des Art 147 EG. z. BGB.) zu Verrichtungen in Nachlaßsachen zuständigen nicht gerichtlichen Behörden sind zur Eidesabnahme nicht befugt.

2. Die **Terminsbestimmung zur Eidesleistung** erfolgt nur auf Antrag

entweder des Nachlaßgläubigers (wozu auch der Pflichtteilsberechtigte und der Vermächtnisnehmer gehört), der den Eid verlangt, vorausgesetzt, daß er seine Forderung glaubhaft macht,

oder des Erben, von dem der Eid verlangt wurde.

Sie setzt das Vorliegen eines vom Erben, nicht etwa eines vom Nachlaßverwalter errichteten Inventars voraus. Sie ist unzulässig,

wenn der Erbe die Erbschaft ausgeschlagen hat, (KGJ. **20** 256),

während der Dauer der Nachlaßverwaltung (RJA. **4** 201, ZBl. **5** 415).

Wiederholte Terminsbestimmung ist auf Antrag jedes der beiden Teile zulässig, doch hat nur die Versäumung des auf Antrag des Erben anberaumten Termins die Rechtsfolge des § 2006 Abs. 3 Satz 2. Anberaumung eines dritten Termines auf Antrag des Erben ist zulässig, ohne daß jedoch dadurch die Frage, ob das Ausbleiben des Erben im zweiten Termine als genügend entschuldigt erscheint, entschieden würde (Josef im ZBl. **3** 603 gegen SeuffA. **57** 67).

Zur Anberaumung eines Termines, nachdem der Erbe den Eid schon einmal geleistet hat, ist das Nachlaßgericht trotz der Vorschrift des § 2006 Abs. 4 BGB. verpflichtet, da die Frage, ob der Erbe den Eid noch einmal zu leisten hat, seiner Prüfung nicht untersteht (a. M. Rausnitz N. 6, der Feststellung der Voraussetzungen nach Abs. 4 l. c fordert).

Die Terminsanberaumung kann nicht unter Hinweis darauf abgelehnt werden, daß der Erbe, auf Antrag eines anderen Erben geladen, den Eid schon verweigert habe.

3. Die **Ladung zum Termine** erfolgt von Amts wegen und darf, da die Voraussetzungen des § 16 Abs. 1 Satz 1 nicht vorliegen, in der vereinfachten Form des Satz 2 l. c erfolgen (a. M. Rausnitz N. 4, Dorner N. 8); siehe jedoch N. 9 zu § 16. Zu laden sind der Erbe und derjenige Nachlaßgläubiger, der den Eid verlangt hat, nicht auch die übrigen Nachlaßgläubiger. (Formular für die Ladungen siehe JMBl. **03** 203, 204, Form. XIII, XIV zur NachlO.).

4. Gegen die Terminsbestimmung und die Ladung ist der Erbe nicht beschwerdeberechtigt, weil durch dieselbe über seine Verpflichtung zur Eidesleistung

nicht entschieden, ein Recht desselben also nicht beeinträchtigt wird (vergl. BayObLG. **4** 229, **5** 192, RJA. **4** 166, ZBl. **5** 106, auch Josef im ZBl. **6** 820).

5. Für das **Verfahren bei der Eidesabnahme** sind nach § 15 die Vorschriften der §§ 478—484 ZPO. maßgebend. Der Eid ist auch abzunehmen, wenn der Gläubiger nicht anwesend ist (Satz 3). Ein Zwang zur Eidesleistung ist ausgeschlossen (OLG. **6** 484). Über die Verhandlung im Termine zur Eidesleistung ist ein Protokoll aufzunehmen, gleichviel, ob es zur Eidesleistung kommt oder nicht. Das Protokoll hat den Verlauf der Verhandlung zu beschreiben und, wenn die Eidesleistung erfolgt, die Eidsnorm zu enthalten (§ 98 Abs. 2 NachlO.). Wegen der Einsicht des Protokolls siehe § 78.

§ 80.

Gegen eine Verfügung, durch die nach den §§ 2151, 2153 bis 2155, 2192, 2193 und dem § 2198 Abs. 2 des Bürgerlichen Gesetzbuchs dem Beschwerten oder einem Dritten eine Frist zur Erklärung bestimmt wird, findet die sofortige Beschwerde statt.

Fristbestimmung bei verschiedenen Vermächtnissen und Auflagen.

1. Die Fälle des § 80: Der Erblasser kann mehrere mit einem Vermächtnis in der Weise bedenken, daß der Beschwerte oder ein Dritter zu bestimmen hat, wer von den mehreren das Vermächtnis erhalten soll. Das Nachlaßgericht hat auf Antrag eines der Beteiligten dem Beschwerten oder dem Dritten eine Frist zur Abgabe der Erklärung über die Bestimmung zu setzen mit der Wirkung, daß nach fruchtlosem Verstreichen der Frist die Bedachten als Gesamtgläubiger gelten (§ 2151). Der Erblasser kann Mehrere mit einem Vermächtnis in der Weise bedenken, daß der Beschwerte oder ein Dritter zu bestimmen hat, was jeder von dem vermachten Gegenstand zu erhalten hat. Fristbestimmung erfolgt auf Antrag mit der Folge, daß nach fruchtlos verstrichener Frist die Bedachten zu gleichen Teilen berechtigt sind (§ 2153). Der Erblasser kann ein Vermächtnis in der Art anordnen, daß der Bedachte von mehreren Gegenständen nur den einen oder andern erhalten soll. Ist in einem solchen Falle die Wahl einem Dritten übertragen, so erfolgt sie durch Erklärung gegenüber dem Beschwerten. Auf Antrag erfolgt Fristbestimmung für den Dritten, nach verstrichener Frist geht das Wahlrecht auf den Beschwerten über (§ 2154). Hat der Erblasser die vermachte Sache nur der Gattung nach bestimmt und die Bestimmung der Sache dem Bedachten oder einem Dritten übertragen, so wird diesem auf Antrag eine Frist zur Erklärung bestimmt, nach deren fruchtlosem Ablauf das Bestimmungsrecht auf den Beschwerten übergeht (§ 2155). Diese Vorschriften finden bei Auflagen entsprechende Anwendung (§ 2192). Der Erblasser kann bei der Anordnung einer Auflage, deren Zweck er bestimmt hat, die Bestimmung der Person, an welche die Leistung erfolgen soll, dem Beschwerten oder einem Dritten überlassen. Diesen ist auf Antrag eines Beteiligten, zu denen der Beschwerte und diejenigen, welche die Vollziehung der Auflage zu verlangen berechtigt sind, gehören, eine Frist zur Bestimmung der Person zu setzen, nach deren fruchtlosem Ablauf das Bestimmungsrecht auf den Beschwerten übergeht (§ 2193). Der Erblasser kann die Bestimmung der Person des Testamentsvollstreckers einem Dritten überlassen. Das Bestimmungsrecht des Dritten erlischt mit dem Ablauf einer ihm auf Antrag eines der Beteiligten von dem Nachlaßgerichte bestimmten Frist (§ 2198).

Aus der Anführung des § 2155 BGB. in § 80 ist zu folgern, daß § 80 auch auf den Fall des § 2155 Anwendung findet, obwohl nur von der Fristbestimmung an den Beschwerten oder einen Dritten, hier aber von einer solchen an den Bedachten die Rede ist.

2. Die **Fristbestimmung** tritt mit der Bekanntmachung an denjenigen, dem die Frist gesetzt ist, in Wirksamkeit (§ 16 Abs. 1). Die Bekanntmachung muß wegen der sofortigen Beschwerde nicht nur an diesen, sondern auch an die übrigen Beteiligten nach § 16 Abs. 2 Satz 1 durch Zustellung von Amts wegen erfolgen.

3. Sofortige Beschwerde (§ 22 Abs. 1) findet gegen die Bestimmung der Frist und eine etwaige Ausdehnung derselben, auch nur wegen der Länge der Frist, statt; beschwerdeberechtigt sind nach § 20 die in N. 2 erwähnten Personen (siehe auch Unger in ZZP. **34** 301). Die **einfache Beschwerde** nur für den Antragsteller hat gegen die Ablehnung eines Antrages statt. Gegen die aufhebende Verfügung des Beschwerdegerichts, wenn also von diesem eine Frist bestimmt wird, findet die sofortige weitere Beschwerde statt. Das gleiche Rechtsmittel greift Platz, wenn auf Beschwerde gegen eine Fristbestimmung das Beschwerdegericht den Antrag auf Fristbestimmung ablehnt (siehe N. 7 zu § 29).

4. Änderung einer Fristbestimmung durch das Nachlaßgericht ist nach § 18 Abs. 2 ausgeschlossen; die Änderung einer ablehnenden Verfügung fordert einen Antrag dessen, der den abgelehnten Antrag gestellt hat (§ 18 Abs. 1 S. 2).

§ 81.

Gegen eine Verfügung, durch die von dem Nachlaßgericht ein Testamentsvollstrecker ernannt oder einem zum Testamentsvollstrecker Ernannten eine Frist zur Erklärung über die Annahme des Amtes bestimmt wird, findet die sofortige Beschwerde statt.

Das Gleiche gilt von einer Verfügung, durch die ein Testamentsvollstrecker gegen seinen Willen entlassen wird.

Anfechtung der Ernennung und Entlassung des Testamentsvollstreckers.

1. Die **Ernennung eines Testamentsvollstreckers** erfolgt durch das Nachlaßgericht, wenn es vom Erblasser im Testament darum ersucht wird (§ 2200). Eine **Fristbestimmung zur Erklärung über die Annahme des Amtes** erfolgt nur auf Antrag eines Beteiligten, gleichviel ob der Testamentsvollstrecker vom Erblasser (§ 2197 BGB.) oder von einem Dritten, dem der Erblasser die Bestimmung der Person überlassen hat (§ 2198), oder einem Testamentsvollstrecker (§ 2199) ernannt ist (§ 2202 Abs. 3 BGB.).

Die beiden Verfügungen sind nach § 81 Abs. 1 nur mit der **sofortigen Beschwerde** (§ 22 Abs. 1) anfechtbar. Darüber, ob der Erblasser das Gericht um die Ernennung eines Testamentsvollstreckers ersucht hatte, kann nach erfolgter Ernennung und Annahme des Amtes nur mehr im Prozeßweg entschieden werden (KGJ. **31** A 86, ZBl. **7** 212). Im übrigen finden die Vorschriften des ersten Abschnittes Anwendung. Gegen die Abweisung des Antrages auf die Ernennung oder die Fristbestimmung findet also die einfache Beschwerde statt, im letzteren Falle nur für den Antragsteller (§ 20 Abs. 2).

Die Ernennung sowie die Fristbestimmung wird wirksam mit der Bekanntmachung an den Ernannten, da die Verfügung für ihn bestimmt ist; von da ab läuft im zweiten Falle auch die Frist. Die Verfügungen müssen aber auch an die sonstigen Beteiligten, deren Rechte durch dieselben beeinträchtigt werden können, insbesondere an die Erben, deren Verfügungsrecht über den Nachlaß durch die Ernennung aufgehoben oder eingeschränkt wird (§§ 2205, 2208, 2211 BGB.), bekannt gemacht werden.

2. Die **Entlassung des Testamentsvollstreckers** erfolgt durch das Nachlaßgericht nur auf Antrag eines Beteiligten — das sind alle, die ein rechtliches Interesse an der Testamentsvollstreckung haben — aus wichtigen Gründen. Der Testamentsvollstrecker ist vor der Entlassung zu hören (§ 2227 BGB.). Nur gegen die Verfügung, durch welche die Entlassung wider den Willen des Testamentsvollstreckers erfolgt, findet nach Abs. 2 die **sofortige Beschwerde** statt; dies ist der Fall, wenn derselbe bei seinem Gehör sich gegen die Entlassung ausspricht oder wenn er eine Erklärung nicht abgibt. Erklärt er dagegen sein Einverständnis, so kommt dies ohnehin der Niederlegung des Amtes gleich und macht regelmäßig eine Verfügung des Nachlaßgerichts entbehrlich; erfolgt aber eine solche, so ist sie mit fristloser Beschwerde anfechtbar. Das Gleiche gilt für die Anfechtung der Zurückweisung des Antrages, zu der nur der Antragsteller legitimiert ist (§ 20).

Die Verfügung wird mit der Bekanntmachung an den Testamentsvollstrecker wirksam; damit wird zugleich das über die Ernennung erteilte Zeugnis kraftlos (§ 2368 Abs. 3 BGB.). Die Bekanntmachung muß auch an den Antragsteller und die etwa sonst zur Beschwerde Berechtigten erfolgen.

3. Die **Beschwerdefrist** beginnt in beiden Fällen (Abs. 1 und 2) für jeden Beschwerdeführer mit der Bekanntmachung an ihn.

§ 82.

Führen mehrere Testamentsvollstrecker das Amt gemeinschaftlich, so steht gegen eine Verfügung, durch die das Nachlaßgericht Anordnungen des Erblassers für die Verwaltung des Nachlasses außer Kraft setzt oder bei einer Meinungsverschiedenheit zwischen den Testamentsvollstreckern entscheidet, jedem Testamentsvollstrecker die Beschwerde selbständig zu.

Auf eine Verfügung, durch die bei einer Meinungsverschiedenheit zwischen den Testamentsvollstreckern über die Vornahme eines Rechtsgeschäfts das Nachlaßgericht entscheidet, finden die Vorschriften des § 53 und des § 60 Abs. 1 Nr. 6 entsprechende Anwendung.

Beschwerderecht mehrerer Testamentsvollstrecker.

1. Voraussetzung des selbständigen Beschwerderechts jedes von mehreren Testamentsvollstreckern ist, daß dieselben das Amt gemeinschaftlich führen. Dies ist nach § 2224 BGB. die Regel, nämlich soweit nicht abweichende Anordnungen des Erblassers vorliegen. § 82 stellt sich als eine Abweichung von dem Prinzip des § 2224 BGB. dar.

Das selbständige Beschwerderecht besteht nur

a) gegen die auf Antrag des Testamentsvollstreckers oder eines anderen Beteiligten durch das Nachlaßgericht erfolgte **Außerkraftsetzung** letztwilliger Anordnungen des Erblassers für die Verwaltung des Nachlasses (§ 2216 Abs. 2 BGB.), dagegen nicht gegen die Verfügung, durch die ein solcher Antrag abgelehnt wird,

b) gegen die Verfügung, durch die **bei einer Meinungsverschiedenheit** zwischen den Testamentsvollstreckern auf Grund des § 2224 BGB. **entschieden wird**; das Nachlaßgericht kann sich dabei nur einer der vertretenen Meinungen anschließen; will es das nicht, so muß es die Entscheidung ablehnen; das selbständige Beschwerderecht findet auch gegen diese Ablehnung statt, ebenso gegen die Verfügung, durch die etwa das Nachlaßgericht unberechtigter Weise eine selbständige Meinung aufgestellt hätte.

Das selbständige Beschwerderecht besteht für beide Beschwerdeinstanzen.

2. In den in N. 1 angeführten Fällen findet regelmäßig die **einfache Beschwerde** statt. Eine Ausnahme gilt nur für die Verfügung, durch welche bei einer Meinungsverschiedenheit über die Vornahme eines Rechtsgeschäfts (nicht auch bei einer solchen über sonstige Rechtshandlungen) entschieden wird, gleichviel ob die Vornahme zugelassen oder verboten wird. Diese Entscheidung wird erst mit der Rechtskraft wirksam (Abs. 2 mit § 53) und unterliegt deshalb nach Abs. 2 mit § 60 Abs. 1 Ziff. 6 nur der **sofortigen Beschwerde.** Das Gericht erster Instanz und das Beschwerdegericht können bei Gefahr im Verzug die sofortige Wirksamkeit der Verfügung anordnen (siehe N. 3 zu § 53).

Ist durch Anordnung des Erblassers die Verwaltungsbefugnis der mehreren Testamentsvollstrecker nach bestimmten Wirkungskreisen verteilt, so ist jeder nur hinsichtlich der seinen Wirkungskreis berührenden Verfügungen beschwerdeberechtigt.

§ 83.

Das Nachlaßgericht kann im Falle des § 2259 Abs. 1 des Bürgerlichen Gesetzbuchs den Besitzer des Testaments durch Ordnungsstrafen zur Ablieferung des Testaments anhalten.

Besteht Grund zu der Annahme, daß Jemand ein Testament im Besitze hat, zu dessen Ablieferung er nach § 2259 Abs. 1 des Bürgerlichen Gesetzbuchs verpflichtet ist, so kann er von dem Nachlaßgerichte zur Leistung des Offenbarungseids angehalten werden; die Vorschriften des § 883 Abs. 2, 3, des § 900 Abs. 1 und der §§ 901, 902, 904 bis 910, 912, 913 der Civilprozeßordnung finden entsprechende Anwendung.

Zwang zur Ablieferung von Testamenten.

1. Wer ein Testament, das nicht in amtliche Verwahrung gebracht ist (§ 2246 Abs. 1 BGB.), im Besitze hat, ist nach § 2259 Abs. 1 verpflichtet, es unverzüglich, nachdem er von dem Tode des Erblassers Kenntnis erlangt hat, an das Nachlaßgericht abzuliefern. Ueber die Ablieferungspflicht von Behörden und Beamten siehe § 2259 Abs. 2, § 2261 BGB., für Bayern ferner §§ 27, 28 NachlO.; gegen diese besteht das Zwangsmittel des § 83 nicht (Recht 00 463) Erhält das Nachlaßgericht davon Kenntnis, daß eine andere Person als ein Notar, ein Gericht oder ein Gemeindevorsteher ein Testament im Besitze hat, so hat es den Besitzer aufzufordern, das Testament unverzüglich an das Nachlaßgericht abzuliefern. Dies gilt für alle Arten von Testamenten, auch für gemeinschaftliche, ferner für Erbverträge (§ 2300 BGB., §§ 37, 38 NachlO.). Erst nachdem der Besitzer des Testamentes auf diese oder nachweisbar auf andere Weise von dem Tode des Erblassers Kenntnis erlangt hat, sind Zwangsmaßregeln gegen ihn zulässig.

2. Zur Erzwingung der Ablieferung des Testamentes stehen zweierlei Maßregeln zur Verfügung:

a) die Anwendung unmittelbaren Zwanges (Art. 130 Abs. 1 AG. z. BGB.); in diesem Falle erfolgt die Wegnahme des Testamentes auf Anordnung des Nachlaßgerichts (Abs. 2 l. c.) durch den Gerichtsvollzieher (§§ 201—204 der Geschäftsanweisung für Gerichtsvollzieher, JMBl. **00** 621); siehe auch oben N. 11 zu § 33, S. 152.

b) Verhängung von Ordnungsstrafen durch das Nachlaßgericht (§ 81 Abs. 1), über Androhung und Höhe der Ordnungsstrafen siehe § 33.

Beide Maßregeln setzen voraus, daß feststeht, daß die betreffende Person, gegen die sich die Maßregel richtet, im Besitze des Testamentes ist. Sie sind nur zulässig, wenn ein deutsches Nachlaßgericht sich mit dem Nachlasse des Erblassers zu befassen hat und das Testament sich im Inlande befindet, ohne Rücksicht darauf, ob der Erblasser ein Deutscher oder ein Ausländer ist (Niemeyer in Böhm's Z. **13** 40).

3. Besteht lediglich die Vermutung, daß eine Person ein Testament, zu dessen Ablieferung sie nach § 2259 Abs. 1 BGB. verpflichtet ist, im Besitze hat, so kann das Nachlaßgericht den **Offenbarungseid** dahin verlangen, „daß er das Testament nicht besitze, auch nicht wisse, wo es sich befinde". Das Gericht kann eine der Lage der Sache entsprechende Änderung der Eidesnorm beschließen (§ 81 Abs. 2 mit § 883 Abs. 2, 3 ZPO.).

Das Verfahren auf Leistung des Offenbarungseides beginnt mit der Ladung des mutmaßlichen Besitzers des Testamentes (§ 900 Abs. 1 ZPO.), welche von Amts wegen zu betätigen ist. Die Bekanntmachung der Ladung braucht an sich mangels anderweitiger Vorschriften nur nach § 16 Abs. 2 Satz 2 zu erfolgen; doch wird regelmäßig Zustellung von Amts wegen anzuordnen sein (§ 50 der Bek. v. 16. 12. 99, Zustellungen von Amtswegen betr., JMBl. 475). Sonstige Beteiligte brauchen vom Termine nicht verständigt werden. Bestreitet der Geladene seine Verpflichtung zur Eidesleistung, so entscheidet das Nachlaßgericht. Gegen den Geladenen, der im Termine nicht erscheint oder die Leistung des Eides grundlos verweigert, kann das Nachlaßgericht zur Erzwingung der Eidesleistung von Amts wegen die Haft anordnen (§ 901 ZPO.). Die Vorschriften der §§ 902, 904—910, 912, 913 ZPO. handeln vom Vollzug und der Dauer der Haft. Eine Vorschußpflicht für Haftkosten besteht auch nicht, wenn ein Beteiligter die Anordnung der Eidesleistung beantragt hat (N. 4), § 911 ZPO. findet nicht Anwendung.

Für die Leistung des Eides sind nach § 15 die Vorschriften der §§ 478 ff. ZPO. maßgebend.

4. Sowohl die Verhängung von Ordnungsstrafen (oder die Anordnung unmittelbaren Zwanges) als die Anordnung der Offenbarungseidsleistung und die Haftanordnung haben **von Amts wegen** zu erfolgen, wenn das Gericht diese Maßregeln nach dem Ergebnis der angestellten Ermittelungen nach seinem pflichtgemäßen Ermessen für zweckmäßig und erforderlich hält, die Anordnung des Offenbarungseides also, wenn das Gericht zu der Annahme gelangt ist, daß eine bestimmte Person ein Testament in Händen hat. Ein Antrag Beteiligter auf die Maßregeln ist zulässig, aber weder Voraussetzung derselben, noch für das Gericht bindend, wenn es die beantragte Maßregel nicht für angezeigt hält. Der Antragsteller braucht deshalb auch eine Berechtigung zu dem Antrage oder ein Interesse an der Maßregel nicht darzutun. Durch die Maßregeln des Nachlaßgerichts wird die zivilrechtliche Verfolgung des Anspruches der Interessenten auf Herausgabe des Testamentes nicht berührt.

5. Rechtsmittel: Die einfache Beschwerde findet gegen die Verhängung von Ordnungsstrafen (siehe auch N. 5 zu § 33), gegen die Anordnung der Leistung des Offenbarungseides beziehungsweise die Ladung zu demselben, gegen die Entscheidung über die Verweigerung des Eides und gegen die Anordnung der Haft, ferner gegen die Verfügungen, durch welche der Antrag auf eine dieser Maßregeln abgelehnt wird, für jeden statt, dessen Recht durch die Verfügung beeinträchtigt ist (§ 20 Abs. 1), also in erster Linie für den von der Maßregel Betroffenen; siehe wegen der Zulässigkeit der Beschwerde im Hinblick darauf, daß es sich um eine „Kannvorschrift" handelt, auch N. 3 zu § 20. Auf die Beschwerde gegen die Haftanordnung findet nicht § 793 ZPO. (sofortige Beschwerde) Anwendung. Gegen die Ablehnung des Antrages auf Abnahme des Offenbarungseides, weil keine Gründe zu der Annahme bestehen, daß der Erbe rc. eine letztwillige Verfügung in Händen habe, ist weitere Beschwerde nicht zulässig (Recht **07** 190, ZBl. **7** 731). Aufschiebende Wirkung hat nur die Beschwerde gegen Ordnungsstrafen (§ 24 Abs. 1), nicht diejenige gegen die Haftanordnung, weil die Haft hier Zwangsmittel, nicht Strafe ist.

§ 84.

Gegen einen Beschluß, durch den ein Erbschein für kraftlos erklärt wird, findet die Beschwerde nicht statt. Das Gleiche gilt von einem Beschlusse, durch den eines der in den §§ 1507, 2368 des Bürgerlichen Gesetzbuchs und den §§ 37, 38 der Grundbuchordnung vorgesehenen gerichtlichen Zeugnisse für kraftlos erklärt wird.

Kraftloserklärung des Erbscheins und anderer Zeugnisse.

1. Die Voraussetzungen für die Erteilung des Erbscheins und das Verfahren hiebei sind in den §§ 2354 ff. BGB. geregelt (siehe für Bayern auch §§ 49 ff. NachlO.). Die Erteilung erfolgt durch Beschluß des Nachlaßgerichts, in den der Inhalt des Erbscheins aufzunehmen ist (§ 57 NachlO.). Daneben finden die Vorschriften des ersten Abschnittes dieses Gesetzes Anwendung. Gegen die Erteilung eines unrichtigen Erbscheins steht deshalb dem Beeinträchtigten (ZBl. **2** 661) die einfache Beschwerde und, wenn das Beschwerdegericht die Erteilung eines unrichtigen Erbscheins gebilligt oder selbst angeordnet hat, auch die weitere Beschwerde zu mit dem Antrage auf Einziehung oder Kraftloserklärung desselben; dagegen kann mit der Beschwerde nicht die Wiederaufhebung des tatsächlich schon erteilten Erbscheins oder die Abänderung seines Inhalts begehrt werden (RG. **61** 273, ZBl. **6** 406 — RG. 21. 9. 05 — gegen ZBl. **5** 317 — OLG. Darmstadt 13. 7. 04 —, ebenso BayOLG. **2** 543, 472, OLG. **5** 353, **9** 436, **11** 268). Dieses Beschwerderecht besteht neben dem zivilrechtlichen Anspruch des wirklichen Erben nach § 2362 Abs. 1 BGB., von dem Besitzer des unrichtigen Erbscheins dessen Herausgabe an das Nachlaßgericht zu verlangen.

Das Nachlaßgericht hat selbst die Pflicht, einen Erbschein, von dem sich ergibt, daß er unrichtig ist, einzuziehen (wegen der Vollstreckung dieser Verfügung siehe für Bayern Art. 130 Abs. 1, 3 AG. z. BGB., §§ 201 der Geschäftsanweisung für Gerichtsvollzieher, JMBl. **00** 621), und, wenn er nicht sofort zu erlangen ist, ohne Rücksicht auf ein zur Erlangung der Herausgabe eingeleitetes Zwangsverfahren für kraftlos zu erklären (§ 2361 Abs. 2 BGB.). Wegen der Zulässigkeit der Berichtigung offenbarer Unrichtigkeiten siehe SeuffBl. **05** 545.

Der Beschluß, durch den ein Erbschein für kraftlos erklärt wird, ist vom Nachlaßgericht nach den für die öffentliche Zustellung einer Ladung geltenden Vorschriften des § 204 Abs. 2, 3 ZPO. (§ 14 der Geschäftsanweisung für die Gerichtsschreibereien der Amtsgerichte, JMBl. **02** 16) bekannt zu machen und wird — abweichend von der Regel des § 16 — mit dem Ablauf eines Monats nach der letzten Einrückung des Beschlusses in die öffentlichen Blätter wirksam (§ 2361 Abs. 2 BGB.).

2. Die **Beschwerde ist** nach Satz 1 **ausgeschlossen** gegen den Beschluß, durch den der Erbschein für kraftlos erklärt wird; wegen der Gründe des Ausschlusses der Beschwerde siehe D. 59. Auch die Änderung des Beschlusses nach § 18 ist ausgeschlossen (ebenso Josef N. 3, Dorner N. 2, Rausnitz N. 30, 42 zu § 84). Ist die Kraftloserklärung zu Unrecht erfolgt, so kann der Erbe die Ausstellung eines neuen gleichlautenden Erbscheins beim Nachlaßgericht beantragen; erst gegen die Verweigerung des neuen Erbscheins findet Beschwerde statt.

Gegen die Einziehung des Erbscheins ist die Beschwerde zulässig (RJA. **2** 64, OLG. **4** 126).

3. Nach Satz 2 ist die **Beschwerde ausgeschlossen:**

a) gegen das Zeugnis über die Fortsetzung der Gütergemeinschaft (§ 1507 BGB.),

b) gegen das Zeugnis über die Ernennung des Testamentsvollstreckers (§ 2368 BGB.),

c) gegen das Zeugnis, auf Grund dessen bei einer zum Nachlaß gehörenden Hypothek, Grundschuld oder Rentenschuld einer von mehreren Beteiligten als Gläubiger eingetragen werden kann, und desjenigen, auf Grund dessen bei einer Hypothek, Grundschuld oder Rentenschuld, die zum Gesamtgut einer ehelichen Gütergemeinschaft oder einer fortgesetzten Gütergemeinschaft gehört, ein Beteiligter, auf den das Recht bei der Auseinandersetzung übergegangen ist, als neuer Gläubiger eingetragen wird (§ 37, 38 GBO.); wegen der Zuständigkeit des Notars zur Erteilung dieser Zeugnisse siehe Art. 9 NachlG.

Obwohl diese Zeugnisse, auf welche die Vorschriften über Erteilung des Erbscheins Anwendung finden, nicht die Kraft eines Erbscheins haben, da die Zeugnisse unter a und b nur eine Vermutung des Eintrittes der fortgesetzten Gütergemeinschaft bezw. der Bestellung als Testamentsvollstrecker, nicht für den Fortbestand begründen, das Zeugnis unter c nur den Zweck eines Nachweises gegenüber dem Grundbuchamt hat, ergibt sich die Zulässigkeit ihrer Kraftloserklärung aus § 84 (ebenso Josef N. 4, Rausnitz N. 41 gegen Dorner N. 4b zu § 84). Das Zeugnis über die Ernennung des Testamentsvollstreckers wird nach § 2368 Abs. 3 BGB. mit der Beendigung seines Amtes von selbst kraftlos, so daß eine Kraftloserklärung entbehrlich ist; erfolgt sie aber trotzdem, so unterliegt sie gleichwohl nicht der Beschwerde.

4. In **Bayern** ist zum Nachweise der Nachfolge bei einem Familiengut einer standesherrlichen Familie, falls die Nachfolge von Todes wegen eintritt, ein Zeugnis des Nachlaßgerichts oder der zuständigen standesherrlichen Kanzlei, bei einem Familienfideikommiß ein Zeugnis des Fideikomißgerichts, bei einem Lehen ein Zeugnis des Lehenshofes, bei einem allodifizirten Lehen, falls die Nachfolge von Todeswegen eintritt, ein Zeugnis des Nachlaßgerichts erforderlich. Auf die gerichtlichen Zeugnisse finden die für einen Erbschein geltenden Vorschriften entsprechende Anwendung, sohin auch die Vorschrift des § 84 (Art. 16 AG. z. GBO.).

§ 85.

Wer ein rechtliches Interesse glaubhaft macht, kann verlangen, daß ihm von dem Gericht eine Ausfertigung des Erbscheins erteilt werde. Das Gleiche gilt in Ansehung der im § 84 Satz 2 bezeichneten Zeugnisse sowie in Ansehung der gerichtlichen Verfügungen, die sich auf die Ernennung oder die Entlassung eines Testamentsvollstreckers beziehen.

Ausfertigung des Erbscheins und anderer Zeugnisse.

1. § 85 regelt die Ausfertigung folgender Urkunden: des Erbscheins, des Zeugnisses über Fortsetzung der Gütergemeinschaft (§ 1507 BGB.), des Zeugnisses über Ernennung eines Testamentsvollstreckers (§ 2368), der in den §§ 37, 38 GBO. genannten Zeugnisse (siehe N. 3 lit. c zu § 84), der gerichtlichen Verfügungen, die sich auf die Ernennung oder die Entlassung eines Testamentsvollstreckers beziehen, nicht auch anderer solcher Verfügungen, die das Gericht gegenüber einem Testamentsvollstrecker trifft (z. B. nach § 2216 Abs. 2, 2224 Abs. 1 BGB.), der gerichtlichen Zeugnisse nach Art. 16 AG. z. GBO. (siehe N. 4 zu § 84). Auf Erbbescheinigungen des älteren Rechts bezieht sich § 85 nicht.

2. Auf **Erteilung einer Ausfertigung** dieser Urkunden **besteht ein Recht,** die Ausfertigung muß erteilt werden, wenn jemand ein rechtliches Interesse (N. 2a zu § 57) an der Erteilung glaubhaft macht (siehe N. 13 zu § 15), also nicht bloß dem Erben, sondern z. B. auch dem Gläubiger, der einen Anspruch gegen den Erben als solchen geltend machen will. Die Urschrift der Urkunden bleibt stets bei den Akten.

Daneben besteht die Befugnis des Gerichts nach § 34, jedem, der ein berechtigtes Interesse nachweist, eine auf Verlangen zu beglaubigende Abschrift zu erteilen, und hinsichtlich der in N. 1 unter lit. a—d aufgeführten Urkunden nach § 78 Abs. 2 ein Recht auf Erteilung einfacher oder beglaubigter Abschrift für jeden, der ein berechtigtes Interesse glaubhaft macht.

Wer ein Recht auf Erteilung einer Ausfertigung eines Erbscheins hat, erlangt dadurch noch nicht das Recht, die Erteilung des Erbscheins selbst zu beantragen; siehe § 2353 BGB. Wegen des Rechts eines Gläubigers, der zum Zwecke der Zwangsvollstreckung eines Erbscheins oder einer anderen Urkunde, die dem Schuldner auf Antrag von einer Behörde, einem Beamten oder einem Notar zu erteilen ist, bedarf, die Erteilung an Stelle des Schuldners zu verlangen, siehe § 792 ZPO.

3. In Bayern ist die Ausfertigung von dem Richter zu unterschreiben und mit dem Gerichtssiegel zu versehen (Art. 22 AG. z. GVG., § 140 NachlO.).

§ 86.

Hinterläßt ein Erblasser mehrere Erben, so hat das Nachlaßgericht auf Antrag die Auseinandersetzung in Ansehung des Nachlasses zwischen den Beteiligten zu vermitteln, sofern nicht ein zur Bewirkung der Auseinandersetzung berechtigter Testamentsvollstrecker vorhanden ist.

Antragsberechtigt ist jeder Miterbe, der Erwerber eines Erbteils sowie derjenige, welchem ein Pfandrecht oder ein Nießbrauch an einem Erbteile zusteht.

Nachlaßauseinandersetzung. Verfahren; Antragsrecht.

1. Hinterläßt der Erblasser mehrere Erben, so wird der Nachlaß gemeinschaftliches Vermögen derselben (§§ 1922, 2032 BGB.). Jeder Erbe kann — von den Ausnahmefällen der §§ 2042 mit 749, §§ 2043—2045 BGB. abgesehen — jederzeit die Auseinandersetzung verlangen (§ 2042 Abs. 2 BGB.)

Die Art der Auseinandersetzung ist in den §§ 2046 ff. BGB. näher geregelt.

Die Auseinandersetzung kann, auch wenn eine bevormundete Person beteiligt ist, durch formlose Vereinbarung der Miterben ohne Einmischung des Gerichts erfolgen; bei Beteiligung einer bevormundeten Person bedarf der Erbteilungsvertrag der Genehmigung des Vormundschaftsgerichts nach Maßgabe der §§ 1822 Nr. 1, 1897 BGB.; ist ein Beteiligter unter der elterlichen Gewalt der Mutter, der ein Beistand beigegeben ist, so ist die Genehmigung des Beistandes erforderlich (§ 1691 BGB.).

Über Abschluß eines Erbteilungsvertrages vor dem Notar siehe die §§ 254 ff. GeschO. f. d. Not.

Die amtliche Vermittelung der Auseinandersetzung erfolgt nach Reichsrecht nur auf Antrag (§ 86 Abs. 1). Nach § 192 bleiben landesgesetzliche Vorschriften, nach welchen, wenn die Auseinandersetzung eines Nachlasses nicht binnen einer bestimmten Frist bewirkt ist, das Nachlaßgericht die Auseinandersetzung von Amts wegen zu vermitteln hat, in Kraft; nach § 185 Abs. 2 mit Art. 3 EG. z. BGB. können neue landesgesetzliche Vorschriften dieses Inhalts erlassen werden. In Bayern ist von dieser Befugnis durch Art. 4 NachlG. Gebrauch gemacht (siehe unten N. 10).

1a. Die Tätigkeit des Nachlaßgerichts ist stets nur eine vermittelnde; es ist nicht berufen, Streitpunkte, die sich bei den Verhandlungen über die Auseinandersetzung ergeben, zu entscheiden (siehe § 95). Soweit eine gütliche Einigung nicht herbeizuführen ist, muß das Verfahren ausgesetzt werden, bis der Streit im Prozeßwege ausgetragen ist. Auf das Nachlaßgericht geht auch nicht die Verwaltung des Nachlasses über; es ist deshalb insbesondere auch nicht berufen, Nachlaßforderungen einzuziehen und Nachlaßgläubiger zu befriedigen (BayObLG. **3** 1048; über die Anwendung des § 2046 BGB. — Berichtigung von Nachlaßverbindlichkeiten — im Auseinandersetzungsverfahren siehe auch Schad 79). Auch der Vollzug der getroffenen Vereinbarungen ist nicht Sache des Nachlaßgerichts, sondern der Beteiligten (Espine in BayZ. **2** 98). Die Vermittelung der Auseinandersetzung beschränkt sich aber nicht auf die Begründung von Verbindlichkeiten zur Bewirkung von Rechtsänderungen, durch welche die Auseinandersetzung geschehen soll, sondern erstreckt sich auf die Bewirkung der Auseinandersetzung, soweit dazu Erklärungen erforderlich sind, die vor dem Gericht und in Bayern vor dem Notar rechtswirksam abgegeben werden können; es können insbesondere Forderungen und andere Rechte übertragen werden, zu deren Übertragung der Abtretungsvertrag genügt; ebenso kann die Einigung über Verfügungen, die ein Grundstück oder ein Recht an einem Grundstücke zum Gegenstand haben, oder über Erteilung einer Vollmacht zur Auflassung mit bindender Kraft (§ 873 Abs. 2 BGB.) erfolgen (BayObLG. **5** 1, 6, 7, ZBl. **4** 844, OLG. **10** 38, DNotV. **05** 378). Auf alle diese Erklärungen erstrecken sich auch die Versäumniswirkungen (§§ 91, 93).

Wegen der Geltung der §§ 86 ff. nur für Sterbefälle, die seit dem 1. Januar 1900 erfolgt sind, siehe Josef in Gruchot Beitr. **47** 341, ZBl. **4** 412, OLG. **7** 210.

2. Zuständigkeit zur Vermittelung der Nachlaßauseinandersetzung: Nach § 86 ist zur Vermittelung der Auseinandersetzung das Nachlaßgericht (§ 72) zuständig (über die örtliche Zuständigkeit siehe § 73). Auf Grund des Vorbehalts des § 193 sind in **Bayern** neben dem Nachlaßgericht die **Notare** in folgender Weise für zuständig erklärt:

a) Der Antrag auf Vermittelung kann unmittelbar bei einem Notar gestellt werden und zwar auch dann, wenn ein Grundstück nicht zum Nachlaß gehört (Art. 8 Abs. 1 NachlG., § 127 NachlO.); der Notar hat dem Nachlaßgericht von der bei ihm erfolgten Antragstellung Anzeige zu machen (§ 131 Abs. 1 NachlO., § 255a GeschO. f. d. Not.)

b) Wenn das Auseinandersetzungsverfahren vom Nachlaßgericht von Amts wegen eingeleitet wurde (Art. 4 NachlG., unten N. 10), ist die Vermittelung auf übereinstimmenden Antrag der sämtlichen Beteiligten in jedem Falle, auch wenn ein Grundstück nicht zum Nachlaß gehört, einem Notar zu überweisen; ein Antrag eines oder nur einiger der Beteiligten genügt nicht; der Antrag kann in jeder Lage des Verfahrens gestellt werden, auch wenn das Nachlaßgericht schon Vereinbarungen beurkundet hat (Art. 6 Abs. 1 Satz 2 NachlG., § 122 Abs. 1 NachlO.).

Das Nämliche gilt, wenn der Antrag auf die Vermittelung zunächst bei dem Nachlaßgericht gestellt war (§ 130 Abs. 1 Satz 3 NachlO.).

c) Sowohl im Falle der Einleitung des Verfahrens durch das Nachlaßgericht von Amts wegen als auch, wenn der Antrag bei diesem gestellt worden ist, soll das Nachlaßgericht nach der Ermittelung der Erben und der Feststellung der Teilungsmasse die Vermittelung einem Notar überweisen, wenn ein Grundstück zum Nachlaß gehört (Art. 6 Abs. 1 Satz 1, Art. 8, Abs. 3 NachlG.); dasselbe gilt, wenn Grundstücksrechte zum Nachlaß gehören, die hinsichtlich der Aufnahmefähigkeit in das Grundbuch den Grundstücken gleichgestellt sind, also reichsrechtlich das Erbbaurecht (§§ 1012 ff. BGB.), in Bayern außerdem die in Art. 17 AG. z. GBO. aufgeführten Rechte (siehe hiezu Becher Mat. VI 18, 19); gehört nur ein sonstiges Recht an einem Grundstück, z. B. eine Hypothek, eine Grundschuld 2c. zum Nachlaß, so findet die Überweisung nicht statt (§ 120 Abs. 1, 2, § 130 NachlO.).

Die Überweisung an den Notar ist aktenkundig zu machen und den Beteiligten mitzuteilen. Mit der Überweisung sind dem Notar die Nachlaßakten zu übersenden (§ 120 Abs. 6 NachlO.).

Die Teilungsmasse braucht, wenn die Vermittelung der Auseinandersetzung einem Notar überwiesen wird, vor der Überweisung nicht in allen Einzelheiten vom Nachlaßgericht festgestellt zu werden; es genügt, daß aus den Feststellungen des Gerichts der Umfang der Teilungsmasse im allgemeinen erhellt; insbesondere brauchen die zur Auseinandersetzung erforderlichen urkundlichen Unterlagen, z. B. Auszüge aus den öffentlichen Büchern, Schätzungen der Nachlaßgegenstände, nicht vom Gericht erholt zu werden (§ 120 Abs. 3 NachlO.); die etwaige Ergänzung der Feststellung der Teilungsmasse und die Beschaffung der nötigen urkundlichen Unterlagen ist Sache des Notars (§ 121 Abs. 1 NachlO.).

Wegen der Erteilung eines Erbscheins vor der Überweisung siehe § 120 Abs. 6 NachlO., § 255 GeschO. f. d. Not.

Örtlich zuständig ist nach der Regel des Gesetzes nur ein Notar, der im Bezirke oder am Sitze des Nachlaßgerichts aufgestellt ist, d. h. nur bei einem solchen Notar kann der Antrag auf Vermittelung gestellt werden, einem solchen ist die Vermittelung vom Nachlaßgericht zu überweisen.

Diese Zuständigkeitsvorschrift ist aber nicht zwingender Natur. Durch Vereinbarung der Beteiligten kann jeder bayerische Notar zur Vermittelung berufen werden ohne Rücksicht auf seinen Amtssitz; dies gilt sowohl für die Antragstellung beim Notar unmittelbar, als auch für die Überweisung an einen Notar durch das Nachlaßgericht; dieses ist an eine Vereinbarung der Beteiligten bei der Überweisung gebunden. Erforderlich ist eine Vereinbarung der sämtlichen Beteiligten, Widerspruch eines einzigen Beteiligten bewirkt, daß die Regel des Gesetzes über die örtliche Zuständigkeit eingehalten werden muß (Art. 6 Abs. 1, Art. 8 Abs. 2, 3 NachlG., § 120, 127 NachlO., § 256 GeschO. f. d. Not.).

Die von einem hienach örtlich nicht zuständigen Notar vorgenommenen Amtshandlungen sind nicht unwirksam (§§ 7, 194 Abs. 1 FGG.).

Ob im Falle der Vermittelung auf Antrag das Nachlaßgericht oder der Notar oder welcher von mehreren örtlich zuständigen Notaren (wenn also ein Antrag von verschiedenen Beteiligten an verschiedenen Stellen gestellt wurde) den Vorzug hat, bestimmt sich nach der ersten amtlichen Tätigkeit in der Sache (§§ 4, 194 FGG., § 127 Abs. 3 NachlO.).

§ 4 FGG. findet auch dann Anwendung, wenn die Einleitung der Vermittelung von Amts wegen und die Stellung eines Antrages auf Vermittelung bei einem Notar gleichzeitig erfolgten (§ 126 Abs. 2 NachlO.).

Über das Verfahren vor dem Notar siehe unten N. 11.

3. Voraussetzung der Einleitung jeden Auseinandersetzungsverfahrens (auf Antrag oder von Amts wegen) ist eine **Mehrheit von Erben.** Eine solche liegt nur dann vor, wenn mehrere Erben nebeneinander vorhanden sind (Miterben), dagegen nicht, wenn nur ein Erbe und ein Nacherbe vorhanden ist. Pflichtteilsberechtigte sind im Zweifel nicht Erben (§ 2304 BGB.); sie sind nur dann Erben, wenn sie als solche ausdrücklich eingesetzt sind.

Sind nur zwei Miterben vorhanden und überträgt der eine dem anderen seinen Anteil, so entfällt die Möglichkeit eines Auseinandersetzungsverfahrens (Recht **05** 17, BayObLG. **5** 659).

Ob mehrere Erben vorhanden sind, erfährt das Nachlaßgericht jedenfalls durch die von ihm anzustellenden Ermittelungen. Während die **Erbenermittelung** nach dem BGB. nur ausnahmsweise dem Gericht obliegt, hat in Bayern das Nachlaßgericht die Erben nach jedem Erbfalle von Amts wegen zu ermitteln ohne Unterschied, ob es sich um gesetzliche Erbfolge oder um Erbfolge auf Grund einer Verfügung von Todes wegen handelt, ob ein Erbe oder mehrere Erben vorhanden sind (im ersteren Falle ist damit festgestellt, daß zu einem amtlichen Auseinandersetzungsverfahren kein Anlaß gegeben ist), ob, wenn mehrere Erben vorhanden sind, die Auseinandersetzung unter ihnen stattfinden oder unterbleiben soll. Die Erbenermittelung unterbleibt nur dann, wenn anzunehmen ist, daß ein die Beerdigungskosten übersteigender Nachlaß offenbar nicht vorhanden ist (§ 42 NachlO.). Mit der Erbenermittelung kann bis zum Ablauf der Frist für die Einleitung des amtlichen Vermittelungsverfahrens gewartet werden, wenn nicht besondere Gründe eine vorherige Ermittelung gebieten (§ 43 Abs. 3 NachlO.). Das Nähere über die Erbenermittelung siehe in den §§ 43—46 NachlO. und in Keidel, Handb. 250.

4. Die Einleitung beziehungsweise die Durchführung eines Auseinandersetzungsverfahrens **ist ausgeschlossen,**

a) wenn die Erbengemeinschaft schon aufgehoben ist; daß schon Privatübereinkommen über die Auseinandersetzung getroffen wurden, steht aber nicht im Wege, so lange nicht die Teilung vollständig durchgeführt ist (ZBl. **6** 35). Wenn nur einzelne zum Nachlaß gehörige Gegenstände unverteilt blieben, insbesondere, wenn dies versehentlich geschah, weil man ihre Eigenschaft als Nachlaßgegenstände oder ihr Vorhandensein nicht kannte, findet kein Auseinandersetzungsverfahren mehr statt, soferne nicht die unverteilten Gegenstände von einer Menge oder Bedeutung sind, daß als Gegenstand der vorgenommenen Teilung nicht mehr der Nachlaß in seiner Gesamtheit erachtet werden kann; hinsichtlich nur einzelner unverteilter Gegenstände findet die Sachteilung nach den §§ 752 ff. BGB. statt (Josef N. 3 zu § 86 und in DNotV. **4** 121; siehe jedoch OLG. **6** 486, woselbst angenommen ist, daß, wenn bei der Teilung Sachen verschwiegen worden sind, nicht ein neues Verfahren eingeleitet, sondern nur das frühere angefochten werden kann);

b) wenn und solange das Erbrecht eines Beteiligten oder das sonstige Recht, das ihm die Eigenschaft als Beteiligter verleiht (N. 7 unten), bestritten ist; wegen der Wirkung der Bestreitung siehe am Schluß der Note;

c) wenn ein zur Bewirkung der Auseinandersetzung berechtigtigter Testamentsvollstrecker (§§ 2204, 2208, 2209 BGB.) vorhanden ist (§ 86 Abs. 1 FGG., Art. 4 Abs. 2 NachlG.); ob dies der Fall ist, hat das Nachlaßgericht nötigenfalls von Amts wegen festzustellen, also insbesondere, ob ein ernannter Testamentsvollstrecker die Übernahme des Amtes nicht abgelehnt hat; über die Fähigkeit eines Testamentsvollstreckers, der zugleich Miterbe ist, zur Vornahme der Auseinandersetzung siehe RG. **61** 139, ZBl. **6** 465, RJA. **6** 135 gegen RJA. **3** 101, 167, OLG. **6** 303;

d) wenn kein Nachlaß vorhanden ist; dies trifft aber nicht zu, wenn der Nachlaß nur aus Forderungen besteht (Recht **04** 579);

e) wenn nach dem ehelichen Güterstande, in dem der Erblasser gelebt hat, Vermögen, das zum Nachlaß gehörte, nicht vorhanden ist (z. B. wenn im Falle des Eintrittes der fortgesetzten Gütergemeinschaft anderes Vermögen als Gesamtgut und ein nicht gemeinschaftlicher Abkömmling nicht vorhanden ist, oder nach dem maßgebenden ehelichen Güterrechte die Auseinandersetzung überhaupt oder zur Zeit ausgeschlossen ist z. B. wenn der Witwe der Beisitz gebührt, § 104 NachO.; Beispiele siehe in BayObLG. **6** 538, dagegen **5** 687, **6** 8);

f) wenn die Erbteilungsklage erhoben ist;

g) wenn die Erben das Recht, die Aufhebung der Erbengemeinschaft zu verlangen, durch Vereinbarung für immer oder auf Zeit ausgeschlossen haben (§ 2042 Abs. 2, § 749 Abs. 2, 3 BGB.). Zur Entscheidung, ob wichtige Gründe vorliegen, die das Verlangen der Teilung gleichwohl rechtfertigen, oder ob eine solche Vereinbarung nichtig ist, ist nicht das Nachlaßgericht berufen, hierüber entscheidet das Prozeßgericht (§ 95 FGG., Böthke in GruchotsBeitr. **49** 709 gegen Binder, die Rechtstellung der Erben III 245 ff.); ein Erbe, der wichtige Gründe für die Vornahme der Teilung als gegeben erachtet, kann den Antrag auf Auseinandersetzung zwar stellen und der Antrag darf nicht abgelehnt werden, aber ein Widerspruch anderer Beteiligter hindert die Durchführung des Verfahrens und zwingt zur Einstellung (Josef N. 5a);

h) solange die Auseinandersetzung nach den §§ 2043—2045 BGB. wegen der Unbestimmtheit der Erbteile, infolge des Gebotes des Erblassers oder infolge des gerichtlichen Aufgebotes oder der von einem Erben erlassenen Aufforderung der Nachlaßgläubiger ausgeschlossen oder aufgeschoben ist; für die Vermittelung von Amts wegen ist dies in Art. 4 Abs. 1 Satz 3 NachlG. ausdrücklich ausgesprochen;

i) während der Dauer eines Nachlaßkonkurses oder einer Nachlaßverwaltung; durch beide Verfahren ist den Erben das Verwaltungs- und Verfügungsrecht über den Nachlaß entzogen (siehe hiezu auch Josef in DNotV. **4** 134, OLG. **4** 430, Schad S. 71, a. M. Weißler in RheinNotZ. **3** 407).

In allen diesen Fällen ist die Einleitung des Verfahrens von Amts wegen und auf Antrag nur dann ausgeschlossen, ein gestellter Antrag also nur dann sofort abzuweisen, wenn es sich um ein unbedingtes, auch durch Vereinbarung der Beteiligten nicht zu beseitigendes Hindernis handelt. Liegt kein solches vor, so hindert erst ein Widerspruch im Termin die Fortsetzung der Verhandlung, zwingt zur Einstellung und Verweisung auf den Rechtsweg; denn das Verfahren hat gerade den Zweck, auf Beseitigung von Widersprüchen und Meinungsverschiedenheiten hinzuarbeiten; daß vor Einleitung des Verfahrens Streit oder Uneinigkeit über einen Punkt besteht, schließt nicht aus, daß in dem Verfahren des Gerichts durch Besprechung der Sache eine Einigung erzielt wird. Es kann also auch nicht in jedem Falle von dem Antragsteller unter Fristsetzung der Nachweis verlangt werden, daß ein vor Einleitung des Verfahrens noch vorhandener Widerspruch beseitigt sei (a. M. OLG. **6** 484, RJA. **6** 264).

Deshalb führt die Bestreitung des Erbrechts des Antragstellers oder eines anderen Beteiligten vor Einleitung des Verfahrens nicht zur Abweisung des Antrages (Josef, Lehrb. 319 und in ZBl. **3** 595, Jastrow in ZZP. **28** 488, a. M. Wellstein N. 3 zu § 87, RJA. **1** 182, **6** 264, OLG. **2** 36, **3** 310, **4** 430, Recht **05** 256, ZBl. **6** 800).

Wegen der Zulässigkeit der Antragstellung auf Auseinandersetzung trotz einer Vereinbarung der Erben, durch welche die Auseinandersetzung ausgeschlossen ist, siehe oben unter lit. g. Auch ein Teilungsverbot des Erblassers kann durch Vereinbarung aller Erben beseitigt werden, steht also der Antragstellung und Einleitung des Verfahrens nicht entgegen (Wellstein N. 3 zu § 87, Staudinger N. 3, Planck N. 2 zu § 2044; a. M. Brettner im Recht **4** 244). Überhaupt schließt ein vor Einleitung des Verfahrens erhobener Widerspruch gegen das Auseinandersetzungsverfahren und die Erklärung einiger, daß sie sich auf eine gütliche Einigung nicht einlassen wollen, die Einleitung des Verfahrens nicht aus (BayOLG. **4** 500, RJA. **4** 14, ZBl. **4** 264, **6** 898, OLG. **8** 327, Josef im ZBl. **3** 595 und DNotV. **4** 128, auch Weißler in DNotV. **4** 630).

Stellt sich eines der Hindernisse erst im Laufe des Verfahrens heraus, so ist das Verfahren, wenn es sich um einen dauernden Hinderungsgrund handelt, endgiltig, sonst bis zum Wegfall des Hindernisses einzustellen (§ 118 Abs. 4 NachlO.).

Über den Einfluß des Rechtes des Dreißigsten (§ 1969 BGB.) auf die Auseinandersetzung siehe Schad 51.

5. Der **Antrag** auf Auseinandersetzung ist außer aus den in N. 4 aufgezählten Gründen **ausgeschlossen,** wenn vor der Antragstellung schon die Vermittelung von Amts wegen eingeleitet war.

Zeitlich ist der Antrag **zulässig,** sobald der Erbfall eingetreten und beim Vorhandensein einer letztwilligen Verfügung diese eröffnet ist; Annahme der Erbschaft durch sämtliche Erben ist nicht erforderlich (siehe hiezu auch Schad 74).

6. Die **Vermittelung von Amts wegen** ist außer aus den in N. 4 aufgezählten Gründen **ausgeschlossen** (Art. 4 Abs. 2 NachlG., § 103 NachlO.),

a) wenn vor der Einleitung der Antrag auf Vermittelung bei Gericht oder bei einem Notar gestellt ist oder ein Notar anzeigt, daß er mit der Beurkundung des Erbteilungsvertrages betraut ist. Endigt das auf Antrag eingeleitete Verfahren durch Zurücknahme des Antrags oder wird der Erbteilungsvertrag nicht binnen angemessener Frist beurkundet, so hat die Vermittelung von Amts wegen stattzufinden; über die Anzeigepflicht des Notars von der Zurücknahme eines bei ihm gestellten Antrages und von der erfolgten Beurkundung eines Erbteilungsvertrages siehe §§ 131, 132 NachlO., § 257 b. GeschO. f. d. Not.;

b) wenn vor der Einleitung sämtliche Erben erklären, daß sie sich nicht auseinandersetzen wollen; einer besonderen Form bedarf diese Erklärung nicht. Die Erklärung kann auch schon vor Ablauf der Frist für die Einleitung des Vermittelungsverfahrens von Amts wegen abgegeben werden. Hat die Ermittelung der Erben vor diesem Zeitpunkte stattgefunden, so soll das Gericht die Erben fragen, ob sie sich auseinandersetzen wollen und ob sie die Vermittelung der Auseinandersetzung beantragen (§ 102 NachlO.); siehe hiezu Keidel in SeuffBl. **68** 85, 273 gegen Haberstumpf ebenda 161, 509;

c) wenn die Beteiligten innerhalb der Frist des Art. 4 Abs. 1 NachlG. (siehe unten N. 10) die Auseinandersetzung schon vorgenommen haben; dies ist ohne weiteres anzunehmen, wenn sämtliche Erben anzeigen, daß die Auseinandersetzung erfolgt sei, oder wenn ein Gericht oder ein Notar dem Nachlaßgericht mitteilt, daß die Auseinandersetzung von ihm beurkundet ist. Geht die Anzeige der Auseinandersetzung aber nur von einem oder einigen der Erben aus und liegt der Anzeige nicht der Beweis der Auseinandersetzung bei, so sind die übrigen Erben darüber zu vernehmen, ob die Auseinandersetzung erfolgt ist.

7. Wer zu den **Beteiligten** im Antragsverfahren wie im Verfahren von Amts wegen gehört, ergibt sich aus den Vorschriften des bürgerlichen Rechts; es sind alle diejenigen Personen, von deren Mitwirkung die dauernde Wirksamkeit der Auseinandersetzung abhängt.

Beteiligte sind hienach:

a) der Erbe, soweit er auch antragsberechtigt ist (N. 8), also auch wenn sein Erbteil gepfändet, verpfändet oder mit einem Nießbrauch belastet ist;

b) der Nacherbe, wenn dessen Zustimmung notwendig ist, so insbesondere im Falle des § 2113 BGB., wenn Grundstücke oder Rechte an solchen zum Nachlaß gehören, soferne nicht der Vorerbe von der Beschränkung des § 2113 befreit ist (§§ 2136, 2137 BGB.; siehe DJZ. **07** 300);

c) der Erwerber eines Erbteiles (§§ 2033 ff., 2371 ff., 2385 BGB.) und der Rechtsnachfolger eines Miterben von Todeswegen, ferner, wenn über den Nachlaß eines verstorbenen Miterben die Nachlaßverwaltung oder der Nachlaßkonkurs eingeleitet ist, der Nachlaß- oder Konkursverwalter;

d) der Nießbraucher an einem Erbteil (§ 1066 Abs. 1, 2 BGB.) und derjenige, welchem ein Pfandrecht an einem Erbteil zusteht (§ 1258 Abs. 1, 2 BGB.); daß ein Dritter mit der Behauptung, es stehe ihm ein Pfandrecht an einem Erbteile zu, im Termine Widerspruch erhebt, hindert die Beurkundung der Vereinbarungen nicht (RJA. **5** 230, ZBl. **6** 128). Folge unterbliebener Zuziehung des Pfandgläubigers ist, daß die erfolgte Auseinandersetzung für ihn unverbindlich ist und auf sein Verlangen wiederholt werden muß (Josef im ZBl. **4** 242; siehe auch ZBl. **5** 799);

e) derjenige, nach dessen Ermessen die Auseinandersetzung erfolgen soll (§ 2048 BGB.);

f) wenn ein Ehegatte beteiligt ist, je nach dem Güterstande auch der andere Ehegatte, so wenn eine Ehefrau Erbin ist, der Ehemann nur dann nicht, wenn Gütertrennung besteht oder der Erbteil Vorbehaltsgut der Frau ist; bei allgemeiner Gütergemeinschaft ist nur der Ehemann der Beteiligte, auch wenn die Frau Erbin ist, wegen des Verwaltungsrechtes des Ehemannes (§ 1443 BGB.), wenn aber ein Grundstück zum Nachlaß gehört, beide Ehegatten im Hinblick auf § 1445 BGB., gleichviel welcher Ehegatte der Erbe ist (Josef N. 11 zu § 86 und in DNotV. **5** 330, **6** 5, 56 gegen ZBl. 5 71, OLG. **8** 338, **9** 451, a. M. auch Stiff in DNotV. **5** 757);

g) wenn ein Beteiligter eines gesetzlichen Vertreters bedarf, an seiner Stelle der gesetzliche Vertreter, wenn ein Beteiligter unter der elterlichen Gewalt der Mutter steht, der ein Beistand bestellt ist, auch der Beistand, soferne seine Genehmigung zur Auseinandersetzung im Hinblick auf § 1690 BGB. notwendig ist.

Beteiligte können sich in dem Verfahren jederzeit durch einen Bevollmächtigten vertreten lassen; es gelten die allgemeinen Vorschriften des § 13 FGG (BayObLG. **5** 1, SeuffA. **59** 253).

Ist ein Beteiligter abwesend und liegen die Voraussetzungen der Abwesenheitspflegschaft (§ 1911 BGB.) vor, so hat das Nachlaßgericht für die Bestellung eines Pflegers zur Wahrnehmung der Rechte des Abwesenden im Auseinandersetzungsverfahren zu sorgen; es kann die Bestellung bei dem Vormundschaftsgericht anregen oder selbst den Pfleger ernennen (siehe § 88 FGG.).

Nicht Beteiligte sind die Nachlaßgläubiger, also auch nicht die Vermächtnisnehmer (BayObLG. **4** 493, OLG. **9** 387) und regelmäßig nicht der Pflichtteilsberechtigte (§§ 2304, 2305 BGB.), ferner die Gläubiger eines Miterben, endlich das Vormundschaftsgericht, das etwa zur Genehmigung der Teilung für einen Miterben berufen ist.

Als Beteiligter kann niemand in das Verfahren hereingezogen werden, wenn er geltend macht, daß er nicht Beteiligter sei; gegen die Ladung zum Termine besteht deshalb unter diesem Gesichtspunkte ein Beschwerderecht (N. 3 zu § 19); die Beschwerde mit der Behauptung, daß der Beschwerdeführer nicht beteiligt sei, ist aber nur bis zum Beginn der Verhandlungen der Beteiligten zulässig; von diesem Zeitpunkt an kann nur noch durch Widerspruch im Termin die Aussetzung des Verfahrens (§ 95) herbeigeführt werden (RJA. **6** 35, OLG. **12** 216).

8. Antragsberechtigt sind nach § 86 Abs. 2:

a) Jeder Miterbe, auch wenn sein Erbteil gepfändet, verpfändet oder mit einem Nießbrauch belastet ist, dagegen nicht mehr, wenn er denselben veräußert hat, an Stelle eines nach dem Tode des Erblassers verstorbenen Miterben dessen Erben, dagegen nicht der Nacherbe (OLG. **10** 313), ein Pflichtteilsberechtigter nur, wenn er als Erbe eingesetzt ist (§ 2304 BGB.).

Erfordernis des Antragsrechtes eines Miterben ist nicht, daß sein Erbrecht unbestritten ist (siehe oben N. 4 a. E.), Vorlage eines Erbscheines ist keine Voraussetzung für die Ausübung des Antragsrechtes.

Ist eine Frau Miterbin und gehört die Erbschaft zum eingebrachten Gute, so ist der Ehemann als der Verwaltungsberechtigte allein zu dem Antrage legitimiert; dasselbe gilt, wenn eheliche Gütergemeinschaft besteht (§§ 1438, 1549, 1556, 1443 BGB.); nur bei Verhinderung des Mannes ist die Frau antragsberechtigt (§ 1450); siehe Josef Nachträge zu § 86 S. 370 in Abänderung der in N. 6 zu § 86 aufgestellten Ansicht, auch N. 7 lit. f;

b) der Erwerber eines Erbteiles; über Veräußerung eines Erbteiles siehe die §§ 2371 ff., 2385 BGB.; auch derjenige, welcher den Erbteil von einem früheren Erwerber erworben hat, ist antragsberechtigt. Kein Antragsrecht hat dagegen derjenige, dem der Miterbe dasjenige übertragen hat, was er bei der Auseinandersetzung zu bekommen habe; denn hier ist der Erbteil Vermögen des Erben geblieben, der andere hat nur einen obligatorischen Anspruch auf Abtretung und Übertragung der Nachlaßgegenstände, welche bei der Teilung dem Erben in Anrechnung auf seinen Erbteil zugewiesen werden (RG. **60** 126);

c) derjenige, dem ein Pfandrecht an einem Erbteil zusteht; es macht keinen Unterschied, ob das Pfandrecht durch Vertrag oder Pfändung (§ 859 Abs 2 ZPO.) entstanden ist. Der Pfandgläubiger hat jedoch das Antragsrecht nur, wenn der Schuldtitel rechtskräftig ist, dagegen nicht, wenn derselbe nur vorläufig vollstreckbar ist (§ 2042 Abs. 2 mit § 751 Satz 2 BGB.); deshalb ist auch der Arrestpfandgläubiger nicht antragsberechtigt (a. M. Josef N. 8b, der in diesem Falle dem Pfandgläubiger zwar das Antragsrecht, dem Schuldner und den Miterben aber das Recht gibt, die Auseinandersetzung abzulehnen, bis für den Gläubiger die Verkaufsberechtigung, d. i. die Fälligkeit und endgiltige Vollstreckbarkeit eingetreten ist). Überweisung ist nicht erforderlich. Der Pfandgläubiger kann im Hinblick auf § 1258 Abs. 2 BGB. vor dem Eintritt der Verkaufsberechtigung hinsichtlich des Erbteiles den Antrag nur gemeinschaftlich mit dem Erben, dessen Erbteil gepfändet ist, wirksam stellen (siehe hiezu Josef N. 8a zu § 86); nach diesem Zeitpunkte kann er den Antrag allein stellen und ist an eine Vereinbarung der Miterben, durch die das Recht, die Aufhebung der Gemeinschaft zu verlangen, für immer oder auf Zeit ausgeschlossen ist, nicht gebunden (a. M. nur Weißler N. 6 zu § 86). Der Erbe selbst bleibt in jedem Falle selbständig antragsberechtigt. Durch Ausschlagung der Erbschaft durch den Erben verliert der Pfandgläubiger das Antragsrecht; bestreitet er die Rechtswirksamkeit der Ausschlagung, so muß er die Unwirksamkeit nachweisen (siehe hierüber Josef im ZBl. **3** 591);

d) derjenige, dem ein Nießbrauch an einem Erbteil zusteht, auch dieser im Hinblick auf § 1066 Abs. 2 BGB. nur gemeinschaftlich mit dem Erben, an dessen Erbteil ihm der Nießbrauch eingeräumt ist (a. M. Weißler N. 6 zu § 86). Der Erbe ist auch selbständig zur Antragstellung berechtigt.

Steht der Antragsberechtigte unter elterlicher Gewalt oder unter Vormundschaft oder bedarf er aus einem anderen Grunde eines gesetzlichen Vertreters (Pflegers), so ist der gesetzliche Vertreter zur Antragstellung allein berechtigt. Der Vater eines Minderjährigen ist auch dann zu dem Antrage berechtigt, wenn ihm die Nutznießung an dem Erbteil des Kindes entzogen ist (§ 1651 Nr. 2), nicht aber, wenn ihm die Verwaltung entzogen ist (§ 1638 BGB.); in diesem Falle muß ein Pfleger zur Antragstellung aufgestellt werden (§ 1909 BGB.). Der Vormund bedarf zur Antragstellung der Genehmigung des Vormundschaftsgerichts oder des Gegenvormundes nicht. Über das Antragsrecht eines Testamentsvollstreckers, dem nur die Verwaltung des Erbteils eines im Pflichtteile beschränkten Kindes übertragen ist, siehe KGJ. **28** A 17.

Nicht antragsberechtigt ist der Nachlaßgläubiger, also auch nicht der Vermächtnisnehmer, regelmäßig nicht der Pflichtteilsberechtigte, soferne er nämlich nicht als Erbe eingesetzt ist (ZBl. **5** 721).

Über das Antragsrecht hat zunächst das Nachlaßgericht — vorbehaltlich der Beschwerde — zu entscheiden und darf in dieser Richtung nicht auf den Prozeßweg verweisen. Die Beschwerde gegen die Einleitung des Verfahrens, weil der Antragsteller nicht antragsberechtigt sei, ist nur bis zum Beginn des Verhandlungstermins möglich; nach diesem Zeitpunkte kann nur durch einen Widerspruch im Termine die Aussetzung (§ 95) herbeigeführt werden (RJA. **6** 357, ZBl. **6** 286).

Gegen die Ablehnung des Antrags hat nur der Antragsteller die Beschwerde (§ 20 Abs. 2).

9. Über die **Zurücknahme des Antrages** enthält das Gesetz keine Vorschrift. Da sich der Antrag auf Auseinandersetzung rechtlich als Antrag auf Abschluß eines Erbteilungsvertrages darstellt, muß die Zurücknahme durch den Antragsteller in entsprechender Anwendung des § 130 BGB. so lange zugelassen werden, als nicht die übrigen Beteiligten durch die vom Gericht betätigte Ladung von dem Antrage Kenntnis erhalten haben (a. M. Josef N. 12 zu § 86, der die Zurücknahme in jedem Stadium des Verfahrens, selbst nach erfolgter Einigung mit der Wirkung noch zulassen will, daß dann das Nachlaßgericht von der Bestätigung abgehalten ist).

10. Die **Vermittelung von Amts wegen** ist, wenn keines der in N. 4, 6 bezeichneten Hindernisse entgegensteht, einzuleiten nach dem Ablaufe von zwei Monaten seit dem Eintritt des Erbfalles, und, wenn die Erbfolge auf einer Verfügung von Todeswegen beruht, seit der Eröffnung der Verfügung. Im Falle der Todeserklärung beginnt die Frist nicht vor der Erlassung des die Todeserklärung aussprechenden Urteiles, in dem der Todestag festzusetzen ist (Art. 4 Abs. 1 Satz 1 und 4 NachlG.).

Die Frist, die den Zweck hat, den Beteiligten die Möglichkeit zu geben, die Auseinandersetzung ohne gerichtliche Mitwirkung vorzunehmen, kann vom Nachlaßgericht von Amts wegen und auf Antrag verlängert werden, wenn die Auseinandersetzung der Erben ohne gerichtliche Mitwirkung innerhalb der gesetzlichen Frist nach den Umständen nicht möglich oder nicht tunlich ist (Abs. 1 Satz 3, § 101 Abs. 2 NachlO.).

Solange die Auseinandersetzung nach den §§ 2043—2045 BGB. ausgeschlossen oder aufgeschoben ist (siehe oben N. 4), läuft die Frist nicht (Abs. 1 Satz 3).

Über Fristberechnung siehe § 17 FGG. mit § 187 Abs. 1, § 188 BGB.

Die Vornahme der Vermittelung von Amts wegen ist, wenn kein Hindernis entgegensteht und die Frist verstrichen ist, Pflicht des Nachlaßgerichts (Schad 53).

Über das Wesen der Vermittelung von Amts wegen siehe Schad 47, Haberstumpf-Barthelmeß 54.

11. Das **Verfahren vor dem Notar,** bei welchem der Antrag auf Vermittelung der Auseinandersetzung gestellt oder welchem dieselbe vom Nachlaßgericht überwiesen wurde, ist das nämliche wie vor dem Nachlaßgericht. Der Notar ist insbesondere zuständig zur Bestätigung, ferner zur Festsetzung der einem Beteiligten erwachsenen Kosten (Art. 131, 132 AG. z. BGB.); bei den nach den Vorschriften der ZPO. erfolgenden Zustellungen obliegen dem Notar auch die Verrichtungen des Gerichtsschreibers.

Dagegen ist der Notar nicht zuständig in den Fällen des § 97 für die Erteilung oder Verweigerung der Genehmigung an Stelle des Vormundschaftsgerichts und in den Fällen des § 88 zur Bestellung eines Abwesenheitspflegers (Art. 6 Abs. 2 NachlG., § 121 Abs. 2, §§ 122, 131 NachlO., §§ 256a, 257 GeschO. f. d. Not.).

Wegen der Prüfung, ob vom Notar ein Erbteilungsvertrag beurkundet oder die Auseinandersetzung in den Formen des Vermittelungsverfahrens vorgenommen werden soll, siehe § 254a der GeschO. f. d. Not.; vergl. hiezu BayObLG. 2 454 und über den Unterschied zwischen „Beurkundung" und „Vermittelung" auch Boschan, Nachlaßsachen II 236.

Der Notar, der die Auseinandersetzung vermittelt, kann auf Ersuchen der Beteiligten auch solche Verfügungen über die auseinanderzusetzende Masse oder deren Bestandteile beurkunden, welche außerhalb des Rahmens des Vermittelungsverfahrens fallen (z. B. Verkäufe, Versteigerungen), die Masse oder deren Bestandteile in Verwahrung nehmen und die tatsächliche Teilung durchführen (Art. 259 GeschO. f. d. Not.).

Wegen der Anzeigepflicht von der Erledigung des Verfahrens oder dem Abschlusse eines Erbteilungsvertrages und der Rückgabe der Akten an das Nachlaßgericht siehe §§ 123, 131 Abs. 1 NachlO., § 257 GeschO. f. d. Not.

§ 87.

In dem Antrage sollen die Beteiligten und die Teilungsmasse bezeichnet werden.

Hält das Gericht vor der Verhandlung mit den Beteiligten eine weitere Aufklärung für angemessen, so hat es den Antragsteller zur Ergänzung des Antrags, insbesondere zur Angabe der den einzelnen Beteiligten in Ansehung des Nachlasses zustehenden Ansprüche, zu veranlassen. Es kann dem Antragsteller auch die Beschaffung der Unterlagen aufgeben.

Antrag.

1. Für die **Form des Antrages** gelten die allgemeinen Vorschriften; derselbe kann schriftlich oder zu Protokoll des Gerichtsschreibers gestellt werden (N. 4 zu § 11); siehe jedoch wegen der Entgegennahme des Antrages durch den Richter § 138 NachlO., oben Vorbem. III vor § 72. Dasselbe muß auch für die Ergänzung des Antrages gelten.

2. Der Antrag auf Auseinandersetzung **soll enthalten**:

a) die Angabe des Namens, des Standes, des letzten Wohnorts, Sterbeorts und des Todestags des Erblassers sowie die Angabe, ob der Erblasser verheiratet, verwitwet oder ledig war;

b) soweit möglich die Angabe der Beteiligten (N. 7 zu § 86) nach Namen, Stand und Wohnort, ev. auch ihrer gesetzlichen Vertreter, ferner den Grund der Beteiligung, ob sie auf Gesetz oder letztwilliger Verfügung beruht, im ersteren Falle unter Darlegung der Verwandtschaftsverhältnisse;

c) soweit möglich die Angabe der Teilungsmasse; dieser Angabe bedarf es nicht, wenn schon ein den ganzen Nachlaß umfassendes Nachlaßverzeichnis (§ 1960 Abs. 1 BGB.) oder das Nachlaßinventar (§§ 2002, 2003 BGB.) aufgenommen worden ist (Abs. 1, § 128 NachlO.). Beibringung eines Verzeichnisses der sämtlichen Nachlaßbestandteile oder eines Inventars ist weder erforderlich, noch darf sie verlangt werden.

Wegen des Verfahrens bei Zugehörigkeit von im Auslande gelegenen Grundstücken zur Teilungsmasse siehe Josef N. 3 zu § 87 und Böhm, internat. Nachlaßbehandl. 38 f.

Daß nötigenfalls, wenn nämlich das Gericht nicht ohnehin davon Kenntnis hat, auch der Tod des Erblassers nachzuweisen ist, ist als selbstverständlich nicht vorgeschrieben.

3. Das Gericht darf mangelhafte Anträge nicht sofort zurückweisen; ist der Antrag **unvollständig** oder hält das Nachlaßgericht eine **weitere Aufklärung** für angemessen, so hat es den Antragsteller zur **Ergänzung** zu veranlassen. Es kann dem Antragsteller auch die Beschaffung der nötigen Unterlagen (Testamente, Ehe- und Erbverträge, Auszüge aus dem Grundbuch ꝛc.) aufgeben. Das Nachlaßgericht hat den Antragsteller in der Beschaffung der Unterlagen soweit als möglich zu unterstützen, insbesondere, wenn es sich um Beschaffung amtlicher Auskünfte oder Urkunden handelt (siehe hiezu und über die Anwendbarkeit des § 12 FGG. Boschan, Nachlaßsachen II 263). Das Nachlaßgericht ist aber nicht berechtigt, die zur Durchführung des Verfahrens erforderlichen Unterlagen auf Antrag eines Beteiligten wider den Willen anderer Beteiligter zwangsweise beizuschaffen; einen in dieser Hinsicht entstehenden Streit hat das Prozeßgericht zu entscheiden (RJA. **3** 10, ZBl. **2** 770).

Wenn der Beteiligte nicht in der Lage ist, die Teilungsmasse vollständig anzugeben, so bleibt ihre Feststellung der Verhandlung mit den Beteiligten überlassen.

Aus dem Umstande, daß das Gericht für die Ergänzung des Antrages nicht Sorge getragen hat, ist für die übrigen Beteiligten ein Beschwerderecht nicht abzuleiten (Josef Lehrb. 187 und im ZBl. 5 170).

4. Wenn die aufgetragenen Ergänzungen oder die verlangten Unterlagen nicht erbracht werden, kann die Abweisung des Antrages erfolgen, wenn die vorhandenen Mängel so wesentlich sind, daß die Durchführung des Verfahrens nicht tunlich erscheint.

Gegen die Ablehnung des Antrages steht nur dem Antragsteller die Beschwerde zu (§ 20 Abs. 2).

5. Auf die **Vermittelung von Amts wegen** kann § 87 nach seinem Inhalte keine Anwendung finden.

Hier hat das Nachlaßgericht die Grundlagen für die Auseinandersetzung selbst zu beschaffen und zu diesem Zweck die Beteiligten und die Teilungsmasse von Amts wegen festzustellen. Die Feststellung der Teilungsmasse umfaßt die Feststellung der Aktiven, d. h. der Nachlaßgegenstände und dessen, was nach § 2041 BGB. zum Nachlaß gehört; ist schon ein den ganzen Nachlaß umfassendes Nachlaßverzeichnis (§ 1960 Abs. 2 BGB.) oder das Nachlaßinventar (§§ 2002, 2003 BGB.) aufgenommen, so bedarf es der weiteren Feststellung der Teilungsmasse nicht mehr.

Die Feststellungen erfolgen, soweit möglich, zu Protokoll des Nachlaßgerichts auf Grund der Angaben der Beteiligten und zwar auch dann, wenn die Vermittelung der Auseinandersetzung demnächst einem Notar zu überweisen ist (siehe N. 20 zu § 86). Wenn die Beteiligten die zur Feststellung der Teilungsmasse erforderlichen Angaben nicht binnen angemessener Frist machen, kann das Nachlaßgericht die Aufnahme eines Nachlaßverzeichnisses anordnen; wegen der Zuständigkeit hiezu siehe N. 2 zu § 72.

Die Feststellungen brauchen nicht in einem förmlichen Beschlusse zu erfolgen; es genügt, daß sie aus den Nachlaßakten zu entnehmen sind (Art. 5 NachlG., §§ 105, 106, 120 NachlO., siehe auch Schad S. 54, Haberstumpf-Barthelmeß S. 62).

§ 88.

Einem abwesendenden Beteiligten kann, wenn die Voraussetzungen der Abwesenheitspflegschaft vorliegen und eine Pflegschaft über ihn nicht bereits anhängig ist, für das Auseinandersetzungsverfahren von dem Nachlaßgericht ein Pfleger bestellt werden. Für die Pflegschaft tritt an die Stelle des Vormundschaftsgerichts das Nachlaßgericht.

Pflegschaft über abwesende Beteiligte.

1. Die Voraussetzungen der Anwendung des § 88 sind:

a) Abwesenheit eines Beteiligten von seinem Wohnsitz, nicht von dem Orte, wo die auf das Auseinandersetzungsverfahren bezüglichen Handlungen vorgenommen werden sollen und können (Mot. z. BGB. IV 1259); über den Begriff des Beteiligten siehe N. 7 zu § 86. Erforderlich ist die Abwesenheit des Beteiligten selbst, nicht genügend die seines Vertreters, während anderseits die Anwesenheit des gesetzlichen Vertreters eines Abwesenden wegen Mangels der Voraussetzung unter lit. b die Anordnung einer Pflegschaft entbehrlich machen wird.

Gleichgültig ist es, ob der Abwesende ein Deutscher oder ein Ausländer ist (Boschan, Nachlaßsachen II 266); im letzteren Falle findet Art. 23 EG. z. BGB.

nicht Anwendung; das Nachlaßgericht braucht also nicht zu forschen, ob der ausländische Staat die Fürsorge für den Abwesenden in dem Verfahren übernimmt (JBl. **1** 978).

b) Vorliegen der allgemeinen Voraussetzungen einer Abwesenheitspflegschaft nach § 1911 BGB., also Volljährigkeit des Abwesenden und entweder Unbekanntheit seines Aufenthalts und Fürsorgebedürfnis oder bei bekanntem Aufenthalt desselben Verhinderung an der Rückkehr und Besorgung seiner Vermögensangelegenheiten; Verhinderung an der Rückkehr ist schon dann anzunehmen, wenn dieselbe wegen der weiten Entfernung nicht rechtzeitig ohne unverhältnismäßige Verzögerung des Auseinandersetzungsverfahrens erfolgen könnte, ferner, wenn nach den Umständen, insbesondere mit Rücksicht auf die Entfernung seines Aufenthaltsortes und das Maß seiner Beteiligung seine Rückkehr und die Bestellung eines Vertreters voraussichtlich nicht zu erwarten ist. Ob diese Voraussetzungen vorliegen, entscheidet das Nachlaßgericht nach seinem Ermessen.

c) Daß eine Pflegschaft über den Abwesenden noch nicht anhängig ist. Eine positive Feststellung, daß dies nicht der Fall ist, kann nicht als erforderlich erachtet werden; es genügt, daß das Nachlaßgericht nach etwa angestellten Ermittelungen keine Anhaltspunkte dafür hat, daß schon eine Pflegschaft besteht.

In Betracht kann nur eine im Inland anhängige Pflegschaft kommen, während es im Ermessen des Nachlaßgerichts steht, ob es beim Bestehen einer solchen im Auslande eine weitere Pflegschaft für die Beteiligung am Auseinandersetzungsverfahren für angezeigt hält. In Betracht kommt ferner nur eine Pflegschaft, deren Wirkungskreis die Befugnis des Pflegers, den Abwesenden im Auseinandersetzungsverfahren zu vertreten, umfaßt, nicht also jede Pflegschaft nach §§ 1909, 1910 BGB. Bestehen einer Vormundschaft für den Abwesenden schließt das Fürsorgebedürfnis aus.

2. Beim Vorliegen der Voraussetzungen unter N. 1 steht es im freien Ermessen des Nachlaßgerichts **(„kann“)**, ob es

die erforderliche Pflegschaft selbst einleiten oder

die Einleitung bei dem nach § 39 zuständigen Vormundschaftsgericht anregen will.

Das Vormundschaftsgericht darf, wenn es die Voraussetzungen des § 1911 BGB. für gegeben erachtet, die Anordnung der Pflegschaft nicht deshalb ablehnen, weil das Nachlaßgericht dazu in der Lage wäre und praktische Erwägungen dafür sprechen; ein Recht der Beschwerde gegen die Ablehnung steht aber dem Nachlaßgericht nicht zu, sondern lediglich den übrigen Beteiligten an dem Auseinandersetzungsverfahren, deren Recht auf ungesäumte Erledigung dieses Verfahrens durch die Weigerung beeinträchtigt ist.

Bei der Entscheidung der Frage, ob das Nachlaßgericht die Pflegschaft selbst einleiten soll, ist für dasselbe die Erwägung maßgebend, die zu der Vorschrift des § 88 geführt hat, daß nämlich das Nachlaßgericht am besten in der Lage ist, zu ermessen, ob die Angelegenheiten des Abwesenden einer Fürsorge bedürfen, sowie ob an bekannten Orten Abwesende an der Rückkehr und der Besorgung ihrer Angelegenheiten verhindert sind, ferner der Zweck der Vorschrift des § 88, die Verzögerungen zu vermeiden, die sich aus der Anwendung des § 39 durch die Notwendigkeit ergeben, die Staatsangehörigkeit des Abwesenden festzustellen, wenn er ein Deutscher ist, seinen letzten inländischen Wohnsitz zu ermitteln und gegebenenfalls die Bestimmung des zuständigen Gerichts im Verwaltungswege herbeizuführen.

Die Bestellung des Pflegers ist besonders dann angezeigt, wenn dem Beteiligten eine Ladung zuzustellen ist, die Zustellung aber nur im Wege der öffentlichen Zustellung bewirkt werden könnte (§ 107 Abs. 2 NachlO.).

3. Die **Zuständigkeit** für die vom Nachlaßgericht einzuleitende Pflegschaft bemißt sich ausschließlich nach § 73; wenn das für das Auseinandersetzungsverfahren zuständige Gericht sich einmal entschlossen hat, um die Einleitung der Pflegschaft nicht das zuständige Vormundschaftsgericht anzugehen, bleibt es für die Führung der von ihm eingeleiteten Pflegschaft zuständig, eine Abgabe an ein anderes Gericht ist nicht statthaft.

Das zuständige Vormundschaftsgericht ist, solange eine Pflegschaft nach Maßgabe des § 88 besteht und das Fürsorgebedürfnis nur die Beteiligung an dem Auseinandersetzungsverfahren betrifft, dadurch behindert, seinerseits Pflegschaft einzuleiten, da es an einem Fürsorgebedürfnis fehlt; bedürfen aber abgesehen davon die Angelegenheiten des Abwesenden der Fürsorge, so kann auch das Vormundschaftsgericht eine Pflegschaft einleiten; nach dem Grundsatze des § 4 schließt es aber dadurch die fernere Tätigkeit des Nachlaßgerichts in der von diesem eingeleiteten Pflegschaft nicht aus; dieses bleibt zuständig, da nur die Einleitung, nicht auch die Fortführung der Pflegschaft durch das Nachlaßgericht von der Voraussetzung, daß eine andere Pflegschaft nicht bestehe, abhängig gemacht ist.

4. Nicht zuständig zur Anordnung und Führung der Pflegschaft, also auch nicht zur Erteilung der während des Auseinandersetzungsverfahrens erforderlichen Genehmigung von Rechtshandlungen des Pflegers, ist der **Notar**, dem nach landesrechtlicher Vorschrift die Auseinandersetzung übertragen ist (§ 121 Abs. 2 NachlO.); auch wenn letzteres geschehen ist, steht nur dem nach § 73 zuständigen Nachlaßgericht die Anordnung der Pflegschaft zu.

5. Die Anordnung der Pflegschaft kann schon vor Einleitung des Auseinandersetzungsverfahrens, aber auch während desselben erfolgen, aber stets nur für ein amtliches Auseinandersetzungsverfahren im Sinne des 5. Abschnittes, dagegen nicht für die formlose Auseinandersetzung der Beteiligten ohne behördliche Einmischung.

6. Umfang der Pflegschaft.

Die Bestellung der Pflegschaft durch das Nachlaßgericht erfolgt nur für das Auseinandersetzungsverfahren; daraus ergibt sich folgendes für

a) die Stellung des Nachlaßgerichts:

Dieses tritt an die Stelle des Vormundschaftsgerichts (Satz 2); es finden also die nicht bloß die Zuständigkeit betreffenden Vorschriften des 2. Abschnittes des FGG. neben denen des BGB. und der VormundO. über die Pflegschaft Anwendung. Dem Nachlaßgericht obliegt die Führung der Aufsicht über den Pfleger und die Erteilung der zu den Rechtshandlungen des Pflegers erforderlichen Genehmigung (§§ 1915, 1822 Ziff. 2 BGB.). Bei der Erteilung der Genehmigung des Erbteilungsplanes insbesondere hat sich das Nachlaßgericht nicht auf die Prüfung der einzelnen Posten zu beschränken, sondern mit Rücksicht auf die Vergleichsnatur des Planes zu erwägen, ob der Plan nicht trotz Bedenken im einzelnen als Ganzes den Interessen des Pfleglings gerecht wird; auch auf nicht testamentarische, aber bekannte Wünsche des Erblassers kann Rücksicht genommen werden; ins Gewicht fällt namentlich die Vermeidung von Prozessen (ZBl. **6** 232, SeuffA. **60** 341). Vergl. über einen anderen Fall, in dem das Nachlaßgericht zur Genehmigung einer Rechtshandlung an die Stelle des Vormundschaftsgerichts tritt, § 97 Abs. 2.

b) die Stellung des Pflegers:

Dieser ist der gesetzliche Vertreter des Abwesenden in dem Auseinandersetzungsverfahren; zu seinen Aufgaben gehören alle zur Feststellung der Aktiv- und Passivmasse dienenden Maßregeln, so die Feststellung zweifelhafter Nachlaßverbindlichkeiten (ZBl. **6** 232 SeuffA. **60** 341), die Anerkennung gegen den Nachlaß geltend gemachter

Ansprüche. Dagegen ist er nicht berufen, sonstige Angelegenheiten des Pfleglings, welche mit dem Auseinandersetzungsverfahren nicht in Zusammenhang stehen, wahrzunehmen, oder nach Beendigung dieses Verfahrens sich noch mit dessen Angelegenheiten zu befassen; er ist also nicht zur Empfangnahme und Verwaltung des Erbteiles des Abwesenden oder zur Betreibung der Zwangsvollstreckung aus der bestätigten Vereinbarung über die Auseinandersetzung (§ 98) ermächtigt.

7. Beendigung der Pflegschaft.

Die vom Nachlaßgericht angeordnete Pflegschaft endigt

a) während des Auseinandersetzungsverfahrens dadurch, daß der Abwesende an der Wahrnehmung seiner Angelegenheiten nicht mehr verhindert ist,

durch dessen Tod (in diesem Falle kann der Pfleger die Aufhebung, nicht aber gleichzeitig die Anordnung einer Nachlaßpflegschaft für den Verstorbenen beantragen; BayObLG. **3** 841),

mit der Erlassung des seine Todeserklärung aussprechenden Urteils,

b) mit der Beendigung des Auseinandersetzungsverfahrens.

Das Nachlaßgericht soll die Pflegschaft auch in Fällen, in denen sie kraft Gesetzes endet (§ 1918 Abs. 3, § 1921 Abs. 3 BGB.), durch Beschluß aufheben (§ 38 VormundO.); bei Anwendung dieser Sollvorschrift verliert die Streitfrage, ob die Pflegschaft mit Beendigung des Auseinandersetzungsverfahrens nach § 1918 Abs. 3 BGB. kraft Gesetzes endet oder nach § 1919 BGB. aufzuheben ist (vergl. Schad 97), die m. E. im ersteren Sinne zu entscheiden ist (siehe auch Boschan, Nachlaßwesen II 266) für Bayern an Bedeutung.

Ergibt sich, daß auch nach Beendigung des Auseinandersetzungsverfahrens aus Anlaß desselben die Angelegenheiten des Abwesenden noch der Fürsorge bedürfen, so hat das Nachlaßgericht nach § 50 FGG. das zuständige Vormundschaftsgericht zu verständigen; dieses hat beim Vorliegen der Voraussetzungen des § 1911 BGB. neue Pflegschaft einzuleiten, es findet nicht etwa eine Abgabe der bisher vom Nachlaßgericht geführten Pflegschaft nach § 46 statt.

8. Die Kosten der Pflegschaft sind nicht Kosten des Auseinandersetzungsverfahrens im Sinne des Art. 132 AG. z. BGB. in der Fassung des Art. 11 Abs. 2. NachlG., sie sind vielmehr nach Art. 131 a. a. O. von dem Abwesenden zu tragen.

9. § 88 kommt nicht zur Anwendung, wenn sich der Sterbefall vor dem 1. Januar 1900 ereignet hat (Siehe N. 1 zu § 86).

10. § 88 gilt auch für die Vermittelung von Amts wegen (Art. 7 NachlG.).

§ 89.

Das Gericht hat den Antragsteller und die übrigen Beteiligten, diese unter Mitteilung des Antrags, zu einem Verhandlungstermine zu laden. Die Ladung durch öffentliche Zustellung ist unzulässig. Die Ladung soll den Hinweis darauf enthalten, daß ungeachtet des Ausbleibens eines Beteiligten über die Auseinandersetzung verhandelt werden würde und daß, falls der Termin vertagt oder ein neuer Termin zur Fortsetzung der Verhandlung anberaumt werden sollte, die Ladung zu dem neuen Termin unterbleiben könne. Sind Unterlagen für die Auseinandersetzung vorhanden, so ist in der Ladung zu vermerken, daß die Unterlagen auf der Gerichtsschreiberei eingesehen werden können.

Ladung der Beteiligten.

1. Einer formellen Verfügung, durch welche das Auseinandersetzungsverfahren angeordnet oder eröffnet wird, bedarf es nicht; die Einleitung erfolgt durch die Terminsanberaumung und Ladung der Beteiligten. Der Termin muß so weit hinaus verlegt werden, daß die Wahrung der in § 90 bestimmten Frist möglich ist; die Anberaumung erfolgt im Antragsverfahren, sobald der Antrag, beziehungsweise die geforderten Ergänzungen eingelaufen sind (§§ 86, 87), im Verfahren von Amts wegen, sobald das Nachlaßgericht die Beteiligten und die Teilungsmasse festgestellt und so die Grundlage für die Auseinandersetzung geschaffen hat (Art. 5 NachlG.).

§ 89 gibt Sondervorschriften über die Ladung und gilt mit einer geringen Abweichung hinsichtlich des Inhalts der Ladung auch für das Verfahren von Amts wegen (Art. 7 NachlG., N. 3 unten).

Wegen der Zulässigkeit formloser Aufforderung an die Beteiligten, sich bei Gericht zur Besprechung der Sache einzufinden, so besonders, wenn die Beteiligten am Sitze oder in der Nähe des Gerichts wohnen und voraussichtlich erscheinen werden, siehe Boschan, Nachlaßwesen II 267.

2. Form der Ladung: Da mit der Zustellung der Lauf der in § 90 bestimmten Frist beginnt, muß die Ladung durch Zustellung von Amts wegen nach den Vorschriften der ZPO. erfolgen (§ 16 Abs. 2 Satz 1). Bei diesen Zustellungen obliegen dem Notar, der die Auseinandersetzung vermittelt, auch die Verrichtungen des Gerichtsschreibers (§ 121 Abs. 2 NachlO.)

Ausgeschlossen ist die Ladung durch öffentliche Zustellung (Satz 2); wo solche erforderlich wäre, muß Abwesenheitspflegschaft eingeleitet werden (siehe § 88).

Über die Zustellung im Ausland siehe N. 8 zu § 16.

3. Inhalt der Ladung:

Im Antragsverfahren **muß** die Ladung enthalten

a) die Mitteilung des Antrags (Satz 1); wörtliche Wiedergabe desselben ist nicht erforderlich, es genügt die Wiedergabe des notwendigen Inhalts, wie er sich aus § 87 ergibt, nämlich der Bezeichnung der Beteiligten und der Teilungsmasse (auf der Rückseite des zuzustellenden Schriftstückes); Abschrift des Antrags soll jedenfalls nur dann mitgeteilt werden, wenn der Antrag vollständig ist (§ 130 Abs. 2 NachlO.);

b) wenn Unterlagen für die Auseinandersetzung vorhanden sind, den Vermerk, daß dieselben auf der Gerichtsschreiberei eingesehen werden können (Satz 4);

sie **soll** enthalten den aus Satz 3 ersichtlichen Hinweis.

Das Erfordernis unter a) entfällt bei der Ladung des Antragstellers (Satz 1); das Gleiche hinsichtlich des Erfordernisses unter b) bezüglich der vom Antragsteller beschafften Unterlagen anzunehmen, besteht kein Anlaß, da auch er ein Interesse haben kann, von denselben wiederholt Einsicht zu nehmen.

Im Verfahren von Amts wegen muß die Ladung dem Erfordernis unter b) entsprechen und außerdem die Bezeichnung der Beteiligten und der Teilungsmasse enthalten, und soll den Hinweis nach Satz 3 enthalten (Art. 7 NachlG., § 108 NachlO.).

Siehe die Formulare XV, XVIII zur NachlO.

4. Zu laden sind der Antragsteller und die übrigen Beteiligten (siehe N. 7 zu § 86).

Für geschäftsunfähige und in der Geschäftsfähigkeit beschränkte Beteiligte sind deren gesetzliche Vertreter zu laden; bei mehreren gesetzlichen Vertretern genügt

Ladung eines derselben (§ 171 ZPO.); wegen der Notwendigkeit der Ladung des Beistands der Mutter eines Beteiligten, ferner des Ehegatten siehe N. 7 zu § 86.

Hat ein Beteiligter einen Bevollmächtigten bestellt, so kann die Ladung sowohl diesem als dem Beteiligten selbst wirksam zugestellt werden (N. 8 zu § 16, BayObLG. **5** 1); auch einem Generalbevollmächtigten kann zugestellt werden. Die Zustellung an einen Zustellungsbevollmächtigten genügt (Schad, NachlG. 99).

5. Regelmäßig hat die Ladung sämtlicher Beteiligter ohne Rücksicht auf ihren Wohnsitz vor das Nachlaßgericht zu erfolgen. Ein Recht auf Einvernahme vor einem auswärtigen Gericht im Wege der Rechtshilfe besteht gesetzlich nicht. § 117 NachlO. schreibt aber instruktionell vor, daß zur Herbeiführung einer Vereinbarung grundsätzlich der Weg der **Rechtshilfe** zu beschreiten sei; in Abs. 2 und 3 dortselbst ist nur der Fall vorgesehen, daß zunächst eine Verhandlung vor dem Nachlaßgericht stattgefunden hat und dann erst die Rechtshilfe hinsichtlich auswärts wohnender Beteiligter angerufen wird; es ist dadurch nicht ausgeschlossen, daß aus Zweckmäßigkeitsgründen, so wenn die Mehrzahl der Beteiligten in einem auswärtigen Gerichtsbezirk wohnhaft ist, zuerst das auswärtige Gericht um die Einvernahme jener Beteiligter ersucht; für die Ladung vor dieses Gericht gelten dann die Vorschriften der §§ 89, 90 ebenso, wie für die spätere Ladung der anderen Beteiligten vor das Nachlaßgericht (ZBl. **3** 25 3, a. M. Haberstumpf-Barthelmeß Note zu § 117 NachlO., S. 246).

6. Ein Zwang, der Ladung Folge zu leisten, ist auch im Verfahren von Amts wegen unbedingt ausgeschlossen.

7. Hinsichtlich der **Wirkung eines Verstoßes gegen die Ladungsvorschriften** ist zwischen den bloß instruktionellen und den zwingenden Vorschriften zu unterscheiden. Zu den ersteren gehört die Vorschrift in Satz 3, zu den letzteren sind die übrigen Vorschriften des § 89 zu rechnen (a. M. Rausnitz N. 3, der sämtliche Bestimmungen des § 89 für instruktionell hält, und Weißler N. zu § 89 nur hinsichtlich der Vorschrift in Satz 4). Während die Nichtbeachtung der ersteren Vorschriften unschädlich ist, macht ein Verstoß gegen die letzteren die Ladung unwirksam und begründet die Anfechtbarkeit des darauf gestützten Verfahrens; erst durch die Rechtskraft des Bestätigungsbeschlusses wird jeder Mangel geheilt. Das Gericht hat daher die Formgiltigkeit der Ladungen vor Eintritt in die Verhandlung mit den Beteiligten zu prüfen und muß erforderlichen Falls zu einem neu anzuberaumenden Termine wiederholt unter Beachtung der Vorschriften der §§ 89, 90 laden, die Ladung etwa erschienener Beteiligter kann, wenngleich mit ihnen nicht verhandelt werden kann, durch Bekanntmachung zu Protokoll nach Maßgabe des § 16 Abs. 3 erfolgen.

Inwieweit eine Verletzung der Vorschriften über die Zustellung diese unwirksam macht, ergibt sich aus der ZPO.

Die in Abwesenheit eines nicht ordnungsgemäß Geladenen — sei es, daß die Ladung oder die Zustellung nicht in Ordnung war — gepflogenen Verhandlungen sind unverbindlich; es treten die Versäumnisfolgen des § 91 Abs. 3 und des § 93 Abs. 2 nicht ein. Es ist die sofortige und die sofortige weitere Beschwerde gegen den Bestätigungsbeschluß für den am Termine nicht Erschienenen (Josef im Recht **03** 515) begründet.

Erschienene Beteiligte, denen die Ladung fehlerhaft bekannt gemacht ist, können auf die Geltendmachung der ihnen daraus erwachsenen Rechte verzichten. Ein stillschweigender Verzicht kann nicht ohne weiteres darin gefunden werden, daß der Geladene sich auf die Verhandlung einläßt, nämlich dann nicht, wenn er den Mangel nicht kennt; es wird daher der Richter, soferne ihm der Mangel vor Eintritt in die Verhandlungen schon offenbar geworden ist, die Erschienenen auf den Mangel hinweisen und ihren ausdrücklichen Verzicht erholen, wenn sie dazu bereit sind.

8. Die Ladung zum Termine ist eine Verfügung im Sinne des § 19, daher mit der **Beschwerde** anfechtbar. Zur Beschwerde berechtigt die Behauptung, daß der geladene Beschwerdeführer nicht beteiligt (N. 3 zu § 19, N. 7 zu § 86 a. E.) oder daß der Antragsteller nicht antragsberechtigt sei; denn auch im letzteren Falle ist der Geladene durch Zuziehung zu einem unberechtigter Weise eingeleiteten Verfahren beeinträchtigt; wegen der zeitlichen Beschränkung der Zulässigkeit der Beschwerde siehe RJA. **6** 35, ZBl. **6** 286 und oben N. 7, 8 a. E. zu § 86.

9. § 89 gilt für die Vermittelung von Amts wegen mit der sich aus N. 3 ergebenden Abweichung (Art. 7 NachlG.).

§ 90.

Die Frist zwischen der Ladung und dem Termine muß mindestens zwei Wochen betragen.

Diese Vorschrift findet auf eine Vertagung sowie auf einen Termin zur Fortsetzung der Verhandlung keine Anwendung. In diesen Fällen kann die Ladung der zu dem früheren Termine geladenen Beteiligten durch die Verkündung des neuen Termins ersetzt werden.

Ladungsfrist.

1. § 90 gilt auch für das in Bayern von Amts wegen einzuleitende Auseinandersetzungsverfahren (Art. 7 NachlG., § 115 NachlO.).

2. Die Anberaumung des Verhandlungstermines, zu dem nach § 89 zu laden ist, muß so erfolgen, daß zwischen der Zustellung der Ladung an jeden der Beteiligten und dem Termine mindestens zwei Wochen liegen. Abs. 1 enthält nur eine Schranke für die Ladungsfrist nach unten; dagegen steht es dem Richter frei, nach seinem Ermessen den Termin so weit hinauszurücken, daß von der Zustellung der Ladungen bis zum Termine eine längere Frist verstreicht.

Die Vorschrift des Abs. 1 bindet nur den Richter, nicht auch die Beteiligten. Es können die sämtlichen Beteiligten vereinbaren, daß die Frist nicht einzuhalten sei, mit der Wirkung, daß die sonst an die Nichtbeachtung der Frist geknüpften Folgen (siehe N. 5 unten) nicht eintreten (Fuchs S. 243, a. M. Birkenbihl S. 301, Schneider N. 1, Schultze-Görlitz N. 1 zu § 90), also die Anberaumung eines näheren Termines beantragen; einem solchen Gesuche darf der Richter stattgeben. Es können ferner die sämtlichen Beteiligten, wenn sich im Termine ergibt, daß die Ladungsfrist nicht eingehalten ist, auf die Einhaltung verzichten; Einlassung auf die Verhandlung kann aber nicht ohne weiteres als stillschweigender Verzicht angesehen werden (vergl. N. 6 zu § 89). Vereinbarung und Verzicht sind nur wirksam, wenn alle Beteiligten daran teilnehmen; der Verzicht aller Erschienenen wirkt insbesondere nicht gegen die Nichterschienenen und kann auch nicht auf dem Wege des § 91 Abs. 3 ersetzt werden.

3. Für die Fristberechnung ist § 17 FGG. mit § 187, 188 BGB. maßgebend; der Tag der Zustellung der Ladung wird nicht mitgerechnet; die Frist endet mit dem Ablaufe desjenigen Tages der zweiten Woche, der durch seine Benennung dem Tage entspricht, an welchen die Zustellung erfolgt ist.

4. Anwendungsfälle des Abs. 1. Die Frist ist, wie sich aus der Stellung zu § 89 ergibt, nur bei der Ladung zu dem das Verfahren einleitenden Termine zu wahren, also auch, wenn unter Aufhebung des ersten Termines vor dessen Eintritt neuer Termin anberaumt wird; die Frist wird nicht von der ersten Ladung an gezählt;

wenn sich im ersten Termine rechtliche Hindernisse für den Beginn der Verhandlung ergeben, so wenn die Ladungsfrist nicht für alle Beteiligten eingehalten oder die Ladung einem Beteiligten überhaupt nicht zugestellt ist oder wenn sich herausstellt, daß nicht alle wirklich Beteiligten zugezogen sind;

wenn die erste Vernehmung Beteiligter vor einem ersuchten Gerichte stattfindet (N. 5 zu § 89);

dagegen nicht

bei den nach Maßgabe der §§ 91 Abs. 3, 93 Abs. 2 auf Antrag eines im Termine nicht erschienenen Beteiligten anberaumten Terminen (ebenso Josef N. 4, Dorner N. 1, a. M. Rausnitz N. 2, Schneider N. 1 zu § 90);

wenn über die vorgängige Vereinbarung und die Auseinandersetzung getrennt verhandelt wird, bei dem ersten Termine zur Verhandlung über die Auseinandersetzung, auch wenn zwischen beiden Stadien des Verfahrens eine Unterbrechung, etwa zum Vollzug der vorgängigen Vereinbarung, stattgefunden hat;

nach ausdrücklicher Vorschrift des **Abs. 2** bei Vertagung, d. i. Verlegung des Termins im Termine vor Eintritt in die sachliche Verhandlung (RG. **23** 369) — die aber nur möglich und zulässig ist, wenn dem Eintritt in die Verhandlung rechtliche Hindernisse nicht im Wege stehen — und bei Anberaumung eines Termines zur Fortsetzung der Verhandlung, wenn also die sachliche Verhandlung schon begonnen hatte, aber nicht völlig durchgeführt wurde (SeuffA. **47** 79), so auch, wenn nach Aussetzung des Verfahrens gemäß § 95 zur Beseitigung von Streitpunkten die Verhandlungen auf Antrag wieder fortgesetzt werden.

5. Die Folgen der Nichteinhaltung der Frist sind folgende:

a) Die erschienenen Beteiligten haben das Recht, den Eintritt in die Verhandlung zu verweigern;

b) bei Abwesenheit auch nur eines Beteiligten kann selbst im Einverständnis der Erschienenen nicht in die Verhandlung eingetreten werden, sondern wird Anberaumung eines neuen Termines unter Wahrung der Frist (N. 4) notwendig;

c) wenn gleichwohl verhandelt wurde, treten für den nicht rechtzeitig Geladenen die Versäumnisfolgen der §§ 91 Abs. 3, 93 Abs. 2 nicht ein;

d) der nicht rechtzeitig Geladene hat gegen die Ladungsverfügung die Beschwerde mit dem Antrag auf Aufhebung des Termines und Anordnung der Anberaumung eines neuen Termines unter Wahrung der Frist; beeinträchtigt ist sein Recht, unter Wahrung der Frist geladen zu werden (Josef im ZBl. **5** 169);

e) der im Termine nicht Erschienene kann den Bestätigungsbeschluß mit der sofortigen und sofortigen weiteren Beschwerde anfechten (Josef im Recht **03** 515).

Durch die Rechtskraft des Bestätigungsbeschlusses wird der Mangel geheilt.

6. Im Falle der Vertagung und der Anberaumung eines Termines zur Fortsetzung der Verhandlung (über diese Begriffe siehe N. 4) kann das Gericht

a) den neuen Termin durch Verkündigung bekannt geben; die Nichterschienenen, aber ordnungsmäßig Geladenen brauchen dann nicht geladen zu werden, die Verkündung ersetzt ihre Ladung (Abs. 2 Satz 2); dieser Weg soll aber dann nicht eingeschlagen werden, wenn das Ausbleiben eines Beteiligten als entschuldigt erscheint (§ 115 Abs. 3 NachlO.);

b) zu dem neuen Termine sämtliche Beteiligte laden; formlose Ladung nach Maßgabe des § 16 Abs. 2 Satz 2 ohne Wahrung der Ladungsfrist (N. 4) genügt, den Erschienenen kann die Ladung nach § 16 Abs. 3 zu Protokoll bekannt gemacht werden;

c) zweifellos auch den Erschienenen den Termin verkünden (der Unterschied von der Bekanntmachung der Ladung zu Protokoll liegt darin, daß bei jener nur der Termin, bei dieser der Inhalt der Ladungsverfügung bekannt gemacht werden muß und daß nur hier ein Recht auf Erteilung einer Abschrift besteht, während dort die Erteilung im Ermessen des Gerichts liegt) und die Nichterschienenen zu diesem Termine laden.

§ 91.

Treffen die erschienenen Beteiligten vor der Auseinandersetzung eine Vereinbarung über vorbereitende Maßregeln, insbesondere über die Art der Teilung, so hat das Gericht die Vereinbarung zu beurkunden. Das Gleiche gilt, wenn nur ein Beteiligter erschienen ist, in Ansehung der von diesem gemachten Vorschläge.

Sind die Beteiligten sämtlich erschienen, so hat das Gericht die von ihnen getroffene Vereinbarung zu bestätigen. Dasselbe gilt, wenn die nicht erschienenen Beteiligten ihre Zustimmung zu gerichtlichem Protokoll oder in einer öffentlich beglaubigten Urkunde erteilen.

Ist ein Beteiligter nicht erschienen, so hat das Gericht, sofern er nicht nach Abs. 2 Satz 2 zugestimmt hat, ihm den Inhalt der Urkunde, soweit dieser ihn betrifft, bekannt zu machen, und ihn gleichzeitig zu benachrichtigen, daß er die Urkunde auf der Gerichtsschreiberei einsehen und eine Abschrift der Urkunde fordern könne. Die Bekanntmachung muß den Hinweis darauf enthalten, daß, wenn der Beteiligte nicht innerhalb einer von dem Gerichte zu bestimmenden Frist die Anberaumung eines neuen Termins beantrage, oder wenn er in dem neuen Termine nicht erscheine, sein Einverständnis mit dem Inhalte der Urkunde angenommen werden würde. Beantragt der Beteiligte rechtzeitig die Anberaumung eines neuen Termins und erscheint er in diesem Termine, so ist die Verhandlung fortzusetzen. Anderenfalls hat das Gericht die Vereinbarung zu bestätigen.

Vorbereitende Verhandlungen; Versäumnisfolgen.

1. Das Vermittelungsverfahren soll sich möglichst nach der Lage des einzelnen Falles richten. Es ist also nicht notwendig, daß das Verfahren in zwei Abschnitte — in die Verhandlung über vorbereitende Maßregeln (§ 91) und in die Verhandlung über die Auseinandersetzung (§ 93) — und in mehrere Termine zerfällt. Es kann insbesondere auch über die vorbereitenden Maßregeln und über den Auseinandersetzungsplan in demselben Termine verhandelt werden, es können die Beteiligten im ersten Termine mit der Vereinbarung über die Art der Teilung die endgiltige Auseinandersetzung verbinden (§ 116 NachlO.). Der Verhandlungstermin ist **nicht öffentlich** (oben S. 38). In dem Termine ist zunächst festzustellen, ob die Beteiligten richtig ermittelt sind und die Teilungsmasse vollständig festgestellt ist. Sodann sind die Nachlaßverbindlichkeiten soweit möglich festzustellen. Die Beteiligten sollen über ihre Gesamthaftung, wenn sie die Teilung vor Berichtigung oder Sicherstellung der Nachlaßverbindlichkeiten vornehmen (§§ 2058 ff. BGB.), belehrt werden (§ 109 NachlO.). Soweit die Auseinandersetzung noch vorbereitende Maßregeln erfordert, ist über diese mit den Beteiligten zunächst zu verhandeln.

2. Als **vorbereitende Maßregeln** kommen insbesondere in Betracht:

Vereinbarungen über die Schätzung und über die Art der Teilung einzelner Nachlaßgegenstände (ob Teilung in Natur oder durch Verkauf oder Übernahme seitens eines Miterben), ferner über die Art des Verkaufs (ob durch freihändigen Verkauf oder durch öffentliche Versteigerung und unter wessen Leitung) und über die Zahlung (§§ 752 ff., 2042, 2048 ff. BGB., §§ 180 ff. ZVG.); über den Unterschied der Veräußerung von Nachlaßbestandteilen zum Zwecke der Teilung und der Teilung durch Überlassung von Nachlaßgegenständen an einzelne Erben und Abfindung der übrigen Erben in Geld siehe BayObLG. **3** 381;

die Feststellung des Gegenstands und des Wertes der unter den Abkömmlingen zur Ausgleichung zu bringenden Zuwendungen;

die Bezeichnung der Nachlaßgegenstände, aus denen Nachlaßverbindlichkeiten zu berichtigen oder die zur Berichtigung von Nachlaßverbindlichkeiten zurück zu behalten sind (§ 2046 BGB.), die Übernahme von Nachlaßverbindlichkeiten durch einzelne Erben, namentlich durch den überlebenden Ehegatten; die Feststellung der gegenseitigen Ansprüche der Nachlaßmasse und der einzelnen Miterben, namentlich des überlebenden Ehegatten (§ 110 NachlO.).

Vereinbarungen über die Teilung selbst, d. i. über die Teile, die jeder der Miterben erhalten soll, gehören **nicht** zu den vorbereitenden Maßregeln.

3. In die Verhandlung hat das Nachlaßgericht einzutreten, auch wenn nur ein einziger der Beteiligten, der nicht der Antragsteller zu sein braucht, erschienen ist.

Über die Notwendigkeit, beim Nichterscheinen einzelner Beteiligter vor Eintritt in die Verhandlung die Giltigkeit der Ladungen zu prüfen, siehe N. 6 zu § 89.

Das **Verfahren** kann sich in folgender Weise abwickeln:

I. **Verhandlung** über die vorbereitenden Maßregeln, Art der Teilung:
   a) sämtliche Beteiligte sind erschienen und einigen sich,
   b) Einigung unter den Erschienenen kommt nicht zustande,
   c) nur ein Teil der Beteiligten oder nur einer ist erschienen; dieselben einigen sich, beziehungsweise letzterer macht seine Vorschläge;

II. a) im Falle Ia: **Beurkundung** der Vereinbarung, auch wenn sich dieselbe nicht auf alle Punkte bezieht (§ 95 Abs. 2),
   b) im Falle Ib: Verweisung auf den **Rechtsweg** (§ 95),
   c) im Falle Ic: **Beurkundung** der von den Erschienenen getroffenen Vereinbarungen, bezw. gemachten Vorschläge und **Mitteilung an die Nichterschienenen** unter Fristbestimmung für Beantragung eines neuen Termines mit der Folge, daß Versäumung der Frist als Zustimmung gilt.

III. a) **Bestätigung** der Vereinbarung in folgenden Fällen:
   α) im Falle IIa,

β) wenn sämtliche nicht erschienene Beteiligte nachträglich ihre Zustimmung in gehöriger Form erteilen,
γ) wenn die Zustimmung derselben wegen Versäumung der festgesetzten Frist zu präsumieren ist,
δ) wenn dieselben in dem auf ihren Antrag angesetzten neuen Termine nicht erschienen sind;

b) neuerliche Verhandlung bis zur möglichen Bestätigung oder Verweisung auf den Rechtsweg, wenn im neuen Termin der zuerst nicht Erschienene erschienen ist.

Diese Reihenfolge gilt auch für die Verhandlungen auf Auseinandersetzung (vergl. § 93 Abs. 2).

4. Über Beteiligte siehe N. 7 zu § 86, ebenda über Vertretung Beteiligter durch bevollmächtigte und gesetzliche Vertreter, über Genehmigung des Vormundschaftsgerichts unten N. 15 und § 97 Abs. 2.

5. Der Widerspruch auch nur eines erschienenen Beteiligten hindert, soweit er reicht, die Vereinbarung über die vorbereitenden Maßregeln (und über die Auseinandersetzung).

Als Widerspruch muß auch die Verweigerung der Unterschrift der aufgenommenen Urkunde angesehen werden, da zur Beurkundung die Unterschrift jedes Beteiligten unbedingt erforderlich ist (§ 177 FGG., Josef N. 6 zu § 91).

Der Widerspruch eines Dritten mit der Behauptung, daß ihm ein Pfandrecht an einem Erbteile zustehe, hindert die Beurkundung der Vereinbarungen nicht, wenn er auch schließlich zur Aussetzung des Verfahrens bis zur Beseitigung desselben zwingt (RJA. **5** 230, ZBl. **6** 128, auch **5** 799).

Ob ein Widerspruch zwingt, die Beteiligten auf den Rechtsweg zu verweisen (§ 95) und das Verfahren auszusetzen oder ob trotz des Scheiterns einer Vereinbarung über die vorbereitenden Maßregeln zur Verhandlung über die Auseinandersetzung geschritten werden kann, hängt von der Lage des Falles ab.

Der Widerspruch kann nur mündlich vor dem Nachlaßgericht oder vor einem von diesem gemäß § 117 NachlO. ersuchten Gerichte erklärt werden (ebenso Haberstumpf-Barthelmeß S. 98, a. M. Schad S. 124, der die Erklärung des Widerspruchs vor dem ersuchten Gericht nicht zulassen will, sondern es für nötig hält, daß der im Wege der Rechtshilfe vernommene Beteiligte Anberaumung eines Termines vor dem Nachlaßgerichte beantrage, um dort den Widerspruch erklären zu können).

Ein schriftlicher oder sonst außerhalb eines Verhandlungstermines erhobener Widerspruch eines Nichterschienenen ist rechtlich wirkungslos, hindert die Fortsetzung des Verfahrens nicht und verpflichtet das Nachlaßgericht nicht zur Einstellung desselben (siehe N. 4 zu § 95).

6. Form der Beurkundung: Sie erfolgt in einem Richterprotokoll, Gerichtsschreiberprotokoll ist nicht genügend. Da die Beurkundung ein Rechtsgeschäft zum Gegenstand hat, gelten für dieselbe die Vorschriften der §§ 168—182 FGG. (§ 139 NachlO.); über die Notwendigkeit der Unterschrift der Beteiligten siehe N. 5. Hinsichtlich der Gerichtssprache gelten nur die Vorschriften der §§ 179, 180, nicht diejenigen des § 187 GVG. Hinsichtlich der Ausschließung vom Richteramt und von der Mitwirkung kommen die Vorschriften des § 6 neben denen der §§ 170 ff. zur Anwendung.

7. Zu beurkunden sind:

Die Vorschläge, die über vorbereitende Maßregeln von einem einzigen Erschienenen gemacht werden;

die Vereinbarungen, welche mehrere — wenn auch nicht alle — Beteiligten treffen, wenn und soweit eine Einigung erzielt wird.

Das Gericht muß auch Vereinbarungen beurkunden, die ihm, insbesondere gegen Nichterschienene, unbillig erscheinen oder den Interessen Nichterschienener oder den gesetzlichen Teilungsvorschriften widersprechen; es kann nur die Beurkundung von Vorschlägen und Vereinbarungen, die gegen ein gesetzliches Verbot oder gegen die guten Sitten verstoßen, verweigern.

An die beurkundeten Vorschläge und Vereinbarungen bleiben die Beteiligten **gebunden,** solange gegen andere Beteiligte ein Versäumnisverfahren schwebt; die Gebundenheit erlischt, wenn ein früher nicht Erschienener in dem auf seinen Antrag anberaumten Termine widerspricht oder neue Vorschläge macht (RJA. **7** 170).

8. Die **nachträgliche Zustimmung** eines im Termine nicht Erschienenen kann nicht zum Protokoll des Gerichtsschreibers, sondern nur entweder zum Protokoll des zuständigen Nachlaßgerichts, eines von diesem um die Ladung des Beteiligten ersuchten Gerichts und des mit der Sache befaßten Notars oder in einer öffentlich beglaubigten Urkunde erfolgen; über die Form der letzteren siehe § 129 BGB. und § 167 Abs. 2, § 183 FGG. Genügend ist auch die Erklärung zu Urkunde jedes anderen Notars (es handelt sich dann um Aufnahme einer öffentlichen Urkunde, welche die öffentliche Beglaubigung ersetzt; § 129 Abs. 2 BGB.), nicht aber zu Protokoll eines anderen als des zuständigen Gerichts, da in Bayern die Gerichte zu öffentlichen Beurkundungen regelmäßig nicht zuständig sind. Über die Beschreitung des Rechtsweges zur Herbeiführung einer Einigung siehe § 117 NachlO. und unten N. 13.

Für die Möglichkeit der Bestätigung der getroffenen Vereinbarung ist es gleichgiltig, ob die nachträgliche Zustimmung von einem Beteiligten aus eigenem Antriebe oder auf eine nach Abs. 3 erfolgte Aufforderung hin erfolgte. Eine Zustimmungserklärung kann mit der Wirkung, daß die Bestätigung erfolgen kann, selbst von einem Beteiligten abgegeben werden, der zu dem ersten Termine gar nicht geladen war und dessen Vorhandensein erst später bekannt geworden ist; dagegen kann gegen nachträglich bekannt gewordene Beteiligte nicht nach Abs. 3 verfahren werden, wenn sie nicht freiwillig zustimmen; es ist vielmehr dann zu einem neuen Termine zu laden (siehe N. 4 zu § 90).

9. Als **nicht erschienen** ist auch derjenige zu betrachten, der sich vor Abschluß der Verhandlung und Beurkundung freiwillig entfernt hat, ohne eine widersprechende Erklärung abgegeben zu haben (§ 118 Abs. 2 NachlO.) ferner derjenige, der nach § 8 FGG. mit § 178 GVG. wegen Ungebühr aus dem Verhandlungsraume entfernt wurde, ehe er eine Erklärung zur Sache abgegeben hatte (a. M. Rausnitz N. 4, Josef N. 6 zu § 91 und Lehrb. S. 334).

Wer die Abgabe einer Erklärung verweigert, darf nicht als nicht erschienen behandelt werden, von ihm ist anzunehmen, daß er der Durchführung des Verfahrens widerspreche (§ 118 Abs. 3 NachlO.). Als nicht erschienen darf auch derjenige nicht behandelt werden, welcher sich durch einen Bevollmächtigten vertreten lassen will und einer Verfügung des Gerichts, durch die sein persönliches Erscheinen angeordnet wird, nicht Folge leistet; er gilt gleichfalls als widersprechend (a. M. Weißler S. 135).

Die Zulassung eines nicht bevollmächtigten Geschäftsführers für einen Nichterschienenen zur Vermeidung des Eintrittes der Versäumnisfolgen ist ausgeschlossen.

Als nicht erschienen mit den sich daraus ergebenden Versäumnisfolgen gilt an sich auch derjenige, welcher sein Nichterscheinen genügend entschuldigt hat, jedoch soll das Gericht in diesem Falle den Termin verlegen und neu laden (§ 118 Abs. 2, § 115 Abs. 3 NachlO.).

10. Die **Benachrichtigung der Nichterschienenen** von der erfolgten Beurkundung hat sowohl zu erfolgen, wenn mehrere Beteiligte zu einer Vereinbarung gelangt sind, als auch, wenn nur Vorschläge eines einzigen Erschienenen entgegengenommen worden sind.

Die Bekanntmachung des Inhaltes der gepflogenen Verhandlungen braucht nur auszugsweise und nur insoweit zu erfolgen, als derselbe den Empfänger betrifft; eine vollständige Abschrift muß ihm erst auf Verlangen erteilt werden.

Als weiterer Inhalt der Benachrichtigung ist in Abs. 3 vorgeschrieben:

die Mitteilung, daß er die Urkunde auf der Gerichtsschreiberei einsehen und eine Abschrift der Urkunde verlangen könne,

der Hinweis auf die Versäumnisfolgen (N. 11) und die Bestimmung einer angemessenen Frist zur Abwendung des Eintrittes derselben.

Für die Frist ist eine gesetzliche Grenze nicht aufgestellt; sie kann vom Nachlaßgericht verlängert werden. Gegen die Fristbestimmung steht demjenigen, dem die Frist gesetzt ist, und den übrigen Beteiligten die Beschwerde zu, weil die Frist zu kurz, bezw. zu lang bemessen sei (Josef im ZBl. 5 171).

Muster für die zu erlassende Bekanntmachung siehe in Formular XVI zur NachlO.

Ein Mangel im Inhalt der Bekanntmachung, wie er in Abs. 3 vorgeschrieben ist, hindert, wenn der Nichterschienene eine Erklärung nicht abgibt, den Eintritt der Versäumnisfolgen.

Die Bekanntmachung erfolgt wegen des Fristenlaufes gemäß § 16 Abs. 2 Satz 1 durch Zustellung von Amts wegen.

Sind Vereinbarungen über die Art der Teilung und über die endgiltige Auseinandersetzung verbunden, so sind diese in ein und derselben Verfügung bekannt zu machen (§ 116 Satz 4 NachlO.).

11. Die **Versäumnis** kann eine verschiedene sein:

a) der Ausgebliebene gibt überhaupt keine Erklärung innerhalb der Frist ab; dann wird sein Einverständnis zu der Vereinbarung oder den Vorschlägen angenommen und sofort nach Fristablauf die Bestätigung erteilt. Materielle Einwendungen gegen die Bestätigung kann sodann der Ausgebliebene nicht mehr geltend machen, da die Anfechtung nur wegen Formfehler zulässig ist (§ 96, vergl. jedoch § 97 Abs. 1);

b) er beantragt Anberaumung eines Termins, erscheint aber auch in diesem Termine nicht. Die übrigen Beteiligten sind in diesem Falle an die frühere Vereinbarung gebunden. Die Wirkung der Terminsversäumung ist dieselbe wie sub lit. a.

Gegen geschäftsunfähige und in der Geschäftsfähigkeit beschränkte Personen, welche einen gesetzlichen Vertreter haben, können die Versäumnisfolgen, wenn die Vereinbarung der Genehmigung des Vormundschaftsgerichtes bedarf (vergl. BGB. §§ 1821, 1822), nur in der Weise eintreten, daß zwar die Zustimmung des säumigen gesetzlichen Vertreters anzunehmen ist, zu der so zu präsumierenden Erklärung desselben aber die Genehmigung des Vormundschaftsgerichtes noch zu erholen ist (vergl. auch § 97 Abs. 2).

Gegen unvertretene, aber eines gesetzlichen Vertreters bedürftige Personen können die Versäumnisfolgen nicht eintreten.

Die Versäumnisfolgen erstrecken sich auf alle Vereinbarungen Beteiligter, die im Auseinandersetzungsverfahren wirksam getroffen werden können (siehe N. 1a zu § 86).

12. Beantragt der nicht erschienene Beteiligte rechtzeitig, d. i. vor Ablauf der ihm in der Benachrichtigung gestellten Frist, die Anberaumung eines neuen Termines und **erscheint er** in dem Termine, so ist die Verhandlung fortzusetzen. Ob zu diesem Termine auch die in dem früheren Termine erschienenen Beteiligten zu laden sind, hängt von den Umständen des Falles ab; wenn sie zu dem Termine geladen werden, darf in der Ladung kein Rechtsnachteil angedroht werden. Erklärt der Beteiligte sein Einverständnis, so sind die getroffenen Vereinbarungen zur Bestätigung bereit. Macht er abweichende Vorschläge, so hat das Nachlaßgericht hierüber mit den übrigen Beteiligten zu verhandeln (wegen Erlöschens der Gebundenheit an die bisherigen Vorschläge und Vereinbarungen siehe oben N. 7) und gegebenenfalls im Wege des Versäumnisverfahrens eine Einigung zu versuchen; erst in diesem letzteren Falle ist die Ladung sämtlicher Beteiligter, auch derjenigen, die schon früher nicht erschienen waren, erforderlich (a. M. Schad S. 132, Haberstumpf-Barthelmeß S. 99, die stets Ladung aller Beteiligten zu dem Termine verlangen).

13. Wohnt ein Beteiligter nicht im Bezirke des Nachlaßgerichts, so ist zur Herbeiführung einer Vereinbarung grundsätzlich der Weg der **Rechtshilfe** zu beschreiten.

Das Nachlaßgericht hat zu diesem Zwecke das Amtsgericht des Wohnsitzes des Beteiligten zu ersuchen, diesen zu einem Verhandlungstermine zu laden. Diese Vorschrift ist nur instruktionell; ein etwa mit Beschwerde verfolgbares Recht auf Ladung zum Gericht des Wohnortes zur Abgabe der Erklärung besteht nicht. Ob etwa Gründe vorliegen, welche es angezeigt erscheinen lassen, von einem Rechtshilfeverfahren abzustehen, entscheidet das Nachlaßgericht nach seinem Ermessen (siehe Haberstumpf-Barthelmeß S. 246 N. 1 zu § 117 NachlO.). Erscheint der Geladene in diesem Termine, so ist mit ihm über die von dem Nachlaßgericht beurkundete Vereinbarung oder, sofern nur ein Beteiligter erschienen war, über dessen Vorschläge zu verhandeln.

Erscheint er nicht, so hat das ersuchte Gericht dem Nachlaßgericht hievon unter Rückgabe der Akten Kenntnis zu geben. Das Nachlaßgericht hat sodann das Amtsgericht, in dessen Bezirke der Beteiligte wohnt, zu ersuchen, daß dieses dem Beteiligten eine Abschrift des mit den erschienenen Beteiligten aufgenommenen Protokolls mitteilt und ihn gleichzeitig benachrichtigt, daß er die Akten auf der Gerichtsschreiberei des ersuchten Gerichts einsehen könne. Die Abschrift des Protokolls ist dem ersuchten Gerichte vom Nachlaßgericht zu liefern. Die vom ersuchten Gerichte zu erlassende Mitteilung muß den Hinweis darauf enthalten, daß, wenn der Beteiligte nicht innerhalb einer bestimmten Frist schriftlich oder mündlich zu Protokoll des ersuchten Gerichts die Anberaumung eines neuen Termins beantrage oder wenn er in dem neuen Termine nicht erscheine, sein Einverständnis mit dem Inhalte des Protokolls angenommen werden würde. Die Mitteilung muß durch Zustellung in den Formen der ZPO. bekannt gemacht werden. Beantragt dann der Beteiligte die Anberaumung eines neuen Termines, so ist die Verhandlung mit ihm fortzusetzen. Er kann in dem Termine einen Widerspruch gegen die Auseinandersetzung überhaupt oder gegen den Inhalt der beurkundeten Vorschläge oder Vereinbarungen geltend machen (oben N. 5). Macht er seinerseits neue Vorschläge, so ist Anberaumung eines neuen Termines vor dem Nachlaßgericht erforderlich, zu dem wieder sämtliche Beteiligte zu laden sind (wie nach N. 12). Beantragt er die Anberaumung nicht oder erscheint er in dem Termine nicht, so hat das Nachlaßgericht die Vereinbarung zu bestätigen (§ 117 NachlO.).

Dies gilt auch für die Verhandlungen über die Auseinandersetzung.

Das Rechtshilfeverfahren darf übrigens auch eingeleitet werden, ohne daß zunächst das Nachlaßgericht selbst einen Verhandlungstermin abgehalten hat (siehe N. 5 zu § 89).

Die Rechtshilfe kann auch von nicht bayerischen Gerichten verlangt werden, da es sich um eine Angelegenheit im Sinne des § 1 dieses Gesetzes selbst dann handelt, wenn das Vermittelungsverfahren von Amts wegen eingeleitet ist.

Rechtshilfe ist auch den zur Auseinandersetzung zuständigen Notaren zu leisten (§§ 2, 194 Abs. 4 FGG.).

14. Die **Bestätigung erfolgt** durch besonderen Beschluß (§ 96). Sie steht auch dem Notare zu, der die Auseinandersetzung vermittelt hat.

Darüber, wann die Bestätigung zu erteilen ist, siehe oben N. 3, auch 13. Die Vorschrift der Bestätigung der Vereinbarung über vorbereitende Maßregeln, welche die sämtlichen Beteiligten getroffen haben, ist nicht in dem Sinne obligatorisch, daß sie in jedem Falle erfolgen müßte, in welchem Vorbesprechungen stattfinden; in einfach gelagerten Fällen, deren sofortige Erledigung tunlich ist, kann sie entfallen und kann sich an die Vorbesprechungen sofort die Verhandlung über die Auseinandersetzung anreihen.

Auf die Bestätigung — auch der Vereinbarung über die Auseinandersetzung — kann auch von den Beteiligten verzichtet werden; erforderlich ist ein Verzicht sämtlicher Beteiligter.

15. Die **Prüfung des Gerichts** vor Erteilung der Bestätigung erstreckt sich nur darauf, ob alle formellen Verfahrensvoraussetzungen gegeben waren, so insbesondere, wenn Beteiligte nicht erschienen waren und ihre Zustimmung im Versäumnisverfahren ergänzt ist, ob die Ladungen und Bekanntmachungen form- und fristgerecht erfolgt sind. Dagegen findet eine Prüfung der Zweckmäßigkeit der Vereinbarungen oder ihrer Vorteilhaftigkeit für die einzelnen Beteiligten nicht statt. Aus sachlichen Gründen kann die Bestätigung nur versagt werden, wenn die getroffenen Vereinbarungen gegen ein Verbotsgesetz oder gegen die guten Sitten verstoßen.

Zu einer materiellen Prüfung kann das Nachlaßgericht auf Grund des § 97 Abs. 2 berufen sein. Über das Erfordernis vorheriger Genehmigung der Vereinbarungen durch das Vormundschaftsgericht siehe N. 5 zu § 97.

Für die Wirksamkeit der von dem Vertreter ausländischer Minderjähriger abgegebenen Erklärungen kommt das ausländische Recht (Art. 7 EG. z. BGB.) zur Anwendung (OLG. **5** 288).

16. Die Bestätigung hat das Nachlaßgericht den sämtlichen Beteiligten bekannt zu machen; die Bekanntmachung kann durch Verkündigung an die Anwesenden erfolgen (§ 16 Abs. 3); an die nicht erschienenen Beteiligten oder, wenn Verkündigung nicht erfolgt, an alle Beteiligte hat die Bekanntmachung durch Zustellung von Amts wegen nach den Vorschriften der ZPO. wegen des Laufes der Frist für die sofortige Beschwerde zu erfolgen (§ 16 Abs. 2 Satz 1, § 111 Abs. 3 NachlO.).

Wegen der sofortigen Beschwerde gegen den Bestätigungsbeschluß siehe § 96. Gegen die Verweigerung der Bestätigung findet die einfache Beschwerde statt.

17. Erscheint in dem ersten Verhandlungstermine vor dem Nachlaßgericht Niemand, so ruht das Verfahren, auch wenn es von Amts wegen eingeleitet war; ein Zwang zum Erscheinen kann auch in diesem Falle nicht ausgeübt werden.

18. § 91 gilt auch im Verfahren von Amts wegen (Art. 7 NachlG.).

§ 92.

War im Falle des § 91 der Beteiligte ohne sein Verschulden verhindert, die Anberaumung eines neuen Termins rechtzeitig zu beantragen oder in dem neuen Termine zu erscheinen, so ist ihm auf Antrag von dem Gerichte die Wiedereinsetzung in den vorigen Stand zu erteilen, wenn er binnen zwei Wochen nach der Beseitigung des Hindernisses die Anberaumung eines neuen Termins beantragt und die Tatsachen, welche die Wiedereinsetzung begründen, glaubhaft macht. Eine Versäumung, die in dem Verschulden eines Vertreters ihren Grund hat, wird als eine unverschuldete nicht angesehen. Nach dem Ablauf eines Jahres, von dem Ende der versäumten Frist an gerechnet, kann die Wiedereinsetzung nicht mehr beantragt werden.

Wiedereinsetzung in den vorigen Stand.

1. Die Wiedereinsetzung findet sowohl gegenüber einer vorgängigen Vereinbarung als gegenüber der endgiltigen Auseinandersetzung statt (§ 93 Abs. 2 Satz 2). Dieselbe ist unter den nämlichen Voraussetzungen gewährt, wie in § 22 Abs. 2 gegen die Versäumung der Frist für die sofortige Beschwerde; es kann deshalb auf die Noten zu § 22 verwiesen werden. Über Geistesschwäche, die den Beteiligten außer Stand setzt, die Bedeutung der ihm zugestellten Schriftstücke zu verstehen, als Wiedereinsetzungsgrund siehe BayObLG. **2** 330.

2. Grund der Wiedereinsetzung ist die unverschuldete Verhinderung eines im Termine nicht Erschienenen, auf die nach Maßgabe des § 91 Abs. 3 oder des § 93 Abs. 2 erfolgte Bekanntmachung hin

a) rechtzeitig die Anberaumung eines neuen Termines zu beantragen oder

b) wenn dieser Antrag rechtzeitig gestellt war, in dem daraufhin anberaumten Termine zu erscheinen.

3. Voraussetzung der Wiedereinsetzung ist ein Antrag; von Amts wegen findet dieselbe nicht statt. Für den Antrag gilt keine besondere Formvorschrift. Mit dem Antrag auf Wiedereinsetzung unter Glaubhaftmachung der die Wiedereinsetzung begründenden Tatsachen ist hier der Antrag auf Anberaumung eines neuen Termins zu verbinden.

4. Über den Antrag entscheidet das Nachlaßgericht und, wenn die Auseinandersetzung vor dem Notar erfolgte, der Notar (Art. 6 Abs. 2, Art. 8 Abs. 4 NachlG.). Von der erfolgten Wiedereinsetzung sind die Beteiligten in Kenntnis zu setzen (§ 118 Abs. 6 NachlO.).

5. Gegen die Entscheidung über den Antrag findet die sofortige Beschwerde statt (§ 96). Beschwerdeberechtigt ist gegenüber der dem Antrag stattgebenden Verfügung jeder andere Beteiligte, gegenüber der ablehnenden Verfügung nur der Antragsteller (§ 20 Abs. 2). Gegen die Versäumung der Frist für die sofortige Beschwerde findet wieder die Wiedereinsetzung nach Maßgabe des § 22 Abs. 2 statt.

6. Wirkung der Wiedereinsetzung: Durch die Wiedereinsetzung wird die rechtskräftig bestätigte Vereinbarung oder Auseinandersetzung auch ohne ausdrückliche Aufhebung des Bestätigungsbeschlusses wirkungslos. Das Verfahren wird in das Stadium zurückversetzt, in dem es sich vor der Versäumung des Antragstellers befand; der erste mit den Beteiligten abgehaltene Termin bleibt also unberührt, die Verhandlungen sind wieder aufzunehmen und nach Maßgabe des § 91 Abs. 3 Satz 3 so fortzusetzen, als ob der Antragsteller auf die nach § 91 Abs. 3 Satz 1 und 2 an ihn erfolgte Mitteilung rechtzeitig die Anberaumung eines neuen Termins beantragt hätte. Da es sich sonach um eine Fortsetzung des Verfahrens handelt, gelten für die Ladung zu dem Termine die Vorschriften der §§ 89, 90 nicht (a. M. mit Unrecht Rausnitz N. 1 zu § 89).

7. § 92 gilt auch im Verfahren von Amts wegen (Art. 7 NachlG.).

§ 93.

Sobald nach Lage der Sache die Auseinandersetzung stattfinden kann, hat das Gericht einen Auseinandersetzungsplan anzufertigen. Sind die erschienenen Beteiligten mit dem Inhalte des Planes einverstanden, so hat das Gericht die Auseinandersetzung zu beurkunden. Sind die Beteiligten sämtlich erschienen, so hat das Gericht die Auseinandersetzung zu bestätigen; dasselbe gilt, wenn die nicht erschienenen Beteiligten ihre Zustimmung zu gerichtlichem Protokoll oder in einer öffentlich beglaubigten Urkunde erteilen.

Ist ein Beteiligter nicht erschienen, so hat das Gericht nach § 91 Abs. 3 zu verfahren. Die Vorschriften des § 92 finden entsprechende Anwendung.

Auseinandersetzungstermin. Versäumnisfolgen.

1. Die Auseinandersetzung ist vom Nachlaßgericht vorzunehmen, sobald sie stattfinden kann. Es braucht nicht erst die Rechtskraft der Bestätigung der Vereinbarung über vorbereitende Maßregeln abgewartet zu werden, sondern das Verfahren soll sich ganz der Lage der Sache im einzelnen Falle anpassen. Es kann über die vorbereitenden Maßregeln und über die Auseinandersetzung im nämlichen Termine verhandelt werden (§ 112 Abs. 1 NachlO., siehe auch N. 1 zu § 91).

Wenn die Auseinandersetzung nicht im ersten Termine stattfinden kann, hat das Nachlaßgericht den Termin zur Auseinandersetzung von Amts wegen zu bestimmen und dazu die Beteiligten zu laden; Einhaltung einer Ladungsfrist ist nicht erforderlich (N. 4 zu § 90).

2. Die Auseinandersetzung findet auf Grund des vom Gericht anzufertigenden **Auseinandersetzungsplanes** statt. Das Nachlaßgericht kann sich auf einen von Beteiligten vorgelegten Plan aneignen und ihn zum Gegenstand der Verhandlung über die Auseinandersetzung machen.

Darüber, wann die Sache zur Teilung und somit zur Aufstellung des Planes bereift ist, entscheidet das Ermessen des Gerichts. Es ist bei der Aufstellung des Planes nur an die nach § 91 getroffenen Vereinbarungen über vorbereitende Maßregeln gebunden, nicht an sonstige Anträge und Wünsche der Beteiligten; es wird solchen aber im Interesse der anzustrebenden Einigung möglichst Rechnung tragen.

Wegen Ablehnung der Herstellung eines Teilungsplanes bei Überschuldung des Nachlasses siehe Boschan, Nachlaßsachen II 275.

Wegen der Berücksichtigung ausländischen Rechts bei Aufstellung des Teilungsplanes siehe Josef Zusatz VIII zu § 1 und in BadNotZ. **2** 146 gegen Carlebach, ebenda **1** 158.

Inhalt: Der Auseinandersetzungsplan hat den Stand des Nachlasses zur Grundlage, der sich nach der Verwertung oder Übernahme der Nachlaßgegenstände und nach der Berichtigung oder Übernahme der Nachlaßverbindlichkeiten ergibt, und muß die

Berechnung der Ansprüche der einzelnen Beteiligten, die Bezeichnung der Nachlaßgegenstände, die der einzelne Beteiligte erhält, und die Ausgleichung der Ansprüche enthalten (§ 113 Abs. 2 NachlO.).

Form: Der Auseinandersetzungsplan kann zu Protokoll oder in einem besonderen Schriftstück aufgestellt werden. In einfachen Sachen empfiehlt es sich, ihn sofort in das Protokoll über die Verhandlung über den Plan aufzunehmen (§ 113 Abs. 3 NachlO.).

Die Aufstellung eines förmlichen — schriftlichen — Planes ist in einfach gelagerten Fällen nicht erforderlich; es genügt der Vorschlag einer Teilungsart und kann, wenn die Beteiligten mit dem Vorschlage einverstanden sind, hienach die Auseinandersetzung beurkundet werden. In schwierigen Fällen anderseits kann sich das Gericht bei der Aufstellung des Planes der Hilfe eines Rechnungs- oder sonstigen Sachverständigen bedienen.

3. Die **Verhandlung** über die Auseinandersetzung kann sich in der nämlichen Weise abwickeln, wie die Verhandlung über die vorbereitenden Maßregeln; es kann deshalb auf die Ausführungen zu § 91 (N. 3 ff.) verwiesen werden. Auch die Vorschriften des § 92 über die Wiedereinsetzung in den vorigen Stand finden Anwendung. Siehe auch § 114 NachlO., wo das Verfahren bei der Auseinandersetzung geregelt ist, wie es zu § 91 besprochen wurde.

Die **Bestätigung** der Auseinandersetzung darf nicht von der Regelung der Erbschaftssteuer abhängig gemacht werden (Gestering in BayZ. **2** 355).

Über die Beurkundung der Auseinandersetzung beim Einverständnis der Miterben und trotz des Widerspruches eines Dritten, der ein Pfandrecht an einem Erbteil geltend macht, und die darauf folgende Aussetzung des weiteren Verfahrens bis zur prozeßrichterlichen Entscheidung über die Ansprüche des angeblichen Pfandgläubigers siehe RJA. **5** 230, ZBl. **6** 128 und oben N. 5 zu § 91.

4. Über die Zulässigkeit der Übertragung von Forderungen und anderen Rechten und die Möglichkeit der Herbeiführung der Einigung über Verfügungen, die ein Grundstück oder ein Recht an einem Grundstück zum Gegenstand haben, siehe N. 1 zu § 86, N. 11 a. E. zu § 91, N. 11 zu § 98.

5. Fällt bei der Auseinandersetzung einer unter elterlicher Gewalt, Vormundschaft oder Pflegschaft stehenden Person Vermögen zu, so hat das Nachlaßgericht hievon dem Vormundschaftsgericht Anzeige zu machen (§ 125 NachlO.)

6. § 93 gilt auch im Verfahren von Amts wegen (Art. 7 NachlG.)

§ 94.

Ist vereinbart, daß eine Verteilung durch das Los geschehen soll, so wird das Los, sofern nicht ein Anderes bestimmt ist, für die nicht erschienenen Beteiligten von einem durch das Gericht zu bestellenden Vertreter gezogen.

Losziehung.

1. Voraussetzung der Anwendung des § 94 ist,

a) daß die Beteiligten eine Vereinbarung über Verteilung durch das Los getroffen haben.

Der Übereinstimmung hierüber steht es gleich, wenn die Vereinbarung nach Maßgabe des § 91 Abs. 3 als getroffen angesehen werden muß. Der ausdrücklichen, in jedem Falle ohne Rücksicht auf die Art der Teilung zulässigen Vereinbarung, daß eine Zuteilung von Nachlaßgegenständen durch das Los erfolgen solle, steht es nicht gleich, wenn eine Art der Teilung vereinbart ist, die nach § 752 mit § 2042 BGB. die Losziehung erforderlich macht, wenn nämlich Teilung vorhandener Gegenstände in Natur in gleichartige, den Anteilen der Beteiligten entsprechende Teile vereinbart ist; in diesem Falle ist außerdem erforderlich, daß die Beteiligten auch darüber einig sind, daß wirklich Losziehung erfolgen solle.

b) daß nicht ein Anderes bestimmt ist.

Den Beteiligten steht es frei, über das Verfahren bei der Losziehung jede beliebige Vereinbarung zu treffen, also auch für den Fall, daß einer von den Beteiligten im Termine zur Losziehung nicht erscheint, eine Bestimmung zu erlassen. Ist das letztere der Fall, die getroffene Bestimmung aber aus irgend einem Grunde nicht ausführbar, z. B. weil die zur Losziehung bestimmte Person selbst nicht erscheint oder die Losziehung verweigert, so ist die Anwendung des § 94 auch nicht subsidiär zulässig, vielmehr entweder die Anwendung von Zwangsmaßregeln gegen den durch Vereinbarung bestimmten Vertreter oder eine neuerliche Vereinbarung notwendig.

2. Die Losziehung kann erfolgen zum Zwecke der Ausführung einer bestätigten Vereinbarung über die Auseinandersetzung oder vor Aufstellung des Teilungsplanes zum Zwecke der Bestimmung der in denselben anzuweisenden Teile. In beiden Fällen ist § 94 anwendbar; aber auch im letzteren Falle ist erforderlich, daß es sich nur noch um die Losziehung zur Bestimmung der Empfänger der einzelnen Teile, nicht mehr um die Bildung der Teile selbst handelt.

3. Beim Vorliegen der Voraussetzungen nach N. 1 erfolgt nötigenfalls die Bestellung eines Vertreters durch den Richter, in Bayern, wenn die Auseinandersetzung einem Notar übertragen ist, durch den Notar, nicht durch das Gericht.

Zur Bestellung eines Vertreters besteht, wenn sie notwendig ist, eine Verpflichtung, deren Erfüllung im Beschwerdeweg herbeigeführt werden kann.

4. Die Bestellung erfolgt für den nicht erschienenen Beteiligten, der ein Los zu ziehen hätte, oder auch für einen für das Verfahren bestellten Bevollmächtigten eines bei der Auseinandersetzung Beteiligten. Gleichgiltig ist es, aus welchem Grunde die betreffende Person nicht erschienen ist; erforderlich ist nur, daß sie zu dem Termine, in dem die Losziehung stattfindet, ordnungsmäßig geladen oder daß der Termin nach § 90 Abs. 2 verkündet war.

Ausgeschlossen ist die Bestellung eines Vertreters, wenn ein erschienener Beteiligter die Losziehung verweigert; in diesem Falle ist Klagestellung gegen denselben oder, wenn schon eine bestätigte Vereinbarung vorliegt, die durch die Losziehung vollzogen werden soll, Zwangsvollstreckung nach Maßgabe des § 98 FGG. mit § 887 ZPO. notwendig.

5. In der Auswahl des Vertreters ist das Gericht nicht beschränkt; es kann auch einen anderen Beteiligten als solchen bestellen; das Gericht kann für jeden nicht Erschienenen einen besonderen oder für alle oder einzelne derselben nur einen einzigen Vertreter aufstellen.

6. Die Bestellung wird wirksam mit der Bekanntmachung an den bestellten Vertreter. Sie kann nach erfolgter Losziehung nicht mehr geändert werden. Beschwerde gegen die Bestellung ist nur unter dem Gesichtspunkte zulässig, daß sie nach Lage der Sache nicht erfolgen sollte; im Falle einer abändernden Entscheidung findet § 32 Anwendung.

7. Die Befugnis des Vertreters beschränkt sich ausschließlich auf die Losziehung; zu Erklärungen, auch wenn sie sich auf die Losziehung beziehen, ist er nicht ermächtigt. Ist z. B. über die Reihenfolge der Losziehung keine Bestimmung getroffen und entsteht hierüber eine Meinungsverschiedenheit im Termine zur Losziehung, so kann nicht unter Zuziehung des Vertreters eine Vereinbarung hierüber getroffen werden; auch eine Entscheidung der Reihenfolge durch das Los, die nur durch Abmachung der Beteiligten bestimmt werden könnte, ist also ausgeschlossen (Rausnitz N. 1, a. M. Dorner N. 6 zu § 94).

8. Die vom Gericht bestellte Person ist Vertreter des Nichterschienenen kraft Gesetzes; der letztere ist an die Handlungen des ihm bestellten Vertreters gebunden; er kann weder aus der Person desselben, noch aus seinem Verhalten bei der Losziehung Einwendungen ableiten. Für die Form, in der der Vertretene oder auch ein anderer Beteiligter im Falle einer Beeinträchtigung durch die Handlungen des Vertreters, z. B. durch betrügerisches Handeln desselben, den durch die Losziehung herbeigeführten Erfolg anzufechten in der Lage ist, ob insbesondere noch ein Beschwerdeverfahren möglich ist, kommt es darauf an, ob die Handlung des Vertreters noch die Grundlage einer der Beschwerde unterliegenden richterlichen Verfügung geworden ist; dies ist nicht der Fall, wenn die Teilung durch Losziehung erst auf Grund eines bestätigten Planes erfolgt.

9. § 94 gilt auch im Verfahren von Amts wegen (Art. 7 NachlG.).

§ 95.

Ergeben sich bei den Verhandlungen Streitpunkte, so ist ein Protokoll darüber aufzunehmen und das Verfahren bis zur Erledigung der Streitpunkte auszusetzen. Soweit bezüglich der unstreitigen Punkte die Aufnahme einer Urkunde ausführbar ist, hat das Gericht nach den §§ 91, 93 zu verfahren.

Verfahren bei Streitpunkten.

1. Die Vorschrift des § 95 gilt sowohl für das vorbereitende Verfahren nach § 91, als für das Auseinandersetzungsverfahren nach § 93.

Aufgabe des Nachlaßgerichts ist es, stets zunächst auf eine gütliche Ausgleichung hervortretender Meinungsverschiedenheiten hinzuwirken; es steht ihm zu diesem Zwecke auch frei, Ermittelungen über streitige Verhältnisse anzustellen, um den Sachverhalt im Interesse einer Einigung möglichst aufzuklären (a. M. Schad, S. 157, N. 3 zu § 95 FGG.). Erst wenn eine Einigung trotzdem nicht zu Stande zu bringen ist, darf nach § 95 verfahren werden (RJA. **7** 174).

2. In dem über die Streitpunkte aufzunehmenden Protokolle sind die **sämtlichen Steitpunkte** festzustellen; es darf also nicht schon beim Vorhandensein eines einzigen nicht zu beseitigenden Widerspruchs unter den Beteiligten das Verfahren ausgesetzt werden; das Gericht muß vielmehr alle zur vollständigen Teilung der Masse erforderlichen Maßregeln mit den Beteiligten besprechen, um zu erforschen, ob sich noch weitere Meinungsverschiedenheiten ergeben. Es ist bei der Aufnahme des Protokolls davon auszugehen, daß dasselbe die Grundlage für einen Rechtsstreit bilden solle. Festzustellen ist auch, unter welchen Beteiligten die Streitigkeiten bestehen und welche Stellung die nicht unmittelbar Beteiligten einnehmen (Josef in Gruchot Beitr. **49** 43). Die Feststellungen im Protokoll sind jedoch für das Prozeßgericht nicht bindend und ebensowenig für die Beteiligten; es können neue Streitpunkte im Prozeß geltend gemacht werden, die Feststellung im Protokoll ist nicht Voraussetzung der gerichtlichen Geltendmachung (OLG. **6** 397).

Für die Form des Protokolls gelten nicht die Vorschriften des 10. Abschnittes (in Bayern mit Ausnahme derer der §§ 174, 177, die nach § 139 Abs. 2 NachlO. auf Protokolle des Nachlaßgerichts stets Anwendung finden), da es rechtsgeschäftliche Erklärungen nicht enthält (ebenso die meisten Kommentatoren, a. M. nur Dorner S. 403, Fuchs S. 259).

3. Zu den Beteiligten, deren Widerspruch zwingt, nach § 95 zu verfahren, gehört auch ein Dritter, der geltend macht, daß ihm an einem Erbteil ein Pfändungspfandrecht zustehe; der ungerechtfertigte Ausschluß vom Verfahren berechtigt denselben zur Beschwerde gegen den Bestätigungsbeschluß und führt zur Aufhebung des letzteren und Aussetzung des Verfahrens bis zur Erledigung seines Einspruchs gegen die Art der Teilung (RJA. **5** 230, ZBl. **6** 128).

4. Zur Aussetzung zwingt nur **ein im Termine geltend gemachter Widerspruch**; ein vor Einleitung des Auseinandersetzungsverfahrens erhobener Widerspruch ist ebensowenig beachtlich, wie ein später außerhalb des Termines oder ein schriftlich erklärter (BayObLG. **4** 501, ZBl. **4** 264, RJA. **7** 174, Josef in DNotV. **4** 128 und im ZBl. **3** 595, a. M. OLG. Jena in RJA. **1** 181, KG. in OLG. **3** 310, RJA. **6** 35, ZBl. **6** 286, die einen vor der Einleitung des Verfahrens erklärten Widerspruch als Aussetzungsgrund betrachten). Über die Zulässigkeit der Erklärung vor einem ersuchten Richter siehe N. 5 zu § 91.

5. Die Aussetzung und Einstellung des Verfahrens **muß** erfolgen, wenn sich eine Einigung nicht erzielen läßt; das Nachlaßgericht ist zur Entscheidung über die Streitpunkte nicht befugt (ZBl. **4** 343).

Bei der Aussetzung darf keine Frist zur Erledigung der Streitpunkte gesetzt werden; denn es ist Sache der Beteiligten, ob und wann sie einen Ausgleich ihrer Meinungsverschiedenheiten herbeiführen wollen.

Die Aussetzung erfolgt, wenn die Streitpunkte die Auseinandersetzung des ganzen Nachlasses berühren, hinsichtlich des ganzen Verfahrens, wenn unstreitige Punkte vorhanden sind und wenigstens ein Teil des Nachlasses außer Streit ist, nur hinsichtlich des streitigen Teiles.

Die Aussetzung braucht den nicht erschienenen Beteiligten nicht bekannt gemacht zu werden.

Nach Hebung des Hindernisses durch gütliche Einigung oder prozeßgerichtliche Entscheidung kann das Verfahren auf Antrag eines Beteiligten wieder aufgenommen werden (§ 118 Abs. 5 NachlO.). Hält ein Beteiligter trotz gegen ihn ergangenen Urteils seinen Widerspruch aufrecht, so steht dies der Erledigung des Auseinandersetzungsverfahrens nicht entgegen, da sein Widerspruch bereits formell besiegt ist; das Gleiche gilt übrigens auch, wenn eine Verurteilung schon vor erfolgter Aussetzung ergangen ist, für die Fortsetzung des Verfahrens (Josef in Gruchot Beitr. **49** 33).

Bei den Ladungen zur Fortsetzung eines ausgesetzten Verfahrens braucht die Ladungsfrist des § 90 Abs. 1 nicht mehr eingehalten zu werden.

6. Wenn die Streitpunkte nicht die ganze Teilungsmasse betreffen, ist das Verfahren hinsichtlich des unstreitigen Teiles nach Maßgabe der §§ 91, 93 bis zur Bestätigung der teilweisen Vereinbarung fortzusetzen; die Vollstreckung derselben nach § 98 ist ohne Rücksicht auf die Erledigung der streitigen Punkte zulässig.

Die teilweise Durchführung des Auseinandersetzungsverfahrens ist nicht nur möglich, wenn für alle Beteiligten ein unstreitiger Teil des Nachlasses vorhanden ist, sondern auch, wenn der unstreitige Teil nur unter einzelne zu verteilen ist; im letzteren Falle scheiden aber die übrigen Beteiligten nicht aus dem fortzuführenden Verfahren aus, sie sind weiter zu dem Verfahren zuzuziehen und ihre Zustimmung zu den weiteren Vereinbarungen ist eventuell im Versäumnisverfahren nach § 91 Abs. 3, § 93 Abs. 2 zu erholen.

7. Ist die Auseinandersetzung einem Notar überwiesen, so hat auch dieser nach § 95 zu verfahren und, wenn er zur Einstellung des Verfahrens gelangt, dem Nachlaßgericht die auf die Vermittelung der Auseinandersetzung erwachsenen Akten samt den gerichtlichen Akten, eventuell mit der beurkundeten teilweisen Vereinbarung abzuliefern (§ 123 Abs. 1 Satz 2 NachlO., § 257b Abs. 3 der GeschO. f. d. Not.).

8. § 95 gilt auch im Verfahren von Amts wegen (Art. 7 NachlG.).

§ 96.

Gegen den Beschluß, durch welchen eine vorgängige Vereinbarung oder eine Auseinandersetzung bestätigt, sowie gegen den Beschluß, durch welchen über den Antrag auf Wiedereinsetzung in den vorigen Stand entschieden wird, findet die sofortige Beschwerde statt. Die Beschwerde gegen den Bestätigungsbeschluß kann nur darauf gegründet werden, daß die Vorschriften über das Verfahren nicht beobachtet seien.

Rechtsmittel.

1. Die sofortige Beschwerde (§ 22 Abs. 1) **findet statt**

gegen den Beschluß, durch welchen eine vorgängige Vereinbarung, und denjenigen, durch welchen eine Auseinandersetzung bestätigt wird (wegen der sofortigen weiteren Beschwerde siehe N. 7 zu § 29),

gegen jeden Beschluß, durch welchen über einen Antrag auf Wiedereinsetzung in den vorigen Stand — gleichgiltig, in welchem Sinne, ob stattgebend oder ablehnend — entschieden wird.

Hieraus ergibt sich, daß die erwähnten Beschlüsse den Beteiligten, soweit nicht Bekanntmachung zu Protokoll nach § 16 Abs. 3 erfolgt, nach Maßgabe des § 16 Abs. 2 Satz 1 durch Zustellung bekannt zu machen ist, ferner daß die Beschlüsse der Änderung durch das Nachlaßgericht entzogen sind (§ 18 Abs. 2).

Die vorstehend nicht erwähnten Verfügungen in Bezug auf ein Auseinandersetzungsverfahren, so insbesondere auch die eine Bestätigung versagenden Beschlüsse, sind mit der einfachen Beschwerde anfechtbar. Die Beschwerde kann jedoch hinsichtlich der der Bestätigung vorausgehenden Verfügungen nicht mehr mit Erfolg eingelegt werden, soweit durch eine Änderung der angefochtenen Verfügung ein bereits rechtskräftiger Bestätigungsbeschluß eine Änderung erleiden müßte, eine schon eingelegte Beschwerde wird gegenstandslos, sobald der Bestätigungsbeschluß rechtskräftig geworden ist (ebenso Schneider N. 1, a. M. Rausnitz N. 1 zu § 96, der denselben Erfolg schon mit Erlaß des Bestätigungsbeschlusses eintreten läßt); über den Eintritt der Rechtskraft siehe N. 1 zu § 97.

2. Die sofortige Beschwerde gegen Bestätigungsbeschlüsse unterliegt nach Satz 2 **einer Beschränkung hinsichtlich der Begründung.** Ausgeschlossen sind alle Einwendungen gegen den Inhalt der bestätigten Vereinbarung, materiellrechtliche Einwendungen oder das Vorbringen, daß die Auseinandersetzung nicht zweckmäßig erfolgt sei, weil zur Anbringung solcher Einwendungen das Auseinandersetzungsverfahren selbst Gelegenheit gibt. Für materiellrechtliche Einwendungen, die ja auch erst nach der Auseinandersetzung hervortreten können, ist nach erfolgter Bestätigung derselben nur noch der Klageweg offen; nur in dieser Form kann insbesondere die Nichtigkeit der Vereinbarung wegen Verstoßes gegen die guten Sitten oder gegen ein gesetzliches Verbot (§§ 134, 138 BGB.) oder die Anfechtung wegen Irrtums 2c. geltend gemacht werden. Die Beschwerde kann nur auf Nichtbeobachtung der Vorschriften über das Verfahren — Nichtanwendung oder unrichtige Anwendung — gestützt werden. Das Erfordernis des § 20 Abs. 1 der Beeinträchtigung des Rechts des Beschwerdeführers durch den Bestätigungsbeschluß bleibt aber bestehen, es kann also nicht schlechthin jeder Mangel des Verfahrens, sondern nur ein Verstoß, der den Beschwerdeführer berührt und beeinträchtigt, von ihm gerügt werden.

In Betracht kommen insbesondere die Vorschriften des § 90 Abs. 1 über die Ladungsfrist, der §§ 89, 91 über die Zustellungen, des § 91 Abs. 3 und § 93 Abs. 2 über die Versäumnisfolgen; aber auch ein Verstoß gegen das Gesetz durch Einleitung des Auseinandersetzungsverfahrens überhaupt, die Fortsetzung des Verfahrens, obwohl dasselbe nach § 95 auszusetzen gewesen wäre (BayObLG. **4** 500, ZBl. **4** 265), endlich die Verletzung allgemeiner Verfahrensvorschriften, z. B. über die Zuständigkeit, über die Vertretung Beteiligter, können die Beschwerde begründen; ebenso kann der Mangel der Genehmigung des Vormundschaftsgerichts zu Erkärungen eines Beteiligten Gegenstand der Beschwerde sein (Boschan, Nachlaßwesen II 829).

Die Nichtbeachtung der Vorschriften des § 87 über den Inhalt des Antrages auf Auseinandersetzung begründet dagegen die Beschwerde nicht.

3. Beschwerdeberechtigt sind nicht nur Personen, die am Verfahren teilgenommen haben, sondern auch Dritte, sämtliche aber nur, wenn für sie die Voraussetzungen des § 20 Abs. 1 gegeben sind, so besonders, wenn sie behaupten, zu dem Verfahren mit Unrecht nicht zugezogen worden zu sein (Rausnitz in ZZP. **25** 186, Boschan, a. a. O. 329); zu einer Beschränkung der Beschwerdeberechtigung auf Beteiligte besteht kein gesetzlich begründeter Anlaß.

Die Beschwerdefrist läuft für jeden Beschwerdeberechtigten besonders. Die Aufhebung des Bestätigungsbeschlusses auf die Beschwerde eines Beteiligten hin wirkt aber für und gegen alle Beteiligten, auch wenn sie die Beschwerde nicht eingelegt haben. Der Bestätigungsbeschluß kann als einheitlicher Akt nicht teilweise, sondern nur im ganzen Umfange aufgehoben werden.

4. Für die Beantwortung der Frage, ob nach Aufhebung des Bestätigungsbeschlusses die Auseinandersetzung nochmal ganz oder teilweise durchzuführen ist, kommt es auf den Mangel, der zur Aufhebung geführt hat, an. Dasselbe gilt für die Frage, ob die Beteiligten an die getroffenen Vereinbarungen gebunden bleiben. Ist der Mangel ein solcher, auf dem das ganze Verfahren beruht, wie die Unterlassung der Zuziehung eines Beteiligten, mangelnde Vertretung eines Beteiligten, so wird das frühere Verfahren vollständig gegenstandslos und muß das ganze Verfahren nochmal durchgeführt werden; handelt es sich dagegen um einen Mangel, dessen Beseitigung das übrige Verfahren nicht berührt, wie die mangelnde Genehmigung des Vormundschaftsgerichts, so ist das Verfahren nur so weit zu wiederholen, als es zur Beseitigung des Mangels erforderlich ist.

5. § 96 gilt auch im Verfahren von Amts wegen (Art. 7 NachlG.).

§ 97.

Eine vorgängige Vereinbarung, sowie eine Auseinandersetzung ist nach dem Eintritte der Rechtskraft des Bestätigungsbeschlusses für alle

Beteiligten in gleicher Weise verbindlich wie eine vertragsmäßige Vereinbarung oder Auseinandersetzung.

Bedarf ein Beteiligter zur Vereinbarung oder zur Auseinandersetzung der Genehmigung des Vormundschaftsgerichts, so ist, wenn er im Inlande keinen Vormund, Pfleger oder Beistand hat, für die Erteilung oder die Verweigerung an Stelle des Vormundschaftsgerichts das Nachlaßgericht zuständig.

Wirkung der bestätigten Vereinbarung und Auseinandersetzung; vormundschaftsgerichtliche Genehmigung.

1. Die Rechtskraft des Bestätigungsbeschlusses **tritt ein,** wenn entweder die dagegen eingelegten Rechtsmittel (§ 96) rechtskräftig zurückgewiesen sind oder wenn die Frist für die sofortige Beschwerde für alle Beteiligten, die zu dem Verfahren zugezogen waren, verstrichen ist, ohne daß ein Rechtsmittel eingelegt wurde.

2. Rechtliche Bedeutung des Bestätigungsbeschlusses: Die vorgängige Vereinbarung sowie die Auseinandersetzung sind Rechtsgeschäfte; daraus folgt, daß sie den allgemeinen Nichtigkeits- und Anfechtungsgründen des Gesetzes (siehe die §§ 105, 125, 134, 138, 119, 123 BGB.) unterliegen; N. 3b.

Die Bestätigung ist kein rechtsgeschäftlicher, sondern ein obrigkeitlicher Akt, der den rechtsgeschäftlichen Abmachungen der Beteiligten bestimmte Wirkungen verleiht; der Bestätigungsbeschluß hat die Bedeutung einer Bescheinigung, daß in dem Vermittelungsverfahren die formellen Verfahrensvorschriften beobachtet sind (Boschan, Nachlaßsachen II 327) und daß deshalb die vom Gesetz an die Einhaltung dieser Vorschriften geknüpften rechtlichen Wirkungen eintreten.

a) Ist die Vereinbarung oder Auseinandersetzung unter tatsächlicher (nicht bloß fingierter) Zustimmung aller Beteiligten zu stande gekommen, so ist sie sofort nach Abschluß für alle Beteiligten rechtsverbindlich, sie bleibt dies auch, wenn aus irgend einem formalen Grunde die Bestätigung versagt wird; erfolgt die Bestätigung, so hat sie nur deklaratorische Bedeutung und die weitere Folge, daß aus der Vereinbarung oder der Auseinandersetzung unmittelbar vollstreckt werden kann (§ 98), sobald die Bestätigung rechtskräftig geworden ist.

b) Ist in dem Verfahren die Zustimmung einzelner Beteiligter, die zu dem Verfahren zugezogen wurden, aber zu den Terminen nicht erschienen sind und an den Verhandlungen nicht teilgenommen haben, nach Maßgabe der § 91 Abs. 3, § 93 Abs. 2 im Versäumniswege ergänzt, so liegt noch keine vertragsmäßige Einigung vor; in diesem Falle verleiht erst die rechtskräftige Bestätigung der Vereinbarung oder Auseinandersetzung die Rechtsverbindlichkeit zugleich mit der Vollstreckbarkeit. Die Beteiligten sind hier an die getroffenen Vereinbarungen nur unter der Bedingung der Bestätigung gebunden; kann diese nicht erfolgen, weil ein Säumiger Anberaumung eines neuen Termines beantragt hat und in dem Termine erschienen ist und nun neuerdings über die Auseinandersetzung verhandelt werden muß, so erlischt ihre Gebundenheit, sobald der jetzt Erschienene neue Vorschläge macht (RJA. **7** 170).

Wegen Verzichts auf die Bestätigung siehe N. 14 zu § 91.

3. Die Rechtsverbindlichkeit, die infolge der rechtskräftigen Bestätigung eintritt, ist die nämliche wie die jeder bloß vertragsmäßigen Vereinbarung oder Auseinandersetzung. Daraus ergibt sich, daß die bestätigte Vereinbarung oder Auseinandersetzung **nicht** eine der **materiellen Rechtskraft** gleichkommende Wirksamkeit erlangt; im einzelnen:

a) Die Beteiligten sind auch an die bestätigte Vereinbarung oder Auseinandersetzung nicht dauernd gebunden, sondern jederzeit in der Lage, sie durch vertragsmäßige Vereinbarung zu ändern oder aufzuheben (BayObLG. **5** 472). Die Wiederherstellung der Erbengemeinschaft ist jedoch zivilrechtlich ausgeschlossen; möglich ist nur, den ehemaligen Teilungsgenossen durch Schaffung eines Gemeinschaftlichkeitsverhältnisses (Gesellschaft) wiederum Rechte an den ehemaligen Nachlaßgegenständen einzuräumen; bei Grundstücken bedarf es hiezu der Auflassung (RheinNotZ. **02** 178, ZBl. **3** 253).

b) Die bestätigte Vereinbarung oder Auseinandersetzung ist aus denselben Gründen nichtig und anfechtbar, wie jeder Vertrag, wenn den getroffenen Vereinbarungen ein Nichtigkeits- oder Anfechtungsgrund anhaftet; zur Geltendmachung steht der Rechtsweg offen, der Aufhebung der Vereinbarungen steht die Rechtskraft des Bestätigungsbeschlusses nicht im Wege. Die Nichtigkeit der Vereinbarungen wegen Geschäftsunfähigkeit eines Beteiligten, wegen Verstoßes gegen das Gesetz oder die guten Sitten wird durch die Bestätigung nicht geheilt; dasselbe gilt von Formmängeln der Beurkundung, der Nichtbeachtung von zwingenden Vorschriften der §§ 168 ff. FGG.; durch die Bestätigung wird der Mangel der Genehmigung des Vormundschaftsgerichts zu Rechtshandlungen eines gesetzlichen Vertreters (siehe auch N. 5) oder die etwa erforderliche Genehmigung der Aufsichtsbehörde einer beteiligten juristischen Person nicht ersetzt. Die Anfechtung wegen Betrugs, Irrtums oder Zwanges steht offen; zur Anfechtung und Aufhebung wegen Irrtums kann insbesondere auch die nachträgliche Auffindung von Nachlaßgegenständen, sei es, daß ihr Vorhandensein oder ihre Eigenschaft als Nachlaßgegenstände nicht bekannt war, führen (ZBl. **4** 636).

c) Die rechtskräftig bestätigte Vereinbarung oder Auseinandersetzung wirkt nicht gegenüber Erbbeteiligten, die zu dem Verfahren nicht zugezogen waren. Ein bei der Auseinandersetzung nicht Berücksichtigter kann im Prozeßweg (§ 2018 BGB.) neue Teilung unter Berücksichtigung seines Anteilrechtes verlangen; wegen seines Beschwerderechts gegen den Bestätigungsbeschluß siehe N. 3 zu § 97.

4. Ist die Auseinandersetzung aus einem der in N. 3 aufgeführten Gründe **unwirksam,** so kann — gleichviel, ob die Unwirksamkeit von allen Beteiligten anerkannt wurde oder die Aufhebung im Prozeßwege ausgesprochen worden ist — neuerdings die amtliche Vermittelung der Teilung nach Maßgabe der §§ 86 ff. nachgesucht werden. Dies gilt insbesondere, wenn ein Beteiligter nicht zugezogen war (Josef in ZBl. **4** 242) oder wenn noch ungeteilte Nachlaßgegenstände vorhanden sind und zwar solcher Art oder Menge, daß der Nachlaß als solcher als ungeteilt anzusehen ist, während das Auffinden vereinzelter Sachen, die zum Nachlaß gehörten, nicht zur Wiederholung des Nachlaßverfahrens, sondern nur zu einer Teilung nach §§ 752 ff. BGB. führen kann (ZBl. **3** 543, Recht **05** 681, Josef in DNotV. **4** 121).

5. Die Bestätigung darf, wenn ein im Teilungsverfahren vorgenommenes Rechtsgeschäft der **Genehmigung des Vormundschaftsgerichts** bedarf (vergl. §§ 1643, 1821, 1822 Nr. 2 BGB.), erst erfolgen, nachdem die Genehmigung erteilt worden ist; abzuwarten, bis die Genehmigung nach Maßgabe der Vorschrift des § 1829 Abs. 1 Satz 2 BGB. durch Mitteilung derselben an den Vertragsgegner diesem gegenüber wirksam geworden ist, besteht dagegen kein rechtlich begründeter Anlaß (Dorner N. 1a zu § 97, a. M. Haberstumpf-Barthelmeß S. 111). Das Nachlaßgericht hat den

Vertreter zur Beibringung der Genehmigung zu veranlassen oder die Genehmigung vom Vormundschaftsgericht selbst zu erholen (§§ 119 NachlO.). Das Nachlaßgericht kann nach § 88 selbst zur Erteilung der Genehmigung zuständig sein; einen weiteren Fall seiner Zuständigkeit sieht § 97 Abs. 2 vor; siehe N. 6.

6. Nach **Abs. 2** ist das **Nachlaßgericht** unter folgenden Voraussetzungen zu der sonst dem Vormundschaftsgericht zukommenden Erteilung oder Verweigerung der **Genehmigung berufen:**

a) Für einen Beteiligten muß ein gesetzlicher Vertreter im Verfahren aufgetreten sein, der nicht von einem inländischen Vormundschaftsgericht bestellt ist oder der Aufsicht eines solchen unterliegt; es ist gleichgiltig, ob der Beteiligte Deutscher oder Ausländer ist, (ZBl. **2** 14, Recht **01** 358); der gesetzliche Vertreter kann auch ein Elternteil sein (Dorner N. 5 zu § 97).

b) Die Zuständigkeit eines inländischen Vormundschaftsgerichts zur Bestellung eines Vormunds, Pflegers oder Beistands darf nicht gegeben sein (ZBl. **3** 127).

c) Die Erklärungen des gesetzlichen Vertreters müssen nach dem inländischen Rechte der Genehmigung des Vormundschaftsgerichts bedürfen.

Abs. 2 trifft dagegen nicht zu, wenn ein Beteiligter keinen gesetzlichen Vertreter hat, obwohl er nach dem Rechte, dem er untersteht, eines solchen bedarf; in diesen Fällen muß vor Durchführung des Verfahrens ein Vertreter, eventuell nach § 88 FGG. oder § 1911 BGB., bestellt werden. Er trifft ferner nicht zu, wenn der vom inländischen Vormundschaftsgericht bestellte Vormund sich im Ausland befindet.

7. Die sachliche Zuständigkeit des Nachlaßgerichts nach § 97 Abs. 2 ist nur gegeben innerhalb eines vor ihm oder dem Notar anhängigen Auseinandersetzungsverfahrens nach §§ 86 ff. FGG. oder Art. 4 ff. NachlG., dagegen nicht, wenn der Notar lediglich einen Teilungsvertrag, eine private Auseinandersetzung der Beteiligten beurkundet (ZBl. **3** 127, OLG. **5** 288).

8. Aufgabe des zur Genehmigung berufenen Nachlaßgerichts ist auch **die sachliche Prüfung** der getroffenen Vereinbarungen vom Standpunkte des Interesses des Beteiligten aus, für den die Genehmigung erforderlich ist. Für die Erteilung der Genehmigung gelten auch ohne ausdrückliche Vorschrift die nämlichen Bestimmungen wie für die vom Vormundschaftsgericht zu erteilende; die Genehmigung muß nach §§ 1828, 1643 Abs. 3, § 1690 Abs. 1 Satz 3 BGB. dem gesetzlichen Vertreter gegenüber erfolgen; sie muß, um dem anderen Teile gegenüber wirksam zu werden, diesem nach Maßgabe des § 1829 mitgeteilt werden.

Die Entscheidung des Nachlaßgerichts über die Erteilung oder Verweigerung der Genehmigung ist, vorbehaltlich der Beschwerde nach den §§ 19 ff., eine endgiltige; eine etwaige gegenteilige Entscheidung der zuständigen ausländischen Behörde ist für die Wirksamkeit der Vereinbarungen und der Bestätigung ohne Einfluß.

9. Zuständig für die Erteilung der Genehmigung nach Maßgabe des § 97 Abs. 2 ist **ausschließlich** das Nachlaßgericht und zwar auch dann, wenn die Vermittelung der Auseinandersetzung durch den Notar erfolgt; diesem fehlt die Zuständigkeit (§ 121 Abs. 2 NachlO.).

10. Über die Verpflichtung des Notars, nach durchgeführtem Verfahren oder, nachdem das Vermittelungsverfahren eingestellt oder für beruhend erklärt oder der Antrag auf Vermittelung zurückgenommen worden ist, die bei ihm über die Vermittelung erwachsenen Akten an das Nachlaßgericht zu übersenden, siehe § 123 Abs. 1, § 131 Abs. 2 NachlO., § 257b Abs. 2—4 der GeschAnw. f. d. Not.

11. § 97 gilt auch im Verfahren von Amts wegen (Art. 7 NachlG.).

§ 98.

Aus einer vorgängigen Vereinbarung sowie aus einer Auseinandersetzung findet nach dem Eintritt der Rechtskraft des Bestätigungsbeschlusses die Zwangsvollstreckung statt. Die Vorschriften der §§ 795, 797 der Zivilprozeßordnung finden Anwendung.

Zwangsvollstreckung.

1. Die rechtskräftig bestätigte vorgängige Vereinbarung und die rechtskräftig bestätigte Auseinandersetzung sind vollstreckbare Schuldtitel der in diesen Urkunden von den Beteiligten übernommenen obligatorischen Verpflichtungen, so z. B. zur Herausgabe einer Sache zum Zweck der Versilberung, einer Sache, die einem anderen Beteiligten zugewiesen ist, oder zur Zahlung eines Barbetrages zur Ausgleichung. Es ist nicht erforderlich, daß sich die Beteiligten in der Urkunde der Zwangsvollstreckung unterworfen haben.

Zur Erleichterung der Vollstreckung ist es angebracht, die Verpflichtungen der einzelnen Beteiligten in den Urkunden möglichst genau zu formulieren.

2. Auf die Vollstreckung finden nach ausdrücklicher Vorschrift des § 98 die Vorschriften der §§ 724—793 ZPO., soweit nicht in den §§ 796—800 abweichende Vorschriften enthalten sind (§ 795), ferner die des § 797 Anwendung; außerdem gelten aber auch die Vorschriften der §§ 803 ff. ZPO. für die Ausführung der Vollstreckung, soweit sie nicht ausdrücklich, wie die §§ 894 ff. ein Urteil voraussetzen; ein in der Reichstagskommission gestellter Antrag, auf Bestätigungsbeschlüsse den § 894 Anwendung finden zu lassen, wurde — allerdings mit unrichtiger Begründung, siehe unten N. 11 — abgelehnt.

Gehört eine Erbschaft zum eingebrachten Gut einer Frau, so bedarf es zur Zwangsvollstreckung gegen dieselbe auch der Verurteilung des Mannes zur Duldung der Zwangsvollstreckung in das eingebrachte Gut der Frau (§ 739 ZPO.); zur Vermeidung der besonderen Klagestellung kann jedoch der Mann die Bewilligung der Vollstreckung in der Urkunde über die Vereinbarung oder die Auseinandersetzung erklären.

3. Voraussetzung der Vollstreckbarkeit ist die Rechtskraft des Bestätigungsbeschlusses; siehe über Rechtskraft N. 1 zu § 97.

Die Ausführung der bestätigten Vereinbarung und der Auseinandersetzung, sohin die Zwangsvollstreckung, ist Sache der Beteiligten (N. 1 zu 86); das Vollstreckungsrecht hat jeder Beteiligte nur, soweit er einen Anspruch besitzt, also nicht zu Gunsten anderer Beteiligter. Jede Tätigkeit des Nachlaßgerichts zum Vollzug einer Vereinbarung oder Auseinandersetzung ist ausgeschlossen.

4. Die Zwangsvollstreckung erfolgt auf Grund einer **vollstreckbaren Ausfertigung** der bestätigten Urkunde (§ 724 ZPO.).

Zuständig zur Erteilung derselben ist,

wenn die vorgängige Vereinbarung oder die Auseinandersetzung von dem Nachlaßgericht beurkundet ist, der Gerichtsschreiber dieses Gerichts (§ 797 Abs. 1 ZPO.),

wenn die Beurkundung durch einen Notar erfolgte, solange sich die Akten bei dem Notar befinden, der Notar, nach der Abgabe der Akten an das Gericht (siehe N. 10 zu § 97) das Nachlaßgericht, also der Richter, nicht der Gerichtsschreiber (§ 797 Abs. 2 ZPO.; § 124 Abs. 1 und 2 NachlO.).

Hat ein anderes Gericht als das Nachlaßgericht im Wege der Rechtshilfe die Erklärung eines der Beteiligten beurkundet, so ist dieses Gericht beziehungsweise dessen Gerichtsschreiber zur Erteilung der vollstreckbaren Ausfertigung nicht zuständig.

Wegen Form und Inhalt der Vollstreckungsklausel siehe § 725, 750 ZPO.

Auszufertigen sind außer dem Bestätigungsbeschluß diejenigen Urkunden, welche die Abmachungen unter den Beteiligten, die der Vollstreckung bedürfen, enthalten, wenn diese in verschiedenen Urkunden enthalten sind, die sämtlichen Urkunden; nicht erforderlich ist die Mitausfertigung von Urkunden, welche lediglich die Zustimmung einzelner Beteiligter zu den in anderen Urkunden niedergelegten Abmachungen enthalten, oder aus denen sich lediglich ergibt, daß die Zustimmung einzelner Beteiligter als erteilt anzusehen ist; denn die Einigung aller Beteiligten beweist der Bestätigungsbeschluß, eine Nachprüfung in der Vollstreckungsinstanz findet nicht statt (ebenso Rausnitz N. 2 zu § 98, a. M. SchadNachlG. S. 175, N. 6a zu § 98 FGG. nach Fuchs S. 278, Birkenbihl S. 324). Eine teilweise (auszugsweise) Ausfertigung, weil ein Beteiligter zur Vollstreckung der ihm zustehenden Ansprüche nicht der ganzen Urkunde bedarf, findet nicht statt.

Für die Erteilung von einfachen Ausfertigungen und Abschriften gelten, auch wenn es sich um vom Notar aufgenommene Urkunden handelt, soferne sich die Akten in Verwahrung des Gerichts befinden, die allgemeinen Vorschriften (§ 34 und die Noten daselbst).

Die Erteilung einer Ausfertigung ist auf dem Aktenstücke, das die Bestätigung enthält, zu vermerken; bei der Erteilung einer vollstreckbaren Ausfertigung ist zu vermerken, daß die Ausfertigung als vollstreckbare erteilt ist, für welchen Beteiligten und zu welcher Zeit sie erteilt ist (§ 124 Abs. 3 und 4 NachlO.).

Die Erteilung weiterer vollstreckbarer Ausfertigungen (§ 733 ZPO.) sowie die Erteilung einer vollstreckbaren Ausfertigung in den Fällen der § 726 Abs. 1, §§ 727, 729 ZPO. darf, soferne zur Erteilung der Gerichtsschreiber zuständig ist, nur auf Anordnung des Richters erfolgen (§ 730 ZPO.).

5. Die Entscheidung über Einwendungen, welche die Zulässigkeit der Vollstreckungsklausel betreffen (§ 732), erfolgt, wenn das Nachlaßgericht die Urkunde aufgenommen hat, durch das Nachlaßgericht, wenn der Notar die Urkunde aufgenommen hat, durch das Amtsgericht, in dessen Bezirk der Notar seinen Amtssitz hat, nicht durch das Nachlaßgericht (dies ist, wenn das hienach zuständige Gericht auch das nämliche ist, wie das Nachlaßgericht, bei Gerichten mit mehreren Abteilungen für die Geschäftsverteilung von Bedeutung); das nämliche gilt für die Entscheidung über Erteilung einer weiteren vollstreckbaren Ausfertigung (§ 733) — § 797 Abs. 3.

Für Klagen auf Erteilung der Vollstreckungsklausel, sowie für Klagen, durch welche die den Anspruch selbst betreffenden Einwendungen geltend gemacht werden oder der bei der Erteilung der Vollstreckungsklausel als bewiesen angenommene Eintritt der Voraussetzung für die Erteilung der Vollstreckungsklausel bestritten wird (§§ 767, 768), ist das Gericht, bei welchem der Schuldner im deutschen Reich seinen allgemeinen Gerichtsstand hat, und in Ermangelung eines solchen das Gericht zuständig, bei welchem in Gemäßheit des § 23 ZPO. gegen den Schuldner Klage erhoben werden kann — § 797 Abs. 5.

Für Einwendungen, welche den Anspruch selbst betreffen, gilt hinsichtlich ihrer Entstehung keine zeitliche Schranke — § 797 Abs. 4.

6. Eines Vollzuges der Auseinandersetzung, also einer Zwangsvollstreckung bedarf es dann nicht mehr, wenn die in der Urkunde niedergelegte Willenserklärung schon den gewollten rechtlichen Erfolg herbeiführt; die betreffende Rechtswirkung tritt mit der Rechtskraft der Bestätigung ein. So genügt zur **Übertragung einer Forderung** oder eines Teiles einer solchen die Erklärung der Übertragung (§ 398 BGB.).

7. Gehört zum Nachlasse eine Hypothek, Grundschuld oder Rentenschuld, die nach dem Plane auf einen Erben übergehen soll, so kann zum Vollzuge der Auseinandersetzung die Eintragungsbewilligung sofort vor dem Nachlaßgericht erklärt werden; die Eintragungsbewilligung der nicht erschienenen Beteiligten wird durch die rechtskräftige Bestätigung ersetzt; denn sie ist ein Teil der rechtsgeschäftlichen Erklärung über die Auseinandersetzung, auf die sich also die Vorschrift des § 91 Abs. 3 erstreckt. Dagegen ersetzt die Bestätigung nicht die von keiner Seite erklärte Eintragungsbewilligung.

8. Das Zeugnis nach § 37 GBO. (zu dessen Ausstellung in Bayern nach Art. 9 NachlG. auch der Notar zuständig ist, wenn das Nachlaßgericht einen Erbschein über das Erbrecht sämtlicher Erben ausgestellt hat) darf erst nach Eintritt der Rechtskraft des Bestätigungsbeschlusses erteilt werden.

9. Ist eine zum Nachlaß gehörige Hypothek, Grundschuld oder Rentenschuld unter die Erben verteilt und ist die Zustimmung hiezu nicht von allen Beteiligten ausdrücklich erklärt, sondern teilweise nach Maßgabe der § 91 Abs. 3, 93 Abs. 2 als erklärt anzusehen, so kann ein Teilhypothekenbrief, -Grundschuldbrief, -Rentenschuldbrief ebenfalls erst nach eingetretener Rechtskraft des Bestätigungsbeschlusses erteilt werden (§ 1152 BGB., §§ 61, 70 GBO.).

10. Gehört zum Nachlaß ein Grundstück oder Erbbaurecht, so ist außer den Erklärungen in dem Auseinandersetzungsvertrag über die Zuteilung an einen oder einige Beteiligte auch noch die Auflassung erforderlich.

In Bayern kann die Auflassung hinsichtlich in Bayern gelegener Grundstücke, da einmal die Vermittelung der Auseinandersetzung, wenn Grundstücke zum Nachlasse gehören, dem Notar überwiesen werden soll, (Art. 6 Abs. 1 NachlG.), da ferner der Notar zur Entgegennahme der Auflassungserklärung zuständig ist (Art. 84 AG. z. BGB.), bei Gelegenheit der Auseinandersetzung erklärt und in die Urkunde über diese aufgenommen werden. Es ist dazu nicht erforderlich, daß alle Beteiligten vor dem Notar gleichzeitig erschienen sind; die Versäumnisfolgen des § 91 Abs. 3, § 93 Abs. 2 erstrecken sich auf die Auflassungserklärung (BayObLG. **5** 1, ZBl. **4** 844, woselbst die gegenteilige Anschauung in der Literatur — siehe die Zitate dortselbst — eingehend widerlegt ist, Franz in DNotV. **6** 177; siehe hiezu auch Schad 60, 179). Die Frage, ob in Bayern, soweit das Grundbuch noch nicht als angelegt anzusehen ist, Grundstücke auf dem Wege des Versäumnisverfahrens Gegenstand der Teilung unter den Miterben sein können, bejaht mit eingehender Begründung Haberstumpf-Barthelmeß 72; vergl. auch Schad 66.

Ist die Auflassung nicht in die Urkunde über die Auseinandersetzung aufgenommen und ist auch nachher das gleichzeitige Erscheinen aller Beteiligten zur Abgabe der Auflassungserklärung vor dem Notar oder dem Grundbuchamt nicht zu erreichen, so ersetzt nicht etwa die Bezugnahme auf die bestätigte Auseinandersetzung die Erklärung der Nichterschienenen (wie Schad a. a. O. irrtümlich annimmt); es muß vielmehr die Zwangsvollstreckung nach Maßgabe des § 887 ZPO. durchgeführt werden (RG. **55** 59); unanwendbar ist § 894 ZPO., dessen Fiktion nur auf Grund Urteils eintritt (siehe auch oben N. 1).

12. § 98 gilt auch im Verfahren von Amts wegen (Art. 7 NachlG.).

§ 99.

Nach Beendigung einer ehelichen Gütergemeinschaft oder einer fortgesetzten Gütergemeinschaft finden auf die Auseinandersetzung in Ansehung des Gesamtguts die Vorschriften der §§ 86 bis 98 entsprechende Anwendung.

Für die Auseinandersetzung ist, falls ein Anteil an dem Gesamtgute zu einem Nachlasse gehört, das Amtsgericht zuständig, welches für die Auseinandersetzung in Ansehung des Nachlasses zuständig ist. Im Übrigen ist das Amtsgericht zuständig, in dessen Bezirk der Ehemann oder bei fortgesetzter Gütergemeinschaft der überlebende Ehegatte zur Zeit der Beendigung der Gütergemeinschaft seinen Wohnsitz oder in Ermangelung eines inländischen Wohnsitzes seinen Aufenthalt hatte. Hatte der Ehemann oder Ehegatte zu der bezeichneten Zeit im Inlande weder Wohnsitz noch Aufenthalt, so finden die Vorschriften des § 73 Abs. 2 entsprechende Anwendung.

Auseinandersetzung einer Gütergemeinschaft.

1. Die amtliche Vermittelung der Auseinandersetzung nach Maßgabe der Vorschriften der §§ 86—98 (in Bayern ferner der §§ 126—130 NachlO.) ist **zulässig**

a) nach Reichsrecht im Falle der Beendigung einer ehelichen Gütergemeinschaft oder fortgesetzten Gütergemeinschaft in Ansehung des Gesamtguts,

b) in Bayern auch bei Beendigung der Verwaltung und Nutznießung des Mannes, die an Stelle einer Errungenschaft nach dem Bayerischen oder dem Mainzer Landrechte, nach dem Rechte von Ansbach, Nürnberg, Solms oder der Stadt Augsburg oder nach den domprobsteilich Bambergischen Observanzen getreten ist, auf andere Weise als durch Ehevertrag zur Ausgleichung des Ehegewinnes (Art. 24 Abs. 2, 83 Abs. 2 ÜG.).

Sonst findet § 99 auf die Auseinandersetzung bei Beendigung des gesetzlichen Güterstandes (§§ 1418—1422 BGB.), ferner bei Eintritt der Gütertrennung (§§ 1426 ff. BGB.) nicht Anwendung.

2. Sachlich zuständig ist nach Reichsrecht das Amtsgericht. In **Bayern** sind auf Grund des Vorbehalts des § 193 neben den Amtsgerichten die Notare für zuständig erklärt; es kann der Antrag auf Vermittelung der Auseinandersetzung bei dem Notar unmittelbar gestellt werden; es soll, wenn der Antrag bei dem Amtsgerichte gestellt ist, die Vermittelung nach Feststellung der Teilungsmasse einem Notar überwiesen werden, wenn ein Grundstück zum Gesamtgute gehört (Art. 8 Abs. 1—3 NachlG.); es ist die Vermittelung auch dann einem Notar zu überweisen, wenn ein Grundstück nicht zum Nachlasse gehört, sobald die sämtlichen Beteiligten es beantragen; der Antrag kann in jeder Lage des Verfahrens gestellt werden (§ 130 Abs. 1 Satz 3 NachlO.). Ob das Amtsgericht oder der Notar und welcher von den mehreren örtlich zuständigen Notaren (siehe N. 3) den Vorzug hat, bestimmt sich nach der ersten amtlichen Tätigkeit in der Sache (§ 4).

3. Für die **örtliche Zuständigkeit** gilt folgendes:

a) für die Zuständigkeit der Gerichte (§ 99 Abs. 2):

Maßgebend für die Zuständigkeit ist der Zeitpunkt, in dem die Gütergemeinschaft beendet wird, nicht derjenige, in dem der Antrag auf Vermittelung gestellt wird.

α) Gehört ein Anteil an dem Gesamtgut zu einem Nachlaß, so ist das Amtsgericht zuständig, welches für die Auseinandersetzung in Ansehung des Nachlasses zuständig ist; dies ist der Fall, wenn die eheliche Gütergemeinschaft durch den Tod eines Ehegatten endet und nicht fortgesetzte Gütergemeinschaft eintritt (§§ 1482, 1483, 1567 BGB.), ferner wenn die fortgesetzte Gütergemeinschaft durch den Tod oder die Todeserklärung des überlebenden Ehegatten beendet wird (§ 1499 BGB.).

β) In allen anderen Fällen kommt es auf die Verhältnisse des Ehemanns beziehungsweise des überlebenden Ehegatten an.

Maßgebend ist in erster Linie der Wohnsitz des Ehemannes oder des Ehegatten zur Zeit der Beendigung der Gemeinschaft, subsidiär, wenn sich ein Wohnsitz nicht ermitteln läßt, dessen Aufenthalt (vergl. N. 2 zu § 73) ohne Rücksicht auf die Stautsangehörigkeit.

Hatte der Ehemann oder Ehegatte zur Zeit der Beendigung der Gemeinschaft im Inlande weder Wohnsitz noch Aufenthalt und war er ein Deutscher, so ist der letzte inländische Wohnsitz maßgebend; ist auch ein solcher nicht zu ermitteln, so wird das zuständige Gericht, wenn der Ehemann oder Ehegatte zur Zeit der Beendigung der Gemeinschaft einem Bundesstaate angehörte, durch die Landesjustizverwaltung, andernfalls vom Reichskanzler bestimmt.

War der Ehemann oder Ehegatte ein Ausländer, so fehlt es vorbehaltlich Staatsverträgen an einem zuständigen Gerichte (Dorner N. 4 b, Rausnitz N. 4 zu § 99).

b) für die Zuständigkeit der Notare (Art. 8 Abs. 2 und 3 NachlG.):

Zuständig ist an sich nur ein Notar, der im Bezirk oder am Sitze des nach den Vorschriften des § 99 Abs. 2 zuständigen Gerichts aufgestellt ist; auf Grund Vereinbarung sämtlicher Beteiligter kann jedoch die Vermittelung bei jedem bayerischen Notar beantragt oder ihm überwiesen werden.

4. Die amtliche Vermittelung der Auseinandersetzung tritt **nur auf Antrag** ein, auch wenn die Aufhebung der Gemeinschaft durch Urteil ausgesprochen ist.

Antragsberechtigt ist

a) wenn eine eheliche Gütergemeinschaft durch Scheidung oder während bestehender Ehe endet, jeder der Ehegatten,

b) wenn eine eheliche Gütergemeinschaft durch den Tod oder die Todeserklärung eines Ehegatten endet, ohne daß eine Fortsetzung derselben stattfindet, der überlebende Ehegatte und die Erben des Verstorbenen,

c) wenn eine Errungenschaftsgemeinschaft durch Konkurs des Mannes endet, der Konkursverwalter und der andere Ehegatte,

d) wenn eine fortgesetzte Gütergemeinschaft bei Lebzeiten des überlebenden Ehegatten endet, der überlebende Ehegatte und die anteilsberechtigten Abkömmlinge, soweit sie nicht auf ihren Anteil am Gesamtgut verzichtet haben (§ 1491 BGB.), sofern ein anteilsberechtigter Abkömmling schon gestorben ist, an dessen Stelle die Abkömmlinge desselben, welche anteilsberechtigt sein würden, wenn er den verstorbenen Ehegatten nicht überlebt hätte, nicht seine Erben, auch nicht, wenn er Abkömmlinge nicht hinterlassen hat (§ 1490 mit § 1483 BGB.),

e) wenn eine fortgesetzte Gütergemeinschaft durch Tod oder Todeserklärung des überlebenden Ehegatten endet, dessen Erben und die Abkömmlinge wie unter d.

5. Über Beendigung der allgemeinen Gütergemeinschaft siehe §§ 1468 – 1470, der Errungenschaftsgemeinschaft §§ 1542—1544, der Fahrnisgemeinschaft §§ 1549, 1557, der fortgesetzten Gütergemeinschaft §§ 1492—1496 BGB. Die Auseinandersetzung erfolgt bei der allgemeinen Gütergemeinschaft nach den §§ 1474

—1481, bei der Errungenschaftsgemeinschaft nach § 1546, bei der Fahrnisgemeinschaft nach § 1549, bei der fortgesetzten Gütergemeinschaft nach den §§ 1497—1505 BGB.

6. **Gegenstand** des amtlichen Auseinandersetzungsverfahrens kann nur das Gesamtgut sein; die Regelung der sonstigen Güterverhältnisse der Beteiligten kann nicht gleichzeitig unter Anwendung der Vorschriften der §§ 86 ff. erfolgen.

7. Für das **Verfahren** gelten die Vorschriften der §§ 86—98 FGG., §§ 126—130 NachlO.; dies gilt auch für die Vermittelung der Ausgleichung des Ehegewinns nach Beendigung der Gemeinschaft des Zugewinstes (siehe oben N. 1b). Für das Verfahren vor dem Notar kommen weiter die Vorschriften der §§ 254 der GeschO. f. d. Not. in der Fassung vom 5. 7. 03 (JMBl. 338) in Betracht.

Sechster Abschnitt.

Schiffspfandrecht.

Vorbemerkung.

1. Die Vorschriften des 6. Abschnittes regeln das Verfahren bei Eintragungen in das Schiffsregister, haben also nur das Pfandrecht an registrierten Schiffen zum Gegenstand, das in den §§ 1259 bis 1271 BGB. besonders geregelt ist.

Die Vorschriften über die Registrierung von Schiffen enthält für Seeschiffe das G. betr. das Flaggenrecht der Kauffahrteischiffe vom 22. 6. 99 RGBl. 319 (§ 29 geändert durch G. vom 29. 5. 01 RGBl. 184), für Binnenschiffe das G. betr. die privatrechtlichen Verhältnisse der Binnenschiffahrt vom 15. 6. 95 (Neutextierung RGBl. **98** 868) §§ 119 bis 129. Für Bayern kommt lediglich die Registrierung von Binnenschiffen in Betracht.

Das BinnenSchG. macht die Eintragung von Schiffen von einer bestimmten Tragfähigkeit abhängig (§ 119), läßt jedoch den Landesregierungen die Befugnis, zu bestimmen, daß auch Schiffe von geringerer Tragfähigkeit einzutragen sind (§ 128); in Bayern ist hiezu das Justizministerium zuständig (VO. vom 24. 12. 99, § 30, JMBl. **00** 104). Das Schiffsregister wird bei dem zur Führung des Handelsregisters zuständigen Gerichte, also dem Amtsgerichte (§ 125 FGG.), geführt; die Landesregierungen sind befugt, die Führung des Registers für die Bezirke mehrerer Gerichte einem von diesen zu übertragen (§ 120); in Bayern ist hiezu das Justizministerium zuständig (§ 29 der VO. vom 24. 12. 99); von der Befugnis ist durch § 1 der JMBek. vom 24. 12. 99, JMBl. 1009, Gebrauch gemacht, wonach das Schiffsregister von den mit der Führung des Handelsregisters beauftragten Amtsgerichten geführt wird und jedes dieser Amtsgerichte das Schiffsregister für die Bezirke derjenigen Amtsgerichte führt, für welche es das Handelsregister führt; siehe hierüber N. 1 zu § 125.

2. Ausführungsvorschriften über die Führung des Schiffsregisters sind enthalten in der schon erwähnten JMBek. vom 24. 12. 1899 (JMBl. 1009, im folgenden zitiert „SchRBek.").

Das Schiffsregister wird nur angelegt, wenn registerpflichtige Schiffe ihren Heimatort im Registerbezirk haben. Auf die Führung des Schiffsregisters finden die Vorschriften über die Führung des Handelsregisters entsprechende Anwendung, soweit nicht ein anderes bestimmt ist. Die Eintragungen in das Schiffsregister werden nicht öffentlich bekannt gemacht (§§ 3–5 SchRBek). Über die Einteilung des Schiffsregisters und den Inhalt der einzelnen Spalten siehe §§ 5—11 SchRBek., über die Gebühren für Eintragungen Art. 63 ff. GebG.

§ 100.

In Ansehung eines Pfandrechts an einem im Schiffsregister eingetragenen Schiffe soll, soweit nicht das Gesetz ein Anderes vorschreibt, eine Eintragung nur auf Antrag erfolgen. Der Zeitpunkt, in welchem der Antrag bei der Registerbehörde eingeht, soll auf dem Antrage genau vermerkt werden.

Antragsberechtigt ist Jeder, dessen Recht von der Eintragung betroffen wird oder zu dessen Gunsten die Eintragung erfolgen soll. Die Vorschriften der §§ 14 bis 18 der Grundbuchordnung finden entsprechende Anwendung.

Eintragungsantrag.

1. Ein Pfandrecht an einem registrierten Schiffe kann entstehen durch Bestellung (§ 1260 BGB.) oder kraft Gesetzes (§§ 754 bis 777 HGB und §§ 102 bis 107 BSchG.); auf beide Fälle findet § 100 Anwendung. Was für das Pfandrecht an einem Schiffe gilt, findet auch auf das Pfandrecht an einer Schiffspart Anwendung (§ 774 HGB., § 1272 BGB.).

Regel ist Eintragung **nur auf Antrag**; über Eintragung auf Ersuchen einer Behörde siehe § 110. Ausnahmsweise sind Eintragungen von Amts wegen vorgeschrieben in § 100 Abs. 2 mit § 18 Abs. 2 GBO., §§ 116, 118, 119, auf Anweisung des Beschwerdegerichts in §§ 122, 123.

Da der Zeitpunkt des Einganges des Antrages bei der Registerbehörde regelmäßig für die Reihenfolge der Anträge (§ 114) und damit für das Rangverhältnis bestimmend ist (§ 1261 mit § 879 BGB.) muß die Zeit des Eingangs nicht nur dem Tage, sondern auch der Tageszeit nach (Stunde, nötigenfalls Minute) vermerkt werden.

2. Die **Antragsberechtigung** kann sich aus dem Register ergeben, muß dies aber nicht; als berechtigt kann auch derjenige in Betracht kommen, welcher eine Forderung, zu Gunsten deren ein Pfandrecht besteht, erworben hat, oder dem sie verpfändet ist, oder der nachstehende Berechtigte, wenn ein vorstehendes Recht gelöscht werden soll. Von der Eintragung betroffen ist überhaupt jeder, dessen Rechtslage nach dem Inhalte der Eintragung eine Änderung erleidet und zwar in dem Sinn, daß er etwas von seinem Rechte verliert (der Passivbeteiligte); zu Gunsten einer Person erfolgt eine Eintragung dann, wenn nach der Eintragung die Rechtslage derselben eine günstigere ist.

Besondere Vorschriften über die Antragsberechtigung und den Vollzug von Anträgen, welche auf das Schiffsregister entsprechend Anwendung finden, enthält die Grundbuchordnung:

§ 14. Die Berichtigung des Grundbuchs (Schiffsregisters) durch Eintragung eines Berechtigten darf auch von demjenigen beantragt werden, welcher auf Grund eines gegen den Berechtigten vollstreckbaren Titels eine Eintragung in das Grundbuch (Schiffsregister) verlangen kann, sofern die Zulässigkeit dieser Eintragung von der vorgängigen Berichtigung des Grundbuchs (Schiffsregisters) abhängt.

Vergl. hiezu § 1263 mit §§ 894, 895 BGB. Berechtigter im Sinne der Vorschrift ist der tatsächliche Eigentümer oder Gläubiger, welcher als solcher noch nicht eingetragen ist. Erforderlich ist ein Vollstreckungstitel, welcher ein Recht auf eine Eintragung gewährt; bedarf der Kläger zur Ermöglichung der Eintragung weiterer Urkunden, so sind die §§ 792, 796 ZPO. zu beachten.

§ 15. Ist die zu einer Eintragung erforderliche Erklärung von einem Notar beurkundet oder beglaubigt, so gilt dieser als ermächtigt, im Namen eines Antragsberechtigten die Eintragung zu beantragen.

Vergl. Note zu § 129.

§ 16. Einem Eintragungsantrage, dessen Erledigung an einen Vorbehalt geknüpft wird, soll nicht stattgegeben werden.

Werden mehrere Eintragungen beantragt, so kann von dem Antragsteller bestimmt werden, daß die eine Eintragung nicht ohne die andere erfolgen soll.

Der Vorbehalt darf sich nur auf die Erledigung des Antrags, nicht auf das einzutragende Recht beziehen.

§ 17. Werden mehrere Eintragungen beantragt, durch die dasselbe Recht betroffen wird, so darf die später beantragte Eintragung nicht vor der Erledigung des früher gestellten Antrages erfolgen.

Vergl. § 114 und GBO. § 18 Abs. 2.

§ 18. Steht einer beantragten Eintragung ein Hindernis entgegen, so hat das Grundbuchamt (die Registerbehörde) entweder den Antrag unter Angabe der Gründe zurückzuweisen oder dem Antragsteller eine angemessene Frist zur Hebung des Hindernisses zu bestimmen. Im letzteren Falle ist der Antrag nach dem Ablaufe der Frist zurückzuweisen, wenn nicht inzwischen die Hebung des Hindernisses nachgewiesen ist.

Wird vor der Erledigung des Antrags eine andere Eintragung beantragt, durch die dasselbe Recht betroffen wird, so ist zu Gunsten des früher gestellten Antrags von Amts wegen eine Vormerkung oder ein Widerspruch einzutragen; die Eintragung gilt im Sinne des § 17 als Erledigung dieses Antrags. Die Vormerkung oder der Widerspruch wird von Amts wegen gelöscht, wenn der früher gestellte Antrag zurückgewiesen wird.

Gegen eine auf Grund § 100 mit § 18 GBO. erlassene Zwischenverfügung hat der Antragsteller das Recht der Beschwerde, wenn er die erhobenen Bedenken für unbegründet hält (KGJ. **20** A 125). Die Setzung einer Frist kann vom Registerrichter und vom Beschwerdegericht abgeändert werden, auch wenn die ursprüngliche Frist verstrichen ist (KGJ. **20** A 275). Beschwerde kann auch, wenn statt Setzung einer Frist eine Eintragung sofort abgelehnt wurde, mit der Begründung erhoben werden, daß ein zu beseitigendes Hindernis vorgelegen wäre (KGJ. **24** A 83).

§ 101.

Eine Eintragung erfolgt, wenn derjenige sie bewilligt, dessen Recht von ihr betroffen wird.

Eintragungsbewilligung.

1. Vergl. § 19 GBO. Über die formellen Voraussetzungen der Eintragung siehe § 111 Abs. 1, über den Inhalt derselben § 113 und § 1260 Abs. 2 BGB.

Materielle Voraussetzung der Eintragung ist die Einwilligung desjenigen, dessen Recht von ihr betroffen wird (vergl. hierüber Note 2 zu § 100), bei mehreren Betroffenen sämtlicher; über den Inhalt der Einwilligungserklärung siehe § 106, über deren Form § 107. Die tatsächliche Einwilligung wird ersetzt durch ein Urteil auf Einwilligung (§§ 894, 895 ZPO.).

2. Die Legitimation zur Eintragungsbewilligung hat die Registerbehörde zu prüfen. Derjenige, dessen Recht von einer Eintragung betroffen wird, ist lediglich der durch die Eintragung von seinen Rechten verlierende Teil, der sog. Passivbeteiligte (KGJ. **23** A 115). Legitimiert ist insbesondere der Eigentümer des Schiffs, der Inhaber eines Rechts, an welchem ein Recht eingetragen werden soll

(§§ 1068, 1273 BGB.), wenn es sich um Berichtigung des Registers handelt, der als berechtigt Eingetragene (§ 1263 mit § 894 ff. BGB.); vergl. auch §§ 105, 111 Abs. 1).

Die Eintragungsbewilligung ist entbehrlich in den Fällen der §§ 102 bis 104, nicht genügend im Falle des § 105; siehe auch § 110 und 111 Abs. 2.

3. Eine zwangsweise Eintragung eines Pfandrechts an einem eingetragenen Schiff (entsprechend der Sicherungshypothek) gibt es nicht (§ 870 Abs. 2 ZPO.); wegen Vollziehung eine Arrestes in ein Schiff siehe § 931 ZPO.

§ 102.

Zur Berichtigung des Schiffsregisters bedarf es der Bewilligung desjenigen, dessen Recht von der Berichtigung betroffen wird, nicht, wenn die Unrichtigkeit nachgewiesen wird. Dies gilt insbesondere für die Eintragung oder Löschung einer Verfügungsbeschränkung.

Berichtigung des Schiffsregisters.

1. Vergl. § 22 GBO. Die Berichtigung sieht § 1263 BGB. nur für den Fall vor, daß der Inhalt des Registers in Ansehung eines Pfandrechts mit der wirklichen Rechtslage nicht in Einklang steht. Die Berichtigung tritt ein, wenn die Eintragung von Anfang an unrichtig gewesen ist oder wenn sie es erst durch nachträglich erfolgte Änderungen der Rechtslage geworden ist. So kann derjenige, welcher den Pfandgläubiger befriedigt hat, ohne Einwilligung des in seinem Rechte Betroffenen (Ausnahme von § 101) die Löschung erwirken (vergl. §§ 1224 f., 1255 f., 1267 BGB.). Über den Schutz des Erwerbers einer durch Pfand gesicherten Forderung siehe § 104.

2. Liegen die Voraussetzungen für die Berichtigung vor, so genügt an Stelle der Eintragungsbewilligung (§ 101) der Nachweis der Unrichtigkeit des Registers. Diesen Nachweis hat der Antragsteller zu erbringen und zwar in der in § 107 vorgeschriebenen Form.

Über Eintragung oder Löschung von Verfügungsbeschränkungen siehe §§ 135 f., 2211 BGB. Derjenige, zu Gunsten dessen ein Veräußerungsverbot besteht, der Testamentsvollstrecker kann die Eintragung, derjenige, gegen welchen die Beschränkung bestand, nach deren Wegfall die Löschung erwirken.

§ 103.

Ist eine Vormerkung oder ein Widerspruch auf Grund einer einstweiligen Verfügung eingetragen, so bedarf es zur Löschung nicht der Bewilligung des Berechtigten, wenn die einstweilige Verfügung durch eine vollstreckbare Entscheidung aufgehoben ist. Diese Vorschrift findet entsprechende Anwendung, wenn auf Grund eines vorläufig vollstreckbaren Urteils nach den Vorschriften der Zivilprozeßordnung eine Vormerkung oder ein Widerspruch eingetragen ist.

Löschung einer Vormerkung oder eines Widerspruchs.

1. Vergl. § 25 GBO. Die Vorschrift bezieht sich auf die prozessualen einstweiligen Verfügungen, welche nach Maßgabe der §§ 935 ff., insbesondere

§ 938 und 942 Abs. 2 ZPO. erwirkt werden und deren Löschung nach § 936 mit §§ 924 bis 927, §§ 939, 942 Abs. 3 erfolgt.

Der Löschungsantrag ist von dem durch die Eintragung Betroffenen zu stellen; der Einwilligung des durch dieselbe Begünstigten und durch die Löschung seines Rechtes Beraubten bedarf es dabei nicht (Ausnahme von § 101).

Dasselbe gilt hinsichtlich einer nach § 895 ZPO. erfolgten Eintragung einer Vormerkung oder eines Widerspruchs und dessen Löschung, wenn eine vollstreckbare Entscheidung erlangt ist, durch welche die frühere Entscheidung, auf Grund deren die Eintragung erfolgte, aufgehoben ist.

Die Registerbehörde hat die Vollstreckbarkeit der Entscheidung vor der Löschung zu prüfen; §§ 704, 724, 726 f. ZPO.

2. Für die Löschung der auf Grund einer einstweiligen Anordnung des Beschwerdegerichts eingetragenen Vormerkung oder eines Widerspruchs ist in § 123 Abs. 2 das Verfahren vorschrieben.

§ 104.

Soll die Übertragung einer Forderung, für die ein Pfandrecht am Schiffe eingetragen ist oder für die ein solches Pfandrecht als Pfand haftet, eingetragen werden, so genügt es, wenn an Stelle der Eintragungsbewilligung die Abtretungserklärung des bisherigen Gläubigers vorgelegt wird.

Diese Vorschrift findet entsprechende Anwendung, wenn eine Belastung der Forderung eingetragen werden soll.

Übertragung, Belastung einer Forderung.

1. Vergl. § 26 GBO. Zu Abs. 1 vergl. über Übertragung der Forderung §§ 398 ff. BGB., über Haftung eines Pfandrechts als Pfand §§ 1273 ff.

Voraussetzung der Eintragung ist lediglich Vorlage der Abtretungserklärung, welche der in § 107 vorgeschriebenen Form bedarf; vergl. auch § 403 BGB.; der Einwilligung des bisher als berechtigt Eingetragenen bedarf es nicht.

Die Abtretungserklärung wird ersetzt durch einen gerichtlichen Überweisungsbeschluß im Zwangsvollstreckungsverfahren (§ 836 ZPO.).

Bei Übergang der Forderung kraft Gesetzes (§§ 412, 426 Abs. 2, 774, 1143, 1438 Abs. 2 und 3, 1519 Abs. 2 BGB.) genügt ein in der Form des § 107 abgegebenes Anerkenntnis des Eintritts des Übergangs Seitens des bisher Forderungsberechtigten.

2. Zu Abs 2. Über die Belastung der Forderung mit Nießbrauch vergl. §§ 1068 f. BGB., mit Pfandrecht §§ 1273 ff. Hier genügt es, wenn eine der Vorschriften des § 107 entsprechende Urkunde über die Einräumung des Nießbrauchs, die Bestellung des Pfandrechts vorgelegt wird.

§ 105.

Ein Pfandrecht am Schiffe darf nur mit Zustimmung des eingetragenen Eigentümers, ein das Pfandrecht belastendes Recht nur mit Zustimmung des eingetragenen Pfandgläubigers gelöscht werden. Für eine Löschung, die zur Berichtigung des Schiffsregisters erfolgen soll, ist die Zustimmung nicht erforderlich, wenn die Unrichtigkeit des Registers nachgewiesen wird.

Zustimmung zur Löschung.

1. Vergl. § 27 GBO. Über Aufhebung des Pfandrechts oder eines verpfändeten Rechts vergl. §§ 1255, 1276 BGB. Eingetragener Eigentümer, bezw. Pfandgläubiger ist derjenige, welcher tatsächlich Eigentümer bezw. Pfandgläubiger ist und als solcher auch eingetragen ist; vergl. § 111 Abs. 1. Über Rechte am Pfandrecht siehe §§ 1068 ff., 1273 ff. BGB.

Über Berichtigung des Schiffsregisters siehe § 1263 mit §§ 894 ff. BGB. und Note zu § 102, über Nachweis der Unrichtigkeit ebenda.

2. Die Löschung setzt voraus die Bewilligung desjenigen, dessen Recht nach der Löschung untergeht und die Bewilligung des Eigentümers bezw. Pfandgläubigers; erstere genügt allein nicht (Ausnahme von § 101).

Die Löschungsbewilligung hat in der Form des § 107 zu erfolgen. Über Löschung von Amts wegen siehe § 119.

§ 106.

In der Eintragungsbewilligung oder, wenn eine solche nicht erforderlich ist, in dem Eintragungsantrage sind der Name und die Ordnungsnummer, unter welcher das Schiff im Schiffsregister eingetragen ist, sowie die einzutragenden Geldbeträge in Reichswährung anzugeben.

Inhalt der Eintragungsbewilligung.

1. Vergl. § 28 GBO. Über Eintragungsbewilligung siehe § 101, über Fälle, in welchen dieselbe nicht erforderlich ist, §§ 102 bis 104, 110. Die Vorschrift ist zwingender Natur; im Falle eines Mangels in dieser Richtung ist nach § 100 Abs. 2 mit § 18 Abs. 1 GBO. zu verfahren. Ist die Eintragung trotz des Mangels erfolgt, so ist sie gleichwohl wirksam.

2. Über Bezeichnung des Schiffes siehe § 7 des FlaggenG., §§ 6, 124, 125 Abs. 1 BinnenSchG., ferner wegen des Zinssatzes § 1260 Abs. 2 BGB., wegen Eintragung eines Höchstbetrages § 1271 BGB.

§ 107.

Eine Eintragung soll nur erfolgen, wenn die Eintragungsbewilligung oder die sonstigen zu der Eintragung erforderlichen Erklärungen vor der Registerbehörde zu Protokoll gegeben oder durch öffentliche oder öffentlich beglaubigte Urkunden nachgewiesen werden.

Andere Voraussetzungen der Eintragung bedürfen, soweit sie nicht bei der Registerbehörde offenkundig sind, des Nachweises durch öffentliche Urkunden. Die Vorschriften der §§ 33 bis 38 der Grundbuchordnung finden entsprechende Anwendung.

Voraussetzungen der Eintragung.

1. Vergl. § 29 GBO. und die §§ 143 ff. der Dienstanweisung für die Grundbuchämter. Geregelt ist in § 107 der **Nachweis der Voraussetzungen**

a) der Eintragungsbewilligung (§ 101) oder der sonstigen zu der Eintragung erforderlichen Erklärungen (§§ 102, 104, 105, ferner § 1255 BGB.) — Abs. 1 —,

b) anderer Voraussetzungen der Eintragung — Abs. 2 — und zwar für beide Fälle verschieden. Erforderlich ist im ersten Falle (a) Protokollerklärung vor der Registerbehörde oder öffentliche oder öffentlich beglaubigte Urkunde (vergl. jedoch die Ausnahme in § 108), im zweiten Falle (b) ausschließlich öffentliche — nicht auch öffentlich beglaubigte — Urkunde, sofern die nachzuweisende Tatsache nicht offenkundig ist; wegen entsprechender Anwendung der Vorschriften der GBO. siehe unten N. 5.

Die Vorschrift ist Ordnungsvorschrift, ihre Verletzung beeinflußt die Giltigkeit der erfolgten Eintragung nicht.

2. Über Registerbehörde siehe Vorbemerkung vor § 100. Die Erklärungen vor der Registerbehörde erfolgen zu Protokoll des Registerrichters (§ 3 SchRBek. mit § 4 der HRBek.).

3. Über den Begriff der öffentlichen Urkunde siehe § 415 ZPO., § 148 der Dienstanweisung, über öffentliche Beglaubigung § 129 BGB., § 149 der Dienstanweisung, ferner § 167 Abs. 2, § 183 FGG.

Urkunden eines anderen Bundesstaates gelten als öffentliche, wenn die Vorschriften dieses Staates über die Zuständigkeit zur Beurkundung und über die Form derselben eingehalten sind; dasselbe gilt von der Beglaubigung einer Unterschrift oder eines Handzeichens in einem anderen Bundesstaat. Urkunden und Beglaubigungen außerdeutscher Staaten bedürfen regelmäßig der Legalisation, soweit nicht durch Staatsverträge ein anderes bestimmt ist (vergl. z. B. Staatsvertrag mit Österreich vom 25. 2. 80, RGBl. **81** 4).

4. Offenkundig sind bei der Registerbehörde solche Tatsachen, welche dem Registerbeamten als solchem, nicht in privater Eigenschaft, bekannt sind, sei es, daß die Tatsachen auch außeramtlichen Kreisen oder nur innerhalb der Behörde bekannt sind. Nicht offenkundig sind Tatsachen, welche sich aus den Registern oder sonstigen Akten der Behörde ergeben, von denen aber der Beamte erst durch Einsichtnahme sich Kenntnis verschaffen muß.

5. Soweit die nachstehend aufgeführten Bestimmungen der Grundbuchordnung, welche die Erbringung eines Nachweises für besondere Fälle regeln, entsprechende Anwendung finden, tritt an Stelle des Grundbuchamts die Registerbehörde; was für die Hypothek 2c. vorgeschrieben ist (§§ 37, 38), gilt hier für das Pfandrecht am Schiffe.

GBO. § 33. Der Nachweis, daß der Vorstand einer Aktiengesellschaft aus den im Handelsregister eingetragenen Personen besteht, wird durch ein Zeugnis des Gerichts über die Eintragung geführt.

Das Gleiche gilt von dem Nachweise der Befugnis zur Vertretung einer offenen Handelsgesellschaft, einer Kommanditgesellschaft, einer Kommanditgesellschaft auf Aktien oder einer Gesellschaft mit beschränkter Haftung.

§ 34. Der Nachweis, daß zwischen Ehegatten Gütertrennung oder ein vertragsmäßiges Güterrecht besteht oder daß ein Gegenstand zum Vorbehaltsgut eines Ehegatten gehört, wird durch ein Zeugnis des Gerichts über die Eintragung des güterrechtlichen Verhältnisses im Güterrechtsregister geführt.

§ 35. Ist in den Fällen der §§ 33, 34 das Grundbuchamt zugleich das Registergericht, so genügt statt des Zeugnisses die Bezugnahme auf das Register.

Die Zeugnisse nach §§ 33, 34 GBO. werden vom Gerichtsschreiber angefertigt und vom Registerrichter unterschrieben (§ 210 Abs. 2 HRBek., § 3 SchRBek.). Statt der Urschrift der Zeugnisse genügen auch beglaubigte Abschriften (KGJ. **20** A 285); über die Prüfung von Zeugnissen über eine Vertretungsmacht, die älter sind, als die von den Beteiligten abgegebenen Erklärungen, auf ihre fortdauernde Geltung siehe KGJ. **20** A 179. Durch § 34 ist nicht ausgeschlossen, daß der Nachweis auf anderem Wege geführt wird. Der Nachweis, daß zwischen Ehegatten der gesetzliche Güterstand besteht, kann, soweit erforderlich, durch eine Bescheinigung nach § 162 FGG. geführt werden. Im Falle der Bezugnahme auf das Handels- und Güterrechtsregister hat der Registerrichter durch Einsicht dieser Register und nötigenfalls der Registerakten zu prüfen, ob durch den Inhalt des Registers der erforderliche Nachweis erbracht ist.

§ 36. Der Nachweis der Erbfolge kann nur durch einen Erbschein geführt werden. Beruht jedoch die Erbfolge auf einer Verfügung von Todes wegen, die in einer öffentlichen Urkunde enthalten ist, so genügt es, wenn an Stelle des Erbscheins die Verfügung und das Protokoll über die Eröffnung der Verfügung vorgelegt werden; erachtet das Grundbuchamt die Erbfolge durch diese Urkunde nicht für nachgewiesen, so kann es die Vorlegung eines Erbscheins verlangen.

Das Bestehen der fortgesetzten Gütergemeinschaft sowie die Befugnis eines Testamentsvollstreckers zur Verfügung über einen Nachlaßgegenstand ist nur auf Grund der in den §§ 1507, 2368 des Bürgerlichen Gesetzbuchs vorgesehenen Zeugnisse als nachgewiesen anzunehmen; auf den Nachweis der Befugnis des Testamentsvollstreckers finden jedoch die Vorschriften des Abs. 1 Satz 2 entsprechende Anwendung.

Vergl. über Erbschein §§ 2353 bis 2355, §§ 2365 bis 2367 BGB., §§ 49 ff. NachlO. Neben einem vom Erblasser eigenhändig geschriebenen und unterschriebenen Testamente (§§ 2231 Nr. 2, 2267 BGB.) ist stets die Vorlage des Erbscheines nötig; über Testamentserrichtung in öffentlicher Urkunde siehe § 2231 Nr. 1 BGB., über Abschluß eines Erbvertrags § 2276 BGB. Ausfertigung oder beglaubigte Abschrift einer letztwilligen Verfügung braucht nicht beigebracht zu werden, wenn sich die Verfügung schon bei den Akten des Amtsgerichts befindet (KGJ. 20 A 289). Über die Beschränkung der Prüfung eines eröffneten Testaments auf den materiellen Inhalt der Verfügung siehe Goslich im ZBl. **3** 91. Gegen eine Verfügung des Registerrichters, durch die er trotz Vorhandensein eines Testaments einen Erbschein fordert, weil das Erbrecht nicht nachgewiesen sei, ist Beschwerde zulässig (KGJ. **24** A 88).

§ 37. Soll bei einer zu einem Nachlasse gehörenden Hypothek, Grundschuld oder Rentenschuld einer von mehreren Erben als neuer Gläubiger eingetragen werden, so genügt zum Nachweise der Erbfolge und der Eintragungsbewilligung der Erben ein Zeugnis des Nachlaßgerichts.

Das Zeugnis darf nur ausgestellt werden, wenn die Voraussetzungen für die Erteilung eines Erbscheins vorliegen und die Erklärungen der Erben vor dem Nachlaßgerichte zu Protokoll gegeben oder durch öffentliche oder öffentlich beglaubigte Urkunden nachgewiesen sind.

Abs. 2 des § 37 enthält eine Anweisung an das Nachlaßgericht; vergl. §§ 91, 93 dieses Gesetzes.

§ 38. Die Vorschriften des § 37 finden entsprechende Anwendung, wenn bei einer Hypothek, Grundschuld oder Rentenschuld, die zu dem Gesamtgut einer ehelichen Gütergemeinschaft oder einer fortgesetzten Gütergemeinschaft gehört, ein Beteiligter, auf den das Recht bei der Auseinandersetzung übertragen ist, als neuer Gläubiger eingetragen werden soll.

Zur Erteilung der Zeugnisse nach den §§ 37, 38 ist in Bayern neben dem Amtsgericht auch der Notar zuständig, sofern das Amtsgericht schon vorher einen Erbschein über das Erbrecht aller Erben oder ein Zeugnis über die Fortsetzung der Gütergemeinschaft erteilt hat (Art. 9 Abs. 1 NachlG.); die Vorschriften der §§ 50—54, 57, 58, 60, 61 NachlO. finden auf die Erteilung der Zeugnisse entsprechende Anwendung. Vergl. auch die Noten zu den §§ 86 und 99.

§ 108.

Für den Eintragungsantrag sowie für die Vollmacht zur Stellung eines solchen gelten die Vorschriften des § 107 Abs. 1 nur, wenn durch den Antrag zugleich eine zu der Eintragung erforderliche Erklärung ersetzt werden soll.

Form des Eintragungsantrages und der Vollmacht.

Regel ist, daß der Eintragungsantrag und die Vollmacht zur Stellung desselben einer Form nicht bedürfen; ausnahmsweise ist die Form des § 107 Abs. 1 einzuhalten, wenn in dem Antrage zugleich eine Eintragungsbewilligung oder eine sonst zur Eintragung erforderliche Erklärung enthalten ist; vergl. Note zu § 107 Abs. 1.

Über Antragsrecht des Notars ohne ausdrückliche Bevollmächtigung siehe § 100 Abs. 2 mit § 15 GBO.; wegen Zurücknahme und Widerruf von Antrag oder Vollmacht § 109.

Vergl. § 30 GBO.

§ 109.

Erklärungen, durch die ein Eintragungsantrag zurückgenommen oder eine zur Stellung des Eintragungsantrags erteilte Vollmacht widerrufen wird, bedürfen der im § 107 Abs. 1 vorgeschriebenen Form.

Zurücknahme des Eintragungsantrages; Widerruf der Vollmacht.

Auch wenn der Eintragungsantrag und die Vollmacht zur Stellung desselben einer Form nicht bedurften, bedarf die Zurücknahme des Antrags und der Widerruf der Vollmacht — auch der vermuteten des Notars — der in § 107 Abs. 1 vorgeschriebenen Form; dasselbe gilt für die teilweise Zurücknahme, das ist jede Einschränkung des Eintragungsantrags. Ist die Form nicht gewahrt, so darf die Registerbehörde die betreffenden Erklärungen nicht berücksichtigen; sie muß insbesondere einen formlos zurückgenommenen Antrag vollziehen; die Zurücknahme kann bis zum Vollzug erfolgen. Haben mehrere den Antrag gestellt, so kann er nur von allen gemeinsam wieder zurückgenommen werden (ebenso Rausnitz N. 2, a. M. Dorner N. 2 zu § 109.)

Vergl. § 32 GBO.

§ 110.

In den Fällen, in denen nach gesetzlicher Vorschrift eine Behörde befugt ist, die Registerbehörde um eine Eintragung zu ersuchen, erfolgt die Eintragung auf Grund des Ersuchens der Behörde.

Eintragung auf Ersuchen einer Behörde.

1. Die Vorschrift enthält eine Ausnahme von dem Grundsatze des § 100 Abs. 1, daß Eintragungen nur auf Antrag eines Beteiligten erfolgen sollen. Vergl. § 39 GBO.

Das Ersuchen der Behörde ersetzt nicht nur den Eintragungsantrag, sondern auch die Eintragungsbewilligung und die sonst etwa erforderliche Zustimmung eines

Dritten. Der Registerrichter hat nur zu prüfen, ob die Zuständigkeit der Behörde zu dem Ersuchen begründet ist, ob sich nicht aus dem Inhalt des Schiffsregisters Bedenken gegen die Eintragung ergeben, insbesondere ob die Voraussetzungen des § 111 gegeben und auch die sonstigen Voraussetzungen für die Eintragung des beanspruchten Rechts, insbesondere die Eintragungsfähigkeit, vorliegen (vergl. auch N. 2 zu § 54). Auch für das Ersuchen einer Behörde gelten die Vorschriften des § 106 über den Inhalt des Eintragungsantrags.

2. Zuständig zu dem Ersuchen ist nach § 54 FGG. das Vormundschaftsgericht, nach den §§ 122, 123 FGG. das Beschwerdegericht, nach § 941 ZPO. das Gericht, das eine einstweilige Verfügung erlassen hat, und nach § 169 Abs. 2 ZVG. das Vollstreckungsgericht. Nur wenn die Behörde unmittelbar auf Grund Gesetzes zu dem Antrag berechtigt ist, trifft § 110 zu, nicht etwa auch dann, wenn eine Behörde als Vertreterin des Fiskus auf Grund eines Zivilrechtsverhältnisses desselben einen Antrag zu stellen befugt ist.

3. Die Behörde hat auch die sonstigen einem Antragsberechtigten zustehenden Befugnisse, z. B. nach § 100 Abs. 2 mit § 14 GBO; die Befugnis zur Genehmigung der Löschung hat die Behörde jedoch nicht.

§ 111.

Eine Eintragung soll nur erfolgen, wenn derjenige, dessen Recht durch sie betroffen wird, als der Berechtigte eingetragen ist.

Ist derjenige, dessen Recht durch eine Eintragung betroffen wird, Erbe des eingetragenen Berechtigten, so findet die Vorschrift des Abs. 1 keine Anwendung, wenn die Übertragung oder die Aufhebung des Rechtes eingetragen werden soll oder wenn der Eintragungsantrag durch die Bewilligung des Erblassers oder eines Nachlaßpflegers oder durch einen gegen den Erblasser oder den Nachlaßpfleger vollstreckbaren Titel begründet wird. Das Gleiche gilt für eine Eintragung auf Grund der Bewilligung eines Testamentsvollstreckers oder auf Grund eines gegen diesen vollstreckbaren Titels, sofern die Bewilligung oder der Titel gegen den Erben wirksam ist.

Vorherige Eintragung des Berechtigten.

1. Abs. 1 enthält die Regel, Abs. 2 die Ausnahme, § 112 stellt für bestimmte Fälle ein weiteres Erfordernis für die Eintragung auf. Vergl. § 40 Abs. 1, § 41 GBO.

2. Die Bestimmung des Abs. 1 ist bloße Ordnungsvorschrift, deren Nichtbeachtung auf die Eintragung keinen Einfluß hat.

Erkennt die Registerbehörde aus dem gestellten Eintragungsantrage, daß derjenige, dessen Recht durch den Antrag betroffen wird, noch nicht als Berechtigter eingetragen ist, also das Register mit der wirklichen Rechtslage nicht übereinstimmt, so soll es die Eintragung ablehnen, soweit nicht die Vorschriften in Abs. 2 oder § 112 eine Abweichung gestatten. Die Berichtigung des Registers kann nach §§ 1263 mit 895 BGB. und § 100 Abs. 2 FGG. mit § 14 GBO. herbeigeführt werden.

Die Registerbehörde hat aber auch darauf zu achten, ob nicht mehrere gleichzeitig beantragte Eintragungen sich ergänzen, so wenn der noch nicht eingetragene

Erwerber des Schiffs die Eintragung eines Pfandrechts zugleich mit der Eintragung seines Eigentums beantragt; vergl. § 100 Abs. 2 mit § 16 Abs. 2 GBO.

3. Ausnahmsweise kann nach Abs. 2 eine Eintragung erfolgen, ohne daß derjenige, dessen Recht betroffen ist, als Berechtigter eingetragen ist, wenn

1. der Betroffene Erbe des noch als berechtigt Eingetragenen ist, — nicht auch wenn die Rechtsnachfolge auf einem anderen Grunde, wie Vermächtnis, Erbschaftskauf, beruht, — und wenn es sich
2. um Übertragung oder Aufhebung des Rechts, nicht, wenn es sich um andere Verfügungen über das Recht, insbesondere Belastung handelt, oder wenn der Antrag auf Eintragung durch die Bewilligung des Erblassers oder des Nachlaßpflegers (siehe § 75, §§ 1960 ff., §§ 1975 ff., insbesondere § 1984 BGB.) oder einen gegen den Erblasser oder Nachlaßpfleger vollstreckbaren Titel begründet wird.

Die Voraussetzung sub 1 und eine der sub 2 alternativ aufgezählten müssen gleichzeitig vorliegen. An Stelle dieser letzteren Voraussetzungen kann nach Satz 2 die andere treten, daß der Antrag auf Eintragung durch die Bewilligung des Testamentsvollstreckers (§§ 2197 ff. BGB.) oder durch einen gegen diesen vollstreckbaren Titel begründet wird (vergl. § 2213 BGB., § 748 ZPO.); in diesem Falle kommt noch als weitere Voraussetzung hinzu, daß die Bewilligung oder der Vollstrekkungstitel gegen den Erben wirksam ist; vergl. hiezu §§ 2206, 2207 BGB., §§ 327, 728 Abs. 2, 747, 748 ZPO. Es bedarf also, abweichend von § 101, der Eintragungsbewilligung des Erben in diesen Fällen nicht.

§ 112.

Bei einem Pfandrechte für die Forderung aus einer Schuldverschreibung auf den Inhaber, aus einem Wechsel oder einem anderen Papiere, das durch Indossament übertragen werden kann, soll eine Eintragung nur erfolgen, wenn die Urkunde vorgelegt wird.

Diese Vorschrift findet keine Anwendung, wenn eine Eintragung auf Grund der Bewilligung eines nach den §§ 1189, 1270 des Bürgerlichen Gesetzbuchs bestellten Vertreters oder auf Grund einer gegen diesen erlassenen gerichtlichen Entscheidung bewirkt werden soll.

Vorlegung der Urkunden.

1. Vergl. § 44 GBO., ferner über Schuldverschreibungen auf den Inhaber §§ 793 bis 808 BGB., über Ordrepapiere §§ 363 bis 365 HGB.

Die Vorlegung des Papieres ist neben den sonstigen Voraussetzungen einer Eintragung nach den §§ 100, 101, 111 erforderlich, die Erfüllung derselben wird durch die Vorlage nicht entbehrlich. Die Registerbehörde hat zu prüfen, ob sich Einwendungen aus der Urkunde ergeben (§ 796 BGB., § 364 Abs. 2 HGB.). Die Vorschrift in Abs. 1 gilt auch, wenn auf Grund einer gerichtlichen Entscheidung eingetragen wird. Die Eintragung ist auf dem vorgelegten Papiere zu vermerken (§ 120 Abs. 2). Die Vorschrift ist nur Ordnungsvorschrift, ihre Nichtbeachtung macht die Eintragung nicht unwirksam.

2. Bei einem Pfandrecht der in Abs. 1 bezeichneten Art kann für den jeweiligen Gläubiger ein Vertreter mit der Befugnis bestellt werden, mit Wirkung für und gegen jeden späteren Gläubiger Bestimmungen über das Pfandrecht zu treffen und den Gläubiger bei der Geltendmachung desselben zu vertreten — sog. Treuhänder (BGB. §§ 1189, 1270). Ist ein solcher Vertreter bestellt, und von diesem die Eintragung bewilligt oder gegen diesen die gerichtliche Entscheidung, auf Grund deren die Eintragung erfolgen soll, erlassen, so braucht die Urkunde nach Abs. 2 nicht vorgelegt zu werden.

§ 113.

Jede Eintragung soll den Tag, an welchem sie erfolgt ist, angeben und mit der Unterschrift des zuständigen Beamten versehen werden.

Datum und Unterschrift der Eintragung.

1. Mit Rücksicht auf die Vorschriften des § 1261 mit den §§ 881 BGB. über das Rangverhältnis der Pfandrechte bestimmt § 113, daß jede Eintragung den Tag, an welchem sie erfolgt, anzugeben hat. Angabe der Tageszeit ist nicht erforderlich, da durch die Vorschrift des § 100 Abs. 1 Satz 2 über den Vermerk des Einlaufes des Antrags bei der Registerbehörde in Verbindung mit der Bestimmung des § 114 das Rangsverhältnis genügend gesichert ist.

2. Die Bestimmung, welcher Beamte die Eintragung zu unterzeichnen hat, ist der Landesgesetzgebung überlassen. In Bayern ist es nach § 3 der SchRBek. mit § 104 der HRBek. der Registerrichter; als Unterschrift genügt der Familienname.

3. Die Vorschrift des § 113 ist eine instruktionelle; die Wirksamkeit der Eintragung ist auch nicht von der Unterschrift des Richters abhängig. Vergl. die gleichlautenden Bestimmungen des § 45 GBO. und des § 130 FGG.

4. Im übrigen ist, abgesehen von der Vorschrift des § 115 die Regelung des Verfahrens bei der Eintragung dem Landesrecht überlassen. In Bayern finden nach § 3 der SchRBek. die Vorschriften der §§ 70, 102 ff. der HRBek. Anwendung. Die Eintragung erfolgt auf Grund einer Eintragungsverfügung des Registerrichters, die auf das die Anmeldung enthaltende Schriftstück oder ein mit dieser zu verbindendes Blatt zu setzen ist (§§ 70, 102); sie kann einem Gerichtsschreiber übertragen werden, soferne vorher vom Richter der Wortlaut der Eintragung festgestellt ist (§ 103). Die Eintragungsverfügung ist eine interne Geschäftsanweisung des Gerichts, daher nicht eine Verfügung i. S. des § 19 FGG. und nicht mit Beschwerde anfechtbar; siehe auch § 122 FGG. Der Tag der Eintragung und die Stelle des Registers, an der sich die Eintragung befindet, sind nach erfolgter Eintragung bei der Eintragsverfügung zu bezeichnen (§ 104). Über den Vermerk der Eintragung auf dem Schiffsbrief oder dem Schiffszertifikat siehe § 120, über Bekanntmachung der Eintragung § 121 FGG.

Die §§ 105 ff. der Bek. enthalten nähere Vorschriften über die Form der Eintragungen, über Gebrauch von Abkürzungen, Niederschrift von Summenangaben in Buchstaben (§ 105), über Verwendung der deutschen Sprache, Gebrauch von Fremdwörtern (§ 106), über die Schrift, Vermeidung von Korrekturen (§ 107), über die Berichtigung von Unrichtigkeiten, die nicht unter § 119 FGG. fallen (§ 108) und von Schreibfehlern und ähnlichen offenbaren Unrichtigkeiten (§ 109).

§ 114.

Die Eintragungen erhalten diejenige Reihenfolge, welche der Zeitfolge der Anträge entspricht; sind die Anträge gleichzeitig gestellt, so ist, wenn unter den Eintragungen ein Rangverhältnis besteht, im Schiffsregister zu vermerken, daß die Eintragungen gleichen Rang haben.

Diese Vorschriften finden insoweit keine Anwendung, als das Rangverhältnis von den Antragstellern abweichend bestimmt ist.

Reihenfolge der Eintragungen; Rangvermerk.

1. Nach § 1261 mit § 879 BGB. bestimmt sich das Rangverhältnis der eingetragenen Rechte nach der Reihenfolge der Eintragungen; im Anschluß hieran gibt § 114 eine Ordnungsvorschrift über die Reihenfolge der Eintragungen; die Vorschrift entspricht dem § 46 Abs. 1 und 3 GBO.

2. Die Eintragungen erfolgen in der Reihenfolge, in der die Anträge beim Registergericht eingelaufen sind; hiefür ist der Präsentationsvermerk (§ 100 Abs. 1 Satz 2) maßgebend. Dies gilt auch für Anträge, hinsichtlich derer nach § 100 FGG. mit § 18 GBO. eine Frist zur Beseitigung eines Hindernisses gesetzt ist. Den Eintragungsanträgen steht das Ersuchen einer Behörde nach § 110 gleich.

3. Gleichzeitig gestellte Anträge können — abgesehen von einer sinngemäß gebotenen Reihenfolge — in beliebiger Ordnung erledigt werden; wenn jedoch ihrem Inhalte nach unter ihnen ein Rangverhältnis bestehen kann, wie z. B. bei mehreren Verpfändungen, so ist der Gleichrang ausdrücklich in dem Eintrage festzustellen, um die sonst aus der Reihenfolge hinsichtlich des Rangverhältnisses zu ziehende Schlußfolgerung auszuschließen.

4. Die Anwendung der Vorschrift des § 114 kann durch Vereinbarung der Beteiligten ausgeschlossen werden; die abweichende Rangbestimmung bedarf der Form des § 107 Abs. 1. Es empfiehlt sich, die Eintragungen ohne Rücksicht auf die Zeit des Einlaufes in die Reihenfolge zu bringen, welche dem von den Beteiligten bestimmten Rangverhältnisse entspricht. § 1261 mit § 879 Abs. 3 BGB schreibt die Eintragung des abweichenden Rangverhältnisses vor.

§ 115.

Die Löschung eines Rechtes oder einer Verfügungsbeschränkung erfolgt durch Eintragung eines Löschungsvermerkes.

Löschung.

1. Die Vorschrift entspricht dem § 47 Abs. 1 GBO. Die Löschung jeder Eintragung, aus der sich ein Recht ergibt, — nicht bloß rechtsbegründender Eintragungen, wie die eines Pfandrechts (§ 1260 BGB.), sondern auch einer Forderungsübertragung oder der Belastung eines Pfandrechts — und jede Löschung einer Verfügungsbeschränkung muß durch Eintragung eines Löschungsvermerkes erfolgen. Durchstreichen der zu löschenden Eintragung genügt nicht. Eine der Vorschrift des § 115 nicht entsprechende Löschung ist rechtlich unwirksam. Im übrigen gelten auch für die Löschung die Vorschriften des § 113.

2. Hiezu ist in Bayern Folgendes bestimmt: Die Löschung einer Eintragung erfolgt in der Weise, daß die Löschung unter eigener Nummer in der zweiten Nebenspalte der Spalte 9 des Schiffsregisters eingetragen wird; die gelöschte Eintragung wird rot unterstrichen; der Anlaß der Löschung kann kurz vermerkt werden, er soll vermerkt werden, wenn die Löschung von Amts wegen erfolgt (§§ 3, 10 der Bek. des SchR. betr. mit § 112 der Bek. des HR. betr.).

Durch Unterstreichen werden auch Eintragungen, die in Folge späterer Eintragungen ihre Bedeutung verloren haben, ohne daß die Eintragung eines Löschungsvermerks erfolgt, gekennzeichnet (§ 111 der Bek. d. HR. betr.).

3. Verschieden von der Löschung von Rechten ist die Löschung des Schiffes selbst; auf diese findet § 115 nicht Anwendung. Nach § 11 der SchRBek. ist die Löschung des Schiffes und der Grund derselben in der Spalte 10 des Registers einzutragen; sie darf aber erst nach Ablauf einer angemessenen Frist nach Benachrichtigung der Pfandgläubiger von der bevorstehenden Löschung erfolgen.

§ 116.

Werden mehrere Schiffe mit einem Pfandrechte belastet, so ist auf dem Blatte jedes Schiffes die Mitbelastung der übrigen von Amts wegen erkennbar zu machen. Das Gleiche gilt, wenn mit einem an einem Schiffe bestehenden Pfandrechte nachträglich noch ein anderes Schiff belastet wird. Soweit eine Mitbelastung erlischt, ist dies von Amts wegen zu vermerken.

Vermerk der Mitbelastung.

1. Die Vorschrift entspricht dem § 49 GBO. Nach § 1222 BGB. haftet im Falle der Verpfändung mehrerer Schiffe für die nämliche Forderung jedes Schiff für die ganze Forderung. Nach § 116 ist neben der Verpfändung (also in der Hauptspalte der Spalte 9 des Registers) auch die Mitbelastung erkennbar zu machen; es ist also anzugeben, welche weiteren Schiffe — unter Bezeichnung nach der Ordnungsnummer des betreffenden Registers (§ 125 BSchG.) — als Pfand haften; dies gilt sowohl, wenn die Verpfändung der mehreren Schiffe gleichzeitig (Satz 1), als wenn sie successive (Satz 2) erfolgt.

Die Eintragung hat von Amts wegen, ohne daß es eines bezüglichen Antrages bedürfte, zu erfolgen, wenn der Registerrichter von der mehrfachen Verpfändung Kenntnis erlangt. Es ist nicht erforderlich, stets von Amts wegen nach der etwaigen Haftung mehrerer Schiffe zu forschen, wenn sich eine solche aus den vorgelegten Urkunden nicht ergibt. Jedoch ist, wenn die verpfändeten Schiffe in den Registern verschiedener Gerichte eingetragen sind, aus der Bestimmung des § 116 für den Registerrichter die Verpflichtung abzuleiten, sich gegenseitig von der Eintragung einer Verpfändung zu benachrichtigen, damit nachträglich der Vermerk nach § 116 erfolgen kann.

2. Für den Rang der Eintragung ist,

wenn die Schiffe im nämlichen Register oder in Registern, die von dem nämlichen Gericht geführt werden, eingetragen sind, der Vermerk des Einganges des Antrages bei der Registerbehörde für alle Eintragungen (§ 100 Abs. 1 Satz 2, RG. **33** 320),

wenn die Schiffe in den Registern verschiedener Registerbehörden eingetragen sind, für jede Eintragung der Vermerk des Einganges des Schriftstücks, aus dem sich die mehrfache Belastung ergibt, bei der betreffenden Registerbehörde maßgebend.

3. Auch das Erlöschen der Mitbelastung ist — in Bayern in der ersten Nebenspalte der Spalte 9 — von Amts wegen einzutragen und besteht auch zu diesem Zweck eine gegenseitige Benachrichtigungspflicht der verschiedenen Registerbehörden, bei denen die Schiffe einzutragen sind.

4. § 48 GBO. bestimmt für den Fall, daß ein Recht für Mehrere gemeinschaftlich eingetragen werden soll, daß entweder die Anteile der

Berechtigten in Bruchteilen anzugeben sind oder das für die Gemeinschaft maßgebende Rechtsverhältnis zu bezeichnen ist. Eine entsprechende Vorschrift für das Schiffsregister ist in das Gesetz nicht aufgenommen; ihrer entsprechenden Anwendung in der Praxis steht jedoch nichts entgegen (D. 67).

§ 117.

Bei der Eintragung eines Pfandrechts für Teilschuldverschreibungen auf den Inhaber genügt es, wenn der Gesamtbetrag der Forderungen unter Angabe der Anzahl, des Betrags und der Bezeichnung der Teile eingetragen wird.

Pfandrecht für Teilschuldverschreibungen.

Die Vorschrift entspricht dem § 51 GBO. Über die Voraussetzungen der Eintragungen des Pfandrechts für Schuldverschreibungen auf den Inhaber siehe § 112.

Bei der Eintragung eines Pfandrechts für Teilschuldverschreibungen bedarf es eines besonderen Eintrages für jede einzelne Forderung nicht, es kann vielmehr die Eintragung der sämtlichen Teilforderungen in einem einzigen Eintrag erfolgen. Notwendig ist in diesem Falle

die Angabe des Gesamtbetrages der Forderungen,
die Angabe der Anzahl der Teile,
die Angabe des Betrages der einzelnen Teile, wenn die Beträge verschieden sind, je der Stückzahl der verschiedenen Beträge (z. B. 1000 Stück à 1000 Mk., 2000 Stück à 500 Mk. 2c.),
die Bezeichnung der Teile (nach Litera oder Serie) in dem Eintrage.

Nach § 1260 Abs. 2 BGB. ist außerdem der Zinssatz anzugeben und nach § 1270 mit § 1189 BGB. der etwa bestellte Vertreter der jeweiligen Gläubiger einzutragen.

§ 118.

Ist ein Testamentsvollstrecker ernannt, so ist dies bei der Eintragung des Erben des Gläubigers von Amts wegen miteinzutragen, es sei denn, daß das eingetragene Recht der Verwaltung des Testamentsvollstreckers nicht unterliegt.

Eintragung des Testamentsvollstreckers.

1. Die Vorschrift entspricht dem § 53 GBO. Nach § 2211 BGB. kann der Erbe über einen der Verwaltung des Testamentsvollstreckers unterliegenden Nachlaßgegenstand nicht verfügen, die Verwaltungsbefugnis des Testamentsvollstreckers kann jedoch nach § 2208 eingeschränkt sein. Deshalb muß regelmäßig die Bestellung eines Testamentsvollstreckers bei der Eintragung des Erben eines Gläubigers im Register ersichtlich gemacht werden; genügend ist zu diesem Zwecke die Eintragung, daß ein Testamentsvollstrecker bestellt ist, die Angabe des Namens desselben nicht erforderlich. Ausnahmsweise unterbleibt die Eintragung des Testamentsvollstreckers, wenn das eingetragene Recht der Verwaltung des Testamentsvollstreckers nicht unterliegt.

2. Erfordernis der Eintragung ist, daß der Testamentsvollstrecker das Amt angenommen hat, da erst mit diesem Zeitpunkt sein Amt beginnt und vorher ungewiß ist, ob die Ernennung überhaupt wirksam wird (a. M. Dorner, Fuchs N. 2 zu § 118).

3. Ob ein Testamentsvollstrecker ernannt ist, ersieht der Registerrichter gewöhnlich aus den ihm zum Belege der Erbfolge vorgelegten Papieren, eventuell aus dem Zeugnis nach § 2368 BGB., dessen Vorlage jedoch nicht erforderlich ist. Eine Verpflichtung, in allen Fällen zu forschen, ob nicht ein Testamentsvollstrecker ernannt ist, besteht nicht, wenn der Registerrichter für eine solche Annahme keinen Anhaltspunkt hat; sind aber solche vorhanden, so hat die Registerbehörde nach § 12 von Amts wegen die nötigen Ermittelungen zu veranstalten und darf nicht nach § 100 mit § 18 GBO. die erforderlichen Nachweise von den Beteiligten fordern.

4. Nach § 52 GBO. ist im Grundbuch bei der Eintragung eines Vorerben zugleich das Recht des Nacherben von Amtswegen einzutragen. Eine entsprechende Vorschrift für das Schiffsregister ist nicht in das Gesetz aufgenommen, ihre analoge Anwendung ist der Praxis überlassen (D. 67).

§ 119.

Ergibt sich, daß die Registerbehörde unter Verletzung gesetzlicher Vorschriften eine Eintragung vorgenommen hat, durch die das Schiffsregister unrichtig geworden ist, so ist von Amts wegen ein Widerspruch einzutragen. Erweist sich eine Eintragung nach ihrem Inhalt als unzulässig, so ist sie von Amts wegen zu löschen.

Eintragung eines Widerspruchs, Löschung von Amts wegen.

1. Die Vorschrift entspricht der des § 54 Abs. 1 GBO. Sie enthält die Ermächtigung der Registerbehörde, von Amts wegen erfolgte, aber ungerechtfertigte Eintragungen zu beseitigen, während die Eintragungsanordnung, solange die Eintragung nicht erfolgt ist, nach § 18 Abs. 1 geändert werden kann.

Sie bezieht sich nur auf das Schiffspfandrecht (a. M. Fuchs N. 1 zu § 119, der auch die Eintragung des Schiffseigners darunter fallen läßt).

Die nach dieser Vorschrift von Amts wegen vorzunehmenden Eintragungen können im Beschwerdeweg nach § 122 Satz 2 erzwungen werden.

2. Die Eintragung eines Widerspruchs setzt voraus:

a) daß durch die Registerbehörde gesetzliche Vorschriften (jede Rechtsnorm, § 185 Abs. 2 FGG. mit Art. 2 EG. z. BGB.) verletzt sind, welche das Verfahren, insbesondere die Vorschriften über Eintragung der §§ 101, 105, 107, 111, 112, oder das materielle Recht betreffen können, und

b) daß durch diese Gesetzesverletzung das Schiffsregister unrichtig geworden ist, d. i. sein Inhalt mit der wirklichen Rechtslage nicht mehr übereinstimmt.

Sind formelle Vorschriften verletzt, ohne daß sich daran die zweite Folge knüpft, so ist die Eintragung eines Widerspruches ausgeschlossen. Dasselbe gilt, wenn das Register zwar unrichtig geworden ist, aber nicht infolge Verletzung gesetzlicher Vorschriften durch die Registerbehörde, sondern z. B. infolge Vorlage unrichtiger Urkunden, ferner, wenn eine ohne Gesetzesverletzung erfolgte Eintragung durch Veränderung der Umstände unrichtig geworden ist. In diesen Fällen ist es Sache der Beteiligten, die Berichtigung des Registers nach den §§ 102 ff. herbeizuführen.

Die endgiltige Berichtigung des Registers nach Eintragung eines Widerspruchs erfolgt nach Maßgabe des § 1263 mit den §§ 894 ff. BGB.; die Registerbehörde hat nur das Recht, einen Widerspruch einzutragen, nicht auch von Amts wegen die Berichtigung vorzunehmen.

3. Die **Löschung einer Eintragung** kann wegen Verletzung von Formvorschriften nie erfolgen, wegen Verletzung materiellrechtlicher Vorschriften nur, wenn die Verletzung aus dem Inhalte der Eintragung selbst ersichtlich ist. Die Vorschrift ist eine Ausnahme von § 101; auch für diese Löschung gilt die Vorschrift des § 121; über den Vollzug der Löschung siehe § 115.

§ 120.

Jede Eintragung ist baldtunlichst auf dem Schiffszertifikat oder dem Schiffsbriefe zu vermerken.

Wird eine Urkunde über die Pfandforderung vorgelegt, so ist die Eintragung auch auf dieser Urkunde unter kurzer Bezeichnung des Inhalts der Eintragungen, welche dem Pfandrecht im Range vorgehen oder gleichstehen, zu vermerken. Der Vermerk ist mit Unterschrift und Siegel zu versehen.

Vermerk auf dem Schiffszertifikat oder -Brief.

1. Schiffsbrief ist die von der Registerbehörde über die Eintragung eines Binnenschiffes zu erteilende Urkunde (§ 125 Abs. 3 BinnenSchG.); derselbe ist nach dem vorgeschriebenen Formular (Anlage B zur SchRBek.) auszufertigen, vom Registerrichter zu unterschreiben und mit dem Gerichtssiegel zu versehen (§ 12 SchRBek.). Nach § 120 Abs. 1 sind in dem Schiffsbrief alle weiteren Eintragungen, die im Register erfolgen, gleichfalls vorzunehmen, so daß der Schiffsbrief über alle Rechtsverhältnisse des Schiffs dieselbe Auskunft gibt, wie das Register. Der Vermerk erfolgt auf der dafür bestimmten Seite des Schiffsbriefes und ist gleichfalls vom Registerrichter zu unterschreiben und mit dem Gerichtssiegel zu versehen (§ 13 SchRBek.). Die Eintragung hat baldtunlichst zu erfolgen; sie kann dadurch, daß sich das Schiff unterwegs befindet, verzögert werden.

Die Eintragung kann auch im Wege der Rechtshilfe nachgesucht werden.

Wird ein Schiff zur Löschung im Register angemeldet, so ist der Schiffsbrief einzufordern, wenn er nicht schon mit der Anmeldung vorgelegt wurde. Nach der Löschung ist die erste Seite des Schiffsbriefes von Ecke zu Ecke rot zu durchstreichen und auf ihr zu vermerken, daß der Schiffsbrief eingezogen ist; der Vermerk ist vom Registerrichter zu unterschreiben, der Schiffsbrief zu den Registerakten zu nehmen.

Schiffszertifikat ist die Urkunde über Seeschiffe (§ 10 FlaggenG.).

2. Ist eine Urkunde über die Forderung, für welche ein Pfandrecht am Schiffe bestellt ist, ausgestellt, so ist auch auf dieser Urkunde von Amts wegen ein Vermerk zu machen vorausgesetzt, daß die Urkunde der Registerbehörde vorgelegt wird. Schuldverschreibungen auf den Inhaber, Wechsel und andere durch Indossament übertragbare Papiere müssen nach § 112 FGG. vorgelegt werden; auf diesen Papieren erfolgt also stets der Vermerk. Bei anderen Urkunden ist es freier Wille der Beteiligten, ob sie dieselben vorlegen wollen oder nicht; ein Zwang zur Vorlage behufs Eintragung eines Vermerks wird nicht angewendet.

Inhalt des Vermerks: Außer der Eintragung des Pfandrechtes selbst ist der Inhalt der Eintragungen, welche dem Pfandrecht im Range vorgehen oder gleichstehen, kurz anzugeben. Unterschrift des Richters und Siegelung ist auch hier vorgeschrieben.

§ 121.

Jede Eintragung soll dem Antragsteller und dem eingetragenen Eigentümer sowie im übrigen allen aus dem Schiffsregister ersichtlichen Personen bekannt gemacht werden, zu deren Gunsten die Eintragung erfolgt ist oder deren Rechte durch sie betroffen werden. Auf die Bekanntmachung kann verzichtet werden.

Bekanntgabe der Eintragungen.

1. Die Vorschrift entspricht der des § 55 GBO. Sie ist eine Ordnungsvorschrift, deren Nichtbeachtung ohne rechtliche Wirkung ist.

2. Für die Form der Bekanntmachung ist § 16 Abs. 2 Satz 2 und Abs. 3 FGG., in Bayern mit § 3 SchRBek. und § 113 HRegBek., maßgebend. Die Bekanntmachung erfolgt zu Protokoll des Gerichtsschreibers oder durch einfache Zusendung der Mitteilung, daß die beantragte Eintragung beziehungsweise eine Eintragung bestimmten Inhaltes erfolgt ist; auf Verlangen kann eine einfache oder beglaubigte Abschrift oder ein einfacher oder beglaubigter Auszug des Registerblattes gefertigt werden.

Eine öffentliche Bekanntmachung der Eintragungen erfolgt nicht (§ 4 SchRBek.).

3. Der Kreis der Personen, an welche die Bekanntmachung zu erfolgen hat, ist durch § 121 genau bestimmt; es sind folgende Personen:

a) Der Antragsteller, dem die nach § 110 FGG. ersuchende Behörde gleichsteht; ist der Antrag von einem Bevollmächtigten gestellt, so kann die Bekanntmachung an ihn erfolgen; hat der Notar nach § 100 Abs. 2 mit § 15 GBO. den Antrag gestellt, so erfolgt die Bekanntmachung nicht an den Notar, sondern an den Beteiligten selbst, da der Notar nur zur Beantragung der Eintragung als bevollmächtigt erachtet wird, nicht schlechthin als Vertreter des Beteiligten gilt.

b) Der Eigentümer in allen Fällen ohne Rücksicht darauf, ob die Eintragung in seine Rechte eingreift.

c) Die Personen, zu deren Gunsten die Eintragung erfolgt ist, deren Rechtslage also nach der Eintragung eine günstigere ist.

d) Die Personen, deren Rechte von der Eintragung betroffen werden, deren Rechtslage also durch die Eintragung eine Änderung in dem Sinne erleidet, daß sie von ihrem Rechte etwas verlieren.

4. Der Verzicht auf die Bekanntmachung ist der Registerbehörde gegenüber zu erklären; er bedarf keiner Form.

§ 122.

Die Beschwerde gegen eine Eintragung ist unzulässig. Im Wege der Beschwerde kann jedoch verlangt werden, daß die Registerbehörde angewiesen wird, nach § 119 einen Widerspruch einzutragen oder eine Löschung vorzunehmen.

Beschwerde.

1. Die Vorschrift entspricht der des § 71 Abs. 2 GBO. und regelt die Zulässigkeit der Beschwerde gegen Eintragungen. Unberührt bleibt die Vorschrift des § 20 Abs. 2, wonach gegen die eine Eintragung zurückweisende Verfügung dem Antragsteller die Beschwerde zusteht. Unanfechtbar ist die Eintragungsverfügung des Registerrichters (§ 3 der SchRBek. mit § 70 der HRegBek.), weil sie keine Verfügung im Sinne des § 19 darstellt, sondern eine interne Geschäftsanordnung.

2. Abweichend von der Regel des § 19 ist die Beschwerde gegen eine Eintragung **unzulässig.** Dies gilt nicht bloß für Eintragungen, welchen öffentlicher Glaube zukommt, sondern unterschiedslos für Eintragungen jeder Art, also von Pfandrechten, von Löschungen, Veränderungen und Belastungen.

Diejenigen Änderungen jedoch, welche die Registerbehörde zur Berichtigung ungerechtfertigter Eintragungen von Amts wegen nach § 119 vornehmen kann, können auch im Wege der Beschwerde herbeigeführt werden. Es kann also mit der Beschwerde verlangt werden,

a) die Registerbehörde zur Eintragung eines Widerspruches anzuweisen, mit der Behauptung, daß dieselbe unter Verletzung gesetzlicher Vorschriften eine Eintragung vorgenommen habe,

b) die Registerbehörde zur Vornahme einer Löschung anzuweisen, mit der Behauptung, daß eine Eintragung ihrem Inhalte nach unzulässig sei; siehe hierüber das nähere bei § 119.

Der Beschwerdeantrag kann unmittelbar an das Beschwerdegericht gerichtet werden; vorherige Antragstellung an das Registergericht, nach § 119 zu verfahren, ist nicht erforderlich.

3. Soweit die Voraussetzungen des § 119 nicht vorliegen, kann die Beseitigung einer unrichtigen Eintragung nur durch Geltendmachung des Berichtigungsanspruches nach § 1263 mit § 894 **BGB.** erlangt werden, also nötigenfalls im Prozeßwege.

4. Die weitere Beschwerde ist unbeschränkt zulässig gegen die Zurückweisung der Beschwerde; gegen die Anordnung des Beschwerdegerichts, daß ein Widerspruch einzutragen oder eine Löschung vorzunehmen sei, ist sie nur so lange zulässig, bis die Eintragung erfolgt ist; denn von diesem Zeitpunkte an tritt die Unanfechtbarkeit nach Satz 1 ein (KGJ. **23** A 133).

§ 123.

Das Beschwerdegericht kann vor der Entscheidung durch eine einstweilige Anordnung der Registerbehörde aufgeben, eine Vormerkung oder einen Widerspruch einzutragen.

Die Vormerkung oder der Widerspruch wird von Amts wegen gelöscht, wenn die Beschwerde zurückgenommen oder zurückgewiesen wird.

Einstweilige Anordnungen des Beschwerdegerichts.

1. Die Vorschrift entspricht der des § 76 GBO. Sie bezieht sich sowohl auf die Fälle, in welchen die Beschwerde wegen verweigerter Eintragung, als auf diejenigen, in welchen sie nach § 122 Satz 2 in Bezug auf eine erfolgte Eintragung eingelegt ist. Sie bezweckt die Abwendung derjenigen Nachteile, welche den Beschwerdeführer in der Zeit bis zur Entscheidung über die Beschwerde durch die unrichtige Eintragung oder die Unterlassung einer Eintragung treffen können.

2. Anschließend an die Vorschrift des § 24 Abs. 3 ist hier der mögliche Inhalt der einstweiligen Anordnungen des Beschwerdegerichts in Schiffsregistersachen geregelt. Eine Vormerkung kann im Falle der Beschwerde gegen die Zurückweisung einer Eintragung zur Sicherung eines Rechtes auf Eintragung angeordnet werden, in allen übrigen Fällen kommt die Anordnung der Eintragung eines Widerspruches in Betracht.

Die Anordnungen können nach dem Ermessen des Beschwerdegerichts von Amts wegen, ohne daß es eines Antrages bedürfte, erlassen werden; Antragstellung hierauf ist aber nicht ausgeschlossen. Auf die Eintragung findet § 110 Anwendung. Der Vollzug der Eintragung ist nach Maßgabe des § 121 bekannt zu machen.

Eine Löschung kann im Wege der einstweiligen Anordnung nicht verfügt werden.

3. Die Löschung der nach Abs. 1 erfolgten Eintragungen muß die Registerbehörde ohne Anordnung des Beschwerdegerichts vornehmen,

a) sobald die Beschwerde zurückgenommen ist; für die Zurücknahme gilt die Vorschrift des § 109 nicht;

b) sobald die die Beschwerde zurückweisende Entscheidung des Beschwerdegerichts nach § 16 Abs. 1 wirksam geworden ist.

Auch von der Löschung sind die Beteiligten nach Maßgabe des § 121 zu benachrichtigen.

§ 124.

Bei der Einlegung der weiteren Beschwerde durch Einreichung einer Beschwerdeschrift bedarf es der Zuziehung eines Rechtsanwalts nicht, wenn die Beschwerde von dem Notar eingelegt wird, der die zu der Eintragung erforderliche Erklärung beurkundet oder beglaubigt und im Namen eines Antragsberechtigten den Eintragungsantrag gestellt hat. Die Vorschrift des § 29 Abs. 1 Satz 3 bleibt unberührt.

Weitere Beschwerde.

Wegen der weiteren Beschwerde siehe §§ 27—29. In Schiffsregistersachen kann die weitere Beschwerde nach der Regel des § 29 zu Protokoll des Gerichtsschreibers oder mittels einer von einem Rechtsanwalt unterzeichneten Beschwerdeschrift eingelegt werden.

Nach § 124 im Zusammenhalt mit dem im vollen Umfang aufrechterhaltenen § 29 Abs. 1 Satz 3 bedarf es der Zuziehung eines Rechtsanwalts bei der Einlegung der weiteren Beschwerde nicht,

a) wenn eine Behörde Beschwerdeführerin ist,

b) wenn die Beschwerde von einem Notar eingelegt wird, der für den Beschwerdeführer einen Antrag beim Gericht erster Instanz gestellt hat (nach § 29),

c) wenn die Beschwerde von einem Notar eingelegt wird, der die zu der Eintragung, auf welche sich die Beschwerde bezieht, erforderliche Erklärung beurkundet oder beglaubigt hat (siehe auch § 100 FGG. mit § 15 GBO.) und im Namen eines Antragsberechtigten, der nicht der Beschwerdeführer zu sein braucht, den Eintragungsantrag gestellt hat.

§ 124 schließt also die Anwendung des § 29 Abs. 1 Satz 3 hinsichtlich der Notare nicht aus, sondern ergänzt sie durch Festlegung der Befugnis des Notars zur Beschwerdeeinlegung an Stelle eines Rechtsanwalts für eine Person, für die er nicht schon in erster Instanz den Antrag gestellt hat, wenn nur die weitere Voraussetzung zutrifft, daß er den Eintragungsantrag beurkundet oder beglaubigt hat.

Wegen des Erfordernisses einer Vollmacht für den Notar siehe N. 3 a. E. zu § 13.

Siebenter Abschnitt.

Handelssachen.

Vorbemerkung.

1. Handelssachen im Sinne des FGG. sind nur die im 7. Abschnitte behandelten Angelegenheiten. § 47 Abs. 1 des G. über die privaten Versicherungsunternehmungen vom 12. 5. 01 (RGBl. 139) ordnet die entsprechende Anwendung der §§ 145, 146 FGG. an; daraus ergibt sich, daß auch die Angelegenheiten der unter jenes Gesetz fallenden Versicherungsvereine auf Gegenseitigkeit zu den Handelssachen im Sinne des FGG. gehören (RJA. **3** 121, ZBl. **3** 343).

Der Begriff der Handelssachen im Sinne des FGG. 9 ist hienach ein wesentlich engerer als der der Handelssachen im Sinne des materiellen (siehe hierüber Staub I, 2) und des Prozeßrechts (§ 101 FGG.). Nur für Handelssachen im Sinne des FGG. ist die Zuständigkeit der Handelskammern in zweiter Instanz nach § 30 begründet.

2. Die Vorschriften des 7. Abschnittes dienen zur Ausführung der im HGB. und anderen das Handelsrecht betreffenden Reichsgesetzen enthaltenen materiellrechtlichen Bestimmungen. Das Verfahren ist aber nicht erschöpfend geregelt; Verfahrensvorschriften finden sich auch zahlreich in den das materielle Recht regelnden Gesetzen. Da die Führung der Register durch die einschlägigen Reichsgesetze (§ 8 HGB., § 10 Abs. 2 GenG., § 9 Abs. 1 MustG., § 54 BörsG.) den Gerichten übertragen ist, haben die Vorschriften des ersten Abschnittes in Handelssachen Geltung (§ 1); wegen der Anwendbarkeit des § 12 FGG. siehe Rausnitz N. 26 zu § 125, auch N. 6 zu § 140 unten.

Die Regelung der Registerführung ist, soweit nicht die einschlägigen Gesetze Bestimmungen enthalten, der Landesgesetzgebung überlassen; hinsichtlich des Genossenschaftsregisters sind auf Grund des § 161 GenG. Ausführungsvorschriften vom Bundesrat erlassen (RGBl. **99** 347).

3. Für **Bayern** sind die Ausführungsvorschriften enthalten in der Bekanntmachung vom 24. 12. 99, die Registerführung betr. (JMBl. 789) welche neben der Wiedergabe der reichsgesetzlichen Vorschriften noch weitere Bestimmungen enthält

über die Führung des Handelsregisters (JMBl. 815; siehe hiezu auch die Bek. vom 16. 9. 00, JMBl. 1152),
über die Führung des Genossenschaftsregisters (JMBl. 959),
über die Führung des Musterregisters (JMBl. 982),
über die Führung des Börsenregisters (JMBl. 999).

4. Die Verrichtungen des Registergerichts (§ 8 HGB.) sind von einem richterlichen Beamten wahrzunehmen (Registerrichter).

Der Gerichtsschreiber ist

1. zur selbständigen Verrichtung nur derjenigen Angelegenheiten zuständig, welche ihm durch Gesetz oder die Ausführungsbestimmungen übertragen sind:

2. im übrigen Hilfskraft des Richters unter dessen Verantwortlichkeit (§§ 4, 5 der Bek.).

Das Handelsregister ist räumlich nach Amtsgerichtsbezirken geteilt, sachlich zerfällt es in zwei Hauptabteilungen: das Firmenregister und das Gesellschaftsregister (§ 6 der Bek.).

Über Einteilung dieser Register, Formulare, Papierbezug, Verwendung der bisherigen Register siehe JMBl. **99** 816, 915 ff.; über das Nachschlagregister ebenda 817, 923.

5. Nach Art. 125 EG. z. BGB. bleiben die Vorschriften der bayerischen Gesetze, betr. die privatrechtliche Stellung der Vereine sowie der Erwerbs- und Wirtschaftsgesellschaften, vom 29. April 1869 in Ansehung derjenigen registrierten Gesellschaften, welche auf Grund dieser Gesetze zur Zeit des Inkrafttretens des BGB. bestehen, in Kraft.

Die Register für die registrierten Gesellschaften wurden nach Art. 28 Abs. 2 AG. z. GVG, welcher durch Art. 167 Nr. XXV AG. z. BGB. aufgehoben ist, bisher von den Landgerichten geführt. Nunmehr ist nach Art. 74 Abs. 1 des Ges. vom 29. April 1869 in der Fassung des Art. 161 AG. z. BGB. das Gericht, dem die Führung des Handelsregisters obliegt, also das Amtsgericht, für die Registerführung zuständig. Die Register werden von denjenigen Amtsgerichten, denen die Führung des Handelsregisters obliegt, für die sämtlichen Amtsgerichte des Registerbezirks geführt.

Für die Führung der Register bleiben die bisherigen Vorschriften maßgebend (§ 21 JMBek. vom 14. Dez. 1899, die Führung des Genossenschaftsregisters betr., JMBl. 963).

§ 125.

Für die Führung des Handelsregisters sind die Amtsgerichte zuständig.

Durch Anordnung der Landesjustizverwaltung kann die Führung des Registers für mehrere Amtsgerichtsbezirke einem Amtsgericht übertragen werden.

Zuständigkeit.

1. Sachliche Zuständigkeit zur Führung des Handelsregisters: Nach § 8 HGB. wird das Handelsregister von den Gerichten geführt. Diese Vorschrift wird ergänzt durch die des § 125 Abs. 1, welche als zuständiges Gericht (Registergericht) das Amtsgericht bezeichnet. Für Bayern bedeutete dies eine Neuerung, da bisher die Landgerichte zur Registerführung zuständig waren.

2. Sachliche Zuständigkeit zur Registerführung auf Grund anderer Gesetze: Durch Bestellung des Amtsgerichts als Registergericht ist dasselbe zugleich berufen zur Führung des Genossenschaftsregisters (§ 10 GenG.), des Musterregisters (§ 9 Abs. 1 MustG.) und des Börsenregisters (§ 54 BörsG.), da die Führung dieser Register durch die erwähnten Gesetzesbestimmungen den zur Führung des Handelsregisters zuständigen Gerichten übertragen ist, ferner in Bayern zur Führung des Registers für die registrierten Gesellschaften (siehe Vorbemerkung 5 vor § 125).

3. Die örtliche Zuständigkeit ist für die verschiedenen Register in den betreffenden Gesetzen geregelt.

Örtlich zuständig ist für die Eintragung der Firma eines Einzelkaufmannes, einer offenen Handelsgesellschaft, einer Kommanditgesellschaft, einer Aktiengesellschaft, einer Kommanditgesellschaft auf Aktien, einer Gesellschaft mit beschränkter Haftung das Amtsgericht, in dessen Bezirk sich die Niederlassung des Kaufmannes, der Sitz der

Gesellschaft befindet (§§ 29, 106, 161 Abs. 2, 195, 320 Abs. 3 HGB., § 7 GmbHG.), für die Eintragung einer Genossenschaft das Amtsgericht, in dessen Bezirk die Genossenschaft ihren Sitz hat, für die Eintragungen in das Musterregister das Amtsgericht, in dessen Bezirk der Niederleger seine Hauptniederlassung und, falls er eine eingetragene Firma nicht besitzt, seinen Wohnsitz hat, wenn er im Inlande weder eine Niederlassung noch einen Wohnsitz hat, das Amtsgericht in Leipzig (§ 9 Abs. 2, 3 MustG.), für die Eintragung in das Börsenregister das Amtsgericht, in dessen Bezirk der Einzutragende seine gewerbliche Niederlassung oder in Ermangelung einer solchen seinen Wohnsitz hat (§ 55 Abs. 2 BörsG.) Wegen des Vorbehaltes zu Gunsten der Landesgesetzgebung siehe N. 4.

Seine Zuständigkeit hat der Registerrichter von Amts wegen zu prüfen.

4. Während die sachliche Zuständigkeit durch das Reichsgesetz ausschließlich geregelt ist, besteht hinsichtlich der örtlichen Zuständigkeit ein **Vorbehalt zu Gunsten der Landesgesetzgebung** auf Grund des Abs. 2 zunächst für die Führung des Handelsregisters.

Es kann durch Anordnung der Landesjustizverwaltung die Führung des Handelsregisters für mehrere Amtsgerichtsbezirke einem Amtsgericht übertragen werden.

Die Vorschrift des Abs. 2 gilt infolge der Zuständigkeitserklärung des zur Führung des Handelsregisters berufenen Gerichts auch zur Führung des Genossenschafts-, des Muster- und des Börsenregisters (N. 2) auch für die örtliche Zuständigkeit zur Führung dieser Register. Für die Zuständigkeit zur Führung des Börsenregisters bestimmt außerdem § 54 Satz 2 BörsG., daß die Landesregierung die Führung des Registers für die Bezirke mehrerer Amtsgerichte einem derselben übertragen kann; es kann hienach für die Führung des Börsenregisters noch eine weitere Einschränkung erfolgen.

An der Zuständigkeit des Beschwerdegerichts ist durch § 125 Abs. 2 nichts geändert; Beschwerdegericht ist dasjenige Landgericht, welches dem von der Landesjustizverwaltung zur Registerführung bestimmten Amtsgericht vorgesetzt ist. Der Streit, ob die Landesjustizverwaltung auf Grund des § 125 Abs. 2 auch die örtliche Zuständigkeit des Beschwerdegerichts abweichend zu regeln berechtigt ist (verneint von Rausnitz N. 18, bejaht von Schneider N. 5, Dorner N. 3 zu § 125), ist für Bayern jedenfalls zur Zeit gegenstandslos.

5. Ist von der Befugnis des Abs. 2 Gebrauch gemacht, so gehören zur Zuständigkeit des zur Registerführung bestimmten Amtsgerichts auch die in § 145 Abs. 1 aufgeführten Angelegenheiten, dagegen nicht die in Abs. 2 dortselbst bezeichneten.

6. In **Bayern** ist die Zuständigkeit auf Grund des § 125 Abs. 2 in folgender Weise geregelt:

Das Handelsregister wird von denjenigen Amtsgerichten geführt, welchen die Führung von dem Staatsministerium der Justiz übertragen wird (§ 1 HRB.).

Jedes Amtsgericht am Sitze eines Landgerichts hat das Handelsregister für alle Amtsgerichte des Landgerichtsbezirkes zu führen (Registergericht — Registerbezirk). Eine Ausnahme machen nur die Amtsgerichte München II und Frankenthal, welche nicht Registergerichte sind; über die Vereinigung der Amtsgerichte Bamberg I und II siehe JMBl. **03** 429, der Amtsgerichte Regensburg I und II JMBl. **04** 249. Das Amtsgericht München I ist Registergericht für die Amtsgerichte der Landgerichtsbezirke München I und II, das Amtsgericht Ludwigshafen a. Rh. für die Amtsgerichte des Landgerichtsbezirks Frankenthal. Das Amtsgericht Zweibrücken ist Registergericht für die Amtsgerichte Blieskastel, Homburg, St. Ingbert, Landstuhl, Waldmohr und Zweibrücken, das Amtsgericht Pirmasens für die Amtsgerichte Dahn, Pirmasens und Waldfischbach (§ 2).

Denjenigen Amtsgerichten, welchen die Führung des Handelsregisters übertragen ist, obliegt auch

die Führung des Genossenschaftsregisters (JMBek. vom 14. 12. 99, JMBl. 959),

die Führung des Musterregisters (JMBek. vom 14. 12. 99, JMBl. 982).

Die Führung des Börsenregisters ist übertragen

dem Amtsgerichte München I für die Bezirke der Landgerichte München I, München II und Traunstein,

dem Amtsgerichte Passau für die Bezirke der Landgerichte Deggendorf, Landshut, Passau und Straubing,

dem Amtsgerichte Ludwigshafen a. Rh. für die Bezirke der Landgerichte Frankenthal, Kaiserslautern, Landau und Zweibrücken,

dem Amtsgerichte Regensburg für die Bezirke der Landgerichte Amberg, Regensburg und Weiden (über Vereinigung der Amtsgerichte Regensburg I und II siehe JMBl. **04** 249),

dem Amtsgerichte Nürnberg für die Bezirke der Landgerichte Ansbach, Fürth und Nürnberg,

dem Amtsgerichte Bamberg (über Vereinigung von Bamberg I und II siehe JMBl. **03** 429) für die Bezirke der Landgerichte Bamberg, Bayreuth und Hof,

dem Amtsgerichte Würzburg für die Bezirke der Landgerichte Aschaffenburg, Schweinfurt und Würzburg,

dem Amtsgerichte Augsburg für die Bezirke der Landgerichte Augsburg, Eichstätt, Kempten, Memmingen und Neuburg a. D. (Bek. vom 14. 12. 1899, die Führung des Börsenregisters betr., JMBl. 999).

7. Eine kaum mehr praktische Übergangsvorschrift enthält für Bayern § 38 ÜbergG., § 16 HRBek.

8. Rechtshilfe: Eine reichsgesetzliche Verpflichtung zur gerichtlichen Beurkundung eines Löschungsantrages durch ein Amtsgericht an Stelle des Registergerichts besteht nicht, wohl aber besteht sie nach der zwischen Preußen und Bayern abgeschlossenen Übereinkunft vom 4./30. Oktober 1819 und der (preuß.) Ministerialerklärung vom 17. Mai 1834 (Recht **06** 1204 Nr. 2917, ZBl. **7** 534 Nr. 432).

§ 126.

Die Organe des Handelsstandes sind verpflichtet, die Registergerichte behufs der Verhütung unrichtiger Eintragungen sowie behufs der Berichtigung und Vervollständigung des Handelsregisters zu unterstützen; sie sind berechtigt, Anträge zu diesem Zwecke bei den Registergerichten zu stellen und gegen Verfügungen, durch die über solche Anträge entschieden wird, das Rechtsmittel der Beschwerde zu erheben.

Die näheren Bestimmungen werden von den Landesregierungen getroffen.

Mitwirkung der Organe des Handelsstandes bei der Registerführung.

1. Die in Abs. 2 ausdrücklich vorgesehenen Ausführungsbestimmungen sind für **Bayern** enthalten in der MBek., die Berichtigung und Vervollständigung der Handelsregister betr., vom 27. 12. 00, JMBl. **01** 35.

2. Organe des Handelsstandes sind in Bayern die **Handels- und Gewerbekammern.** Sie werden bei den ihnen nach § 126 Abs. 1 obliegenden Verrichtungen von den Bezirksgremien für Handel und Gewerbe unterstützt (§ 1 der Bek.). § 2 l. c sieht die Bestellung besonderer Vertreter zur Erledigung der den Handels- und Gewerbekammern in Registersachen obliegenden Verrichtungen vor.

Gehören die Amtsgerichte eines Registerbezirkes zu den Bezirken verschiedener Handels- und Gewerbekammern, so können diese vereinbaren, daß eine von ihnen die Verrichtungen in Registersachen auch für die außerhalb ihres Kammerbezirkes liegenden Amtsgerichtsbezirke wahrzunehmen habe (Bek. vom 25. 1. 02, JMBl. 311). Auf Grund dieser Vorschrift werden die Verrichtungen in Registersachen wahrgenommen von der Handels- und Gewerbekammer von Mittelfranken für die Amtsgerichtsbezirke Herzogenaurach, Gräfenberg, Monheim und Beilngries, von Oberfranken für die Amtsgerichtsbezirke Ebern und Baunach (JMBl. **02** 555), von Schwaben und Neuburg für die Amtsgerichtsbezirke Aichach, Friedberg, Landsberg und Schongau (JMBl. **02** 1112).

Zwangsinnungen von Handwerkern gehören nicht zu den Organen des Handelsstandes und haben daher nicht die diesen zugewiesenen Pflichten und Rechte (RJA. **2** 17, ZBl. **1** 809).

3. Die Unterstützung der Registergerichte ist **Pflicht** der Handels- und Gewerbekammern, die von ihnen von Amts wegen und ohne Anrufen oder Ersuchen der Registergerichte zu erfüllen ist. Sie haben sich nach Tunlichkeit von solchen innerhalb ihres Bezirkes vorgehenden Tatsachen, auf Grund deren eine Eintragung in das Handelsregister herbeizuführen ist, Kenntnis zu verschaffen und zu diesem Zweck an einzelnen Orten Vertrauensmänner aufzustellen; die Bezirksgremien haben die Pflicht, Tatsachen der bezeichneten Art nach erlangter Kenntnis den Handels- und Gewerbekammern mitzuteilen. Wenn eine Handels- und Gewerbekammer auf Grund der Berichte der Bezirksgremien oder der Vertrauensmänner oder auf sonstige Weise glaubhafte Kenntnis von Tatsachen erhält, auf Grund deren eine Eintragung in das Handelsregister herbeizuführen oder von dem Registergericht eine sonstige Verrichtung vorzunehmen ist, so hat sie dem Registergericht Mitteilung zu machen (§§ 3, 4 der Bek.). Die Handels- und Gewerbekammern sind aber außerdem auch verpflichtet, den Registergerichten auf Ersuchen Auskunft zu erteilen und Gutachten zu erstatten über Fragen, welche mit der Führung des Handelsregisters zusammenhängen; die nötigen Vorerhebungen haben sie selbst zu pflegen oder durch die Bezirksgremien oder die Vertrauensmänner pflegen zu lassen (§ 5).

4. Die Unterstützungspflicht besteht gegenüber den Registergerichten; zu diesen gehören auch die Landgerichte, insoferne sie nach § 143 die Löschung einer unzulässigen Eintragung von Amts wegen durch erstinstanzielle Verfügung anordnen können (Unger in ZZP. **34** 310).

5. Die Unterstützungspflicht besteht behufs der Verhütung unrichtiger Eintragungen sowie der Berichtigung und Vervollständigung der Handelsregister. Die §§ 6—8 der Bek. sehen zu diesem Zweck die Herstellung nach Gemeinden gesonderter Listen vor, aus denen der Name und der Wohnort der Gewerbetreibenden, die nähere Bezeichnung des Gewerbebetriebes, der Tag der Anmeldung und der Abmeldung zu entnehmen sind, die Begutachtung durch die Handels- und Gewerbekammern und Einsendung an die Registergerichte vor. Nach den §§ 9—13 hat von Zeit zu Zeit eine Durchsicht der Handelsregister unter Zuziehung eines oder mehrerer Vertreter der Handels- und Gewerbekammer nach Maßgabe der dort enthaltenen näheren Vorschriften zu erfolgen. Ergibt sich auf Grund der Durchsicht die Notwendigkeit, das Handelsregister zu berichtigen oder zu vervollständigen, so hat das Registergericht alsbald das geeignete zu veranlassen; die etwa erforderlichen Erhebungen kann es selbst vornehmen, es kann auch die Handels- und Gewerbekammer um Aufschluß ersuchen (§ 14); über die Pflicht des Registergerichts, auf Anregungen der Handels- und Gewerbekammer hin von Amts wegen die erforderlichen Ermittelungen zu veranstalten, siehe auch ZBl. **4** 539, RJA. **4** 28.

Wegen des Rechtes der Handels- und Gewerbekammer, ihre Bedenken gegen die Zulässigkeit einer vom Beschwerdegericht angeordneten Eintragung zu äußern, siehe auch BayObLG. **7** 63.

6. § 126 bezieht sich nur auf die Handelsregister, nicht auf das Genossenschaftsregister (Recht **02** 66), auch nicht auf die dem Amtsgericht nach § 145 obliegenden Verrichtungen (Josef N. 2 zu § 126).

7. Das Recht zur **Beschwerde** und weiteren Beschwerde steht den Handels- und Gewerbekammern auf Grund des § 126 Abs. 1 auch dann zu, wenn die Voraussetzungen des § 20 Abs. 1 (Beeinträchtigung eines Rechts) nicht vorliegen, jedoch nur, insoweit sich die Beschwerde gegen Verfügungen über Anträge richtet, welche die beschwerdeführende Kammer selbst gestellt hat, also z. B. nicht in einem ohne ihren Antrag eingeleiteten Ordnungsstrafverfahren (RJA. **4** 207, ZBl. **5** 420). Ein Beschwerderecht auf Grund des § 20 Abs. 1 gegen Verfügungen, welche nicht durch Anträge der Kammer veranlaßt worden sind, ist nicht ausgeschlossen.

Die Handels- und Gewerbekammern sollen ihre Beschwerden begründen. Im Falle der weiteren Beschwerde braucht die Beschwerdeschrift nicht von einem Rechtsanwalt unterschrieben zu sein (§ 15 der Bek.).

Über Substanziierung von Anträgen siehe Cohn im Recht **03** 221, auch Recht **04** 329.

§ 127.

Das Registergericht kann, wenn eine von ihm zu erlassende Verfügung von der Beurteilung eines streitigen Rechtsverhältnisses abhängig ist, die Verfügung aussetzen, bis über das Verhältnis im Wege des Rechtsstreits entschieden ist. Es kann, wenn der Rechtsstreit nicht anhängig ist, einem der Beteiligten eine Frist zur Erhebung der Klage bestimmen.

Aussetzung der Eintragung.

1. Der Registerrichter hat zu prüfen, ob die Anmeldungen zur Eintragung den gesetzlichen Erfordernissen entsprechen und ob nach ihrem Inhalte die Eintragung in das Handelsregister erfolgen kann (§ 62 HRBek.); über die bei der Prüfung zu beachtenden Punkte siehe §§ 63, 64 l. c. Der Registerrichter darf die in den Anmeldungen aufgestellten Behauptungen als richtig annehmen, wenn ihm nicht die Unrichtigkeit bekannt ist oder sich aus den Umständen Zweifel an der Richtigkeit ergeben. Er kann von dem Anmeldenden den Nachweis der tatsächlichen Behauptungen verlangen oder von Amts wegen die erforderlichen Beweise erheben.

Die für seine Entscheidung, ob eine Eintragung — auf Anmeldung hin oder von Amts wegen — erfolgen soll, maßgebenden Tat- und Rechtsfragen hat der Registerrichter regelmäßig selbst zu entscheiden. Von diesem Grundsatze gestattet jedoch § 127 eine Ausnahme, insofern er zuläßt, daß der Registerrichter unter Umständen die Entscheidung des Prozeßrichters über einschlägige Fragen abwartet.

2. § 127 gilt für das Registergericht (N. 1 zu § 125), neben dem Amtsgericht aber auch für die Beschwerdeinstanzen, ferner für die Landgerichte in den Fällen der §§ 143, 144, in denen es erstinstanziell zur Entscheidung berufen ist (RJA. **5** 185, ZBl. **6** 96, OLG. **10** 328); er gilt dagegen nicht für die Amtsgerichte in den Fällen der §§ 145, 146, da sie hier nicht Registergerichte sind.

Kraft besonderer Vorschrift der §§ 147, 159, 161 findet § 127 auch auf die Tätigkeit des Registergerichts bezüglich des Genossenschafts-, des Vereins- und des Güterrechtsregisters Anwendung.

3. Voraussetzung der Aussetzung ist, daß die zu erlassende Verfügung von der Beurteilung eines streitigen Rechtsverhältnisses abhängig ist; es müssen also

a) mehrere Beteiligte vorhanden sein; als solche kommen die Handels- und Gewerbekammern, die eine von der Ansicht eines Beteiligten abweichende Auffassung vertreten, nicht in Betracht;

b) zwischen den Beteiligten muß über ein Rechtsverhältnis, für dessen Entscheidung der Rechtsweg offen steht, sei es über tatsächliche oder rechtliche Fragen, Meinungsverschiedenheit bestehen; daß ein Rechtsstreit schon anhängig ist, ist nicht erforderlich; andernteils ist die Aussetzung auch dann nicht unbedingt geboten, wenn der Rechtsstreit über den maßgebenden Punkt schon begonnen hat.

Immer muß die Beurteilung des streitigen Rechtsverhältnisses für die Verfügung des Registergerichts präjudiziell sein. Fälle dieser Art sind, wenn ein Kaufmann eine bereits für einen anderen eingetragene Firma anmeldet und gegen dessen Widerspruch behauptet, daß dieser nicht berechtigt sei, die Firma zu gebrauchen, desgleichen, wenn der Erwerber eines Geschäftes die Firma des früheren Inhabers weiterführt und in dem auf Veranlassung des letzteren eingeleiteten Ordnungsstrafverfahren geltend macht, er habe mit dem Geschäft zugleich die Firma erworben (D. 70).

4. Die Aussetzung kann von Amts wegen oder auf Antrag erfolgen; sie steht nicht im freien Belieben des Registergerichts; dieses hat vielmehr **nach pflichtgemäßem Ermessen** die sachlichen Gründe zu erwägen, welche etwa für die Abwartung einer Entscheidung des Prozeßgerichts sprechen. Der Registerrichter hat also insbesondere zu prüfen, ob ein streitiges Rechtsverhältnis glaubhaft gemacht ist; der unbescheinigte Protest einer Person gegen eine Eintragung rechtfertigt die Aussetzung noch nicht (Recht **01** 286). Wenn ein zur Eintragung angemeldeter Beschluß der Generalversammlung einer Aktiengesellschaft im Prozeßwege als ungiltig angefochten ist, so kann das Registergericht die Verfügung über die Eintragung nur aus der in der Entscheidung zu begründenden Erwägung aussetzen, daß nach dem Streitstoff begründete Zweifel an der Giltigkeit des Beschlusses bestehen und die alsbaldige Eintragung wesentliche Interessen verletzen könnte (RG. **21** A 240).

Das Registergericht darf nicht aussetzen, wenn durch die Verhältnisse eine sofortige Entscheidung geboten ist, so, wenn es sich um die Eintragung des Ersatzes des einzigen Vorstehers einer Aktiengesellschaft durch eine andere Person handelt, da sonst die Aktiengesellschaft einem gutgläubigen Dritten das Erlöschen der Vertretungsbefugnis des bisherigen Vorstandes nicht entgegen halten könnte und auch die Löschung des bisherigen Vorstandes allein ohne Eintragung eines neuen Vorstandes nicht genügen würde, weil dann die Gesellschaft ganz ohne Vorstand wäre.

5. Ist schon ein Rechtsstreit anhängig, so erfolgt die Aussetzung, wenn das Gericht sie für angezeigt hält, bis zu dessen Erledigung. Das Registergericht hat sich von dem Fortgange des Prozesses unterrichtet zu halten.

Ist ein Rechtsstreit noch nicht anhängig, so kann das Registergericht einem der Beteiligten, der als Kläger auftreten kann, eine Frist zur Erhebung der Klage stellen, es kann aber auch schlechthin bis zur Erledigung des anzustrengenden

Prozesses aussetzen, ohne durch eine Fristbestimmung auf die Beteiligten einen indirekten Zwang zum Prozeßbeginn auszuüben.

Ein unmittelbarer Zwang zum Beginn oder zur Durchführung eines Rechtsstreites kann nicht ausgeübt werden. Das Registergericht kann seine Verfügung jederzeit, auch wenn ein Rechtsstreit anhängig ist oder anhängig gemacht wurde, ändern, also die Aussetzungsverfügung zurücknehmen und selbst alsbald in der Sache entscheiden.

Erfolgt eine Entscheidung des Prozeßgerichts nicht, so kann das Registergericht in Fällen, in welchen nur auf Anmeldung eine Eintragung erfolgt (§§ 19, 21 ff. HRBek.), die Eintragung ablehnen, weil ihm deren Erfordernisse nicht nachgewiesen sind. In den Fällen dagegen, in welchen es von Amts wegen die Eintragung zu bewirken hat (§§ 71 ff. HRBek.), muß es nun selbst über das streitige Rechtsverhältnis entscheiden (Josef in DNotV. **4** 333).

6. Die Aussetzungsverfügung ist den Beteiligten **bekannt zu machen** und zwar, sofern die Bekanntmachung nicht nach § 16 Abs. 3 zu Protokoll erfolgt, nach Maßgabe des § 16 Abs. 2 Satz 1, wenn eine Frist für die Klageerhebung gesetzt ist, die von der Bekanntmachung an laufen soll, andernfalls nach § 16 Abs. 2 Satz 2.

7. Die Aussetzungsverfügung unterliegt der **Beschwerde** und der weiteren Beschwerde (Josef im ZBl. **5** 174).

8. Das Registergericht ist — weder in Fällen, in welchen es bis zur prozeßgerichtlichen Entscheidung einer Vorfrage ausgesetzt hat, noch in sonstigen Fällen — gegenüber der Entscheidung des Prozeßgerichtes **gebunden** (siehe hierüber auch Josef im ZBl. **3** 589). Doch bestehen von diesem Grundsatze in folgenden Fällen Ausnahmen:

a) Ist durch eine rechtskräftige oder sonstige vollstreckbare Entscheidung des Prozeßgerichts gegen einen von mehreren bei der Vornahme der Anmeldung Beteiligten

die Verpflichtung zur Mitwirkung bei der Anmeldung oder

ein Rechtsverhältnis, bezüglich dessen eine Eintragung zu erfolgen hat,

festgestellt, so genügt zur Eintragung die Anmeldung der übrigen Beteiligten. Der Registerrichter hat also, wenn die sonstigen Voraussetzungen vorliegen, die Eintragung anzuordnen, auch wenn der Unterliegende nicht bei der Anmeldung mitwirkt. Mit der Anmeldung ist die Ausfertigung der Entscheidung des Prozeßgerichts dem Registergerichte vorzulegen.

Wird die Entscheidung, auf Grund deren die Eintragung erfolgte, aufgehoben, so ist dies auf Antrag auch nur eines einzigen der Beteiligten einzutragen (§ 16 Abs. 1 HGB.).

b) Ist durch rechtskräftige oder vollstreckbare Entscheidung des Prozeßgerichts die Vornahme einer Eintragung für unzulässig erklärt, ist z. B. die Führung einer Firma untersagt oder der Beschluß einer Aktiengesellschaft für ungiltig erklärt, so darf der Registerrichter die Eintragung nicht vornehmen, wenn der obsiegende Teil widerspricht (§ 16 Abs. 2 HGB.).

In keinem Fall kann das Prozeßgericht selbst die Eintragung anordnen oder das Registergericht um die Eintragung ersuchen. Es bedarf vielmehr — abgesehen von den Fällen der Eintragung von Amts wegen — stets einer Anmeldung der Beteiligten, damit der Registerrichter tätig werde (§ 68 HRBek.).

Auch gegenüber Entscheidungen in Angelegenheiten der freiwilligen Gerichtsbarkeit, z. B. eines Vormundschaftsrichters oder eines anderen Registerrichters besteht regelmäßig keine Gebundenheit; Ausnahmen siehe in den §§ 143, 444 FGG., §§ 83, 85 HRBek., wonach der Registerrichter Verfügungen eines Landgerichts unbedingt Folge zu leisten hat.

§ 128.

Die Anmeldungen zur Eintragung in das Handelsregister sowie die zur Aufbewahrung bei dem Gerichte bestimmten Zeichnungen von Unterschriften können zum Protokolle des Gerichtsschreibers des Registergerichts erfolgen.

Form der Anmeldungen.

1. Eintragungen in das Handelsregister auf eine Anmeldung hin sind nur zulässig, soferne das Gesetz eine Anmeldung vorschreibt oder zuläßt; siehe über freiwillige Anmeldungen die §§ 21—24, über notwendige Anmeldungen die §§ 25—38 HRBek. Die Anmeldungen haben bei dem zur Eintragung zuständigen Registergericht (§ 125 FGG. und die Noten daselbst) zu erfolgen.

2. Nach § 12 HGB. sind die Anmeldungen zur Eintragung in das Handelsregister sowie die zur Aufbewahrung bei dem Gericht bestimmten Zeichnungen von Unterschriften persönlich beim Gericht zu bewirken oder in öffentlich beglaubigter Form einzureichen; über Beglaubigung siehe § 129 BGB., § 167 Abs. 2 FGG. Zu der ersteren Form der Anmeldungen oder Zeichnungen gibt § 128 eine ergänzende Vorschrift: Es **genügt** die Erklärung zum Protokoll des Gerichtsschreibers, aber **nur** desjenigen des Registergerichts. Damit ist die Anwendung des § 11 ausdrücklich ausgeschlossen; der Gerichtsschreiber eines anderen Amtsgerichts ist zur Entgegennahme von Anmeldungen oder Zeichnungen nicht zuständig; nähme der Gerichtsschreiber eines anderen Amtsgerichts solche entgegen, um sie dem Registergericht zu übermitteln, so bedürften die vor ihm abgegebenen Erklärungen noch der öffentlichen Beglaubigung.

Dagegen kann der Registerrichter selbst Anmeldungen und Zeichnungen zu eigenem Protokolle entgegennehmen (§ 51 HRBek.).

Siehe über die vom Gerichtsschreiber bei der Protokollaufnahme zu beachtenden Grundsätze § 14 HRBek. und über die Verpflichtung des Richters und des Gerichtsschreibers, auf die Hebung etwaiger Mängel von Anmeldungen hinzuwirken § 12 l. c., ferner über das Anmeldeverfahren die § 48 ff. HRBek.

Die auf die Anmeldung ergehende Verfügung des Registerrichters ist den Beteiligten nur bekannt zu machen, wenn die Anmeldung ganz oder teilweise zurückgewiesen wird; in der Verfügung sind kurz die Gründe anzugeben, aus denen die Zurückweisung erfolgt ist (§ 69 HRBek.).

Über die zu erlassende Eintragungsverfügung, wenn auf Grund der Anmeldung die Eintragung angeordnet wird, siehe § 76 HRBek.

3. § 128 gilt nach ausdrücklicher Vorschrift der §§ 147, 159, 161 auch für Anmeldungen zum Genossenschaftsregister, Vereinsregister und Güterrechtsregister; wegen der Anmeldungen zum Genossenschaftsregister siehe § 157 Abs. 1 GenG., § 6 der Bek. des Bundesrats vom 1. 7. 99 (RGBl. 347).

Dagegen findet § 128 keine Anwendung auf Anmeldungen zu Eintragungen in das Musterregister und das Börsenregister; hier gilt also § 11; sie können zu Protokoll des Gerichtsschreibers jeden Amtsgerichts erfolgen. Das Gegenteil ergibt sich für das Musterregister nicht (wie Schneider N. 2 zu § 128 annimmt) aus den §§ 1 und 5 der Bek. des Reichskanzlers vom 29. 2. 76 (abgedruckt im JMBl. **99** 973); nach § 5 können die Anträge schriftlich oder zu Protokoll erfolgen, ohne daß in letzterer Hinsicht eine Beschränkung beigefügt wäre, welche der Anwendung des § 11 FGG. entgegenstünde; die für die Anträge auf Eintragungen im Musterregister zugelassene freiere Form weicht soweit von der in § 12 HGB. vorgeschriebenen ab, daß auch innerlich die Anwendung des § 128 nicht gerechtfertigt erscheint.

§ 129.

Ist die zu einer Eintragung erforderliche Erklärung von einem Notar beurkundet oder beglaubigt, so gilt dieser als ermächtigt, im Namen des zur Anmeldung Verpflichteten die Eintragung zu beantragen. Die Vorschriften des § 124 finden entsprechende Anwendung.

Antragsrecht der Notare.

1. § 129 Satz 1 stimmt mit § 15 GBO., der auch für Anträge auf Eintragungen in das Schiffsregister für anwendbar erklärt ist (§ 100 Abs. 2), überein. § 129 gilt auch für Anträge zum Registergericht in Genossenschafts-, Vereins- und Güterregisterangelegenheiten (§ 147, 159, 161 FGG.). Siehe ferner die ähnliche Bestimmung des § 71 hinsichtlich des Antragsrechts des Notars auf Eintragungen in das Standesregister.

2. § 129 sieht die **Stellvertretung** dessen, der zu einer Anmeldung verpflichtet ist, **durch den Notar ohne Vollmachtsnachweis** vor. Von dem Notar bei dem die gesetzlichen Voraussetzungen (N. 3) zutreffen, wird, wenn er den Eintragungsantrag stellt, ohne weiteres **vermutet**, daß er von dem zur Anmeldung Verpflichteten zur Antragstellung ermächtigt ist. Zur Begründung der Vermutung genügt die Vorlage der von dem Notar beurkundeten oder beglaubigten Erklärung. Das Registergericht ist nicht verpflichtet, zu prüfen, ob die Antragstellung dem Willen des Anmeldepflichtigen entspricht; es ist nicht berechtigt, einen Vollmachtsnachweis zu verlangen. Der Anmeldepflichtige kann die Berechtigung des Notars zur Antragstellung ausschließen, muß aber eine darauf bezügliche Erklärung gegenüber dem Registergericht abgeben, um den Eintritt der gesetzlichen Vermutung zu verhindern.

3. Voraussetzung ist, daß der Notar die zu der Eintragung erforderliche Erklärung beurkundet oder beglaubigt hat (abweichend von § 71, siehe N. 1 daselbst). Unter der „zu der Eintragung erforderlichen Erklärung" ist nur die Anmeldung zu verstehen, die nach § 12 HGB., wenn sie nicht durch die anmeldepflichtige Person bewirkt wird, in öffentlich beglaubigter Form einzureichen ist, dagegen sind darunter nicht begriffen die der Anmeldung als Unterlage dienenden Urkunden (ebenso Rausnitz N. 1, Wellstein N. 2 zu § 129, a. M. Weißler N. 1, Ebert-Dudek N. 1, die verlangen, daß der Notar die der Anmeldung als Unterlage dienenden Urkunden aufgenommen oder beglaubigt hat, nicht auch die Anmeldung, Dorner N. 2, Fuchs N. 1, Birkenbihl N. 1, die eines von beiden für genügend halten, und Schultze-Görlitz, der Beurkundung oder Beglaubigung sowohl der Anmeldung als ihrer Unterlagen als Erfordernis für die Antragsberechtigung des Notars ohne Vollmacht fordert).

4. Aus der Ermächtigung zur Antragstellung ergibt sich nicht auch die Ermächtigung, gegen eine ablehnende Verfügung ohne Vollmachtsnachweis namens des Anmeldepflichtigen **Beschwerde** einzulegen (Note 6 zu § 21 und die Zitate dortselbst; auch Schiffer in GruchotsBeitr. **46** **345** und im Recht **01** 586).

5. Zur Zurücknahme des Antrages oder der Beschwerde ist der Notar nicht ohne weiteres berechtigt (ZBl. 2 486, 535).

6. Aus der entsprechenden Anwendung der Vorschriften des § 124 ergibt sich folgendes:

Bei der Einlegung der weiteren Beschwerde durch Einreichung einer Beschwerdeschrift bedarf es der Zuziehung eines Rechtanwaltes nicht,

a) wenn eine Behörde Beschwerdeführerin ist,

b) wenn die Beschwerde von einem Notar eingelegt wird, der für den Beschwerdeführer einen Antrag beim Gericht erster Instanz gestellt hat (nach dem gleichfalls auf Grund des § 124 anwendbaren § 29 Abs. 1 Satz 3),

c) wenn die Beschwerde von dem Notar eingelegt wird, der die zu der Eintragung, auf welche sich die Beschwerde bezieht, erforderliche Erklärung beurkundet oder beglaubigt hat und im Namen eines Anmeldepflichtigen, der nicht der Beschwerdeführer zu sein braucht, den Eintragungsantrag gestellt hat; siehe auch N. 1 zu § 124.

§ 130.

Jede Eintragung soll den Tag, an welchem sie erfolgt ist, angeben und mit der Unterschrift des zuständigen Beamten versehen sein.

Jede Eintragung soll demjenigen, welcher sie beantragt hat, bekannt gemacht werden. Auf die Bekanntmachung kann verzichtet werden.

Form der Eintragung. Benachrichtigung des Antragstellers.

1. Über das Verfahren bei Führung des Handelsregisters enthält das FGG. nur wenige Bestimmungen in den §§ 130, 131, 142 Abs. 1 Satz 2. Im übrigen ist die Regelung dem Landesrecht überlassen. In **Bayern** sind allgemeine Vorschriften über das Verfahren bei Eintragungen in den §§ 101 ff. HRBek. enthalten. Folgendes ist hervorzuheben:

a) Ort der Eintragung: Die Eintragungen sind in dem Registerband desjenigen Amtsgerichts vorzunehmen, in dessen Bezirke sich der Ort der Handelsniederlassung befindet. Die Eintragung einer Zweigniederlassung erfolgt in dem Registerbande desjenigen Amtsgerichts, in dessen Bezirk sich die Zweigniederlassung befindet. Befinden sich die Hauptniederlassung und die Zweigniederlassung im Bezirke des gleichen Amtsgerichts, so wird für die Zweigniederlassung eine selbständige Eintragung nicht vorgenommen, sofern sie die gleiche Firma führt, wie die Hauptniederlassung; in diesem Falle wird vielmehr die Zweigniederlassung bei der Hauptniederlassung eingetragen (§ 101).

b) Form der Eintragung: Die Vornahme der Eintragung kann der Registerrichter dem Gerichtsschreiber übertragen, nachdem er den Wortlaut in der Eintragungsverfügung festgestellt hat (§ 103). Außer dem Tag der Eintragung soll auch die Nummer der Eintragungsverfügung angegeben werden; die erfolgte Eintragung ist bei der Verfügung zu vermerken (§§ 104, 110).

Jede Firma eines Einzelkaufmannes, jede juristische Person und jede Gesellschaft erhält eine besondere Stelle im Register (Registerblatt). Die Registerblätter werden in den Bänden fortlaufend nummeriert (§ 114). Innerhalb des Registerblattes erhält jede Eintragung eine fortlaufende Nummer. Jede Eintragung wird durch einen Querstrich abgeschlossen. Die Eintragung mehrerer verbundener Anmeldungen erfolgt unter der nämlichen Nummer und zwar auch dann, wenn die Eintragung in verschiedenen Längsspalten des Registerblattes vorzunehmen ist (§ 115). Über die Umschreibung eines ausgefüllten Registerblattes siehe § 116.

c) Berichtigungen: Schreibfehler und ähnliche offenbare Unrichtigkeiten können vom Registerrichter ohne weiteres berichtigt werden und zwar, solange die Eintragung noch nicht unterschrieben ist, sofort im Anschluß an die zu berichtigende Stelle, andernfalls durch besonderen Eintrag in der letzten Spalte des Registerblattes unter Verweisung auf die berichtigte Stelle. Andere Unrichtigkeiten können nur auf Antrag der Beteiligten berichtigt werden. Die berichtigte Stelle ist rot zu unterstreichen (§§ 108, 109). Berichtigungen werden nicht veröffentlicht (§ 156 Abs. 2).

d) Löschungen: Diese erfolgen in einem besonderen Eintrag in derjenigen Längsspalte, in welcher die zu löschende Eintragung steht; die gelöschte Eintragung wird rot unterstrichen (§ 112). Rot zu unterstreichen sind auch Eintragungen, welche ohne besondere Löschung infolge von späteren Eintragungen ihre Bedeutung verlieren (§ 111). Über Löschung eines ganzen Registerblattes siehe § 117.

e) Über Gegenstand und Umfang der Eintragungen siehe für Einzelfirmen §§ 89—93, für offene Handelsgesellschaften § 94, für Kommanditgesellschaften § 95, für Aktiengesellschaften § 96, für Kommanditgesellschaften auf Aktien § 97, für Gesellschaften mit beschränkter Haftung § 98, für Zweigniederlassungen § 99, für Eintragung der Prokura § 100.

f) Über Eintragungen von Amts wegen siehe die §§ 71 ff. Die Verfügung, durch welche eine Eintragung von Amts wegen angeordnet wird, ist schriftlich abzufassen, zu datieren und vom Registerrichter zu unterschreiben. Die Verfügung ist

den Beteiligten bekannt zu machen,

in beglaubigter Abschrift vom Gerichtsschreiber dem Registergericht der Zweigniederlassung zu übersenden.

Die Verfügung der Eintragung einer Konkurseröffnung ist den Beteiligten nicht bekannt zu machen; dagegen hat der Gerichtsschreiber dem Konkursgericht eine Abschrift der Eintragung mitzuteilen (§§ 86, 87).

g) Über Eintragungen in das Gesellschaftsregister siehe die §§ 135—146, in das Firmenregister die §§ 119—134; über das Nachschlagregister siehe die §§ 147—154.

h) Für jedes Blatt des Handelsregisters werden Registerakten gebildet; siehe hierüber die §§ 200 ff.

2. Die Vorschrift des § 130 entspricht der des § 113 für das Schiffsregister und der des § 45 GBO.

Die Eintragung ist zu **datieren** vom Tage der wirklichen Eintragung, nicht vom Tage des Einlaufes der Anmeldung oder, wenn die Unterschrift nicht sofort erfolgt wäre, vom Tage der Unterschrift. Die Eintragung des Tages ist namentlich für diejenigen Fälle von Bedeutung, in denen das Gesetz mit der Eintragung als solcher bestimmte Rechtswirkungen verbindet, wie nach den §§ 2, 123, 200, 277 Abs. 3 HGB., §§ 11, 55, 79 GmbHG., § 13 GenG. Der Beweis, daß der Tag der Eintragung unrichtig angegeben sei, ist zulässig.

3. Als **zuständigen Beamten,** dessen Unterschrift erforderlich ist, bezeichnet § 104 HRBek. den Registerrichter. Als Unterschrift genügt der Familienname.

4. Die Vorschrift des Abs. 2 ist lediglich instruktionell, ihre Nichtbeachtung ohne rechtliche Folgen. Vorgeschrieben ist hier gesetzlich — abweichend von § 121 FGG., § 55 GBO. — nur die **Bekanntmachung** an den Antragsteller, in Fällen des § 126 also an die Handels- und Gewerbekammer. Wird der Antrag von einem Bevollmächtigten gestellt, so ist diesem die Eintragung bekannt zu machen, wenn ein Notar nach § 129 den Antrag gestellt hat, dem Notar (§ 113 Abs. 1 HRBek.). Von der der Landesgesetzgebung zustehenden Befugnis, die Benachrichtigungspflicht weiter auszudehnen, ist in Bayern Gebrauch gemacht; wird der Antrag auf Eintragung von einem Dritten gestellt, so ist die darauf erfolgende Eintragung auch demjenigen bekannt zu machen, welchen sie betrifft. Wird z. B. eine Firma auf Antrag eines Dritten gelöscht, so ist die Eintragung der Löschung auch dem eingetragenen Firmeninhaber bekannt zu machen; ebenso, wenn eine Firma auf Antrag einer Handelskammer neu eingetragen wird.

Die Bekanntmachung erfolgt nach § 16 Abs. 3 oder Abs. 2 Satz 2, also zum Protokolle des Gerichtsschreibers oder durch einfache Zusendung der Mitteilung, daß die beantragte Eintragung vorgenommen wurde; auf Verlangen kann eine einfache oder eine beglaubigte Abschrift oder ein einfacher oder beglaubigter Auszug des Registerblattes gefertigt werden (§ 113 HRBek.).

5. Diejenigen Personen, an welche die Bekanntmachung erfolgen soll (N. 4), können auf die Bekanntmachung **verzichten.** Der Verzicht kann formlos erklärt werden.

6. Unberührt bleiben die Vorschriften der §§ 10, 11 HGB. über die öffentliche Bekanntmachung der Eintragungen; über deren Bedeutung siehe § 15 HGB. Die Ausführungsvorschriften über die öffentliche Bekanntmachung sind in den §§ 155 ff. HRBek. enthalten.

7. Die auf eine Anmeldung ergehende Verfügung des Registerrichters ist nur dann bekannt zu machen, wenn die Anmeldung ganz oder teilweise zurückgewiesen wird; in der Verfügung sollen die Gründe der Zurückweisung kurz angegeben werden (§ 69 HRBek.). Die Vorschrift entspricht in ihrem ersten Teil dem Grundsatze des § 16, daß nur sachliche Verfügungen, nicht interne Anweisungen, wie die Eintragungsverfügungen, bekannt zu machen sind.

8. § 130 gilt nach §§ 147, 159, 161 auch für Eintragungen in das Genossenschafts-, das Vereins- und das Güterrechtsregister, nicht für das Muster- und das Börsenregister; das Erfordernis der Datierung der Eintragungen und der Unterschrift gilt jedoch auch für das Börsenregister (siehe Abs. 3 der Bek. des Bundesrats vom 9. 10. 96, abgedruckt im JMBl. **99** 988 und die Formulare A und B hiezu).

§ 131.

Die Eintragung einer Zweigniederlassung ist von Amts wegen dem Registergericht der Hauptniederlassung mitzuteilen und in dessen Register zu vermerken. Das Gleiche gilt, wenn die Zweigniederlassung aufgehoben wird.

Zweigniederlassung.

1. Besteht für ein Unternehmen eine Zweigniederlassung, so ist auch die Zweigniederlassung einzutragen. Jede Eintragung im Register der Hauptniederlassung ist auch im Register der Zweigniederlassung zu bewirken; die Eintragung im Register der Zweigniederlassung darf nicht stattfinden, bevor nachgewiesen ist, daß die Eintragung beim Gericht der Hauptniederlassung geschehen ist. Diese Vorschriften kommen auch dann zur Anwendung, wenn sich die Hauptniederlassung im Auslande befindet. Soweit nicht das ausländische Recht eine Abweichung erforderlich macht, hat die Eintragung beim Gericht der Zweigniederlassung in gleicher Weise zu geschehen, wie wenn sich die Hauptniederlassung im Inlande befände (§ 13 HGB.).

Besitzt daher der Inhaber einer Firma (Einzelfirma, juristische Person oder Gesellschaft) eine Zweigniederlassung, so ist sie zum Handelsregister anzumelden ohne Unterschied, ob sie eine eigene Firma führt oder nicht. Dies gilt auch, wenn sich die Zweigniederlassung im gleichen Registerbezirk befindet wie die Hauptniederlassung.

Jede Anmeldung zum Gericht der Hauptniederlassung hat auch beim Gericht der Zweigniederlassung zu erfolgen. Befinden sich die Hauptniederlassung und die Zweigniederlassung im gleichen Registerbezirk, so genügt es, daß der auf die Hauptniederlassung sich beziehenden Anmeldung ein Hinweis auf das Bestehen der Zweigniederlassung beigefügt wird. Der Anmeldung zum Gericht der Zweigniederlassung ist der Nachweis beizufügen, daß der Eintrag beim Gericht der Hauptniederlassung erfolgt ist (KG. **20** A 36). Im übrigen gelten, soweit nicht ein anderes bestimmt ist, die für die Anmeldung zum Gericht der Hauptniederlassung bestehenden Vorschriften; Abweichungen ergeben sich aus den §§ 33 Abs. 2, 234 Abs. 2, 286, 296 Abs. 2, 302 Abs. 3, 320 Abs. 3, 325, 333 Abs. 1 HGB., §§ 12, 39, 59, 67 GmbHG.

Befindet sich in Bayern eine Zweigniederlassung, deren Hauptniederlassung im Auslande ist, so muß die Firma, die Prokura u. s. w. zum Gericht der Zweigniederlassung angemeldet werden, vorbehaltlich der Abweichungen, die das ausländische Recht erforderlich macht; besteht z. B. im Auslande kein Handelsregister, so kann der im Inlande zu bewirkenden Anmeldung zum Gericht der Zweigniederlassung nicht der Nachweis beigefügt werden, daß die Eintragung der Hauptniederlassung stattgefunden hat (§§ 33—35, 99 HRBek.). Die Anmeldungen können erzwungen werden.

Hält das Registergericht der Zweigniederlassung eine Eintragung von Amts wegen für geboten, so hat es, wenn sich die Eintragung nicht ausschließlich auf die Zweigniederlassung bezieht (z. B. § 30 Abs. 3 HGB.), das Registergericht der Hauptniederlassung in Kenntnis zu setzen; lehnt dieses die Eintragung ab, so hat es die Akten dem übergeordneten Landgericht zur Entscheidung vorzulegen. Verfügt das Landgericht die Eintragung, so sind die Registergerichte der Zweigniederlassungen auch dann an die Entscheidung gebunden, wenn die Zweigniederlassungen in dem Bezirke des Landgerichts ihren Sitz nicht haben (§ 85 mit § 83 HRBek.).

Über das Verfahren bei Eintragungen von Zweigniederlassungen siehe §§ 101 Abs. 2, 120, 127, 136, 139 HRBek.

2. In Ergänzung des § 13 HGB. schreibt § 131 vor

a) die Mitteilung jeder Eintragung einer Zweigniederlassung, der Aufhebung und Verlegung einer solchen an das Registergericht der Hauptniederlassung,

b) die Vornahme eines Vermerkes im Register der Hauptniederlassung.

Der Vermerk hat nicht den Charakter einer Eintragung, ist daher nicht bekannt zu machen (Staub, N. 9 zu § 13 HGB.). Errichtung, Aufhebung und Verlegung einer Zweigniederlassung werden also beim Register der Hauptniederlassung nur vermerkt, dort aber nicht angemeldet, eingetragen und bekannt gemacht. Die Eintragung der Firma beim Gericht der Zweigniederlassung ist nicht von dem Nachweis vorheriger Eintragung der Zweigniederlassung beim Gericht der Hauptniederlassung abhängig und ebensowenig die der Aufhebung (KGJ. **20** A 36). § 131 setzt vielmehr gerade voraus, daß Errichtung, Aufhebung und Verlegung einer Zweigniederlassung zuerst beim Registergericht der Zweigniederlassung eingetragen werden (JW. **02** 545, DJZ. **02** 546). Dem Registerrichter der Zweigniederlassung obliegt daher **selbständig das Prüfungsrecht und die Prüfungspflicht** hinsichtlich der darauf bezüglichen Anmeldungen. Auch wenn eine sonstige Eintragung beim Gericht der Hauptniederlassung schon erfolgt ist, hat der Registerrichter der Zweigniederlassung die Pflicht, die Zulässigkeit einer Eintragung selbständig zu prüfen (ZBl. **2** 777, RJA. **3** 20).

3. Mitteilung der Aufhebung der Hauptniederlassung an das **Gericht** der Zweigniederlassung ist für das Handelsregister nicht vorgeschrieben (siehe dagegen für das Genossenschaftsregister § 158 Abs. 2 GenG., der Mitteilung der Auflösung der Genossenschaft an das Gericht der Zweigniederlassung gebietet).

§ 132.

Sobald das Registergericht von einem sein Einschreiten nach den §§ 14, 319 und dem § 325 Nr. 9 des Handelsgesetzbuchs rechtfertigenden Sachverhalte glaubhafte Kenntnis erhält, hat es dem Beteiligten unter Androhung einer Ordnungsstrafe aufzugeben, innerhalb einer bestimmten Frist seiner gesetzlichen Verpflichtung nachzukommen oder die Unterlassung mittels Einspruchs gegen die Verfügung zu rechtfertigen.

Die Beschwerde gegen diese Verfügung ist unzulässig.

Androhung von Ordnungsstrafen.

1. Die §§ 132—139 enthalten die Ausführungsvorschriften zu den §§ 14, 319, 325 Nr. 9 HGB. und regeln das Verfahren bei Verhängung von Ordnungsstrafen (siehe hierüber Keidel in SeuffBl. **01** 480, 505).

Der Registerrichter kann also Ordnungsstrafen nicht nach seinem Ermessen zur Erzwingung jeder beliebigen Handlung verhängen; ein Ordnungsstrafverfahren ist nur zulässig, wo das HGB. es ausdrücklich vorsieht. Keinen Anlaß zum Einschreiten bietet der Umstand, daß bei der Firma eines Einzelkaufmanns eine unrichtige Standesbezeichnung des Firmeninhabers eingetragen ist (OLG. **7** 342).

2. Zuständig zur Durchführung eines Ordnungsstrafverfahrens ist regelmäßig das Gericht, bei dem die Hauptniederlassung eingetragen ist, nur bei Eintragungen, welche sich ausschließlich auf die Zweigniederlassung beziehen, das Gericht, bei dem die letztere eingetragen ist. Über mangelnde Zuständigkeit des Landgerichts in der Beschwerdeinstanz zur Durchführung des Verfahrens nach den §§ 132 ff. siehe unten N. 7.

3. Die einzelnen Fälle sind:

a) die Nichterfüllung der Verpflichtung zu einer Anmeldung; über die erzwingbaren Anmeldungen siehe die §§ 25—36, 39 Abs. 2, 4 HRBek.;

b) Nichterfüllung der Verpflichtung zu einer Zeichnung der Unterschrift; über Verpflichtung zu Zeichnungen siehe die §§ 177—181 l. c.;

c) Nichterfüllung der Verpflichtung zu einer Einreichung von Schriftstücken; eine Einreichungspflicht besteht nur in den gesetzlich bestimmten Fällen; siehe die §§ 189—194 HRBek.,

a—c) auf Grund des § 14 HGB.;

d) Nichterfüllung der den Mitgliedern des Vorstands oder den Liquidatoren einer Aktiengesellschaft oder den persönlich haftenden Gesellschaftern oder den Liquidatoren einer Kommanditgesellschaft auf Aktien (§§ 315, 325 Nr. 9 HGB.) außer den Anmeldungen, Zeichnungen und Einreichungen obliegenden nachstehend aufgeführten Verpflichtungen:

Verpflichtung des Vorstands, unverzüglich eine Generalversammlung zu berufen und dieser Anzeige zu machen, wenn laut Jahresbilanz oder Zwischenbilanz die Hälfte des Grundkapitals verloren ist (§ 240 Abs. 1),

Berichterstattung des Vorstands über den Gang der Gesellschaftsangelegenheiten an den Aufsichtsrat auf dessen Verlangen (§ 246 Abs. 1),

Verpflichtung des Vorstands, jährlich eine Bilanz, eine Gewinn- und Verlustrechnung, sowie einen Bericht über den Vermögensstand und die Verhältnisse der Gesellschaft dem Aufsichtsrat und mit dessen Bemerkungen der Generalversammlung vorzulegen (§ 260 Abs. 2),

Verpflichtung zur Auslegung der in § 260 Abs. 2 bezeichneten Vorlagen mindestens während der letzten zwei Wochen vor dem Tage der Generalversammlung (§ 263 Abs. 1),

Verpflichtung des Vorstands, den bestellten Revisoren Einsicht der Bücher und Schriften der Gesellschaft und die Untersuchung des Bestandes der Gesellschaftskasse sowie der Bestände an Wertpapieren und Waren zu gestatten und den Bericht der Revisoren über das Ergebnis der Prüfung bei Berufung der Generalversammlung als Gegenstand der Beschlußfassung anzukündigen (§ 267 Abs. 1 und 2),

Verpflichtung des Vorstands, unverzüglich die Erhebung der Klage wegen Anfechtung eines Generalversammlungsbeschlusses und den Termin zur mündlichen Verhandlung in den Gesellschaftsblättern bekannt zu machen (§ 272 Abs. 4),

Verpflichtung der Liquidatoren, für den Beginn der Liquidation und weiterhin für den Schluß jedes Jahres eine Bilanz aufzustellen und ferner die in den §§ 260, 263, 267 dem Vorstand auferlegten Handlungen vorzunehmen (§ 299),

Verpflichtung der Liquidatoren, nach beendigter Liquidation die Bücher und Papiere der Gesellschaft an einem vom Gericht bestimmten Orte zu hinterlegen (§ 302 Abs. 2).

Wegen der Erzwingbarkeit der Anmeldung einer im Inlande betriebenen Zweigniederlassung durch eine ausländische Aktiengesellschaft siehe BayObLG. **7** 446, Recht **06** 1205 Nr. 2931.

4. Voraussetzung des gerichtlichen Einschreitens ist, daß das Registergericht durch die Distriktspolizeibehörde auf Grund der Bek. vom 25. 1. 79 (JMBl. 39), durch andere Behörden, durch eine Handels- und Gewerbekammer (über Notwendigkeit derartiger Begründung des Antrages, daß sich das Registergericht ein Urteil bilden kann, ob sein Einschreiten veranlaßt ist, siehe Cohn im Recht **03** 221) oder in sonstiger glaubhafter Weise Kenntnis von Tatsachen erhält, auf Grund deren die Verpflichtung zu einer der in Note 3 aufgezählten Handlungen besteht (§§ 40, 187, 198, 215 HRBek.).

So hat der Registerrichter, sobald ihm der Verkauf eines Geschäftes mit der Firma amtlich bekannt geworden ist, den Verkäufer zur Anmeldung des Überganges der Firma anzuhalten, selbst wenn sich der Käufer (der neue Inhaber der Firma) mit der Fortführung derselben Firma durch den Verkäufer einverstanden erklärt; die Handelsregistereinrichtung ist, weil publici juris, der Parteidisposition entrückt (Recht **02** 346).

Eine Verpflichtung, nach derartigen Tatsachen zu forschen, ist dem Registerrichter, abgesehen von den in der Bek. vom 27. 12. 00 (JMBl. **01** 35) enthaltenen Vorschriften (siehe die Noten zu § 126), nicht auferlegt. Wenn aber das Gericht von Tatsachen Kenntnis erlangt hat, welche sein Einschreiten veranlassen, hat es nötigenfalls von Amts wegen (§ 12) den Sachverhalt noch soweit aufzuklären, um sich schlüssig machen zu können, ob ein Ordnungsstrafverfahren einzuleiten ist oder nicht (RJA. **4** 28, ZBl. **4** 539, OLG. **8** 242). Der volle Nachweis des wirklichen

Sachverhaltes und die endgiltige Entscheidung über die Registerpflicht ist jedoch dem Einspruchsverfahren vorbehalten (RG. **30** A 116).

Hinsichtlich der nach den §§ 319, 325 HGB. bestehenden Verpflichtungen wird regelmäßig nur eine Mitteilung der Personen Anlaß zu einem Einschreiten des Registergerichts geben, in deren Interesse und zu deren Schutz die betreffende Verpflichtung auferlegt ist (Dorner N. 3, a. M. Rausnitz N. 4, Jastrow in ArchBürgR. **13** 349).

Da die Durchführung des Ordnungsstrafverfahrens nicht von einem Antrage abhängt, ist die Zurücknahme eines gestellten Antrages auf die Einleitung und Durchführung desselben ohne Einfluß (Josef N. 3 zu § 135).

5. Die **Beteiligten**, gegen die sich das Verfahren zu richten hat, sind diejenigen Personen, welchen das Gesetz die zu erzwingende Verpflichtung auferlegt hat. Einreichungen obliegen bei den Aktiengesellschaften dem Vorstand (nicht den sämtlichen Vorstandsmitgliedern), bei den Kommanditgesellschaften auf Aktien den mit der Vertretung beauftragten persönlich haftenden Gesellschaftern, bei Gesellschaften mit beschr. Haftung dem Geschäftsführer; die Einreichung des Revisionsberichtes obliegt den Revisoren, die Einreichung der Belege über die die Liquidation betreffenden Bekanntmachungen den Liquidatoren (§ 195 HRBek.). Kann eine Anmeldung oder eine sonstige erzwingbare Handlung nur von mehreren gemeinsam vorgenommen werden, so ist auch ein Ordnungsstrafverfahren nur gegen alle, nicht gegen einzelne zulässig (Marcus in HoldheimsMSchr. **13** 30).

Das Ordnungsstrafverfahren kann sich aber nur gegen physische Personen richten, also nie gegen den Vorstand einer Gesellschaft, sondern nur gegen die einzelnen Vorstandsmitglieder (RJA. **4** 31, ZBl. **4** 541, RG. **56** 425, OLG. **4** 463, BayObLG. **7** 446, Recht **07** 122), für Geschäftsunfähige und in der Geschäftsfähigkeit Beschränkte gegen deren gesetzliche Vertreter. Auch im Einspruchsverfahren und Beschwerdeverfahren sind Beteiligte die Vorstandsmitglieder, Geschäftsführer u. s. w., nicht die Gesellschaft; die Unterzeichnung des Einspruchs, der Beschwerde mit der Gesellschaftsfirma genügt daher in der Regel nicht; eine nur von einem der Verpflichteten eingelegte Beschwerde wirkt nicht ohne weiteres zu Gunsten der übrigen (BayObLG. **1** 658, SeuffA. **56** 485 Nr. 271, OLG. **4** 100).

6. Beim Vorliegen der Voraussetzungen ist die Einleitung des Ordnungsstrafverfahrens **Pflicht** des Registergerichts; es steht nicht in seinem Ermessen, ob es vorgehen will oder nicht. Es darf auch nicht unter Abstandnahme vom Ordnungsstrafverfahren den zu einer Anmeldung Verpflichteten zur Vornahme der Handlung anweisen (OLG. **1** 357).

Das **Verfahren** muß mit einer Aufforderung an den oder die Verpflichteten beginnen,

entweder innerhalb einer richterlich zu bestimmenden Frist seiner gesetzlichen Verpflichtung nachzukommen,

oder die Unterlassung mittels Einspruches zu rechtfertigen,

verbunden mit der Androhung einer Ordnungsstrafe für den Fall, daß innerhalb der Frist weder erfüllt, noch Einspruch eingelegt wird; die alternative Auflage, entweder der betreffenden Verfügung nachzukommen oder die Unterlassung mittels Einspruchs zu rechtfertigen, muß in der Verfügung des Amtsgerichts ausdrücklich enthalten sein (Recht **10** 61).

In der Verfügung ist die zu erfüllende Verpflichtung genau nach den Vorschriften des Gesetzes zu bezeichnen; weitere gesetzlich nicht gestattete Auflagen dürfen in dieselbe nicht aufgenommen werden (OLG. **5** 275). Die Strafandrohung muß ziffermäßig erfolgen, allgemeine Inaussichtstellung einer erst festzusetzenden Strafe genügt nicht (OLG. **12** 412).

Die Frist ist so zu bemessen, daß die Verpflichtung innerhalb derselben erfüllt werden kann; Bestimmung einer zu kurzen Frist begründet die Beschwerde nach § 139. Die Frist kann auf Antrag oder von Amts wegen (nach § 18) verlängert werden, solange sie nicht abgelaufen ist; nach Ablauf ist eine Erstreckung mit Rücksicht auf § 133 ausgeschlossen. Wegen der Fristberechnung siehe § 17.

Die Strafe darf im einzelnen Fall den Betrag von 300 Mark nicht überschreiten (§§ 14, 319 Abs. 1 HGB.). Eine Umwandlung in Freiheitsstrafe ist, weil vom Gesetz nicht vorgesehen, nicht zulässig.

Die Bekanntmachung der Verfügung hat nach Maßgabe des § 16 Abs. 2 Satz 1 durch Zustellung von Amts wegen zu erfolgen. Mit der Bekanntmachung wird die Verfügung wirksam.

7. Rechtsmittel: Gegen die auf Grund des § 132 Abs. 1 erlassene Verfügung ist die Beschwerde unzulässig (Abs. 2). Erachtet sich der Betroffene zur Vornahme der ihm durch die Verfügung angesonnenen Handlung gesetzlich nicht für verpflichtet, so steht ihm nur der Weg des Einspruchs offen; erst gegen die im Einspruchsverfahren ergangene Verfügung ist die Beschwerde zulässig.

Gegen die Verfügung, durch welche ein Antrag, gemäß § 132 ff. einzuschreiten, abgelehnt wird, steht die Beschwerde nicht bloß dem Antragsteller, sondern jedem zu, dessen Recht durch die Verfügung beeinträchtigt ist (§ 20). Ein bloßes Interesse an der Durchsetzung des Antrages genügt nicht; deshalb ist ein Gläubiger, dem durch Mangel eines Eintrages im Handelsregister die Zwangsvollstreckung erschwert ist, nicht beschwerdeberechtigt (Recht **10** 693); siehe auch N. 3c zu § 20, S. 104, 105 oben. Ausnahmsweise ist der Handels- und Gewerbekammer als Antragstellerin ein unbedingtes Beschwerderecht eingeräumt (§ 126).

Das Beschwerdegericht hat, wenn es der Beschwerde stattgibt, die Durchführung des Ordnungsstrafverfahrens durch das Registergericht anzuordnen; es ist nicht selbst zuständig, eine Verfügung nach § 132 Abs. 1 zu erlassen (RJA. **6** 194, Recht **10** 332). Gegen diese Entscheidung ist die weitere Beschwerde für denjenigen, dem eine Auflage gemacht werden soll, zur Abwehr einer solchen nicht zulässig, ihm steht zu diesem Zweck nur der Einspruch gegen die auf Anordnung vom Registergericht zu erlassende Verfügung zu Gebote (RJA. **2** 127, ZBl. **2** 218, OLG. **3** 311, **9** 365, Recht **01** 432); siehe dagegen einen Fall der Zulässigkeit der weiteren Beschwerde unten N. 2 zu § 135.

8. Eine **Änderung und Zurücknahme** der nach Abs. 1 erlassenen Verfügung durch das Registergericht nach § 18 ist jederzeit, auch nach Erhebung des Einspruches, zulässig; siehe auch § 134. Auch die Zurücknahme der Verfügung ist den Beteiligten bekannt zu machen (N. 3 zu § 133). Wegen Änderung der bestimmten Frist siehe oben N. 6.

9. Der **Einspruch** kann schriftlich zum Registergericht oder mündlich zum Protokoll des Registerrichters oder des Gerichtsschreibers des Registergerichts erhoben werden. Er kann auch zum Protokoll des Gerichtsschreibers eines anderen Amtsgerichts erklärt werden; jedoch ist im letzteren Falle die Frist nur gewahrt, wenn das den Einspruch enthaltende Protokoll rechtzeitig beim Registergericht einläuft. Der Gerichtsschreiber des anderen Gerichts hat das Protokoll unverzüglich dem Registergericht einzusenden. Der Einspruch bedarf keiner Begründung, es empfiehlt sich aber, eine solche beizufügen (§§ 42, 43 HRBek.).

Es bedarf auch nicht der Bezeichnung als Einspruch, wenn sich nur aus dem Inhalt der Erklärung der Wille des Erklärenden, die gerichtliche Prüfung und Entscheidung herbeizuführen, ergibt. Unrichtige Bezeichnung des Rechtsmittels, des Einspruchs als Beschwerde und — wo letztere gegeben ist, siehe N. 7 — umgekehrt, schadet nicht, wenn sonst die Voraussetzungen des zulässigen Rechtsmittels gegeben sind (RJA. **4** 105, OLG. **7** 346).

10. Die Vorschriften der §§ 132—139 gelten auch in Angelegenheiten der Genossenschaften nach § 160 Abs. 2 GenG., und in Betreff der Anmeldungen zum Schiffsregister nach § 127 Abs. 2 BinnenSchG., § 15 FlaggenG. und zum Vereinsregister nach § 159 FGG.; wegen des Einspruchs- und Beschwerderechts nur der Vorstandsmitglieder, nicht des Vereins siehe Recht **07** 122 und oben N. 5.

§ 133.

Wird innerhalb der bestimmten Frist weder der gesetzlichen Verpflichtung genügt noch Einspruch erhoben, so ist die angedrohte Strafe festzusetzen und zugleich die frühere Verfügung unter Androhung einer erneuten Ordnungsstrafe zu wiederholen.

In gleicher Weise ist fortzufahren, bis der gesetzlichen Verpflichtung genügt oder Einspruch erhoben wird.

Straffestsetzung.

1. § 133 regelt das Verfahren für den Fall, daß innerhalb der bestimmten Frist weder erfüllt noch Einspruch eingelegt wird. Dem steht es gleich, wenn der eingelegte Einspruch zurückgenommen wird, ohne daß Erfüllung erfolgt (N. 1 zu § 135).

Verspätete Einspruchseinlegung kann die Straffestsetzung und erneute Strafandrohung nicht verhindern, wenn nicht nach § 137 Wiedereinsetzung erfolgt (a. M. mit Unrecht Wellstein 1 f zu § 133, der zwar Straffestsetzung, aber sachliches Eingehen auf den verspäteten Einspruch verlangt).

Verspätete Erfüllung hindert die noch nicht erfolgte Straffestsetzung, da die Strafe nur Zwangsmittel ist und der Strafzweck entfällt, sobald erfüllt ist (a. M. Wellstein, N. 1 g, der in diesem Falle Straffestsetzung verlangt). Mit der verspäteten, aber vor Straffestsetzung erfolgten Erfüllung ist das Verfahren beendet, ohne daß es einer Aufhebung der Verfügung nach § 132 Abs. 1 bedarf, ebenso wie bei rechtzeitiger Erfüllung. Erfüllung nach Straffestsetzung hat Aufhebung der Strafe nicht zur Folge (OLG. **8** 377).

2. Im Falle **gänzlicher Säumnis** ist

a) durch Beschluß (§ 139) die angedrohte Strafe festzusetzen und die Verurteilung im Kostenpunkt auszusprechen (§ 138); Abstandnahme von der Strafe oder Ausspruch einer geringeren Strafe ist unzulässig; siehe jedoch § 136;

b) zugleich — zeitlich, aber nicht notwendig in dem nämlichen Beschlusse — eine neue Aufforderung mit Strafandrohung nach Maßgabe des § 132 Abs. 1 zu erlassen.

3. Das Gericht kann jedoch von dem Verfahren nach § 133 dann absehen, wenn es bei erneuter Prüfung oder infolge anderweitiger tatsächlicher Feststellungen oder auf Grund eines verspätet eingelegten Einspruches zu der Anschauung kommt, daß die nach § 132 erlassene Anordnung ungerechtfertigt war (§ 18). In diesem Falle darf es aber nicht schlechthin von der Straffestsetzung und Fortsetzung des Verfahrens absehen, sondern muß eine die nach § 132 erlassene Verfügung aufhebende oder abändernde Verfügung erlassen und den Beteiligten bekannt machen.

Änderung der Straffestsetzung ist wegen der Zulässigkeit der sofortigen Beschwerde (§ 139) nach § 18 Abs. 2 ausgeschlossen.

4. Das Verfahren nach § 133 ist solange zu wiederholen, bis der Beteiligte entweder erfüllt oder Einspruch einlegt (Abs. 2). Es besteht kein Höchstmaß der Summen der zu erkennenden Strafen.

5. Über die sofortige Beschwerde gegen die Straffestsetzung siehe § 139. Ist die Straffestsetzung und die erneute Aufforderung in einem Beschlusse verbunden, so richtet sich die Beschwerde nur gegen die erstere, während die letztere mit Einspruch anzufechten ist.

6. Wegen der Beitreibung der Strafe siehe Art. 285—287 GebG. Beschwerdeeinlegung hindert die Beitreibung bis zur Entscheidung über die Beschwerde (§ 24 Abs. 1).

§ 134.

Wird rechtzeitig Einspruch erhoben, so hat das Gericht, wenn sich der Einspruch nicht ohne weiteres als begründet ergibt, zur Erörterung der Sache den Beteiligten zu einem Termine zu laden.

Das Gericht kann, auch wenn der Beteiligte nicht erscheint, nach Lage der Sache entscheiden.

Einspruch gegen die Strafandrohung.

1. § 134 ordnet das Verfahren für den Fall, daß der Einspruch rechtzeitig, d. i. innerhalb der nach § 132 richterlich bestimmten Frist (siehe auch N. 9 zu § 132) eingelegt oder gegen die Fristversäumung Wiedereinsetzung erlangt ist. Irrige Bezeichnung des Einspruchs als Beschwerde schadet nicht (OLG. **7** 346).

Das Verfahren kann sich auf zweierlei Art abwickeln.

a) Erachtet das Gericht den Einspruch **ohne weiteres**, d. h. auf Grund des Sachverhaltes, wie er sich nach der Einspruchseinlegung und den allenfalls vorgelegten Belegen ergibt, für begründet, so erfolgt sofortige Entscheidung in diesem Sinne durch Zurücknahme der nach § 132 erlassenen Verfügung.

Gegen diese Entscheidung ist die Beschwerde zulässig. Hebt das Beschwerdegericht die Entscheidung auf und ordnet es die Verhandlung über den Einspruch an, so ist gegen diesen Beschluß des Beschwerdegerichts die weitere Beschwerde nicht zulässig mit Rücksicht auf das sich aus § 132 Abs. 2 ergebende Prinzip, daß eine materielle Prüfung zunächst im Einspruchsverfahren zu erfolgen habe (RJA. **2** 127).

b) Ist die Sachlage nicht so geklärt, daß sofortige Entscheidung in einem dem Einspruchsführer günstigen Sinne erfolgen kann, so muß ein **Termin** zur Erörterung der Sache mit den Beteiligten anberaumt werden; die mündliche Verhandlung steht nicht im Ermessen des Gerichts. Es steht dem Registergerichte aber frei, vor dem Termine Erhebungen zu pflegen, ebenso wie es im Termine Zeugen und Sachverständige vernehmen und weitere Erhebungen anordnen kann. Eine wiederholte Verhandlung zur Erörterung des Ergebnisses allenfallsiger Erhebungen nach dem Termine ist nicht vorgeschrieben; es muß nicht bis zur Spruchreife mit den Beteiligten verhandelt werden.

Zu dem Termine sind die Beteiligten zu laden. Genügend ist an sich Bekanntgabe der Ladung nach Maßgabe der Vorschriften des § 16 Abs. 2 Satz 2, da keine Ladungsfrist besteht; das Gericht kann aber anordnen, daß die Ladung nach den für die Zustellung von Amts wegen geltenden Vorschriften erfolge (§ 50 Bek. v. 16. 12. 99, JMBl. 475, § 44 HRBek.).

Ist der Einspruch von einem Bevollmächtigten eingelegt, so hat das Gericht die Wahl, ob es diesen oder den Beteiligten selbst laden will (a. M. Wellstein N. 4, Fuchs N. 4, Birkenbihl N. 3 zu § 134, die Ladung des Bevollmächtigten verlangen).

Über die Zulässigkeit der Anordnung des persönlichen Erscheinens des Beteiligten in dem Termine, aber die Unerzwingbarkeit der Anordnung siehe Josef im Recht **04** 101 gegen Marcus in DJZ. **03** 494.

Die Verhandlung ist nicht öffentlich (§ 45 HRBek., siehe auch oben S. 38).

Für das Verfahren in zweiter Instanz ist mündliche Verhandlung nicht vorgeschrieben.

2. An das Nichterscheinen der Beteiligten im Termine sind Versäumnisfolgen nicht geknüpft; Folge ihres Nichterscheinens ist nicht die Einspruchsverwerfung. Das Gericht hat vielmehr, wenn Beteiligte trotz ordnungsmäßiger Ladung nicht erscheinen, von Amts wegen die zur Feststellung der Tatsachen erforderlichen Ermittelungen zu veranstalten und, wenn nötig, Beweise zu erheben. Auf Grund des Ergebnisses hat das Registergericht nach Lage der Sache zu entscheiden in der Weise, wie § 135 es zuläßt und vorschreibt (§ 45 HRBek.).

§ 135.

Wird der Einspruch für begründet erachtet, so ist die erlassene Verfügung aufzuheben.

Andernfalls hat das Gericht den Einspruch zu verwerfen und die angedrohte Strafe festzusetzen. Das Gericht kann, wenn die Umstände es rechtfertigen, von der Festsetzung einer Strafe absehen oder eine geringere als die angedrohte Strafe festsetzen.

Im Falle der Verwerfung des Einspruchs hat das Gericht zugleich eine erneute Verfügung nach § 132 zu erlassen. Die in dieser Verfügung bestimmte Frist beginnt mit dem Eintritte der Rechtskraft der Verwerfung des Einspruchs.

Entscheidung über den Einspruch.

1. § 135 trifft über den Inhalt der Entscheidung über den frist- und formgerecht eingelegten Einspruch Bestimmung, sowohl für den Fall, daß sich derselbe als begründet erweist, als für den gegenteiligen Fall; über die Unmöglichkeit teilweiser Begründetheit des Einspruchs siehe N. 2.

Erweist sich der Einspruch als nicht frist- oder formgerecht eingelegt (über Unschädlichkeit irriger Bezeichnung als „Beschwerde" siehe OLG. **7** 346), so ist nach § 133 zu verfahren; dasselbe gilt, wenn der Einspruch zurückgenommen wird; zu einer Entscheidung ist im letzten Falle kein Raum mehr, es ist so anzusehen, als ob der Einspruch nicht eingelegt wäre (OLG. **5** 276).

Bei der Entscheidung über den Einspruch ist das Registergericht, wenn es das Verfahren nach § 132 erst auf Anordnung des Beschwerdegerichts eingeleitet hat, an die Rechtsanschauung des Beschwerdegerichts nicht gebunden (RJA. **2** 130).

Ist der auf Anmeldung seiner Firma Belangte in dem Zeitpunkt, in welchem über den Einspruch entschieden werden soll, in Konkurs, so ist das Verfahren einzustellen (Josef N. 1 zu § 135).

2. Die **Aufhebung** der auf Grund des § 132 erlassenen Verfügung, also der Aufforderung und der Strafandrohung, muß erfolgen, wenn der Einspruch für begründet erachtet wird. Dies trifft auch schon zu, wenn die Aufforderung auch nur teilweise ungerechtfertigt war, wenn das Registergericht über das Maß dessen, was es nach dem Gesetze verlangen durfte, hinausgegangen ist. Es erübrigt dann nur, nach Aufhebung der erlassenen Verfügung eine neue Aufforderung nach § 132 in beschränkter Weise zu erlassen, nicht aber ist es zulässig, etwa, weil der Betreffende der Aufforderung nicht wenigstens soweit nachgekommen ist, als das Gesetz es gebietet, eine Strafe, wenn auch eine geringere, festzusetzen; denn die Strafe ist nicht verfallen mit der Nichtbefolgung des Gesetzes, sondern erst mit der Nichtbefolgung der auf das Gesetz gegründeten Aufforderung; den Fall teilweiser Begründetheit des Einspruchs sieht das Gesetz nicht vor.

Für die Bekanntmachung der Aufhebung genügt die einfache Form nach § 16 Abs. 2 Satz 2.

Gegen die Verfügung findet die einfache Beschwerde statt; erachtet das Beschwerdegericht den Einspruch als begründet, so hat es den Einspruch zu verwerfen und die Strafe festzusetzen und dem Registergericht die Erneuerung des Verfahrens nach § 132 aufzugeben (RJA. **6** 194). Gegen die Verfügung des Beschwerdegerichts findet die sofortige weitere Beschwerde statt (RJA. **2** 172, ZBl. **2** 379, OLG **7** 343).

3. Wird der Einspruch für begründet nicht erachtet, so hat das Gericht durch Beschluß (§ 139)

a) in jedem Falle den Einspruch zu verwerfen und

b) regelmäßig die angedrohte Strafe festzusetzen und die Kostenpflicht des Verurteilten auszusprechen;

c) in jedem Falle zugleich — zeitlich, nicht notwendig in dem nämlichem Beschlusse — eine erneute Verfügung nach § 132 zu erlassen.

Eine Ausnahme ist nur hinsichtlich der Straffestsetzung zugelassen. Das Registergericht kann nach seinem Ermessen, wenn die Umstände es rechtfertigen, so wenn sich der Betroffene in gutem Glauben befindet und infolge dessen die Erfüllung der ihm gemachten Auflage aus entschuldbaren Gründen unterlassen hat, z. B. wenn es sich um eine bestrittene Rechtanschauung handelt, von der Straffestsetzung überhaupt absehen, womit auch die Verurteilung im Kostenpunkt entfällt, oder eine geringere als die angedrohte Strafe festsetzen. Eine Entscheidung hinsichtlich der Strafe ist aber immer zu treffen, sie darf nicht stillschweigend übergangen werden und ist, wenn sie unterblieben ist, nachzuholen, auch wenn inzwischen der Betroffene auf die erneute Aufforderung hin die verlangte Handlung vorgenommen hat (OLG. **8** 376, SeuffA. **59** 382).

Gegen die gesamte Verfügung hat der Betroffene zweierlei **Rechtsmittel:** gegen die Einspruchsverwerfung und gegen die Straffestsetzung die sofortige Beschwerde ohne Beschränkung hinsichtlich der Beschwerdegründe (§ 139), gegen die erneute Aufforderung und Strafandrohung nur wieder den Einspruch, nicht die Beschwerde. Im Verfahren über den neuen Einspruch ist das Registergericht an seine frühere Rechtsanschauung nicht gebunden.

4. Die Verfügung im Falle der Einspruchsverwerfung ist, wenn nicht Bekanntmachung zu Protokoll an den Anwesenden erfolgt (§ 16 Abs. 3), wegen der Zulässigkeit der sofortigen Beschwerde nach Maßgabe des § 16 Abs. 2 Satz 1 von Amts wegen zuzustellen.

Die gesamte Verfügung wird mit der Bekanntmachung wirksam (§ 16 Abs. 1); die Frist für die Befolgung der erneuten Aufforderung oder der Einspruchseinlegung beginnt aber erst mit der Rechtskraft der Einspruchsverwerfung, d. i. mit Ablauf von zwei Wochen seit der Zustellung an den Betroffenen. Erfüllung und Einspruchseinlegung können aber schon vor Fristbeginn erfolgen.

5. Wegen der Beitreibung der Strafe siehe N. 6 zu § 133.

§ 136.

Wird im Falle des § 133 gegen die wiederholte Verfügung Einspruch erhoben und dieser für begründet erachtet, so kann das Gericht, wenn die Umstände es rechtfertigen, zugleich die früher festgesetzte Strafe aufheben oder an deren Stelle eine geringere Strafe festsetzen.

Einspruch gegen die wiederholte Verfügung.

1. Obwohl gegen die Straffestsetzung die sofortige Beschwerde stattfindet, gestattet § 136, abweichend von dem Grundsatze des § 18 Abs. 2, die Änderung der Verfügung des Registergerichts durch Aufhebung der Straffestsetzung oder Ermäßigung der Strafe.

Diese **Änderungen sind zulässig,**

wenn der Einspruch gegen eine wiederholte Verfügung für begründet erachtet wird,

nur wenn diese wiederholte Verfügung wegen nicht oder nicht rechtzeitig erfolgter Einspruchseinlegung nach § 133 erging, nicht dagegen wenn sie mit der Einspruchsverwerfung nach § 135 Abs. 3 erlassen wurde (ebenso Dorner N. 4, a. M. gegen den Wortlaut des § 136 Rausnitz N. 4 wegen angeblicher Inkonsequenz einer solchen Beschränkung, und Wellstein N. zu § 136).

Formelle Rechtskraft der früheren Straffestsetzung hindert die Änderung nicht.

Die Änderung ist auch zulässig, wenn der Einspruch erst gegen die dritte oder fernere Verfügung erhoben ist, nach dem Ermessen des Gerichts hinsichtlich aller oder eines Teiles der ausgesprochenen Strafen.

2. Die Änderung steht im Ermessen des Gerichts, das abzuwägen hat, ob Umstände vorliegen, die die Aufhebung oder Ermäßigung der Strafe rechtfertigen; dies ist z. B. der Fall, wenn die Schuld an der Fristversäumung nicht den Beteiligten selbst, sondern seinen Vertreter trifft und deswegen die Wiedereinsetzung ausgeschlossen ist; die Fristversäumung ist aber eine verschuldete, wenn der Beteiligte, selbst außer stande, die verlangte Handlung vorzunehmen, nicht dafür gesorgt hat, daß dies durch eine andere Person rechtzeitig erfolge (BayObLG. **2** 776).

3. Mit der Aufhebung der Straffestsetzung ist auch die Verurteilung im Kostenpunkte zurückzunehmen, nicht bei bloßer Minderung der Strafe.

Ist die Strafe schon gezahlt oder beigetrieben, so ist sie zurückzuvergüten.

4. Ist gegen die Straffestsetzung sofortige Beschwerde und gleichzeitig gegen die erneute Aufforderung Einspruch eingelegt, so ist für eine Entscheidung nach § 136 kein Raum mehr, sobald das Beschwerdegericht die Straffestsetzung aufgehoben hat; andernteils ist die Beschwerde erledigt, wenn das Registergericht die Strafe zurücknimmt. Praktisch wird die Entscheidung über die Beschwerde bis zur Entscheidung über den Einspruch auszusetzen sein.

§ 137.

Gegen die Versäumung der Einspruchsfrist ist auf Antrag nach Maßgabe des § 22 Abs. 2 die Wiedereinsetzung in den vorigen Stand zu erteilen.

Wiedereinsetzung.

1. Die Wiedereinsetzung in den vorigen Stand findet statt gegen die Versäumung jeder Einspruchsfrist, der ersten und jeder später gesetzten. Sie findet nicht statt, wenn der Betroffene nicht Einspruch einlegen, sondern der Aufforderung nachkommen will; denn die nachträgliche Erfüllung ist durch den Fristablauf nicht ausgeschlossen; will der Betroffene nachweisen, daß ein Fall schuldhafter Versäumnis nicht vorliege, so steht ihm die Beschwerde gegen die Straffestsetzung offen. Sie findet ferner nicht statt gegen die Versäumung des Termines (auch nicht, wenn der Säumige glaubt, daß er durch seine Erklärungen zur Aufklärung der Sache hätte beitragen können, und die Erklärungen nachholen möchte), da an diese Versäumnisfolgen nicht geknüpft sind, das Gericht vielmehr den Sachverhalt von Amts wegen festzustellen hat (§ 134).

2. Die Anwendung des § 22 Abs. 2 ergibt für das Verfahren folgendes:

a) Der Antrag auf Wiedereinsetzung ist beim Registergericht zu stellen; binnen zwei Wochen nach Beseitigung des Hindernisses ist der Einspruch einzulegen, innerhalb der gleichen Frist sind die Tatsachen, welche die Wiedereinsetzung begründen, glaubhaft zu machen.

b) Über den Antrag entscheidet das Registergericht, nicht das Beschwerdegericht.

c) Gegen die Entscheidung über den Antrag, also sowohl die demselben stattgebende als die ihn ablehnende, findet die sofortige Beschwerde statt.

d) Nach Ablauf eines Jahres von dem Ende der versäumten Frist an gerechnet kann die Wiedereinsetzung nicht mehr beantragt werden.

3. Auch, wenn die Wiedereinsetzung ausgeschlossen ist, weil die Versäumnis eine unverschuldete nicht ist, kann das Registergericht seine Verfügung nach § 18 zurücknehmen, wenn es dieselbe für ungerechtfertigt hält, auch die Straffestsetzung aufheben oder ändern, wenn es den Einspruch an sich für begründet erachtet und die Umstände es rechtfertigen (siehe § 136).

§ 138.

Bei der Festsetzung der Ordnungsstrafe ist der Beteiligte zugleich in die Kosten des Verfahrens zu verurteilen.

Ausspruch im Kostenpunkt.

1. § 138 enthält eine Ausnahme von dem Grundsatz, daß Verfügungen der ersten Instanz in der freiwilligen Gerichtsbarkeit einer Kostenentscheidung nicht bedürfen.

2. Beim Vorliegen der Voraussetzungen **muß** die Verurteilung zur Kostentragung erfolgen; sie liegt nicht wie nach § 135 Abs. 2 Satz 2 im Ermessen des Gerichts.

3. Voraussetzung der Verurteilung zur Kostentragung ist, daß eine Straffestsetzung — entweder nach § 135 oder nach durchgeführtem Einspruchsverfahren gemäß § 135 Abs. 2 — erfolgt. Die bloße Einspruchsverwerfung genügt allein noch nicht, wenn nach § 135 Abs. 2 Satz 2 von einer Straffestsetzung abgesehen wird.

4. Die Verurteilung betrifft nur die auf das gerichtliche Verfahren erwachsenen, nicht auch die dem Antragsteller entstandenen Kosten; über die Gebühren siehe Art. 142 GebG. Die Erstattungspflicht gegenüber dritten an dem Verfahren Beteiligten richtet sich auch hier nach Art. 131 Abs. 1 Satz 2 AG. z. BGB.

5. Wird eine festgesetzte Ordnungsstrafe gemäß § 136 wieder aufgehoben, so ist zugleich die damit verbundene Verurteilung zur Kostentragung hinfällig und wieder aufzuheben (a. M. nur Dronke N. 2 zu § 138).

§ 139.

Gegen den Beschluß, durch welchen die Ordnungsstrafe festgesetzt oder der Einspruch verworfen wird, findet die sofortige Beschwerde statt.

Ist die Strafe nach Maßgabe des § 133 festgesetzt, so kann die Beschwerde nicht darauf gestützt werden, daß die Verfügung, durch welche die Strafe angedroht worden ist, nicht gerechtfertigt gewesen sei.

Beschwerde.

1. Im Ordnungsstrafverfahren ist die Beschwerde ausgeschlossen gegen jede — die erste und jede wiederholte — Strafandrohung (§ 132 Abs. 2, 133, 135 Abs. 3).

Die einfache Beschwerde findet gegen alle sonstigen Verfügungen statt, soweit nicht § 137 mit § 22 Abs. 2 (im Wiedereinsetzungsverfahren, N. 2c zu § 137) und § 139 eine Ausnahme machen, so insbesondere gegen die Ablehnung der Einleitung des Verfahrens, die Einstellung desselben; siehe die N. 7 zu § 132, N. 1a zu § 134.

2. Die **sofortige Beschwerde** findet nach § 139 statt:

a) gegen jede Verfügung, durch die eine Strafe festgesetzt wird, gleichviel ob nach § 133, weil weder erfüllt noch Einspruch eingelegt wurde, oder nach § 135 nach durchgeführtem Einspruchsverfahren;

b) gegen die Verfügung, durch welche der Einspruch verworfen wird, auch wenn eine Strafe nicht festgesetzt wird (§ 135 Abs. 2).

Die sofortige Beschwerde findet nur statt, wenn das Verfahren nach §§ 132 ff. gesetzlich statthaft war; nur die einfache Beschwerde dagegen, wenn das Registergericht unzulässiger Weise eine nicht im Ordnungsstrafverfahren erzwingbare Handlung unter Strafandrohung verlangt hat, wie die Vorlage eines Erbscheines (Marcus in DJZ. 03 269).

Wegen der Beschwerdeberechtigung siehe N. 5 zu § 132; nur die dort bezeichneten physischen Personen, nicht Gesellschaften, Vereine ꝛc. sind beschwerdeberechtigt.

3. Verfahren in der Beschwerdeinstanz: Zuständig zur Verbescheidung der Beschwerde ist die Kammer für Handelssachen, wenn eine solche bei dem vorgesetzten Landgericht gebildet ist, sonst die Zivilkammer.

Die Beschwerde gegen eine der in N. 2a bezeichneten Verfügungen hat aufschiebende Wirkung.

Eine mündliche Verhandlung ist vor dem Beschwerdegericht nicht vorgeschrieben (N. 1. a. E. zu § 134).

Das Beschwerdegericht kann, auch wenn es der Beschwerde gegen die Einspruchsverwerfung nicht stattgibt, in Anwendung des § 135 Abs. 2 Satz 2, § 136 die Straffestsetzung aufheben oder auf eine geringere Strafe erkennen.

Wegen einer Ausnahme von der Regel des § 18 Abs. 2 siehe § 136.

4. Die **Beschwerdegründe** sind **beschränkt** bei der sofortigen und sofortigen weiteren Beschwerde gegen eine Straffestsetzung, die nach § 133 erfolgte, nicht auch bei der nach § 135 erfolgten. In Konsequenz der Vorschriften der §§ 132, 133, durch welche die Beschwerde gegen die Aufforderung, der gesetzlichen Verpflichtung nachzukommen, und die Strafandrohung ausgeschlossen und als einziges Rechtsmittel der Einspruch gegeben ist, kann auch die Beschwerde gegen die Straffestsetzung nicht auf Gründe gestützt werden, für deren Geltendmachung der Einspruch gegeben ist. Jede Erörterung darüber, ob die dem Verfahren zu Grunde gelegte gesetzliche Verpflichtung mit Recht oder Unrecht als bestehend angenommen wurde, ist in der Beschwerdeinstanz solange ausgeschlossen, als nicht ein Einspruchsverfahren vor dem Registergericht stattgefunden hat; die sofortige Beschwerde ist selbst dann zu verwerfen, wenn das Beschwerdegericht erkennt, daß die vom Registergericht erlassene Verfügung ungerechtfertigt ist (OLG. **5** 276).

Die Beschwerde kann also nur darauf gestützt werden, daß die Frist zu kurz bemessen gewesen sei (Josef in ZBl. **5** 171), daß das Verfahren fehlerhaft sei — unrichtige Bekanntmachung oder Fristberechnung — oder daß die Strafe zu hoch sei, endlich daß die Frist nicht schuldhaft versäumt sei; die Fristversäumung ist aber eine schuldhafte, wenn der Beschwerdeführer die Handlung, zu deren Vornahme er selbst nicht im Stande war, nicht rechtzeitig durch eine andere Person vornehmen ließ (BayObLG. **2** 776, **4** 281).

§ 140.

Soll nach § 37 Abs. 1 des Handelsgesetzbuchs gegen eine Person eingeschritten werden, die eine ihr nicht zustehende Firma gebraucht, so finden die Vorschriften der §§ 132 bis 139 mit der Maßgabe Anwendung, daß

1. in der nach § 132 zu erlassenden Verfügung dem Beteiligten aufgegeben wird, sich des Gebrauchs der Firma zu enthalten oder binnen bestimmter Frist den Gebrauch der Firma mittels Einspruchs gegen die Verfügung zu rechtfertigen;
2. die Ordnungsstrafe festgesetzt wird, falls kein Einspruch erhoben oder der erhobene Einspruch rechtskräftig verworfen ist und der Beteiligte nach der Bekanntmachung der Verfügung dieser zuwidergehandelt hat.

Ordnungsstrafverfahren bei unbefugtem Firmengebrauch.

1. Wer eine nach den Vorschriften des 3. Abschnittes des HGB. ihm nicht zustehende Firma gebraucht, ist von dem Registergericht zur Unterlassung des Gebrauchs der Firma durch Ordnungsstrafen anzuhalten (§ 37 Abs. 1 Satz 1 HGB.).

§ 140 ist die Ausführungsvorschrift hiezu und regelt das Verfahren bei Verhängung der Ordnungsstrafen; Anwendung finden die Vorschriften der §§ 132 ff., soweit sich nicht aus § 140 ein anderes ergibt. § 140 trifft sämtliche Fälle des Firmenmißbrauchs und der Formwidrigkeit von Firmen, also auch den, daß jemand eine Firma mit einem unzulässigen Zusatz führt und hat eintragen lassen (Marcus in HoldheimsMSchr. **12** 303; siehe hiezu aber auch OLG. **7** 342, wonach ein Ordnungsstrafverfahren wegen fälschlicher Standesbezeichnung eines Kaufmanns im Handelsregister nicht zulässig sein soll).

§ 37 Abs. 2 HGB. gibt demjenigen, der in seinen Rechten dadurch verletzt wird, daß ein Anderer eine Firma unbefugt gebraucht, das Recht der Klage auf Unterlassung des Gebrauchs der Firma. Das Registergericht kann nach § 127 das Ordnungsstrafverfahren bis zur Erledigung eines solchen Rechtsstreites aussetzen.

2. Gegen denjenigen, welcher eine Firma unbefugt gebraucht, ohne daß dieselbe zur Eintragung gebracht ist, kann das Verfahren aus § 140 und dasjenige aus den §§ 132 ff. zur Erzwingung der Anmeldung der tatsächlich gebrauchten Firma nebeneinander eröffnet werden. Wenn dann nach Erlaß der Aufforderung der Anmeldepflichtige die vom Registergericht für unzulässig erachtete Firma zur Eintragung anmeldet und die Eintragung abgelehnt wird, ist das Verfahren aus § 140 auszusetzen und die Entscheidung in dem durch die §§ 133 ff. geregelten Einspruchsverfahren zu treffen (Marcus in der DJZ. **05** 402).

3. Voraussetzung des Einschreitens ist, daß jemand eine ihm nicht zustehende Firma gebraucht.

Unter Gebrauch einer Firma fallen alle Handlungen, aus denen sich der Wille ergibt, sich bei dem Betriebe eines Handelsgewerbes der Firma zu bedienen (RG. **55** 123), also der Gebrauch beim Abschluß von Handelsgeschäften und zur Abgabe von Unterschriften, bei Inseraten, auf Firmenschildern, in Geschäftsanzeigen, Rechnungen, Empfehlungskarten und Preislisten (Staub N. 20 zu § 37 HGB.).

Unbefugt ist der Gebrauch, wenn er eine Verletzung der Vorschriften über das Firmenregister enthält; objektiv unbefugter Gebrauch genügt, um das Einschreiten zu rechtfertigen; es ist weder Verschulden notwendig, noch schützt der gute Glaube (Staub N. 18, 19 a. a. O.).

Ob der unbefugte Gebrauch im Inland oder im Ausland erfolgt, ist gleichgiltig (Staub N. 21).

Das Einschreiten wird veranlaßt durch Erlangung glaubhafter Kenntnis von dem Firmenmißbrauch (siehe N. 4 zu § 132).

4. Das **Verfahren** beginnt mit der Aufforderung an den Beteiligten,
entweder sich des Gebrauches der Firma zu enthalten
oder binnen einer richterlich zu bestimmenden Frist den Gebrauch der Firma mittels Einspruchs gegen die Verfügung zu rechtfertigen,

verbunden mit der Androhung einer Ordnungsstrafe für den Fall, daß der Gebrauch der Firma fortgesetzt und nicht innerhalb der Frist Einspruch eingelegt wird.

In der Verfügung sind die Tatsachen anzugeben, auf Grund deren nach der Ansicht des Gerichts der Firmengebrauch ein unbefugter ist (§ 214 HRBek.).

Weitere gesetzlich nicht gestattete Auflagen dürfen in die Verfügung nicht aufgenommen werden; das Registergericht darf also insbesondere nicht mit derselben Anmeldung der Löschung der Firma oder ihre Änderung (OLG. **6** 338) oder die Entfernung eines Firmenschildes verlangen (OLG. **5** 274).

Die angedrohte Strafe darf den Betrag von 300 Mark nicht übersteigen (§ 37 Abs. 1 mit § 14 Satz 2 HGB.). Gehen die Strafverfahren nach § 140 und den §§ 132 ff. nebeneinander her (N. 1), so darf in jedem der beiden bis zu 300 Mark Strafe angedroht werden (Marcus a. a. O.).

Über die Personen, gegen die sich das Verfahren richtet, siehe N. 5 zu § 132.

Gegen die Verfügung ist die Beschwerde unzulässig; der Firmengebrauch kann nur im Einspruchsverfahren gerechtfertigt werden (§ 132 Abs. 2).

5. Die Verfügung ist auch demjenigen bekannt zu machen, welcher sich durch den Firmengebrauch in seinem Rechte beeinträchtigt hält (§ 124 HRBek.). In der Form

der Zustellung von Amts wegen ist aber die Bekanntmachung nur an denjenigen erforderlich, dem der Firmengebrauch verboten wird.

6. Abweichend von den Vorschriften der §§ 132 ff. ist hier **Voraussetzung der Straffestsetzung** stets, daß der Beteiligte den Firmengebrauch fortsetzt. Wird also kein Einspruch eingelegt oder ist der eingelegte Einspruch rechtskräftig verworfen, so hat das Registergericht die angedrohte Strafe nicht sofort, also insbesondere nicht schon in der Verfügung, durch die der Einspruch verworfen wird, sondern erst dann festzusetzen, wenn es erfährt, daß der Firmengebrauch fortdauert. Letzteres hat das Gericht, ehe es die Strafe festsetzt, von Amts wegen festzustellen; es genügt nicht glaubhafte Kenntnis davon. Das Gericht braucht aber nicht von Amts wegen zu forschen, ob der Firmengebrauch fortdauert, sondern kann die Mitteilung der Interessenten abwarten; erst diese gibt Veranlassung zu der endgiltigen Feststellung, ob die Mitteilung richtig ist, und eventuell zur Straffestsetzung.

Das Gericht kann die Beteiligten vor der Straffestsetzung hören, sie auch zu einem Termine vorladen (§ 214 HRBek.); dabei kann aber nicht über die Berechtigung zum Firmengebrauch, sondern nur darüber verhandelt werden, ob ein fortgesetzter Firmengebrauch vorliegt, in tatsächlicher Beziehung, ob derartige Handlungen überhaupt vorgenommen werden, in rechtlicher Beziehung, ob die feststehenden Handlungen einen Firmengebrauch darstellen.

Bis zur Straffestsetzung kann das Registergericht seine Verfügung nach § 18 ändern oder zurücknehmen (N. 8 zu § 132, N. 3 zu § 133).

7. Haben die Beteiligten keinen Einspruch erhoben, so ist nach § 133 zu verfahren; sobald Straffestsetzung erfolgt (siehe N. 6), ist zugleich wiederholt eine Verfügung mit dem in N. 4 dargelegten Inhalt unter erneuter Strafandrohung zu erlassen (gegen neuerliche Strafandrohung ohne zutreffenden Grund Dorner N. 3f zu § 140; seine Ansicht widerspricht nicht nur dem Gesetz, sondern auch dem Grundsatz, daß jeder Bestrafung eine Androhung vorauszugehen habe).

Verspätete Einspruchseinlegung ist unwirksam und hindert weder die Straffestsetzung, noch die erneute Strafandrohung, wenn nicht Wiedereinsetzung erfolgt, soferne nicht das Gericht durch den Einspruch belehrt wird, daß der Firmengebrauch ein unberechtigter nicht sei, und deshalb dazu gelangt, seine Verfügung nach § 18 zurückzuziehen (Josef N. 6, Rausnitz N. 9, a. M. Dorner N. 3d, Wellstein N. 5 zu § 140); eine materielle Prüfung des verspäteten Einspruchs ist daher notwendig (Keidel in SeuffBl. **01** 508).

Das Verfahren ist solange fortzusetzen, bis eine Zuwiderhandlung nicht mehr stattfindet.

8. Wird rechtzeitig Einspruch erhoben, so finden die Vorschriften der §§ 134, 135 mit der Maßgabe Anwendung, daß im Falle der Einspruchsverwerfung die Strafe nicht zugleich festzusetzen (N. 6), sondern lediglich eine erneute Verfügung des in N. 4 dargelegten Inhalts zu erlassen ist.

Erachtet das Registergericht den Einspruch für begründet und hebt es seine Verfügung auf, so steht jedem Beeinträchtigten, insbesondere dem Antragsteller die einfache Beschwerde zu. Über das Beschwerderecht der Handels- und Gewerbekammer siehe § 126 und N. 6 hiezu.

Der Träger eines Namens, der einem anderen die Benützung desselben bei der Firmierung gestattet hat, kann nicht wegen der Verletzung öffentlichrechtlicher Vorschriften durch den Gebrauch der betreffenden Firma das Einschreiten des Registergerichts durch Beschwerde erzwingen, da es an einer Beeinträchtigung eines Rechtes fehlt (ZBl. **3** 248).

Gegen die Entscheidung des Beschwerdegerichts, durch welche unter Aufhebung der Verfügung des Registergerichts der Einspruch verworfen wird, findet nur die sofortige weitere Beschwerde statt (§ 139).

§ 141.

Soll nach § 31 Abs. 2 des Handelsgesetzbuchs das Erlöschen einer Firma von Amts wegen in das Handelsregister eingetragen werden, so hat das Registergericht den eingetragenen Inhaber der Firma oder dessen Rechtsnachfolger von der beabsichtigten Löschung zu benachrichtigen und ihm zugleich eine angemessene Frist zur Geltendmachung eines Widerspruchs zu bestimmen. Die Frist darf nicht weniger als drei Monate betragen.

Sind die bezeichneten Personen oder deren Aufenthalt nicht bekannt, so erfolgt die Benachrichtigung und die Bestimmung der Frist durch Einrückung in diejenigen Blätter, welche für die Bekanntmachungen der Eintragungen in das Handelsregister bestimmt sind. Es kann angeordnet werden, daß die Bekanntmachung noch in andere Blätter eingerückt wird.

Wird Widerspruch erhoben, so entscheidet über ihn das Gericht. Gegen die den Widerspruch zurückweisende Verfügung findet die sofortige Beschwerde statt.

Die Löschung darf nur erfolgen, wenn Widerspruch nicht erhoben oder wenn die den Widerspruch zurückweisende Verfügung rechtskräftig geworden ist.

Löschung einer Firma.

1. Durch § 31 Abs. 2 HGB. und § 141 FGG. ist das durch Art. 8 EG. z. HGB. aufgehobene Reichsgesetz vom 30. 3. 88, betr. die Löschung nicht mehr bestehender Firmen, ersetzt.

Die beiden Vorschriften beziehen sich auf Firmen von Einzelkaufleuten, Handelsgesellschaften und juristischen Personen.

2. Das Erlöschen einer Firma ist regelmäßig anzumelden. Die Eintragung des Erlöschens einer Firma erfolgt nach § 31 Abs. 2 HGB. **von Amts wegen** unter einer **doppelten Voraussetzung:**

a) Die Firma muß erloschen sein. Die Firma erlischt durch Aufhören des Geschäfts, nicht schon durch vorübergehende Einstellung des Geschäftsbetriebs (OLG. **6** 463), durch andauernden Nichtgebrauch (RG. **22** 60).

b) Die Anmeldung zur Löschung durch die hiezu Verpflichteten muß auf dem in § 14 HGB. bezeichneten Wege, nämlich durch Ordnungsstrafen, nicht zu erreichen sein. Dies trifft zu, wenn die Verhängung von Ordnungsstrafen (§§ 132—139) wegen Renitenz der Beteiligten nicht zum Ziele führt oder wenn die anmeldepflichtige Person selbst oder deren Aufenthalt unbekannt ist, wenn sie im Auslande oder wenn sie gestorben und die Erben unbekannt sind (§ 75 HRBek.).

3. Das Löschungsverfahren **muß** von Amts wegen eingeleitet werden, sobald der Registerrichter in glaubhafter Weise (§ 40 Abs. 1 HRBek., siehe auch N. 4 zu § 132) Kenntnis erhält, daß eine eingetragene Firma erloschen ist (§ 75 Abs. 1 HRBek., a. M. Rausnitz N. 2 zu § 141, der glaubhafte Kenntnis nicht genügen läßt, sondern bestimmte Feststellung des Erlöschens fordert).

Gegen die Ablehnung eines Antrages auf Einleitung des Verfahrens findet für Interessenten beim Vorliegen der Voraussetzungen des § 20 Abs. 1, für die Handels- und Gewerbekammer nach § 126 die einfache Beschwerde statt.

Über das Verfahren, wenn das Registergericht einer Zweigniederlassung die Löschung einer Firma für geboten hält, siehe § 85 HRBek. und N. 3 zu § 142.

4. Das Verfahren **beginnt** mit einer Verfügung folgenden Inhalts (Abs. 1):

a) Benachrichtigung des eingetragenen Inhabers der Firma oder dessen Rechtsnachfolgers von der beabsichtigten Löschung,

b) Bestimmung einer angemessenen nicht unter drei Monaten betragenden Frist zur Geltendmachung des Widerspruchs.

Unter dem Rechtsnachfolger ist nicht etwa der Erwerber des Geschäfts, sondern der Erbe oder der Erwerber des Vermögens nach § 311 BGB. zu verstehen. Wegen des Eintritts des Löschungsverfahrens, wenn Erben das Geschäft des Erblassers nicht fortführen oder die Erbschaft ausschlagen, siehe Marcus in HoldheimsMSchr. **05** 182.

Die Frist kann jederzeit verlängert, auch nach Ablauf weiter erstreckt werden. Der Widerspruch kann auch nach Ablauf der Frist eingelegt werden, soferne die Löschung noch nicht erfolgt ist.

Die Frist beginnt, wenn sie nicht nach Datum festgesetzt ist, mit der Bekanntmachung der Benachrichtigung (N. 5). Eine Wiedereinsetzung gegen die Versäumung der Frist ist vom Gesetz nicht vorgesehen (durch die Bezugnahme in § 75 Abs. 3 HRBek. auf § 42 daselbst konnte nicht, abweichend von dem Gesetz, für Bayern die Zulässigkeit der Wiedereinsetzung verfügt werden; § 42 Abs. 2 HRBek. ist also nicht anwendbar).

5. Die **Bekanntmachung der Benachrichtigung** erfolgt:

a) regelmäßig durch Zustellung von Amts wegen (§ 16 Abs. 2 Satz 1); nach den zu benachrichtigenden Personen und ihrem Aufenthalt ist zur Ermöglichung der Zustellung auf diesem Wege von Amts wegen zu forschen;

b) wenn die zu benachrichtigende Person oder ihr Aufenthalt unbekannt ist, durch einmalige Einrückung jedenfalls in die für die Bekanntmachung der Eintragungen in das Handelsregister bestimmten Blätter (siehe hierüber §§ 10, 11 HGB., § 168 HRBek. — Deutscher Reichsanzeiger und das jährlich zu bestimmende sonstige Blatt), nach dem Ermessen des Gerichts außerdem in andere von ihm zu bestimmende Blätter (Abs. 2).

Die Frist beginnt im letzteren Falle mit der Bekanntmachung in demjenigen Blatte, das zuletzt erschienen ist (a. M. Jastrow N. 2 zu § 141, der § 206 ZPO. anwenden will, ohne gesetzliche Unterlage).

6. Der **Widerspruch** ist, obwohl dies nicht, wie in § 132 Abs. 2, ausdrücklich ausgesprochen ist, der einzige Rechtsbehelf gegenüber der Benachrichtigung; die Beschwerde ist unzulässig.

Er steht dem Firmeninhaber oder dessen Rechtsnachfolger zu.

Nach § 75 Abs. 3 HRBek. sollen für den Widerspruch und das weitere Verfahren die Vorschriften der §§ 42—45 dortselbst gelten; allein nicht anwendbar ist § 42 Abs. 2 (siehe oben N. 4), ferner die §§ 44, 45 über die mündliche Verhandlung, die sich an die für den Widerspruch nicht geltenden Vorschriften des § 134 FGG. anschließen; mündliche Verhandlung konnte auch als Ausführungsvorschrift nicht obligatorisch vorgeschrieben, höchstens empfohlen werden.

Der Widerspruch ist an keine Form gebunden; er kann schriftlich zum Registergericht oder mündlich zum Protokoll des Registerrichters oder des Gerichtsschreibers des Registergerichts erhoben werden; er kann auch zum Protokoll des Gerichtsschreibers eines anderen Amtsgerichts erklärt werden; jedoch ist in diesem Falle die Frist nur gewahrt, wenn das den Widerspruch enthaltende Protokoll rechtzeitig beim Registergericht einläuft.

Begründung des Widerspruchs ist nicht vorgeschrieben, aber empfehlenswert.

Ein bestimmtes Verfahren der Verhandlung über den Widerspruch ist nicht vorgeschrieben, insbesondere nicht die Anberaumung eines Termines (siehe oben).

Zuständig zur Entscheidung über den Widerspruch ist das Registergericht (Abs. 3).

Die Entscheidung, durch die der Widerspruch zurückgewiesen wird, ist von Amts wegen nach Maßgabe des § 16 Abs. 2 Satz 1 zuzustellen (wegen der sofortigen Beschwerde). Die Änderung einer solchen Verfügung ist nach § 18 Abs. 2 ausgeschlossen.

7. Rechtsmittel gegen die Entscheidung über den Einspruch:

a) Die sofortige Beschwerde (§ 22 Abs. 1) findet statt gegen die Verfügung, durch welche der Widerspruch zurückgewiesen wird (Abs. 3); die sofortige weitere Beschwerde findet hienach statt gegen jede Entscheidung des Beschwerdegerichts, durch die der Widerspruch zurückgewiesen wird, sei es unter Bestätigung der gleichlautenden Verfügung des Registergerichts, sei es unter Aufhebung der im entgegengesetzten Sinne ergangenen Verfügung desselben, ferner aber auch gegen die Entscheidung des Beschwerdegerichts, durch die unter Aufhebung der den Widerspruch zurückweisenden Verfügung des Registergerichts der Widerspruch für gerechtfertigt erklärt wird (siehe N. 7 zu § 29).

b) Die einfache Beschwerde ist gegen die Verfügung, durch die der Widerspruch für gerechtfertigt erklärt wird, gegeben.

Für die Beschwerdeberechtigung sind die §§ 20, 126 maßgebend (a. M. Staub N. 5 zu § 31 HGB., der die Beschwerde Dritter ausschließt, ohne triftigen Grund).

Über die Zuständigkeit der Kammer für Handelssachen siehe § 30.

8. Die **Löschung** darf erst erfolgen, wenn entweder

a) die Frist für den Widerspruch abgelaufen ist, oder

b) die den Widerspruch zurückweisende Verfügung rechtskräftig geworden ist (Abs. 4).

Die Verfügung, durch welche die Eintragung der Löschung von Amts wegen angeordnet wird, ist schriftlich abzufassen, zu datieren und vom Registerrichter zu unterschreiben; sie ist den Beteiligten bekannt zu geben und in beglaubigter Abschrift dem Registergericht der Zweigniederlassung zu übersenden (§§ 86, 87 HRBek.). Die Anordnung der Löschung darf nicht erfolgen, ehe nicht die Voraussetzungen des Abs. 4 für die Löschung eingetreten sind, auch nicht unter Aussetzung ihrer Ausführung (Recht **06** 1270 Nr. 3132, ZBl. **7** 535).

Die Löschung erfolgt in der für Löschungen üblichen Form; es soll dabei vermerkt werden, daß die Löschung von Amts wegen erfolgt (§ 75 Abs. 4 mit § 112 HRBek.).

Gegen die Verfügung, durch die die Löschung angeordnet wird, findet, solange nicht die Löschung erfolgt ist, die einfache Beschwerde mit der Begründung statt, daß das vorangegangene Verfahren fehlerhaft, z. B. die Frist nicht auf drei Monate bemessen gewesen sei. Gegen die erfolgte Löschung ist ein Rechtsmittel nicht zulässig (a. M. Rausnitz N. 18 zu § 141).

Das Registergericht kann von der Eintragung der verfügten Löschung absehen, wenn es erkennt, daß seine Verfügung ungerechtfertigt war (§ 18); eine besondere den Beteiligten bekannt zu machende Verfügung ist, wenn ihnen die Löschungsanordnung schon bekannt gemacht worden ist, mindestens angezeigt.

Die Wiedereintragung einer gelöschten Firma kann veranlaßt sein, wenn gegen die Frist für die sofortige Beschwerde Wiedereinsetzung erfolgt und der sofortigen Beschwerde stattgegeben wird.

§ 142.

Ist eine Eintragung in das Handelsregister bewirkt, obgleich sie wegen Mangels einer wesentlichen Voraussetzung unzulässig war, so kann das Registergericht sie von Amts wegen löschen. Die Löschung geschieht durch Eintragung eines Vermerkes.

Das Gericht hat den Beteiligten von der beabsichtigten Löschung zu benachrichtigen und ihm zugleich eine angemessene Frist zur Geltendmachung eines Widerspruchs zu bestimmen.

Auf das weitere Verfahren finden die Vorschriften des § 141 Abs. 3, 4 Anwendung.

Löschung unzulässiger Eintragungen.

1. § 142 hat nur Bezug auf unzulässige Eintragungen. Sonstige Unrichtigkeiten können nur auf Antrag der Beteiligten berichtigt werden; die Beteiligten sind von einer entdeckten Unrichtigkeit zu benachrichtigen. Schreibfehler und sonstige offenbare Unrichtigkeiten sind vom Registergericht zu berichtigen, ohne daß es einer vorgängigen Benachrichtigung der Beteiligten bedarf (siehe §§ 108, 109 HRBek., auch über das Verfahren bei der Berichtigung).

2. Auf die in § 144 besonders aufgeführten Eintragungen bezieht sich § 142 nicht; dagegen findet er Anwendung auf die sonstigen, nicht in § 144 aufgeführten Eintragungen, welche sich auf die in § 144 bezeichneten Gesellschaften beziehen; das Registergericht ist also z. B. befugt, die den Gegenstand des Unternehmens einer GmbH. betreffende Eintragung, soweit sie mit dem Inhalte des Gesellschaftsvertrags in Widerspruch steht, nach § 141 von Amts wegen zu löschen, während auf die Löschung der Gesellschaft als nichtig § 144 Anwendung findet (RJA. **4** 162, OLG. **9** 263, ZBl. **5** 104, Recht **04** 416). § 142 gilt auch für die Genossenschafts-, Vereins- und Güterrechtsregister (§§ 147, 159, 161 FGG.).

3. § 142 ist eine Sondervorschrift gegenüber der Vorschrift des § 18; solange eine Eintragung in das Handelsregister nur verfügt ist (§§ 70, 102 HRBek.), ist eine Änderung dieser Verfügung nach § 18 zulässig; sobald aber die Eintragung bewirkt ist, ist die Anwendung des § 18 ausgeschlossen und sind für die Beseitigung der unrichtigen Eintragung, soferne sie unzulässig war, die Bestimmungen des § 142 maßgebend (RJA. **5** 171, ZBl. **6** 86).

4. Zuständig zur Löschung unzulässiger Eintragungen ist das Registergericht selbst. Die Löschung kann aber nach § 143 auch von dem Landgericht, welches ihm im Instanzenzuge vorgeordnet ist, verfügt werden.

Hält das Registergericht einer Zweigniederlassung eine Löschung von Amts wegen für geboten, so hat es, wenn sich die zu löschende Eintragung nicht ausschließlich auf die Zweigniederlassung bezieht, das Registergericht der Hauptniederlassung in

Kenntnis zu setzen; lehnt dieses die Löschung ab, so hat es die Akten dem ihm übergeordneten Landgericht zur Entscheidung gemäß § 143 FGG. vorzulegen (§ 85 HRBek., RJA. **3** 20, OLG. **4** 450, ZBl. **2** 777, Recht **02** 177).

5. Voraussetzung der Löschung ist,

a) daß die Eintragung in dem Zeitpunkte, in dem sie erfolgte, unzulässig war,

b) daß die Unzulässigkeit auf dem Mangel einer wesentlichen Voraussetzung der Eintragung beruht.

Die Löschung wegen eines zur Zeit der Vornahme der Eintragung vorhandenen Mangels ist nicht mehr zulässig, wenn der Mangel inzwischen behoben wurde (RJA. **5** 171, ZBl. **6** 86, 92).

Unzulässig ist eine Eintragung, wenn sie erfolgt, ohne daß das Gesetz sie anordnet, so z. B. wenn die Erteilung einer Handlungsvollmacht eingetragen wäre, ferner wenn das Gesetz die Eintragung verbietet oder wenn die Eintragung vorgenommen wird, ohne daß die vom Gesetz geforderten Voraussetzungen erfüllt sind; letzteres ist z. B. der Fall, wenn die erforderliche Anmeldung fehlt. In Betracht kommen nicht bloß Verfahrens-, sondern auch materiell-rechtliche Vorschriften (Recht **07** 259).

Ob ein Mangel wesentlich ist, hat der Registerrichter nach Lage des Falles zu entscheiden. Wesentlich wird z. B. der Mangel sein, wenn eine Firma nicht den Vorschriften über die Firmenbildung entspricht (OLG. **12** 225), oder wenn sie sich von den schon eingetragenen Firmen desselben Ortes nicht deutlich unterscheidet. Die Eintragung einer offenen Handelsgesellschaft kann gelöscht werden, wenn sich herausstellt, daß die Gesellschafter es nicht auf den Betrieb eines Handelsgewerbes, sondern lediglich auf die Verwertung eines mit einer weltbekannten Firma (Mumm & Co.) gleichlautenden Namens ihrer Firma und deren baldige Veräußerung abgesehen haben (OLG. **8** 378).

Dagegen darf z. B. eine Eintragung nicht schon deswegen gelöscht werden, weil die ihr zu Grunde liegende Anmeldung von den Beteiligten weder persönlich noch durch Vorlegung einer notariell beglaubigten Urkunde vorgenommen worden ist (§ 76 Abs. 2 HRBek.). Die einmal erfolgte Eintragung der Erhöhung des Grundkapitals einer Aktiengesellschaft kann nicht wegen Nichtigkeit der Zeichnungsscheine gelöscht werden (Recht **6** 531).

Die nachträgliche Begründung eines registerpflichtigen Gewerbes unter derjenigen Firma, deren Löschung mangels dieser Voraussetzung angeregt ist, steht dem Löschungsverfahren nicht entgegen (OLG. **9** 369). Hat das Registergericht, wenn auch versehentlich, eine Firma ohne Antrag gelöscht, so ist dieser Löschungsvermerk nicht wieder nach § 142 zu löschen, wenn die Firma tatsächlich erloschen ist (OLG. **9** 257).

Das Löschungsverfahren ist dann nicht einzuleiten, wenn die Entscheidung, ob ein Verstoß vorliegt, von der Beantwortung streitiger Auslegungsfragen abhängt, sondern nur bei Verstößen gegen klares Recht (ZZP. **32** 401 und Reichel ebenda 406).

6. Auch wenn die Voraussetzungen für die Löschung vorliegen, ist das Registergericht zur Vornahme derselben von Amts wegen nur **berechtigt**, nicht verpflichtet. Bei der Entscheidung, ob es von der gesetzlichen Befugnis Gebrauch machen soll, wird es sich nicht von formalen Gesichtspunkten leiten lassen dürfen, sondern zu erwägen haben, daß unter Umständen schwerwiegende Interessen auf dem Spiele stehen; es wird die Löschung nur dann vornehmen, wenn nach seiner Ansicht das Fortbestehen der Eintragung erhebliche Schädigungen Berechtigter zur Folge haben würde. Das Registergericht kann, bevor es über die Löschung Beschluß faßt, sich mit gutachtlichem Bericht an den Landgerichtspräsidenten wenden; es kann auch von der Handelskammer eine Begutachtung erholen (§ 80 HRBek.).

7. Das Registergericht kann zur Vornahme einer Löschung von Amts wegen auch von Dritten, die sich durch die Eintragung in ihrem Rechte beeinträchtigt glauben, oder von der Handelskammer veranlaßt werden; Anregungen dieser Art sind nicht als Anmeldungen von Löschungen zu behandeln, sondern die Löschung erfolgt auch in diesen Fällen von Amts wegen (OLG. **9** 248, **12** 219, 222); der sachgemäßen Prüfung solcher Anregungen darf sich das Registergericht nicht entziehen (OLG. **8** 241, SeuffA. **59** 255).

Für die Beschwerde gegen die Ablehnung eines solchen Antrags sind die §§ 20, 126 FGG. maßgebend (§ 81 HRBek.); ohne eine Verletzung eines Namens- oder Firmenrechts oder eines ähnlichen Rechts hat also ein Dritter kein Beschwerderecht, der Gläubiger der eingetragenen Firma ist daher nicht beschwerdeberechtigt; dagegen ist das Recht eines einzelnen Aktionärs verletzt, wenn die Eintragung einer Kapitalserhöhung mangels einer wesentlichen Voraussetzung unzulässig ist (RJA. **5** 171, **7** 186, ZBl. **6** 86, **7** 421).

Es findet nur die einfache Beschwerde statt (BayObLG. **3** 670, **5** 445, OLG. **5** 446, **7** 211).

Hebt das Beschwerdegericht eine ablehnende Verfügung auf, so kann es das weitere Verfahren dem Registergericht auftragen oder selbst nach Maßgabe der Vorschriften von Abs. 2 und 3 durchführen (Josef N. 8, KGJ. **31a** 152, a. M. Dorner N. 6 zu § 142).

8. Das **Verfahren**, welches der Löschung vorauszugehen hat, **beginnt** mit einer Verfügung folgenden Inhalts (Abs. 2):

a) Benachrichtigung der Beteiligten von der beabsichtigten Löschung,
b) Bestimmung einer angemessenen Frist (hier ohne Schranke des Mindestmaßes) zur Geltendmachung des Widerspruchs.

Für das weitere Verfahren gelten die Vorschriften des § 141 Abs. 3, 4 FGG., § 75 Abs. 3, 4 HRBek. (Abs. 3, § 82 HRBek.); siehe N. 6—8 zu § 141.

Die Bekanntmachung erfolgt durch Zustellung von Amts wegen (§ 16 Abs. 2 Satz 1). Der Abs. 2 des § 141 ist nicht für anwendbar erklärt; bekannten Beteiligten, deren Aufenthalt unbekannt ist, muß daher öffentlich zugestellt werden; unbekannten Beteiligten ist ein Pfleger nach § 1903 BGB. zu bestellen.

9. Soll eine Eintragung in den bisherigen Handelsregistern gelöscht werden, so ist die Löschung nur zulässig, wenn der Löschungsgrund nach den bisherigen und den neuen Vorschriften gegeben ist (§ 84 HRBek.).

10. Die Löschung erfolgt durch Eintragung eines Vermerks; dabei soll vermerkt werden, daß die Löschung von Amts wegen erfolgt (§ 112 HRBek.). Da die Löschung nur erfolgen darf, wenn Widerspruch nicht erhoben oder die den Widerspruch zurückweisende Verfügung rechtskräftig geworden ist (§ 141 Abs. 4), so darf sie auch nicht vor diesem Zeitpunkt verfügt werden, auch nicht unter Aussetzung ihres Vollzuges (Recht **10** 1270).

§ 143.

Die Löschung einer Eintragung kann gemäß den Vorschriften des § 142 auch von dem Landgerichte verfügt werden, welches dem Registergericht im Instanzenzuge vorgeordnet ist. Die Vorschrift des § 30 Abs. 1 Satz 2 findet Anwendung.

Gegen die einen Widerspruch zurückweisende Verfügung des Landgerichts findet die sofortige Beschwerde an das Oberlandesgericht mit der Maßgabe statt, daß die Vorschriften des § 28 Abs. 2, 3 zur entsprechenden Anwendung kommen. Die weitere Beschwerde ist ausgeschlossen.

Löschung auf Verfügung des Landgerichts.

1. § 143 begründet ausnahmsweise eine erstinstanzielle, mit der des Registergerichts konkurrierende Zuständigkeit des Landgerichts zur Verfügung von Löschungen von Amts wegen im Handelsregister (§§ 142, 144), im Genossenschaftsregister (§ 147), im Vereins- (§ 159) und im Güterrechtsregister (§ 161). Ist bei dem Landgericht eine Kammer für Handelssachen gebildet, so ist diese zuständig (Abs. 1 Satz 2), soweit es sich um Löschungen im Handels- oder Genossenschaftsregister handelt (siehe N. 2 zu § 30).

Schreitet sowohl das Registergericht als das Landgericht ein, so findet § 4 Anwendung.

2. Die Voraussetzungen des Einschreitens in den Fällen des § 142 sind die nämlichen, wie für das Registergericht. Es steht im Ermessen des Landgerichts, ob es einschreiten will (siehe hiezu auch Unger in ZZP. **34** 290). Auch beim Landgericht können Anregungen zur Löschung vorgebracht und Anträge, insbesondere von der Handelskammer, gestellt werden, der gegen einen ablehnenden Bescheid auch die Beschwerde zusteht (§ 126, a. M. Rausnitz N. 2 zu § 142, der ein Antragsrecht nur zum Registergericht geben will). Eine Beschwerde gegen eine unzulässige Eintragung ist nicht zu verwerfen, sondern als Antrag, nach § 143 zu verfahren, zu behandeln, da das Landgericht jedenfalls als erste Instanz für die sachliche Entscheidung über das Begehren des Beschwerdeführers zuständig ist; die gegen die Entscheidung des Landgerichts eingelegte Beschwerde ist daher als erste, nicht als weitere Beschwerde zu behandeln (RJA. **5** 171, ZBl. **6** 86). So kann die Beschwerde eines Mitglieds einer eingetragenen Genossenschaft wegen angeblich unrichtiger Eintragung des Tages seines Ausscheidens in der Liste der Genossen nur nach Anhörung der Genossenschaft als Beteiligte im Verfahren nach den §§ 142, 143 verbeschieden werden (KGJ. **28** A 58). Über den Antrag des Registergerichts einer Zweigniederlassung zum Landgericht siehe § 85 HRBek. und N. 4 zu § 142.

3. Das Landgericht hat dasselbe Verfahren einzuschlagen wie das Registergericht; es muß also der Löschungsverfügung eine Benachrichtigung mit Fristsetzung zur Erhebung des Widerspruchs vorausgehen lassen. Ist diese unterlassen, so unterliegt die Löschungsverfügung gleichwohl der Aufhebung dann nicht, wenn dieselbe nicht auf dem Verstoß beruht, insbesondere wenn der Beteiligte schon vom Registergericht gehört worden und sein Widerspruch unbegründet ist (OLG. **9** 242).

Das Landgericht nimmt die Löschung nicht selbst vor, sondern **verfügt** dieselbe lediglich; der Vollzug obliegt dem Registergericht, das an die rechtskräftige Entscheidung des Landgerichts gebunden ist; ein Recht der Beschwerde gegen die Verfügung des Landgerichts steht ihm nicht zu.

4. Rechtsmittel: Gegen die Verfügung des Landgerichts findet, wenn es als erste Instanz entschieden hat, nicht die weitere Beschwerde, sondern die Beschwerde nach § 19 Abs. 1 statt; die Vorschriften des § 29 über die Form der Beschwerdeeinlegung und die Beschränkung auf rechtliche Angriffe finden daher nicht Anwendung.

Beschwerdegericht ist das Oberlandesgericht, bezw. in Bayern das Oberste Landesgericht (§ 199 FGG., Art. 42 AG. z. GVG.). § 143 bestimmt dies allerdings nur für den Fall der einen Widerspruch zurückweisenden Verfügung (Abs. 2 Satz 1); dasselbe muß aber, da die Entscheidung des Landgerichts über einen bei ihm gestellten Antrag auf Anordnung der Löschung und die dem Widerspruch stattgebende Entscheidung der Anfechtung nicht entzogen sind, für diese Fälle gelten (RJA. 5 171).

Vorlage der Beschwerde an das Reichsgericht nach Maßgabe des § 28 Abs. 2 ist (anders als in § 64) ausdrücklich vorgesehen.

Die sofortige Beschwerde findet gegen die einen Widerspruch zurückweisende Verfügung, die einfache Beschwerde in allen übrigen Fällen statt (a. M. Schneider N. 4 zu § 145, der die Beschwerde mangels einer vom Gesetz bestimmten Instanz für unzulässig erachtet).

Erst die weitere Beschwerde ist mangels einer Instanz ausgeschlossen.

§ 144.

Eine in das Handelsregister eingetragene Aktiengesellschaft oder Kommanditgesellschaft auf Aktien kann gemäß den Vorschriften der §§ 142, 143 als nichtig gelöscht werden, wenn die Voraussetzungen vorliegen, unter denen nach den §§ 309, 310 des Handelsgesetzbuches die Nichtigkeitsklage erhoben werden kann. Das Gleiche gilt für eine in das Handelsregister eingetragene Gesellschaft mit beschränkter Haftung, wenn die Voraussetzungen vorliegen, unter denen nach den §§ 75, 76 des Gesetzes, betreffend die Gesellschaften mit beschränkter Haftung, die Nichtigkeitsklage erhoben werden kann.

Ein in das Handelsregister eingetragener Beschluß der Generalversammlung oder Versammlung der Gesellschafter einer der im Abs. 1 bezeichneten Gesellschaften kann gemäß den Vorschriften der §§ 142, 143 als nichtig gelöscht werden, wenn er durch seinen Inhalt zwingende Vorschriften des Gesetzes verletzt und seine Beseitigung im öffentlichen Interesse erforderlich erscheint.

In den Fällen der Abs. 1, 2 soll die nach § 142 Abs. 2 zu bestimmende Frist mindestens drei Monate betragen.

Löschung eingetragener Gesellschaften.

1. § 144 findet nur Anwendung bezüglich der Löschung einer der hier aufgeführten Gesellschaften und Versammlungsbeschlüsse als nichtig; in Ansehung der Löschung sonstiger auf diese Gesellschaften bezüglicher Eintragungen von Amts wegen gelten die Vorschriften der §§ 142, 143 (N. 1 zu § 142); § 144 enthält eine Einschränkung hinsichtlich der Voraussetzungen der Löschung gegenüber der Vorschrift des § 142.

2. Die §§ 309, 320 Abs. 2 HGB., § 75 GmbHG. sehen die Nichtigkeitserklärung einer Aktiengesellschaft, Kommanditgesellschaft auf Aktien oder einer Gesellschaft m. b. H. im Wege der Nichtigkeitsklage unter bestimmten Voraussetzungen vor; nach § 273 HGB. ist das ergangene Urteil zum Handelsregister einzureichen und dort einzutragen. § 144 gestattet unter den nämlichen Voraussetzungen, unter welchen die Nichtigkeitsklage erhoben werden kann, die Löschung dieser **Gesellschaften** von Amts wegen.

Die Löschung kann hienach erfolgen:

bei Aktiengesellschaften und Kommanditaktiengesellschaften,

a) wenn der Gesellschaftsvertrag nicht eine Bestimmung enthält über die Firma und den Sitz der Gesellschaft, den Gegenstand des Unternehmens, die Höhe des Grundkapitals, die Höhe der einzelnen Aktien, die Art der Bestellung und Zusammensetzung des Vorstandes, die Form, in der die Berufung der Generalversammlung geschieht oder die Form, in der die von der Gesellschaft ausgehenden Bekanntmachungen erfolgen; gegen die Ansicht von Keßler im ZBl. **5** 210, daß eine Aktiengesellschaft, deren Firma im Handelsregister mit der Bezeichnung „Aktiengesellschaft" eingetragen ist, als nichtig erklärt werden kann, wenn im Gesellschaftsvertrage die Firma ohne diese Bezeichnung bestimmt ist, weil die Bezeichnung als Aktiengesellschaft nach den §§ 20, 22 HGB. Bestandteil der Firma sei, Josef N. 4 Abs. 3 zu § 144, m. E. mit Unrecht; siehe auch Staub N. 2 zu § 20;

b) wenn der Gesellschaftsvertrag zwar diese Bestimmungen enthält, wenn er aber im ganzen oder in einer einzelnen dieser Bestimmungen nichtig ist; nichtig ist der Gesellschaftsvertrag im ganzen z. B., wenn er nicht durch einen Notar beurkundet (§ 182 Abs. 1 HGB.; ebenso RG. **54** 418, a. M. Josef N. 4 Abs. 3 zu § 144, Staub i. d. DJZ. **03** 336, Hachenburg ebenda 439) oder wenn er mit einem Mangel aus den §§ 116 bis 118, §§ 134, 138 BGB. behaftet ist; nichtig ist eine einzelne Bestimmung z. B., wenn die Aktien auf einen geringeren als den zulässigen Betrag (§§ 180, 209 HGB.) gestellt sind (§ 77 Abs. 1 HRBek.);

bei Gesellschaften m. b. H.,

wenn der Gesellschaftsvertrag nicht Bestimmungen über die Firma und den Sitz der Gesellschaft, über den Gegenstand des Unternehmens, über den Betrag des Stammkapitals und der Stammeinlagen enthält oder wenn der Gesellschaftsvertrag im ganzen oder in einzelnen der erwähnten Bestimmungen nichtig ist (§ 75 GmbHG.). § 78 Abs. 1 HRBek.

Wegen sonstiger Mängel kann die Eintragung der Nichtigkeit auch dann nicht erfolgen, wenn die Mängel wesentlich sind. Mängel im Gründungsverfahren, namentlich auch in Bezug auf den Abschluß des Gesellschaftsvertrages (insbesondere nicht gehörige Abstimmung oder Stimmberechnung) begründen keine Nichtigkeit; so kann z. B. eine G. m. b. H. nicht deswegen gelöscht werden, weil eine im Gesellschaftsvertrag als Gesellschafter aufgeführte Person bei Abschluß dieses Vertrages durch eine andere Person vertreten wurde, die keine Vertretungsmacht hatte (RJA. **3** 16, OLG. **4** 254, ZBl. **2** 774).

Die Eintragung der Nichtigkeit von Amts wegen kann nicht mehr vorgenommen werden:

a) bei Aktien- und Kommanditaktiengesellschaften,
wegen eines Mangels im Gesellschaftsvertrage, der die Bestimmungen über die Firma und den Sitz der Gesellschaft, über den Gegenstand des Unternehmens, die Bestellung oder Zusammensetzung des Vorstandes, die Form der Bekanntmachungen der Gesellschaft oder die Form der Berufung der Generalversammlung betrifft,

b) bei Gesellschaften m. b. H.,
wegen eines **Mangels** im **Gesellschaftsvertrage**, der die Bestimmungen über die Firma oder den Sitz der Gesellschaft oder den Gegenstand des Unternehmens betrifft,

wenn der Mangel ad a durch einen den Vorschriften über Änderung des Gesellschaftsvertrags entsprechenden Beschluß der Generalversammlung (§§ 274, 310 HGB.), ad b durch einstimmigen Beschluß der Versammlung der Gesellschafter (§ 76 GmbHG.) geheilt worden ist.

3. Ein **Beschluß der Generalversammlung** einer Aktiengesellschaft, einer Kommanditgesellschaft auf Aktien, ein Beschluß **der Versammlung der Gesellschafter** einer Gesellschaft m. b. H., kann, wenn er in das Handelsregister eingetragen war, als nichtig von Amts wegen wieder gelöscht werden,

a) wenn der Beschluß durch seinen Inhalt zwingende Vorschriften des Gesetzes verletzt,

b) wenn zugleich seine Beseitigung im öffentlichen Interesse erforderlich erscheint.

ad a) Ob verletzte Vorschriften des Gesetzes zwingende sind, ergibt sich aus der Wortfassung des Gesetzes. Hieher gehören z. B. die Vorschriften über den Mindestbeitrag der Aktien oder der Stammeinlagen, über die Unzulässigkeit der Rückzahlung der Einlagen, über die Ausstattung des Reservefonds, über die Amtsdauer des Aufsichtsrates, über das Verbot, Zinsen in bestimmter Höhe zu vereinbaren (§§ 180, 209, 213 ff. 243, 262 HGB., §§ 5, 30 GmbHG.). Sonstige Mängel des Beschlusses rechtfertigen die Löschung nicht; insbesondere ist dieselbe nicht schon deswegen zulässig, weil der Beschluß unter Verletzung der Vorschriften über die Berufung der Versammlung oder über die Abstimmung zu stande gekommen ist (OLG. **12** 219) oder weil der Inhalt des Beschlusses gegen Bestimmungen des Gesellschaftsvertrages verstößt.

ad b) Ob die Beseitigung des Beschlusses im öffentlichen Interesse geboten erscheint, hat der Registerrichter nach Lage des Falles zu beurteilen; das Interesse der Aktionäre entscheidet in der Regel wohl nicht, dagegen kann unter Umständen das Interesse der Gesellschaftsgläubiger als öffentliches Interesse angesehen werden (§ 79 HRBek.).

Die Vorschriften über die Löschung von Beschlüssen der Generalversammlung oder der Versammlung der Gesellschafter betreffen nicht bloß Beschlüsse, die eine Änderung des Gesellschaftsvertrages zum Gegenstand haben, sondern auch solche über andere Angelegenheiten, soferne dieselben zur Zuständigkeit der Versammlung gehören und die Beschlüsse der Eintragung bedürfen.

Auch hier ist die Löschung ausgeschlossen, wenn der Mangel inzwischen durch einen Beschluß der Versammlung geheilt ist.

Auf Beschlüsse, die vor der Eintragung der Gesellschaft gefaßt sind, hat § 144 keinen Bezug.

Über die Unmöglichkeit, die Eintragung von Beschlüssen einer Gesellschaft im Beschwerdewege anzufechten und zu beseitigen siehe auch RJA. **7** 241, ZBl. **7** 583, Recht **07** 150.

4. Zuständig zur Löschung sind nebeneinander das Registergericht und das diesem im Instanzenzug vorgeordnete Landgericht (Kammer für Handelssachen, N. 1 zu § 143).

5. Die Löschung ist auch beim Vorliegen der Voraussetzungen derselben nicht Pflicht des Gerichts, sondern liegt im pflichtgemäßen Ermessen des Gerichts (N. 6 zu § 142, § 80 HRBek.). Jedenfalls muß die Nichtigkeit zweifelsfrei sein und darf nicht von der Entscheidung streitiger Rechtsverhältnisse oder Rechtsfragen abhängig sein; ergeben sich solche nach Einleitung des Verfahrens, so wird das Gericht von der Aussetzungsbefugnis (§ 127) Gebrauch machen; daß die Nichtigkeitsklage erhoben ist, stellt aber kein unbedingtes Hindernis der Löschung von Amts wegen dar.

6. Das **Verfahren** ist das nämliche, wie es für die Löschung sonstiger unzulässiger Eintragungen vorgeschrieben ist (§§ 142, 143), mit der Abweichung, daß die in der einleitenden Verfügung für die Erhebung des Widerspruchs zu bestimmende Frist mindestens drei Monate betragen muß (Abs. 3). Siehe über das Verfahren N. 8 ff. zu § 142, N. 3 zu § 143.

7. **Beteiligte** an dem Verfahren sind nur die gesetzlichen Vertreter der Gesellschaft, also die Direktoren der Aktiengesellschaft, die persönlich haftenden Gesellschafter der Kommanditaktiengesellschaft, die geschäftsführenden Gesellschafter der Gesellschaft m. b. H., nicht die einzelnen Aktionäre oder sämtliche Gesellschafter; es haben daher auch die Bekanntmachungen an die letzteren Personen nicht zu erfolgen (a. M. nur Dorner N. 7 zu § 144).

8. Die Vorschrift des § 144 gilt auch hinsichtlich der in den bisherigen (vor dem 1. 1. 1900 bestandenen) Handelsregistern eingetragenen Gesellschaften; die Löschung ist aber nur zulässig, wenn der Löschungsgrund nach den bisherigen und nach den jetzigen Vorschriften gegeben ist (§ 84 HRBek.).

§ 145.

Die Amtsgerichte sind zuständig für die nach § 146 Abs. 2, § 147, § 157 Abs. 2, § 166 Abs. 3, § 192 Abs. 3, § 254 Abs. 3, § 266 Abs. 2, § 268 Abs. 2, § 295 Abs. 2, 3, § 302 Abs. 2 bis 4, § 388 Abs. 3, § 524 Abs. 1, 2, § 530 Abs. 1, §§ 590, 685, § 729 Abs. 1, § 884 Nr. 4 des Handelsgesetzbuchs von dem Gerichte zu erledigenden Angelegenheiten.

Ist die Führung des Handelsregisters für mehrere Amtsgerichtsbezirke einem Amtsgericht übertragen worden, so gehören zur Zuständigkeit dieses Amtsgerichts auch die im Abs. 1 bezeichneten Angelegenheiten, mit Ausnahme derjenigen Geschäfte, welche den Gerichten nach § 524 Abs. 1, 2, § 530 Abs. 1, §§ 590, 685, § 729 Abs. 1, § 884 Nr. 4 des Handelsgesetzbuchs obliegen.

Sonstige Verrichtungen des Registergerichts.

1. § 145 erklärt eine Anzahl von Angelegenheiten, in welchen nach dem HGB. richterliche Mitwirkung einzutreten hat, als Angelegenheiten der freiwilligen Gerichtsbarkeit und regelt hiefür die **sachliche** Zuständigkeit durch Zuweisung an die Amtsgerichte. Dieses ist hier nicht das Registergericht im Sinne der §§ 125 ff., weshalb in diesen Angelegenheiten weder ein Antrags- und Beschwerderecht der Organe des Handelsstandes nach § 126, noch die Aussetzungsbefugnis des Gerichts nach § 127 besteht. Über Unzuständigkeit des Landgerichts als erste Instanz siehe RG. in ZBl. **2** 424, OLG. **5** 202, JW. **01** 574, wegen ausschließlicher Zuständigkeit des Richters der freiwilligen Gerichtsbarkeit und Ausschluß prozeßrichterlicher Entscheidung in diesen Angelegenheiten siehe auch Recht **05** 21.

2. Die örtliche Zuständigkeit ist für die einzelnen Angelegenheiten im HGB. geregelt; für die das Gesellschaftsrecht betreffenden Angelegenheiten ist überall das Amtsgericht, in dessen Bezirk die Gesellschaft ihren Sitz hat, für zuständig erklärt; für die dem Seerecht angehörigen Angelegenheiten ist die Zuständigkeit verschieden geregelt.

Eine Ausnahme von diesen Zuständigkeitsbestimmungen verfügt § 145 Abs. 2 für den Fall, daß von der in § 125 Abs. 2 der Landesjustizverwaltung eingeräumten Befugnis Gebrauch gemacht und die Führung des Handelsregisters für mehrere Amtsgerichtsbezirke einem Amtsgericht übertragen ist (siehe hierüber für Bayern § 2 HRBek., N. 6 zu § 125). Dieses Amtsgericht soll auch für die Erledigung der in § 145 aufgezählten Angelegenheiten allein zuständig sein. Eine Ausnahme von dieser Ausnahme ist wieder für die in Abs. 2 a. E. angeführten, ausschließlich dem Seerecht angehörigen Angelegenheiten gemacht.

3. Die einzelnen dem Amtsgerichte übertragenen **Angelegenheiten sind:**

a) Ernennung und Abberufung der Liquidatoren einer offenen Handelsgesellschaft (§§ 146 Abs. 2, 147 HGB.) und einer Kommanditgesellschaft (§ 161 Abs. 2 HGB.) aus wichtigen Gründen, wenn es beantragt wird; zur Stellung des Antrages sind berechtigt außer den Gesellschaftern der o. HG. und den persönlich haftenden Gesellschaftern der KG. auch der Gläubiger, der gemäß § 135 HGB. die Gesellschaft gekündigt hat; ist über das Vermögen eines Gesellschafters der Konkurs eröffnet, so tritt der Konkursverwalter an die Stelle des Gesellschafters (§ 221 HRBek.).

b) Bestimmung über Verwahrung der Bücher und Papiere einer offenen Handelsgesellschaft oder einer Kommanditgesellschaft nach Beendigung der Liquidation, wenn eine Verständigung hierüber nicht erzielt wird, auf Antrag eines Gesellschafters (§ 157 Abs. 2, § 161 Abs. 2 HGB., § 222 HRBek.).

c) Anordnung der Mitteilung der Bilanz (Zwischenbilanz und Jahresbilanz KGJ. **30** A 120) oder sonstiger Aufklärungen, sowie der Vorlegung der Bücher und Papiere aus wichtigen Gründen auf Antrag eines Kommanditisten (§ 166 Abs. 3 HGB.) und auf Antrag eines stillen Gesellschafters (§ 338 Abs. 3 HGB.); nach Auflösung der Gesellschaft ist das Gericht der freiwilligen Gerichtsbarkeit nicht mehr zuständig, es steht dann nur mehr der Prozeßweg offen (RJA. **4** 208).

d) Ernennung der Revisoren zur Prüfung des Herganges der Gründung einer Aktiengesellschaft in Ermangelung eines für die Vertretung des Handelsstandes berufenen Organes (§ 192 HGB.).

e) Ermächtigung der Aktionäre zur Berufung der Generalversammlung, zur Ankündigung bestimmter Gegenstände der Beschlußfassung, Bestimmung über die Führung des Vorsitzes in der Versammlung (§ 254, § 320 Abs. 3 HGB., § 218 HRBek.).

f) Ernennung von Revisoren zur Prüfung eines Vorganges bei der Gründung oder eines nicht länger als zwei Jahre zurückliegenden Vorganges bei der Geschäftsführung auf Antrag von Aktionären, deren Anteile zusammen den zehnten Teil des Grundkapitals erreichen, wenn der Antrag auf die Prüfung in der Generalversammlung abgelehnt worden ist; dem Antrag ist nur stattzugeben, wenn glaubhaft gemacht wird, daß bei dem Vorgang Unredlichkeiten oder grobe Verletzungen des Gesetzes oder des Gesellschaftsvertrages stattgefunden haben; die Antragsteller haben die Aktien bis zur Entscheidung über den Antrag zu hinterlegen und glaubhaft zu machen, daß sie seit mindestens sechs Monaten, von der Generalversammlung zurückgerechnet, Besitzer der Aktien sind; vor der Ernennung hat das Gericht den Vorstand und den Aufsichtsrat, bei der Kommanditgesellschaft auf Aktien die persönlich haftenden Gesellschafter und den

Aufsichtsrat zu hören; die Ernennung kann von einer Sicherheitsleistung abhängig gemacht werden, deren Höhe das Gericht nach freiem Ermessen bestimmt (§ 266 Abs. 2 – 4, § 320 Abs. 3, 325 HGB.). Diese Vorschriften gelten auch für die Aufstellung von Revisoren zur Prüfung der Liquidatorenbilanzen und der Geschäftsführung der Liquidatoren (§ 299 Abs. 2, § 320 Abs. 3 HGB.).

g) Bestellung der Vertreter der Minderheit zur Führung des Rechtsstreites wegen Vorgängen bei der Gründung oder der Geschäftsführung einer Aktiengesellschaft oder Kommanditgesellschaft auf Aktien; als Vertreter sind diejenigen Personen zu bestimmen, welche von den Gesuchstellern bezeichnet werden (§ 268 HGB.).

h) Ernennung und Abrufung von Liquidatoren aus wichtigen Gründen bei der Aktiengesellschaft auf Antrag des Aufsichtsrats oder von Aktionären, deren Anteile zusammen den zwanzigsten Teil des Grundkapitals erreichen, soferne sie glaubhaft machen, daß sie seit mindestens sechs Monaten Besitzer der Aktien sind (§ 295 Abs. 2, 3 HGB.), bei der Kommanditgesellschaft auf Aktien auf Antrag der nämlichen Personen und jedes persönlich haftenden Gesellschafters (§ 320 Abs. 3, § 331 Abs. 2 HGB.). Stellt sich nach Beendigung der Liquidation noch weiteres der Verteilung unterliegendes Vermögen heraus, so hat das Registergericht auf Antrag eines Beteiligten die bisherigen Liquidatoren erneut zu bestellen oder andere Liquidatoren neu zu berufen (§ 302 Abs. 4, § 320 Abs. 3 HGB.); als Beteiligte gelten auch die Gläubiger (§ 221 HRBek.).

i) Bestimmung über die Aufbewahrung der Bücher und Papiere nach Erlöschen einer Aktien- oder Kommanditaktiengesellschaft nach Beendigung der Liquidation, Ermächtigung der Aktionäre und Gläubiger zur Einsicht (§ 302 Abs. 2, 3, § 320 Abs. 3, HGB., § 223 HRBek.).

k) Einige auf das Seerecht bezügliche Verrichtungen, nämlich Anmeldung und Aufnahme der Verklarung (§ 524 Abs. 1, 2), Feststellung der dringenden Notwendigkeit des Verkaufes eines Schiffes durch den Schiffer (§ 530 Abs. 1, hiezu ZBl. **4** 145, RJA. **3** 240, OLG. **7** 213), Bestimmung des Zeitpunktes der Abreise eines Schiffes auf Antrag des Befrachters (§ 590), urkundliche Bezeugung der Notwendigkeit einer Darlehensaufnahme durch den Schiffer (§ 685), Ernennung von Dispacheuren (§ 729 Abs. 1), Ernennung von Sachverständigen zur Schätzung eines Versicherungsschadens (§ 884 Nr. 4).

Zur Festsetzung der Vergütung der gerichtlich bestellten Liquidatoren einer offenen Handelsgesellschaft ist das Amtsgericht nicht zuständig; die Festsetzung muß im Prozeßwege erfolgen (RJA. **4** 144, Recht **04** 413, Markus in HoldheimsMSchr. **15** 16, Josef in ZBl. **6** 844).

4. Zur Zuständigkeit des Amtsgerichts als Behörde der freiwilligen Gerichtsbarkeit gehören nicht bloß (wie in N. 3 schon hervorgehoben) die in § 145 ausdrücklich aufgezählten Angelegenheiten, sondern auch diejenigen, welche im HGB. durch Bezugnahme auf jene Vorschriften des HGB. geregelt sind, also die statt eine offene Handelsgesellschaft eine Kommanditgesellschaft betreffenden (§ 161 Abs. 2 HGB., oben N. 3 lit. a, b), und die statt eine Aktiengesellschaft eine Kommanditaktiengesellschaft betreffenden (§ 320 Abs. 3, oben N. 3 lit. e—h), ferner die Entscheidung von Meinungsverschiedenheiten zwischen den nach § 192 Abs. 3 HGB. vom Amtsgericht bestellten Revisoren und Gründern einer Aktiengesellschaft über den Umfang der von den Gründern zu gewährenden Aufklärungen und Nachweise und die Festsetzung der Auslagen der Revisoren und der ihnen zu gewährenden Vergütung, da § 194 auf § 192 Abs. 2 Bezug nimmt (a. M. Staub N. 1 zu § 194).

Für die Berufung der ersten Generalversammlung bei der Successivgründung ist in § 196 HGB. das in § 195 bezeichnete Gericht für zuständig erklärt, das ist das Gericht, in dessen Bezirk die Gesellschaft ihren Sitz hat; zuständig ist also das Registergericht (§ 125 FGG., § 217 HRBek.).

5. Das Verfahren ist in § 146 geregelt; die dortigen Vorschriften gelten für alle in N. 3 und 4 erwähnten Angelegenheiten, auch im Falle des § 196 HGB. (Rausnitz N. 2 zu § 146, Josef N. 2d zu § 145).

6. Nach § 47 Abs. 1 des G. ü. d. privaten Versicherungsvereine v. 12. 5. 01 (RGBl. 139) kann auf Antrag des Aufsichtsrats oder einer Minderheit von Mitgliedern aus wichtigen Gründen die Ernennung und Abberufung der ernannten Liquidatoren durch das Gericht erfolgen, in dessen Bezirke der Verein seinen Sitz hat; die Vorschriften der §§ 145, 146 FGG. sind für entsprechend anwendbar erklärt. Auch diese Angelegenheiten sind daher Handelssachen im Sinne des 7. Abschnittes und ist in der Beschwerdeinstanz die Zuständigkeit der Kammern für Handelssachen begründet (RJA. **3** 121, ZBl. **3** 342, Recht **02** 530).

§ 146.

Soweit in den im § 145 bezeichneten Angelegenheiten ein Gegner des Antragstellers vorhanden ist, hat ihn das Gericht wenn tunlich zu hören.

Gegen die Verfügung, durch welche über den Antrag entschieden wird, findet die sofortige Beschwerde statt.

Eine Anfechtung der Verfügung, durch welche einem nach § 524 Abs. 1, 2, § 530 Abs. 1, § 685, § 729 Abs. 1, § 884 Nr. 4 des Handelsgesetzbuchs gestellten Antrage stattgegeben wird, ist ausgeschlossen.

Verfahren in Handelssachen nach § 145.

1. Über das Geltungsgebiet des § 146 siehe N. 4, 5 zu § 145. Obwohl in Abs. 2 des § 146 nur von den Entscheidungen über einen Antrag die Rede ist, finden die Vorschriften des § 146 auch dann Anwendung, wenn das Amtsgericht ausnahmsweise von Amts wegen einschreitet, so z. B. in den Fällen des § 157 Abs. 2, § 302 Abs. 2 HGB.; das gilt insbesondere für die Anfechtung durch sofortige Beschwerde; denn das Motiv der Befristung der Beschwerde, im Interesse der Rechtssicherheit die Angelegenheiten ohne Verzug einer endgiltigen Regelung entgegenzuführen, trifft in gleicher Weise zu, ob auf Antrag oder von Amts wegen entschieden wird (siehe Marcus in HoldheimsMSchr. **15** 16).

2. Für das Verfahren gelten zunächst die allgemeinen Vorschriften des 1. Abschnittes; § 146 gibt nur zwei Sondervorschriften über die Anhörung eines vorhandenen Gegners und die Anfechtung der ergangenen Entscheidung. Über die Unanwendbarkeit des § 127 FGG. über die Aussetzung des Verfahrens siehe N. 1 zu § 145.

§ 146 Abs. 1 und 2 kommt auch in Angelegenheiten der Genossenschaften und der Gesellschaften m. b. H. zur Anwendung.

3. Anhören des Gegners: Inwieweit der Antragsteller einen Gegner im Sinne dieser Vorschrift hat, ist nach dem Inhalte der beantragten Verfügung, insbesondere darnach zu beurteilen, ob die Verfügung einen vorhandenen Streitpunkt erledigen soll. Dies ist beispielsweise der Fall, wenn ein Kommanditist oder ein stiller Gesellschafter die Mitteilung einer Zwischenbilanz oder sonstiger Aufklärungen beantragt; hier sind die persönlich haftenden Gesellschafter oder der Inhaber des Handelsgeschäftes als Gegner im Sinne des Abs. 1 anzusehen und deshalb vor der Entscheidung zu hören. Ebenso wird das Gericht, wenn ein Teilhaber einer offenen Handelsgesellschaft die Ernennung oder die Abberufung eines Liquidators beantragt, die übrigen Gesellschafter und, wenn sich ein Gesellschafter in Konkurs befindet, an seiner Stelle den Konkursverwalter und im Falle des § 135 HGB. den Gläubiger, durch dessen Kündigung die Gesellschaft aufgelöst ist, zu hören haben (vergl. § 146 Abs. 2, 3 HGB.). Handelt es sich um die Ernennung eines Liquidators für eine Aktiengesellschaft, so ist, soweit tunlich, allen Mitgliedern des Vorstandes Gelegenheit zur Äußerung zu geben. Bei manchen Angelegenheiten, die § 145 anführt, kommt regelmäßig ein Gegner nicht in Betracht, so besonders in einzelnen Angelegenheiten des Seerechts (D.).

Die Anhörung ist **Pflicht** des Gerichts, wenn sie nach seiner Anschauung tunlich ist; sie muß im Laufe des Verfahrens erfolgen und vom Gericht zu dem Zwecke veranlaßt werden, um den Beteiligten Gelegenheit zu geben, zu dem gestellten Antrage Stellung zu nehmen und ihre Rechte zu wahren; das Vorliegen einer auf die Angelegenheit bezüglichen schriftlichen Äußerung des Gegners genügt nicht (ZBl. **7** 309).

Die Anhörung kann schriftlich oder mündlich in einem Termine erfolgen.

Die Unterlassung des Gehörs, obwohl es nach der Behauptung des Beschwerdeführers tunlich wäre, begründet die Beschwerde (siehe N. 3 zu § 20) und unter Umständen auch die weitere Beschwerde, wenn nämlich das Gericht den Begriff der Untunlichkeit unrichtig aufgefaßt hat; ein Verstoß führt aber nur dann zur Aufhebung, wenn die Entscheidung auf dem Mangel beruht (RJA. **5** 60; siehe auch Nr. 3 zu § 27). Das Beschwerdegericht hat die Befolgung der Vorschrift von Amts wegen zu prüfen und nötigenfalls selbst die Anhörung zu bewirken (Josef im Recht **03** 515).

4. Die ergehende Entscheidung ist, soweit die sofortige Beschwerde zulässig ist (N. 6), durch Zustellung von Amts wegen nach Maßgabe des § 16 Abs. 2 Satz 1 bekannt zu machen. Die Zurückweisung eines Antrages braucht dem Gegner des Antragstellers nicht bekannt gemacht zu werden, weil er durch die Entscheidung nicht beeinträchtigt ist (Wellstein N. 2 zu § 146).

5. Der Anfechtung entzogen ist die dem Antrage stattgebende Entscheidung in einigen in Abs. 3 aufgeführten, ausschließlich dem Seerecht angehörenden Angelegenheiten; gibt erst die Beschwerdeinstanz dem Antrag statt, so ist die Anfechtung der Entscheidung der Beschwerdeinstanz unstatthaft.

Im Falle des § 194 HGB. (N. 4 zu § 145) ist die Beschwerde ebenfalls ausgeschlossen, weil nach der dortigen Vorschrift das Amtsgericht endgiltig entscheidet (Josef N. 4 zu § 146 gegen Riesenfeld in der DJZ. **98** 96).

6. In allen übrigen unter die §§ 145, 146 fallenden Angelegenheiten (N. 1) findet die **sofortige Beschwerde** statt, gleichviel ob dem gestellten Antrage stattgegeben oder ob derselbe abgelehnt wird, gegen die Entscheidung des Beschwerdegerichts ausschließlich die sofortige weitere Beschwerde.

Die Entscheidung kann deshalb von der Unterinstanz nicht geändert werden (§ 18 Abs. 2). Die Verfügung erster Instanz wird aber nicht erst mit der Rechtskraft, sondern nach der Regel des § 16 Abs. 1 mit der Bekanntmachung an den Beteiligten, für den sie bestimmt ist, wirksam; wegen der Wirksamkeit der Entscheidung des Beschwerdegerichts siehe § 26.

§ 147.

Die Vorschriften der §§ 127 bis 131, 142, 143 finden auf die Eintragungen in das Genossenschaftsregister entsprechende Anwendung.

Eine in das Genossenschaftsregister eingetragene Genossenschaft kann gemäß den Vorschriften der §§ 142, 143 als nichtig gelöscht werden, wenn die Voraussetzungen vorliegen, unter denen nach den §§ 94, 95 des Gesetzes, betreffend die Erwerbs- und Wirtschaftsgenossenschaften, die Nichtigkeitsklage erhoben werden kann.

Ein in das Genossenschaftsregister eingetragener Beschluß der Generalversammlung einer Genossenschaft kann gemäß den Vorschriften der §§ 142, 143 als nichtig gelöscht werden, wenn er durch seinen Inhalt zwingende Vorschriften des Gesetzes verletzt und seine Beseitigung im öffentlichen Interesse erforderlich erscheint.

In den Fällen der Abs. 2, 3 soll die nach § 142 Abs. 2 zu bestimmende Frist mindestens drei Monate betragen.

Genossenschaftsregister.

1. Für die Führung des Genossenschaftsregisters sind in erster Linie die reichsrechtlichen Vorschriften maßgebend, neben den Vorschriften des GenG. die Bek. des Bundesrats vom 1. und 11. 7 99 (RGBl. 347 und 150, abgedruckt im JMBl. **99** 955, 934). Ergänzende Vorschriften für **Bayern** enthält die JMBek. vom 14. 12. 99, JMBl. 959 (nachfolgend zitiert „GenRBek."); siehe auch die Bek. vom 22. 6. 00 und 10. 3. 03, die Statistik des Genossenschaftswesens betr., JMBl. **00** 969, 03 100.

2. Zuständig zur Führung des Genossenschaftsregisters ist das auch zur Führung des Handelsregisters zuständige Gericht, also das **Amtsgericht** (§ 10 Abs. 2 GenG., § 125 FGG., siehe auch N. 2, 3 zu § 125). Für jedes Amtsgericht des Registerbezirks wird ein besonderes Genossenschaftsregister geführt.

3. Durch § 147 sind zur Sicherung eines übereinstimmenden Verfahrens in Angelegenheiten des HR. und des GenR. einzelne das HR. betreffende Vorschriften auf das GenR. ausgedehnt.

Die Vorschriften über das Ordnungsstrafverfahren (§§ 132—139) sind schon durch § 160 Abs. 2 GenG. zur Erzwingung von Verpflichtungen der Mitglieder des Vorstands und der Liquidatoren für anwendbar erklärt.

Eine Mitwirkung der Organe des Handelsstandes findet bei der Führung der Genossenschaftsregister nicht statt; § 126 FGG. ist nicht für anwendbar erklärt. Die §§ 140, 141 sind nicht für anwendbar erklärt, weil es an Vorschriften, welche den dort in Bezug genommenen Vorschriften des HGB. entsprechen, im GenG. fehlt.

4. Die **Löschung** einer eingetragenen Gesellschaft oder eines eingetragenen Beschlusses der Generalversammlung kann durch das Registergericht **von Amts wegen** erfolgen und von dem diesem vorgesetzten Landgericht von Amts wegen angeordnet werden; für die Voraussetzungen der Löschung gelten die beschränkenden Vorschriften in Abs. 2 und 3. Das Verfahren ist das in den §§ 142, 143 vorgeschriebene mit der Abweichung, daß die in der einleitenden Verfügung für die Erhebung des Widerspruches zu bestimmende **Frist mindestens drei Monate** betragen muß (Abs. 4); siehe im übrigen über das Verfahren die N. 7 ff. zu § 142, N. 3 ff. zu § 143.

Die Löschung einer Genossenschaft als nichtig kann nach den §§ 94, 95 mit §§ 6, 7, 131 GenG. erfolgen (Abs. 2):

a) wenn im Statut eine der für dasselbe wesentlichen Bestimmungen fehlt, nämlich eine Bestimmung über die Firma und den Sitz der Genossenschaft, den Gegenstand des Unternehmens, die Form für die Berufung der Generalversammlung, die Form, in der die von der Genossenschaft ausgehenden Bekanntmachungen erfolgen, sowie über die öffentlichen Blätter, in welche dieselben aufzunehmen sind (§ 6), über die Art der Haftpflicht der Genossen (beschränkte oder unbeschränkte, mit oder ohne Nachschußpflicht), über die Geschäftsanteile und die auf dieselben zu machenden Einzahlungen, die Bildung eines Reservefonds und die Art der Bildung (§ 7 Ziff. 1, 2, 4), über die Haftsumme der einzelnen Genossen bei der Gen. mit beschränkter Haftung (§ 131); als nicht wesentlich gelten nach § 95 Abs. 1 die Bestimmungen über die Beurkundung der Beschlüsse der Generalversammlung und den Vorsitz in dieser, sowie über die Grundsätze für die Aufstellung und Prüfung der Bilanz;

b) wenn das Statut zwar die wesentlichen Bestimmungen enthält, wenn es aber ganz oder in einer einzelnen dieser Bestimmungen nichtig ist; letzteres ist der Fall, wenn die Firma nicht vom Gegenstand des Unternehmens entlehnt ist, wenn sie auf die Haftpflicht der Genossen bezügliche Bezeichnung nicht enthält (§ 2), wenn Namen von Genossen oder anderen Personen in die Firma aufgenommen sind (§ 3), wenn die Einzahlungen auf den Geschäftsanteil nicht zu mindestens ein Zehntel desselben nach Betrag und Zeit bestimmt sind (§ 7 Ziff. 2), wenn die Haftsumme niedriger ist als der Geschäftsanteil (§ 131 Abs. 1).

Wegen eines Mangels, der eine wesentliche Bestimmung des Statuts betrifft, kann die Löschung wegen Nichtigkeit nicht mehr erfolgen, wenn derselbe durch einen den Vorschriften des GenG. über Änderung des Status entsprechenden Beschluß der Generalversammlung geheilt ist (§ 95 Abs. 2; siehe jedoch auch Abs. 3, 4 dortselbst).

Die Löschung eines in das GenR. eingetragenen **Beschlusses der Generalversammlung** als nichtig kann erfolgen, wenn

a) durch seinen Inhalt zwingende Vorschriften verletzt sind, z. B. die Vorschriften über Firmenbildung (§ 3), über die Beschränkung der Darlehensgewährung auf Mitglieder (§ 8 Abs. 2), über die Beschränkung des Verkaufs an Mitglieder bei Konsumvereinen (§ 8 Abs. 4), nicht dagegen, wenn beim Zustandekommen des Beschlusses zwingende Vorschriften verletzt sind, so, wenn an der Abstimmung Personen teilgenommen haben, die nicht Mitglieder sind (RJA. **4** 214, ZBl. **5** 425).

b) wenn zugleich die Beseitigung des Beschlusses in öffentlichem Interesse geboten erscheint (siehe N. 3 zu § 144).

5. Beteiligte an dem Verfahren sind nur die gesetzlichen Vertreter der Genossenschaft, also Mitglieder des Vorstands (§§ 9, 24), nicht die sämtlichen Genossen; nur an erstere müssen deshalb die erforderlichen Bekanntmachungen erfolgen (a. M. Dorner N. 3 c).

§ 148.

Die Vorschriften des § 146 Abs. 1, 2 finden auf die nach § 45 Abs. 3, § 61, § 83 Abs. 3, 4, § 93 des Gesetzes, betreffend die Erwerbs- und Wirtschaftsgenossenschaften, und nach § 66 Abs. 2, 3, § 74 des Gesetzes, betreffend die Gesellschaften mit beschränkter Haftung, von dem Registergerichte zu erledigenden Angelegenheiten Anwendung.

Gegen die Verfügung, durch welche der im § 11 des Gesetzes, betreffend die privatrechtlichen Verhältnisse der Binnenschiffahrt, oder der im § 8 des Gesetzes, betreffend die privatrechtlichen Verhältnisse der Flößerei, bezeichnete Antrag auf Beweisaufnahme oder der im § 87 Abs. 2 des ersteren Gesetzes bezeichnete Antrag auf Bestellung eines Dispacheurs zurückgewiesen wird, findet die sofortige Beschwerde statt. Eine Anfechtung der Verfügung, durch welche einem solchen Antrage stattgegeben wird, ist ausgeschlossen.

Verfahren in Angelegenheiten des GenG., des GmbHG., des BinnenSchG. und des FlößG.

1. Abs. 1 regelt das Verfahren in einzelnen Angelegenheiten der Genossenschaften und der Gesellschaften mit beschränkter Haftung durch die Anwendbarkeitserklärung des § 146 Abs. 1 und 2; Inhalt dieser Vorschriften ist

a) Anhörung eines etwa vorhandenen Gegners, soweit tunlich (N. 3 zu § 146),

b) Anfechtbarkeit der Verfügung, durch die über einen Antrag entschieden wird, mit sofortiger Beschwerde (N. 6 zu § 146).

Im übrigen gelten auch hier die allgemeinen Vorschriften des 1. Abschnittes.

Keine Anwendung finden die §§ 126, 127, Antrags- und Beschwerderecht der Organe des Handelsstandes und Aussetzungsbefugnis des Gerichts, weil die Gerichte in diesen Angelegenheiten nicht als Registergerichte im Sinne jener Vorschriften, nämlich als Gerichte, denen die Registerführung obliegt, tätig sind; die Zuständigkeit ist nur eine abgeleitete, insoferne das Gericht, dem die Registerführung obliegt, auch zur Wahrnehmung dieser Angelegenheiten für zuständig erklärt ist (siehe auch N. 1 zu § 145).

2. Die einzelnen Angelegenheiten sind

bei Genossenschaften:

Ermächtigung eines Genossen zur Berufung der Generalversammlung und Ankündigung des Gegenstandes (§ 45 Abs. 3 GenG.),

Bestellung des Revisors für Genossenschaften, welche dem Revisionsverbande nicht angehören (§ 61),

Ernennung und Abberufung der Liquidatoren auf Antrag des Aufsichtsrates oder mindestens des zehnten Teils der Genossen (§ 83 Abs. 2, 3),

Bestimmung über Aufbewahrung der Bücher und Schriften der aufgelösten Genossenschaft, Ermächtigung zur Einsichtnahme derselben (§ 93);

bei Gesellschaften m. b. H.:

Bestellung und Abberufung von Liquidatoren auf Antrag von Gesellschaftern aus wichtigen Gründen (§§ 66 Abs. 2, 3 GmbHG.),

Bestimmung über Aufbewahrung der Bücher und Schriften der Gesellschaft nach Beendigung der Liquidation (§ 74); siehe hiezu auch die §§ 221, 224 HRBek.

3. Abs. 2 regelt die Anfechtbarkeit einzelner Verfügungen in Angelegenheiten des Binnenschiffahrts- und des Flößereigesetzes.

Die Angelegenheiten sind:

a) Verklarung eines Schiffsunfalles: Wird das Schiff oder die Ladung von einem Unfall betroffen, so ist der Schiffer berechtigt und auf Verlangen des Schiffseigners oder eines Ladungsbeteiligten verpflichtet, vor dem Amtsgerichte des

Ortes, an welchem die Reise endet, und, wenn das Schiff vorher an einem anderen Orte längere Zeit liegen bleiben muß, vor dem Amtsgericht dieses Ortes eine Beweisaufnahme über den tatsächlichen Hergang, sowie über den Umfang des eingetretenen Schadens und über die zur Abwendung oder Verringerung desselben angewendeten Mittel zu beantragen; er hat sich selbst zum Zeugnisse zu erbieten und die zur Feststellung des Sachverhältnisses sonst dienlichen Beweismittel zu bezeichnen (§ 11 BinnenSchG.). Bestand der Unfall in einem Zusammenstoß, so ist jeder der beteiligten Schiffer zu dem Antrage berechtigt, auch wenn nur eines der Schiffe oder nur die Ladung eines von ihnen von einem Schaden betroffen wurde; nicht antragsberechtigt ist der Schiffseigner (RJA. **5** 180, ZBl. **6** 93).

Verfahrensvorschriften geben die §§ 12—14 BinnenSchG.

b) Verklarung eines Floßunfalles: § 8 FlößG. gibt eine mit § 11 BinnenSchG. wörtlich übereinstimmende Vorschrift für den Fall, daß ein Floß von einem Unfall betroffen worden ist; hier ist der Flößer zu dem Antrage berechtigt und auf Verlangen seines Dienstherrn, des Absenders oder Empfängers des Floßes verpflichtet.

Verfahrensvorschriften geben die §§ 9, 10 FlößG.

c) Bestellung eines Dispacheurs in Ermangelung eines für Havereifälle bei der Binnen- oder Seeschiffahrt ein für allemal bestellten Dispacheurs durch das Amtsgericht des Ortes, an dem die Reise endet (§§ 86, 87 Abs. 2 BinnenSchG.).

In allen diesen Fällen finden, vorbehaltlich der Sondervorschriften für die beiden ersten Fälle, die Vorschriften des ersten Abschnittes dieses Gesetzes Anwendung, da die Angelegenheiten, obwohl in den beiden ersten Fällen Beweisaufnahme nach den Vorschriften der ZPO. angeordnet ist, zur freiwilligen Gerichtsbarkeit gehören.

Die Anfechtung ist in den drei Fällen in folgender Weise geregelt:

a) Unanfechtbar sind die Entscheidungen, durch welche einem Antrage in den drei Fällen stattgegeben wird; Wiederaufhebung der Verfügung durch das Gericht, welches dieselbe erlassen hat, ist jedoch zulässig, wenn das Gericht seine Verfügung für ungerechtfertigt hält (RJA. **5** 180, ZBl. **6** 93).

b) Der **sofortigen Beschwerde** (§ 22) unterliegt die Zurückweisung eines Antrages in einer der drei Angelegenheiten; Änderung der getroffenen Entscheidung ist daher unzulässig (§ 18 Abs. 2).

§ 149.

Für die Verrichtungen, welche den Gerichten in Ansehung der nach dem Handelsgesetzbuch oder nach dem Gesetze, betreffend die privatrechtlichen Verhältnisse der Binnenschiffahrt, aufzumachenden Dispache obliegen, ist das Amtsgericht des Ortes zuständig, an welchem die Verteilung der Havereischäden zu erfolgen hat.

Dispache; Zuständigkeit.

1. Dispache ist die Aufstellung der Rechnung über die große Haverei (§ 706 Nr. 7 Abs. 3 HGB., § 84 BinnenSchG.). Dispacheur ist der Sachverständige zur Aufmachung der Dispache. Über große Haverei siehe für Seeschiffe die §§ 706, 707 HGB., für Binnenschiffe § 84 BinnenSchG.

Die Regelung des Verfahrens bei der Aufmachung und Feststellung der Dispache war bis zum Inkrafttreten der FGG. der Landesgesetzgebung überlassen. Nachdem der Vorbehalt des § 731 Abs. 3 HGB. (a. F.) und des § 84 Abs. 4 BinnenSchG. in die neue Fassung dieser Gesetze nicht übergegangen ist, erfolgte reichsrechtliche Regelung des Verfahrens durch die §§ 149—158.

Die Vorschriften finden nur Anwendung auf die nach dem HGB. oder dem BinnenSchG. aufzumachende Dispache, nicht also, wenn die Beteiligten abweichende Bestimmungen treffen, so insbesondere nicht, wenn bei Gütersendungen ins Ausland durch Konossementsklausel bestimmt wird, daß die Dispache im Falle großer Haverei nicht am Bestimmungsort, sondern in einem deutschen Hafen zu errichten ist.

Die Verrichtungen, welche den Gerichten in Ansehung der Dispache obliegen, ergeben sich aus den folgenden Vorschriften.

Die Bestellung ständiger Dispacheure ist Sache der durch Landesrecht hiefür als zuständig bezeichneten Organe, die gerichtliche Ernennung für den einzelnen Fall ist in den § 729 HGB., §§ 145, 146 FGG., § 87 Abs. 1 BinnenSchG., § 148 FGG. geregelt.

2. § 149 regelt die Zuständigkeit der Gerichte für die Verrichtungen in Ansehung der Dispache.

Sachlich zuständig ist das **Amtsgericht.**

Örtlich zuständig ist das Gericht des Ortes, wo die Verteilung der Havereischäden erfolgt, d. i. bei Seeschiffen der Bestimmungsort, und wenn dieser nicht erreicht wird, der Hafenort, wo die Reise endet (§ 727 HGB.), bei Binnenschiffen der Ort, wo die Reise endet (§ 86 BinnenSchG.).

Die Zuständigkeit wird durch die Vereinbarung der Beteiligten, daß die Verteilung der Havereischäden an einem anderen als dem gesetzlich bestimmten Orte stattfinden solle, nicht berührt, eine abweichende Vereinbarung über die Zuständigkeit ist ausgeschlossen (Josef in DNotV. **4** 341 gegen ZBl. **3** 292).

§ 150.

Lehnt der Dispacheur den Antrag eines Beteiligten zur Aufmachung der Dispache aus dem Grunde ab, weil ein Fall der großen Haverei nicht vorliege, so entscheidet über die Verpflichtung des Dispacheurs auf Antrag des Beteiligten das Gericht. Gegen die Verfügung findet die sofortige Beschwerde statt.

Entscheidung über die Weigerung des Dispacheurs.

1. § 150 hat sowohl auf den ein für allemal als auf den für den einzelnen Fall bestellten Dispacheur Bezug. Dieser ist auch im letzteren Falle nicht bloß gerichtlicher Sachverständiger im Sinne des § 15 FGG. mit §§ 402, 404 Abs. 2 ZPO. (OLG. **12** 227, a. M. Dorner N. 3 zu § 150).

Dagegen findet § 150 nicht Anwendung auf den Fall, daß der Schiffer, welchem nach § 87 BinnenSchG. die Anfertigung der Dispache zunächst obliegt, diese aufzunehmen sich weigert.

2. Der Dispacheur ist nicht unbedingt verpflichtet, jedem Auftrag zur Aufmachung einer Dispache Folge zu leisten; er hat das Recht, die Voraussetzungen für das Vorliegen der großen Haverei selbständig zu prüfen und eventuell die Aufmachung der Dispache zu verweigern. Zur Entscheidung über die Berechtigung der Ablehnung ist das in § 149 bezeichnete Gericht berufen. Anderseits ist aber aus § 150 auch nicht die Verpflichtung des Dispacheurs abzuleiten, den Auftrag eines Beteiligten abzulehnen, wenn nach seiner Ansicht die Voraussetzungen der großen Haverei nicht vorliegen; er kann vielmehr die Dispache unter Vorbehalt aufstellen und es den Beteiligten überlassen, ob sie trotz der Zweifel, die hinsichtlich der Voraussetzung der großen Haverei obwalten, die Dispache anerkennen wollen.

3. Voraussetzung der gerichtlichen Entscheidung ist,

a) daß der Dispacheur den Auftrag ablehnt, weil ein Fall großer Haverei nicht vorliege; zur Entscheidung über die Weigerung aus anderen Gründen ist das Gericht nicht befugt, sondern eventuell die Behörde, die ihn bestellt hat, berufen;

b) daß der Beteiligte, der den Auftrag erteilt hat, gerichtliche Entscheidung beantragt; ein anderer Beteiligter ist nicht antragsberechtigt.

Beim Vorliegen dieser Voraussetzungen hat das Gericht von Amts wegen festzustellen, ob ein Fall großer Haverei vorliegt und danach zu entscheiden, ob die Weigerung des Dispacheurs berechtigt ist oder nicht. Eine weitere Bedeutung, als die Weigerung des Dispacheurs auf ihre Berechtigung zu prüfen und ihn, wenn die Weigerung nicht begründet befunden wird, zur Aufmachung des Dispache zu verpflichten, wenn sie dagegen für begründet erachtet wird, ihn vor dem Vorwurfe, daß er sich seiner Verpflichtung ohne rechtfertigenden Grund entzogen habe, sicher zu stellen, hat die Entscheidung nicht; eine Rechtskraft für die von ihr berührten Streitfragen unter den Haverie-Grosse-Interessenten, kommt ihr nicht zu (RJA. **1** 62, OLG. **1** 162, ZBl. **1** 180, Recht **00** 331).

4. Wer als **Beteiligter** anzusehen ist, richtet sich nach dem materiellen Recht (§§ 85, 87 BinnenSchG., §§ 716, 728, 729 HGB.); es sind dies alle Havereibeteiligten, welche bei einer Haverei einerseits den Havereischaden zu tragen, anderseits die Vergütung zu beanspruchen haben, also der Rheder, der Schiffseigentümer, der Befrachter und der Eigentümer der Ladung, nicht dagegen der Versicherer (RJA. **5** 249, OLG. **12** 230).

5. Die **sofortige Beschwerde** (§ 22 Abs. 1) findet statt gegen die Entscheidung über den Antrag, gleichviel, ob er zurückgewiesen oder ob ihm stattgegeben worden ist; die Entscheidung muß daher allen Beteiligten, im Falle der Ablehnung dem Antragsteller durch Zustellung von Amts wegen bekannt gemacht werden (§ 16 Abs. 2 Satz 1). Für die Beschwerdeberechtigung ist § 20 Abs. 1 und 2 maßgebend.

6. Zwangsmittel, um den Dispacheur zur Befolgung der gerichtlichen Anordnung anzuhalten, sind vom Gesetz nicht vorgesehen. Es ist davon ausgegangen, daß sich der öffentlich bestellte Dispacheur schon mit Rücksicht auf seine Stellung der Entscheidung des Gerichts unterwerfen werde, zumal er sich schadensersatzpflichtig macht, wenn er die rechtskräftig festgestellte Verpflichtung, die Dispache aufzumachen, nicht erfüllt.

§ 151.

Auf Antrag des Dispacheurs kann das Gericht einem Beteiligten unter Androhung von Ordnungsstrafen aufgeben, dem Dispacheur die in seinem Besitze befindlichen Schriftstücke, zu deren Mitteilung er gesetzlich verpflichtet ist, auszuhändigen. Die einzelne Strafe darf den Betrag von dreihundert Mark nicht übersteigen.

Anordnung der Aushändigung von Schriftstücken an den Dispacheur.

1. Jeder Beteiligte (N. 4 zu § 150) ist verpflichtet, die zur Aufstellung der Dispache erforderlichen Urkunden, soweit sie zu seiner Verfügung stehen, insbesondere

Frachtbriefe, Ladescheine, Charterpartien, Konossemente und Fakturen dem Dispacheur mitzuteilen (§ 87 BinnenSchG., § 729 Abs. 2 HGB.).

Zur Erzwingung dieser Verpflichtung läßt § 151 ein **Ordnungsstrafverfahren** zu, jedoch nur gegenüber denjenigen Beteiligten, die im Besitze der erwähnten Schriftstücke sich befinden; erforderlich ist die tatsächliche Gewalt über die Schriftstücke (§ 854 BGB.), mittelbarer Besitz genügt nicht (§ 868 BGB.).

2. Das Ordnungsstrafverfahren wird nur auf Antrag eingeleitet. Antragsberechtigt ist nur der Dispacheur, nicht auch der Binnenschiffer, der die Aufstellung der Dispache selbst bewirkt (§ 87 BinnenSchG.); auf diesen findet § 151 nicht Anwendung.

In dem Antrage hat der Dispacheur lediglich den Sachverhalt mitzuteilen, eine Verpflichtung zum Beweise oder zur Glaubhaftmachung, daß der Fall der großen Haverei gegeben sei, hat er nicht; es genügt, daß er dies bei der Antragstellung behauptet und im allgemeinen darlegt (RJA. **5** 248, OLG. **12** 227, ZBl. **6** 141).

3. Verfahren: Das Gericht hat von Amts wegen die Voraussetzung der Verpflichtung zur Herausgabe der verlangten Urkunden zu prüfen, also insbesondere,

ob der Fall großer Haverei vorliegt,

ob die Dispache von einem hiezu Berechtigten beantragt ist (siehe hierüber N. 4 zu § 150),

ob der Beteiligte die Urkunde in seinem Besitze hat.

Im übrigen richtet sich das Verfahren nach § 33 FGG. und den Vorschriften des ersten Abschnittes; die Vorschriften der §§ 132 ff. gelten nicht, ein Einspruchsverfahren findet nicht statt. Die Bestimmung in Satz 2 ist nur eine überflüssige Wiederholung der Vorschrift in § 33.

Zur Anwendung unmittelbaren Zwanges gegen den Herausgabepflichtigen (Art. 130 AG. z. BGB.) ist das Gericht nicht befugt (siehe oben S. 152).

§ 152.

Der Dispacheur ist verpflichtet, jedem Beteiligten Einsicht in die Dispache zu gewähren und ihm auf Verlangen eine Abschrift gegen Erstattung der Kosten zu erteilen. Das Gleiche gilt, wenn die Dispache nach dem Gesetze, betreffend die privatrechtlichen Verhältnisse der Binnenschiffahrt, von dem Schiffer aufgemacht worden ist, für diesen.

Einsicht in die Dispache.

1. Die Beteiligten müssen in der Lage sein, von dem Inhalte der Dispache Kenntnis zu nehmen, um sich entschließen zu können, ob sie sich derselben unterwerfen oder Einwendungen gegen dieselbe erheben wollen. Eine Mitteilung, die sich nur auf das Ergebnis der Dispache oder auf einen Auszug aus derselben beschränkt, ist hiezu nicht unter allen Umständen genügend (D.). § 152 regelt daher das Recht auf Einsicht und Abschrifterteilung.

2. Berechtigt, Einsicht und Abschrift zu verlangen, ist jeder Beteiligte (N. 4 zu § 150) ohne Nachweis eines besonderen Interesses; § 34 findet nicht Anwendung. Das Recht erstreckt sich auch auf die Unterlagen der Dispache. Recht auf Abschrift besteht nur gegen Kostenerstattung.

3. Verpflichtet zur Einsichtgewährung und Abschrifterteilung ist

sowohl der Dispacheur,

als der Schiffer, der nach § 87 BinnenSchG. die Dispache selbst aufgestellt hat.

Der Dispacheur braucht die Einsicht nur in seinen Geschäftsräumen zu gewähren, zur Versendung ist er nicht verpflichtet.

Die Erfüllung der Verpflichtung kann nicht in dem Zwangsverfahren der freiwilligen Gerichtsbarkeit (Art. 130 AG. z. BGB.) erzwungen werden, es steht nur der Weg der Klage oder der einstweiligen Verfügung nach den Vorschriften der ZPO. offen. Nichterfüllung der Verpflichtung macht aber schadensersatzpflichtig.

§ 153.

Jeder Beteiligte ist befugt, bei dem Gericht eine Verhandlung über die von dem Dispacheur aufgemachte Dispache zu beantragen. In dem Antrage sind diejenigen Beteiligten zu bezeichnen, welche zu dem Verfahren zugezogen werden sollen.

Wird ein Antrag auf gerichtliche Verhandlung gestellt, so hat das Gericht die Dispache und deren Unterlagen von dem Dispacheur einzuziehen und, wenn nicht offensichtlich die Voraussetzungen der großen Haverei fehlen, den Antragsteller, sowie die von ihm bezeichneten Beteiligten zu einem Termine zu laden. Mehrere Anträge können von dem Gerichte zum Zwecke der gleichzeitigen Verhandlung verbunden werden.

Die Ladung muß den Hinweis darauf enthalten, daß, wenn der Geladene weder in dem Termin erscheine, noch vorher Widerspruch gegen die Dispache bei dem Gericht anmelde, sein Einverständnis mit der Dispache angenommen werden würde. In der Ladung ist zu bemerken, daß die Dispache und deren Unterlagen auf der Gerichtsschreiberei eingesehen werden können.

Die Frist zwischen der Ladung und dem Termine muß wenigstens zwei Wochen betragen.

Verhandlung über die Dispache; Antrag und Ladung.

1. Das Gesetz sieht in den §§ 153—158 ein gerichtliches Verfahren vor, auf Grund dessen die von dem Dispacheur — nicht auch die von dem Schiffer selbst nach § 87 BinnenSchG. — aufgemachte Dispache von dem nach § 149 zuständigen Amtsgericht, sei es unverändert, sei es nach vorgängiger Berichtigung (die dem Dispacheur selbst nicht zusteht, OLG. **6** 357) bestätigt und hiedurch mit der Wirkung der Vollstreckbarkeit ausgestattet wird. Wegen der Beschränkung der Wirksamkeit der bestätigten Dispache auf die zu dem Verfahren zugezogenen Beteiligten siehe § 158 Abs. 1.

Die Vorschriften finden nur auf die nach den Bestimmungen des HGB. oder des BinnenSchG. (OLG. **10** 324), nicht auf die infolge Rechtsgeschäfts aufgemachte Dispache Anwendung.

Neben dem Zweck, einen Vollstreckungstitel zu schaffen, dient das Verfahren auch dazu, durch Widerspruch gegen die Dispache möglichst unter Vermeidung eines Prozesses eine Änderung derselben herbeizuführen; Aufgabe des Richters ist es daher, auf eine Einigung über einen erhobenen Widerspruch nach Kräften hinzuarbeiten.

Das Verfahren zeigt einige Übereinstimmung mit dem gerichtlichen Verteilungsverfahren nach Maßgabe der §§ 872 ff. der ZPO.

2. Das Verfahren tritt nur **auf Antrag** ein. Wegen der sofortigen Beschwerde gegen die Zurückweisung des Antrags siehe § 157 Abs. 1; die zurückweisende Verfügung kann deshalb von dem Amtsgericht nicht mehr geändert werden (§ 18 Abs. 2). Nicht als Änderung erscheint die Zulassung eines wiederholten Antrages.

Antragsberechtigt ist jeder Beteiligte, also der Rheder, der Schiffseigentümer, der Befrachter und der Eigentümer der Ladung, nicht der Versicherer (N. 4 zu § 150), auch nicht der Dispacheur selbst.

Hinsichtlich der Form des Antrages gelten die allgemeinen Vorschriften (N. 4 zu § 11).

Inhalt: Der Antrag muß enthalten:

Das Verlangen gerichtlicher Verhandlung über eine von einem Dispacheur aufgemachte Dispache,

die Bezeichnung derjenigen Beteiligten, deren Zuziehung zu dem Verfahren der Antragsteller wünscht.

Ein Mangel in letzterer Hinsicht wird dem Gericht zu dem Verlangen auf Ergänzung des Antrages Anlaß geben; es sind dann nicht etwa alle gesetzlich Beteiligten zuzuziehen; denn die Zuziehung ist nur hinsichtlich derjenigen Beteiligten erforderlich, mit welchen eine außergerichtliche Einigung nicht zu erzielen war, oder gegen welche alsbald ein Vollstreckungstitel erwirkt werden will, während Beteiligte, welche die Dispache anerkannt haben und von denen Leistung nach Maßgabe derselben erwartet werden kann, nicht mehr zugezogen zu werden brauchen.

3. Die Einleitung des Verfahrens erfolgt durch Einziehung der Dispache und deren Unterlagen von dem Dispacheur, ohne daß vorher eine Verständigung der zuzuziehenden Beteiligten erfolgt wäre. Über Vervollständigung der Unterlagen siehe § 154.

4. Sofortige Ablehnung des Antrages erfolgt,

a) wenn offensichtlich die Voraussetzungen der großen Haverei fehlen (Abs. 2); bloße Zweifel daran rechtfertigen die Ablehnung nicht; ebensowenig ist es zulässig, um allenfalls zur sofortigen Ablehnung gelangen zu können, Erhebungen zu pflegen. Stellt sich der Mangel im Laufe des Verfahrens heraus, so führt es zur Ablehnung der Bestätigung der Dispache; wegen der sofortigen Beschwerde gegen die Ablehnung siehe § 157;

b) außerdem, wenn die Voraussetzungen des gerichtlichen Verfahrens überhaupt fehlen, wenn es sich nicht um eine nach den Vorschriften des Gesetzes aufgemachte Dispache handelt (N. 1) oder wenn dem Antragsteller die Berechtigung zu dem Antrage (N. 2) fehlt.

5. Steht keines der in N. 4 erwähnten Hindernisse entgegen, so erfolgt Terminsanberaumung und **Ladung** der Beteiligten. Der Termin ist so anzuberaumen, daß die Ladungsfrist von mindestens zwei Wochen (Abs. 4) gewahrt werden kann. Auf Einhaltung der Ladungsfrist können die Beteiligten, jeder für sich, verzichten; ein Eintreten in die Verhandlung beim Nichterscheinen eines Beteiligten, bei dessen Ladung die Ladungsfrist nicht gewahrt ist, ist aber selbst beim Verzicht der übrigen Beteiligten ausgeschlossen.

6. Zu ladende Beteiligte sind der Antragsteller und die in dem Antrage bezeichneten Beteiligten. Ladung von in dem Antrage bezeichneten Personen, die gesetzlich nicht als Beteiligte zu erachten sind (N. 2), ist nicht erforderlich. Weitere als die in dem Antrage bezeichneten Personen dürfen nicht geladen werden. Die Ladung und Zuziehung des Dispacheurs ist nicht vorgeschrieben, aber jedenfalls nicht unzulässig;

denn er kommt dabei nicht als Beteiligter in Betracht. Ungerechtfertigte Zuziehung zu dem Verfahren begründet die Beschwerde gegen die Ladungsverfügung für den Geladenen (N. 3 zu § 19).

7. Die Ladung **muß** enthalten den Hinweis auf die **Versäumnisfolgen;** diese bestehen darin, daß, wenn der Geladene weder in dem Termin erscheint, noch vorher Widerspruch gegen die Dispache anmeldet, sein Einverständnis mit der Dispache — so, wie sie der Dispacheur aufgemacht hat, nicht mit der gemäß § 155 Abs. 3 berichtigten Dispache — angenommen wird. Mangel dieses Hinweises macht die Ladung unwirksam und verhindert den Eintritt in die Verhandlung über die Dispache, wenn der Geladene nicht erscheint; er begründet, wenn trotz des Mangels verhandelt wurde, die Beschwerde gegen den Bestätigungsbeschluß. Der Mangel wird aber durch die rechtskräftige Bestätigung der Dispache geheilt.

Die Ladung **soll** enthalten den Vermerk, daß die Dispache und deren Unterlagen auf der Gerichtsschreiberei eingesehen werden können (Abs. 3); Verletzung dieser Vorschrift begründet jedenfalls das Recht, die Verhandlung bis nach gewährter Einsicht zu verweigern, außerdem die Beschwerde und unter Umständen auch die weitere Beschwerde (N. 3 zu § 27).

8. Form der Ladung: Dieselbe muß wegen des Laufes der Ladungsfrist durch Zustellung von Amts wegen nach § 16 Abs. 2 Satz 1 erfolgen.

9. Die Vorschriften über die Ladungsfrist und den Inhalt der Ladung sind auch dann zu befolgen, wenn aus irgend einem Grunde die Verhandlung in dem ersten anberaumten Termine nicht erfolgen kann und deshalb Terminsverlegung oder Anberaumung eines neuen Termines notwendig ist, nicht mehr dagegen, wenn die begonnenen Verhandlungen nicht in einem Termine zu Ende geführt werden können und deshalb ein Termin zur Fortsetzung der Verhandlung bestimmt wird. Erfolgt im ersteren Falle die Ladung bei Gericht Erschienener nach § 16 Abs. 3, so muß ihnen die ganze Ladung eröffnet werden, bloße Mitteilung des neuen Termines genügt nicht. Zu einem Termine zur Fortsetzung einer begonnenen Verhandlung brauchen in dem ersten Termine nicht Erschienene nicht mehr geladen zu werden.

10. Sind in Beziehung auf die nämliche Dispache mehrere Anträge von verschiedenen Beteiligten gestellt, so können dieselben von dem Gericht zum Zwecke der gleichzeitigen Verhandlung verbunden werden (Abs. 2 Satz 2). Die Verbindung steht im Ermessen des Gerichts, ein Recht auf dieselbe besteht nicht (daher keine weitere Beschwerde gegen die Ablehnung). Sie kann auch noch erfolgen, nachdem auf den einen Antrag hin schon Termin anberaumt ist.

§ 154.

Erachtet das Gericht eine Vervollständigung der Unterlagen der Dispache für notwendig, so hat es die Beibringung der erforderlichen Belege anzuordnen. Die Vorschriften des § 151 finden entsprechende Anwendung.

Vervollständigung der Unterlagen.

Für die Vervollständigung der Unterlagen der Dispache hat das Gericht von Amts wegen vor Ladung der Beteiligten Sorge zu tragen; es muß auf die Beischaffung der Belege, deren Vorliegen es für erforderlich hält, bedacht sein. Es kann davon die Beantwortung der Frage, ob überhaupt das Verfahren einzuleiten ist,

(§ 153 Abs. 2) abhängen. Aber auch, wenn sich im Laufe des Verfahrens das Fehlen von Belegen herausstellt, kann noch und muß nach § 154 verfahren werden.

Die Herausgabe der notwendigen Belege kann nicht bloß von dem Antragsteller und dem Dispacheur, sondern von jedem, der sie in Besitz hat, gefordert und durch Ordnungsstrafen erzwungen werden; wegen des Verfahrens siehe N. 3 zu § 151.

§ 155.

In dem Termin ist mit den Erschienenen über die Dispache zu verhandeln.

Wird ein Widerspruch gegen die Dispache nicht erhoben und ist ein solcher auch vorher nicht angemeldet, so hat das Gericht die Dispache gegenüber den an dem Verfahren Beteiligten zu bestätigen.

Liegt ein Widerspruch vor, so haben sich die Beteiligten, deren Rechte durch ihn betroffen werden, zu erklären. Wird der Widerspruch als begründet anerkannt oder kommt anderweit eine Einigung zustande, so ist die Dispache demgemäß zu berichtigen. Erledigt sich der Widerspruch nicht, so ist die Dispache insoweit zu bestätigen, als sie durch den Widerspruch nicht berührt wird.

Werden durch den Widerspruch die Rechte eines in dem Termine nicht erschienenen Beteiligten betroffen, so wird angenommen, daß dieser den Widerspruch nicht als begründet anerkenne.

Verfahren im Termine.

1. Der Termin ist nicht öffentlich (siehe S. 38).

Vor Eintritt in die Verhandlung ist festzustellen, ob alle an dem Verfahren Beteiligten (N. 6 zu § 153) form- und fristgerecht (N. 5, 7, 8 zu § 153) geladen sind. Ein Mangel nötigt zur Anberaumung eines neuen Termines (N. 9 zu § 153).

In die Verhandlung ist auch mit einem einzigen Erschienenen einzutreten, wenn die Ladung der übrigen Beteiligten in Ordnung ist.

2. Der **Widerspruch** ist an keine Form gebunden, es gelten die allgemeinen Vorschriften (N. 4 zu § 11). Er kann vor oder in dem Termine erhoben werden. Durch einen vor dem Termine erhobenen Widerspruch wird der Eintritt der Versäumnisfolgen (N. 7 zu § 153) verhindert, auch wenn der Widersprechende in dem Termine nicht erscheint. Auch über den schriftlichen Widerspruch ist nach Maßgabe des Abs. 3 zu verhandeln.

Zu dem Widerspruch ist auch der Antragsteller selbst befugt; er kann zu dem Zwecke das Verfahren beantragen, um seine Einwendungen gegen die Dispache geltend zu machen.

Der Widerspruch ist der einzige Rechtsbehelf, mit welchem von einem zu dem Verfahren zugezogenen Beteiligten die Berechtigung der Dispache herbeigeführt werden kann; die Einwendungen gegen dieselbe gehen verloren, wenn sie nicht in der Form des Widerspruches geltend gemacht werden (§ 157 Abs. 2).

3. Ist Widerspruch erhoben, so haben sich die zugezogenen Beteiligten, soweit ihre Rechte durch denselben betroffen werden, d. i. ihre Rechtslage bei Begründetheit des Widerspruches eine ungünstigere wäre, zu erklären. Da die Erhebung des Widerspruches Voraussetzung des Klagerechts nach § 156 ist, muß jeder durch die

Dispache vermeintlich Beeinträchtigte den Widerspruch selbst erheben, auch wenn schon von anderer Seite der Widerspruch erhoben ist und die nämlichen Einwendungen geltend gemacht worden sind.

Von einem nicht erschienenen, aber richtig geladenen Beteiligten wird angenommen, daß er den Widerspruch nicht anerkenne (Abs. 4), in Übereinstimmung mit der Vermutung nach § 153 Abs. 3, daß er die Dispache so, wie sie aufgestellt ist, anerkenne.

4. Nach Maßgabe des Erfolges der Verhandlungen über den Widerspruch ist die Dispache zu **berichtigen.** Auch gegen die berichtigte Dispache ist der Widerspruch zulässig. Der Richter soll möglichst auf eine Einigung der Beteiligten hinwirken; eine solche ist mit Rücksicht auf die Bestimmung in Abs. 4 nur möglich, wenn alle Beteiligten erschienen sind oder die Rechte der nicht Erschienenen von dem Widerspruch nicht betroffen sind. Die Tätigkeit des Gerichts ist aber nur eine vermittelnde; eine Entscheidung über Streitpunkte steht ihm nicht zu.

5. Bestätigung der Dispache durch besonderen Beschluß erfolgt,

a) wenn ein Widerspruch nicht erhoben ist, sofort hinsichtlich der von dem Dispacheur aufgestellten Dispache (Abs. 2), selbst dann, wenn kein Beteiligter, auch nicht der Antragsteller in dem Termine erschienen ist;

b) nach erhobenem Widerspruch, wenn eine vollständige Einigung erzielt wurde, hinsichtlich der ganzen aufgestellten oder berichtigten Dispache, wenn sich die erhobenen Widersprüche nicht oder nicht vollständig erledigen ließen, teilweise, nämlich insoweit, als die Dispache von dem Widerspruch nicht berührt ist, oder auf Grund erzielter Einigung eine Berichtigung erfolgen konnte (Abs. 3);

c) nach erledigtem Widerspruche (durch rechtskräftiges Urteil oder in anderer Weise) nach Berichtigung der Dispache nach Maßgabe der Erledigung der Einwendungen (§ 156 Abs. 2).

Die Bestätigung ist ausgeschlossen, wenn und soweit eine Einigung nicht zustande kommt oder von dem Widerspruche Nichterschienene betroffen sind. Auch gegen die letzteren ist von dem Widersprechenden nach § 156 Abs. 1 zu verfahren.

Der Bestätigungsbeschluß ist den sämtlichen an dem Verfahren Beteiligten (N. 6 zu § 153) nach § 16 Abs. 3 oder durch Zustellung von Amts wegen nach § 16 Abs. 2 Satz 1 (wegen der sofortigen Beschwerde, § 157 Abs. 1) bekannt zu machen. Der Beschluß ist nach § 18 Abs. 2 der Änderung durch das Amtsgericht entzogen.

Wegen des Umfanges der Wirksamkeit und der Vollstreckbarkeit der bestätigten Dispache siehe § 158.

§ 156.

Soweit ein Widerspruch nicht gemäß § 155 Abs. 3 erledigt wird, hat ihn der Widersprechende durch Erhebung der Klage gegen diejenigen an dem Verfahren Beteiligten, deren Rechte durch den Widerspruch betroffen werden, zu verfolgen. Die das Verteilungsverfahren betreffenden Vorschriften der §§ 878, 879 der Zivilprozeßordnung finden mit der Maßgabe entsprechende Anwendung, daß das Gericht einem Beteiligten auf seinen Antrag, wenn erhebliche Gründe glaubhaft gemacht werden, die Frist zur Erhebung der Klage verlängern kann und daß an die Stelle der Ausführung des Verteilungsplans die Bestätigung der Dispache tritt.

Ist der Widerspruch durch rechtskräftiges Urteil oder in anderer Weise erledigt, so wird die Dispache bestätigt, nachdem sie erforderlichen

Falles von dem Amtsgericht nach Maßgabe der Erledigung der Einwendungen berichtigt ist.

Verfolgung des Widerspruches.

1. Die Verfolgung des Widerspruches geschieht durch **Klageerhebung** beim zuständigen Gericht (N. 3), wenn der von dem Widerspruche Betroffene denselben bekämpft oder im Termine nicht erschienen ist; im letzteren Falle ist übrigens ein nachträgliches Anerkenntnis des Widerspruches, das keiner Form bedarf, nicht ausgeschlossen.

2. Zuständig für die Klage ist das nämliche Amtsgericht, welches mit der Sache als Gericht der freiwilligen Gerichtsbarkeit befaßt war, wenn jedoch der Streitgegenstand zur Zuständigkeit der Amtsgerichte nicht gehört (§§ 23, 70 GVG.), das Landgericht, in dessen Bezirk das Amtsgericht liegt. Sind mehrere Widersprüche erhoben und gehört auch nur einer von ihnen zur Zuständigkeit des Landgerichts, so ist dieses für alle Klagen zuständig, wenn nicht die sämtlichen bei den Widersprüchen Beteiligten die Zuständigkeit des Amtsgerichts zur Entscheidung über alle Widersprüche vereinbaren (§ 879 ZPO.).

Das Prozeßgericht hat lediglich über die Begründetheit des Widerspruches zu entscheiden, nicht aber darnach die Dispache zu berichtigen; letzteres obliegt dem nach § 149 zuständigen Amtsgericht (siehe N. 6).

3. Die Klageerhebung, d. i. die Zustellung der Klage, ist dem Amtsgericht innerhalb einer gesetzlichen **Frist** von einem Monat nachzuweisen (§ 878 ZPO.). Die Frist ist eine ausschließende. Sie beginnt mit dem Tage des Termines der Verhandlung über die Dispache vor dem Amtsgericht; über die Berechnung siehe § 17 FGG. mit § 187 Abs. 1, § 188 Abs. 1 BGB.; die Frist endet hienach mit dem Ablaufe desjenigen Tages des nächsten Monats, welcher durch seine Zahl dem Terminstage entspricht.

Eine Wiedereinsetzung gegen die Versäumung der Frist ist nicht vorgesehen. Die Frist kann jedoch nach dem Ermessen des Richters bei Glaubhaftmachung wichtiger Gründe auf Antrag verlängert werden, jedoch nicht mehr, nachdem sie abgelaufen ist (OLG. **3** 37); gegen die Entscheidung über den Antrag auf Verlängerung findet die Beschwerde statt, gegen die Ablehnung für den Antragsteller, gegen die Gewährung für den Gegenbeteiligten (Josef in ZBl. **5** 172).

4. Versäumung der gesetzlichen oder der verlängerten Frist hat zur Folge, daß das Amtsgericht die Dispache ohne Rücksicht auf den Widerspruch zu bestätigen hat (Abs. 1 Satz 2 mit § 878 Abs. 1 ZPO.). Die Befugnis des Widersprechenden, ein besseres Recht gegen die von dem Widerspruch betroffenen Beteiligten im Wege der Klage geltend zu machen, wird durch die Versäumung der Frist und die Bestätigung der Dispache nicht ausgeschlossen (§ 878 Abs. 2 ZPO.).

5. Ist die Klageerhebung rechtzeitig nachgewiesen, so ruht das Verfahren bis zur Erledigung des Widerspruchs. Die Erledigung kann erfolgen durch rechtskräftiges Urteil in dem von dem Widersprechenden angestrengten Prozesse oder in anderer Weise, nämlich durch Klagezurücknahme, Vergleich, Verzicht, Anerkenntnis.

6. Nach erfolgter Erledigung des Widerspruchs ist die Dispache zu bestätigen. Ergibt sich nach Maßgabe der Erledigung der Einwendungen die Notwendigkeit einer Berichtigung der Dispache, so ist diese vom Gericht von Amts wegen ohne weitere Zuziehung der Beteiligten vorzunehmen. Gegen die Berichtigung findet nicht der Widerspruch, sondern die sofortige Beschwerde gegen die bestätigte Dispache statt (§ 157 Abs. 1).

§ 157.

Gegen die Verfügung, durch welche ein nach § 153 gestellter Antrag auf gerichtliche Verhandlung zurückgewiesen oder über die Bestätigung der Dispache entschieden wird, findet die sofortige Beschwerde statt.

Einwendungen gegen die Dispache, welche mittelst Widerspruchs geltend zu machen sind, können nicht im Wege der Beschwerde geltend gemacht werden.

Beschwerde.

1. **Die sofortige Beschwerde** (§ 22 Abs. 1) findet statt:
gegen die Verfügung, durch welche der Antrag auf gerichtliche Verhandlung über die Dispache zurückgewiesen wird,
gegen die Verfügung, durch die über die nach den §§ 155 oder 156 vorzunehmende Bestätigung der Dispache entschieden wird, gleichviel, ob die Bestätigung erteilt oder ganz oder teilweise versagt wird; über die Beschränkung der Anfechtungsgründe in diesen Fällen siehe N. 2.

Sonstige im Laufe des Verfahrens ergehende Entscheidungen unterliegen der einfachen Beschwerde, soweit sie überhaupt anfechtbar sind.

2. Beschwerdeberechtigt sind nicht nur die zu dem Verfahren zugezogenen Beteiligten, sondern auch jeder weitere an der Dispache Beteiligte unter der Voraussetzung der Beeinträchtigung seiner Rechte; eine solche Beeinträchtigung ist nicht ohne weiteres dadurch ausgeschlossen, daß die bestätigte Dispache nach § 158 Abs. 1 nur für das gegenseitige Verhältnis der an dem Verfahren Beteiligten wirksam ist; denn in der bestätigten Dispache kann sehr wohl unberechtigter Weise über Rechte solcher Beteiligter, die an dem Verfahren nicht teilgenommen haben, verfügt sein (ebenso Rausnitz N. 5, Schneider N. 3, Josef N. 2 zu § 157 nach Unger in ZZP. **34** 291; a. M. Dorner N. 1 b, Wellstein N. 2 zu § 157).

3. Die Anfechtung des Bestätigungsbeschlusses ist hinsichtlich der **Beschwerdegründe beschränkt** (Abs. 2).

Materielle Einwendungen gegen die Dispache in ihrer ursprünglichen Form, zu deren Geltendmachung der Weg des Widerspruches beim Amtsgericht offen stand, können mit der Beschwerde nicht mehr geltend gemacht werden; zulässige Beschwerdegründe sind nur
die Behauptung formeller Mängel des Verfahrens, mangelhafte Ladung und Bekanntmachung derselben, Nichteinhaltung der Ladungsfrist (N. 3 zu § 153),
die Behauptung, daß die Dispache in den Fällen der § 155 Abs. 3, 156 Abs. 2 unrichtig berichtigt worden sei.

§ 158.

Die Bestätigung der Dispache ist nur für das gegenseitige Verhältnis der an dem Verfahren Beteiligten wirksam.

Aus der rechtskräftig bestätigten Dispache findet die Zwangsvollstreckung nach den Vorschriften der Zivilprozeßordnung statt.

Für Klagen auf Erteilung der Vollstreckungsklausel sowie für Klagen, durch welche Einwendungen gegen die in der Dispache festgestellten Ansprüche geltend gemacht werden oder die bei der Erteilung der Vollstreckungsklausel als eingetreten angenommene Rechtsnachfolge bestritten wird, ist das Amtsgericht zuständig, welches die Dispache bestätigt hat. Gehört der Anspruch nicht vor die Amtsgerichte, so sind die Klagen bei dem zuständigen Landgerichte zu erheben.

Wirksamkeit der Bestätigung. Zwangsvollstreckung.

1. Aus der bestätigten Dispache ergeben sich für die zu den Verhandlungen nicht zugezogenen Beteiligten weder Rechte noch Pflichten. Diese können ihrerseits Verhandlung über die Dispache beantragen und in dem neuen Verfahren der Dispache widersprechen; in dem neuen Verfahren ist eine Änderung der früher bestätigten Dispache gegenüber den jetzigen Beteiligten möglich. Wegen des Beschwerderechts siehe N. 2 zu § 157.

2. Die **Zwangsvollstreckung** findet nur für und gegen diejenigen Beteiligten statt, die zu dem Verfahren vor dem Amtsgericht zugezogen waren.

Die Vollstreckbarkeit tritt nicht schon mit dem Eintritt der Wirksamkeit des Bestätigungsbeschlusses ein, sondern erst mit der Rechtskraft desselben, d. i. mit der Unanfechtbarkeit des Beschlusses für alle Beteiligten durch Ablauf der Frist für die sofortige Beschwerde für dieselben; über Rechtskraftzeugnis siehe § 31.

Die Zwangsvollstreckung findet in gleicher Weise statt wie aus Urteilen, nicht nach Maßgabe der Vorschriften der §§ 794—800 ZPO. (anders nach § 98 Satz 2 für die Vollstreckung der bestätigten Auseinandersetzung). Auf erhobene Einwendungen gegen den in der Dispache festgestellten Anspruch findet deshalb die beschränkende Vorschrift des § 767 Abs. 2 Anwendung, Einwendungen sind nur insoweit zulässig, als die Gründe, auf denen sie beruhen, erst nach dem Schlusse der Verhandlung, in der sie geltend gemacht hätten werden können, d. i. des Termines vor dem Amtsgericht, entstanden sind. Es ist selbstverständlich, daß diese Beschränkung ausschließlich in Ansehung solcher Einwendungen Platz greift, zu deren Erledigung das Verfahren vor dem Amtsgericht bestimmt ist; unberührt von ihr bleibt daher der Einwand, daß der dem Kläger zur Last fallende Havereibeitrag bereits vor der Einleitung des gerichtlichen Verfahrens bezahlt worden seien; denn der betreffende Beitrag war, der Zahlung ungeachtet, in die Dispache aufzunehmen; die erfolgte Zahlung berührte daher die Richtigkeit der Dispache nicht (D.).

3. Die Zuständigkeitsbestimmungen der §§ 731, 767, 768 ZPO. sind durch die Bestimmungen in Abs. 3 entsprechend modifiziert.

Zuständiges Landgericht ist dasjenige, in dessen Bezirk das Amtsgericht liegt, welches die Dispache bestätigt hat.

Achter Abschnitt.

Vereinssachen. Güterrechtsregister.

---

§ 159.

Auf die Eintragungen in das Vereinsregister finden die Vorschriften der §§ 127 bis 130, 142, 143, auf das Verfahren bei der Verhängung von Ordnungsstrafen gegen Mitglieder des Vorstandes oder Liquidatoren eines eingetragenen Vereins finden die Vorschriften der §§ 127 bis 139 entsprechende Anwendung.

Vereinssachen.

1. Vereinssachen im Sinne des 8. Abschnittes sind nur diejenigen Angelegenheiten, welche sich auf die in den §§ 21—79 BGB. geregelten Vereinigungen, nicht auch solche, welche sich auf sonstige Vereinigungen des bürgerlichen oder des Handelsrechts beziehen. In Bayern gelten die Vereine, welche zur Zeit des Inkrafttretens des BGB. auf Grund des Gesetzes vom 29. 4. 69, die privatrechtliche Stellung von Vereinen betr., bestanden, von diesem Zeitpunkt an als eingetragene Vereine (Art. 1 ÜbergG.); es finden daher auf sie auch die Vorschriften des FGG. Anwendung.

2. Die **Zuständigkeit** in Vereinssachen und für die Eintragung ins Vereinsregister ist im BGB. geregelt. Sachlich zuständig ist das Amtsgericht, für die örtliche Zuständigkeit ist der Sitz des Vereins maßgebend (§§ 21, 55, 24 BGB.).

In der Beschwerdeinstanz entscheidet in Vereinssachen die Zivilkammer, nicht die Kammer für Handelssachen (RJA. **5** 187, ZBl. **6** 98).

3. Für das **Verfahren** gelten, soweit nicht das BGB. Bestimmungen enthält, die Vorschriften des 1. Abschnittes des FGG. und die besonderen Vorschriften der §§ 159, 160, 162. Zu beachten sind insbesondere die von den Vorschriften des 1. Abschn. abweichenden Vorschriften der §§ 60, 73 BGB. über die Beschwerde; siehe hierüber N. 1 zu § 19.

4. Für die **Führung des Vereinsregisters** sind die erforderlichen Ausführungsvorschriften für Bayern enthalten in den §§ 1—11 der Bek. vom 20. 3. 99 (JMBl. 1034).

Nach § 159 gelten eine Anzahl von Vorschriften über die Führung des Handelsregisters auch für die Führung des Vereinsregisters, nämlich

a) § 127 über die Berechtigung des Registergerichts zur Aussetzung der Eintragung bis zur Entscheidung über ein streitiges Rechtsverhältnis;

b) § 128 über die Form der Anmeldungen; dieselben können auch mittels notariell beglaubigter Erklärung erfolgen (§ 77 BGB., Art. 1 Not. G.);

auch hier muß die Anmeldung zum Protokoll des Registerrichters für genügend erachtet werden (N. 2 zu § 128);

c) § 129 über das Antragsrecht der Notare;

d) § 130 über die Form der Eintragungen und die Benachrichtigung des Antragstellers; siehe hiezu §§ 1—4 der VRBek.

Die Anmeldungen können durch einen Bevollmächtigten der Vorstandsmitglieder, dem die allgemeine Ermächtigung zur Bewirkung der Anmeldungen in den Angelegenheiten des Vereins erteilt worden ist, erfolgen; Spezialvollmacht zu jeder einzelnen Anmeldung ist nicht erforderlich (RJA. **8** 130, ZBl. **7** 927).

Die Eintragungen erfolgen auf Grund einer Verfügung des Gerichts; werden die Geschäfte des Registerführers nicht von dem Richter wahrgenommen, so soll die Verfügung den Wortlaut der Eintragung feststellen. Der Registerführer braucht hienach nicht der Richter zu sein; die Eintragung ist nur vom Registerführer zu unterzeichnen, auch wenn dies nicht der Richter ist (§ 3 VRBek.). Die Eintragungsverfügung ist als interne Geschäftsanweisung nicht der Beschwerde unterworfen (siehe N. 7 zu § 130). Über die öffentliche Bekanntmachung der Eintragung des Vereins siehe § 66 BGB.

e) §§ 142, 143 über die Löschung unzulässiger Eintragungen durch das Registergericht und auf Anordnung des Landgerichts; siehe hiezu über den Vollzug der Löschung, ferner über Berichtigung von Schreibfehlern und offenbaren Unrichtigkeiten § 5 VRBek. Als Mangel einer wesentlichen Voraussetzung der Eintragung ist es anzusehen, wenn ein Verein, dessen Zweck auf einen wirtschaftlichen Geschäftsbetrieb gerichtet ist, eingetragen wurde (§§ 22, 55 BGB), wenn die Satzungen nicht den nach § 57 Abs. 1 BGB. obligatorischen Inhalt hatten, wenn die Vorschriften der §§ 61, 63, 71 BGB. über die Mitteilung der Anmeldung des Vereins oder die Änderung der Satzungen an die zuständige Verwaltungsbehörde und die Abwartung deren Antwort nicht eingehalten wurden.

Über Einsicht des Vereinsregisters siehe § 79 BGB. und N. 1 Abs. 4 zu § 34, über Erteilung von Abschriften auch N. 3 zu § 162. Über die konstitutive Wirkung der Eintragungen in das Vereinsregister siehe Josef in ZZP. **35** 551.

5. Ordnungsstrafverfahren: Gemäß § 78 BGB. kann das Amtsgericht die Mitglieder des Vorstands bezw. die Liquidatoren zur Befolgung der Vorschriften

des § 67 Abs. 1, Anmeldung von Änderungen des Vorstands,

des § 71 Abs. 1, Anmeldung von Satzungsänderungen,

des § 72, Einreichung eines Verzeichnisses der Vereinsmitglieder auf Verlangen des Gerichts,

des § 74 Abs. 2, Anmeldung der Auflösung des Vereins,

des § 76, Anmeldung der Liquidatoren durch den Vorstand bezw. die Liquidatoren durch Ordnungsstrafen anhalten; die einzelne Strafe darf den Betrag von 300 Mark nicht überschreiten.

Auf das Verfahren sind die Vorschriften der §§ 127, 132—139 für entsprechend anwendbar erklärt. Eine Mitwirkung (Antrags- oder Beschwerderecht) der Organe des Handelsstandes ist hier ausgeschlossen.

Das Ordnungsstrafverfahren richtet sich nur gegen die Vorstandsmitglieder, nicht gegen den Verein als solchen, es sind daher auch nur die ersteren Beteiligte, einspruchs- und beschwerdeberechtigt (RJA. **4** 31, ZBl **4** 541, Recht **07** 123; siehe auch N. 10 zu § 132).

6. Über die sonstigen Verrichtungen in Vereinssachen, abgesehen von der Führung des Vereinsregisters siehe Keidel, Handb. § 83 Ziff. III S. 327 ff.

7. Über Gebühren in Vereinssachen siehe Art. 69 ff. GebG., Keidel a. a. O. Ziff. IV S. 329.

§ 160.

Im Falle des § 37 des Bürgerlichen Gesetzbuchs soll das Gericht vor der Verfügung, durch welche über das Verlangen, eine Mitgliederversammlung zu berufen, entschieden wird, soweit tunlich den Vorstand des Vereins hören. Gegen die Verfügung findet die sofortige Beschwerde statt.

Ermächtigung zur Berufung der Mitgliederversammlung.

1. Nach § 37 BGB. ist die Mitgliederversammlung zu berufen, wenn der durch die Satzung bestimmte Teil oder in Ermangelung einer Bestimmung der zehnte Teil der Mitglieder die Berufung schriftlich unter Angabe des Zweckes und der Gründe verlangt. Wird dem Verlangen nicht entsprochen, so kann das Amtsgericht, in dessen Bezirk der Verein seinen Sitz hat, die Mitglieder, welche das Verlangen gestellt haben, zur Berufung der Versammlung ermächtigen und über die Führung des Vorsitzes in der Versammlung Bestimmungen treffen.

2. Die Anordnung des Gehörs des Vorstandes vor der Entscheidung über den bezüglichen Antrag ist hier — verschieden von § 146 — nur Ordnungsvorschrift; siehe über die Beschwerde wegen Unterlassung der Anhörung N. 3 Abs. 1 zu § 20, wegen der weiteren Beschwerde N. 3 zu § 27.

Die Anhörung soll auch dann erfolgen, wenn das Gericht die Ablehnung des Antrages schon in Aussicht genommen hat (Schneider N. 4 zu § 160).

3. Die Verfügung auf den Antrag ist wegen der sofortigen Beschwerde nach § 16 Abs. 2 Satz 1 durch Zustellung von Amts wegen oder nach Abs. 3 durch Verkündigung den antragstellenden Mitgliedern und dem Vereinsvorstand bekannt zu machen.

4. Die sofortige Beschwerde findet statt, gleichviel ob die Berufung der Generalversammlung angeordnet oder abgelehnt wird, ferner auch hinsichlich der über die Führung des Vorsitzes getroffenen Anordnungen allein. Die sofortige Beschwerde richtet sich hier nach den Vorschriften des § 22, nicht nach denen der ZPO.

§ 161.

Auf die Eintragungen in das Güterrechtsregister finden die Vorschriften der §§ 127 bis 130, 142, 143 entsprechende Anwendung.

Von einer Eintragung sollen in allen Fällen beide Ehegatten benachrichtigt werden.

Güterrechtsregister.

1. Das BGB. sieht vor, daß bestimmte Güterrechtsverhältnisse zum Nachweis gegenüber Dritten in ein Güterrechtsregister eingetragen werden. Über die Gegenstände der Eintragung siehe Keidel, Handb. § 84 Ziff. II S. 331, ferner Art. 25 Abs. 2, 3 ÜbergG.

2. Die **Zuständigkeit** zur Führung des Güterrechtsregisters ist in folgender Weise geregelt:

Sachlich zuständig ist das Amtsgericht; von der Ermächtigung des § 1558 Abs. 2 BGB., die Führung des Registers für mehrere Bezirke einem Amtsgericht zu übertragen, ist in Bayern bisher kein Gebrauch gemacht.

Für die örtliche Zuständigkeit ist regelmäßig der Wohnsitz des Ehemannes maßgebend (§ 1558 Abs. 1 BGB.). Über den Einfluß der Verlegung und Rückverlegung des Wohnsitzes siehe § 1559 BGB. Ausnahmsweise erfolgen Eintragungen, wenn ein Ehegatte Kaufmann ist und seine Handelsniederlassung nicht im Bezirke des nach dem Wohnsitz des Ehemanns zuständigen Registergerichts hat, auch in das Güterrechtsregister des nach dem Orte der Handelsniederlassung zuständigen Gerichts (Art. 4 EG. z. HGB.), ferner, wenn eine im Auslande wohnende Ehefrau im Inlande ein Gewerbe betreibt, hinsichtlich der Beschränkungen durch den Ehemann (§ 1405 BGB.) in das Register des Bezirks, in welchem das Gewerbe betrieben wird (§ 11 a GewO. i. d. F. des Art. 36 Nr. I EG. z. BGB.).

3. Für das **Verfahren** gelten neben den Vorschriften des BGB. (§§ 1560—1563) und denen der §§ 161, 162 FGG. auch die des 1. Abschnittes dieses Gesetzes. Ausführungsvorschriften für Bayern sind enthalten in den §§ 1—7 (über deren wesentlichen Inhalt siehe N. 4 zu § 159), 12—16 der Bek. vom 20. 3. 99 (JMBl. 1034).

Nach § 161 gelten eine Anzahl gesetzlicher Vorschriften über die Führung des Handelsregisters auch für die Führung des Güterrechtsregisters, nämlich die in N. 5 zu § 159 (siehe dort) aufgezählten, auch für die Führung des Vereinsregisters geltenden; wegen der Anwendung des § 129 siehe auch folgende Note 4.

Über Einsicht des Registers siehe § 1563 BGB. und N. 1 Abs. 4 zu § 34.

4. Eintragungen in das Güterrechtsregister erfolgen **nur auf Antrag** und nur insoweit, als sie beantragt sind (§ 1560 BGB.). Über Form und Voraussetzungen der Antragstellung und der Eintragung enthält die **JMBek. v. 31. 1. 1900** (JMBl. 483) folgende Anordnungen:

a) Der Antrag kann schriftlich oder mündlich gestellt werden. Der schriftliche Antrag muß notariell beglaubigt sein (§§ 1560, 129 BGB., § 167 Abs. 2, 191 Abs. 2 FGG., § 15 Abs. 2 AG. z. GVG., Art. 1 NotG.). Der mündliche Antrag ist von dem Amtsrichter oder von dem Gerichtsschreiber des zur Führung des Güterrechtsregisters zuständigen Amtsgerichts zu Protokoll zu nehmen.

Der Vorlage einer beglaubigten Abschrift oder eines beglaubigten Auszuges des Ehevertrags mit dem Antrag bedarf es nur, wenn der Antrag von einem Ehegatten allein gestellt wird; bei gemeinsamer Antragstellung beider Ehegatten genügt es, daß die Ehegatten den Inhalt der Vereinbarung dem Amtsgerichte zur Kenntnis bringen; wegen der Antragstellung durch einen oder beide Ehegatten siehe § 1561 BGB.

Nach § 129 FGG. ist der **Notar**, der den Ehevertrag beurkundet hat, zur Antragstellung ermächtigt; er bedarf also keiner Vollmacht und braucht nicht den Antrag der Beteiligten zu beurkunden (siehe hierüber Josef N. 1 zu § 161 gegen RJA. **1** 199, OLG. **1** 318, ZBl. **1** 230, 579, OLG. **3** 368; siehe auch DNotV. **1** 440). Der Notar soll die Vertragschließenden fragen, ob sie die Eintragung wünschen, ihre Erklärung in die Urkunde aufnehmen, den Antrag nur auf Wunsch stellen und mit dem Antrage die Angabe verbinden, daß die Vertragschließenden die Eintragung wünschen. Er braucht den Ehevertrag nicht mit dem Antrage vorzulegen (a. M. ZBl. **6** 37, auch OLG. **3** 368); es genügt, daß er den Inhalt des Ehevertrags, soweit er für die Eintragung von Belang ist, dem Amtsgerichte mitteilt, (siehe hiezu auch OLG. **5** 196, wonach von dem Notar Vorlage der Vollmacht zu dem Antrage verlangt werden muß, wenn Eheleute zur Eintragung ihres Güterstandes in das Güterrechtsregister nicht verpflichtet sind und der Ehevertrag nicht ihre Willenserklärung enthält, daß der Vertrag eingetragen werden soll).

b) Eine Eintragung in das Güterrechtsregister soll erst vorgenommen werden, nachdem die Ehe geschlossen ist (für Zulässigkeit erst nach erfolgter Eheschließung RJA. **1** 12, OLG. **1** 320, a. M. Staudinger IV R. 3 zu § 1558, Stroh in JW. **01** 691, Josef R. 1 zu § 161 und Lehrb. 375, Jastrow in ZZP. **28** 497). Der Notar, der den Antrag stellt, soll dem Gerichte mitteilen, daß die Eheschließung erfolgt ist; Beteiligte, die den Antrag selbst stellen, sollen darüber befragt werden; der Richter darf die Angaben als richtig annehmen, er braucht die Richtigkeit nicht nachzuprüfen.

Über das Verfahren des Notars, wenn der Ehevertrag vor der Eheschließung beurkundet wird, ferner, wenn die Beteiligten erst nach erfolgter Beurkundung erklären, daß sie die Eintragung wünschen, siehe Ziff. 4 und 5 der zit. Bek.

Ein Ordnungsstrafverfahren ist hier, da es keinen Eintragungszwang gibt, ausgeschlossen.

5. Der Registerrichter hat ebenso das Recht wie die Pflicht der selbständigen Prüfung der Frage, ob die gesetzlichen Voraussetzungen einer bei ihm beantragten Eintragung vorhanden sind oder nicht, selbst wenn eine Eintragung durch einstweilige Verfügung des Prozeßgerichts angeordnet ist; nur die Anordnung der ihm vorgesetzten Beschwerdegerichte bindet den Registerrichter (RJA. **3** 31, OLG. **4** 99, Recht **6** 178).

6. Die Fassung der Eintragungen in das Güterrechtsregisters liegt im Ermessen des Gerichts; es ist an den gestellten Antrag nicht gebunden. Mit dem Ausdruck „Gütertrennung" ist zutreffend der Güterstand der Eheleute bezeichnet, die im Ehevertrage vereinbart haben, daß das gegenwärtige und künftige Vermögen der Frau Vorbehaltsgut sein soll (BayObLG. **3** 562).

7. Die **Bekanntmachung** der Eintragungen soll stets an beide Eheleute erfolgen (Abs. 2), auch dann, wenn der Antrag nur von einem von ihnen gestellt ist. Die Benachrichtigung erfolgt in der vereinfachten Form des § 16 Abs. 2 Satz 2. Die Vorschrift des Abs. 2 ist Ordnungsvorschrift. Die Nichtbeachtung ist deshalb ohne Einfluß für die Wirksamkeit der Eintragung. Daneben findet auch § 130 Abs. 2 Anwendung, jeder Ehegatte kann nur für sich auf Benachrichtigung verzichten.

Über die öffentliche Bekanntmachung der Eintragungen siehe § 1562 BGB.

8. Über die Gebühren in Güterrechtsregistersachen siehe Art. 73—76 GebG., Keidel, Handb. § 84 S. 336.

§ 162.

Das Amtsgericht hat auf Verlangen eine Bescheinigung darüber zu erteilen, daß bezüglich des Gegenstandes einer Eintragung weitere Eintragungen in das Vereins- oder Güterrechtsregister nicht vorhanden sind oder daß eine bestimmte Eintragung in das Register nicht erfolgt ist.

Bescheinigung auf Grund des Vereins- und des Güterrechtsregisters.

1. Die nach § 162 zu erteilenden Bescheinigungen haben nur den negativen Inhalt, daß bezüglich des Gegenstandes einer Eintragung (z. B. über die Besetzung des Vereinsvorstandes, über Beschränkung der Schlüsselgewalt) weitere (abändernde) Eintragungen nicht vorhanden sind oder daß eine bestimmte Eintragung nicht erfolgt ist (z. B. eine solche, aus der sich ein Einspruch des Mannes gegen den Betrieb eines

Erwerbsgeschäftes durch eine Ehefrau ergibt). Die Zeugnisse sind namentlich geeignet zu Nachweisungen gegenüber dem Grundbuchamt, so über das Bestehen eines Güterstandes; eine Beschränkung der Erteilung hinsichtlich des Zweckes besteht aber nicht.

2. Zuständig zur Erteilung der Zeugnisse ist ausschließlich der Richter, nicht der Gerichtsschreiber.

3. Auf die Erteilung der Bescheinigungen besteht ein Recht für Jedermann ohne Nachweis eines Interesses oder des Zweckes, zu dem er der Bescheinigung bedarf, also nicht bloß für Vereinsmitglieder, bezw. die Ehegatten oder Gläubiger des Vereins oder der Ehegatten.

4. Die Bescheinigungen genießen nicht öffentlichen Glauben. Für ihre Richtigkeit nach dem Inhalt des Registers haftet der ausstellende Richter.

5. Zeugnisse positiven Inhalts über erfolgte Eintragungen in die Register dürfen nur auf Grund besonderer Vorschrift erteilt werden, so nach § 69 **BGB**. zum Nachweis, daß der Vorstand aus den im Register eingetragenen Personen besteht, und nach § 34 GBO. zum Nachweis, daß zwischen Ehegatten Gütertrennung oder ein vertragsmäßiges Güterrecht besteht oder daß ein Gegenstand zum Vorbehaltsgut eines Ehegatten gehört; siehe hiezu § 152 der Dienstanweisung für die Grundbuchämter r. d. Rh.

Im übrigen kann durch Abschriften eine Bestätigung positiven Inhalts erlangt werden; über das Recht auf Abschrifterteilung siehe die §§ 79, 1563 BGB. und N. 1 zu § 34. Die Abschrifterteilung erfolgt durch den Gerichtsschreiber.

Neunter Abschnitt.

Offenbarungseid. Untersuchung und Verwahrung von Sachen. Pfandverkauf.

---

§ 163.

Ist in den Fällen der §§ 259, 260, 2028, 2057 des Bürgerlichen Gesetzbuchs der Offenbarungseid nicht vor dem Prozeßgerichte zu leisten, so finden die Vorschriften des § 79 entsprechende Anwendung.

Offenbarungseid.

1. Wer zur Rechnungslegung über eine Verwaltung (§ 259 BGB.), zur Vorlage eines Verzeichnisses über den Bestand eines Inbegriffes von Gegenständen (§ 260), zur Auskunfterteilung über die Führung erbschaftlicher Geschäfte und den Verbleib von Erbschaftsgegenständen (§ 2028), als Miterbe zur Auskunfterteilung über die von ihm zur Ausgleichung zu bringenden Zuwendungen (§ 2057) verpflichtet ist, hat unter den in den betreffenden §§ angegebenen Voraussetzungen den Offenbarungseid zu leisten.

Die Anwendungsfälle der §§ 259, 260 BGB. sind folgende: Verpflichtung des Beauftragten (§ 666, 675 BGB.), des Geschäftsführers ohne Auftrag (§ 681), des geschäftsführenden Gesellschafters (§ 713), des Ehemanns (§ 1421, 1546 Abs. 3), des Vaters (§ 1681), des Vormunds (§ 1890), des Pflegers (§ 1915), des Erben (§ 1978), des Vorerben (§ 2130), des Testamentsvollstreckers (§ 2218), desjenigen, der einen unrichtigen Erbschein erlangt hat (§ 2362 Abs. 2), des Zwangsverwalters (§ 154 ZVG.), des Kommissionärs, des Korrespondentrheders, des Schiffers (§§ 384, 499, 534 HGB.) zur Rechnungslegung.

2. Die Vorschriften dieses Gesetzes gelten nur für den Fall, daß der Gläubiger den Versuch machen will, von dem Eidespflichtigen die **freiwillige** Leistung des Eides zu erreichen. Mußte die Eidesleistung im Prozeßweg erzwungen werden, so erfolgt dieselbe vor dem Prozeßgericht erster Instanz (§ 889 ZPO.); auf das Verfahren finden dann ausschließlich die Vorschriften der ZPO. Anwendung (BayObLG. **1** 405, Seuff. Bl. **66** 97).

3. Sachlich zuständiges Gericht für die Eidesabnahme in der freiwilligen Gerichtsbarkeit ist das Amtsgericht nach § 261 BGB., der in Verbindung mit § 2028 Abs. 3, § 2057 Satz 2 BGB., zugleich die **örtliche Zuständigkeit** regelt. Hienach erfolgt die Eidesleistung bei dem Amtsgericht des Ortes, an welchem die Verpflichtung zu erfüllen ist (§ 261 Abs. 1 Satz 1); auf Verlangen des Verpflichteten muß ihm der Eid vor dem Amtsgericht seines im Inland befindlichen Wohnsitzes oder Aufenthalts abgenommen werden (Satz 2); ein solches Verlangen begründet nicht eine Verpflichtung des in Satz 1 bezeichneten Gerichts, das in Satz 2 bezeichnete um Leistung der Rechtshilfe zu ersuchen, sondern eine selbständige Zuständigkeit des Gerichts des Wohnsitzes oder Aufenthalts (BayObLG. **1** 404, SeuffBl. **66** 97, OLG. **2** 190). Auch im Falle des § 2057 BGB. ist nicht das Nachlaßgericht zur Eidesabnahme zuständig (BayObLG. **5** 221).

4. Auf das **Verfahren** findet die Vorschrift des § 79 Anwendung. Es erfolgt also die Terminsbestimmung auf Antrag des Berechtigten (von dem hier jedoch eine Glaubhaftmachung nicht zu fordern ist) oder des Verpflichteten. Das angegangene Gericht ist nicht befugt, zu prüfen, ob die materiellen Voraussetzungen für die Eidesleistung vorliegen (Josef im ZBl. **6** 820), die Ablehnung der Terminsbestimmung aus einem solchen Grunde würde die Beschwerde begründen. Zum Termine sind beide Teile zu laden, die Eidesabnahme erfolgt auch in Abwesenheit des Berechtigten. Ein Zwang zur Eidesleistung ist ausgeschlossen; wird sie verweigert, so muß auf Eidesleistung geklagt werden (BayObLG. **4** 229, OLG. **6** 484, Josef a. a. O.). Für die Eidesabnahme sind nach § 15 die Vorschriften der §§ 478–484 ZPO. maßgebend.

Wegen der Kosten siehe § 261 Abs. 3 BGB., wegen der Gebühren Art. 133 GebG. Das Gericht, das den Eid abnimmt, hat jedoch über die Kostenpflicht keine Entscheidung zu treffen. Für die Erstattungspflicht gegenüber dem Staate gilt Art. 131 AG. z. BGB. (siehe oben S. 66 ff.), erstattungspflichtig ist also der Antragsteller. Dagegen ist die etwaige Erstattungspflicht des Gegners des Antragstellers nach § 261 Abs. 3 BGB. nötigenfalls im Prozeßweg zu verfolgen (ZBl. **4** 268).

5. Wegen des Ausschlusses der Beschwerde gegen die Terminsbestimmung und die Ladung siehe N. 4 zu § 79 und BayObLG. **4** 229, RJA. **4** 166, OLG. **6** 484, ZBl. **5** 106, auch Josef in ZBl. **6** 820.

6. Über Eintragung in das Register der Angelegenheiten der freiwilligen Gerichtsbarkeit siehe JMBek. vom 28. 12. 89, JMBl. **00** 99, 91.

§ 164.

In den Fällen, in denen nach den Vorschriften des bürgerlichen Rechtes Jemand den Zustand oder den Wert einer Sache durch Sachverständige feststellen lassen kann, ist für die Ernennung, Beeidigung und Vernehmung der Sachverständigen das Amtsgericht zuständig, in dessen Bezirke sich die Sache befindet. Durch eine ausdrückliche Vereinbarung der Beteiligten kann die Zuständigkeit eines anderen Amtsgerichtes begründet werden.

Eine Anfechtung der Verfügung, durch welche dem Antrage stattgegeben wird, ist ausgeschlossen.

Bei dem Verfahren ist der Gegner soweit tunlich zu hören.

Feststellung des Zustandes oder Wertes von Sachen durch Sachverständige.

1. Die einzelnen Fälle: Die Bestimmung des § 164 gilt für alle Fälle, in welchen kraft reichsrechtlicher Vorschrift privatrechtlicher Natur (BGB. und andere Reichsgesetze) die Feststellung des Zustandes oder Wertes einer Sache durch Sachverständige verlangt werden kann; über die irrtümliche Auffassung der D. 84, daß § 164 auch auf die durch Landesgesetz geregelten Fälle Anwendung finde, vergleiche Dorner Note 1 und Rausnitz Note 1 zu § 164. Siehe auch Art. 129 AG. z. BGB., der die Anwendbarkeit des § 164 auf landesrechtliche Angelegenheiten in Bayern nicht verfügt.

In Betracht kommen namentlich folgende Vorschriften:

§§ 1034, 1067, 1075 BGB. (Feststellung des Zustandes der mit einem Nießbrauch belasteten Sache),

§ 1372 Abs. 2, §§ 1439, 1528 Abs. 2, § 1550 Abs. 2 BGB. (Feststellung des Zustandes der zum eingebrachten Gut gehörigen und vom Gesamtgut ausgenommenen Sachen),

§ 2122 BGB. (Feststellung des Zustandes von Sachen, die zu einer Erbschaft gehören, auf Antrag des Vor- oder Nacherben),

§ 438 Abs. 3 HGB. (Feststellung des Zustandes eines Frachtgutes),

§ 464 HGB. (eines Eisenbahnfrachtgutes), §§ 608, 609 HGB. (eines Schiffsfrachtgutes),

§ 61 des BinnenSchG. (Feststellung des Zustandes eines Schiffsfrachtgutes).

2. Zuständigkeit: Sachlich zuständig ist ausnahmslos das Amtsgericht. Örtlich zuständig ist nach der gesetzlichen Regel dasjenige Amtsgericht, in dessen Bezirk sich die zu untersuchende Sache befindet. Wenn sich die Sache (Grundstück) in den Bezirk mehrerer Gerichte erstreckt, kommt § 4 FGG. zur Anwendung (nicht § 5, wie Rausnitz Note 5 zu § 164 annimmt, da nicht ein Streit oder eine Ungewißheit über die Zuständigkeit, sondern nach den Worten des Gesetzes eine mehrfache Zuständigkeit gegeben ist).

Maßgebend für die Zuständigkeit ist der Zeitpunkt, in welchem das Gericht mit der Sache befaßt wird; das Amtsgericht, in dessen Bezirk sich die Sache in diesem Zeitpunkt befindet, bleibt für die Durchführung des Verfahrens — Ernennung, Beeidigung und Vernehmung des Sachverständigen — zuständig, auch wenn nachträglich eine Ortsveränderung hinsichtlich der Sache eintritt.

Die Zuständigkeitsregel ist dispositives Recht. Sie kann durch Vereinbarung der sämtlichen Beteiligten über die Anrufung eines anderen Amtsgerichts geändert werden. Einseitige Antragstellung bei einem örtlich unzuständigen Gericht, ohne daß der Gegner des Antragstellers und die sämtlichen sonstigen Beteiligten ausdrücklich zustimmen, rechtfertigt die Ablehnung der Tätigkeit wegen Unzuständigkeit.

Die Vereinbarung kann sich nur auf das ganze Verfahren beziehen.

Die Vernehmung des Sachverständigen durch ein örtlich unzuständiges Gericht ist unschädlich und begründet keine Nichtigkeit des Verfahrens (§ 7 FGG.).

3. Verfahren: Die Einleitung des Verfahrens hängt von einem Antrage ab. Für die Beeidigung und Vernehmung des Sachverständigen sind nach § 15 FGG. die Vorschriften der §§ 402 ff. und 478 ff. ZPO. maßgebend. Der Gegner des Antragstellers soll, soweit tunlich, vor Verbescheidung des Antrages mündlich oder schriftlich gehört werden; das Gericht wird denselben also unter Mitteilung des Antrages zur Erklärung über denselben auffordern. Da der Gegner des Antragstellers sich nicht zu erklären braucht, wenn er nicht will, wird einer Fristsetzung für die Erteilung nichts im Wege stehen, damit das Verfahren nicht unnötig aufgehalten ist. Die Erklärung kann schriftlich, gegenüber dem Richter oder zu Protokoll des Gerichtsschreibers abgegeben werden.

Die Anhörung ist, wenn ausführbar, Pflicht des Gerichts; dabei ist der etwaigen Dringlichkeit der Sache Rechnung zu tragen. Die Unterlassung des Gehörs, obwohl es tunlich war, ist ein Beschwerdegrund, da ein formelles Recht auf Gehör besteht; wegen der weiteren Beschwerde siehe N. 3 zu § 27.

Über die Vernehmung des Sachverständigen ist ein Protokoll aufzunehmen.

Über die Eintragung jeder Angelegenheit dieser Art in das in **Bayern** geführte Register der Angelegenheiten der freiwilligen Gerichtsbarkeit siehe die Bek. vom 28. 12. 99, Register der Angelegenheiten der freiw. Ger. betr., JMBl. **00** 89.

4. Beschwerde: Die Verfügung, durch die der Antrag abgelehnt wird, ist mit Beschwerde nach § 10 anfechtbar.

Unanfechtbar ist die Verfügung, durch die dem Antrag stattgegeben wird (Abs. 2). Durch die Unanfechtbarkeit der Verfügung wird das in § 15 FGG. mit § 406 ZPO. begründete Recht zur Ablehnung des ernannten Sachverständigen und das Recht zur sofortigen Beschwerde gegen eine die Ablehnung verwerfende Verfügung nicht berührt. Auch die sonstigen hinsichtlich des Verfahrens in den Vorschriften der ZPO. begründeten Beschwerden haben statt.

5. Gebühren: Für die Vernehmung des Sachverständigen wird eine Gebühr von drei Zehnteilen der Sätze des § 8 GKG. erhoben (Art. 138 GebG.).

6. Bayerisches Recht: Eine ähnliche Vorschrift enthält Art. 87 AG. z. BGB. für die amtliche Ermittelung des Wertes von Grundstücken, welche der Eigentümer mit Rücksicht auf die Sicherheit von Hypotheken, Grundschulden oder Rentenschulden veranlassen kann.

Für die Ernennung, Beeidigung und Vernehmung von Sachverständigen ist örtlich das Amtsgericht zuständig, in dessen Bezirk das Grundstück liegt. § 4 FGG. ist anwendbar; für das Verfahren gelten auch hier die Vorschriften der ZPO. (Art. 129 AG. z. BGB).

Sachlich ist das Amtsgericht nur für die Ernennung und Beeidigung des Sachverständigen ausschließlich zuständig; zur Vernehmung ist auch ein Notar zuständig (siehe auch § 269 GeschO. f. d. Not.).

Das Gutachten kann zu Protokoll des Richters oder Notars abgegeben, aber auch schriftlich eingereicht werden (Becher IV, V Bd. 1 S. 496).

Die Vorschrift des Art. 87 entspricht der bisherigen Vorschrift des § 132 des bayerischen Hypothekengesetzes; sie gilt auch für die Pfalz. Die Staatsministerien der Justiz und des Innern können die Grundsätze bestimmen, nach denen der Wert der Grundstücke festzustellen ist, und das bei der Feststellung zu beobachtende Verfahren regeln. Bis zur Erlassung einer Vorschrift gilt die Instruktion vom 13. März 1823 (RegBl. S. 795).

Über Gebühr für die Vernehmung des Sachverständigen siehe Art. 132 Nr. 1 GebG.

§ 165.

In den Fällen der §§ 432, 1217, 1281, 2039 des Bürgerlichen Gesetzbuchs ist für die Bestellung des Verwahrers das Amtsgericht zuständig, in dessen Bezirke sich die Sache befindet.

Über eine von dem Verwahrer beanspruchte Vergütung entscheidet das Amtsgericht.

Vor der Bestellung des Verwahrers und vor der Entscheidung über die Vergütung sind die Beteiligten soweit tunlich zu hören.

Bestellung eines Verwahrers.

1. **Die einzelnen Fälle,** auf welche die Vorschrift Anwendung findet, sind: Verwahrung der geschuldeten Sache bei Unteilbarkeit der Leistung und Mehr-

heit der Gläubiger, welche nicht Gesamtgläubiger sind, auf Verlangen des Gläubigers (§ 432 Abs. 1 BGB.),

Verwahrung des Pfandes wegen Verletzung der Rechte des Verpfänders durch den Pfandgläubiger auf Verlangen des Verpfänders (§ 1217 BGB.),

Verwahrung einer geschuldeten Sache beim Bestehen eines Pfandrechts an dem Anspruch auf Herausgabe derselben auf Verlangen des Pfandgläubigers oder des ursprünglichen Gläubigers (§ 1281 (BGB.),

Verwahrung einer zum Nachlaß geschuldeten Sache beim Vorhandensein mehrerer Erben auf Verlangen eines Miterben (§ 2039 BGB.).

Gemeinschaftliche Voraussetzung für die Ablieferungspflicht an einen gerichtlich zu bestellenden Verwahrer ist in allen diesen Fällen, daß sich die Sache nicht zur Hinterlegung eignet.

Auf die Bestellung eines Verwahrers der Nießbrauchsache nach § 1052 BGB. findet § 165 nicht Anwendung.

2. Zuständigkeit: Für die Bestellung des Verwahrers ist sachlich ausschließlich das Amtsgericht zuständig. Örtlich ist das Amtsgericht, in dessen Bezirk sich die Sache im Zeitpunkt der Einleitung des Verfahrens durch das Gericht befindet, zuständig. Nicht maßgebend ist der etwa in Aussicht genommene künftige Verwahrungsort. Eine Vereinbarung über die Zuständigkeit des Gerichts ist hier (anders als nach § 164) ausgeschlossen.

3. Tätigkeit des Gerichts: Dem Gericht obliegt

a) die Bestellung des Verwahrers, also die Entscheidung, ob die Bestellung überhaupt gesetzlich zulässig ist, und die Aufstellung einer bestimmten Person als Verwahrer,

b) die Entscheidung über die Höhe der vom Verwahrer beanspruchten Vergütung (Abs. 2), nicht auch über die Höhe des nach § 693 BGB. bestehenden Anspruches des Verwahrers auf Ersatz von Aufwendungen. Der Beschluß, durch den die Vergütung festgesetzt wird, ist nicht gegen den Schuldner derselben vollstreckbar, aber bindend für das Prozeßgericht.

Ein Zwangsrecht gegenüber dem Besitzer der Sache auf Herausgabe an den ernannten Verwahrer steht dem Gericht nicht zu (Josef N. 3).

4. Verfahren: Das Gericht wird nur auf Antrag tätig. Zu dem Antrag auf Festsetzung der Vergütung des Verwahrers ist sowohl dieser als der Zahlungspflichtige berechtigt.

Das Gericht soll sowohl vor der Bestellung des Verwahrers als vor der Entscheidung über die Vergütung des Verwahrers die Beteiligten, soweit tunlich, hören (Abs. 3); zu den Beteiligten gehört im ersten Falle der aufzustellende Verwahrer nicht, da es nicht Sache des Gerichts ist, für den Vertragsabschluß mit demselben über die Verwahrung Sorge zu tragen. Unterlassung des Gehörs begründet die Beschwerde; vergleiche hierüber Note 3 zu § 164.

Über die Eintragung jeder Angelegenheit dieser Art in das in Bayern geführte Register der Angelegenheiten der freiwilligen Gerichtsbarkeit siehe die Bek. vom 28. 12. 99, JMBl. **00** 89.

5. Die Beschwerde ist nach keiner Richtung hin eingeschränkt; es finden die allgemeinen Vorschriften Anwendung.

6. Über die Gebühr für die Tätigkeit des Gerichts siehe Art. 135 GebG.

§ 166.

Im Falle des § 1246 Abs. 2 des Bürgerlichen Gesetzbuchs ist für die Entscheidung des Gerichts das Amtsgericht des Ortes zuständig, an welchem das Pfand aufbewahrt wird.

Vor der Entscheidung sind die Beteiligten soweit tunlich zu hören.

Pfandverkauf.

1. Anwendungsfälle: Nach § 1246 Abs. 1 BGB. kann, wenn eine von den Vorschriften der §§ 1235—1240 BGB. abweichende Art des Pfandverkaufs nach billigem Ermessen den Interessen der Beteiligten entspricht, jeder von ihnen verlangen, daß der Verkauf in dieser Art erfolgt. Kommt eine Einigung nicht zu Stande, so entscheidet nach Abs. 2 das Gericht. Diese Entscheidung ist nach § 166 Angelegenheit der freiwilligen Gerichtsbarkeit.

Die Vorschrift des § 166 muß auch in allen Fällen zur Anwendung kommen, in welchen die Vorschriften über den Pfandverkauf nach materiellrechtlicher Gesetzesvorschrift Anwendung finden, da es sonst in diesen Fällen an einer Zuständigkeitsbestimmung fehlen würde (ebenso Rausnitz N. 1 zu § 166, Weißler N. zu § 166); in Betracht kommen:

der Verkauf eines gesetzlichen Pfandes (§ 1257 BGB.),
der Verkauf eines gemeinschaftlichen Gegenstandes wegen Auflösung der Gemeinschaft zur Schuldentilgung (§§ 753, 755, 756 BGB.),
der Verkauf eines zum Nachlaß gehörigen Gegenstandes bei Mehrheit der Erben zum Zwecke der Auseinandersetzung (§ 2042 Abs. 2 mit § 753 BGB.),
der Verkauf eines Gegenstandes des kaufmännischen Zurückbehaltungsrechtes (§ 371 HGB.),
der Verkauf des Kommissionsgutes zur Befriedigung des Kommissionärs (§ 398 HGB.),
der Verkauf eines zur Konkursmasse gehörigen beweglichen Gegenstandes, an welchem ein Gläubiger ein durch Rechtsgeschäft bestelltes Pfandrecht oder ein diesem gleichstehendes Recht beansprucht, durch den Verwalter (§ 127 KO.); über das Verhältnis des § 166 zu § 127 Abs. 2 KO. siehe ZBl. **3** 216, 598.

2. Zuständigkeit: Für die Entscheidung ist das Amtsgericht des Ortes ausschließlich zuständig, an dem das Pfand in dem Zeitpunkt, in welchem das Gericht mit der Sache befaßt wird, aufbewahrt ist; eine Vereinbarung über die Zuständigkeit ist ausgeschlossen.

3. Gegenstand der Entscheidung des Gerichts ist lediglich die Art und Weise des Pfandverkaufs und die Schlichtung eines Streites der Beteiligten hierüber; über Streitpunkte, von denen das Recht zum Pfandverkauf abhängt, hat das Amtsgericht nicht zu entscheiden; solange streitig ist, ob überhaupt ein Recht zur Verwertung des Pfandes besteht, muß das Gericht den Antrag auf eine Anordnung nach § 1246 BGB. ablehnen (ZBl. **3** 190, Josef in ZBl. **3** 598).

4. Verfahren: Das Gericht wird nur auf Antrag eines Beteiligten tätig. Zu dem Antrag ist jeder Beteiligte berechtigt. Vor der Entscheidung sind die übrigen Beteiligten, soweit tunlich, zu hören (Abs. 2); Unterlassung des Gehörs, obwohl es möglich gewesen wäre, begründet die Beschwerde; vergleiche hierüber auch N. 3 zu § 164.

Im übrigen gelten für das Verfahren und die Beschwerde die allgemeinen Vorschriften des 1. Abschnittes.

über Eintragung jeder Angelegenheit dieser Art in das Register für Angelegenheiten der freiwilligen Gerichtsbarkeit siehe die Bek. vom 28. 12. 99, JMBl. **00** 89.

5. Wirksamkeit der Entscheidung: Nach der Bekanntmachung der Entscheidung an den Antragsteller kann der Pfandverkauf sofort in der angeordneten Weise erfolgen (§ 16 Abs. 1 FGG.). Eine abändernde Entscheidung durch das Amtsgericht selbst nach § 18 FGG. oder auf erhobene einfache Beschwerde durch das Beschwerdegericht ist im Hinblick auf § 32 FGG. wirkungslos, wenn der Pfandverkauf schon erfolgt ist und macht denselben nicht zu einem unrechtmäßigen. Bei Beschwerdeeinlegung vor erfolgtem Pfandverkauf kann der Verkauf durch Aussetzung der Vollziehung der Anordnung über denselben verhindert werden (§ 24 Abs. 2 und 3 FGG.).

6. über die Gebühr siehe Art. 134 GebG. Die Kosten tragen die an dem Pfandverkauf interessierten Beteiligten (Art. 131 Abs. 1 AG. z. BGB.).

Zehnter Abschnitt.

Gerichtliche und notarielle Urkunden.

§ 167.

Für die gerichtliche Beurkundung eines Rechtsgeschäfts sowie für die gerichtliche Beglaubigung eines Handzeichens sind die Amtsgerichte zuständig.

Für die öffentliche Beglaubigung einer Unterschrift sind außer den Notaren die Amtsgerichte zuständig. Das Gleiche gilt für die Aufnahme der im § 1718 und im § 1720 Abs. 2 des Bürgerlichen Gesetzbuchs vorgesehenen öffentlichen Urkunden über die Anerkennung der Vaterschaft; für die Aufnahme dieser Urkunden ist, wenn die Anerkennung der Vaterschaft bei der Anzeige der Geburt des Kindes oder bei der Eheschließung seiner Eltern erfolgt, auch der Standesbeamte zuständig, welcher die Geburt oder die Eheschließung beurkundet.

Zuständigkeit für die gerichtliche Beurkundung, für die Beglaubigung von Unterschriften und Handzeichen, für die öffentliche Beurkundung des Vaterschaftsanerkenntnisses.

1. Gerichtliche Beurkundung eines Rechtsgeschäfts: § 167 Abs. 1 bestimmt nicht allgemein, daß Gerichte zur Beurkundung von Rechtsgeschäften zuständig sind, sondern regelt lediglich die **sachliche Zuständigkeit** für diejenigen Fälle, in denen nach den Vorschriften anderer Gesetze Gerichte zur Beurkundung von Rechtsgeschäften berufen sind; für zuständig sind die Amtsgerichte erklärt. Über den Begriff des „Rechtsgeschäftes" siehe N. 2a zu § 168.

In **Bayern** ist die Zuständigkeit der Gerichte zu Beurkundungen die Ausnahme. Auf Grund des Art. 141 EG. z. BGB. bestimmt Art. 15 Abs. 2 Satz 2 AG. z. GVG., daß die Amtsgerichte nicht zuständig sind für die Beurkundungen, die nach den Vorschriften der Reichsgesetze durch ein Gericht oder einen Notar zu bewirken sind. Zuständig zur Bewirkung der öffentlichen Beurkundungen sind in Bayern regelmäßig die Notare (Art. 1 NotG.; Becher, Mat., VIII 36).

Die Amtsgerichte sind in Bayern zu selbständigen Beurkundungen neben den Notaren nur zuständig:

a) kraft Reichsrechts für die Beurkundung des Vaterschaftsanerkenntnisses nach § 167 Abs. 2 (siehe unten N. 4);

b) auf Grund der landesrechtlichen Vorschrift des Art. 15 Abs. 2 Satz 1 AG. z. GVG. für die Beurkundung von Vereinbarungen zwischen dem Vater eines unehelichen Kindes und diesem über eine an Stelle des Unterhalts zu gewährende Abfindung, ferner für die Beurkundung einer Vereinbarung zwischen dem Vater eines unehelichen Kindes und der Mutter über die der Mutter aus der Beiwohnung und aus der Entbindung entstehenden Ansprüche, jedoch nur, soferne diese Vereinbarung mit der Vereinbarung über den Unterhalt des Kindes in derselben Urkunde verbunden wird.

Außerdem kommt die Zuständigkeit der Amtsgerichte zu Beurkundungen nur in anhängigen Verfahren in Frage, so als Vormundschaftsgericht bei der Beurkundung des Anerkenntnisses der Rechnung des Vormunds (§ 1892 Abs. 2 BGB., hiezu Hörle im Recht **04** 376, Josef im ZBl. **6** 205), als Nachlaßgericht bei der Beurkundung der Ausschlagung einer Erbschaft (§ 1945 BGB.), der Anfechtung der Ehelichkeit eines Kindes (§ 1597 BGB.), der Vereinbarung über vorbereitende Maßregeln bei der Auseinandersetzung (§ 91 Abs. 1 FGG.) und der Vereinbarung über den Auseinandersetzungsplan (§ 93 Abs. 1 FGG.), in Handelssachen bei der Beurkundung der Abänderung der Dispache (§ 155 FGG.); über das Verfahren in diesen Fällen siehe N. 1, 2a zu § 168).

Für die **örtliche Zuständigkeit** zu selbständigen Beurkundungen ist weder, soweit sie durch die Amtsgerichte, noch, soweit sie durch die Notare erfolgt, eine gesetzliche Schranke gesetzt. Zuständig ist namentlich für die oben unter lit. b erwähnten Beurkundungen nicht bloß das Vormundschaftsgericht, sondern jedes bayerische Amtsgericht; jedes solche kann von den Beteiligten um die Beurkundung angegangen oder vom Vormundschaftsgericht darum ersucht werden; die Erklärungen der verschiedenen Beteiligten können auch von verschiedenen Amtsgerichten beurkundet werden (siehe hiezu § 9 VormundO. und Formulare VI—IX zu derselben). Soll die Urkunde über die getroffenen Vereinbarungen ein Titel zur Zwangsvollstreckung sein, so ist erforderlich, daß sich der Vater in der Urkunde der sofortigen Zwangsvollstreckung unterwirft (§ 794 Abs. 1 Nr. 5 ZPO.); das Gericht wird daher bei der Beurkundung darauf hinzuwirken haben, daß der uneheliche Vater die Unterwerfungserklärung abgibt. Wegen des Verhältnisses des Art. 167 Abs. 1 AG. z. BGB. (Art. 15 AG. z. GVG.) zu § 794 Ziff. 5 ZPO. siehe Bechmann in BayZ. **1** 234, **2** 72 und Ullmann ebenda **1** 397.

Der Richter kann nur innerhalb seines Amtsbezirkes eine Urkunde rechtswirksam aufnehmen, da ihm außerhalb desselben die Amtsbefugnis fehlt (siehe hierüber und über die Befugnis der Landesgesetzgebung, die Folgen der Grenzüberschreitung zu regeln, Dorner in ZZP. **28** 241); § 167 GVG. ist nicht anwendbar; wegen Rechtshilfe siehe oben N. 2 zu § 2 S. 11 und BayObLG. **2** 885; ferner wegen Rechtshilfe zur Beurkundung eines Löschungsantrages zwischen Bayern und Preußen Recht **06** 1204, ZBl. **07** 534. Wegen der Notare siehe Art. 6 Abs. 4, 5 NotG.

Über die Zuständigkeit zur Erteilung der vollstreckbaren Ausfertigung der Urkunden, insbesondere, wenn die Erklärungen des Vormunds und der Mutter einerseits und des Vaters anderseits von verschiedenen Gerichten beurkundet sind, siehe Keidel, Handb. § 37 S. 149.

Soweit außerhalb Bayerns die Gerichte in weiterem Umfange zur Bewirkung von Beurkundungen berufen sind, gilt die Vorschrift des § 167 Abs. 1 nur für die Beurkundung von Rechtsgeschäften (einseitigen und Verträgen), nicht für die Beurkundung sonstiger Rechtshandlungen oder tatsächliche Vorgänge (siehe hierüber N. 2a zu § 168), und nur für die Beurkundung durch die Gerichte der freiwilligen Gerichtsbarkeit (N. 2d zu § 168).

Soweit vor bayerischen Behörden in einem anderen Bundesstaate aufgenommene Urkunden benutzt werden, ist die sachliche Zuständigkeit, von der die Giltigkeit der Beurkundung abhängt, zu prüfen. Zuständig sind Gerichte und Notare in Preußen (Art. 31 PreußFGG.), in Sachsen (§ 37 Nr. 1 G. vom 15. 6. 1900; Becher, AG. z. BGB., ErgBd.), in Hessen (Art. 10 Abs. 2 Nr. 1 NotG., Art. 1 Abs. 2 AG. z. FGG. vom 18. 7. 99), regelmäßig nur die Notare in Baden (§§ 34, 35 Rechtspolizeigesetz vom 17. 6. 99), in Württemberg (Art. 105, 33 ff. AG. z. BGB.), in Elsaß-Lothringen (§§ 44 ff. AG. z. FGG.).

Gegen die Ablehnung einer Beurkundung in einem anhängigen Verfahren kann, wenn sie aus Rechtsgründen erfolgt, die Beschwerde nach Maßgabe der §§ 19 ff. FGG. stattfinden; in allen sonstigen Fällen findet nur die Aufsichtsbeschwerde statt (teilweise abweichend Josef in ZBl. **5** 165 in Folge seines Standpunktes, daß die Vorschriften des 1. Abschnittes auf die Beurkundungen Anwendung finden).

2. Gerichtliche Beglaubigung eines Handzeichens: Auch für diese ist, wo sie in anderen Gesetzen vorgesehen ist, (§§ 126, 129 BGB., Art. 94 WO.), das Amtsgericht für zuständig erklärt. Auf Grund des Vorbehalts des § 191 Abs. 2 FGG. ist in Bayern die Zuständigkeit der Amtsgerichte für die öffentliche Beglaubigung eines Handzeichens durch Art. 15 Abs. 2 Satz 2 AG. z. GVG. ausgeschlossen. Ausschließlich zuständig sind die Notare. Über das Verfahren bei der Beglaubigung siehe § 183 (N. 5 daselbst).

3. Öffentliche Beglaubigung einer Unterschrift: Abs. 2 Satz 1 gibt eine Ausführungsvorschrift zu § 129 BGB.; wenn für eine Erklärung durch Gesetz öffentliche Beglaubigung vorgeschrieben ist, muß die Erklärung schriftlich abgefaßt und die Unterschrift von der zuständigen Behörde oder von einem zuständigen Beamten oder Notar beglaubigt werden. Als zuständige Behörde ist reichsrechtlich das Amtsgericht erklärt.

In Bayern ist auf Grund des Vorbehalts des § 191 Abs. 2 FGG. wieder die Zuständigkeit des Amtsgerichts ausgeschlossen und sind die Notare für ausschließlich zuständig erklärt (Art. 15 Abs. 2 Satz 2 AG. z. GVG., Art. 1 NotG.). Von dem Vorbehalte des § 191 Abs. 1 FGG., der erlaubt, noch weitere Behörden oder Beamte für zuständig zu erklären, ist dagegen kein Gebrauch gemacht.

4. Zuständigkeit zur Beurkundung des Vaterschaftsbekenntnisses: Abs. 2 Satz 2 ist Ausführungsbestimmung zu den §§ 1718, 1720 Abs. 2 BGB., indem er die sachliche Zuständigkeit zur Aufnahme der dort bezeichneten öffentlichen Urkunden regelt.

§ 1718 BGB. schließt die Einrede der mehreren Zuhälter aus, wenn die Vaterschaft zu einem außerehelichen Kinde in einer öffentlichen Urkunde anerkannt ist. § 1720 Abs. 2 BGB. stellt die Vermutung der Beiwohnung innerhalb der Empfängniszeit, also der Ehelichkeit des Kindes (§ 1591 BGB.), auf, wenn ein Ehemann die Vaterschaft zu dem von seiner Ehefrau geborenen Kinde in einer öffentlichen Urkunde anerkannt hat.

Reichsrechtlich zuständig zur Aufnahme der öffentlichen Urkunde in den beiden Fällen ist

a) in allen Fällen das Amtsgericht und der Notar,

b) nur unter bestimmten Voraussetzungen der Standesbeamte.

Landesrechtlich können auf Grund des Vorbehalts des § 191 Abs. 1 FGG. auch andere Beamte und Behörden neben dem Amtsgericht und den Notaren für zuständig erklärt werden. In Bayern ist von diesem Vorbehalt kein Gebrauch gemacht.

ad a) Die Zuständigkeit der Amtsgerichte kann hier landesrechtlich nicht ausgeschlossen werden.

Die örtliche Zuständigkeit der Amtsgerichte und der Notare ist nicht beschränkt; es ist daher jedes Amtsgericht, nicht bloß das Vormundschaftsgericht, und jeder Notar innerhalb der Grenzen seines Amtsbezirkes zur Aufnahme der Urkunden zuständig. Die von einem Notar außerhalb seines Amtsbezirkes aufgenommene Urkunde ist aber nicht aus diesem Grunde unwirksam (Art. 6 Abs. 4, 5 NotG.); siehe über die Zuständigkeit der Amtsgerichte auch Keidel in SeuffBl. **69** 149.

ad b) Der Standesbeamte ist nur dann zuständig, wenn die Anerkennung der Vaterschaft bei der Anzeige der Geburt des Kindes oder bei der Eheschließung der Eltern erfolgt; beides gilt sowohl für den Fall des § 1718 als den des § 1720 Abs. 2 BGB. Dadurch ist die in § 25 PStG. dem Standesbeamten allgemein beigelegte Zuständigkeit für die Beurkundung der Anerkennung der Vaterschaft auf die bezeichneten zwei Fälle beschränkt. Der Standesbeamte ist demnach reichsrechtlich nicht mehr zuständig für die Beurkundung der Anerkennung der Vaterschaft, die nicht bei der Anzeige der Geburt des Kindes oder der Eheschließung der Eltern erfolgt (BayObLG. **4** 287, Recht **03** 344, a. M. Dorner N. 7a, Wellstein N. 7 zu § 167; wegen Unzulässigkeit der Ablehnung der Beurkundung durch den Standesbeamten wegen Zweifel an der Geschäftsfähigkeit des Erklärenden siehe BayObLG. **2** 549, SeuffBl. **57** 251). Landesrechtlich kann die Befugnis zur Beurkundung auf Grund des § 191 Abs. 1 FGG. erweitert werden; in Bayern ist dies nicht geschehen.

5. Im Felde sind beim Heere hinsichtlich der im § 1 Nr. 1, 6, 7, 8 der Militärstrafgerichtsordnung vom 1. 12. 98 bezeichneten Personen für die in § 167 aufgeführten Verrichtungen auch die Kriegsgerichtsräte und die Oberkriegsgerichtsräte zuständig (§ 1 Nr. 1 d. G. betr. die freiwillige Gerichtsbarkeit und andere Rechtsangelegenheiten in Heer und Marine vom 28. 5. 01, RGBl. 185); über das Verfahren siehe § 2 daselbst.

Über die Zuständigkeit zu den Verrichtungen auf Schiffen und sonstigen Fahrzeugen der Kaiserlichen Marine siehe § 184 FGG.

Über die Zuständigkeit in den Konsulatsbezirken und in den Schutzgebieten siehe § 7 Nr. 2 KonsGG. und § 2 SchutzgebG.; über die Unzuständigkeit der Konsuln zur Unterschriftsbeglaubigung Kaufmann in ZBl. **3** 769, Jastrow, Formularbuch und Notariatsrecht I 307, dagegen Josef, Lehrb. 393.

§ 168.

Für die gerichtliche und notarielle Beurkundung eines Rechtsgeschäfts gelten, unbeschadet der Vorschriften des Bürgerlichen Gesetzbuchs über die Errichtung von Testamenten und Erbverträgen, die §§ 169 bis 182. Als Beteiligter im Sinne der §§ 169 bis 182 ist derjenige anzusehen, dessen Erklärung beurkundet werden soll.

Verfahren bei der Beurkundung von Rechtsgeschäften.

1. Auf die gerichtliche Beurkundung im Sinne des 10. Abschnittes finden die Vorschriften des 1. Abschnittes keine Anwendung (siehe N. 3b zu § 1).

In den § 168—182 sind für das Verfahren bei Beurkundungen (siehe N. 2.) besondere Vorschriften gegeben. Soweit Beurkundungen in einem anhängigen Verfahren vorgenommen werden, so z. B. im Verfahren auf Auseinandersetzung eines

Nachlasses oder eines Gesamtgutes, haben zwar für das Verfahren zunächst die Vorschriften des ersten Abschnittes Geltung; für die Beurkundung aber kommen auch die Vorschriften des 10. Abschnittes zur Anwendung, so insbesondere die Vorschriften über Ausschließung von der Mitwirkung, über Zuziehung von Dolmetschern, welche von denen des 1. Abschnittes in verschiedenen Punkten abweichen; siehe das Nähere hierüber in N. 2.

Die Vorschriften des FGG. über das Verfahren bei Beurkundungen sind nicht erschöpfend. Landesgesetzliche Vorschriften zur Ergänzung und Ausführung sind zulässig, ein Verstoß gegen solche Vorschriften ist aber ohne Einfluß auf die Giltigkeit der Beurkundung (§ 200 Abs. 2 FGG.).

Für Bayern sind ergänzende Vorschriften nur für die notarielle Beurkundung in den Art. 25 ff. NotG. und den §§ 74 ff. der GeschO. f. d. Not. enthalten.

2. Geltungsgebiet der Vorschriften der §§ 168—182.

a) Die Vorschriften gelten **nur** für die Beurkundung von **Rechtsgeschäften,** d. i. von Privatwillenserklärungen, gerichtet auf Hervorbringung eines rechtlichen Erfolges — Entstehung, Endigung oder Änderung eines Rechtsverhältnisses —, welcher nach der Rechtsordnung deswegen eintritt, weil er gewollt ist (Mot. z. BGB. I 187; siehe hiezu Josef, Vorbem. I vor § 167 und im ZBl. **5** 819, ferner Franz, das deutsche Notariat S. 95). Sie gelten reichsrechtlich nicht für die Beurkundungen sonstiger Rechtshandlungen, die ohne Rücksicht auf den Willen des Handelnden einen bestimmten Erfolg herbeiführen, oder die einen bestimmten rechtlichen Erfolg anstreben, der aber nicht schon als Folge der Rechtshandlung eintritt, wie ein Antrag auf gerichtliche Tätigkeit (Josef a. a. O. und Vorbem. V), auch nicht für die Beurkundung tatsächlicher Vorgänge, also nicht für die zur Erlangung eines Erbscheins abgegebenen Erklärungen, die Beurkundung von Beschlüssen der Aktiengesellschaften, Kommanditgesellschaften auf Aktien 2c. 2c. (vergl. hiezu **25** 195, **32** 91, OLG. **6** 13, ZBl. **5** 391), für die Protokollierung des Antrags des Firmeninhabers auf Löschung der Firma (Josef im ZBl. **6** 205), die Aufnahme von Vermögensverzeichnissen, von Wechselprotesten; sie gelten ferner nicht für die Beglaubigung von Unterschriften und Handzeichen. Wegen der Beurkundung eines Vergleichs im echten Streitverfahren siehe Josef in GruchotsBeitr. **48** 565 (für Bayern wegen der Regelung der Zuständigkeit ohne Bedeutung).

Gleichgiltig ist es, ob es sich um einseitige oder um zweiseitige Rechtsgeschäfte handelt, ferner, ob die Beurkundung selbständig oder **in einem anhängigen Verfahren** vorgenommen wird (Josef, Vorbem. II vor § 167 und im ZBl. **3** 309 gegen Frese ebenda **2** 699, **3** 477, der auf die rechtsgeschäftlichen Beurkundungen in einem anhängigen Verfahren des Grundbuch-, Vormundschafts-, Nachlaß- und Registergerichts nur die Vorschriften der Landesgesetze angewendet wissen will siehe ferner Wächter-Spittler im ZBl. **4** 81, der die Anwendung auf die rechtsgeschäftlichen Beurkundungen der Gerichte als Grundbuchämter ausschließt, endlich Wellstein N. 4 zu § 168, der die Vorschriften nur in denjenigen Fällen gelten lassen will, in welchen ausdrücklich die Beurkundung vorgeschrieben ist, wie im Auseinandersetzungsverfahren, bei der Anerkennung der Rechnung des Vormunds nach § 1892 Abs. 2 BGB.). In Bayern ist für die Beurkundungen von Rechtsgeschäften in Vormundschaftssachen in § 51 VO. die Anwendung der §§ 168—173, in Nachlaßsachen durch § 139 NachlO. die Anwendung der §§ 168—182 vorgeschrieben. Gleichwohl ist auch in Bayern — abgesehen von der Anwendbarkeit der §§ 174—182 in Vormundschaftssachen — die Frage, ob die Anwendung der Vorschriften kraft reichsgesetzlicher Vorschrift oder nur nach Maßgabe der landesgesetzlichen Ausführungsvorschrift zu erfolgen hat, deshalb von Bedeutung, weil die Nichtbeachtung der Vorschriften nur im ersteren Falle die Nichtigkeit der Beurkundung zur Folge hätte (§ 200 Abs. 2 FGG.).

In Bayern sind die Vorschriften der §§ 169, 173, 174, des § 176 Abs. 3 und der §§ 178, 179 auch auf notarielle Urkunden über Erklärungen, die nicht Rechtsgeschäfte enthalten, für anwendbar erklärt (Art. 31 NotG.).

b) Die Vorschriften gelten auch für die Beurkundung von Testamenten und Erbverträgen, jedoch nur, soweit nicht das BGB. in den §§ 2233—2245, 2276 hierüber schon Vorschriften gegeben hat. Anwendung findet insbesondere § 176 Abs. 3 über die Feststellung der Identität; siehe hiezu auch die §§ 228—235 der GeschO. f. d. Not. (a. M. Schultze-Görlitz N. 2, Dorner N. 3 zu § 168, die die Anwendung der §§ 169—182 auf die Beurkundung von Testamenten und Erbverträgen für ausgeschlossen halten).

c) Die Vorschriften gelten nur für die gerichtliche und notarielle Beurkundung von Rechtsgeschäften, nicht für die Aufnahme von Urkunden durch andere Beamte, so z. B. den Standesbeamten. Sie gelten aber nicht bloß, wo das Gesetz ausdrücklich die gerichtliche oder notarielle Beurkundung vorschreibt, sondern in allen Fällen öffentlicher Beurkundung, wenn sie durch den Richter oder den Notar erfolgt, also auch in den Fällen der §§ 1718, 1720 Abs. 2 BGB., ferner auch dann, wenn die Beteiligten freiwillig die Form der notariellen Beurkundung (gerichtliche Beurkundung kommt hier in Bayern nicht in Frage, N. 1 zu § 167) wählen.

d) Die Vorschriften gelten nur für die Beurkundung in der freiwilligen Gerichtsbarkeit, nicht für die innerhalb oder zur Beendigung eines Zivilprozesses erfolgenden, wie Anerkenntnisse und Vergleiche.

3. Beteiligte im Sinne der §§ 169—182 sind die Personen, deren vor der Urkundsperson mündlich und unmittelbar abgegebene Erklärungen zu beurkunden sind, nicht diejenigen, deren Wille beurkundet wird, wenn dies nicht die vor der Urkundsperson Erschienenen sind; § 168 Abs. 2 bezieht sich nur auf die formelle, nicht auf die materielle Beteiligung (RG. **49** 129).

Beteiligte sind hienach, wenn eine Person bei der Beurkundung durch einen gesetzlichen oder einen bevollmächtigten Vertreter vertreten ist, der Vertreter (siehe hiezu N. 4a zu § 170), nicht der Vertretene. Juristische Personen können also niemals Beteiligte sein, auch nicht die einzelnen eine juristische Person bildenden physischen Personen.

Beteiligter ist auch nicht derjenige, auf den das beurkundete Rechtsgeschäft Bezug hat, der an demselben materiell beteiligt oder interessiert oder in demselben bedacht ist.

Beteiligter kann dagegen der Ehemann sein, der zu einer Erklärung seiner Ehefrau die Einwilligung (Recht **8** 388) oder hinsichtlich einer Leistung der Frau, die Duldung der Zwangsvollstreckung in deren eingebrachtes Gut (§ 739 ZPO.) erklärt.

Werden in Anwendung des § 128 BGB. Vertragsantrag und Annahme desselben gesondert zu verschiedenen Zeiten beurkundet, so ist bei der Beurkundung des Antrags der andere Teil, bei der Beurkundung der Annahmeerklärung der Antragsteller nicht beteiligt.

Die Beteiligten stehen im Gegensatz zu den Mitwirkenden, das sind der Richter oder Notar, der die Beurkundung vornimmt, die nach § 169 oder § 177 Abs. 2 zuzuziehenden Hilfspersonen und der Dolmetscher.

§ 169.

Ist ein Beteiligter nach der Ueberzeugung des Richters oder des Notars taub, blind, stumm oder sonst am Sprechen verhindert, so muß der Richter einen Gerichtsschreiber oder zwei Zeugen, der Notar einen zweiten Notar oder zwei Zeugen zuziehen.

Beteiligung von mit Mängeln behafteten Personen.

1. Über den Begriff „Beteiligte" siehe N. 3 zu § 168.

§ 169 stellt besondere Erfordernisse auf für den Fall, daß ein bei der Beurkundung eines Rechtsgeschäftes Beteiligter taub — nicht bloß schwerhörig —, blind, stumm, (taubstumm) oder sonst — infolge Zungenleidens, Lähmung, nach ärztlichem Verbot wegen Erkrankung (Wellstein N. 2 zu § 178) u. dergl. — am Sprechen verhindert ist.

Voraussetzung der Notwendigkeit der Wahrung der besonderen Formalitäten des § 169 ist nicht die bestimmte Feststellung, daß der Beteiligte an einem der aufgezählten Gebrechen leide, es genügt vielmehr, daß der beurkundende Richter oder Notar auf irgend welche Weise sich die Überzeugung gebildet hat, daß das Gebrechen vorhanden sei (wegen der Nachprüfung, ob diese Überzeugung vorhanden war, siehe BayZ. 1107); irrtümliche Annahme des Vorhandenseins eines tatsächlich nicht vorhandenen Gebrechens schadet nicht; anderseits schadet es auch nicht, wenn der beurkundende Beamte sich von einem tatsächlich vorhandenen Gebrechen die Überzeugung nicht bilden kann und deshalb die Einhaltung der Vorschrift des § 169 unterläßt. Der Richter oder Notar ist jedenfalls im Interesse der Beteiligten verpflichtet, sich von dem Vorhandensein von Mängeln nach eigenen Kräften nötigenfalls zu überzeugen. Eine Beurkundung, daß oder wie der Notar sich die Überzeugung gebildet oder nicht gebildet hat, ist nicht vorgeschrieben, aber empfehlenswert.

2. Vorgeschrieben ist

bei der Beurkundung durch einen Richter Zuziehung eines Gerichtsschreibers oder zweier Zeugen,

bei der Beurkundung durch einen Notar Zuziehung eines zweiten Notars oder zweier Zeugen.

Als Gerichtsschreiber kann jede Person zugezogen werden, die auf die Dienstpflichten eines solchen vereidigt ist (Art. 61 AG. z. BGB.), also auch geprüfte und ungeprüfte Rechtspraktikanten (§ 29 der Allerh. VO. vom 4. 7. 99, GVBl. 367, JMBl. 186, JMBek. vom 7. 7. 01, JMBl. 59), ferner Gerichtsschreibergehilfen (§ 6 AllerhVO. vom 6. 9. 78, JMBl. 608).

Zeuge kann jeder sein, der nicht nach den Vorschriften der §§ 170—173 ausgeschlossen ist, auch Frauen und Ausländer (§ 110 der GeschO. f. d. Not.). Personen, welche der deutschen Sprache nicht mächtig sind, können als Zeugen zugezogen werden, wenn ihnen der Urkundsbeamte die Verhandlungen und Erklärungen der Beteiligten in ihrer Sprache vorträgt oder durch einen Dolmetscher vortragen läßt. Dagegen dürfen solche Personen als Zeugen nicht beigezogen werden, welche zur Wahrnehmung der Vorgänge wegen körperlicher oder geistiger Gebrechen nicht im stande sind, ferner Personen, welche nicht im stande sind, das Protokoll zu unterschreiben (§ 109 a. a. O.).

Die Zeugen beizubringen, ist Sache der Beteiligten; ein Zwang, als Zeuge zu erscheinen, kann nicht ausgeübt werden (§§ 111 der GeschO. f. d. Not.). Über die Prüfung und Feststellung eventueller Verhinderungsgründe für Zeugen bei notariellen Beurkundungen siehe §§ 112 ff. a. a. O.

Sind bei einer Beurkundung mehrere mit Gebrechen behaftete Personen beteiligt oder leidet ein Beteiligter an mehreren Gebrechen, so ist ebenfalls nur die Zuziehung eines Gerichtsschreibers oder zweiten Notars oder zweier Zeugen erforderlich.

Von dem Vorbehalt des § 198 (landesgesetzliche Bestellung von besonderen Urkundspersonen zum Ersatz für die zwei Zeugen) ist in Bayern kein Gebrauch gemacht.

Über Zuziehung von Vertrauenspersonen bei notarieller Beurkundung siehe unten N. 4.

3. Die Vorschrift ist eine **zwingende**; ihre Nichtbefolgung nimmt der aufgenommenen Urkunde den Charakter einer gerichtlichen bezw. notariellen. Dies gilt nur dann, wenn der Notar trotz erlangter Überzeugung von dem Vorliegen eines der Gebrechen die Vorschrift nicht einhält, nicht dann, wenn er es fahrlässiger Weise unterlassen hat, sich von einem vorliegenden Gebrechen zu überzeugen. Wer also die Ungiltigkeit der Beurkundung wegen Verstoßes gegen § 169 geltend machen will, muß beweisen, daß der Richter oder Notar sich die Überzeugung von dem Vorliegen eines Gebrechens gebildet hatte, nicht bloß, daß das Gebrechen vorlag (Rausnitz N. 6, Wellstein N. 3 zu § 169; siehe hiezu auch Eccius in DJZ. **3** 25). Über die tatsächliche Feststellung, ob der Beamte die Überzeugung hatte, siehe RG. im Recht **9** 83, BayZ. **1** 107.

Bedurfte das beurkundete Geschäft nach gesetzlicher Vorschrift oder Parteivereinbarung zu seiner Giltigkeit der öffentlichen Beurkundung, so ist auch das Geschäft selbst nichtig, andernfalls kann es als privatschriftlich beurkundet gelten, wenn wenigstens die Voraussetzungen der Schriftform (§§ 126, 127 BGB.) erfüllt sind; siehe hierüber auch Josef N. 6 zu § 169 gegen OLG. **3** 349, woselbst angenommen ist, daß einer Urkunde, die als öffentliche nicht giltig ist, auch nicht die Beweiskraft einer Privaturkunde beigelegt werden darf, wenn sie auch von den Beteiligten unterschrieben ist.

Der Einhaltung der Vorschrift des § 169 bedarf es bei der Beteiligung eines Stummen oder am Sprechen Verhinderten dann nicht, wenn wegen der Unmöglichkeit schriftlicher Verständigung mit demselben ein Dolmetscher zugezogen wird (siehe § 178 Abs. 3).

Neben der Vorschrift des § 169 sind auch die Formvorschriften des § 177 zu beachten; es ist also das Protokoll auch von dem Gebrechlichen zu unterschreiben oder es muß in demselben festgestellt werden, daß er erklärt, nicht schreiben zu können (Kolisch im Recht **03** 147); siehe insbesondere wegen der Unterschrift eines Blinden Franz, das deutsche Notariat § 31 Nr. IV Ziff. 7.

4. Landesgesetzlich sind in **Bayern** weitere Formalitäten bei der Beteiligung gebrechlicher Personen für die gerichtliche Beurkundung von Rechtsgeschäften nicht vorgeschrieben. Für die notarielle Beurkundung gibt Art. 29 NotG. eine weitere Sondervorschrift für den Fall der Beteiligung eines Tauben oder Taubstummen (§ 103 der Gesch. f. d. Not.). Das Protokoll soll dem Tauben zur Durchsicht vorgelegt werden, auch wenn er es nicht verlangt (abweichend von § 177 Abs. 1 Satz 3). Im Protokoll soll festgestellt werden, daß die Vorlegung geschehen ist. Ist ein tauber Beteiligter nicht im stande, Geschriebenes zu lesen, so soll eine Vertrauensperson zugezogen werden Im Protokoll soll festgestellt werden, daß der Beteiligte nach der Überzeugung des Notars die Vertrauensperson verstanden hat. Als Vertrauensperson kann auch eine der bei der Beurkundung neben dem Notar mitwirkenden Personen dienen (siehe auch §§ 101, 102 der GeschO. f. d. Not.). Die für Zeugen und Sachverständige erforderlichen Eigenschaften braucht die Vertrauensperson nicht zu besitzen: die Vorschriften über die Geschäftszeugen (§§ 170—173) sind für dieselben nicht maßgebend (Becher Mat. VIII 49).

Die Nichtbeachtung dieser Vorschriften des NotG. oder solcher der GeschO. ist ohne Einfluß auf die Giltigkeit der Beurkundung (§ 200 Abs. 2 FGG.).

5. Die Vorschrift des § 169 gilt reichsrechtlich nur für die Beurkundung von Rechtsgeschäften. Nach Art. 31 NotG. gilt sie in Bayern auch für die notarielle Beurkundung von Erklärungen, die nicht Rechtsgeschäfte enthalten, ebenso wie die Vorschrift des Art. 29 NotG.

§ 170.

Als Richter, Notar, Gerichtsschreiber oder Zeuge kann bei Beurkundung nicht mitwirken:

1. wer selbst Beteiligter ist, sowie derjenige, für welchen ein Beteiligter als Vertreter handelt;
2. der Ehegatte eines Beteiligten, auch wenn die Ehe nicht mehr besteht;
3. wer mit einem Beteiligten in gerader Linie oder im zweiten Grade der Seitenlinie verwandt oder verschwägert ist;
4. wer zu demjenigen, für welchen ein Beteiligter als Vertreter handelt, in einem Verhältnisse der unter Nr. 2, 3 bezeichneten Art steht.

Ausschließung von der Mitwirkung bei der Beurkundung.

1. Die §§ 170—173 regeln die Gründe, aus welchen eine Person von der Mitwirkung bei der Beurkundung ausgeschlossen ist; die §§ 170—172 enthalten zwingende Vorschriften, § 173 enthält nur eine Ordnungsvorschrift (siehe N. 1 zu § 173). Vergl. § 2234 BGB.

Die Vorschriften beziehen sich nur auf die Beurkundung von Rechtsgeschäften, nicht auch auf die Beurkundung von Erklärungen, die nicht Rechtsgeschäfte enthalten (N. 2a zu § 168; vergl. Art. 31 NotG.), ferner nicht auf die sonstigen in diesem Abschnitte behandelten Geschäfte des Richters oder Notars, nämlich die Beglaubigung von Unterschriften und Handzeichen (ZBl. **2** 447). Wegen der Unanwendbarkeit der Vorschriften der §§ 170, 171 bei Wechselprotesten, auch wenn bei der Protestierung rechtsgeschäftliche Erklärungen abgegeben werden, siehe Josef in BadNotV. **3** 165; in Bayern gilt Art. 15 NotG.

Sie beziehen sich nicht nur auf diejenigen Beurkundungen, welche selbständig für sich vorgenommen werden, sondern auch auf diejenigen, welche in einem anhängigen Verfahren erfolgen, so insbesondere in einem Auseinandersetzungsverfahren nach den §§ 86 ff. (ebenso Josef N. 1 zu § 170 und im ZBl. **3** 309; siehe auch § 51 BO., § 139 NachlO.; a. M. Dorner N. 4 zu § 91, Frese im ZBl. **2** 700, **3** 477; vergl. auch N. 2a zu § 168). Die Vorschriften der §§ 170 ff. finden in diesen Fällen neben denen des § 6 FGG., bezw. Art. 15 NotG. Anwendung (N. 1 zu § 168).

Von den Vorschriften des § 6 unterscheiden sich die der §§ 170 ff. nicht bloß in den Voraussetzungen des Ausschlusses (siehe z. B. N. 4a unten), sondern namentlich in den Wirkungen (siehe N. 2 zu § 6 und unten N. 3).

2. Die Vorschriften des § 170 haben (wie die des § 171) **Bezug**

a) auf den Richter und den Notar, welcher die Beurkundung vornimmt (siehe hiezu Rausnitz im Recht **01** 491),

b) auf den als Hilfsperson zugezogenen zweiten Notar (§ 169 FGG., § 116 GeschO. f. d. Not.),

c) auf den Gerichtsschreiber, wenn seine Zuziehung als Hilfsperson auf Grund gesetzlicher Vorschrift erfolgt (§ 169), nicht, wenn er nur als Schreibkraft verwendet wird; die Bestimmung kann sich nicht auf eine Person beziehen, an welche der Gesetzgeber gar nicht gedacht hat (a. M. Rausnitz N. 2, Wellstein N. 2 zu § 170, die die Vorschrift auf jeden Gerichtsschreiber anwenden wollen);

d) auf Zeugen, welche als Hilfspersonen zugezogen werden (§§ 169, 177 Abs. 2), dagegen nicht auf die Identitätszeugen (§ 75 der GeschO. f. d. Not.; RJA. **2** 33, OLG. **2** 335, BayNotZ. **04** 109, ZBl. **1** 819, Recht **01** 204);

e) nach § 180 auf den Dolmetscher (und nach § 198 Abs. 2 auf die landesgesetzlichen Urkundspersonen).

Die Vorschrift bezieht sich dagegen nicht auf den Standesbeamten, der eine Beurkundung nach § 176 Abs. 2 FGG. vornimmt.

3. Bedeutung der Ausschließung: Aus der Vorschrift, daß ein Richter, Notar, Gerichtsschreiber oder Zeuge unter bestimmten Voraussetzungen, bei der Beurkundung nicht mitwirken kann, folgt, daß eine Beurkundung, welche unter Mitwirkung einer hienach ausgeschlossenen Person erfolgt ist, nicht als gerichtliche bezw. notarielle gilt; die aufgenommene Urkunde kann höchstens als Privaturkunde gelten (siehe N. 3 zu § 169).

Eine Verletzung der Vorschrift kann aber nicht mit der Beschwerde angefochten werden, auch wenn es sich um eine Beurkundung in einem anhängigen Verfahren handelt, da die Beurkundung keine Verfügung im Sinne des § 19 ist und die Vorschriften des 1. Abschnittes überhaupt nicht Anwendung finden (N. 3 b zu § 1); im Auseinandersetzungsverfahren kann die nachträgliche Entdeckung einer Verletzung dieser Vorschrift zur Versagung der Bestätigung führen. Der Mangel kann sonst nur in demjenigen Verfahren geltend gemacht werden, in welchem die Urkunde als öffentliche verwertet werden will. Findet aus der Urkunde die Zwangsvollstreckung statt, so z. B. aus der Urkunde, über die Vereinbarungen zwischen dem Vater und dem unehelichen Kinde über den Unterhalt oder eine Abfindung oder zwischen dem Vater des unehelichen Kindes und der Mutter über die Ansprüche aus der Beiwohnung und der Entbindung, wenn sich der Schuldner in der Urkunde der sofortigen Zwangsvollstreckung unterworfen hat (§ 794 Abs. 1 Nr. 5 ZPO.), aus der bestätigten Vereinbarung in einem Auseinandersetzungsverfahren (§§ 98, 99 FGG.), so kann der Mangel im Wege der Einwendungen nach den §§ 767, 797 Abs. 4, 5 ZPO. geltend gemacht werden.

4. Die einzelnen Ausschließungsgründe:

a) Zu Ziff. 1 Beteiligung oder Vertretung durch einen Beteiligten: Beteiligter ist derjenige, dessen Erklärung beurkundet werden soll (§ 168 Satz 2, N. 3 zu § 168), also wenn derjenige, der das zu beurkundende Rechtsgeschäft abschließt, bei der Beurkundung durch einen anderen vertreten ist, der Vertreter; deshalb mußte besonders bestimmt werden, daß auch derjenige ausgeschlossen sein soll, der sich bei der Beurkundung vertreten läßt und für den ein anderer die rechtsgeschäftlichen Erklärungen abgibt. Es macht keinen Unterschied, ob der Vertreter ein gesetzlicher oder ein bevollmächtigter ist. Nicht ausgeschlossen ist der Notar, welcher Generalbevollmächtigter einer Partei ist (D. 88, RG. **49** 127, JW. **01** 865), wenn er nur nicht bei dem zu beurkundenden Rechtsgeschäft für seinen Vollmachtgeber handelt; überhaupt ist jeder Vertreter hier — abweichend von § 6 Nr. 4 — nur ausgeschlossen, wenn er als solcher handelt, nicht schon dadurch, daß er als solcher zu handeln berechtigt ist. Der Notar, der es übernimmt, die zum Abschluß eines Vertrages mit einer bevormundeten oder unter Pflegschaft stehenden Person erforderliche Genehmigung des Vormundschafts=

gerichts nach § 1829 BGB. dem Vertragsgegner mitzuteilen, handelt hiebei als Vertreter des Vormunds oder Pflegers, kann daher die Mitteilung nicht selbst beurkunden; die von ihm bewirkte Mitteilung hat nur den Charakter einer privatschriftlichen; er kann aber die Erklärung des anderen Vertragsschließenden oder dessen Bevollmächtigten beurkunden, daß dieser von ihm als Bevollmächtigten des Vormunds oder Pflegers die Mitteilung von der Genehmigung des Vormundschaftsgerichts erhalten und von ihr Kenntnis genommen habe (BayObLG. **3** 439, OLG. **5** 407, DJZ. **02** 512, Recht **02** 351). Ein Notar, der Gläubiger ist, kann nicht seine eigene, zu Gunsten seines Schuldners abgegebene Löschungsbewilligung beurkunden (ZBl. **7** 528).

Über Beteiligte bei Beurkundung einer Versteigerung siehe § 181 und N. 3 hiezu.

b) Zu Ziff. 2. Der jetzige oder frühere Ehegatte einer Person, deren vor dem Notar oder Richter abzugebende Erklärung beurkundet werden soll (siehe N. 3 b zu § 6), nicht auch der Verlobte.

c) Zu Ziff. 3. Wegen Verwandtschaft oder Schwägerschaft zu einem Beteiligten im Sinne von Ziff. 1 siehe N. 3 c zu § 6.

d) Zu Ziff. 4. Da Ziff. 2 und 3 nur die Beziehungen zu dem vor dem Richter oder Notar Erschienenen, also im Falle einer Vertretung nur zu dem Vertreter betrifft, mußte noch besonders verfügt werden, daß auch ausgeschlossen sei

der Ehegatte dessen, für den ein anderer eine rechtsgeschäftliche Erklärung zum Zwecke der Beurkundung abgeben soll,

der mit einer solchen Person in gerader Linie oder im zweiten Grad der Seitenlinie Verwandte oder Verschwägerte.

Wegen der Unanwendbarkeit der Vorschrift des § 170 Nr. 4 auf den Notar, der die Versteigerung vornimmt und den Zuschlag erteilt und beurkundet, siehe N. 2 zu § 181.

§ 171.

Als Richter, Notar, Gerichtsschreiber oder Zeuge kann bei der Beurkundung nicht mitwirken:

1. derjenige, zu dessen Gunsten in der Urkunde eine Verfügung getroffen wird;
2. wer zu demjenigen, zu dessen Gunsten in der Urkunde eine Verfügung getroffen wird, in einem Verhältnisse der im § 170 Nr. 2, 3 bezeichneten Art steht.

Die Mitwirkung einer hiernach ausgeschlossenen Person hat zur Folge, daß die Beurkundung insoweit nichtig ist, als sie eine Verfügung zu Gunsten einer der im Abs. 1 Nr. 1, 2 bezeichneten Personen zum Gegenstande hat.

Ausschließung von der Mitwirkung bei der Beurkundung.

1. Die Personen, auf welche § 171 Anwendung findet, sind die nämlichen, wie nach § 170 (siehe N. 2 zu § 170).

2. Verfügung zu Gunsten einer Person: Unter Verfügung im Sinne des § 171 ist jede rechtsgeschäftliche Willenserklärung zu verstehen; es gehören hieher nicht bloß diejenigen Rechtsgeschäfte, durch welche ein Recht unmittelbar übertragen wird, also z. B. nicht nur die schenkungsweise Abtretung einer Forderung, sondern auch ein Schenkungsversprechen (Fuchs im ZBl. **6** 489).

Zu Gunsten einer Person ist eine Verfügung getroffen, wenn die Person durch die Verfügung einen materiellen Vorteil oder ein Recht erwirbt; dabei kommt es nicht darauf an, ob sich an den Rechtserwerb wieder Verpflichtungen knüpfen, ob einem Vermögenserwerb wieder eine Leistungsverbindlichkeit gegenübersteht. Der Begriff beschränkt sich also nicht auf Akte der Liberalität und nicht auf reine Mehrungen des Vermögens oder der Rechte (ebenso Birkenbihl N. 1, Ebert Dubek N. 4, Fuchs N. 1, Schultze-Görlitz N. 1 zu § 171). Es gehört also hieher nach Fuchs a. a. O. jede Erklärung, die entweder den Kreis der einem anderen zustehenden Rechte erweitert (z. B. Annahme des vom Notar gemachten Vertragsantrages) oder ihm die Grundlage zum Erwerb eines Rechts gewährt (z. B. Vertragsanerbieten) oder den Kreis der ihm obliegenden Verpflichtungen vermindert (z. B. bloße Löschungsbewilligung) oder ein Beweismittel für ein ihm zustehendes Recht oder für das Erlöschen einer ihm obliegenden Verpflichtung (z. B. Schuldverschreibung, Schuldanerkenntnis, Quittung) gewährt.

Diese Ansicht ist nicht unbestritten (siehe hierüber die eingehende Erörterung von Fuchs a. a. O., ferner Franz, das deutsche Notariat § 25 Nr. V). Das Kammergericht (ZBl. **2** 836, OLG. **5** 192, SeuffA. **58** 255) erachtet im Anschluß an § 328 BGB. ausschließlich denjenigen für begünstigt, dem in der Urkunde unmittelbar ein Recht eingeräumt wird; ebenso Dronke N. 2, Jastrow N. 3, Josef, Lehrb. 398 und N. 3 zu § 171. Werner in DNotV. **1** 258 nimmt an, daß eine Verfügung zu Gunsten einer Person nur getroffen sei, wenn derselben durch die Verfügung ein Vorteil erwächst, nicht schon dann, wenn sie aus der Verfügung ein Recht herleiten kann. Kroschel in DNotV. **2** 340 hält für notwendig, daß aus der Verfügung ein selbständiger Anspruch auf einen Vermögensvorteil entstehe und will die Worte „zu Gunsten" ebenso verstanden wissen, wie den Ausdruck „bedacht" in § 2235 BGB. Paris in DJZ. **05** 640 verlangt, daß die Gewährung eines Vorteiles, einer Zuwendung vorliegen müsse.

Nicht erforderlich ist die auf Zuwendung eines Vorteiles gerichtete Absicht der Beteiligten, genügend um den Ausschluß herbeizuführen vielmehr, daß nach der Rechtslage aus der Verfügung tatsächlich ein Vorteil erwächst oder ein Recht abzuleiten ist; ausgeschlossen ist deshalb z. B. eine Person von der Mitwirkung bei der Beurkundung eines Kaufvertrages über ein Grundstück, auf dem für sie eine Hypothek ruht die der Käufer übernimmt, (ebenso Dennler im Recht **05** 191, Fuchs a. a. O. 496, a. M. Josef N. 3 zu § 171 Lehrb. 401 und im Recht **05** 247, Weißler DNotV. **4** 579, **6** 138, Paris in DJZ. **05** 640).

Akte, welche die Mitwirkung der betroffenen Person ausschließen, sind hienach: Abtretung einer Forderung, schenkungsweise oder gegen Entgelt, die Auflassungserklärung (Fuchs a. a. O. 499), Bürgschaftsübernahme, Erlaß, die Erklärung, wonach eine Person ermächtigt wird, die Genehmigung des Vormundschaftsgerichts zu beantragen, die Genehmigung für den Vormund entgegen zu nehmen und sie dem Vertragsgegner des Vormunds mitzuteilen (Josef N. 3 zu § 171 und Lehrb. 400, a. M. Fuchs a. a. O. 505), Ausstellung einer Quittung (a. M. Werner a. a. O. 270, der den Ausschluß von der Mitwirkung bei der Quittungsleistung als reinem Empfangsbekenntnis nicht billigt, sondern nur dann, wenn in derselben ein Erlaßvertrag enthalten ist; siehe auch Fuchs a. a. O. 497 und gegen ihn Weißler in DNotV. **06** 138), Ernennung zum Schiedsrichter (Weißler N. 1, Werner a. a. O. 274, Fuchs a. a. O. 505), Schuldbekenntnis, Erteilung einer Schuldverschreibung, Löschungsbewilligung (a. M. Weißler N. 2, Werner a. a. O. 266, siehe hiezu auch Fuchs a. a. O. 499), Vertragsanträge (Fuchs a. a. O. 500 im Anschluß an Dorner N. 2, Rausnitz N. 1, Fuchs N. 2 zu § 171, a. M. Werner a. a. O. 267, der den materiellen Inhalt des Vertrages, ob nämlich der Antrag dem Empfänger vorteilhaft ist oder nicht, entscheiden lassen will), Verträge nach § 328 BGB. auf Leistung an die Person, Verzicht, Vollmachtserteilung (KG. a. a. O., Josef N. 3 zu § 171, a. M. Weißler N. 1 und in DNotV. **06** 139, Birkenbihl N. 1, Werner, Kroschel und Paris a. a. O.; Fuchs a. a. O. 501, 504 unterscheidet zwischen der Vollmacht und dem damit verbundenen Auftrag und läßt Mitwirkung bei der Vollmachtserteilung allein zu). Vorrechtsräumung. Ausgeschlossen ist die Mitwirkung eines Testamentsvollstreckers bei der Aufnahme der Urkunde über eine Hypothekbestellung für ein von ihm aus dem Nachlaß gewährtes Darlehen (OLG. **12** 232).

Keinen Ausschluß veranlaßt die Beurkundung der Annahme eines Vertragsabgebotes (N. 3 zu § 168, Fuchs a. a. O. 500, a. M. Rausnitz N. 1, Fuchs N. 2 zu § 171); nicht ausgeschlossen ist der gesetzliche Vertreter einer physischen oder juristischen Person von der Mitwirkung bei der Beurkundung einer Verfügung zu Gunsten der vertretenen Person (Josef N. 3).

3. Der Ausschluß wegen Begünstigung einer Person in dem in N. 2 erörterten Sinne **erstreckt sich**

auf den Betroffenen selbst,
auf den jetzigen und früheren Ehegatten des Betroffenen,
auf die mit dem Betroffenen in gerader Linie oder im zweiten Grade der Seitenlinie Verwandten und Verschwägerten.

4. Die Nichtbeachtung der Vorschrift des § 171 bewirkt die **Nichtigkeit der Beurkundung** (siehe N. 3 zu § 170). Die Nichtigkeit ist aber beschränkt durch die Vorschrift in Abs. 2: die Beurkundung ist hinsichtlich des sonstigen Inhaltes der Urkunde, soweit dieselbe also noch weitere Erklärungen enthält, in deren Beurkundung ein Verstoß gegen § 171 nicht liegt, nicht nichtig, die Urkunde gilt insoweit als öffentliche.

Von der teilweisen Nichtigkeit der Beurkundung ist jedoch zu unterscheiden die teilweise Nichtigkeit des beurkundeten Rechtsgeschäftes, welche sich nach § 125 BGB. daran knüpft, und welche trotz formeller Giltigkeit des übrigen Teiles der Urkunde Nichtigkeit des ganzen Geschäftes zur Folge haben kann (§ 139 BGB.).

§ 172.

Als Gerichtsschreiber oder zweiter Notar oder Zeuge kann bei der Beurkundung nicht mitwirken, wer zu dem Richter oder dem beurkundenden Notar in einem Verhältnisse der im § 170 N. 2, 3 bezeichneten Art steht.

Verhältnis der Hilfspersonen zur Urkundsperson.

Die Vorschrift entspricht der des § 2236 BGB.

Ausgeschlossen von der Mitwirkung als Gerichtsschreiber, zweiter Notar oder Zeuge (siehe § 169) ist

wer mit dem beurkundenden Richter oder Notar verheiratet ist oder war (N. 4b zu § 170),
wer mit demselben in gerader Linie oder im zweiten Grade der Seitenlinie verschwägert ist (siehe hinsichtlich der Zeugen auch § 108 Nr. 2, § 113 GeschO. f. d. Not.).

Verletzung der Vorschrift begründet auch hier Nichtigkeit der Beurkundung (N. 3 zu § 170).

Die gleichen Ausschließungsgründe gelten auch für den Dolmetscher (§ 180) und die landesgesetzlichen Urkundspersonen (§ 198).

Auf das Verhältnis der Hilfspersonen unter sich kommt es nicht an.

§ 173.

Als Zeuge soll bei der Beurkundung nicht mitwirken:

1. ein Minderjähriger;
2. wer der bürgerlichen Ehrenrechte für verlustig erklärt ist, während der Zeit, für welche die Aberkennung der Ehrenrechte erfolgt ist;
3. wer nach den Vorschriften der Strafgesetze unfähig ist, als Zeuge eidlich vernommen zu werden;
4. wer als Gesinde oder Gehilfe im Dienste des Richters oder des beurkundenden Notars steht.

Untauglichkeit als Zeuge.

1. Die Vorschrift entspricht der des § 2237 BGB. Im Gegensatz zu den Vorschriften der §§ 170—172 ist die des § 173 lediglich Ordnungsvorschrift, ihre Nichtbeachtung daher ohne Einfluß auf die Giltigkeit der Beurkundung. Die Einhaltung der Vorschrift ist aber Dienstpflicht des beurkundenden Beamten (siehe §§ 107 ff. der GeschO. f. d. Not.). Auch Dolmetscher sollen beim Vorliegen der in § 173 aufgezählten Eigenschaften in ihrer Person nicht zugezogen werden (§ 180).

2. Zu den **einzelnen Hinderungsgründen** ist folgendes zu bemerken:

Zu Nr. 1. Wegen Minderjährigkeit siehe § 2 BGB. Nicht untauglich ist im Hinblick auf § 3 Abs. 2 BGB. der für volljährig Erklärte; nicht untauglich sind die in Ansehung der Geschäftsfähigkeit nach § 114 BGB. den Minderjährigen gleichgestellten, nämlich die wegen Geistesschwäche, Verschwendung oder Trunksucht entmündigten Personen. Über Feststellung der Volljährigkeit durch Befragen siehe § 113 Abs. 1 der GeschO.

Zu N. 2. Wegen Verlust der bürgerlichen Ehrenrechte siehe §§ 32, 34 N. 5, 36 StGB.; nach § 34 Nr. 5 bewirkt die Aberkennung der bürgerlichen Ehrenrechte für die Dauer der im Urteil bestimmten Zeit die Unfähigkeit, Zeuge bei Aufnahme von Urkunden zu sein; dadurch wird der Charakter der Vorschrift des § 173 als Ordnungsvorschrift nicht berührt.

Zu Nr. 3. Über Unfähigkeit, nach den Vorschriften der Strafgesetze eidlich als Zeuge vernommen zu werden, siehe § 161 StGB.

Vergl. zu Nr. 2 und 3 auch § 113 Abs. 2 der GeschO.

Zu N. 4. Untauglich sind nicht bloß Personen, welche dem Richter oder Notar in dieser seiner Eigenschaft, also in Bezug auf seine amtliche Tätigkeit Dienste leisten, sondern auch alle häuslichen und sonstigen Bediensteten. Zum Begriff „Gesinde" siehe Böhm-Klein N. 2 zu Art. 14 AG. z. BGB. Ein Verhältnis der bezeichneten Art zu einem Beteiligten oder dem von einem solchen Vertretenen oder dem nach § 169 zugezogenen zweiten Notar ist kein Untauglichkeitsgrund.

Die Untauglichkeit wird nur bewirkt durch das Vorhandensein eines der Gründe zur Zeit der Beurkundung; insbesondere bildet frühere Anstellung als Gesinde oder Gehilfe keinen Hinderungsgrund.

3. Nicht als unfähig oder untauglich zum Zeugnis sind vom Gesetz bezeichnet Frauen und Ausländer, denen sonstige Hinderungsgründe nicht entgegenstehen (siehe auch § 110 der GeschO.); das Erfordernis der bayerischen Staatsangehörigkeit und des Wohnsitzes im Landgerichtsbezirke für Beurkundungen durch einen bayerischen Notar ist gleichfalls aufgegeben (vergl. § 53 Abs. 2 NotG. vom 10. 11. 01).

Nicht erforderlich ist nach dem Gesetze, daß der Urkundsbeamte den Zeugen kennt; vergl. jedoch § 112 Abs. 2 der GeschO., wonach es erforderlich ist, daß der Notar die zuzuziehenden Zeugen entweder kennt oder sich von ihrer Persönlichkeit zuverlässig überzeugt; eine ausdrückliche Identitätsfeststellung ist angeraten.

4. Als Zeugen können solche Personen nicht zugezogen werden, welche zur Wahrnehmung der Vorgänge wegen körperlicher oder geistiger Gebrechen unfähig sind, sowie im Hinblick auf die Vorschrift des § 177 Abs. 3 FGG. solche Personen, welche das Protokoll zu unterschreiben nicht imstande sind (Mot. z. BGB. V 269, § 109 Abs. 1 der GeschO.). Ein Mangel in dieser Hinsicht bewirkt nicht Nichtigkeit der Beurkundung (ebenso Rausnitz N. 14, Josef N. 2; a. M. Wellstein N. 6 zu § 173, Staudinger V N. 4 zu § 2237 BGB., Franz, das deutsche Notariat § 25 Nr. VI Ziff. 7). Der Vorschrift der GeschO. kann mit Rücksicht auf § 200 Abs. 2 nur instruktionelle Bedeutung zukommen.

Des Lesens Unkundige können Zeugen sein.

5. Personen, welche der deutschen Sprache nicht mächtig sind, können als Geschäftszeugen zugezogen werden; der Urkundsbeamte soll ihnen die Verhandlungen und die Erklärungen der Beteiligten in ihrer Sprache vortragen oder durch einen Dolmetscher vortragen lassen; ist dies nicht möglich, so soll von ihrer Zuziehung als Geschäftszeugen abgesehen werden (so für die notarielle Beurkundung § 109 Abs. 2 der GeschO.).

6. Die Vorschrift des § 173 findet in **Bayern** auch auf notarielle Urkunden über Erklärungen, die nicht Rechtsgeschäfte enthalten, entsprechende Anwendung (Art. 31 NotG.).

§ 174.

Die bei der Beurkundung mitwirkenden Personen müssen bei der Vorlesung, Genehmigung und Unterzeichnung der Urkunde zugegen sein.

Anwesenheit der mitwirkenden Personen.

1. Mitwirkende Personen im Sinne dieser Vorschrift sind:

der Richter oder Notar, der die Beurkundung vornimmt (a. M. Jastrow im ArchBürgR. **13** 358, widerlegt von Dorner N. 4 zu § 174);

der Gerichtsschreiber, soweit dessen Zuziehung gesetzlich vorgeschrieben ist (§ 169), nicht dagegen die Person, die nur als Schreibkraft zugezogen ist;

die nach gesetzlichen Vorschriften zuzuziehenden Zeugen oder der zweite Notar (§§ 169, 177 Abs. 2), dagegen nicht die Identitätszeugen (die Auskunftspersonen über die Identität eines Beteiligten; siehe § 75 der GeschO.; RJA. **2** 33, OLG. **2** 335, ZBl. **1** 819).

Nicht zu den mitwirkenden Personen im Sinne des § 174 gehört der Dolmetscher, dessen Anwesenheit wohl bei den Verhandlungen, bei der Verlesung und Genehmigung des Protokolls sinngemäß erforderlich ist, nicht mehr aber bei der Unterzeichnung (ebenso Rausnitz N. 1, 3 zu § 174, siehe auch Planck N. 2 zu § 2239 BGB.; a. M. § 169 der GeschO. f. d. Not.)

Auf die Beteiligten (N. 3 zu § 168) findet die Vorschrift keine Anwendung; von ihnen kann sich jeder entfernen, sobald er unterzeichnet hat.

2. Die Vorschrift des § 174 weicht von der entsprechenden Vorschrift des § 2239 BGB. für die Testamentserrichtung insoferne ab, als dort Anwesenheit der mitwirkenden Personen während der ganzen Verhandlung, hier nur während der Akte der Vorlesung, der Genehmigung und der Unterzeichnung erforderlich ist (D. 88; § 169 der GeschO. f. d. Not.).

Erforderlich ist die Anwesenheit der nämlichen mitwirkenden Personen während dieser drei Akte: ein Wechsel der mitwirkenden Personen ist nach Beginn der Vorlesung ausgeschlossen (Josef N. 1 zu § 174, siehe auch Jastrow in ZZP. **34** 508); ergäbe sich die Notwendigkeit eines Wechsels, so müßte mit dem Akte der Vorlesung nochmal begonnen werden.

Die Anwesenheit aller mitwirkenden Personen ist nicht bloß während der Unterzeichnung der Beteiligten (§ 177 A Abs. 1), sondern auch während der Unterzeichnung durch die sämtlichen mitwirkenden Personen (§ 177 Abs. 3) notwendig; die fehlende Unterschrift einer der mitwirkenden Personen, insbesondere des beurkundenden Richters oder Notars, kann also nicht nach Entfernung der übrigen mitwirkenden Personen nachgeholt werden (ebenso Dorner N. 2, Rausnitz N. 1, Jastrow N. 2 zu § 174, Franz, das deutsche Notariat § 26 Ziff. 3; a. M. Schneider 3, Josef N. 3 zu § 174 nach KGJ. **13** 68, welche Anwesenheit nur während der Unterzeichnung durch die Beteiligten fordern, m. E. ohne Anhaltspunkt im Gesetz).

Aus der Natur der Sache ergibt sich, daß der beurkundende Richter oder Notar auch während der Verhandlungen der Beteiligten über das zu beurkundende Rechtsgeschäft anwesend sein soll (siehe hiezu Franz a. a. O. § 26 Ziff. 5); doch knüpfen sich an eine Unterlassung in dieser Hinsicht keine rechtlichen Nachteile; während der Niederschrift der Urkunde braucht auch der Richter oder Notar nicht anwesend sein (Dorner N. 4, Schneider N. 4 zu § 174). Wegen der Frage, inwieweit sich die Urkundsperson eines Gehilfen bedienen darf, siehe JW. **05** 491, DNotV. **05** 568.

Über die Anwesenheit des Notars bei der Vorlesung der Urkunde siehe für Bayern auch Art. 26 Abs. 3 NotG.

3. Die Vorschrift des § 174 ist eine **zwingende**, ihre Nichtbeachtung nimmt der aufgenommenen Urkunde den Charakter als öffentliche.

Die Feststellung, daß die Vorschrift beachtet wurde, ist im Protokoll nicht vorgeschrieben; wer ihre Außerachtlassung behauptet und daraus Rechte ableiten will, muß es auf andere Weise beweisen.

4. Die Vorschrift findet in **Bayern** auch auf notarielle Urkunden über Erklärungen, welche nicht Rechtsgeschäfte enthalten, entsprechende Anwendung (Art. 31 NotG.). Sie soll bei Aufnahme von Protokollen in Vormundschaftssachen und Nachlaßsachen auch dann beobachtet werden, wenn das Protokoll keine rechtsgeschäftlichen Erklärungen enthält (§ 51 Abs. 2 VO., § 139 Abs. 2 NachlO.).

§ 175.

Über die Verhandlung muß ein Protokoll in deutscher Sprache aufgenommen werden.

Protokollierung in deutscher Sprache.

1. Die Vorschrift stimmt mit der des § 2240 BGB. für die Testamentserrichtung überein. Entsprechend schreibt auch Art. 26 Abs. 1 NotG. vor, daß die notariellen Urkunden, soweit nicht ein anderes bestimmt ist, in der Form von Protokollen aufgenommen werden.

2. Über die Verhandlung muß ein **Protokoll** aufgenommen werden, d. h. es muß die Urkunde bei der amtlichen Verhandlung mit den Beteiligten über deren Verlauf aufgenommen werden (§ 152 GeschO. f. d. Not.). Es ist jedoch gestattet, den Text einer notariellen Urkunde vor der Verhandlung so vorzubereiten, daß in der Verhandlung nur mehr die handschriftliche Ergänzung in einzelnen Punkten und die Unterfertigung erforderlich ist (§ 122 Abs. 1 der GeschO.).

Die Benützung einer Niederschrift der Beteiligten zur Herstellung einer Urkunde in der Art, daß die Parteischrift mit Eingangs- und Schlußworten eines Protokolles versehen wird, ist nicht zulässig (Wellstein N. 2 zu § 175; a. M. Franz, das deutsche Notariat, § 27 Nr. 7); eine solche Parteischrift kann nur als Anlage zum Protokoll behandelt werden (§ 176 Abs. 2).

3. Das Protokoll muß vollständig in deutscher Sprache abgefaßt werden (ebenso Art. 25 Abs. 1 Satz 2 NotG. für die notarielle Beurkundung überhaupt). Gebrauch von Fremdwörtern ist unschädlich. Die Vorschrift gilt auch bei Beteiligung von Personen, die der deutschen Sprache nicht mächtig sind; vergl. § 179 (abweichend § 2245 Abs. 2 BGB. für die Testamentserrichtung ohne Zuziehung eines Dolmetschers).

Die notariellen Urkunden sollen mit deutschen Buchstaben geschrieben werden (§ 146 der GeschO.). Über die Zulässigkeit von Formularen siehe § 123 der GeschO.

4. Die Vorschrift des § 175 gilt nur für die Beurkundung von Rechtsgeschäften (N. 2a zu § 168); sie enthält **zwingendes Recht**, ihre Nichtbeachtung bewirkt Nichtigkeit der Beurkundung. Bei der Beglaubigung von Unterschriften und Handzeichen ist die Protokollform ausgeschlossen (Art. 33 NotG.).

5. Über die äußere Form der Urkunde, die Niederschrift und die Berichtigung notarieller Urkunden siehe die §§ 118—151, über die Art der Beurkundung und die Anordnung des Stoffes §§ 154—156, 162 der GeschO. f. d. Not.

§ 176.

Das Protokoll muß enthalten:

1. Ort und Tag der Verhandlung;
2. die Bezeichnung der Beteiligten und der bei der Verhandlung mitwirkenden Personen;
3. die Erklärung der Beteiligten.

Wird in der Erklärung auf eine Schrift Bezug genommen und diese dem Protokoll als Anlage beigefügt, so bildet sie einen Teil des Protokolls.

Das Protokoll soll eine Angabe darüber enthalten, ob der Richter oder der Notar die Beteiligten kennt oder, sofern dies nicht der Fall ist, in welcher Weise er sich Gewißheit über ihre Persönlichkeit verschafft hat. Kann er sich diese Gewißheit nicht verschaffen, wird aber gleichwohl die Aufnahme der Verhandlung verlangt, so sollen der Sachverhalt und dasjenige, was zur Feststellung der Persönlichkeit beigebracht ist, in das Protokoll aufgenommen werden.

Inhalt des Protokolls.

1. Die in Abs. 1 aufgestellten Erfordernisse für den Inhalt des Protokolls sind wesentlich; ein Mangel in dieser Richtung bewirkt die Ungiltigkeit der Beurkundung.

2. Ort- und Zeitangabe. Als Ort der Verhandlung ist derjenige anzuführen, an welchem auf Grund der endgiltigen Verhandlungen mit den Beteiligten die Aufnahme des Protokolls stattfindet; dasselbe gilt für die Angabe des Tages der Verhandlung; haben schon an einem früheren Tage und etwa an einem anderen Orte in

Bezug auf das jetzt zu beurkundende Rechtsgeschäft vor dem Richter oder Notar Vorbesprechungen stattgefunden, so ist Ort und Zeit derselben nicht anzugeben. Wurde dagegen die Protokollierung selbst unterbrochen, was nach dem Gesetze jedenfalls nicht ausgeschlossen ist, und zu anderer Zeit und an einem anderen Orte fortgesetzt, so muß dies aus der Urkunde ersichtlich sein; eine Ausscheidung, welcher Teil des Protokolls an dem einen Tage oder Orte und welcher an dem anderen aufgenommen worden ist, ist jedoch nicht erforderlich; es genügt also z. B. die Datierung „München, den 1. und 2. Mai 1907" (Rausnitz N. 10 zu § 176). Für notarielle Beurkundungen siehe § 172 der GeschO. f. d. Not.

Die Orts- und Zeitangabe muß genau ersehen lassen, an welchem Orte und zu welcher Zeit die Verhandlung stattfand; Angabe der Tageszeit ist nicht erforderlich. Als Ortsbezeichnung genügt regelmäßig die Angabe des Ortsnamens. Bei notariellen Urkunden soll noch ersichtlich gemacht werden, daß die Urkunde an der Amtsstelle oder sonst innerhalb des angegebenen Ortes aufgenommen worden ist (§ 154 Abs. 2 der GeschO. f. d. Not.). Die Zeit der Errichtung der Urkunde soll nach Tag, Monat und Jahr bezeichnet werden (§ 154 Abs. 3 der GeschO.); schädlich ist aber auch nicht eine Bezeichnung, aus der sonst der Tag mit Bestimmtheit ersichtlich ist, so z. B. „am Ostermontag 1907", nicht genügend dagegen die Angabe „zu Ostern 1907" (Recht **8** 450).

Da die Angabe des Ortes und der Zeit der Verhandlung als wesentlicher Bestandteil des Protokolls vorgeschrieben ist, bewirkt auch schon eine **unrichtige Angabe** in einem dieser Punkte die Nichtigkeit der Beurkundung. Es hätte keinen Sinn, Ort- und Zeitangabe als wesentliche Erfordernisse aufzustellen, wenn nicht richtige Angabe gewollt und notwendig wäre (ebenso OLG. Celle im Recht **04** 388 Nr. 1745, ferner für Testamente OLG. Rostock in OLG. **2** 465, RJA. **2** 119 und für eigenhändige Testamente RG. **51** 168, **52** 278; a. M. Dernburg in der DJZ. **04** 6, Weißler ebenda **02** 260 und in der DNotV. **1** 316, Josef in SeuffBl. **71** 700, KG. in OLG. **4** 424, RJA. **3** 70).

3. Bezeichnung der Beteiligten und der mitwirkenden Personen: Über Beteiligte siehe N. 3 zu § 168; mitwirkende Personen sind außer dem beurkundenden Richter oder Notar die nach § 169 FGG. zuzuziehenden Hilfspersonen (oder die Urkundspersonen nach § 198), sowie der Dolmetscher.

Wie die Bezeichnung erfolgen soll, ist gesetzlich nicht vorgeschrieben; es genügt also an sich jede Bezeichnung, die über die Identität der Person keinen Zweifel läßt und eine Verwechselung ausschließt. Dazu wird regelmäßig die Angabe von Vor- und Zunamen, Stand und Gewerbe und Wohnort genügen; die Beifügung von Beinamen, bei Frauen des Mädchennamens, kann zur Vermeidung von Verwechselungen dienen; siehe hiezu für die notarielle Beurkundung § 163 der GeschO. f. d. Not.

Die Bezeichnung der Beteiligten und auch die der mitwirkenden Personen wird durch ihre Unterschrift nicht ersetzt, es ist außer der Unterschrift auch die Bezeichnung im Text der Urkunde erforderlich (OLG. **4** 94, **5** 193, **6** 347, DNotV. **3** 363, auch OLG. **2** 139; a. M. Brettner im ZBl. **2** 710). Genügend ist auch die Bezeichnung der mitwirkenden Personen seitlich vom Text in einer Weise, daß die Zusammengehörigkeit der Teile des Protokolls außer Zweifel steht und daß sie sämtlich von den Feststellungen des § 177 Abs. 1 Satz 2 und den Unterschriften gedeckt werden (OLG. **10** 319).

Zur Bezeichnung erachtet es das Reichsgericht (RG. **50** 16, JW. **02** 14, DNotV. **02** 510) als genügend, wenn hinsichtlich des mitwirkenden Richters und Gerichtsschreibers am Eingange des Protokolls vermerkt wird „die mitwirkenden Personen" (ebenso OLG. **6** 347); dagegen fordert Josef N. 3 zu § 176 und in JW. **04** 443, 532 die Bezeichnung nach dem Namen hinsichtlich der Beteiligten und der mitwirkenden Personen. § 163 Abs. 1 der GeschO. f. d. Not. ordnet für notarielle Urkunden die Bezeichnung des Notars nach Vor- und Zunamen, Amtseigenschaft und Amtssitz an.

Unrichtige Bezeichnung der mitwirkenden Personen hat Nichtigkeit der Beurkundung zur Folge.

4. Unter den **Erklärungen der Beteiligten** sind deren rechtsgeschäftliche Erklärungen verstanden; die Protokollierung weiterer Erklärungen (so über erfolgte Hingabe eines Darlehens, über Bezahlung eines Kaufpreises) sind nicht ausgeschlossen.

Der Notar soll sich vor der Aufnahme der Urkunde über den Sachverhalt genau vergewissern, er soll sich, soweit es ihm möglich ist, von der Rechtswirksamkeit des zu beurkundenden Rechtsgeschäftes überzeugen und soll den Beteiligten zum Zwecke der Sicherstellung der Rechtswirksamkeit die nötigen Aufklärungen erteilen (§ 74 der GeschO. f. Not.).

Die Protokollierung der Erklärungen der Beteiligten erfolgt auf Grund der Verhandlungen mit denselben und zwar regelmäßig nach Maßgabe der mündlichen Erklärungen; deren Feststellung in dem Protokoll erfolgt eventuell in der Weise, daß die Beteiligten auf eine Schrift Bezug nehmen, die dem Protokoll als Anlage beigefügt wird (Abs. 2, siehe N. 5).

Unrichtige oder unvollständige Beurkundung der Erklärungen der Beteiligten bewirkt noch nicht die Nichtigkeit der Beurkundung; es kann jedoch das beurkundete Rechtsgeschäft deswegen der Anfechtung unterliegen (vergl. hierüber auch Josef N. 4 zu § 176).

5. Protokollanlagen (siehe hiezu die Erläuterungen von Werner in der DNotV. **02** 243). Die in Bezug auf das zu beurkundende Rechtsgeschäft abzugebenden Erklärungen können ganz oder teilweise von einem oder von den Beteiligten vor der Verhandlung schriftlich fixiert sein; es ist in diesem Falle nicht erforderlich, daß diese Erklärungen nochmal in dem Protokolle niedergeschrieben werden. Abs. 2 bezieht sich aber nur auf Schriften, die den rechtsgeschäftlichen Inhalt der Beurkundung zum Gegenstand haben, sei es, daß die Schrift das zu beurkundende Rechtsgeschäft enthält, sei es, daß es seinen Inhalt ergänzt; Anlagen des Protokolls, welche nur die Vollmacht des in Vertretung seines Machtgebers handelnden Beteiligten dartun, oder der Erbschein, der die Befugnis der Beiteiligten zur Vornahme des Rechtsgeschäftes erweist, gehören nicht hieher; ebenso scheiden Stenogramme, Muster, Karten und Zeichnungen aus, weil sie nicht Worte, sondern Zeichen enthalten, also keine Schrift darstellen (Werner a. a. O. 245, Bollenbeck in DNotV. **02** 469, Thiele, ebenda 491).

Aber auch auf Anlagen, welche keine Schriften in diesem Sinne sind, also insbesondere Karten und Pläne kann in einer gerichtlichen oder notariellen Urkunde Bezug genommen werden, ohne daß deren Giltigkeit dadurch beeinflußt wird (Thiele in DNotV. **02** 499 gegen Bollenbeck ebenda 474 ff.)

Schriften in dem angegebenen Sinne können zum Bestandteil des Protokolls gemacht werden unter der doppelten **Voraussetzung,**

a) daß in der Erklärung auf die Schrift Bezug genommen wird; erforderlich ist, daß derjenige Beteiligte, dessen Erklärungen die Schrift enthält, mündlich erklärt, daß die Schrift seinen Willen enthalte (vergl. auch § 2238 BGB.); die Erklärung muß daher so abgefaßt werden, daß sich dieser Wille aus derselben ergibt, es müssen nicht gerade die Worte „nimmt Bezug" gewählt werden (Bollenbeck in

DNotV. **02** 466, auch Thiele ebenda 491); die Erklärung muß in das Protokoll aufgenommen werden, ein Vermerk hierüber nur auf dem Schriftstück selbst genügt nicht (Werner a. a. O. 246); daß das ganze Protokoll auf das übergebene Schriftstück gesetzt werden kann unter Bezugnahme auf die Schrift, ist (mit Josef N. 5a zu § 176) nicht zu bezweifeln;

b) daß das Schriftstück dem Protokoll als Anlage beigefügt wird; die Art der Verbindung ist reichsrechtlich nicht vorgeschrieben.

Das Schriftstück braucht keine gerichtliche oder notarielle Urkunde zu sein; es braucht von dem Beteiligten, der es übergibt, nicht datiert und nicht überschrieben zu sein.

Daraus, daß das Schriftstück **Teil des Protokolls** wird, ergibt sich,

für das Verfahren,

a) daß das Schriftstück in deutscher Sprache abgefaßt sein muß (im Hinblick auf § 175; ebenso Werner a. a. O. 245, a. M. Weißler N. zu § 176 Abs. 2); siehe über Behandlung fremdsprachiger Anlagen bei notarieller Beurkundung § 98 der GeschO. f. d. Not.;

b) daß das Schriftstück gemäß § 177 Abs. 1 mit dem Protokoll vorgelesen (ev. auch nach § 177 Abs. 1 Satz 3 zur Durchsicht vorgelegt) und von den Beteiligten genehmigt werden muß, ferner, daß es der ausdrücklichen Feststellung, daß auch die Anlage verlesen wurde, nicht bedarf, wenn es auch der Sicherheit halber zu empfehlen ist; dagegen bedarf es der besonderen Unterzeichnung der Anlage weder durch die Beteiligten, noch durch die mitwirkenden Personen (RG. **54** 195, ZBl. **3** 798, DNotV. **03** 270, OLG. **3** 313, SeuffA. **58** 486, JW. **03** 190, DJZ. **03** 297, BayNotZ. **04** 106, Pfirstinger in SeuffBl. **01** 433, Werner in DNotV. **02** 67, 248, Bollenbeck in DNotV. **02** 467; a. M. Brunner in BayNotZ. **00** 71, der auch Unterzeichnung der Anlage für erforderlich hält, Kockerols im Recht **02** 97, der Vorlesung für zwecklos hält, weil den Beteiligten die Anlage bekannt sei, ebenso OLG. Dresden im ZBl. **5** 554, DNotV. **05** 291; gegen dieses Weißler ebenda 294);

c) daß, wie sich aus lit. b ergibt, die Anlage offen übergeben werden muß (anders bei der Testamentserrichtung nach § 2238 Abs. 1 BGB.);

d) daß die Anlage gemäß § 182 FGG. mit dem Protokoll ausgefertigt werden muß;

für die Wirkung,

daß die Schrift als Teil der öffentlichen Urkunde gilt, also, soweit öffentliche (gerichtliche oder notarielle) Beurkundung für das Geschäft verlangt wird, diesem Erfordernisse genügt und weiter die Beweiskraft einer öffentlichen Urkunde (§ 415 ZPO.) besitzt. Durch Bezugnahme auf eine Anlage kann auch eine vollstreckbare Urkunde im Sinne des § 794 Nr. 5 ZPO. hergestellt werden, wenn die als Anlage beigefügte Schrift den Inhalt hat, wie diese Gesetzesvorschrift ihn verlangt; es braucht insbesondere die Unterwerfung unter die sofortige Zwangsvollstreckung nicht in dem Protokoll selbst niedergeschrieben zu sein (RG. 20. 12. 04 im ZBl. **6** 16).

Der Frage, ob der Richter oder Notar auch verpflichtet ist, den Inhalt der Anlage mit den Beteiligten zu besprechen und dabei zu erforschen, ob derselbe dem wirklichen Willen der Beteiligten entspricht (siehe Werner in DNotV. **2** 67, 245, Bollenbeck enbenda 469, Weißler ebenda **4** 348) legt Josef N. 5b zu § 176 mit Recht praktische Bedeutung nicht bei, weil jedenfalls durch die Unterlassung die Giltigkeit der Beurkundung nicht beeinflußt wird.

Bezugnahme auf eine nicht übergebene Urkunde oder Schrift ist zulässig und die Beurkundung wirksam; der Inhalt einer solchen Schrift gilt zwar dann nicht als gerichtlich oder notariell beurkundet, ist aber als Ergänzung dessen, was tatsächlich beurkundet, verwertbar (Thiele in DNotV. **02** 496, Josef N. 5a zu § 176 gegen Kroschel in DNotV. **2** 291).

Die Vorschrift des Abs. 2 wird vom Kammergericht (OLG. **8** 294) auf die eidesstattliche Versicherung zwecks Erbringung eines Erbscheins für unanwendbar gehalten und Aufnahme der Versicherung in das Protokoll verlangt; dagegen mit Recht Weißler in DNotV. **04** 347.

6. Feststellung der Identität des Beteiligten:

a) Die Vorschrift des Abs. 3 ist nur instruktionell, ihre Nichtbeachtung also ohne Einfluß auf die rechtliche Wirksamkeit der Beurkundung als öffentliche und auf ihre Beweiskraft als öffentliche Urkunde (Gaupp-Stein ZPO. Anm. I Nr. 3 zu § 415, zu Note 10); insbesondere wird auch beim Mangel eines Vermerkes über die Identitätsfeststellung durch die Urkunde bis zum Gegenbeweis bezeugt, daß die Erklärungen in der Urkunde von den Personen herrühren, welche in der Urkunde als die Erklärenden aufgeführt sind; eine Nachprüfung durch die Behörde, vor welcher von der Urkunde Gebrauch gemacht wird, insbesondere das Grundbuchamt, findet nicht statt (Schauenberg in DJZ. **03** 418, Weißler in DNotV. **1** 383, **2** 228, Brunner im Recht **03** 118, LG. Köln im ZBl. **5** 556; a. M. Förster-Turnau, Liegenschaftsrecht II 148, OLG. **3** 175, **5** 194, woselbst ausgeführt ist, daß sich die Beweiskraft der Urkunde nach § 415 ZPO. nur auf den Inhalt derselben, nicht auf die Identität der darin benannten Personen beziehe; auch Jastrow in DNotV. **1** 464, Werner ebenda 369, 472, ZBl. **7** 207).

b) Bei der Feststellung der Identität ist der Richter oder Notar an gesetzliche Beweisregeln nicht gebunden, er hat sich seine Überzeugung in freier und gewissenhafter Würdigung aller Verhältnisse zu bilden und ist für schuldhafte Unterlassung der nötigen Vorsicht verantwortlich (RG. **35** 214; siehe auch Brunner im Recht **03** 118). Er wird um so vorsichtiger verfahren müssen, je größer nach den Umständen die Möglichkeit und das Interesse einer absichtlichen Täuschung sein kann. Werden Auskunftspersonen zur Feststellung der Identität beigezogen, so obliegt es dem Richter oder Notar, deren Glaubwürdigkeit zu prüfen; er wird dies besonders genau tun, wenn einzelne Personen gewohnheitsmäßig Identitätsbestätigungen abgeben, ohne daß ersichtlich ist, wie sie dazu kommen, die vorgestellten Personen zu kennen, oder wo sich sonst ein Verdacht gegen die Zuverlässigkeit der Auskunft ergibt. Anderseits wird unter Umständen die Bestätigung der Identität durch einen Gegenbeteiligten (OLG. **10** 40), die Vorzeigung unverdächtiger Legitimationspapiere oder sonstiger Beweisbehelfe, ja sogar eine im Gespräch erwiesene genaue Sachkenntnis zur Feststellung der Identität genügen können (so für die notarielle Beurkundung § 75 der GeschO. f. d. Not., deren Grundsätze auch für die Fälle gerichtlicher Beurkundung zur Anwendung kommen können; siehe hiezu auch Schauenberg a. a. O.).

Eine Nachprüfung der Identitätsfeststellung durch die Behörde, vor welcher von der Urkunde Gebrauch gemacht wird, also insbesondere durch das Grundbuchamt in der Richtung, ob die angegebenen Mittel der Feststellung genügend und überzeugend waren, findet nicht statt; sie findet selbst dann nicht statt, wenn das Protokoll eine Bemerkung über die Identitätsfeststellung überhaupt nicht enthält (Rausnitz N. 20 zu § 176 und im Recht **01** 36, Josef N. 7 zu § 176, OLG. **3** 175, ZBl. **4** 216 und die Zitate zu lit. a).

c) Über die Identität der Beteiligten **soll** das Protokoll in jedem Falle eine Angabe enthalten; über den Ort der Feststellung im Protokoll siehe § 164 der GeschO. f. d. Not.

Kennt der Richter oder Notar die Beteiligten (hat er die Überzeugung von ihrer Identität von einer früheren Begegnung her), so soll dies angegeben werden (die Formel „mir persönlich bekannt" genügt — § 76 Abs. 2 der GeschO. f. d. Not.).

Kennt der Richter oder Notar die Beteiligten nicht, so soll im Protokoll angegeben werden, wie er sich die Gewißheit über ihre Persönlichkeit verschafft hat; diese Angabe braucht nicht in einer ausführlichen Darlegung und Beschreibung der beigebrachten Beweismittel zu bestehen, sondern kann in kurzen Worten gemacht werden („durch den mir persönlich bekannten N. N. vorgestellt; legitimiert sich durch Vorzeigung des Militärpasses; legitimiert durch Sachkenntnis"). Angabe der Beweismittel nach Kategorien („Zeugen, Urkunden") genügt nicht; vielmehr müssen die konkreten Beweismittel angegeben werden (ZBl. **7** 207). Eine ausdrückliche Angabe, daß sich der Urkundsbeamte durch die angegebenen Beweismittel die Gewißheit über die Persönlichkeit verschafft hat, ist nicht erforderlich (OLG. **10** 41). Unterzeichnung der Angaben der Auskunftspersonen durch dieselben im Protokoll ist nicht notwendig (wird aber angeraten in § 76 Abs. 1 der GeschO. f. d. Not.; ebenda ist es dem Notar überlassen, sich über die Identitätsfeststellung im Geschäftsregister oder auf einem gesonderten Blatte Aufzeichnungen zu machen).

Kennt der Richter oder Notar die Beteiligten nicht und kann er sich auch bei der Verhandlung über die Aufnahme des Protokolls nicht die Überzeugung von der Identität derselben verschaffen, so kann darin ein genügender Anlaß zur Verweigerung der Vornahme der Beurkundung liegen; dies wird insbesondere dann der Fall sein, wenn nach den Umständen der Beteiligte wohl in der Lage wäre, das zur Feststellung seiner Identität Erforderliche beizubringen, sich dessen aber weigert. Auf ausdrückliches Verlangen des Beteiligten darf aber die Beurkundung auch ohne Feststellung der Identität vorgenommen werden; in dem Protokoll ist dann deutlich anzugeben, daß sich der Richter oder Notar von der Persönlichkeit des Beteiligten keine Gewißheit hat verschaffen können; er soll in diesem Falle den Sachverhalt und dasjenige, was etwa zur Feststellung der Identität beigebracht ist, in das Protokoll aufnehmen (siehe § 77 der GeschO. f. d. Not.).

7. Siehe über die Prüfung der Geschäftsfähigkeit der bei der Beurkundung eines Rechtsgeschäfts beteiligten Personen die §§ 78—81, über die Prüfung der Vertretungsmacht eines Beteiligten, der als bevollmächtigter oder gesetzlicher Vertreter erscheint und als solcher eine Erklärung für einen anderen abgeben will, die §§ 82—85 der GeschO. f. d. Not. Wegen der Fähigkeit Minderjähriger, vor Gericht oder dem Notar rechtsgeschäftliche Erklärungen abzugeben, siehe Josef im ZBl. **1** 841.

8. § 176 Abs. 3 findet in **Bayern** auch auf notarielle Urkunden über Erklärungen, die nicht Rechtsgeschäfte enthalten, Anwendung (Art. 31 NotG.).

§ 177.

Das Protokoll muß vorgelesen, von den Beteiligten genehmigt und von ihnen eigenhändig unterschrieben werden. Im Protokolle muß festgestellt werden, daß dies geschehen ist. Das Protokoll soll den Beteiligten auf Verlangen auch zur Durchsicht vorgelegt werden.

Erklärt ein Beteiligter, daß er nicht schreiben könne, so muß diese Erklärung im Protokolle festgestellt werden. Bei der Vorlesung und der Genehmigung muß der Richter oder der Notar einen Zeugen zuziehen. In den Fällen des § 169 bedarf es dieser Zuziehung nicht; das Gleiche gilt, wenn in anderen Fällen ein Gerichtsschreiber oder ein zweiter Notar zugezogen wird.

Das Protokoll muß von den mitwirkenden Personen unterschrieben werden.

Abschluß des Protokolls.

1. § 177 regelt die gewöhnlich bei der Aufnahme eines Protokolls über ein Rechtsgeschäft zu beobachtenden Formalitäten; es entspricht im wesentlichen der Vorschrift des § 2242 BGB. über die Testamentserrichtung. Die Vorschriften sind mit Ausnahme der in Abs. 1 Satz 3 enthaltenen zwingender Natur; ihre Nichtbeachtung hat also die Unwirksamkeit der Beurkundung als öffentlicher zur Folge.

Wo in § 177 der Ausdruck „Protokoll" vorkommt, ist darunter nicht die fertige, sondern die in der fortschreitenden Vollendung begriffene Urkunde verstanden (RG. **62** 4; siehe auch N. 2, 6, 7).

2. Vorlesung:

a) Vorgelesen werden muß das **Protokoll.** Darunter sind nicht bloß die beurkundeten Erklärungen der Beteiligten, sondern auch alle nach dem Gesetz (§ 176 Abs. 1 Ziff. 1—3) zu treffenden tatsächlichen Feststellungen zu verstehen; über die in § 176 vorgeschriebenen Bestandteile braucht das Schriftstück, welches nach Abs. 1 Satz 1 den Gegenstand der Verlesung, Genehmigung und Unterzeichnung zunächst durch die Beteiligten, und nicht auch schon durch die mitwirkenden Personen zu bilden hat, beim Beginn dieser Akte **nicht** hinauszugehen (RG. **62** 3); siehe wegen der Entbehrlichkeit der Verlesung des Vermerks über die Vorlesung, Genehmigung und Unterschrift unten N. 6, und des Vermerks über die Unfähigkeit eines Beteiligten, zu schreiben, N. 7b. Mitzuverlesen ist auch die einen Teil des Protokolls bildende Anlage im Sinne des § 176 Abs. 2 (siehe N. 5 zu § 176).

Regelmäßig wird das Protokoll erst zu verlesen sein, wenn es bis auf die Unterschriften vollendet ist; wenn jedoch in einem Protokoll verschiedene Rechtsgeschäfte nacheinander beurkundet werden, so kann die Vorlesung und Genehmigung für die einzelnen Rechtsgeschäfte gesondert erfolgen; auch die Unterschriften können von den bei den einzelnen Geschäften Beteiligten jeweils sofort am Schlusse der auf dieses Rechtsgeschäft bezüglichen Beurkundungen gesetzt werden (Komm. Ber. 66 zu § 173 des Entwurfs, § 171 der GeschO. f. d. Not., Recht **07** 259 Nr. 518); es genügt aber selbstverständlich nicht, daß nur der das eine Rechtsgeschäft betreffende Teil des Protokolls unterschrieben wird, und daß dann der Urkundsbeamte den das andere Rechtsgeschäft betreffenden Teil als durch die Unterschriften des ersten Teils gedeckt erklärt (OLG. **6** 108).

b) Wer vorlesen muß, schreibt das Gesetz nicht vor; es ist deshalb auch die Vorlesung durch den Richter oder den Notar selbst nicht erforderlich; es kann dieselbe durch einen Gerichtsschreiber oder eine andere Hilfsperson erfolgen; Vorlesung durch eine andere Person oder gar durch einen Beteiligten hält Rausnitz N. 1 zu § 177 für unzulässig; jedenfalls begründet ein Verstoß in dieser Beziehung keine Nichtigkeit der Beurkundung. Für die notarielle Beurkundung bestimmt Art. 26 Abs. 3 NotG., daß das Protokoll von dem Notar oder doch in seiner Gegenwart vorgelesen werden soll, daß der Notar, wenn er nicht selbst vorliest, das Protokoll vor der Beisetzung der Unterschriften durchlesen und im Protokoll feststellen soll, daß das Vorlesen und Durchlesen geschehen ist.

c) Die Vorlesung erfolgt nicht bloß für die Beteiligten sondern auch für die mitwirkenden Personen; sie muß daher auch erfolgen, wenn die sämtlichen Beteiligten taub sind (Rausnitz N. 1 zu § 176).

d) Lautes Diktieren ersetzt nicht die nachträgliche Vorlesung.

3. Vorlage zur Durchsicht: Diese erfolgt regelmäßig nur auf Verlangen eines Beteiligten; einem solchen Verlangen soll aber stets stattgegeben werden; jedoch ist diese Vorschrift nur instruktionell (N. 1).

Bei der Beurkundung durch den Notar ist durch Art. 29 Abs. 1 NotG. die Vorlage zur Durchsicht bei Beteiligung eines Tauben auch vorgeschrieben, wenn sie nicht verlangt wird; im Protokoll ist festzustellen, daß die Vorlegung geschehen ist. Auch die Nichtbeachtung dieser Vorschrift ist ohne Einfluß auf die Giltigkeit der Beurkundung (§ 200 Abs. 2 FGG.).

In jedem Falle erfolgt die Vorlage zur Durchsicht neben der Vorlesung und kann diese niemals ersetzen.

4. Genehmigung: Auch die Genehmigung erstreckt sich nicht bloß auf die Erklärungen der Beteiligten zur Sache, sondern auf die gesamten Feststellungen im Protokoll (siehe N. 2 a).

Zu genehmigen haben bloß die Beteiligten.

Wie die Genehmigung erfolgen soll, ist nicht vorgeschrieben; es genügt also auch die stillschweigende Genehmigung durch Unterlassung eines Widerspruchs.

Die Genehmigung muß zeitlich der Vorlesung nachfolgen.

Wegen des Gegenbeweises, daß die Genehmigung nicht erteilt sei, siehe RG. **50** 420.

5. Unterzeichnung durch die Beteiligten:

a) Die Unterschrift muß durch die Beteiligten **eigenhändig** erfolgen. Es ist also unzulässig, daß ein Beteiligter eine andere Person ermächtigt, seinen Namen beizusetzen (RG. **58** 388); auch ein anderer Beteiligter kann hiezu nicht ermächtigt werden; wenn mehrere Personen eine Erklärung zu gerichtlichem oder notariellem Protokoll abgeben, aber nur eine von ihnen unterschreibt, so liegt eine gerichtlich oder notariell aufgenommene Erklärung derjenigen Personen, die das Protokoll nicht unterschrieben haben, selbst dann nicht vor, wenn diese Personen zu dem nämlichen Protokoll die unterschreibende Person ermächtigt haben, allein für alle zu unterzeichnen (Recht **04** 556). Zulässig ist es dagegen, daß sich der Unterzeichnende die Hand führen läßt (Staudinger I N. 5 c zu § 126, a. M. Weißler N. 3, Birkenbihl N. 4 a zu § 177).

Unterzeichnung mit Handzeichen, auch wenn dasselbe beglaubigt wird, ist nicht hinreichend; wenn ein Beteiligter seinen Namen nicht unterschreiben kann, ist nach Abs. 2 zu verfahren.

Auch Blinde, welche schreiben können, müssen das Protokoll bei Meidung der Nichtigkeit der Erklärung unterschreiben, wenngleich sie das, was sie unterschreiben nicht sehen können und ihre Unterschrift deshalb nicht die Bedeutung einer Genehmigung des unterzeichneten Schriftstückes haben kann (Josef N. 5 zu § 177 und in DNotV. **05** 345, Jastrow N. 4, a. M. Schultze-Görlitz N. 3 zu § 177, der in der Erklärung, blind zu sein, zugleich die Erklärung, nicht schreiben zu können, sieht, da hiezu nicht bloß die Fähigkeit, Buchstaben anzufertigen, sondern auch, sie wahrnehmen zu können, verstanden werden müsse, Pignol in DJZ. **04** 737).

b) Die Unterschrift muß mit der Hand vollzogen werden; Beidrücken eines Stempels oder sonstige mechanische Herstellung der Unterschrift genügt nicht.

c) Als Unterschrift ist regelmäßig der Familienname des Unterzeichnenden erforderlich und genügend; doch muß auch die Unterzeichnung mit Künstlernamen, wenn die Identität nicht zweifelhaft ist, zugelassen werden. Bei Personen, die sich herkömmlich des **Vornamens**, mit dem sie auch im Verkehr bezeichnet zu werden pflegen, zur Unterschrift bedienen, wie die Mitglieder der Fürstenhäuser, geistliche Würdenträger, ist auch die Unterzeichnung mit dem Vornamen ausreichend (Dorner N. 3a zu § 177; siehe auch Josef in ArchZivPrax. **94** 465, Dennler in BayNotZ. **05** 79, der nur Künstlernamen und Pseudonyme nicht zuläßt, wegen Pseudonyms Staudinger Bem. II 2b zu § 12 BGB.). Ob die Unterschrift einer **Ehefrau** mit ihrem Mädchennamen zulässig und ausreichend ist (RheinNotZ. **4** 685) erscheint zweifelhaft und ist eher zu verneinen, da dem Recht zur Führung des Familiennamens des Mannes auch die Pflicht hiezu gegenübersteht (§ 1355 BGB., Dennler a. a. O.).

Bei **notariellen** Beurkundungen soll der Notar die Beteiligten veranlassen, mit Vor- und Zunamen zu unterschreiben, und soll dabei darauf sehen, daß kein Widerspruch zwischen der Bezeichnung der Beteiligten im Protokoll und ihrer Unterschrift besteht, und gegebenenfalls für die Berichtigung des Protokolls Sorge tragen (§ 166 Abs. 2 der GeschO. f. d. Not.).

Unterzeichnung seitens eines **Kaufmanns** mit der **Firma** statt mit seinem Familiennamen kann, wenn sich das beurkundete Rechtsgeschäft auf das Handelsgeschäft bezieht, nicht für unzulässig erachtet werden (§ 17 HGB.). Dies gilt nicht bloß für den Einzelkaufmann, sondern auch für den allein zur Vertretung berechtigten Gesellschafter einer offenen Handelsgesellschaft, den Vorstand einer juristischen Person (§ 33 HGB.) oder eines Versicherungsvereins. Bei Kollektivvertretung genügt dagegen die Unterzeichnung jedes Vertreters nur mit der Firma nicht, weil daraus nicht ersichtlich wäre, von wem die Unterschrift herrührt; die mehreren Vertreter müssen mit ihrem Familiennamen (ev. unter Beifügung ihres Vertretungsverhältnisses) unterzeichnen (Schultze-Görlitz in DJZ. **01** 524, Kockerols in DNotV. **1** 358, Josef, Lehrb. 417, a. M. Werner in DNotV. **1** 183). Nach § 166 Abs. 2, 4 der GeschO. f. d. Not. soll der Notar nicht zulassen, daß der Kaufmann den von seinem Familiennamen verschiedenen Firmennamen unterzeichnet, handschriftlichen Zusatz über das Firmenverhältnis aber gestatten.

Der bevollmächtigte **Vertreter** darf selbstverständlich mit seinem eigenen Namen unterzeichnen; das Reichsgericht (RG. **50** 52, 57) läßt auch Unterzeichnung desselben mit dem Namen des Vertretenen zu; siehe auch OLG. **3** 350, **4** 209, Staub in DJZ. **00** 338, Markus im Recht **00** 10, Neumann zu § 126 BGB., Cosack, Lehrb. § 67 II, 4, a. M. Plank N. 2 zu § 126, Müller in DJZ. **00** 497, OLG. **2** 51.

d) Die Unterschrift kann auch (von Ausländern) in anderen als deutschen Lettern vollzogen werden (Weißler N. 3, Rausnitz N. 7 zu § 177; a. M. Jastrow, NotRecht N. 7d zu § 177).

e) **Leserlichkeit** der Unterschrift ist nicht erforderlich, wenn es nur einigermaßen möglich ist, sie als Unterschrift eines der Beteiligten zu entziffern (BayZ. **2** 365, Dennler a. a. O.; a. M. Michels in DJZ. **03** 141, gegen ihn Josef ebenda 271).

f) Die Unterschrift folgt der Vorlesung und Genehmigung **zeitlich** nach und wird an den Schluß des Protokolls gesetzt (Rausnitz in DJZ. **99** 458; „unmittelbar unter der sie ankündigenden Unterschriftklausel und über den Unterschriften der Mitwirkenden und dem Siegel"; §§ 166, 166 Abs. 1 der GeschO. f. d. Not.); siehe jedoch auch N. 6. Siehe für den Fall der Beurkundung mehrerer Rechtsgeschäfte in einer Urkunde oben N. 2a.

g) Zu den **Beteiligten**, welche hier unterzeichnen müssen, gehört nicht der bloße Erkennungszeuge (N. 2d zu § 170), auch nicht der nach Abs. 2 zuzuziehende Schreibzeuge, der vielmehr als Mitwirkender zu unterschreiben hat.

6. Feststellung, daß die Vorlesung, Genehmigung und Unterzeichnung durch die Beteiligten erfolgt ist: Auch diese ist obligatorisch und bei Meidung der Nichtigkeit der Beurkundung nicht zu übersehen.

Die Feststellung erfolgt übungsgemäß am Schlusse des Textes der Urkunde und vor den Unterschriften (N. 5 lit. f); Beifügung nach den Unterschriften ist jedoch zulässig, da die Feststellung nur von den mitwirkenden Personen amtlich bestätigt zu werden braucht (RG. **62** 1, auch in RJA. **7** 45, DNotV. **6** 213, ZBl. **7** 94, BayZ. **2** 162, unter Aufgabe der in der Entscheidung JW. **05** 541 vertretenen Anschauung). Der Vermerk, der die Feststellung enthält, braucht nicht mit dem übrigen Teil der Urkunde vorgelesen zu werden (RG. **62** 1, 5, Dorner N. 1 b zu § 177, Frese im ZBl. **1** 305, Güthe im ZBl. **2** 612, SeuffA. **57** 253; a. M. Rausnitz N. 1 zu § 177, Josef N. 9 b zu § 177, Fuchs im ZBl. **5** 123).

Eine bestimmte Formel für die Feststellung ist nicht vorgeschrieben; die Abkürzung „v. g. u." ist ausdrücklich zugelassen in RG. **53** 151, SeuffA. **58** 382, JW. **03** 31, ferner in OLG. **6** 20 und von Güthe im ZBl. **02** 606; a. M. OLG. **3** 349. Genügend ist jedenfalls die Klausel „vorgelesen, genehmigt und unterschrieben", der Beisatz „eigenhändig" nicht erforderlich (OLG. **1** 342, **3** 72, **11** 247). Für notarielle Urkunden ist im Hinblick auf Art. 26 Abs. 3 NotG. (siehe oben N. 2 b) in § 165 der GeschO. f. d. Not. die Formel vorgeschlagen „vorgelesen vom Notar, von den Beteiligten genehmigt und eigenhändig unterschrieben" oder „vorgelesen, vom Notar durchgelesen, von den Beteiligten ꝛc.".

Die Niederschrift der Formel kann schon vor der Vorlesung und Genehmigung erfolgen; denn die Niederschrift enthält noch nicht die Feststellung, daß die Vorlesung und Genehmigung erfolgt sei; diese ist vielmehr erst in der Unterzeichnung des Protokolls durch die Urkundsperson zu finden (Güthe im ZBl. **2** 617 gegen Rausnitz N. 7 und Frese im ZBl. **1** 305).

7. Verfahren bei Beteiligung von Personen, die nicht schreiben können (hiezu § 105 der GeschO. f. d. Not., die im wesentlichen die Vorschrift des § 177 wiedergibt).

a) Voraussetzung für das in Abs. 2 vorgeschriebene Verfahren ist lediglich die Erklärung eines Beteiligten, daß er nicht schreiben könne. Eine Nachprüfung der Richtigkeit der Erklärung findet nicht statt. Ebensowenig ist später eine Anfechtung der Beurkundung mit der Behauptung zulässig, daß der betreffende Beteiligte hätte schreiben können. Immerhin muß aber der Grund der angeblichen Unfähigkeit zu schreiben ein außerhalb des Willens des Beteiligten liegender sein; so liegt z. B. in der Erklärung eines Israeliten, daß er nicht schreiben könne, weil Sabbat sei, die Erklärung, nicht schreiben zu wollen; eine derartige Erklärung berechtigt nicht, nach Abs. 2 zu verfahren. Wegen der Unterzeichnung durch Blinde siehe oben N. 5 a.

b) Die Besonderheiten des Verfahrens sind folgende:

α) Im Protokoll muß festgestellt werden, daß der Beteiligte erklärt hat, nicht schreiben zu können; nicht erforderlich ist die Angabe des Grundes der Unfähigkeit zu schreiben. Nicht dem Gesetze entsprechend ist an sich die Feststellung, daß der Beteiligte tatsächlich nicht schreiben könne; eine Feststellung nur dieses Inhalts wird für unzureichend erachtet mit der Wirkung der Ungiltigkeit der Beurkundung von Fuchs im ZBl. **4** 811, ferner RG. **56** 366, ZBl. **3** 721, Recht **04** 106 Nr. 490. Allein, wie die Erklärung des Beteiligten, daß er nicht schreiben könne, nicht ausdrücklich zu erfolgen braucht, so kann auch nicht die wörtliche Feststellung, daß eine bezügliche Erklärung erfolgt sei, unbedingt gefordert werden; genügen muß vielmehr jede Feststellung, aus welcher hervorgeht, daß sie nicht willkürlich von dem Urkundsbeamten ausgeht, sondern daß sie durch eine Erklärung des Beteiligten veranlaßt ist (vergl. ZBl. **6** 418, ferner Schwarz im Recht **03** 572, Leschinsky in DJZ. **04** 241); so ist schon aus der Feststellung, daß das Protokoll, also auch die Feststellung über die Unfähigkeit eines Beteiligten zu schreiben, vorgelesen wird, in Verbindung mit dem Umstande, daß der Beteiligte das Protokoll unterkreuzt hat, entnommen worden, daß derselbe die Feststellung des Notars, daß er nicht schreiben könne, genehmigt und sich zu eigen gemacht hat (OLG. **9** 439). Bei der Bestrittenheit der Frage muß es aber jedem Urkundsbeamten im Interesse der unbedingten Giltigkeit der Beurkundung empfohlen werden, sich an den Wortlaut des Gesetzes zu halten und den Vermerk dahin zu fassen, daß der Beteiligte erklärt habe, nicht schreiben zu können; eine solche Erklärung herbeizuführen, ist seine Aufgabe.

Die Feststellung ersetzt die Unterschrift des betreffenden Beteiligten; es bedarf daher nicht der Beifügung eines Handzeichens durch denselben; doch steht nichts im Wege, ein solches Handzeichen beifügen zu lassen, wenn der Beteiligte es wünscht (vergl. § 167 Abs. 3 der GeschO. f. d. Not.).

β) Die Feststellung bedarf lediglich der Bestätigung durch die Unterschriften der mitwirkenden Personen; sie braucht deshalb dem Vermerk über die Vorlesung, Genehmigung und Unterschrift nicht vorangestellt zu werden; Vorlesung der Feststellung, Genehmigung und Unterschrift durch die Beteiligten ist nicht erforderlich (RG. **63** 31, 37, DNotV. **06** 362; a. M. Josef im ZBl. **5** 483, Weißler in DNotV. **4** 382).

γ) Bei der Vorlesung und Genehmigung, nicht während der ganzen Verhandlungen mit den Beteiligten, ist ein Zeuge zuzuziehen.

Dieser ist mitwirkende Person, es finden also auf ihn die Vorschriften der §§ 170—174 Anwendung (N. 2d zu § 170).

Die Zuziehung des Zeugen ist entbehrlich, wenn ohnehin schon gemäß § 169 wegen Gebrechlichkeit eines Beteiligten, der nicht derjenige zu sein braucht, der nicht schreiben kann, eine Hilfsperson zugezogen ist, oder wenn in anderen Fällen, also ohne daß es reichsgesetzlich vorgeschrieben wäre, auch wenn es nur dem Wunsche der Beteiligten entsprach, die Zuziehung eines Gerichtsschreibers (oder einer Person, die dessen Funktionen erfüllen kann; siehe N. 2 zu § 169) oder eines zweiten Notars erfolgt ist.

8. Unterschrift der mitwirkenden Personen: Zu diesen gehören außer dem Urkundsbeamten (Richter oder Notar) die auf Grund des § 169 oder des § 177 Abs. 2 zugezogenen Hilfspersonen, der Gerichtsschreiber nur, soweit dessen Zuziehung hienach gesetzlich erforderlich ist, nicht wenn er nur als Schreibkraft verwendet ist, dagegen nicht der bloße Erkennungszeuge, der nur zur Feststellung der Identität eines Beteiligten zugezogen ist (RJA. **2** 34, vergl. § 76 Abs. 1 der GeschO. f. d. Not.). Wegen der Unterschrift des Dolmetschers siehe § 178 Abs. 2, § 179 Abs. 4 FGG.

Die Unterschrift der Mitwirkenden erfolgt am Schlusse des Protokolls, also nach den Unterschriften der Beteiligten (siehe auch § 166 Abs. 1, § 168 der GeschO. f. d. Not.). Eine bestimmte Reihenfolge der Unterschriften der mitwirkenden Personen ist nicht vorgeschrieben, praktisch wird die Urkundsperson zuletzt unterzeichnen (siehe §§ 155, 162 der GeschO., Cordes in DJZ. **06** 476); doch ist dies zur Giltigkeit der Urkunde nicht erforderlich. Darüber, daß aus der örtlichen Stellung einer Mehrheit von Unterschriften kaum ein bestimmter Schluß auf die zeitliche Reihenfolge der Abgabe gezogen werden kann, siehe OLG. **10** 311.

Zur Unterschrift der mitwirkenden Personen genügt der Familienname; siehe wegen Unterzeichnung des Notars § 155, der übrigen Mitwirkenden § 168 der GeschO. f. d. Not.

§ 178.

Ist nach der Überzeugung des Richters oder des Notars ein Beteiligter stumm oder sonst am Sprechen verhindert und eine schriftliche Verständigung mit ihm nicht möglich, so muß bei der Beurkundung ein vereideter Dolmetscher zugezogen werden.

Im Protokolle muß festgestellt werden, daß der Richter oder der Notar die Überzeugung gewonnen hat, daß der Beteiligte am Sprechen verhindert und eine schriftliche Verständigung mit ihm nicht möglich ist. Das Protokoll muß von dem Dolmetscher genehmigt und unterschrieben werden.

Der Zuziehung eines Zeugen, eines Gerichtsschreibers oder eines zweiten Notars bedarf es in diesem Falle nicht.

Verhandlung mit Stummen.

1. Die §§ 178—180 enthalten Vorschriften über die Zuziehung eines Dolmetschers bei der Beurkundung von Rechtsgeschäften und das dabei zu beobachtende Verfahren. Findet in einem anhängigen Verfahren der freiwilligen Gerichtsbarkeit eine Beurkundung statt (siehe § 51 VO., § 139 NachlO.), so sind für die Beurkundung nicht die Vorschriften der §§ 8, 9 FGG., sondern die der §§ 178—180 maßgebend (siehe auch N. 2a zu § 168).

Wegen der Umgehung der Vorschrift des § 2243 BGB., wonach ein stummer Schreibensunkundiger nicht testieren kann, durch Abschluß eines Ehevertrages unter Zuziehung eines Dolmetschers siehe Jastrow in JJO. **34** 512.

2. § 169 gibt besondere Vorschriften u. a. auch für den Fall, daß ein Beteiligter (über den Begriff siehe N. 3 zu § 168) stumm oder am Sprechen verhindert ist (siehe hierüber N. 1 zu § 169); die dortigen Vorschriften setzen voraus, daß wenigstens eine schriftliche Verständigung mit dem betreffenden Beteiligten möglich ist. Ergänzend trifft § 178 Verfügung für den Fall, daß mit dem Stummen oder am Sprechen Verhinderten auch eine schriftliche Verständigung ausgeschlossen ist, aber auch ausschließlich für diesen Fall; ist diese Verständigung möglich, so **muß** an sich die Formvorschrift des § 169 eingehalten werden und vermag die Zuziehung eines Dolmetschers dieselbe nicht zu ersetzen (siehe jedoch auch N. 3 und 6). Schriftliche Verständigung ist z. B. möglich, wenn der Stumme ꝛc. zwar nicht lesen, wohl aber schreiben kann und das Gehör besitzt, dagegen nicht, wenn er weder lesen noch hören kann (Rausnitz N. 6 zu § 178). Über die Unanwendbarkeit des § 178 bei Beteiligung eines Taubstummen, der in der Lautsprache ausgebildet ist, und dessen Behandlung lediglich als Tauber siehe Jastrow Formularbuch I 48 N. 4.

§ 178 findet auch Anwendung bei der Beurkundung der Auflassungserklärung durch einen Stummen trotz des Erfordernisses der „mündlichen" Erklärung in § 925 BGB. (Breit in DNotV. **4** 197 gegen Fürst in BadNotV. **2** 24).

3. Voraussetzung der Notwendigkeit der Zuziehung eines Dolmetschers ist (wie nach § 169) nicht die bestimmte Feststellung, daß der Beteiligte stumm oder am Sprechen verhindert sei; es genügt vielmehr, daß der beurkundende Richter oder Notar sich die Überzeugung davon gebildet hatte (siehe hiezu näher N. 1 zu § 169). Auch in der Richtung, daß eine schriftliche Verständigung mit dem Beteiligten nicht möglich sei, ist die Überzeugung des Urkundsbeamten maßgebend und keine Feststellung erforderlich; hat also der Urkundsbeamte die Unmöglichkeit der schriftlichen Verständigung irrtümlicherweise angenommen, so ist durch die Zuziehung des Dolmetschers an Stelle der nach § 169 zuzuziehenden Personen die Giltigkeit der Beurkundung nicht beeinflußt. Die Beiziehung des Dolmetschers darf auch dann nicht unterbleiben, wenn der Urkundsbeamte glauben würde, selbst sich durch Zeichensprache mit dem Beteiligten verständigen zu können (§ 99 Abs. 2 der GeschO. f. d. Not.).

4. Vorgeschrieben ist die Zuziehung eines vereidigten Dolmetschers. Der Dolmetscher ist Hilfsperson zur Verständigung mit dem Beteiligten. Seine Auswahl erfolgt durch den Urkundsbeamten, der aber dabei Vorschlägen des Beteiligten folgen kann.

Ob, wenn mehrere Beteiligte aus demselben Grunde eines Dolmetschers bedürfen, Zuziehung eines einzigen genügt oder für jeden Beteiligten ein besonderer Dolmetscher zugezogen werden soll, muß dem Ermessen des Urkundsbeamten überlassen werden; regelmäßig wird ohne Schädigung der Interessen der Beteiligten die Zuziehung eines einzigen genügen.

Als Dolmetscher muß stets eine besondere Person zugezogen werden; eine der schon mitwirkenden Personen oder ein anderer Beteiligter kann nicht Dolmetscher sein. Über die erforderlichen Eigenschaften, bezw. die Ausschließungsgründe siehe § 180.

Zur **Beeidigung** des Dolmetschers ist in Bayern ausschließlich der Richter zuständig; der Notar muß nötigenfalls das Amtsgericht um die Beeidigung der zuzuziehenden Person ersuchen (§ 99 Abs. 3 mit § 97 Abs. 2 der GeschO. f. d. Not.). Es kann jedoch nicht bloß vom Richter, sondern auch vom Notar eine ein für allemal für Übertragungen der Art gerichtlich beeidigte Person als Dolmetscher verwendet werden.

Die Art und Weise der Beeidigung braucht im Protokoll nicht festgestellt zu werden; ist nur festgestellt, daß ein vereidigter Dolmetscher zugezogen worden ist, so unterliegt die Legalität der Beeidigung nicht der Nachprüfung durch eine andere Behörde, vor der von der Urkunde Gebrauch gemacht wird (RJA. **1** 203, OLG. **1** 408, 558, **2** 202, ZBl. **1** 744, Recht **01** 97). Der Beweis, daß der Dolmetscher nicht beeidigt war, ist zulässig.

Auf die Beeidigung kann hier (anders als nach § 179) nicht verzichtet werden.

5. Die Vorschrift des Abs. 1 ist eine **zwingende**; ihre Nichtbeachtung bewirkt die Nichtigkeit der öffentlichen Beurkundung. Dies gilt sowohl für den Fall, daß die Zuziehung des Dolmetschers zu Unrecht unterblieben ist, als für den Fall, daß die Beeidigung unterblieben ist. Die unterlassene Zuziehung des Dolmetschers schadet aber nur dann, wenn der Urkundsbeamte trotz seiner Überzeugung von dem Gebrechen des Beteiligten und dem Umstande, daß eine schriftliche Verständigung mit ihm nicht möglich ist, die Zuziehung unterlassen hat (ein Fall, der praktisch kaum vorkommen wird), nicht, wenn er sich von dem einen oder anderen Punkt selbst fahrlässigerweise nicht überzeugt hat (siehe auch oben N. 3 und N. 3 zu § 169).

6. Der Dolmetscher muß, wie sich aus seiner Eigenschaft als Hilfsperson zur Verständigung mit dem Beteiligten ergibt, bei den gesamten Verhandlungen über das zu beurkundende Rechtsgeschäft, bei der Vorlesung und Genehmigung des Protokolls gegenwärtig sein. Ein Verstoß in dieser Hinsicht begründet jedoch keine Nichtigkeit der Beurkundung, da eine ausdrückliche Vorschrift nicht besteht (Rausnitz N. 17). Über die Form der Verständigung des Dolmetschers mit dem Beteiligten besteht keine Vorschrift; auch die Feststellung, in welcher Form die Verständigung erfolgt ist, ist nicht vorgeschrieben.

Besondere Verfahrensvorschriften, welche neben die der §§ 176, 177 treten und deren Befolgung bei Meidung der Nichtigkeit der Beurkundung erforderlich ist, gibt Abs. 2:

a) Im Protokoll muß festgestellt werden, **daß** der Urkundsbeamte die Überzeugung gewonnen hat, daß der Beteiligte am Sprechen verhindert (nicht notwendig die Angabe des Grundes) und eine schriftliche Verständigung mit ihm nicht möglich ist. Wie die Überzeugung gewonnen wurde, braucht nicht festgestellt zu werden.

Ist die vorgeschriebene Feststellung getroffen, so ist damit der Einwand, daß schriftliche Verständigung möglich gewesen wäre, ausgeschlossen; anderseits muß aus der nicht erfolgten Zuziehung eines Dolmetschers und der Einhaltung der Formvorschrift des § 169 der Schluß gezogen werden, daß der Notar davon, daß schriftliche Verständigung möglich sei, überzeugt gewesen sei, und ist in diesem Falle der Einwand, daß schriftliche Verständigung unmöglich gewesen sei, ausgeschlossen (Josef N. 1 zu § 178).

b) Der Dolmetscher muß das Protokoll genehmigen und unterschreiben. Dadurch wird die nach § 177 Abs. 2 notwendige Genehmigung durch den Beteiligten, die durch Vermittelung des Dolmetschers von ihm zu erholen ist, ebensowenig wie seine Unterschrift entbehrlich. Kann der Beteiligte nicht unterschreiben, so muß seine Erklärung hierüber im Protokoll festgestellt werden (§ 177 Abs. 2 Satz 1); der Zuziehung eines Zeugen nach Maßgabe des § 177 Abs. 2 Satz 2 bedarf es aber nicht, obwohl dies in Satz 3 a. a. O. nur für den Fall des § 169 gesagt ist (ebenso Josef N. 8, Wellstein N. 4 zu § 178).

Daß der Dolmetscher räumlich neben der Person, wegen deren Gebrechen er zugezogen ist, unterschreibe, ist nicht vorgeschrieben (den Rat hiezu gibt Jastrow, Not.-Recht N. 22 b zu § 177).

Daß die Genehmigung des Protokolls durch den Dolmetscher im Protokoll festgestellt werde, ist nicht (wie hinsichtlich der Genehmigung der Beteiligten in § 177 Abs. 1 Satz 2) vorgeschrieben und auch nicht deshalb unerläßlich, weil die Befolgung der Vorschrift sonst nicht nachgeprüft werden könnte; keinesfalls begründet das Fehlen der gesetzlich nicht ausdrücklich vorgeschriebenen Feststellung die Nichtigkeit der Beurkundung.

7. Die Zuziehung des Dolmetschers ersetzt, wo sie nach Abs. 1 notwendig ist, die Zuziehung der in § 169 aufgeführten Hilfspersonen; darüber, daß an Stelle der letzteren nicht ein Dolmetscher genügt, wenn schriftliche Verständigung mit dem Beteiligten möglich ist, siehe N. 1. Aus der Vorschrift des Abs. 3 muß auch entnommen werden, daß die Zuziehung eines Dolmetschers auch dann genügt, wenn der am Sprechen Verhinderte auch noch an einem anderen der in § 169 aufgeführten Gebrechen leidet, soferne dann nur eine Verständigung mit der Person überhaupt noch möglich ist.

8. Die Vorschrift des 178 findet in **Bayern** auch auf notarielle Urkunden über Erklärungen, welche nicht Rechtsgeschäfte enthalten, entsprechende Anwendung (Art. 31 NotG.).

§ 179.

Erklärt ein Beteiligter, daß er der deutschen Sprache nicht mächtig sei, so muß bei der Beurkundung ein vereideter Dolmetscher zugezogen werden. Der Zuziehung des Dolmetschers bedarf es nicht, wenn der Richter oder der Notar der Sprache, in der sich der Beteiligte erklärt, mächtig ist; die Beeidigung des Dolmetschers ist nicht erforderlich, wenn der Beteiligte darauf verzichtet.

Das Protokoll muß dem der deutschen Sprache nicht mächtigen Beteiligten durch den Dolmetscher oder, wenn ein Dolmetscher nicht zugezogen worden ist, durch den Richter oder den Notar in der fremden Sprache vorgetragen werden und die Feststellung enthalten, daß dies geschehen ist.

Im Protokoll muß festgestellt werden, daß der Beteiligte der deutschen Sprache nicht mächtig ist.

Der Dolmetscher muß das Protokoll unterschreiben.

Eine Beurkundung ist nicht aus dem Grunde unwirksam, weil den Vorschriften des Abs. 1 zuwider die Zuziehung eines Dolmetschers unterblieben ist.

Verhandlung mit der deutschen Sprache nicht mächtigen Personen.

1. § 175 des Entwurfes bestimmte, übereinstimmend mit der Fassung des § 178 des Gesetzes, in Absatz 1, daß ein Dolmetscher dann zuzuziehen sei, wenn ein Beteiligter nach der Überzeugung des Richters oder des Notars der deutschen Sprache nicht mächtig sei, und entsprechend in Abs. 3, daß im Protokoll festgestellt werden müsse, daß der Richter oder Notar die Überzeugung gewonnen habe, daß der Beteiligte der deutschen Sprache nicht mächtig sei. Die jetzige Fassung erhielt der Absatz 1 auf Grund der Annahme eines bei der dritten Lesung im Plenum des Reichstages gestellten Antrages. Man wollte die Frage, ob eine Person der deutschen Sprache mächtig sei, nicht der Entscheidung des beurkundenden Beamten überlassen; es sollte vielmehr die Erklärung des Beteiligten selbst allein maßgebend für die Frage sein, ob ein Dolmetscher zugezogen werden müsse. Die Fassung entspricht der der §§ 2244, 2276 BGB. für die Beurkundung von Testamenten und Erbverträgen. Über die Bedeutung des Absatzes 3 in seiner jetzigen Fassung siehe unten N. 7 b.

2. Der deutschen Sprache ist eine Person dann nicht mächtig, wenn sie nicht imstande ist, selbst ihre Gedanken in dieser Sprache klar und deutlich zum Ausdruck zu bringen, wenn sie auch in der Lage ist, Gesprochenes zu verstehen (OLG. **9** 410, JBl. **5** 148). Nicht anwendbar ist § 179, wenn durch Verschiedenheit der deutschen Dialekte eine Verständigung erschwert ist.

3. Erforderlich und genügend, die Zuziehung eines Dolmetschers zu veranlassen, ist die **eigene Erklärung** des der deutschen Sprache angeblich nicht mächtigen Beteiligten (über diesen Begriff siehe N. 3 zu 168). Eine Nachprüfung der Richtigkeit der Erklärung, also der Frage, ob der Betreffende wirklich nicht imstande ist, sich in der deutschen Sprache vollständig verständlich zu machen, durch den beurkundenden Beamten ist ausgeschlossen. Es kommt nicht darauf an, ob sich derselbe davon überzeugt, daß der Beteiligte der deutschen Sprache nicht mächtig sei; die Vorschrift ist selbst dann zu befolgen und ein Dolmetscher zuzuziehen, wenn der Urkundsbeamte die Überzeugung von der Unrichtigkeit der Erklärung hat. Die Nichtbefolgung dieser Vorschrift hat aber nur die zivilrechtliche Haftung nach § 839 BGB. und disziplinäre Verantwortlichkeit des Beamten zur Folge (siehe Abs. 5 und N. 4).

Eine ausdrückliche Erklärung des Beteiligten, daß er der deutschen Sprache nicht mächtig sei, ist aber nicht erforderlich; es muß selbst ausreichen, wenn der Urkundsbeamte bei der Verhandlung mit dem Beteiligten sich von dem Mangel der Kenntnis der deutschen Sprache überzeugte (OLG. **9** 411).

4. Die Vorschrift des 1. Satzes des 1. Absatzes ist trotz ihrer Fassung („muß") nicht derart zwingender Natur, daß ihre Nichtbeachtung die Nichtigkeit der Beurkundung zur Folge hätte. Nach dem durch die Reichstagskommission beigefügten **Abs. 5** ist die Beurkundung auch dann wirksam, wenn der Vorschrift des Abs. 1 zuwider ungeachtet der Erklärung eines Beteiligten, daß er der deutschen Sprache nicht mächtig sei, die Zuziehung eines Dolmetschers unterblieben ist. Dies gilt jedoch nur für den Fall, daß der beurkundende Beamte über die Notwendigkeit der Zuziehung eines Dolmetschers im Irrtum war, also annahm, daß der Beteiligte der deutschen Sprache mächtig sei. Dagegen ist die Beurkundung nichtig, wenn der Beamte festgestellt hat, daß der Beteiligte der deutschen Sprache nicht mächtig sei und gleichwohl die Beachtung der Förmlichkeiten des § 179 unterließ (OLG. **2** 203, **9** 411, Josef N. 16 zu § 179).

5. Eine **Ausnahme** von der Notwendigkeit der Zuziehung eines Dolmetschers bei behaupteter Unkenntnis eines Beteiligten von der deutschen Sprache macht Satz 2 des 1. Absatzes; abweichend von der Vorschrift des § 2244 BGB., welche die Unterlassung der Zuziehung eines Dolmetschers nur erlaubt, wenn die sämtlichen mitwirkenden Personen nach ihrer Versicherung der Sprache, in der sich der Erblasser erklärt, mächtig sind, genügt es bei der Beurkundung eines Rechtsgeschäftes, wenn der beurkundende Richter oder Notar der Sprache mächtig ist, der sich der Beteiligte bedient. Die Sprache braucht nicht die Landes- oder Stammessprache der Beteiligten zu sein. Ob der Urkundsbeamte bei Kenntnis der Sprache des Beteiligten mit demselben selbst unterhandeln will oder ob er trotz der Kenntnis einen Dolmetscher zuziehen will, liegt völlig in seinem Ermessen.

Eine Feststellung im Protokoll, daß die Zuziehung eines Dolmetschers deswegen unterblieben ist, weil der Richter oder Notar der betreffenden Sprache mächtig war, ist nicht vorgeschrieben (Recht **00** 401).

6. Dolmetscher kann nicht eine der zur Beurkundung kraft gesetzlicher Vorschrift zugezogenen Hilfspersonen sein, also nicht der zweite Notar, der Gerichtsschreiber oder ein Zeuge (Wellstein N. 4, Josef N. 8 zu § 179). Über sonstige Ausschließungsgründe siehe § 180.

Der Dolmetscher muß regelmäßig **beeidigt** sein. Der Notar ist zur Beeidigung nicht zuständig; dieselbe erfolgt für notarielle Beurkundungen, wenn der Dolmetscher nicht für Übertragungen der Art im allgemeinen beeidigt ist, auf Ersuchen des Notars durch das Amtsgericht (§ 97 Abs. 2 der GeschO. f. d. Not.). Eine gerichtlich ein für allemal als Dolmetscher vereidigte Person kann auch von dem Notar zugezogen werden.

Die Art und Weise der Beeidigung des Dolmetschers braucht im Protokoll nicht festgestellt zu werden; ist nur festgestellt, daß ein vereidigter Dolmetscher zugezogen worden ist, so unterliegt die Legalität der Beeidigung nicht der Nachprüfung durch eine andere Behörde (RJA. **1** 203, OLG. **1** 408, 458, **2** 202, ZBl. **1** 744, Recht **01** 97); übrigens ist es auch unschädlich, wenn im Protokoll überhaupt nicht festgestellt ist, daß der Dolmetscher beeidigt war, die Feststellung ist aber rätlich. Der Beweis, daß der Dolmetscher nicht beeidigt war, ist zulässig. Zuziehung eines nicht beeidigten Dolmetschers macht die Beurkundung nichtig.

Auf die Beeidigung kann (anders als im Falle des § 178 und bei der Beurkundung von Testamenten und Erbverträgen) verzichtet werden; wirksam ist nur der Verzicht derjenigen Person, wegen deren Sprachunkenntnis der Dolmetscher zugezogen werden muß; Verzicht der übrigen beteiligten oder mitwirkenden Personen ist weder erforderlich, noch genügend.

7. Der Dolmetscher muß bei den Verhandlungen der Beteiligten über das zu beurkundende Rechtsgeschäft, bei der Vorlesung und Genehmigung der Urkunde anwesend sein.

Besondere Verfahrensvorschriften geben die Absätze 2 bis 4:

a) Anschließend an § 177 gebietet Abs. 2

α) Vortragung des Protokolles vor dem der deutschen Sprache nicht Mächtigen entweder durch den Dolmetscher oder, wenn ein solcher nicht zugezogen worden ist, durch der Richter oder den Notar in der fremden Sprache; vorgetragen muß der ganze Inhalt des Protokolles werden bis zu den Unterschriften, also nicht bloß die sachlichen Erklärungen, sondern auch die gesetzlich gebotenen Feststellungen über Beobachtung von Förmlichkeiten in dem nämlichen Umfange, in dem die Vorlesung vor den übrigen Beteiligten erforderlich ist (siehe N. 2a, 6 zu § 177).

Außerdem muß aber das Protokoll bei Meidung der Nichtigkeit in Gegenwart des Dolmetschers auch in deutscher Sprache vorgelesen werden; ob die Vortragung in deutscher oder in fremder Sprache vorausgeht, ist unerheblich.

β) Feststellung im Protokoll, daß die Vortragung erfolgt ist.

Ein Verstoß gegen diese Vorschrift begründet die **Nichtigkeit** der Beurkundung. Die Führung eines Nebenprotokolles in der fremden Sprache oder auch nur die schriftliche Feststellung der Erklärungen des Beteiligten in der fremden Sprache findet nicht statt (vergl. dagegen § 178 Abs. 1 GVG.).

b) Abs. 3 schreibt die **Feststellung** vor, **daß der Beteiligte der deutschen Sprache nicht mächtig ist.** Die Fassung der Vorschrift kann aber nicht die Ansicht begründen, daß der Richter oder der Notar nunmehr doch die Richtigkeit der Erklärung des Beteiligten, der der deutschen Sprache nicht mächtig zu sein vorgibt, nachzuprüfen habe. Als erforderlich und genügend muß die Feststellung erachtet werden, daß der Beteiligte „nach seiner Erklärung" der deutschen Sprache nicht mächtig ist. Allerdings stimmt Abs. 3 in seiner Fassung mit der Vorschrift des Abs. 1 anscheinend nicht überein und es ist seine beantragte Streichung offenbar übersehen worden. Gleichwohl kann der Anschauung von Josef N. 1 zu § 179 nicht beigepflichtet werden, daß entgegen dem Wortlaute des Gesetzes eine Auslegung nach der zu vermutenden Absicht des Gesetzgebers nicht zulässig sei, daß deshalb der Richter oder Notar die Richtigkeit der Erklärung des Beteiligten nachzuprüfen und die Beurkundung abzulehnen habe, wenn er nicht beurkunden könne, daß der Beteiligte auch wirklich nach seiner Überzeugung der deutschen Sprache nicht mächtig sei. Die gegenteilige Ansicht widerspricht nicht dem Wortsinne des Gesetzes, wenn man nur die Vorschrift des 3. mit der des 1. Absatzes in Zusammenhalt bringt und sich durch den aus der Entstehungsgeschichte des Gesetzes bekannten Willen der gesetzgebenden Faktoren nicht irre machen läßt. Wenn im 1. Absatz die Erklärung des Beteiligten als maßgebend bezeichnet ist, kann die Vorschrift des 3. Absatzes sehr wohl dahin aufgefaßt werden, daß eben die Feststellung, ob ein Beteiligter der deutschen Sprache nicht mächtig ist, der Erklärung des Beteiligten entsprechend zu treffen ist (ebenso Rausnitz N. 4, Schneider N. 7, Dorner N. 6, Schultze-Görlitz N. 4, Weißler N. 1 und in DNotV. **02** 24, Dudeck in DJZ. **4** 152, Götte im Recht **00** 210, Fuchs im ZBl. **1** 685, OLG. **1** 408, ZBl. **1** 55, a. M. auch Birkenbihl N. 4, Eccius in Gruchots Beitr. **43** 297, 537, **45** 177, Dronke in der DJZ. **01** 495).

c) Der Dolmetscher muß bei Meidung der Nichtigkeit der Beurkundung das Protokoll unterschreiben (Abs. 4); daß er dasselbe genehmige und daß dies festgestellt werde, ist (anders als in § 178) nicht vorgeschrieben; die Genehmigung ergibt sich übrigens aus der Unterschrift. Außer seiner Unterschrift ist auch die des betreffenden Beteiligten nach § 177 erforderlich; daß die beiden Unterschriften räumlich nebeneinanderstehen, ist nicht erforderlich.

8. Diesen zwingenden Vorschriften fügt für **Bayern** § 98 der GeschO. f. d. Not. für die notarielle Beurkundung folgende Ordnungsvorschrift hinzu: Nehmen die Beteiligten auf eine in der fremden Sprache abgefaßte Schrift in ihrer Erklärung Bezug, so soll diese Schrift samt einer von dem Dolmetscher oder, wenn ein solcher nicht beigezogen ist, von dem Notar gefertigten deutschen Übersetzung dem Protokoll als Anlage beigefügt werden; im Protokoll soll die Beifügung der Schrift und der Übersetzung festgestellt werden.

9. Die Vorschrift des § 179 findet in **Bayern** auch auf notarielle Urkunden über Erklärungen, welche nicht Rechtsgeschäfte enthalten, entsprechende Anwendung (Art. 31 NotG.).

§ 180.

Auf den Dolmetscher finden die nach den §§ 170 bis 173 für einen Zeugen geltenden Vorschriften entsprechende Anwendung.

Ausschließung des Dolmetschers von der Mitwirkung.

Die Vorschrift bezieht sich auf den nach den §§ 178, 179 zuzuziehenden Dolmetscher und regelt die Gründe, aus denen der Dolmetscher von der Ausübung seiner Funktion ausgeschlossen ist, durch Erklärung der Anwendbarkeit der auch für die Zeugen geltenden Ausschließungsgründe der §§ 170—173. Eine Ablehnung des Dolmetschers ist ausgeschlossen.

§ 181.

Bei der gerichtlichen oder notariellen Beurkundung von Versteigerungen gelten Bieter nicht als Beteiligte; ausgenommen sind solche Bieter, die an ihr Gebot gebunden bleiben. Entfernt sich ein solcher Bieter vor dem Schlusse der Verhandlung, so genügt an Stelle seiner Unterschrift die Angabe des Grundes, aus welchem sie unterblieben ist.

Protokollierung von Versteigerungen.

1. Die Vorschrift des § 181 hat lediglich Bezug auf die freiwilligen — also auf den übereinstimmenden Antrag aller zur Verfügung über die zu versteigernden Gegenstände berechtigten Personen erfolgenden (Rausnitz N. 1 zu § 181) — Versteigerungen von beweglichen Sachen oder Grundstücken (siehe hiezu und wegen Beurkundung der Auflassung unten N. 2), dagegen nicht auf die Zwangsversteigerungen, auch nicht auf die zur Auseinandersetzung einer Gemeinschaft erfolgenden (§ 753 BGB., §§ 180 ff. ZVG.). Sie findet Anwendung auf die öffentlichen, d. h. unter Zulassung allgemeiner Beteiligung erfolgenden (siehe die §§ 461, 489, 966 Abs. 2, 979, 1219, 1235 BGB., §§ 220 Abs. 4, 290 Abs. 3, 373, 376 HGB.) und die nicht öffentlichen Versteigerungen (a. M. Rausnitz N. 30, der sie auf die öffentlichen nicht anwenden will).

2. § 181 gibt Vorschriften nur für die **Beurkundung** der Versteigerung, also der Erklärungen der vertragschließenden Parteien, des Versteigerers und des Bieters, und des dadurch zustande kommenden Rechtsgeschäftes, nicht für deren Vornahme.

Zuständig sowohl zur Vornahme als zur Beurkundung der Versteigerung ist in Bayern nicht das Gericht, sondern ausschließlich der Notar (N. 1 zu § 167, Art. 2 N. 3 NotG.). Wenn der Notar die Versteigerung vornimmt, also als Leiter derselben den Zuschlag erteilt, so handelt er dabei kraft Amtes, nicht als Bevollmächtigter des Versteigerers, ist daher durch die Vorschrift des § 170 Nr. 4 nicht verhindert, gleichzeitig die Versteigerung und den Zuschlag zu beurkunden (ebenso Rausnitz N. 6, Frantz in DNotV. **6** 183).

Werden in Bayern gelegene Grundstücke versteigert, so kann die **Auflassung** auch vor dem Notar erklärt werden; es bedarf, soferne die Auflassung noch in dem Versteigerungstermine stattfindet, nicht der gleichzeitigen Anwesenheit beider Teile (Art. 81, 82 AG. z. BGB.); die Vorschriften beruhen auf dem Vorbehalte des Art. 143 Abs. 1 und 2 EG. z. BGB. Auf die Beurkundung der Auflassung findet § 181 Satz 2 nicht Anwendung; die Unterschrift des Ansteigerers ist erforderlich (Rausnitz N. 31; a. M. Dorner N. 6 zu § 181, Frantz in DNotV. **6** 161). Abgesehen von der Auflassung findet aber Satz 2 auch bei Grundstücksversteigerungen Anwendung; auch bei diesen ist die Unterschrift des Meistbietenden entbehrlich (Weißler in DNotV. **6** 142; a. M. Rau im Recht **05** 277, Josef N. 6 zu § 181).

3. Für die notarielle Beurkundung der Versteigerungen gelten die Vorschriften der § 168 ff. für die Beurkundung von Rechtsgeschäften, soweit sich nicht aus § 181 ein anderes ergibt. Sondervorschriften bestehen für den **Bieter:**

a) Bieter, welche an ihr Gebot nicht gebunden sind (z. B. überbotene Bieter), sind nicht als Beteiligte zu behandeln; das ist durch die ausdrückliche Bestimmung in Satz 1 noch besonders klargestellt. Es ist deshalb weder die Aufführung und Identitätsfeststellung im Protokoll noch die Unterschrift dieser Bieter nötig; Gebrechen der in § 178 aufgezählten Art oder Unkenntnis der deutschen Sprache auf Seite solcher Bieter gibt noch keinen Anlaß zur Zuziehung eines Dolmetschers. Das Protokoll braucht ihre Gebote nicht zu enthalten. Auch bildet ihr Mitbieten, wenn sie mit dem Notar verwandt oder verschwägert sind, für den Notar kein Hindernis, die Versteigerung zu beurkunden; über das Verhalten des Notars, wenn solche Personen als Steigerungslustige anwesend sind, siehe § 223 GeschO. f. d. Not.

b) Diejenigen Bieter, welche an ihr Gebot gebunden bleiben, sind Beteiligte im Sinne der §§ 168 ff.

Das Ausgebot des Versteigerers hat die rechtliche Bedeutung einer Aufforderung zur Stellung von Vertragsanträgen; das Gebot des Bieters ist Vertragsantrag. Der Bieter bleibt daher an sein Gebot nach Maßgabe der §§ 145, 147, 156 BGB. gebunden, wenn nicht sein Gebot vom Versteigerer sofort abgelehnt oder ein Übergebot abgegeben oder die Versteigerung ohne Erteilung eines Zuschlages geschlossen wird; die Versteigerungsbedingungen können Abweichungen enthalten.

Zu dem Ansteigerer, dessen Gebot beurkundet wird, darf der Notar in keinem Verhältnisse der in § 170 N. 2 und 3 bezeichneten Art stehen.

c) Der Meistbietende, der an den Zuschlag gebunden bleibt, hat das Protokoll an sich nach § 177 Abs. 1 nach erfolgter Vorlesung und Genehmigung zu unterschreiben. Von dieser Regel bestehen jedoch zwei Ausnahmen, die eine hinsichtlich des Erfordernisses der Vorlesung und Genehmigung des ganzen Protokolls, die andere hinsichtlich des Erfordernisses der Unterschrift.

α) Werden nacheinander mehrere Gegenstände versteigert, sind sohin in einem Protokoll nacheinander mehrere Rechtsgeschäfte zu beurkunden, so kann das Vorlesen, Genehmigen und Unterschreiben für die einzelnen Gegenstände und Rechtsgeschäfte gesondert stattfinden, soferne nicht die sämtlichen Ansteigerer bis zum Schlusse der ganzen Versteigerung beisammen bleiben, sondern derjenige Meistbietende, welcher früher zum Zuge gekommene Gegenstände ersteigert hat, sich an der Versteigerung nicht weiter beteiligen will. Es kann dann ein solcher Beteiligter sofort nach Beurkundung seines Meistgebotes unterschreiben, während die Unterschrift des Versteigerers und Unterschrift und Siegel des Notars erst nach der Beurkundung der ganzen Verhandlung mit Wirksamkeit für alle einzelnen Akte am Schlusse der Urkunde beigesetzt wird (§ 171 der GeschO.).

β) Nach § 181 **Satz 2** ist es aber zur Giltigkeit der Urkunde über die Versteigerung überhaupt nicht erforderlich, daß der Ansteigerer unterschreibt. Entfernt er sich vor dem Schlusse der Verhandlung, selbst vor der Erteilung des Zuschlages, ohne unterzeichnet zu haben, so genügt an Stelle seiner Unterschrift die Angabe des Grundes, aus welchem die Unterzeichnung unterblieben ist. Es ist also in dem Protokoll festzustellen, daß sich der Ansteigerer vor der Unterschrift entfernt hat, um die Annahme zu beseitigen, daß dessen Unterschrift übersehen oder sonst trotz seiner Anwesenheit nicht erteilt worden ist; denn in diesem Falle wäre die Beurkundung nichtig.

Der Grund der Entfernung des Ansteigerers ist an sich gleichgiltig, wenn die Entfernung nur nicht etwa als Verweigerung der Unterschrift aufzufassen ist; denn auch in diesem Falle wäre die Beurkundung nichtig (Schneider N. 6, Franz in DNotV. 6 161; a. M. mit Unrecht Weißler N. 3, der annimmt, daß die Angabe des Grundes für das Fehlen der Unterschrift auch die verweigerte Unterschrift ersetze).

Mit der Notwendigkeit der Unterzeichnung durch den Ansteigerer entfällt aber auch die Notwendigkeit der Vorlesung und Genehmigung des Protokolls (Franz a. a. O.); die Genehmigung der schon verlesenen Versteigerungsbedingungen liegt allerdings schon in der Abgabe eines Gebotes auf dieselben hin (siehe Wellstein N. 3 zu § 181).

Über die Anwendbarkeit der Vorschrift des Satz 2 bei der Versteigerung von Grundstücken, aber die Unanwendbarkeit bei der Auflassung siehe oben N. 2.

4. Handelt es sich bei der Beurkundung einer Versteigerung nicht um die Feststellung der einzelnen Rechtsgeschäfte, sondern nur um die Feststellung des Versteigerungsverfahrens und der Erlöse, wie es in der Regel dann der Fall ist, wenn bei Versteigerungen beweglicher Sachen der Erlös der angesteigerten Sachen sofort gegen Aushändigung derselben bar zu bezahlen ist, so bedarf es weder einer Unterzeichnung durch die Meistbietenden — also auch nicht der Feststellung ihrer Entfernung ohne Abgabe der Unterschrift — noch ihrer Aufführung im Protokoll (§ 224 der GeschO.).

§ 182.

Die Ausfertigung der Protokolle über die gerichtliche Beurkundung eines Rechtsgeschäfts ist von dem Gerichtsschreiber zu unterschreiben und mit dem Gerichtssiegel zu versehen.

Auf Antrag können die Protokolle auch auszugsweise ausgefertigt werden.

Ausfertigung gerichtlicher Protokolle.

1. Ausfertigungen sind diejenigen Abschriften und Auszüge gerichtlicher Urkunden, welche bestimmt sind, im Verkehr die bei den Gerichtsakten verbleibende Urschrift zu ersetzen. Von den Ausfertigungen sind zu unterscheiden die beglaubigten Abschriften. Die Ausfertigungen haben im Rechtsverkehr dieselbe Bedeutung wie die

Urschrift, während die Vorlegung einer gewöhnlichen beglaubigten Abschrift vielfach, so z. B. wenn es sich um den Nachweis einer Vollmacht handelt, nicht genügt.

Protokoll im Sinne des § 182 ist der über die betreffende Verhandlung aufgenommene, von allen Beteiligten und von den mitwirkenden Personen unterzeichnete, mithin ganz fertige Akt (RG. im Recht **02** 210 Nr. 994). Nur von einem solchen fertigen Akte dürfen also Ausfertigungen erteilt werden. Mit auszufertigen ist auch eine gemäß § 176 Abs. 2 dem Protokoll als Anlage beigefügte Schrift (Werner in DNotV. **02** 248).

2. Zuständig zur Erteilung der Ausfertigungen ist ausschließlich der Gerichtsschreiber, nicht der Richter. Dieser bestimmt aber, wem eine Ausfertigung zu erteilen ist. Örtlich zuständig ist der Gerichtsschreiber des Gerichts, bei dem die Urkunde verwahrt ist; eine landesrechtliche Vorschrift über die Verwahrung der von einem Gericht aufgenommenen Urkunden besteht in Bayern nicht; in anhängigen Sachen werden die Urkunden übungsgemäß den betreffenden Akten (über die Vormundschaft, den Nachlaß) einverleibt und nicht gesondert verwahrt (siehe BayObLG. **6** 659). Der beglaubigende Gerichtsschreiber braucht nicht derselbe zu sein, der etwa bei der Beurkundung mitgewirkt hat.

3. Für die Form der Ausfertigung schreibt § 182 lediglich vor, daß die Ausfertigung von dem Gerichtsschreiber zu unterschreiben und mit dem Gerichtssiegel zu versehen ist; auch landesrechtlich bestehen in Bayern für die Ausfertigungen der von den Gerichten errichteten Urkunden über Rechtsgeschäfte keine besonderen Vorschriften. Für Urkunden, die vollstreckbar ausgefertigt werden, gelten die Vorschriften der ZPO. und der §§ 32 ff. der Geschäftsanweisung f. d. Gerichtsschreibereien (JMBl. **02** 1).

Ein Unterschied zwischen Siegel und Stempel (dem Abdruck eines Siegelzeichens, der auf einem mit der Urkunde verbundenem weichen selbständigen Stoffe — Lack, Oblaten — erfolgt, und dem unmittelbar auf das Urkundenpapier mittels Farbstoff oder Presse erfolgten Abdruck) ist mit Schmitt in SeuffBl. **65** 497, Schneider N. 4 zu § 182 nicht zu machen; siehe auch RG. im Recht **00** 195 zu § 317 ZPO., ferner Keyßner im Recht **00** 258; die entgegengesetzte Ansicht ist vertreten vom KG. in OLG. **1** 96, SeuffA. **56** 188, von Klein im Recht **01** 113; siehe auch Recht **00** 210. Landesgesetzliche beschränkende Vorschriften über den Gebrauch von Siegel und Stempel (wie in Preußen und Sachsen, SeuffBl. **66** 39) sind in Bayern nicht erlassen; bei Ausfertigung notarieller Urkunden ist Siegel oder Stempel ausdrücklich erlaubt (Art. 40 NotG.).

Über die Erteilung der vollstreckbaren Ausfertigung der Verträge über den Unterhalt unehelicher Kinder, insbesondere der von einem ersuchten Gerichte aufgenommenen, siehe Keidel, Handb. § 37 S. 149.

4. In auszugsweise Ausfertigungen (Abs. 2) sind stets die Angaben aufzunehmen, durch welche die Einhaltung der erforderlichen Förmlichkeiten nachgewiesen wird. Den Umfang der Auszüge bestimmt der Richter, nicht der Gerichtsschreiber.

5. § 182 bezieht sich ausschließlich auf die Ausfertigungen der von einem **Richter** aufgenommenen Urkunden über **Rechtsgeschäfte**; für die Ausfertigungen notarieller Urkunden sind die Landesgesetze maßgebend. Vergl. hierüber Art. 39 ff. NotG., §§ 179—187 GeschO. f. d. Not.

§ 183.

Die gerichtliche oder notarielle Beglaubigung einer Unterschrift darf nur erfolgen, wenn die Unterschrift in Gegenwart des Richters oder des Notars vollzogen oder anerkannt wird.

Die Beglaubigung geschieht durch einen unter die Unterschrift zu setzenden Vermerk. Der Vermerk muß die Bezeichnung desjenigen, welcher die Unterschrift vollzogen oder anerkannt hat, enthalten und den Ort und den Tag der Ausstellung angeben sowie mit Unterschrift und Siegel oder Stempel versehen sein.

Diese Vorschriften finden auf die gerichtliche oder notarielle Beglaubigung eines Handzeichens entsprechende Anwendung.

Verfahren bei der Beglaubigung.

1. Über die ausschließliche Zuständigkeit der Notare zur Beglaubigung von Unterschriften und Handzeichen in Bayern siehe § 15 Abs. 2 Satz 2 AG. z. GVG., Art. 1 NotG. und N. 2. zu § 167.

Die Verfahrensvorschriften des § 183 finden sonach in Bayern nur für die Beglaubigungen durch einen Notar, nicht auch für diejenigen durch andere Behörden Anwendung.

Ausführungsvorschriften auf Grund des § 200 FGG. enthalten Art. 35 NotG. und die §§ 205 ff. GeschO. f. d. Not.

§ 183 bezieht sich nicht nur auf die Beglaubigung der Unterschrift rechtsgeschäftlicher Erklärungen, sondern gilt für jede notarielle Unterschriftsbeglaubigung, einerlei welchen Inhalts ein über der zu beglaubigenden Unterschrift befindlicher Text sein mag oder ob über der Unterschrift überhaupt ein Text sich befindet, also auch für die Beglaubigung von Zeichnungen (Franz in DNot. **04** 65; siehe auch N. 2).

2. Voraussetzung der Beglaubigung einer Unterschrift:

Beglaubigt kann nur eine handschriftlich, nicht eine auf mechanischem Wege hergestellte Unterschrift werden; Leserlichkeit ist nicht erforderlich (Josef in DJZ. **03** 270 gegen Michels ebenda 143).

Beglaubigt kann nur die Unterschrift einer physischen Person, nicht diejenige einer juristischen Person werden; wird für eine solche eine zu beglaubigende Unterschrift abgegeben, so wird die Unterschrift ihres gesetzlichen Vertreters beglaubigt.

Beglaubigt werden kann nicht bloß die Unterschrift mit dem bürgerlichen Namen, sondern auch eine solche mit einem Künstlernamen oder einem Pseudonym (Josef N. 3c), ferner auch die Unterschrift mit dem Firmennamen einer Einzelfirma; aus dem Beglaubigungsvermerk (N. 3) muß aber hervorgehen, wer die Unterschrift abgegeben hat (Josef N. 2b).

Beglaubigt werden kann nur die eigene Unterschrift des Unterzeichnenden oder Anerkennenden, nicht eine von diesem für eine andere physische Person abgegebene Unterschrift (Dorner N. 2b).

Beglaubigung einer **Blankounterschrift** ist nur zulässig, wenn die Unterschrift für sich beglaubigt werden soll, so z. B. zum Zwecke der Einreichung bei dem Registergericht, oder wenn die Unterschrift als solche schon die Erklärung enthält, wie beim Wechselakzept, dagegen nicht, wo die Unterschrift zu einer schriftlichen Erklärung gehört und dazu dient, diese zu bestätigen, wie bei der Schriftform nach § 129 BGB. (Schneider N. 3, Dorner N. 2a, Huther in DJZ. **03** 292, Kaisenberg-Dennler, NotG. N. 4 zu Art. 35, a. M. und für unbeschränkte Zulässigkeit Rausnitz N. 2, Josef, Lehrb. 432, ferner N. 2 zu § 183 und in DNotZ. **3** 545 auf Grund von Schlußfolgerungen aus dem preußischen Rechte, das Kenntnisnahme von der unterzeichneten Erklärung durch den beglaubigenden Beamten verbietet — siehe dagegen für Bayern unten N. 4b,

Frank in DJZ. **02** 198). Die Beglaubigung einer Blankounterschrift soll ersehen lassen, daß eine Schrift, welcher der Name (oder das Handzeichen) als Unterschrift (oder Unterzeichnung) gedient hätte, bei der Beglaubigung nicht vorhanden war (§ 215 GeschO. f. d. Not.).

Die Vornahme der Beglaubigung setzt voraus (Abs. 1), daß die Unterschrift

entweder in Gegenwart des Notars vollzogen

oder in seiner Gegenwart von demjenigen, der sie vollzogen hat, persönlich anerkannt wird; schriftliche Anerkennung, Anerkennung durch einen Vertreter oder Anerkennung gegenüber einem Vertreter des Notars genügt selbst dann nicht, wenn der Notar daraus die Überzeugung von der Echtheit der Unterschrift gewonnen haben sollte (§ 205 GeschO.; ebenso Franz in DNotV. **04** 74, a. M. Josef in DNotV. **4** 372, Bollenbeck in RheinNotZ. **05** 229).

Ein Verstoß gegen die Vorschrift des Abs. 1 bewirkt nicht die Nichtigkeit der Beglaubigung. Der Beweis, daß die Vorschrift nicht befolgt sei, ist zulässig und wird damit die Beglaubigung ihrer Beweiskraft dafür beraubt, daß die Unterschrift von demjenigen herrührt, von dem sie nach ihrem Inhalt und dem Beglaubigungsvermerk herrühren soll. Aber sie bleibt trotzdem, wo sie als Form vorgeschrieben ist, giltig, so daß eine Erklärung, die unter Verletzung des Abs. 1 beglaubigt ist, wirksam bleibt, soferne nur die Unterschrift echt ist (Rausnitz N. 6 und nach ihm Wellstein N. 4).

Ob Anerkenntnis der Unterschrift genügt, bemißt sich nach dem bürgerlichen Rechte; sie genügt z. B. nicht bei der Firmenzeichnung zum Zwecke der Einreichung; hier muß vielmehr die persönliche Herstellung der Firmenzeichnung als solche vom Notar bezeugt sein (Kaufmann im ZBl. **4** 467, RG. **54** 168, a. M. Franz in DNotV. **04** 65).

3. Form und Inhalt der Beglaubigung: Die Aufnahme eines Protokolls oder einer Urkunde über die Beglaubigung ist nicht erforderlich. Es braucht insbesondere nicht beurkundet zu werden, daß die Vollziehung oder Anerkennung der Unterschrift in Gegenwart des Notars erfolgt ist (ZBl. **7** 725). Feststellung der Anerkennung ist angeraten in § 211 Abs. 1 der GeschO.

Zur Beglaubigung genügt ein unter die Unterschrift zu setzender Vermerk. Derselbe ist auf die Urkunde, auf welcher sich die zu beglaubigende Unterschrift befindet, und zwar regelmäßig unmittelbar unter diese zu setzen (§ 213 GeschO., ebenda Vorschriften über Anheftung eines Bogens bei Raummangel). Daß der Beglaubigungsvermerk unmittelbar unter die Unterschrift gesetzt werde, ist zur Giltigkeit desselben nicht erforderlich; es ist nicht ausgeschlossen, daß sich zwischen der Unterschrift und dem Vermerk eine weitere Niederschrift, insbesondere einer Parteierklärung befindet (ZBl. **5** 28, OLG. **8** 378).

Für den Beglaubigungsvermerk ist reichsrechtlich folgender Inhalt vorgeschrieben (Abs. 2):

Bezeichnung desjenigen, welcher die Unterschrift vollzogen oder anerkannt hat (ebenso genau, wie er in einem notariellen Protokoll zu bezeichnen wäre, also nach Vor- und Zuname, Stand oder Gewerbe, Wohnort und eventuellen Beinamen zur Unterscheidung von gleichnamigen Personen § 211 mit § 163 GeschO.);

Angabe des Ortes und des Tages der Ausstellung des Vermerkes, nicht etwa des Vollzuges oder der Anerkennung der Unterschrift, wenn diese nicht zusammen fallen;

die Unterschrift des Notars und dessen Amtssiegel.

Ein Verstoß gegen diese reichsgesetzlichen Vorschriften nimmt dem vorgenommenen Akte den Charakter einer Beglaubigung und bewirkt dessen Nichtigkeit.

Nach § 211 der GeschO. muß der Vermerk auch noch die Bestätigung enthalten, daß die Unterschrift „echt" sei, d. h. von der in dem Vermerk bezeichneten Person herrühre. Beispiele siehe in § 212 der GeschO.

4. Verfahren: Auf das Verfahren bei der Beglaubigung finden nach Reichsrecht die Vorschriften der §§ 169—182 keine Anwendung. Es gelten also insbesondere auch nicht die Vorschriften der §§ 170, 171 über die Ausschließung (sondern die des Art. 15 NotG.) und diejenigen über die Zuziehung von Dolmetschern (siehe hiezu § 207 der GeschO.; dem Notar ist es zu überlassen, wenn die Person blind, taub, stumm, am Sprechen sonst verhindert, der deutschen Sprache nicht mächtig oder des Lesens oder Schreibens unkundig ist, nach pflichtgemäßem Ermessen die Vorkehrungen zu treffen, welche geeignet erscheinen, Zweifel und Täuschungen auszuschließen).

Eine Reihe von Verfahrensvorschriften enthalten für **Bayern** Art. 35 NotG. und die §§ 206 ff. der GeschO.

a) Feststellung der Identität der Person, deren Unterschrift beglaubigt wird: Die Vorschrift des § 176 Abs. 3 FGG. findet mit der Maßgabe Anwendung, daß der Notar, wenn er die Person kennt, dies nicht ausdrücklich in dem Beglaubigungsvermerk zu erwähnen braucht (Art. 35 Satz 2).

Von der Identität soll sich der Notar in derselben Weise Gewißheit verschaffen, wie es für die Beurkundung der Rechtsgeschäfte vorgeschrieben ist (siehe § 275 der GeschO. und N. 6 zu § 176). Hat der Notar erst bei Gelegenheit der Beglaubigung sich die Gewißheit von der Persönlichkeit des Beteiligten verschafft, so soll dies und die Art der Legitimierung aus dem Vermerk ersichtlich sein.

Kann sich der Notar von der Identität der Person nicht überzeugen, so wird er in der Regel veranlaßt sein, die Beglaubigung als nutzlos abzulehnen; nimmt er die Beglaubigung aus wichtigen Gründen doch vor, so muß aus dem Vermerk ersichtlich sein, was zur Feststellung der Persönlichkeit beigebracht ist und daß sich der Notar von der Identität der Person nicht hat überzeugen können (§ 206 der GeschO.).

b) Kenntnisnahme von dem Inhalt der unterzeichneten Erklärung: Diese schreibt Art. 35 Satz 1 NotG. dem Notar vor; über die Wirkung und die Folgen der Auflage dieser Verpflichtung siehe Kaisenberg-Dennler, NotG. N. 1—3 zu Art. 35. Weigern sich die Beteiligten, sie zu gestatten, so ist der Notar zur Ablehnung der Vornahme der Beglaubigung veranlaßt (§ 208 Abs. 2 der GeschO.). Wegen des Verfahrens, wenn das Schriftstück in einer fremden Sprache oder in fremden Schriftzeichen abgefaßt ist, siehe § 208 Abs. 3 der GeschO.

Macht der Notar bei der Kenntnisnahme von dem Inhalt des Schriftstückes Wahrnehmungen, die geeignet sind, Zweifel darüber zu begründen, ob ein Beteiligter die zu dem Rechtsgeschäft erforderliche Geschäftsfähigkeit besitzt oder zweifelt er sonst an der Giltigkeit des Geschäfts und gelingt es nach Mitteilung an die Beteiligten nicht, die Zweifel zu beseitigen, so soll er im Anschluß an den Beglaubigungsvermerk vor der Beisetzung seiner Unterschrift eine entsprechende Feststellung machen (Art. 35 Satz 2 mit Art. 28 NotG., § 209, Abs. 2, 3 der GeschO.).

Macht der Notar bei der Kenntnisnahme von dem Inhalte des Schriftstückes die Wahrnehmung, daß dasselbe ein Geschäft enthält, welches gegen ein Strafgesetz verstößt oder nur zum Schein oder zum Scherz vorgenommen werden soll, so hat er die Beglaubigung zu verweigern (§ 209 der GeschO., Art. 16 NotG.).

Vor der Beglaubignng von Erklärungen und Verträgen über Grundstücke, über Rechte an solchen und über Rechte, die den Grundstücken gleichstehen, hat der Notar das Grundbuch und das Hypothekenbuch ebenso einzusehen, wie er es vor der Beurkundung solcher Erklärungen und Verträge zu tun hätte (Art. 35 mit Art. 30 NotG., §§ 210, 90—93 der GeschO.).

5. Auf die **Beglaubigung von Handzeichen** (siehe N. 2 zu § 176) finden sowohl die reichsgesetzlichen Vorschriften des § 183 Abs. 1, 2 als die landesgesetzlichen Ausführungsvorschriften entsprechende Anwendung (Art. 35 NotG., § 214 der GeschO.).

Handzeichen ist das von einem Schreibensunkundigen oder einer durch sonstige Umstände am Schreiben verhinderten Person an Stelle der Namensunterschrift abgegebenen Zeichen; auf diese Fälle allein beschränkt sich die Zulässigkeit des Handzeichens.

6. Wegen der Gebühr für die Beglaubigung von Unterschriften und Handzeichen siehe Art. 45, 46 NotGebO.

§ 184.

Für die nach § 167 den Amtsgerichten obliegenden Verrichtungen sind in Ansehung solcher Personen, die zur Besatzung eines in Dienst gestellten Schiffes der Kaiserlichen Marine gehören, oder die in anderer Eigenschaft an Bord eines solchen Schiffes sind, auch die Geschwaderauditeure zuständig, solange das Schiff sich außerhalb eines inländischen Hafens befindet. Den Schiffen stehen die sonstigen Fahrzeuge der Kaiserlichen Marine gleich.

Die Ausfertigung der Protokolle über die Beurkundung eines Rechtsgeschäfts ist von dem Auditeur zu unterschreiben und mit dem Gerichtssiegel zu versehen.

Die Vorschriften des Artikels 44 des Einführungsgesetzes zum Bürgerlichen Gesetzbuche bleiben unberührt.

Beurkundung und Beglaubigung auf Schiffen der Kaiserlichen Marine.

An die Stelle der Geschwaderauditeure sind zufolge § 20 EG. z. MilStrPO. vom 1. 12. 98 (RGBl. 1289) die Kriegsgerichtsräte und Oberkriegsgerichtsräte getreten.

Die Vorschrift gilt für alle an Bord befindlichen Personen, gleichviel in welcher Eigenschaft sie sich dort befinden und ob sie zur Besatzung in irgend einer Beziehung stehen, also auch für aufgenommene Schiffbrüchige.

Durch Abs. 3 ist festgestellt, daß sich die Zuständigkeit der Kriegsgerichtsräte für die Beurkundung letztwilliger Verfügungen der in Abs. 1 bezeichneten Personen auch künftig lediglich nach den Vorschriften des Art. 44 EG. z. BGB. in Verbindung mit § 44 RMilG. regelt.

Über die Zuständigkeit im Heere im Felde siehe § 1 N. 1 des Ges. über die freiwillige Gerichtsbarkeit und andere Rechtsangelegenheiten in Heer und Marine vom 28. 5. 01 (RGBl. 185). Durch § 9 dieses Gesetzes ist § 39 Abs. 2 des RMilG. vom 2. 5. 74 aufgehoben.

Elfter Abschnitt.

Schlußbestimmungen.

§ 185.

Dieses Gesetz tritt gleichzeitig mit dem Bürgerlichen Gesetzbuch in Kraft.

Die Artikel 2 bis 5, 32 des Einführungsgesetzes zum Bürgerlichen Gesetzbuche finden entsprechende Anwendung.

Zeitpunkt des Inkrafttretens. Verhältnis zu anderen Rechtsnormen.

1. Das Gesetz trat nach § 185 Abs. 1 in Verbindung mit Art. 1 EG. z. BGB. am 1. Januar 1900 in Kraft. Eine teilweise Ausnahme besteht hinsichtlich des § 54, der erst mit der Anlegung des Grundbuchs in Wirksamkeit treten kann; vergleiche Note 1 zu § 54.

2. Nach den in Abs. 2 für entsprechend anwendbar erklärten Art. 2 bis 5, 32 EG. z. BGB. gilt Folgendes;

a) **Gesetz** im Sinne dieses Gesetzes ist jede Rechtsnorm, also auch das Gewohnheitsrecht und die Verordnungen im formellen Sinne, soferne sie Rechtssätze enthalten, die Staatsverträge des Reichs oder eines Bundesstaats (Art. 2).

b) Soweit in diesem Gesetze die Regelung den Landesgesetzen vorbehalten (vergleiche § 189) oder bestimmt ist, daß landesgesetzliche Vorschriften unberührt bleiben, (§§ 190, 191 Abs. 1, §§ 192, 193, 198) oder erlassen werden können (§ 191 Abs. 2, §§ 195, 197, 200), bleiben die bestehenden landesgesetzlichen Vorschriften in Kraft und können neue landesgesetzliche Vorschriften erlassen werden (Art. 3).

c) Soweit in Reichsgesetzen oder in Landesgesetzen auf Vorschriften verwiesen ist, welche durch dieses Gesetz außer Kraft gesetzt werden (siehe §§ 186—188), treten an deren Stelle die entsprechenden Vorschriften dieses Gesetzes (Art. 4).

d) Als **Bundesstaat** im Sinne dieses Gesetzes (vergleiche z. B. §§ 36, 66, 73) gilt auch das Reichsland Elsaß-Lothringen (Art. 5).

e) Die Vorschriften der Reichsgesetze bleiben in Kraft; sie treten jedoch insoweit außer Kraft, als sich aus diesem Gesetz die Aufhebung ergibt (Art. 32).

Da in § 1 FGG. allgemeine Vorschriften, welche von den Vorschriften des 1. Abschnittes dieses Gesetzes abweichen, ausdrücklich aufrecht erhalten sind, kann sich die Vorschrift der Abs. 2 mit Art. 32 EG. z. BGB. auf Vorschriften des 1. Abschnittes nicht beziehen (ebenso Rausnitz N. 6 zu § 185).

Der in der Denkschrift erwähnte Hauptanwendungsfall der Vorschrift des Art. 32, des Art. 39 Abs. 3 des Reichsmilitärgesetzes vom 2. Mai 1874, kommt jetzt nicht mehr in Betracht, da diese Vorschrift durch § 8 des Reichsgesetzes, betr. die freiwillige Gerichtsbarkeit und andere Rechtsangelegenheiten in Heer und Marine vom 28. Mai 1901 (RGBl. S. 125), aufgehoben ist.

§ 186.

Die Vorschriften der §§ 11, 66 des Gesetzes über die Beurkundung des Personenstandes und die Eheschließung vom 6. Februar 1875 (Reichs-Gesetzbl. S. 23) werden insoweit aufgehoben, als sie der Landesgesetzgebung die Befugnis gewähren, das gerichtliche Verfahren abweichend zu regeln.

Abänderung des Personenstandsgesetzes.

Über die §§ 11, 66 des Personenstandsgesetzes vergleiche die Noten zu § 69. Es kam in beiden §§ der Satz: „insoweit die Landesgesetze nicht ein anderes bestimmen" in Wegfall, um jeden Zweifel auszuschließen, daß auch für das Rechtsgebiet des Personenstandsgesetzes ein allgemeiner Vorbehalt zu Gunsten der Landesgesetzgebung nicht mehr gilt (D. 91). Es finden also auch die Vorschriften des 1. Abschnittes des FGG. ausnahmslos Anwendung; hinsichtlich der Beschwerdeführung sind abweichende landesgesetzliche Vorschriften ausgeschlossen. Damit ist Art. 172 des AG. z. ZPO. u. KO. vom 23. Februar 1879, welcher das Verfahren bei Antrag auf Berichtigung einer Eintragung im Standesregister und die Zuständigkeit für die Pfalz regelte, außer Wirksamkeit gesetzt; die Vorschrift ist übrigens in Art. 166 Nr. XVI AG. z. BGB. ausdrücklich aufgehoben.

Zur Ergänzung und Ausführung der im Personenstandsgesetz und in diesem Gesetz enthaltenen Vorschriften können landesgesetzliche Vorschriften erlassen werden (§ 200 FGG.)

§ 187.

Der § 150 des Gesetzes, betreffend die Erwerbs- und Wirtschaftsgenossenschaften, vom 1. Mai 1889 (Reichs-Gesetzbl. S. 55) wird aufgehoben.

Abänderung des Gesetzes betr. die Erwerbs- und Wirtschaftsgenossenschaften.

Die Vorschrift bezog sich auf den § 150 des Gesetzes betr. die Erwerbs- und Wirtschaftsgenossenschaften in der alten Fassung vom 1. Mai 1889, welcher die Beschwerde gegen Entscheidungen über Anträge auf Eintragungen in das Genossenschaftsregister oder in die Liste der Genossen regelte und in der Textierung vom 20. Mai 1898 schon weggelassen ist. Es gelten jetzt für die Beschwerde die allgemeinen Vorschriften des 1. Abschnittes dieses Gesetzes.

§ 188.

Der § 11 Abs. 2 des Gesetzes, betreffend das Reichsschuldbuch, vom 31. Mai 1891 (Reichs-Gesetzbl. S. 321) wird dahin geändert:

Zur Ausstellung dieser Bescheinigungen ist das Nachlaßgericht und, falls der Erblasser zur Zeit des Erbfalls im Inlande weder Wohnsitz noch Aufenthalt hatte, auch derjenige Konsul des Reichs zuständig, in dessen Amtsbezirke der Erblasser zur Zeit des Erbfalles den Wohnsitz oder Aufenthalt hatte, sofern dem Konsul von dem Reichskanzler die Ermächtigung zur Ausstellung solcher Bescheinigungen erteilt sei.

Abänderung des Gesetzes über das Reichsschuldbuch.

§ 11 Abs. 1 betrifft die Legitimation der Rechtsnachfolger von Todeswegen zur Verfügung über eine ins Reichsschuldbuch eingetragene Forderung durch Vorlage von Bescheinigungen über ihr Erbrecht beziehungsweise ihr Verfügungsrecht über die eingetragene Forderung.

Der Nachweis des Verfügungsrechts kann nach jetzigem Recht auch durch einen eventuell beschränkten Erbschein geliefert werden (§§ 2353 ff., 2369 BGB.).

Abs. 2 regelte bisher die Zuständigkeit zur Erteilung der in Abs. 1 gedachten besonderen Bescheinigungen. Die Änderung stellt die Übereinstimmung mit den Zuständigkeitsnormen des FGG. her. Zuständig ist künftig das Nachlaßgericht (vergleiche §§ 72, 73 und die Anmerkungen hiezu), wenn der Erblasser zur Zeit seines Todes im Inlande Wohnsitz oder Aufenthalt hatte, und, wenn dies nicht der Fall war, sowohl das Nachlaßgericht als derjenige Reichskonsul, in dessen Amtsbezirk der Erblasser zur Zeit des Erbfalls seinen Wohnsitz oder seinen gewöhnlichen Aufenthalt hatte, soferne dem Konsul von dem Reichskanzler die Ermächtigung zur Ausstellung solcher Bescheinigungen erteilt ist.

§ 189.

Soweit im Einführungsgesetze zum Bürgerlichen Gesetzbuche zu Gunsten der Landesgesetze Vorbehalte gemacht sind, gelten sie auch für die Vorschriften der Landesgesetze über diejenigen Angelegenheiten der freiwilligen Gerichtsbarkeit, welche Gegenstand dieses Gesetzes sind; den Landesgesetzen stehen nach Maßgabe der Artikel 57, 58 des Einführungsgesetzes zum Bürgerlichen Gesetzbuche die Hausverfassungen gleich.

Allgemeine Vorbehalte zu Gunsten der Landesgesetze.

1. Während § 200 der Landesgesetzgebung nur gestattet, Vorschriften zur Ergänzung und Ausführung der reichsgesetzlichen Vorschriften zu erlassen, erlaubt § 189 auch abweichende Bestimmungen über das Verfahren innerhalb der nach den Vorschriften des EG. z. BGB. der Landesgesetzgebung vorbehaltenen Rechtsgebiete. Soweit also nach den Vorschriften des 3. Abschnittes des EG. z. BGB. (Art. 55—152) privatrechtliche Vorschriften der Landesgesetze in Kraft bleiben, bezw. nach § 185 FGG. mit Art. 3 EG. z. BGB. neue solche Vorschriften erlassen werden können, steht es der Landesgesetzgebung auch frei, das Verfahren selbständig und unabhängig von den Vorschriften der Reichsgesetze, insbesondere des FGG. zu regeln.

Dies gilt übrigens nicht bloß hinsichtlich der im EG. z. BGB. der Landesgesetzgebung vorbehaltenen Materien, sondern auch bezüglich der in anderen Reichsgesetzen gemachten Vorbehalte (Rausnitz N. 1 zu § 189).

Soweit Vorbehalte in den Übergangsbestimmungen (4. Abschnitt des EG. z. BGB. Art. 153 ff.) enthalten sind, muß das Gleiche gelten. Es bleibt also in dieser Richtung bei den bisherigen Verfahrensvorschriften; dies war insbesondere im Hinblick auf Art. 213 EG. z. BGB. für die Behandlung des Nachlasses von Personen von Bedeutung, die vor dem 1. Januar 1900 gestorben waren; siehe hierüber Josef N. 1 zu § 189, Staudinger VI, N. II zu Art. 213, dagegen Wolff im ZBl. **3** 273.

2. Für **Bayern** siehe hinsichtlich der Aufrechterhaltung älterer Vorschriften Art. 1 AG. z. BGB.

Nach Maßgabe des § 189 sind in Bayern aufrecht erhalten:

auf Grund der Art. 57, 58 EG. z. BGB. die Vorschriften des Tit. IX §§ 3—9, Tit. III § 1 des Familienstatuts vom 5. 8. 1819 (siehe Becher Landeszivilrecht 74, 75, 78) über die Regelung der Vormundschaftssachen und Nachlaßsachen des Königs und der Königlichen Prinzen und Prinzessinnen, ferner die §§ 7, 10 der IV. Beilage zur Verfassungsurkunde über die Verlassenschaftsverhandlungen und Vormundschafssachen der standesherrlichen Familienglieder (Becher a. a. O. 94, 95, Keidel Handb. 7);

auf Grund des Art. 59 EG. z. BGB. die Familienfideikommißgesetzgebung, ferner das Gesetz vom 12. 2. 1855, die landwirtschaftlichen Erbgüter betr. in der Fassung des Art. 152 AG. z. BGB. (Keidel, Handb. § 96);

auf Grund des Art. 74 EG. z. BGB. die Vorschriften über Konstatierung dinglicher Gewerberechte (Keidel, a. a. O. § 95);

auf Grund des Art. 113 EG. z. BGB. die Vorschriften des Gesetzes vom $\frac{29.\ 5.\ 1886}{9.\ 6.\ 1899}$, betr. die Flurbereinigung (Keidel § 100);

auf Grund des Art. 118 EG. z. BGB. die Vorschriften des Gesetzes vom 21. 4. 1884, die Landeskulturrentenanstalt betr. in der Fassung des Art. 170 Nr. V AG. z. BGB. (Keidel a. a. O. § 99);

auf Grund des Art. 120 EG. z. BGB. die Vorschriften des Gesetzes vom 15. 6. 1898, das Unschädlichkeitszeugnis betr. (Keidel a. a. O. § 101).

Auf dem Vorbehalt des § 189 mit Art. 135 EG. z. BGB. beruht das Zwangserziehungsgesetz vom 10. 5. 02.

Die allgemeinen Vorschriften der §§ 2 bis 27, 29 bis 34 und die des § 199 Abs. 2 FGG. gelten, soweit nicht in den einzelnen Gesetzen ein anderes vorgeschrieben ist, auch für die in den erwähnten Gesetzen geregelten Angelegenheiten (Art. 129 AG. z. BGB.).

§ 190.

Unberührt bleiben die landesgesetzlichen Vorschriften, welche für den Fall, daß nach Artikel 147 des Einführungsgesetzes zum Bürgerlichen Gesetzbuche die dem Vormundschaftsgericht obliegenden Verrichtungen durch Landesgesetz anderen Behörden als den Amtsgerichten übertragen sind, über den Vorsitz im Familienrate Bestimmung treffen.

Vorsitz im Familienrat.

Nach § 1860 BGB. ist der Vormundschaftsrichter Vorsitzender des Familienrats. Die Ermächtigung für die Landesgesetzgebung zur Aufrechterhaltung von Sondervorschriften ist nötig für den Fall, daß nach Landesgesetz andere Behörden die reichsrechtlich dem Vormundschaftsgerichte obliegenden Verrichtungen zu besorgen haben.

Die Vorschrift hat für Bayern keine Bedeutung, da die Geschäfte des Vormundschaftsgerichts vom Amtsgericht versehen werden.

§ 191.

Unberührt bleiben die landesgesetzlichen Vorschriften, nach welchen für die Aufnahme der nach dem § 1718 und dem § 1720 Abs. 2 des Bürgerlichen Gesetzbuchs erforderlichen öffentlichen Urkunden sowie für die öffentliche Beglaubigung einer Unterschrift außer den Amtsgerichten und Notaren auch andere Behörden oder Beamte zuständig sind.

Durch Landesgesetz kann die Zuständigkeit der Amtsgerichte für die öffentliche Beglaubigung einer Unterschrift oder eines Handzeichens ausgeschlossen werden.

Zuständigkeit zur Aufnahme von Urkunden nach den §§ 1718 und 1720 Abs. 2 BGB., zur Beglaubigung von Unterschriften und Handzeichen.

1. Die Anerkennung der Vaterschaft zu einem unehelichen oder durch nachfolgende Ehe legitimierten Kinde muß nach den §§ 1718, 1720 Abs. 2 BGB. in einer öffentlichen Urkunde geschehen. § 167 Abs. 2 Satz 2 FGG. stellt die Zuständigkeit der Amtsgerichte (Richterbeamten), der Notare und der Standesbeamten für diese Beurkundung fest. § 191 Abs. 1 läßt die Zuständigkeit weiterer Behörden und Beamten neben den reichsrechtlich zuständigen nach Landesrecht zu. Es bleiben also ältere Vorschriften, nach denen eine solche Zuständigkeit gegeben war, aufrecht und können neue Vorschriften dieses Inhalts erlassen werden.

In **Bayern** ist von diesem Vorbehalte nicht Gebrauch gemacht (BayObLG. 4 288).

2. Nach § 129 BGB. erfolgt die **öffentliche Beglaubigung von Unterschriften** durch die zuständige Behörde oder den zuständigen Beamten oder einen Notar. Nach § 167 Abs. 2 Satz 1 sind reichsrechtlich neben den Notaren die Amtsgerichte zuständig. Nach § 191 besteht ein doppelter Vorbehalt zu Gunsten der Landesgesetzgebung:

a) Landesrechtlich können nach aufrecht erhaltenen älteren oder neu geschaffenen Vorschriften außer den Amtsgerichten und Notaren andere Behörden zuständig sein (Abs. 1). In Bayern bestehen solche Vorschriften nicht.

b) Landesrechtlich kann die durch § 167 normierte Zuständigkeit der Amtsgerichte ausgeschlossen werden (Abs. 2).

In Bayern sind nach Art. 15 Abs. 2 Satz 2 AG. z. GVG. die Amtsgerichte für die öffentliche Beglaubigung einer Unterschrift nicht zuständig. Da auch andere Beamte oder Behörden nicht zuständig sind, besteht also in Bayern ausschließliche Zuständigkeit der Notare (Art. 1 NotG.; siehe auch N. 3 zu § 167).

3. Zur **Beglaubigung von Handzeichen** sind reichsrechtlich nach § 129 mit 126 BGB. die Gerichte oder Notare zuständig. Für die gerichtliche Beglaubigung sind nach § 167 Abs. 1 FGG. die Amtsgerichte zuständig. Andere Behörden oder Beamte können auch landesrechtlich nicht für zuständig erklärt werden. Dagegen kann nach § 191 Abs. 2 durch Ausschluß der Zuständigkeit der Amtsgerichte eine ausschließliche Zuständigkeit der Notare geschaffen werden.

In Bayern ist durch Art. 15 Abs. 2 Satz 2 AG. z. GVG. von dieser Befugnis Gebrauch gemacht; es sind lediglich die Notare für die Beglaubigung von Handzeichen zuständig (Art. 1 NotG.; siehe auch N. 2 zu § 167).

4. Über das Verfahren bei der Beglaubigung einer Unterschrift oder eines Handzeichens siehe § 183 FGG. und Art. 35 NotG.

§ 192.

Unberührt bleiben die landesgesetzlichen Vorschriften, nach welchen, wenn die Auseinandersetzung in Ansehung eines Nachlasses nicht binnen einer bestimmten Frist bewirkt ist, das Nachlaßgericht die Auseinandersetzung von Amts wegen zu vermitteln hat; auf die Auseinandersetzung finden die Vorschriften der § 88 bis 98 Anwendung.

Nachlaßauseinandersetzung von Amts wegen.

Von dem Vorbehalte ist in Bayern durch Art. 4 des NachlG. Gebrauch gemacht; siehe N. 10 zu § 86.

§ 193.

Unberührt bleiben die landesgesetzlichen Vorschriften, nach welchen für die gemäß § 99 den Amtsgerichten obliegenden Verrichtungen andere als gerichtliche Behörden zuständig sind, sowie die landesgesetzlichen Vorschriften, nach welchen in den Fällen der §§ 86, 99 an Stelle der Gerichte oder neben diesen die Notare die Auseinandersetzung zu vermitteln haben.

Auseinandersetzung eines Nachlasses oder einer Gütergemeinschaft.

Von dem Vorbehalte ist in Bayern durch Art. 6 und 8 des NachlG. Gebrauch gemacht; siehe N. 2 zu § 86.

§ 194.

Sind für die im § 1 bezeichneten Angelegenheiten nach Landesgesetz andere als gerichtliche Behörden zuständig, so gelten die in dem ersten Abschnitte für die Gerichte gegebenen Vorschriften auch für die anderen Behörden.

Als gemeinschaftliches oberes Gericht im Sinne der §§ 5, 46 gilt dasjenige Gericht, welches das gemeinschaftliche obere Gericht für die Amtsgerichte ist, in deren Bezirke die Behörden ihren Sitz haben. Durch Landesgesetz kann jedoch bestimmt werden, daß, wenn die Behörden in dem Bezirke desselben Amtsgerichts ihren Sitz haben, dieses als gemeinschaftliches oberes Gericht zuständig ist.

Die Vorschriften des § 8 über die Sitzungspolizei und über die Beratung und Abstimmung sowie die Vorschriften der §§ 6, 10, 11, des § 16 Abs. 2 und des § 31 finden keine Anwendung.

Durch die Vorschrift des Abs. 1 wird die Verpflichtung der gerichtlichen Behörden, gemäß § 2 Rechtshilfe zu leisten, nicht berührt.

Verfahren vor den landesgesetzlich zugelassenen Behörden.

1. Eine Übertragung von Angelegenheiten der freiwilligen Gerichtsbarkeit, welche durch Reichsgesetz den Gerichten übertragen sind (§ 1), an andere als gerichtliche Behörden kann erfolgen

auf Grund des Art. 147 in Vormundschaftssachen und Nachlaßsachen; von diesem Vorbehalt ist in Bayern für Vormundschaftssachen kein Gebrauch gemacht, in Nachlaßsachen nur hinsichtlich der Nachlaßsiegelung (vergl. Art. 167 AG. z. BGB. — Gerichtsschreiber —, Art. 2 Ziff. 2 NotG. — Notare —, Art. 105 AG. z. BGB. — Bürgermeister —, ferner N. 2 zu § 72);

auf Grund des § 193 (siehe die Note dortselbst);

auf Grund des § 120 BinnenSchG. (kommt für Bayern nicht in Betracht).

2. Die Anwendbarkeit der Vorschriften des § 194 auf die **Notare** kann in Bayern nicht zweifelhaft sein, weil hier die Notariate die Eigenschaft von Behörden haben (Becher Mat. VIII 33, 41).

Es gelten sonach in Bayern gemäß Abs. 1 auch für das Verfahren vor den Notaren neben den besonderen für die einzelnen Angelegenheiten erlassenen Vorschriften diejenigen des ersten Abschnittes dieses Gesetzes — insbesondere diejenigen über Zuständigkeit und Verfahren in der Beschwerdeinstanz, da Bayern von dem Vorbehalte des § 195 nicht Gebrauch gemacht hat — mit den sich aus **Abs. 3** ergebenden Ausnahmen; siehe wegen der Sitzungspolizei N. 4 zu § 8, wegen Ausschließung und Ablehnung N. 7 zu § 6. Ausgeschlossen ist ferner die Anwendung der Vorschrift über die Gerichtsferien (§ 10) über die Antragstellung vor dem Gerichtsschreiber (§ 11) und über die Erteilung des Rechtskraftzeugnisses (§ 31). Wegen der durch den Notar zu bewirkenden Zustellungen (§ 16 Abs. 2) siehe Art. 6 Abs. 2 NachlG., § 203 der GeschO. f. d. Not. (JMBl. 662); der Notar hat die erforderlichen Zustellungen von Amts wegen zu bewirken, wobei ihm auch die Verrichtungen des Gerichtsschreibers obliegen. Eine weitere Ausnahme von der Regel des Abs. 1 siehe in § 196.

3. Gemeinschaftliches oberes Gericht: Die allgemeinen Vorschriften des § 5 und die für Vormundschaftssachen geltenden Vorschriften des § 46 über die Anrufung eines gemeinschaftlichen oberen Gerichts können, wenn nichtrichterliche Behörden zuständig sind, nicht unmittelbar angewendet werden; deshalb bestimmt Abs. 2, daß als gemeinschaftliches oberes Gericht für mehrere in Betracht kommende nichtrichterliche Behörden dasjenige Gericht gilt, welches das gemeinschaftliche obere Gericht für die Amtsgerichte ist, in deren Bezirke die Behörden ihren Sitz haben; es ist also gemeinschaftliches oberes Gericht dasjenige Gericht, welches es auch wäre, wenn an Stelle der nichtrichterlichen Behörden das Amtsgericht des Bezirkes zuständig wäre.

Eine Ausnahme von dieser Regel kann nach Abs. 2 Satz 2 durch die Landesgesetzgebung gemacht werden. In Bayern ist von diesem Vorbehalte kein Gebrauch gemacht.

4. Rechtshilfe: Durch Abs. 4 ist klargestellt, daß sowohl die Gerichte als die anderen Behörden, welche in einem Bundesstaate nach den bestehenden Vorbehalten zuständig sind, berechtigt sind, Rechtshilfe zu verlangen, und verpflichtet sind, solche zu leisten. In Bayern können also in reichsrechtlichen Angelegenheiten die Notare nicht nur unter sich Rechtshilfe verlangen, sie können auch die Amtsgerichte (§ 2 FGG. mit § 158 GVG.) um Rechtshilfe angehen. Im Verkehr verschiedener Bundesstaaten können die in einem derselben zuständigen nichtrichterlichen Behörden die auch in einem anderen Bundesstaate zuständigen nichtrichterlichen Behörden oder nach ihrer Wahl die Amtsgerichte um Rechtshilfe angehen, auch wenn diese in dem betreffenden Bundesstaate zur

Behandlung derartiger Angelegenheiten nach dem Rechte desselben nicht zuständig sind. Ebenso haben die zuständigen Gerichte die Wahl, ob sie die in einem Bundesstaate zuständigen nichtrichterlichen Behörden um Rechtshilfe ersuchen wollen oder die Amtsgerichte (siehe auch oben N. 4a zu § 2, ferner in BadNotV. **06** 31).

§ 195.

Durch die Gesetzgebung eines Bundesstaats, in dem für die dem Vormundschaftsgericht oder dem Nachlaßgericht obliegenden Verrichtungen andere Behörden als die Amtsgerichte zuständig sind, kann bestimmt werden, daß die Abänderung einer Entscheidnng einer solchen Behörde bei dem Amtsgerichte nachzusuchen ist, in dessen Bezirke die Behörde ihren Sitz hat. In diesem Falle finden auf das Verfahren die Vorschriften der §§ 20 bis 25 entsprechende Anwendung.

Die Beschwerde findet gegen die Entscheidung des Amtsgerichts statt.

Vorentscheidung des Amtsgerichts.

1. Gegenüber den Verfügungen der landesgesetzlich nach Art. 147 EG. z. BGB. oder nach § 193 FGG. zuständigen nichtrichterlichen Behörden einschließlich der Notare gleichviel, ob sie ausschließlich oder neben den Amtsgerichten zuständig sind, kann durch die Landesgesetzgebung zunächst eine unterste richterliche, nicht Beschwerdeinstanz geschaffen werden durch die Bestimmung, daß vor Einlegung der Beschwerde zum Landgerichte die Entscheidung des Amtsgerichts, in dessen Bezirke die Behörde ihren Sitz hat, anzurufen ist.

Hinsichtlich der Legitimation zur Anrufung der amtsgerichtlichen Entscheidung, Form, Frist, Begründung und aufschiebender Wirkung derselben finden die für die Beschwerde geltenden Vorschriften der §§ 20—25 Anwendung.

Wenn ausdrücklich vorgeschrieben ist, daß gegen die Entscheidung des Amtsgerichts die Beschwerde zulässig ist, so wollte damit zum Ausdruck gebracht werden, daß das Beschwerdeverfahren das nämliche ist, als ob das Amtsgericht überhaupt die erste Instanz wäre, so daß sich also die weitere Beschwerde erst gegen die Entscheidung des Landgerichts richtet. Insbesondere darf daraus, daß die Entscheidung des Amtsgerichts mit Gründen zu versehen ist, nicht geschlossen werden, daß auf die Beschwerde zum Landgericht bereits die beschränkende Vorschrift des § 27 hinsichtlich der Beschwerdebegründung Anwendung finde.

Soweit eine Verfügung nach ihrem Inhalte der sofortigen Beschwerde unterliegt, ist sowohl bei der Anrufung des Amtsgerichts als bei der Beschwerde gegen dessen Verfügung die Frist des § 22 Abs. 1 zu wahren (RJA. **5** 41, ZBl. **5** 660).

2. In **Bayern** ist von der Befugnis des § 195 kein Gebrauch gemacht. Die Beschwerde gegen die Verfügungen der Notare geht also unmittelbar zum Landgericht.

§ 196.

Ist für die Volljährigkeitserklärung nach Landesgesetz die Zentralstelle des Bundesstaats zuständig, so finden die in dem ersten Abschnitte für die Gerichte gegebenen Vorschriften keine Anwendung.

Die Verfügung, durch welche der Minderjährige für volljährig erklärt wird, tritt mit der Bekanntmachung an den Minderjährigen in Wirksamkeit.

Volljährigkeitserklärung durch die Zentralstelle des Bundesstaats.

1. Auf Grund des Vorbehalts des Art. 147 EG. z. BGB. kann durch Landesgesetz die Volljährigkeitserklärung anderen als gerichtlichen Behörden, also insbesondere der Zentralstelle des Bundesstaates übertragen werden. Für diesen Fall enthält § 196 Abs. 1 eine Ausnahme von der Regel des § 194 Abs. 1, daß die Vorschriften des allgemeinen Teiles auch für die nach Landesrecht zuständigen nicht gerichtlichen Behörden gelten. Es finden also die Vorschriften der §§ 1—34 FGG. keine Anwendung, wenn die Zentralbehörde des Bundesstaats nach Landesrecht für die Volljährigkeitserklärung zuständig ist.

Für unanwendbar ist auch die Vorschrift des § 4 FGG. nach dem Wortlaut des Abs. 1 erklärt. Dies ist von Bedeutung, wenn der für volljährig zu Erklärende mehrfachen Wohnsitz hat, darunter einen in einem Bundesstaat, in welchem die Zentralbehörde zuständig ist. Sinngemäß wird man den Ausschluß der Vorschriften des 1. Abschnittes nur auf das Verfahren der Zentralbehörde beziehen können, so daß der § 4 reichsrechtlich für das neben der Zentralbehörde eines Bundesstaates in einem anderen Bundesstaate zuständige Vormundschaftsgericht in Geltung bleibt (vergleiche hierüber auch Rausnitz N. 2 zu § 196).

Dagegen gelten die Vorschriften in § 56 Abs. 1 FGG. über die Antragsberechtigung auch hier.

2. Die Regel des § 56 Abs. 2, daß die Volljährigkeitserklärung erst mit der Rechtskraft in Wirksamkeit tritt, ist selbstverständlich unanwendbar, wenn die Zentralstelle zuständig ist. Deshalb bestimmt Abs. 2 für diesen Fall abweichend, daß die Volljährigkeitserklärung mit der Bekanntmachung in Wirksamkeit tritt. Die Form der Bekanntmachung bestimmt sich im Hinblick auf die Vorschrift in Abs. 1 nach Landesrecht.

3. In **Bayern** ist von dem Vorbehalte des Art. 147 EG. z. BGB. Gebrauch gemacht und das Staatsministerium der Justiz für zuständig erklärt (Art. 2 AG. z. BGB.), um eine einheitliche Behandlung der Verleihung der Volljährigkeit zu erreichen (Becher, Mat. IV. und V. Abt. Bd. I S. 40). Damit ist nicht bloß die Zuständigkeit des Vormundschaftsgerichts sondern auch des Familienrates, wo ein solcher bestellt ist, ausgeschlossen (siehe Keidel, Handb. § 107 N. 1, a. M. Dorner N. 2 zu § 196). Die Vorschrift des § 196 findet also in Bayern Anwendung.

Die Instruktion der Gesuche um Volljährigkeitserklärung obliegt dem Vormundschaftsgericht.

In dem Antrage, der zum Vormundschaftsgerichte zu stellen ist, sind die Tatsachen zu bezeichnen, durch die der Antrag begründet werden soll. Das Gericht hat zu ermitteln, ob die Voraussetzungen der Volljährigkeitserklärung (§§ 3 bis 5 BGB.) gegeben sind. Insbesondere soll es die Verwandten und Verschwägerten des Mündels nach § 1847 BGB. hören, die Leumunds- und Vermögensverhältnisse des Minderjährigen feststellen und ermitteln, ob der Minderjährige die Reife besitzt, die verbürgt, daß er seine Angelegenheiten mit genügender Umsicht selbständig besorgen werde.

Der Antrag ist mit den Ermittelungen und den etwaigen Vormundschaftsakten durch Vermittelung des Staatsanwalts bei dem Landgericht und des Oberstaatsanwalts dem Staatsministerium der Justiz vorzulegen. Die genannten Behörden haben sich über den Antrag und die nach den Vermögensverhältnissen des Minderjährigen angemessene Entscheidungsgebühr gutachtlich zu äußern (JMBek. vom 24. Dez. 1899, JMBl. 1900 S. 108).

Nach Art. 129 AG. z. BGB. finden die Vorschriften des § 4 FGG. sowie diejenigen des 1. Abschnittes über die Bekanntmachung von Entscheidungen Anwendung. Wegen der Gebühr für die Entscheidung siehe Art. 220 GebG.

§ 197.

Durch die Landesjustizverwaltung kann angeordnet werden, daß die im § 14 des Gesetzes über die Beurkundung des Personenstandes und die Eheschließung vom 6. Februar 1875 vorgesehene Aufbewahrung des Nebenregisters bei den Landgerichten erfolgen soll.

Aufbewahrung der Nebenregister.

1. Nach der Regel des § 69 FGG. mit § 14 Abs. 2 PStG. sind für die Aufbewahrung der Nebenregister die Amtsgerichte zuständig. § 197 gestattet eine Ausnahme dahin, daß durch die Landesjustizverwaltung die Aufbewahrung bei den Landgerichten angeordnet werden kann, um die Aufrechterhaltung eines teilweise bestehenden Zustandes aus praktischen Gründen zu ermöglichen.

2. Das Beschwerdeverfahren für den Fall der Übertragung der Aufbewahrung an die Landgerichte ist nicht — wie in anderen Fällen, in denen die Landgerichte in erster Instanz zuständig sind, §§ 64, 142 — besonders geregelt. Dem regelmäßigen Instanzenzuge folgend kann daher nur eine Beschwerde an das Oberlandesgericht zulässig sein, während eine weitere Beschwerde ausgeschlossen ist (Rausnitz N. 2 zu § 197).

3. Bayerisches Recht:

a) Für die Pfalz, wo vor dem 1. Januar 1876 nicht Nebenregister zu den Standesregistern, sondern die Standesregister doppelt geführt wurden, hat das Staatsministerium der Justiz auf Grund des Art. 147 ÜbergG. angeordnet, daß die Aufbewahrung der in gerichtlicher Verwahrung befindlichen Register, nämlich der standesamtlichen Nebenregister und der Duplikate der Zivilstandsregister auch nach dem 1. Januar 1900 bis auf weiteres bei den Landgerichten erfolgen solle (JMBek. vom 6. 11. 99, JMBl. 1310).

b) Beschwerdeinstanz ist auch in Bayern das Oberlandesgericht, da dem Obersten Landesgericht die Entscheidung im Hinblick auf § 199 Abs. 2 FGG. nicht zukommen kann.

c) Die Aufsicht über die Amtsführung der Standesbeamten in der Pfalz ist Gegenstand der Justizverwaltung, nicht der freiwilligen Gerichtsbarkeit (Art. 74 a AG. z. GVG., JMBek. vom 5. 11. 99, JMBl. 1305).

§ 198.

Unberührt bleiben die landesgesetzlichen Vorschriften, nach welchen bei der Beurkundung einer Erklärung in den Fällen des § 169 der Richter an Stelle des Gerichtsschreibers oder der zwei Zeugen eine besonders dazu bestellte Urkundsperson zuziehen kann.

Auf die Urkundsperson finden die Vorschriften der §§ 170 bis 172 Anwendung.

Landesgesetzliche Urkundspersonen.

1. Ähnlich, wie es Art. 149 EG. z. BGB. bei der Errichtung einer Verfügung von Todeswegen gestattet, räumt § 198 der Landesgesetzgebung das Recht ein, für Beurkundungen in der freiwilligen Gerichtsbarkeit besondere Urkundspersonen aufzustellen, welche an Stelle des Gerichtsschreibers oder der zwei Zeugen treten.

2. In **Bayern** besteht die Einrichtung nicht. Mit den Urkundspersonen im Sinne des § 198 sind die Vertrauenspersonen nicht zu verwechseln, welche nach Art. 29 NotG. neben den sonst notwendigen Personen zuzuziehen sind, wenn ein bei der Beurkundung eines Rechtsgeschäfts Beteiligter taub ist.

§ 199.

Durch die Gesetzgebung eines Bundesstaats, in dem mehrere Oberlandesgerichte errichtet sind, kann die Entscheidung über das Rechtsmittel der weiteren Beschwerde einem der mehreren Oberlandesgerichte oder an Stelle eines solchen Oberlandesgerichts dem obersten Landesgerichte zugewiesen werden.

Das Gericht, dem nach Abs. 1 die Entscheidung zugewiesen wird, tritt zugleich für die Beschwerde gegen eine Verfügung des Landgerichts an die Stelle des nach § 64 und § 143 Abs. 2 zuständigen Oberlandesgerichts. Auch gilt es im Sinne der §§ 5, 46 als gemeinschaftliches oberes Gericht für alle Gerichte des Bundesstaats.

Gemeinsame Beschwerdeinstanz für Gerichte eines Bundesstaats.

In Bayern ist von dem Vorbehalt des § 199 FGG. und des § 102 GBO. durch Art. 42 Abs. 3 AG. z. GBG. Gebrauch gemacht; dem Obersten Landesgericht ist die Entscheidung über das Rechtsmittel der weiteren Beschwerde in Grundbuchsachen und anderen Angelegenheiten der freiwilligen Gerichtsbarkeit zugewiesen. Vergl. auch N. 1 zu § 28.

Wegen der Besetzung des Obersten Landesgerichts siehe N. 6 zu § 30.

Wenn nach Abs. 2 das Oberste Landesgericht zugleich gemeinschaftliches Obergericht für alle Gerichte des Bundesstaats sein soll, so ist damit nicht zum Ausdruck gebracht, daß ausnahmslos in allen Fällen der §§ 5 und 46 ohne Rücksicht auf die gerichtsverfassungsmäßige Ordnung des Instanzenzuges der Gerichte die Zuständigkeit des Obersten Landesgerichts begründet sein soll; der Sinn der Vorschrift ist vielmehr, daß das Oberste Landesgericht an Stelle des Reichsgerichts tritt, daß es also als gemeinschaftliches Gericht dann zu entscheiden hat, wenn die Gerichte, über deren Zuständigkeit Streit besteht, nicht zum Bezirke des nämlichen bayerischen Oberlandesgerichts gehören, ein bayerisches Oberlandesgericht also für die Entscheidung nicht zuständig ist, sondern das Reichsgericht zuständig sein würde, wenn ein Oberstes Landesgericht in Bayern nicht errichtet wäre (JMBl. **00** 804, BayObLG. **1** 134, 264, 410, **6** 118, ZBl. **1** 20).

Die Vorschrift des § 199 Abs. 2 gilt auch für diejenigen Angelegenheiten der freiwilligen Gerichtsbarkeit, für welche die Landesgesetze maßgebend sind; eine Anfechtung der Entscheidung des Obersten Landesgerichts als Beschwerdegericht findet nicht statt (Art. 129 AG. z. BGB.).

Die Vorschrift findet ferner für Beschwerden in Gebührensachen entsprechende Anwendung (Art. 46 GebG.).

§ 200.

Durch Landesgesetz können Vorschriften zur Ergänzung und Ausführung dieses Gesetzes, mit Einschluß der erforderlichen Übergangsvorschriften, auch insoweit erlassen werden, als dieses Gesetz Vorbehalte für die Landesgesetzgebung nicht enthält.

Soweit durch Landesgesetz allgemeine Vorschriften über die Errichtung gerichtlicher oder notarieller Urkunden erlassen werden, ist ein Verstoß gegen eine solche Vorschrift, unbeschadet der Vorschriften über die Folgen des Mangels der sachlichen Zuständigkeit, ohne Einfluß auf die Giltigkeit der Beurkundung.

Landesgesetzliche Ergänzungs-, Übergangs- und Ausführungsvorschriften.

1. Von den Vorschriften der Reichsgesetze abweichende Vorschriften zu erlassen, ist die Landesgesetzgebung nur befugt, soweit ausdrücklich Vorbehalte bestehen; siehe insbesondere § 189 FGG. Im übrigen gibt § 200 der Landesgesetzgebung, soweit das Reichsgesetz eine vollständige Regelung der von ihm behandelten Materien nicht vorgenommen hat, freien Raum zu ergänzenden und Ausführungsvorschriften.

In Bayern sind ergänzende Vorschriften durch Gesetz lediglich hinsichtlich der Anwendung unmittelbaren Zwanges (siehe oben N. 11 zu § 33) und der Tragung und Festsetzung der Kosten (Vorbem. vor § 14 S. 66) in den Art. 130—133 AG. z. BGB., erlassen. Siehe außerdem die Übergangsvorschriften des Art. 34 ÜbergG. für Beschwerden.

Die sonstigen nicht in Gesetzesform erlassenen Ausführungsvorschriften sind bei den einzelnen Materien erwähnt.

2. Abs. 2 betrifft nur Urkunden über Rechtsgeschäfte im Sinne der §§ 167 ff., nicht Beurkundungen von sonstigen Rechtshandlungen und von tatsächlichen Vorgängen, da diese reichsrechtlich überhaupt nicht geregelt sind.

Die Bestimmung in Abs. 2, die der des § 151 Art. 151 Satz 2 EG. z. BGB. für Testamente und Erbverträge entspricht, hat in Bayern Bezug auf die Vorschriften der Art. 25—36 NotG. über die Errichtung notarieller Urkunden und die Vorschriften der §§ 74 ff. der GeschO. f. d. Not.

Diese Vorschriften haben nur den Charakter von Ordnungsvorschriften; ein Verstoß gegen dieselben ist ohne Einfluß auf die Giltigkeit der Beurkundung.

3. Soweit die Landesgesetzgebung auf Grund reichsgesetzlicher Ermächtigung Normen über die sachliche Zuständigkeit erlassen hat (§§ 191, 193 FGG.) kann sie einem Verstoß gegen diese Vorschriften auch die rechtliche Wirkung beilegen, daß die Beurkundung als öffentliche nichtig ist. Soweit in Bayern den Notaren die ausschließliche Zuständigkeit zur Beurkundung eingeräumt ist, ergibt sich daraus, daß eine von den Gerichten oder einer anderen Behörde aufgenommene Urkunde über den Gegenstand nicht den Charakter einer öffentlichen Beurkundung haben kann (vergl. hiezu auch Wellstein N. 2 zu § 200, dagegen Dorner im Recht 00 473, 505 für Baden).

Vorschriften über die örtliche Zuständigkeit können in der Art nicht mit zwingender Kraft ausgestattet werden. In Bayern ist die Abgrenzung der Amtsbezirke der Notariate durch Art. 6 NotG. keine Zuständigkeitsabgrenzung, sondern nur eine Schranke für die Bewegung des Notars. Die Überschreitung dieser Schranke berührt deshalb die Wirksamkeit der Beurkundung nicht (Art. 6 Abs. 4 NotG., Becher, Mat. VIII 41).

Alphabetisches Sachregister.

(Die Zahlen bedeuten die Seiten.)

A.

B.

F.

K.

L.

M.

R.

T.

U.

V.